HISTOIRES DE NOTARIAT AU SÉNÉGAL (1786-1986)

TOME 1
Le temps des greffes-notariats (1786-1893)

Préface du professeur Ismaïla Madior Fall

Daniel-Sédar SENGHOR

HISTOIRES DE NOTARIAT AU SÉNÉGAL (1786-1986)

TOME 1
Le temps des greffes-notariats (1786-1893)

Préface du professeur Ismaïla Madior Fall

L'Harmattan Sénégal

10 VDN, Sicap Amitié 3, Lotissement Cité Police, DAKAR

http://www.harmattansenegal.com
senharmattan@gmail.com
senlibrairie@gmail.com

ISBN : 978-2-336-54156-3
EAN : 9782336541563

À mes jeunes confrères du Sénégal

En contribution à la meilleure connaissance de
l'histoire de leur belle profession et pour les inciter
à prendre le relais, en écrivant un jour les chapitres ultérieurs

Préface

Après avoir assidûment fréquenté les bancs de la Faculté de Droit, Maître Daniel-Sédar Senghor aurait pu être avocat, professeur, magistrat ou expert dans un domaine juridique particulier. Il a, librement, choisi d'être notaire. La lecture de ce bel ouvrage explique les ressorts spirituels de ce choix et prouve que ce choix ne relève pas du hasard ou de l'héritage parce que fils de notaire, mais d'une destinée transcendentale.

Avec une longue et riche pratique notariale lui conférant expérience et notoriété à l'international comme dans le ressort professionnel d'exercice, Maître Senghor livre au grand public et à la postérité une somme intitulée Histoires de Notariat au Sénégal en deux tomes ayant pour titres respectifs : le premier « Le temps des greffes-notariat » (1786 à 1893) et le second « L'avènement d'un notariat d'exercice libéral » (1893 à 1984).

Dans cette œuvre empreinte d'érudition où se côtoient l'honnête homme, l'historien, l'anthropologue et le juriste, l'auteur relate, avec un talent d'écrivain consacré et une profondeur intellectuelle remarquable, l'implémentation de l'institution notariale au Sénégal. Éclectique dans son genre, ce texte, écrit par une plume pluridisciplinaire et de l'encre scientifique, se situe entre « l'Essai » sur l'histoire d'une profession libérale et le « Traité » pratique d'art notarial qui, tout en se le refusant, systématise les grands principes gouvernant la matière.

La complexité et l'imprévisibilité des relations sociales induisent des risques à prévenir, à éviter ou dont il faut se prémunir. À cet égard, l'auteur considère que « Dès après que le risque a été identifié, l'urgence devient celle de le prévenir et par suite, le principe de prévention consiste à anticiper et à prendre des mesures idoines, permettant de l'éviter ou de le réduire ». Il cite, en appui, Lacordaire qui considère que « tant que le droit n'est pas porteur de garantie d'intangibilité, le droit n'est rien ».

Et, poursuit-il, parce qu'un droit n'existe que pour autant que l'on puisse le prouver et que la privation du « droit au droit » est équipollente à une forme de réduction en esclavage, il importe, dans une perspective d'universalisation acceptée du droit, de le protéger au moyen d'instruments faisant autorité et insusceptibles de quelque forme de contestation. C'est ainsi qu'est progressivement née, sous diverses formes et dans différentes régions du monde, en Afrique et au Sénégal, l'institution de l'acte public authentique, ainsi que son organe d'instrumentation qu'est le notaire.

Me Senghor évoque, avec une exhaustivité remarquable, comment le Sénégal, fort de sa position géographique de porte de l'Afrique et du talent de ses habitants à s'approprier les idées venues d'ailleurs, est en capacité de s'enorgueillir de près deux siècles et demi de de l'acte public authentique pris en charge dans une continuité exemplaire entre fonctionnaires publics et professionnels libéraux.

L'État sénégalais a opté d'investir les notaires de prérogatives de puissance publique et leur a confié une mission de service public, celui de la preuve et de l'authenticité, faisant ainsi d'eux les délégataires d'une mission régalienne de service public. L'écriture de cette histoire, fruit de longues recherches et faite d'histoires nourries de parcours de vie de leurs personnages et d'exercices professionnels contextualisés, est une « défense et illustration » de l'utilité contemporaine de cette « technique de pré-constitution de la preuve *», pour* « prévenir l'injuste contestation », *avec pour seul objectif, celui d'apporter une contribution à la «* pacification des relations sociétales *».*

Cette histoire glorieuse est, selon l'auteur, celle d'un notariat, qui reste, aujourd'hui comme hier, au service de l'État de droit, de la sécurité de la preuve et par voie de conséquence, au soutien résolu et actif des ambitions de sécurisation de l'épargne et du patrimoine, afin de promouvoir l'attractivité et l'investissement, puisque lui seul peut conduire à l'émergence unanimement réclamée.

Pour traiter de ces « Histoires du Notariat au Sénégal *», l'auteur, en souvenirs et en attachement aux traditions méthodologiques des Facultés de Droit, a opté pour le plan en droit de deux parties expressives de deux temps : celui d'un «* proto-notariat en terre d'Afrique *» et celui de «* l'avènement d'un Notariat moderne *».*

Cette préface, instance éditoriale d'honneur, est une occasion pour rappeler la place qu'a occupée le notariat dans les politiques publiques sénégalaises de modernisation des professions juridiques et judiciaires. Outre le nouveau statut dont les notaires ont été dotés en 2020, le notariat sénégalais a connu ces dernières années une certaine évolution marquée par la création d'une vingtaine de nouvelles charges et l'intégration dans la profession d'une quarantaine de nouveaux notaires. Tout cela a été rendu possible par l'esprit de franche collaboration entre la tutelle et la Chambre des notaires.

Il convient aussi de relever l'élan de création de sociétés civiles professionnelles, qui permet d'absorber un plus grand nombre de personnes souhaitant exercer la profession de notaire.

Ce livre est utile aux notaires, mais aussi à tous les professionnels du droit et au-delà au grand public averti.

Ismaila Madior Fall
Agrégé de Droit et de science politique
Professeur titulaire en droit public de classe exceptionnelle
Chevalier de l'Ordre national du Lion
Ancien ministre d'État
Ancien Garde des sceaux, ministre de la Justice
Ancien ministre des Affaires étrangères
Ancien ministre, directeur du cabinet du Président de la République

PRÉSENTATION

S'il est une préoccupation cardinale entre toutes, qui dès l'époque la plus archaïque de formation de la conscience, s'est très probablement imposée comme prioritaire dans toutes les sociétés, c'est celle de parvenir à s'absoudre de toute forme de déterminisme et surtout de fatalité, au moyen d'entreprises de prévention du risque.

Entreprises, au sens expérimental du terme, parce qu'au stade embryonnaire de simple perception, de ressenti instantané, il ne s'agit pas encore de technique susceptible de validation empirique, longtemps avant que ne se forme l'idée de transmission d'un savoir et de traditions.

« *N'en doutez pas, le siècle prochain sera celui de l'assurance, car l'évolution des normes de perception culturelle, ne s'accommode plus d'avoir à faire abandon de son devenir à quelque forme d'incertitude, où d'imprévision réductrice* », énonçait en substance mon illustre professeur de droit civil, au début des années 1970, ouvrant ainsi son cours de droit de l'assurance, au chapitre des contrats spéciaux.

Il expliquait qu'il s'agissait là de l'aboutissement majeur, d'un long cheminement engagé dès le début de l'organisation sociétale, qui n'accepte plus aucune forme de dictature perçue comme illégitime, parce qu'enfermant le parcours de l'humain dans l'aléa de circonstances sur lesquelles il n'a pas de contrôle, cette aspiration trouvant sa consécration dans le concept *d'autonomie de la volonté*.

Dans une compréhension purement anthropologique et même si cette aspiration contrarie parfois les totalitarismes, la structure argumentative doit prendre en compte l'extraction animale de l'humain, laquelle, quoique longtemps restée tributaire de sa perception la plus archaïque, celle de l'instinct de survie, a progressivement intégré les représentations du monde qu'elle est parvenue à se faire, dans sa conscientisation.

Comme postulé par le grand philosophe Baruch Spinoza, « l'idée de l'idée » précède la formation de la conscience humaine, pour en permettre l'objectivation, avant même la conception de l'objet, puisqu'il faut justifier d'une cause, comme préalable indispensable à l'existence de toute chose, avant d'en permettre l'appréhension.

Sans vouloir nous risquer dans une forme d'appréciation, qui relève plus probablement de l'anthropologie juridique, il nous semble que la perception doit nécessairement précéder les entreprises de régulation.

En se souvenant que la crainte est très probablement la plus puissante des émotions, c'est cette perception de la cause qui s'insinue ensuite dans la formation de la volonté et détermine les actions que cela sous-tend, dans la représentation que l'on peut s'en faire, pour en forger les instruments préventifs du risque.

Dès après que le risque a été identifié, l'urgence devient celle de le prévenir et par suite, le principe de prévention consiste à anticiper et à prendre des mesures idoines, permettant de l'éviter ou de le réduire.

Mais il y a que les phénomènes inexplicables organisent le plus souvent une convocation du sacré, pour s'absoudre de l'exigence de fournir une compréhension de rationalité et en cela l'Afrique ne se distingue en rien des constructions forgées par d'autres peuples, sur les cinq continents.

Dans ce continent d'origine de toute l'humanité, l'être suprême, à l'instar de toutes autres formes d'intermédiation, s'est trouvé convoqué depuis les origines de la conscience, pour tenter d'expliquer l'inexplicable et par voie de conséquence, pour légitimer la règle de droit embryonnaire, qui ne pouvait trouver de justification que par référence au sacré.

Ceci explique la nécessaire convocation d'un être suprême ou de toute autres forces de l'invisible, pour rendre impératif le strict respect de la règle de droit devant être rendue obligatoire, avant même qu'elle ne soit impersonnelle et générale.

Et cela parce que c'est bien la seule transgression sacrilège du sacré et non celle d'une règle de droit pouvant être perçue comme ésotérique, voire de pur artifice, qui pouvait justifier la sanction de son non-respect.

Comme l'écrit très justement Monsieur le professeur d'histoire du droit Blaise Alfred Ngando, de l'Université de Yaoundé II au Cameroun, « *dès l'origine, le rapport de l'homme au droit, et plus sûrement à la religion, l'a distingué de l'animal par l'ampleur de ce qu'il a construit à partir de la nature. Son inquiétude métaphysique* (en confrontation avec les phénomènes naturels qu'il ne pouvait expliquer), *a constitué une étape importante dans son processus juridique de socialisation* ».

Il poursuit en référence au « Maât », l'ordre divin de l'Égypte ancienne.

« *Le pharaon est à la fois l'administrateur principal, le chef des armées, le premier magistrat et le prêtre suprême de l'Égypte. Son couronnement est accompagné d'une série de rites symboliques, qui l'érigent en dieu, de sorte que ses actes dans la gestion de l'État sont une transposition, une réplique de l'ordre divin symbolisé par le Maât* ».

Une transposition divine rendue nécessaire, à ce stade remarquable de construction de l'abstraction immatérielle qu'est l'État, pour conférer à cet « ordre divin », l'autorité nécessaire pour prévenir l'anarchie.

Remarquable, parce que selon le même auteur, l'État y est déjà perçu comme « *l'épicentre de la production normative* » et que dans une compréhension qui est déjà très contemporaine, il « *détient le monopole de la violence légitime en cas d'irrespect des normes édictées* ».

Plus de 3.000 ans avant notre ère, il y a là une avancée civilisationnelle absolument remarquable, ayant instauré une formule de tiers-arbitre institutionnel, pouvant justifier d'une autorité non contestable.

Pour en revenir à l'enseignement en droit de l'assurance, il suivait en saine logique, celui de la « *théorie générale du droit des obligations* » et plus spécifiquement celui du droit des contrats et de la preuve, au sommet duquel se trouve l'acte authentique, en tant qu'instrument de pré-constitution, aux fins de prévention du risque majeur que peut constituer la non prise en compte d'un droit.

Le concept volontariste d'autonomie par le contrat, participe de l'idée fondamentale des droits naturels de l'humain, que ce soit dans la compréhension absolutiste d'un Jean-Jacques Rousseau, où dans la rationalité juridique formalisée par le célèbre juriste hollandais Grotius (Hugo De Groot), la liberté originelle de l'homme devant trouver ses limites dans des concessions contractuelles, pour parvenir à construire un environnement de société profitable à tous, car nécessairement, "*la liberté des uns s'arrête, là où commence celle des autres*".

Cette autonomie de la volonté est celle du droit de contracter, où de ne pas le faire et donc de transiger du rapport libertaire originel de chacun, mais dans une posture d'intérêt mutualisé, sous le garant d'un consentement éclairé, comme préalable au principe juridique de "*force obligatoire du contrat*", selon lequel "*les conventions valablement formées tiennent lieu de loi à ceux qui les ont faites*".

Ce sont ces théories, qui sont antérieures au codex Justinien de l'Empire romain d'Orient les ayant rendues populaires, qui ont largement inspiré les rédacteurs du Code civil français de 1804, telles que consacrées en son ancien article 1134, relatif à la « force obligatoire du contrat ».

« *Les conventions légalement formées tiennent lieu de loi à ceux qui les ont faites. Elles ne peuvent être révoquées que de leur consentement mutuel, ou pour les causes que la loi autorise. Elles doivent être exécutées de bonne foi* ».

En retenant que cette rédaction est contemporaine de la loi du 25 Ventôse An XI (16 mars 1803) ayant règlementé l'acte authentique, au temps de l'exportation de son cadre règlementaire et de sa technicité, en commençant par l'Europe de Napoléon et puis dans tout l'ancien empire colonial français et même bien au-delà.

Ces textes consacrent un principe fondamental de liberté contractuelle, qui n'a d'autre limite que le respect de l'ordre public, un ordre supérieur communautaire dont le périmètre central non négociable, doit nécessairement primer les considérations individuelles, dans un esprit de consensualisme le plus large possible, mais dans lequel le consentement doit être protégé contre les vices pouvant l'affecter.

Un cadre législatif rendu nécessaire, parce que selon la célèbre maxime du révérend père Henri-Dominique Lacordaire, prédicateur dominicain et restaurateur de cet ordre séculier, *« entre le fort et le faible, entre le riche et le pauvre, entre le maître et le serviteur, c'est la liberté qui opprime, et la loi qui affranchit ».*

Ceci au soutien d'un droit intangible, universel, auquel est attachée une perception sécuritaire, car sans vouloir accuser la loi de ferment liberticide et comprenant bien le paradigme face auquel elle se trouve en constante confrontation, celui de la rendre obligatoire, même si ne provenant pas d'un ordre naturel, tout en organisant fermement la nécessaire sanction de son irrespect.

Dans le souvenir d'une relativité originelle imprescriptible, qui souffre d'abord d'une probable insuffisance dans sa rédaction et l'aboutissement d'un processus lui-même aléatoire, car dans son génome se trouve le marqueur d'arbitrage inévitablement subjectif, de son substrat socio-culturel et bien entendu politicien.

Cet arbitrage précède même la rédaction du projet, car le prétendu consensus n'est hélas trop souvent que celui d'un rapport de force, à un moment déterminé, ou encore celui d'une influence médiatique, où autre, qu'une majorité qui s'est parfois formée dans la controverse, sera parvenue à imposer, mais qui n'aura que très rarement fait l'unanimité.

Ce rapport historique de prise de décision, bien souvent opportuniste, n'est évidemment pas stable dans le temps, les idées comme les perceptions que l'on peut se faire du « ***juste*** », étant évolutives.

Le père Lacordaire poursuit ainsi : « Tout droit mobile est à la merci des plus forts, quelle que soit la forme du gouvernement, que le peuple ait à sa tête un chef unique ou la majorité d'un corps qui délibère, parce que dans l'un comme l'autre cas, le sort de tous ou celui d'une minorité est dépourvu de protecteur, s'il n'existe entre le souverain et les sujets, un droit inviolable qui couvre la cité tout entière et assure le dernier des citoyens contre les entreprises du plus grand nombre et même de tous ».

Il est donc indispensable d'en assurer la protection, pour que ce principe constitutionnel cardinal ne demeure pas une vaine déclaration d'intention dépourvue de toute forme de sanction, Lacordaire considérant que « *tant que le droit n'est pas porteur de garantie d'intangibilité, le droit n'est rien* ».

Et parce qu'un droit n'existe que pour autant que l'on puisse le prouver et que la privation du « *droit au droit* » est équipollente à une forme de réduction en esclavage, il importe de le protéger au moyen d'instruments faisant autorité et insusceptibles de quelque forme de contestation.

Il convient toutefois de nuancer, en relevant nombre de cas de résistance à cet ordre juridique d'évidente importation, qui s'est trouvé placé en confrontation avec une culture alternative traditionnelle de « *flexibilité de la règle de droit* » qui est celle de la transaction, même et y compris lorsqu'elle a pour conséquence d'en écarter la stricte application.

Au nombre des institutions dont le jeune État du Sénégal a hérité de sa séquence coloniale, figurent des outils juridiques de régulation sociétale d'importance stratégique, dont l'organisation statutaire de technicité comme la logique peuvent-être parfois perçues comme exogènes, même si la pratique contemporaine est parvenue à se les approprier avec bonheur et souhaitons-le, de manière irréversible.

L'acte public authentique, ainsi que son organe d'instrumentation tout aussi public qu'est le notaire, comptent assurément au nombre de ces institutions de droit continental dont il est héritier bénéficiaire.

Nation pionnière parmi celles d'Afrique, par les hasards de sa position géographique et de son passé, dans l'appropriation d'idées venues d'ailleurs, la République du Sénégal pourra très bientôt revendiquer près d'un quart de millénaire ou peu s'en faut, d'acclimatation de l'instrumentum pratique de cette culture de l'écrit.

Fait d'un hasard tout à fait remarquable, il se trouve que ces deux siècles et demi de pratique de l'acte public authentique sénégalais, au temps de la présente étude, se partagent à peu près par moitié, entre fonctionnaires publics et professionnels libéraux, mais dans l'exemplaire continuité d'une mission de service public restée inchangée, de sorte qu'il n'y ait pas vraiment lieu de distinguer entre les uns et les autres.

Il incombe dès lors un devoir de mémoire, à ceux qui auront eu le privilège d'en réunir quelques témoignages, celui bien entendu, d'essayer de célébrer l'évènement à sa juste mesure.

Mais aussi et surtout d'en transcrire une compréhension d'étape, de sorte qu'elle ne puisse se perdre dans la fuite du temps.

C'est cette idée qui a présidé à l'écriture de ces quelques histoires, pour justifier dans l'examen des pages un peu jaunies des parcours de vie de ceux qui les ont écrites, de l'utilité contemporaine de cette « *technique de pré-constitution de la preuve* », pour « *prévenir l'injuste contestation* », avec pour seul objectif, celui d'apporter une contribution à la « *pacification des relations sociétales* ».

Celle d'un notariat, qui reste aujourd'hui comme hier, au service de l'état de droit, de la sécurité de la preuve et par voie de conséquence, au soutien résolu et actif des ambitions de sécurisation de l'épargne et du patrimoine, afin de promouvoir l'attractivité et l'investissement, puisque lui seul peut conduire à l'émergence unanimement réclamée.

« Histoire (s) de Notariat » et non pas « du notariat », parce que n'ayant pas souhaité nous risquer dans l'immodestie de proposer une somme définitive, car n'ayant pas eu le temps de nous livrer aux recherches approfondies que cela nécessitait.

Ni surtout la compétence et la technicité d'investigations de l'historien.

Et donc le parti d'en raconter les histoires, fruit de longues recherches, en manière de biographies ou de simples *curricula* selon la disponibilité émaillées dans la mesure du possible d'anecdotes particuliers, dans le soin de resituer chacun de ces exercices professionnels dans son contexte socio-politique d'époque, à l'international comme dans le ressort professionnel d'exercice, parce que ...

« Gardiens de la mémoire des sociétés humaines, les notaires savent bien que cette mémoire est le fondement de toute action. Ce n'est pas par nostalgie du temps passé que l'on s'interroge sur le chemin parcouru, c'est parce qu'on ne sait pas où l'on va, quand on veut ignorer d'où l'on vient ».

« Cette nécessité est plus grande encore, quand un corps social se préoccupe de savoir pourquoi il est là et pourquoi il est ce qu'il est, autrement dit, en quoi il répond à un besoin de la société ».

« L'avenir est tissé d'évolutions imprévisibles, qui devront tout à l'intelligence de nos successeurs sur terre, mais il ne sera solidement construit que s'il est assuré par l'expérience des siècles ».

(Jean Favier, de l'Institut de France, in « Destin d'une Loi, 25 Ventôse An XI », éditions CSN/IIHN, 2003).

A ce stade de réflexion, plusieurs formules thématiques pouvaient être retenues pour raconter ces parcours de vie, mais il a semblé tout naturel de choisir celle permettant d'en suivre le déroulement chronologique, en tentant de les regrouper dans des subdivisions génériques, pour en mieux suivre la trame d'historicité.

Il a surtout paru indispensable de remonter le fil du temps ayant précédé la rencontre entre « Notariat » et « Sénégal », ainsi que la multitude des particularismes qui s'y sont embrassés, parce que tous deux avaient bien évidemment une histoire au temps de cet assemblage, impactant nécessairement ce qui en est résulté.

Un assemblage fécond, formaté par un passé original, parfois généreux, parfois même très inspiré, souvent hélas mesquin et parfois très violent, dans d'invraisemblables divagations de l'inhumanité, à l'image de cette mosaïque d'imbrications d'avancées prodigieuses, mais aussi de viles compromissions et de sordides petits intérêts, qui depuis la nuit des temps et en tout endroit, ont balisé le cheminement des hommes.

L'exercice simultané de retrouver une cinquantaine de professionnels, avec pour objectif de reconstituer patiemment leurs très riches parcours et tenter de les remettre en situation dans le contexte d'époque de leurs interventions, aussi bien à l'international que dans le ressort territorial d'exercice de leurs compétences, par le rappel dans la mesure du possible, des chroniques de société, des bonheurs, des succès et souvent hélas, des évènements dramatiques qu'ils auront dû surmonter.

Une véritable aventure, qui aura permis de découvrir des compartiments insoupçonnés et parfois même stupéfiants, bien au-delà de ce que l'on pouvait supposer, dans l'humaine pérégrination de ceux qui auront choisi pour métier, de se faire les écrivains de l'histoire de leurs contemporains, fidèles chroniqueurs de ce dont ils ont été les témoins.

Ils méritaient bien assurément, que l'on s'efforce un jour d'écrire quelques pages de la leur, en les réassemblant dans une galerie de portraits inédite, celle de leur commune pratique de cette profession.

Alors et malgré la peut-être trop vaste ambition de ce programme, le parti d'un traitement classique en deux Titres.

- Un premier, celui d'un « *Proto Notariat en terre d'Afrique* », ayant nécessairement précédé l'importation de la technique, lui-même subdivisé en trois chapitres explicatifs :

– Le premier, de « *ce qu'étaient le Notariat et le Sénégal avant leur rencontre* » ;

– Le second, de « *la lente pénétration d'une culture de l'écrit* » ;

– Et le troisième, d'une « *pratique qui devance l'institution* ».

• Un second relatif à « *l'Avènement d'un Notariat moderne* », lui aussi subdivisé en deux chapitres de division plus classique, parce que respectivement consacrés :

– Le premier, au « *notariat d'époque coloniale de 1900 à 1960* » ;

– Et le second à « *l'ère contemporaine de la profession* ».

Un parti légitimé dans sa séquence d'époque coloniale, parce qu'également partagé entre le temps séculaire de convulsions de l'ancien régime français (révolution jacobine, république thermidorienne, empires, restaurations, avant l'avènement d'une 3e république qui se trouve être celle de l'expansion coloniale et d'apologie d'une « mission civilisatrice et d'éveil des peuples ».

Tous ferments ayant abouti à l'avènement d'un Sénégal indépendant.

Autre choix bien plus simple, mais devant être justifié, celui de l'arbitraire de décision, de savoir où commence et s'arrête l'histoire et de n'écrire que celle, sauf exception, de ceux qui y sont entrés, le marqueur étant celui de leur cessation d'activité.

Et donc la justification du choix d'en retenir une sorte de « majorité d'exercice » d'une trentaine d'années, laissant reposer la plume aux alentours de l'an 2000, pour que d'autres s'en saisissent un jour, pour en écrire les nombreuses pages d'un actuel contemporain devenu passé.

Telle est donc la manière dont il a été choisi de traiter de ces « *Histoires du Notariat au Sénégal* »

TITRE I

PROTO-NOTARIAT EN TERRE D'AFRIQUE

En trois volets comme annoncé, afin d'évaluer successivement :

« ***Ce qu'étaient Notariat et Sénégal avant leur rencontre*** » ;

Puis « ***la lente pénétration d'une culture de l'écrit*** » ;

Et enfin la justification de la postulation selon laquelle la « ***pratique aurait devancé l'institution*** ».

CHAPITRE 1

Notariat et Sénégal avant leur rencontre

Il s'agit d'évaluer dans ce premier chapitre, ce qu'étaient l'une comme l'autre entité avant qu'elles ne se rencontrent et d'y découvrir pour finir, que ni l'une ni l'autre n'était parfaitement étrangères.

Alors et tout d'abord, définir l'institution du notariat avant le territoire d'exercice, puisque c'est tout de même de ce concept dont il sera question, même si celui-ci s'inscrit dans une vaste et très complexe trame historique multiforme, à l'identique des nombreux courants de pensée, qui ventilent cette terre « Finistère » de Sénégal, placée au point de convergence et de métissage de tellement d'influences.

Section 1 – Ce qu'était le Notariat

La tradition européo-centrée, s'accorde à faire remonter l'institution notariale à l'école bolognaise de *Rolandino di Passageri*, puisqu'incontestablement c'est depuis cette fière ville marchande du nord de l'Italie, que se sont répandus nombre de fondamentaux de technicité dans toute l'Europe continentale, qui gouvernent jusqu'à ce jour l'exercice de la profession dans le monde entier.

Il conviendra nécessairement d'y revenir.

Toutefois et sans qu'il ne s'agisse de relativiser cet apport incontestablement considérable, il semble qu'il faille nuancer, en distinguant la technicité d'un concept plus important et qui lui est antérieur, celui de « force probante », ne provenant qu'accessoirement du mode d'organisation scriptural, mais d'abord et avant tout du caractère public de l'instrument, comme participant de souveraineté.

§ 1. – Le concept de foi publique par délégation de l'autorité

A. Le Scribe d'Égypte ancienne

Le **Scribe** (du latin ***scriba***, de ***scribere***, écrire) désignait en Égypte un fonctionnaire lettré, éduqué dans l'art de l'écriture et de l'arithmétique, omniprésent comme administrateur, comptable, littérateur ou écrivain public, il est au cœur même de l'administration d'état du Pharaon au sein de sa bureaucratie, de son armée ou de ses temples.

Le scribe royal dominait l'administration centrale, les scribes supérieurs faisaient partie de la cour du pharaon, ils ne payaient pas d'impôts et étaient dispensés d'obligations militaires.

Fonctionnaires recrutés et payés par l'État, intervenant à tous les niveaux de la société, assumant divers pouvoirs par délégation du pharaon, dans des domaines de compétence économique, politique, militaire, religieux, ils pouvaient être affectés indifféremment, d'un secteur d'intervention à l'autre.

Au temps où la population, est en majorité analphabète, ils exercent aussi le métier d'écrivain public, établissant les contrats légaux les plus divers, écrivant les lettres sous la dictée ou les lisant à ceux qui ne peuvent le faire eux-mêmes. Les scribes sont hiérarchisés, avec plusieurs grades pour chaque catégorie, directeurs, instructeurs, inspecteurs, assistants, etc.

La profession participe même de référence divine, car associée à l'origine à la déesse *Seshat* (celle qui écrit, lit et qui est donc elle-même

D'abord recruté dans l'entourage de la famille de pharaon, le développement de l'administration à la fin de l'ancien empire, supposait qu'une large caste d'administrateurs soit formée et renouvelée.

La position de scribe est héréditaire, se léguant de père en fils, pour assurer la meilleure transmission des connaissances, en particulier par une sérieuse éducation, dès l'âge de cinq ans et pendant une douzaine d'années (grammaire, classiques, droit, langues, histoire, géographie et comptabilité), un enseignement donné dans une maison dépendant du temple, à l'image de ce que seront un jour les *Medersa*.

Ce lieu est aussi une bibliothèque, où l'on conserve les précieux papyrus, où les savants et les lettrés se retrouvent volontiers et c'est un centre de formation pour les scribes et les prêtres.

Le scribe maîtrise les différentes formes d'écriture, *hiéroglyphique*, à base de symboles, *hiératique*, à forme cursive et logographique, *démotique*, de type logo-syllabique ancêtre du copte d'Alexandrie et d'Éthiopie (le hiéroglyphique, le démotique et le grec ancien sont les trois langues de la fameuse pierre de Rosette), parce que maître de l'écrit et du savoir, le scribe en a les attributs symboliques.

Il est représenté vêtu d'un simple pagne, le calame (roseau taillé en pointe) à la main, un papyrus ou un ostracon (tesson de poterie) dans l'autre. La profession est respectée, le texte dit « de l'enseignement de Khéty » la consacre comme la plus noble et honorable dans la société égyptienne. Il est d'ailleurs remarquable que la représentation de l'unité monétaire la plus élevée du royaume soit le hiéroglyphe du scribe.

Détenteur de la foi publique par délégation de l'autorité, il ne lui manque que l'intervention obligatoire dans les matières auxquelles il est indispensable d'apporter un caractère inattaquable.

Parce que ce scribe est d'Égypte et que l'Égypte est d'Afrique, il semble qu'elle soit légitime à revendiquer une antériorité face à Bologne, le concept de foi publique précédent nécessairement la technicité, qui sans rien enlever à son immense mérite, n'en est que l'instrument.

Au grand bonheur de l'international, ce scribe d'Égypte, a son jumeau en Mésopotamie, la géographie d'alors ne connaissant pas l'artificielle division entre l'Afrique et l'Asie Mineure, qui n'étaient qu'une seule et même terre et c'est très bien ainsi, nul continent ne pouvant revendiquer à lui tout seul des avancées qui ne sont que le fruit d'échanges fructueux et des progrès en résultant au bénéfice de tous.

B. Celui de Mésopotamie

Les anciens habitants de la Mésopotamie avaient une haute idée de leur écriture et leurs scribes ont laissé des essais sur leur formation qui sont devenus des textes classiques maintes fois recopiés dans l'école, la "*Maison des tablettes*", pour expliquer que "*de tous les métiers humains dont le dieu Enlil a nommé les noms, il n'a nommé le nom d'aucun métier plus difficile que l'art du scribe*", qui exigeait de longues années d'apprentissage.

Les nombreuses petites tablettes scolaires d'argile d'élèves débutants qui nous sont parvenues, mal formées et raturées, témoignent de façon touchante de la complexité de l'écriture cunéiforme.

Le roi d'Assyrie *Assurbanipal* (668-627 av. J.-C.) proclame fièrement : "*Le dieu Nabû, le scribe de l'univers, m'a fait présent de sa sagesse* [...], *j'ai acquis les connaissances que le sage Adapa a apportées aux hommes, les trésors cachés du savoir des scribes. J'ai été initié aux* [*livres de*] *présages du ciel et de la terre, j'ai étudié la série hépatoscopique* [*divination par l'examen du foie*]. *Je peux argumenter avec les plus maîtres de la lécanomancie* [*divination par l'huile*]. *J'ai résolu les divisions et les multiplications compliquées qui défient l'entendement. J'ai lu l'ingénieux sumérien et l'obscur akkadien, difficile à maîtriser, et je sais déchiffrer les pierres inscrites d'avant le Déluge, qui sont hermétiques, sombres et embrouillées.*"

Le souverain affirme ainsi la difficulté, le caractère initiatique et la très haute antiquité de l'écriture cunéiforme, dont il fait remonter l'apparition aux temps mythiques des débuts de l'humanité.

Le scribe du Proche-Orient ancien était la personne pratiquant l'écriture, surtout cunéiforme, chargée de rédiger des textes, de les lire, d'organiser le classement des archives. Il pouvait approfondir sa spécialisation pour devenir qualifié dans un certain domaine et par ailleurs, nul n'était considéré comme savant, s'il n'avait suivi une formation de scribe.

On l'appelait en sumérien DUB.SAR (composé de DUB, « la tablette », et SAR, « inscrire », « écrire » donc : « celui qui écrit sur la tablette »), et en akkadien *tupšarru(m)* (forme akkadienne de DUB.SAR).

La complexité de l'écriture cunéiforme et la nécessité de former des scribes spécialisés dans différents domaines nécessitaient une formation souvent longue. Les scribes une fois formés exerçaient leur métier, qui pouvait recouvrir des pratiques très différentes.

Leur rôle particulier, essentiel dans ces civilisations de l'écrit qu'étaient celles du Proche-Orient ancien (Mésopotamie, Syrie, Hatti, Élam, etc.) leur conférait un statut social particulier.

Les scribes exerçaient leurs fonctions dans divers domaines, travaillant généralement pour l'administration des temples ou des palais. Ceux au service de particuliers étaient rares (on en trouvait au service des marchands). Ceux qui avaient les capacités les moins importantes rédigeaient des contrats (achat, vente, prêt, location, mariage, etc.), pour les évènements de la vie quotidienne.

Il existait des formules-types pour les textes (des sumérogrammes généralement, parfois même des akkadogrammes dans des textes en hittite), qui se retrouvent quasiment toujours pour une même époque, ce qui témoigne du caractère uniforme de la formation et de tout ce qui touche à l'écriture pour un endroit et un lieu donné. Les scribes prenaient des notes sur de petites tablettes-brouillons, avant de rédiger le texte sur une tablette de meilleure qualité avec les formules d'usage.

En Égypte ancienne, comme en Mésopotamie, en amont du concept de délégation de la foi publique, on retrouve un principe très répandu dans l'entier continent Africain, de médiation obligatoire par l'entremise d'un responsable dédié, pour résorber les perspectives de conflit. C'est vrai au Moyen-Orient, comme en Égypte antique et tout autant on le verra, au Sénégal précolonial.

C. Notarii, Tabularii, Argentarii, Tabelliones dans la Rome antique

Selon les archives des notaires du Tarn :
http://archivesnotaires.tarn.fr/index.php?id=5170

« *Sous l'Empire romain, il y a deux fonctions liées à la rédaction d'actes, celles exercées par des notaires, les autres par des tabellions, termes que l'on retrouvera au Moyen Âge pour désigner le notaire.*

« *Le notaire antique (*notarius,*) correspond à un secrétaire. Le terme apparaît dès le Ier siècle de notre ère pour désigner celui qui prend des notes tachygraphiques ou abrégées* (*nota*, d'où le terme de *notarius*).

« *Les* notarii *sont le plus souvent des esclaves ou des affranchis, rarement des hommes libres, sans connaissance juridique particulière, servant un maître.*

« *A partir du IIIe siècle, ont aussi été appelés* notarii *les secrétaires de l'empereur, des hauts fonctionnaires, des dignitaires de l'Eglise ; ils ont pu aussi servir de greffiers de tribunaux.*

« *Le terme de tabellion apparaît, lui, à partir du IIIe siècle de notre ère. Le mot vient de* tabella, *diminutif de* tabula *qui désigne la tablette de bois enduite de cire sur laquelle étaient inscrits les actes privés des Romains. Le tabellion est un écrivain public ayant quelques connaissances juridiques auquel les particuliers peuvent faire appel pour rédiger leurs écrits, notamment les contrats. Les documents ainsi rédigés s'apparentent à des actes sous seing privé.*

« *Cette profession est progressivement reconnue par les autorités publiques au Bas-Empire, mais leur production ne fait jamais preuve, même si elle peut constituer un élément de preuve (*res non probata sed probanda*). Les actes ainsi dressés ne sont pas revêtus de la* fides publica *et ce ne sont donc pas de véritables actes authentiques.*

« *Enfin, il existe un dernier personnage, souvent confondu avec le tabellion, le* tabularius, *fonctionnaire chargé à la fois de la conservation des archives et de l'insinuation des actes, c'est-à-dire de l'enregistrement des actes des tabellions dans les registres publics.*

Bien peu à rajouter à cette excellente présentation, si ce n'est de constater la régression de la force probante de l'instrumentum, après qu'il a quitté les terres originelles d'Afrique et de Mésopotamie, pour aborder celles du fier empire Romain, où il se trouve privé de sa foi et de son autorité publique.

La compréhension importée de la renaissance italienne est la suivante :

M. de Laurière a rédigé une note en 1701, « Mémoire pour L'Histoire des Sciences et des Beaux-Arts » : à l'intention de S. A. S. Monseigneur le Prince Souverain de Dombes expliquant les fonctions de ceux qui s'appelloient Notarii, Tabularii, Argentarii et Tabelliones.

« Notarii étoient ceux qui écrivoient avec une célérité surprenante, parce que de certains signes auxquels ils étoient accoûtumés, valoient des mots entiers, ce qui a fait dire au Poëte Manilius Liv.

« Tabularii étoient ceux qui mettoient au net les rôles des tributs.

« Argentarii étoient des Banquiers ou Changeurs, qui avoient leurs Tables ou Bureaux dans les Marchés & les Lieux publics.

« Tabelliones étoient ceux qui passoient et écrivoient toutes sortes de contrats ..... d'abord ils faisoient un projet du contrat qu'ils recevoient. Ensuite ils le mettoient au net, & par-là le contrat recevoit sa dernière perfection ..... Vers les bas siècles les Tabellions furent appelés Notaires, non comme les anciens Notaires dont l'art étoit d'écrire par signes ; mais parce que les minutes ou les projets de contrats de ces derniers étoient appellés Notae ou Notulae. « Au reste nous dépouillons toute cette explication des preuves qui en justifient vérité ; ce sont des passages qui font voir que M. de Laurière étoit très-versé dans la lecture des anciens & des modernes Jurisconsultes.

D. La Sourate 2 du saint Coran Al-Baqarah (La génisse) – An 622

سورة البقرة

Il s'agit-là d'une partie (finale) d'un texte N° 2, contenant un très grand nombre de recommandations et de prescriptions impératives qui relèvent du sacré pour une immense partie de l'humanité, qui sont toutes en concordance avec l'équité ou l'idée qu'ont pu s'en faire certaines cultures à un moment déterminé, dont celle particulièrement importante comme ci-après :

« O vous les croyants !

« Lorsque la mort de l'un de vous est proche et qu'il possède des biens, il vous est prescrit de faire un Testament en règle, en faveur de ses père et mère et de ses plus proches. C'est un devoir pour les pieux ;

« Quiconque l'altèrera après l'avoir entendu, le péché reposera sur ceux qui l'auront altéré ;

« Certes, Allah voit tout, Allah entend tout, Allah sait tout ;

« Mais quiconque craint d'un testateur quelque partialité (volontaire ou involontaire) et s'efforcera de le conseiller, alors, il n'y aura pas de péché sur lui, car certes, Allah est magnanime et miséricordieux !

« Quand vous contractez une dette à échéance déterminée, prenez-soin de la faire consigner dans un écrit ;

« Et qu'un notaire l'écrive, entre vous, en toute sincérité ;

« Un notaire ne peut refuser d'écrire selon ce qu'Allah lui a enseigné ;

« Qu'il écrive donc, ce que dicte le débiteur ;

« Qu'il craigne Allah son Seigneur et se garde d'en rien diminuer ;

« Si le débiteur est gaspilleur ou faible, ou incapable de dicter lui-même, que son représentant dicte alors en toute justice ;

« Faites-en témoigner par deux témoins d'entre vos hommes et à défaut de deux hommes, par un homme et deux femmes, choisis parmi ceux que vous agréez comme témoins ;

« De sorte que si l'un ou l'une d'eux s'égare l'autre puisse lui rappeler ;

« Et que les témoins ne refusent pas quand ils sont appelés ;

« Ne vous abstenez pas d'écrire la dette, qu'elle soit petite ou grande, ainsi que son échéance, l'écrit est plus véridique auprès d'Allah, plus fiable pour le témoignage et bien plus à même de prévenir les litiges ;

« S'il s'agit de négoce habituel de marchandises de genre entre commerçants, dans ce cas, il n'y a pas de péché à ne pas l'écrire ;

« Prenez des témoins lorsque vous faites une ***transaction*** *entre vous ;*

« Et qu'on ne fasse jamais tort au ***notaire****, ni à aux témoins ;*

« Si vous le faisiez, cela serait un très grand pêché ;

« Craignez Allah – Allah vous enseigne – Allah est omniscient.

On y retrouve pour l'essentiel, tous les préceptes qui étaient déjà en vigueur de très ancienne tradition, avec l'avantage dorénavant, d'en entendre une recommandation d'ordre divin, en reconnaissance confessionnelle de la grande utilité de l'intermédiation volontaire d'un professionnel, dédié, sachant, reconnu et rendu responsable, non pas seulement par les lois des hommes, mais par prescription divine.

Le notaire n'y est pas nommé en tant que tel, du moins sous sa définition la plus contemporaine, mais il n'est pas contestable que sa forme archaïque qui porte le nom de scribe, renvoie aux attributs de confiance et de sécurité qu'il a la charge de fournir au bénéfice de la société et que la prestation attendue est bien la sienne, à l'exclusion de tout autre et ce sont bien les attributs de l'adoul en droit coranique.

Prescriptions remarquables relativement à la matière, mais sans réel formalisme quant à la technique, dans une formulation devenue quelque peu archaïque et très limitée aux deux seuls actes de testament et de reconnaissance de dette, sans doute les plus courants à l'époque, mais qui ne représentent qu'une très modeste portion de l'activité notariale.

§ 2. – Les remarquables avancées techniques réalisées en Europe

Etrange que la puissance conceptuelle absolument remarquable du droit Romain et des préceptes de Justinien ne se soient pas emparées des avantages que pouvaient représenter la force probante de l'acte public, comme semble le recommander en revanche la sourate ci-dessus.

C'est en Italie, que des avancées remarquables sont réalisées - est-ce un hasard - au temps d'effervescence intellectuelle de la renaissance.

Un remarquable rappel se trouve sur le site des archives des notaires du Tarn, reprise telle quelle, car il n'y a rien à y retoucher :

http://archivesnotaires.tarn.fr/index.php?id=5171

A. Entre l'époque carolingienne et la Renaissance

« Avec la fin de l'Empire romain, l'organisation administrative se délite, marquée par une baisse significative de la pratique de l'écrit. Les tabellions disparaissent du paysage institutionnel, la rédaction des actes revient à ceux qui savent écrire, clercs, moines et autres prêtres.

« Charlemagne avait ordonné la création de ***notaires*** *auprès des* missi dominici *(capitulaire de 803) puis des comtes, évêques ou abbés (capitulaire de 805).*

« Mais ces hommes n'avaient encore que des fonctions de secrétaires ou de greffiers, encore très proches de l'acception antique.

« Simples scribes (au sens de scripteur du terme), *ils étaient ceux qui savaient rédiger les jugements rendus dans les tribunaux comtaux désormais munis de juges (*scabini*). Ces notaires carolingiens sont le noyau embryonnaire des premiers notaires « modernes ».*

« L'organisation mise en place par Charlemagne se disloque au rythme de l'éclatement de l'empire carolingien et de l'éclatement des pouvoirs qui donnera naissance à la société féodale.

« Cependant, en Italie centrale et septentrionale, dans le royaume lombard, les institutions judiciaires carolingiennes subsistent peu ou prou. Les notaires, nommés par le roi, puis l'empereur, en viennent à former un même corps avec celui des juges.

« Ces juges-notaires lombards se spécialisent peu à peu dans l'exercice de la juridiction gracieuse qui s'était mise en place au IXe siècle, devenant des notarii publici.

« En effet, on avait assisté à la judiciarisation de la rédaction des contrats, afin d'en garantir leur exécution et surtout, d'éviter toute contestation ultérieure. Ainsi, les parties se présentaient devant un juge, amené à prononcer une sentence : le contrat sous seing privé devenait alors artificiellement procès. Avec le temps, la forme contentieuse s'estompe et l'acte n'est plus que validé, puis, au XIe siècle, la juridiction gracieuse ainsi mise en place devient indépendante de l'institution judiciaire.

« La dernière étape de ce processus est la reconnaissance de la valeur authentique de la minute elle-même et non plus de l'expédition originale souscrite par le notaire.

« La pratique de la rédaction sur registre des minutes notariales à partir du XIIe siècle à Gênes en est le témoin. L'authenticité de l'acte vient ainsi de la main du notaire qui rédige l'acte, dépositaire de la manus publica.

« Ainsi, progressivement, entre l'Empire carolingien et le XIe siècle, le notaire a conquis son indépendance et une parcelle d'autorité publique pour authentifier les actes privés.

« L'émergence et le développement du notariat italien – et plus tard méridional – ne pourraient s'expliquer et se comprendre sans prise en compte de ce que l'on a appelé la « renaissance » du droit romain, et qu'aujourd'hui les historiens nomment plutôt renormalisation ou reformulation du droit.

« En effet, les notaires, non seulement puiseront dans cette science juridique du vocabulaire et des formules, mais surtout forgeront à partir d'elle une pratique de l'acte privé. Cette « renaissance » est un mouvement intellectuel né en Italie, particulièrement à Bologne dès le début du XIIe siècle, consistant en une redécouverte et une reformulation du droit romain tel qu'il avait été codifié par Justinien.

« Ainsi, à la fin du XIe siècle, les compilations byzantines, qui représentent la totalité du droit romain accessible (Corpus juris civilis), sont redécouvertes en Italie, puis étudiées. Le contexte de renouveau intellectuel du XIIe siècle stimule les études juridiques qui connaissent un essor très rapide.

« Vers 1100, le premier maître à enseigner et à écrire sur le droit romain s'appelle Irnerius, grammairien, juge de Bologne. Cette ville

devient alors, pendant tout le XIIe et la première moitié du XIIIe siècle, la capitale européenne incontestée du droit. L'enseignement des disciples d'Irnerius attire des élèves de toute l'Europe qui viennent y étudier les leges, les lois romaines (expression qui désigne l'ensemble des Compilations *de Justinien et pas seulement le* Code*).*

*« Cette nouvelle « science des lois » connaît un tel prestige qu'elle détourne des jeunes gens initialement destinés à la théologie. La base de l'enseignement est la glose, c'est-à-dire l'explication de texte. Les gloses sont compilées pour former de véritables manuels. La somme sur le Code de Justinien, achevée vers 1210 par Azon, est sans doute, jusqu'à la fin du Moyen Âge, un des manuels de droit les plus diffusés dans l'Occident latin, tant auprès des savants que des praticiens***.**

« D'autres centres d'enseignement apparaissent. Rentrés chez eux, les juristes formés à Bologne ouvrent un studium (lieu d'enseignement) et se mettent à leur tour à lire le droit.

« Dès les années 1130, une école juridique se forme dans le midi de la France (Arles, Avignon, Valence, Montpellier).

« Vers 1150, un certain Rogerius y enseigne le droit ; un de ses élèves, Placentin, enseigne à Montpellier entre 1159 et 1180.

« Mais toutes ces écoles sont épisodiques : liées à la présence d'un professeur, elles disparaissent avec lui. ... (Il en reste le souvenir dans une « Aula placentinea » à la faculté de droit de Montpellier).

« Seule l'école de Bologne constitue alors une université au plein sens du mot : les étudiants y constituent une personne juridique collective, dotée de privilèges distinctifs donnés par l'empereur ou par le pape ».

*« Le notariat moderne français apparaît au XIIe siècle sous l'influence directe de l'exemple italien. Il vient prendre la place des anciennes pratiques de validation des actes privés qui s'étaient développées depuis le Bas-Empire romain : souscription héritée du système antique, recours à des témoins, chirographe***...**

« Il se développe véritablement dans le dernier quart du XIIe siècle, en Languedoc – plus particulièrement dans l'ancienne Septimanie – et en Provence, issu d'un processus amorcé bien plus tôt, qui voit le développement de l'écrit juridique sur le modèle italien

« Dès le début du XIIe siècle, progressivement, le recours à l'écrit qui était rare se fait plus important, phénomène lié à l'accroissement des échanges commerciaux, notamment dans les centres urbains

méditerranéens, et à un besoin plus large de la société languedocienne de recours à l'écrit pour les problèmes de dévolution et de partage de patrimoine. Le droit romain, qui se répand dans cette même période, offre de nouvelles solutions juridiques et un vocabulaire spécifique qui transparaissent dans les actes à travers l'adjonction de clauses nouvelles ou une modification formelle des actes.

« Jusque dans la deuxième moitié du XIIe siècle, les scribes ecclésiastiques sont toujours largement sollicités pour la rédaction des chartes et autres actes privés : on rencontre alors les mentions de simples moines, tel un certain Bertrand, monachus (moine), dans un acte de 1147 ou de prêtres sachant écrire, comme Guillaume, levita (clerc) à Douzens en 1165.

« Des clercs spécialisés dans l'écriture juridique émergent en particulier au sein des chapitres cathédraux, comme à Agde, étudié par Pierre Chastang.

« D'autres, à l'image des chanoines de Saint-Ruf, deviennent de véritables « experts » juridiques reconnus, sillonnant la région au gré des arbitrages ou différends.

« A côté des scribes ecclésiastiques, apparaissent d'autres spécialistes du droit, laïcs cette fois.

« Ces hommes sont au service du roi d'Aragon, du comte de Toulouse, d'un évêque, d'un seigneur, ou d'une communauté. Souvent simples secrétaires, ils sont parfois de véritables juristes encadrant une chancellerie balbutiante. Leur connaissance de l'écrit, mais surtout leur science du droit, les rendent responsables de la rédaction des actes de leur seigneur.

« On peut ainsi suivre depuis le milieu du XIIe siècle les notaires du comte de Toulouse, dont le titre de notaire renvoie davantage à la fonction de chancelier qu'à celle de notaire public.

« Le phénomène est aussi vrai dans les communautés urbaines – qui bientôt prendront le titre de consulat à l'imitation de l'Italie – tel qu'on le voit dans la basse vallée du Rhône.

« Tous d'ailleurs ne prennent pas le titre de notaire : on trouve des cancellarii (chanceliers), des causidici (avocats) ou encore des magistri (maîtres).

« Ces termes attestent davantage d'une connaissance juridique et prêtent moins à confusion que celui de notaire. Cette ambivalence a d'ailleurs conduit de nombreux historiens à dater l'apparition du

notariat de la première moitié du XIIe siècle. Il semble en fait que si l'on prend une acception plus contemporaine au terme de notaire, il faille plutôt attendre le dernier quart du XIIe siècle.

« Bernard Cota, notaire de Béziers, rédige les actes et les valide du sceau vicomtal (Raymundi Trencavelli notarius vicecomitis Biterrensis, qui hanc cartam scripsit et mandato ejus sigillo suo firmavit).

« Ces notaires-chanceliers ont pu aussi être amenés à rédiger des actes pour des particuliers tel Arnaud Ferrucius, chancelier des comtes de Toulouse et notaire à Toulouse à la fin du XIIe siècle.

« Dès 1150, et plus encore dans la décennie suivante, apparaissent de nouveaux scribes laïcs, véritables écrivains publics – résurgence à la fois des anciens notaires (secrétaires) et tabellions (écrivains publics) antiques – au service de particuliers souhaitant mettre par écrit leurs contrats de droit privé (ventes/achats, donations, échanges, etc.).

« C'est le cas d'un certain Sylvestre dont les Archives départementales de l'Hérault conservent 25 actes, ou de Pierre de Rodez (Petrus de Rothenis) à Nîmes, scribe d'au moins 30 actes de 1144 à 1177 ou encore de Pons Vitalis à Toulouse, qui rédige 23 actes de 1128 à 1162.

« Certains de ces scribes, qui eux aussi commencent à prendre le titre de notaire – notarius ou tabellio sont alors des termes synonymes – sans que pour autant on puisse encore parler de notaire au sens moderne du terme puisque leurs écrits ne garantissent pas l'authenticité à l'acte, sont en fait des « petites mains » des chancelleries naissantes étudiées plus haut, rédigeant aussi pour le compte de particuliers.

« Enfin, à partir des années 1170, la transformation du scribe en notaire s'achève par l'apparition du seing manuel au bas des actes, et la mention de plus en plus fréquente du terme publicus ou communis à la suite des titres de notaire ou tabellion. A l'image de l'Italie, c'est désormais la main du notaire qui assure la fides publica, c'est-à-dire l'authenticité de l'acte.

« L'acte notarié présente l'intérêt de confirmer l'authenticité d'un acte juridique, avant tout conflit devant la justice. Ce système – ce qui explique son succès – répond enfin aux préoccupations des contemporains soucieux d'assurer une valeur juridique incontestable à leurs contrats. Ainsi, en 1172, Raymond Bodonus, scribe de St-Gilles-du-Gard, rédige un acte en tant que notaire et, fait nouveau, y rajoute son seing manuel (Raimundus Bodonus, notarius mandato utriusque partis hoc instrumentum composui, scripsi, complevi et testis interfui).

« C'est le premier acte repéré comportant les deux éléments qui constituent les marques identifiant un acte notarié : la mention du notaire public et de son seing, symbole du nouveau pouvoir d'authentification des notaires.

« A partir de cette date, les notaires publics se multiplient autour de Saint-Gilles-du-Gard, Arles, Nîmes puis Béziers (1178) où l'évêque Bernard afferme le tabellionage et le pouvoir de faire des chartes à Bernard de Caucionojolo, Montpellier, Marseille, Avignon, le Roussillon et Toulouse en l'an 1190. Moissac possède dès 1175 un notaire (Arnaldus, communis notarius de Moysiaco), mais cela constitue un cas particulier lié à la présence du comte de Toulouse.

« Bien sûr, cette chronologie est tributaire des actes conservés. L'apparition du notariat public est sûrement antérieure de quelques années. Toutefois, on peut constater que Raymond Bodonus, que l'on connaît depuis les années 1160, ne prend le titre de notaire et ne met un seing qu'en 1172, alors qu'encore en 1171, sa completio (formule finale du notaire) ne laissait apparaître qu'un scribe.

« En 1200, le notariat « moderne » ou latin est désormais implanté sur la côte méditerranéenne ; sa progression à l'intérieur des terres est fulgurante. On trouve des notaires à Millau en 1208 et à Rodez en 1253. Pour le Tarn, le premier document conservé, validé par un notaire, est un acte de vente de 1224 d'un certain D. Decarum de Castres, publicus scriptor castrensis ville (...) hanc cartam scripsi et signavi. Pourtant, Jean-Louis Biget signale un certain Philippus dans l'acte de 1220 qui voit pour la première fois la reconnaissance officielle de la communauté d'Albi, dotée de son propre sceau.

« D'ailleurs, on retrouve ce Philippus dans d'autres actes, sans que l'on sache vraiment quels en sont les signes de corroboration. Toujours est-il qu'il s'intitule publicus tabellio villae Albiae en juin 1218, ce qui fait de lui le plus ancien notaire albigeois. A Albi toujours, le premier notaire avec un seing se rencontre en 1233.

« Ce nouveau système de validation des actes se répand ensuite très rapidement. A la fin du XIIIe siècle, une soixantaine de notaires ont été comptés à travers des actes isolés. On les trouve certes à Albi ou Castres, mais aussi à Cordes, Lautrec, Labruguière, Lisle-sur-Tarn, Alban, Ambialet, etc.

Beaucoup d'admiration pour cette présentation érudite, sans doute rédigée par un professeur d'histoire du droit sur commande spéciale de la Chambre, mais dont le nom n'y figure pas, ou la reproduction d'une excellente thèse de doctorat.

Compliments rétrospectifs et très reconnaissants pour cette remarquable contribution à la connaissance du cheminement de l'institution notariale.

B. Rolandino De' Passaggeri et la Renaissance italienne

Selon l'encyclopédie italienne « Treccani » (traduction libre) http://www.treccani.it/enciclopedia/rolandino-de-passeggeri_%28Enciclopedia-Italiana%29/

Célèbre notaire bolognais, né au début XIIIe siècle, mentionné pour la première fois au registre des notaires de Bologne en 1234 et pour la dernière fois dans son testament de 1297. Il mourut très âgé en 1300, après avoir exercé le notariat dans son pays avec beaucoup de succès.

Il fut LE maître de l'art notarial en l'Ecole de Bologne et transmit son nom à la postérité par sa « *Summa artis notariae* » (traité d'art notarial de 1255), divisée en quatre parties relatives aux contrats, testaments, documents judiciaires, copies et réitérations d'actes.

Clarté, précision et simplicité ont fait de son œuvre, appelée en bref la « *Rolandina* » ou « *Orlandina* », un ouvrage largement diffusé et même indispensable dans la pratique et l'étude de l'art notarial en Italie et à l'étranger jusqu'aux siècles de l'ère moderne et il en existait de nombreuses éditions. Au XVIIe siècle il y avait une traduction en langue locale au Piémont.

À la Summa Rolandina, il a ensuite ajouté un *Flos ultimarum voluntatum* divisé en quatre livres (testaments, codicilles, dispositions à cause de mort, successions au nom du défunt) et un commentaire, qui s'arrête également au chapitre V, auquel il a donné le titre d'Aurora.

Rolandino joue aussi un rôle dans l'intense vie politique bolognaise de son siècle, guidant la faction Guelphe des Geremei en conflit avec les Lambertazzi, assumant des fonctions au sein du conseil municipal, intervenant également dans la rédaction du règlement bien connu sacrati (initié) et sacratissimi (bien plus) de la municipalité bolognaise. Dans les grands conflits qui ont éclaté entre Bologne et l'empereur Frédéric II, la ville lui a confié la rédaction d'un important essai adressé à l'empereur, étant donné la grande réputation qu'il avait également acquise en tant que rédacteur d'épistules (épitre profane).

Parmi les anciens élèves et disciples de Rolandino se trouvent Pietro dei Boattieri et *Pietro da Unzola* : des juristes connus pour d'autres travaux, tous deux très réputés, le premier, pour son commentaire, le second pour ses ajouts au travail du maître.

C'est toute l'Europe continentale qui s'en trouve influencée, car les notaires comme les banquiers remontent avec les marchands, les accompagnant de leur technique à la rencontre des grandes foires, en Bourgogne, en Limousin, Champagne et Picardie, y faisant souche et tout autant en Espagne et dans les Flandres et de là vers l'Autriche-Hongrie, les Balkans, Portugal, Saint Empire, Etats baltes et Russie, etc.

A titre d'exemple, Henricus d'Isernia, de l'école de Bologne, l'importe en 1214 à Prague (Rép. Tchèque), au quartier historique de Vyšehrad et devient proto-notaire à la cour du roi Ottokar II de Bohème).

Ceci renvoie au texte figurant sur l'excellent site des archives des notaires du Tarn comme suit :

C. L'harmonisation progressive du notariat de type « continental » dans la France d'ancien régime monarchique :

« A Curvalle, petite bourgade au bord du Rance, sept notaires ont exercé dans la deuxième moitié du XIIIe siècle.

« Le XIIIe siècle voit non seulement le notariat se propager, mais aussi se perfectionner, grâce notamment à la diffusion du droit romain que les notaires s'approprient. Désormais, les clauses de renonciation se multiplient au bas des actes, le vocabulaire employé est de plus en plus technique et de nouveaux types d'actes apparaissent, tels que le testament. Surtout, l'acte notarié apparaît comme la solution idéale, non seulement pour garantir l'authenticité de l'écrit produit, mais encore son caractère exécutoire.

« En effet, jusqu'alors, seuls les témoins garantissaient les contrats couchés par écrit, ce qui ne manquait pas de poser un problème lorsque ces témoins n'étaient plus. Désormais, grâce au pouvoir des notaires d'authentifier les actes, cette difficulté disparaît, ce qui explique en grande partie le succès du notariat.

« Ainsi, le notariat est bien installé dans le territoire correspondant aux pays de droit écrit. Il est maintenant réglementé par le roi de France qui en a reconnu les principes. Au-delà de l'aspect purement normatif, il apparaît clairement que le notaire fait partie intégrante de la société méridionale. La richesse des fonds notariés médiévaux des départements du sud de la France témoigne, malgré les nombreuses lacunes dans les collections, de la place prise par le notaire dans la vie quotidienne.

Pour la moindre affaire, on a recours au notaire qui prend note, sous forme authentique, d'actes aussi divers que variés.

« L'accès au notaire n'est donc pas réservé à une élite fortunée. Un comptage effectué à partir des registres de Rodez entre les années 1280 et 1300 donne les résultats suivants : 14,5 % des clients sont ecclésiastiques, 25 % aristocrates mais 60,5 % des clients des notaires rouergats sont issus de la population urbaine ou rurale ; on note aussi que 68 % des actes reçus à cette époque sont à caractère économique.

« On trouve fréquemment des ventes, échanges, donations, testaments, contrats de mariage, baux... tous types de documents liés à la gestion du patrimoine, mais aussi des actes plus originaux dans les registres.

« Ainsi, on notera la location de vaisselle d'argent à Lautrec en 1499 ou le bail à gasaille (sorte de location) d'une truie avec sa portée. A Lautrec toujours, on trouve aussi un billet de Pierre Dupuy, bachelier ès décrets, religieux de Saint-Benoît de Castres et prieur de Guitalens, à son neveu Alexis Dupuy, le chargeant d'aller, le jour même à Castres, prendre la clef de sa chambre, et d'apporter les livres qu'il y trouvera : lo Decret et les Decretales et lo Seysse et les Clémentines, et les autres choses qui peuvent lui être nécessaires.

« En 1412, Pierre Dupuy, toujours, créancier de Guillaume Dubourg, de Puylaurens, pour lui avoir transporté de Lombers à Sorèze onze charges de pastel, cède cette créance à son neveu Jean Dupuy, étudiant à Toulouse, pour lui venir en aide dans ses études et lui permettre d'acheter des livres.

« On pourrait ainsi multiplier les exemples qui nous font entrer dans le quotidien et les petits tracas de la population. Le notaire joue le rôle d'huissier ou de greffier, notamment pour les petits consulats dépourvus de personnel spécifique. De fait, c'est au notaire que, dès le XIVe siècle, on confie la rédaction des documents consulaires (délibérations, comptes et autres) comme à Albi. De même, les seigneurs font appel à lui pour rédiger les actes nécessaires à la gestion de leur seigneurie : terriers, censiers, reconnaissances féodales...

« Il faudra attendre l'Ancien Régime pour qu'un personnel dédié se charge de ces tâches, tant dans les communautés que chez les seigneurs, à condition qu'ils en aient les moyens. Souvent, jusqu'à la Révolution, c'est le notaire qui assurera ces fonctions.

« Cette présence des notaires comme professionnels de l'écriture explique la profusion des écrits institutionnels méridionaux, ce qui a conduit certains historiens à qualifier le Midi de « bavard » face à un Nord « muet » (tout est relatif...) faute de sources.

« A la fin du XVe siècle, l'institution notariale est bien établie.

« En 1500, la carte des résidences du Tarn, telle qu'elle est dessinée d'après les archives conservées, fait apparaître trente-quatre villes possédant un notaire ; Cordes en compte 14, Castres et Lautrec 10, Saint-Sulpice et Cahuzac-sur-Vère 6. Mais Albi n'en compte qu'un, Pierre de Villaderio, tout comme Gaillac, avec Jean Cathalan.

« Au total, ils sont 144, à la veille du XVIe siècle, à exercer sur le territoire actuel du département du Tarn. Même si les valeurs affichées correspondent aux seuls notaires pour lesquels des minutiers sont conservés, et bien que les valeurs soient approximatives dans la mesure où la révision des inventaires est encore inachevée, on peut considérer que ces chiffres sont significatifs et valables.

« Désormais, la royauté va s'attacher à encadrer l'institution notariale en tentant de contrôler et d'unifier les pratiques, tant méridionales que septentrionales

« Le nord de la France ne voit pas ce modèle de notariat dit latin se développer à la même période. Une autre solution est trouvée pour authentifier les actes privés : la juridiction gracieuse. C'est une autorité publique importante qui apporte alors la force de la confiance qui lui est attribuée pour valider les actes privés qu'on lui présente.

« Concrètement, le personnel de la cour de justice du roi ou de l'officialité d'un évêque reçoit les parties souhaitant conclure une transaction et rédige l'acte avant de le sceller du sceau de la juridiction. La cour royale de justice du Châtelet de Paris commence à émettre des lettres de juridiction de ce type dans les années 1230. Devant l'augmentation de la demande, un personnel spécialisé apparaît dans ces cours de justice pour rédiger les actes privés : ces officiers deviennent progressivement des notaires au sens méridional mais ce n'est qu'à la fin du XVIe siècle que le système septentrional rejoint la pratique du sud de la France.

« Dès son implantation dans le midi de la France, officialisée par le traité de Paris en 1229, la royauté capétienne cherche à accaparer la nomination des notaires : des notaires publics royaux apparaissent, qui ont le droit d'instrumenter non seulement dans les domaines du roi, mais dans l'ensemble du royaume de France.

« L'ordonnance de 1304 spécifie qu'ils doivent instrumenter en un lieu précis mais qu'ils pourront, si nécessaire, recevoir des actes ailleurs. En outre, les notaires seigneuriaux n'ont pas le droit d'instrumenter dans les terres royales.

« Mais le pouvoir royal, s'il a cherché à contrôler d'emblée le notariat, n'a pas accepté immédiatement ce principe assez étrange pour lui qu'un individu puisse donner force de preuve à des actes par son seing, simplement après avoir été nommé par une autorité publique.

« Par mandement royal du 15 novembre 1291 il est prescrit au sénéchal de Carcassonne le scellement de tout acte notarié par un juge royal.

« Les difficultés d'application et les résistances semblent avoir été importantes puisque ce mandement est supprimé dès le 20 mars 1292.

« Le roi de France se résout à laisser exister le système du notariat du midi de la France, reconnaissant ainsi la valeur juridique d'un acte notarié dépourvu de sceau : les actes de notaires feront foi sans le sceau et à défaut de le supprimer, il encadre ce notariat, édictant en juillet 1304 une ordonnance sur le notariat méridional qui est le premier texte législatif y relatif, réglementant la pratique notariale que les modalités de nomination des notaires royaux et leurs droits.

« L'ordonnance prescrit ainsi une résidence fixe, où ils ont leur « chartulaire », et les modalités de rédactions des actes : écriture (ils écriront nettement les minutes et sans abréviations, et ils n'y mettront pas de clauses obscures et inintelligibles art. 5), support (leurs chartulaires seront de bon papier. Ils laisseront un espace raisonnable aux marges... art. 4), formules à employer, lieux où passer les actes. Surtout, l'ordonnance précise les conditions pour que les actes soient juridiquement sans défaut (ou presque) : témoins dignes de foi, contrats licites, actes requis publiquement par des parties dûment informées, version finale relue aux parties... Le texte prévoit aussi les conditions requises pour être notaire et la rémunération : les notaires se contenteront d'un salaire médiocre (art. 7).

« D'un point de vue institutionnel, la période moderne est celle de l'affirmation de l'État monarchique jusqu'à son apogée, la monarchie absolue. Depuis le règne de Philippe Le Bel, le roi, devenu « empereur en son royaume », use de tout un arsenal juridique pour asseoir son autorité sur l'ensemble du territoire.

« Les lois fondamentales du royaume confèrent une légitimité au prince et l'imposent à l'intérieur comme à l'extérieur des frontières.

« L'histoire du notariat est empreinte de ce mouvement général et la monarchie capétienne va réglementer le notariat, en unifier les modalités d'exercice, en définir les actes et estomper les différences entre les provinces du Nord et celles du Sud.

« Sans prétendre à l'exhaustivité, nous nous proposons de présenter les principaux textes ayant jalonné l'histoire du notariat d'époque moderne.

« Leur nombre important indique le rôle central du notaire dans cette société.

« S'il est un personnage immergé dans la vie de ses contemporains, le notaire détient aussi un pouvoir stratégique dans l'organisation institutionnelle. Cet élément explique que la royauté se soit très tôt intéressée à ses fonctions et à son organisation (sur ce point, voir l'ordonnance de 1304).

« La royauté s'est ensuite essentiellement concentrée sur le notariat septentrional, et en particulier les notaires du Châtelet. Ainsi, l'ordonnance de Chinon de 1433 impose la tenue de registres et la signature des notaires, tentant ainsi de soumettre les notaires du Nord aux pratiques du Sud. Les ordonnances sur le fait de la justice s'intéressent à nouveau aux notaires, y compris méridionaux.

L'ordonnance de Bourges de 1485 précise que les notaires devront faire lecture intégrale de l'acte rédigé aux contractants.

« L'ordonnance de Blois de mars 1498, dans son article 65, dispose que les notaires ne recevront aucun contrat s'ils ne connaissent les personnes, ou qu'ils ne soient certifiés ou témoignés être ceux qui contractent, sur peine de privation de leurs office ».

D. 1539 – Edit de Villers-Cotterêts et Coutumiers d'Ancien Régime

« Parmi les ordonnances royales de réformation du XVIe siècle, celle de Villers-Cotterêts sur le fait de la justice enregistrée au parlement de Paris le 6 septembre 1539 est sans aucun doute la plus connue. Composée de 192 articles à l'initiative du roi François Ier et élaborée par le chancelier Guillaume Poyet, elle édicte surtout des règles de procédures et encadre les compétences des juridictions ecclésiastiques.

« Célèbre pour avoir généralisé l'usage du français dans les actes officiels et réglementé la tenue des registres paroissiaux de baptêmes et sépultures, ce texte est fondamental pour le notariat.

« Les dispositions relatives à la tenue d'un état civil prévoient (article 52) que les registres remis aux greffes des tribunaux doivent être signés par les notaires afin qu'il n'y ait faute auxdits registres. Pour la période de 1564 à 1609, les Archives départementales du Tarn conservent 21 registres d'état civil issus de la collection du greffe (pour

150 issus de la collection communale), mais aucun ne porte le seing d'un notaire.

« *Le texte soumet les notaires à des obligations quant à la rédaction des actes qu'ils passent et complète ainsi la législation antérieure.*

« L'article 67 stipule que *tous les notaires et tabellions, seront tenus mettre par leurs contrats, sur peine de privation de leurs offices et d'amende arbitraire, les lieux de demeurance des contractans.*

L'obligation d'indiquer le jour, le nom du roi, celui des témoins, celui du notaire, le lieu de passation du contrat, le nom des contractants et l'objet du contrat avait été posée dans l'ordonnance de juillet 1304.

« L'article 110 précise que les arrêts de justice auxquels sont inclus les actes notariés *soient faits et écrits si clairement qu'il n'y ait, ni puisse avoir, aucune ambiguïté ou incertitude, ni à demander interprétation.*

« L'article 132 crée l'insinuation judiciaire des actes de donations entre vifs, dont il ne reste malheureusement que quelques épaves pour le département du Tarn. Il s'agissait pour les greffes des tribunaux de copier intégralement les textes des actes de donation entre vifs à des fins de publicité vis-à-vis des tiers.

« L'article 173 reprend l'obligation pour tous les notaires *tant de nostre chastelet de Paris, qu'autres quelconques* de tenir registres et protocoles pour les testaments et contrats passés dans leur étude et de les garder convenablement.

« L'article 174 spécifie que *esquelz registres et prothocolles seront mises et inserees au long les minutes desd. contractz et à la fin de lad. insertion sera mis le seing des notaires ou tabelion qui aura receu led. contract* : cela signifie l'interdiction de tenir des registres de minutes abrégées et d'ordonnées, pratique courante des notaires méridionaux.

« L'article 177 prévoit que les notaires ne doivent communiquer les actes qu'aux contractants, à leurs ayants droit, aux protagonistes, sauf décision de justice, et pose ainsi le principe du secret professionnel. La délivrance d'une seule grosse est également ordonnée (article 178).

« L'article 179 affirme la compétence exclusive du juge royal quant aux contentieux mettant en cause des notaires dans le cadre de leur exercice.

« Disposition la plus connue de l'ordonnance, l'article 111 précise *Et pour que ce que telles choses sont soventes fois advenues sur l'intelligence des motz latins contenus esdits arrests, nous voulons d'oresnavant que tous arrests, ensemble toutes autres procédures, soient de nos cours souveraines et autres subalternes et inferieures, soient de registres, enquestes, contrats, commissions, sentences, testaments, et autres quelconques, actes et exploicts de justice, ou qui en dépendent, soient prononcéz, enregistréz et delivréz aux parties en langage maternel françois et non autrement.*

« L'ordonnance réitère sur ce point des prescriptions antérieures.

« Une ordonnance du 28 mai 1532 spécifiait, à la suite d'une remontrance des Etats du Languedoc, que les contrats passés devant les notaires doivent être rédigés en langue vulgaire et qu'au décès d'un notaire, ses minutes doivent être conservées par la justice ou dans les archives publiques de sa ville, sauf droit contraire des héritiers ou des seigneurs. Dans le Tarn, de 1534 à 1550, l'occitan est une des deux langues utilisées dans les actes – avec le latin, majoritaire – mais le français gagne du terrain et l'usage de la langue vernaculaire devient marginal après 1580. Cette acceptation rapide de la langue du roi est remarquable, d'autant qu'aucune sanction n'est prévue dans l'ordonnance en cas de son non-respect.

« Il est à noter cependant que le français semble s'être établi avant même la rédaction du texte, et qu'à l'inverse, l'occitan persiste dans les termes techniques (notamment dans les inventaires après décès) ou dans les noms de lieu.

« Les prescriptions en matière de tenue des registres sont en revanche plus longues à mettre en œuvre : les ordonnées ne sont vraiment définitivement abandonnées qu'à la fin du XVIe siècle, et de fait, les parlements se mettent aux XVIIe et XVIIIe siècles à punir les notaires s'étant rendus coupables de trop gros écarts entre le texte abrégé de la minute et son développement dans l'ordonnée.

« Les dispositions de l'ordonnance de Villers-Cotterêts sont générales et ne font pour la plupart que confirmer des règles précédemment édictées. Elles ont vocation à s'imposer tant aux notaires du Nord qu'aux notaires du Sud. Elles ont l'ambition d'unifier les pratiques et de protéger le régime de la preuve écrite. Pourtant, l'abondance des ordonnances qui vont lui succéder indique que sa portée fut relative. De nombreux textes lui font suite, la complétant ou réitérant des dispositions qui peinent à s'imposer.

« En novembre 1542, l'édit d'Angoulême tente d'unifier l'organisation du notariat dans tout le royaume en imposant dans le midi de la France

la division tripartite des tâches en vigueur dans les juridictions gracieuses septentrionales entre notaire, tabellion et garde-scel. Le processus d'uniformisation aboutit finalement dans le sens du notariat méridional en mai 1597 : tous les offices notariés sont réunis, sauf ceux de gardes-scels, dans un office royal unique de notaire, garde-notes, tabellion héréditaire.

« Il faudra cependant attendre la loi de ventôse an XI pour que cette unification soit véritablement accomplie.

« Une ordonnance du 11 décembre 1542 interdit aux notaires royaux d'instrumenter en dehors de leur zone d'exercice. Les archives de la cour royale de justice de la sénéchaussée de Castres révèlent par exemple une plainte du corps des notaires de Castres contre Penavaire, notaire de Viviers, qui avait instrumenté hors de sa juridiction en 1769. De même, on retrouve dans les archives de la juridiction de Mazamet un arrêt du parlement, sur la requête de Pierre Landes, bachelier en droits, notaire d'Hautpoul-Mazamet, lieutenant des judicatures de Montlédier, Aussillon, le Bousquet, le Vintrou et Lacalm, faisant inhibition et défense à tous notaires étrangers, de passer des actes dans les lieux d'Hautpoul-Mazamet et dépendances. Un notaire de Vielmur est jugé pour la même raison et à ordre de restituer les émoluments des actes passés par le consulat de astres depuis dix ans.

« François Ier dans un édit du 15 décembre 1543 impose que pour une meilleure administration de la chose publique (…) tous les actes seront reçus par un notaire et 2 témoins ou par 2 notaires et que la minute restera aux mains du notaire qui l'aura écrite. *Par ailleurs, le pouvoir royal juge nécessaire de renouveler deux fois son ordre selon lequel les parties doivent signer les actes sur les minutes, par une ordonnance de janvier 1560, puis par l'ordonnance de Blois de mai 1579.*

« En 1566, l'ordonnance de Moulins dans son article 54 affirme la supériorité absolue de la preuve écrite en toute chose sur la preuve par témoins et positionne le notaire au cœur de cette modernité : avons ordonné et ordonnons que d'oresnavant de toutes choses excédant la somme ou valeur de cent livres pour une fois payer, seront passéz contrats par devant notaires et témoins, par lesquels contrats seulement, sera faite et reçue toute preuve desdites matières, sans recevoir aucune preuve par témoin, outre le contenu au contrat, ni sur ce qui serait allégué avoir esté dit ou convenu avant icelui, lors et depuis. En quoi n'entendons exclure les preuves des conventions et

autres qui seroient faites par les parties sous leurs seings, sceaux et écritures privées.

« En août 1674, un édit impose que les actes judiciaires soient expédiés sur un papier portant un « timbre », c'est-à-dire une marque fleurdelisée portant le nom de la généralité où il allait être employé. L'usage de ce papier est soumis au paiement d'une taxe.

« Un édit de mars 1693 crée le contrôle des actes des notaires. Les notaires doivent se rendre sous quinzaine à des bureaux spécialisés pour y faire enregistrer les actes qu'ils ont passés et payer un droit. L'autorité royale souhaite par-là maîtriser les informations liées aux mouvements des revenus familiaux, et trouve aussi dans cette démarche un moyen de gagner de l'argent.

« Un arrêt du Conseil du 21 juin 1695 décide que les notaires sont obligés de tenir des répertoires de tous les contrats et actes reçus, étendant ainsi les obligations prescrites par l'article 173 de l'ordonnance de Villers-Cotterêts.

« Le roi de France encadre également les notaires nommés par d'autres autorités que lui : déjà en 1490, Charles VIII avait défendu à tout laïc de passer ses contrats devant des notaires impériaux. En septembre 1547, Henri II limite le nombre de notaires apostoliques par bailliages et sénéchaussées, et les oblige à se faire immatriculer. L'édit dit des Petites Dates *de juin 1550 place sous le contrôle des évêques le recrutement des notaires apostoliques. L'aboutissement de cette politique intervient en décembre 1691 avec la fusion du notariat apostolique et royal.*

« Au XVIIIe siècle, le cadre juridique du notariat est stable. Le mouvement d'unification a porté ses fruits et désormais le notariat s'exerce à peu près uniformément sur l'ensemble du territoire.

Les diverses catégories de notaires ont quasiment disparu au profit du notariat royal : au XVIIIe siècle, dans la vicomté de Lautrec seuls trois notaires portent le titre de « notaire royal et apostolique ».

Cette remarquable présentation est celle du notariat de France, mais il convient de se souvenir qu'elle n'était que l'une des nations parmi d'autres, tentant de se doter d'une institution notariale de qualité.

Le Saint Empire en était une autre de très grande influence, mais Charles Quint qui est confronté aux protestations de Luther et de son disciple Philippe Mélanchton, reçoit le 25 juin 1530 la confession d'Augsbourg, texte fondateur du luthéranisme déclenchant l'ire des tenants du catholicisme papiste et il la fait proscrire par la diète et édite des « placards », ordonnant qu'on établisse dans ses États un catalogue des auteurs à proscrire.

Certains de ces placards règlementent la pratique notariale et régiront le notariat des Pays-Bas, qui en exporteront une partie de la législation à la province du Cap (Afrique du Sud) et en Indonésie.

C'est à ce stade historique d'aboutissement de son évolution en Europe, que l'institution notariale fait son entrée en terre d'Afrique.

Même si ces explications peuvent paraitre fastidieuses et quelque peu éloignées du thème le plus central de cette présentation, elles ont toutes la plus grande importance.

D'abord pour expliquer et permettre de mieux comprendre, en les replaçant dans leur contexte historique, chacune des grandes évolutions ayant permis au notariat de devenir ce qu'il en est aujourd'hui.

Ensuite, pour réunir une somme d'informations permettant de les rendre accessibles, sans trop entrer dans le contingent, en comprenant que ces développements auraient pu se poursuivre bien plus avant, par l'examen de détail des nombreuses recommandations alternatives qui n'ont pas manqué de se présenter au travers des siècles, cela compte non tenu d'intérêts politiques ou religieux circonstanciels ayant pu interférer lors de l'édiction de prescriptions obligatoire.

Et enfin bien entendu, pourquoi il ne pouvait que s'épanouir en terre d'accueil du Sénégal.

Section 2 – Ce qu'était le Sénégal d'avant le Notariat

Dans la juste compréhension de cette étude, présenter le Sénégal ne doit certainement pas se limiter à la seule compréhension géographique du terme, car par-delà de cette délimitation spatiale, il y a bien entendu une dimension de complémentarité temporelle, et puis surtout, des femmes et des hommes de diverses cultures, plus ou moins fédérées et certainement beaucoup moins, au temps de cette rencontre qu'elles ne le sont à l'orée du troisième millénaire.

Mais au-delà de cette photographie instantanée, il est indispensable de remonter le fil de l'histoire, pour mieux appréhender les attributs ayant favorisé l'appropriation positive d'un instrument objectivement très étranger et en revanche, sans qu'il ne soit nécessaire à ce stade, d'encombrer cette compréhension, par l'analyse ou la prise en compte d'évènements et de considérations plus contemporains.

§ 1. – A la pointe la plus occidentale de la côte d'Afrique :

A. Quelques aperçus géographiques :

Le Sénégal, (aujourd'hui république du Sénégal), est un pays d'Afrique de l'Ouest, formant portion la plus occidentale du continent. Il est bordé par l'océan Atlantique à l'ouest, la Mauritanie au nord-nord-est, le Mali à l'est, la Guinée au sud-est et la Guinée-Bissau au sud-sud-ouest.

La république de Gambie forme une véritable enclave dans le Sénégal (pour des raisons historiques d'époque coloniale), pénétrant à plus de 300 km à l'intérieur des terres.

Les îles du Cap-Vert sont situées à 560 km de la côte sénégalaise.

Le pays partage son nom avec le fleuve qui le borde à l'est et au nord et qui prend sa source dans le Fouta-Djalon en Guinée, mais l'explication de l'origine de ce nom de Sénégal est matière à débats.

Dès 1850, l'abbé David Boilat, qui était le fils quarteron d'une signare (riche commerçante métisse), y voyait dans ses *Esquisses sénégalaises* une déformation de l'expression wolof *suñu gaal*, « notre pirogue ».

Très populaire, cette version est en général relayée par les médias et favorisée par les autorités, dans la mesure où elle met en avant le concept idéalisé de solidarité nationale, mais cet imaginaire est de plus en plus contesté depuis les années 1960, plusieurs autres étymologies étant proposées.

Celle qui est dorénavant considérée comme la plus vraisemblable, se rapporte au toponyme d'une tribu berbère du Sahara, connue dans la cartographie d'époque médiévale comme celle des Zenagas ou Sanhadja (homme voilés), qui a donné son nom au fleuve du même nom.

Le climat est tropical et sec avec deux saisons l'une sèche, d'octobre à juillet et l'autre plus courte, dite « des pluies » ou « hivernage », de juillet à octobre.

B. Préhistoire et Peuplement :

La préhistoire et la protohistoire du Sénégal se réfèrent le plus souvent, aux cercles mégalithiques de Sénégambie ou à des amas coquilliers artificiels, tels ceux de l'île de Fadiouth.

L'homme s'est installé au Sénégal dans la période du paléolithique. Cette affirmation est prouvée par les recherches archéologiques faites par l'IFAN (Institut fondamental d'Afrique noire) dès la période coloniale, mais n'ont pas encore montré la présence de galets aménagés.

Des bifaces en amande du paléolithique inférieur ont été découverts dans la presqu'île du Cap-Vert, à la pointe de Fann ainsi que d'autres objets en pierre plus élaborés (hachereaux, racloirs) près de Rufisque et au bord des rivières du Sénégal oriental (haches à Tambacounda et à Bakel).

Ces découvertes démontrent que l'homme a vécu au Sénégal durant le paléolithique moyen et ceci est mis en évidence par la découverte, à Sébikhotane de fragments de grattoirs, de hachoirs, de perçoirs.

Au paléolithique supérieur, apparait une nouvelle méthode de travail de pierre, appelé « industrie de thiemasse », découverte au sud de Mbour.

Au Néolithique, l'outillage se diversifie et la céramique fait son apparition. Les fouilles menées dans les régions côtières ont mis à jour des restes de cuisine, témoignant d'une importante population de pêcheurs et commerçants au marigot de Khant, dans le delta formé à l'embouchure du Saloum.

La métallurgie se développe à l'époque protohistorique (Ier millénaire av. J.-C.) où l'on retrouve des tombeaux en forme de tumulus. Au centre du pays, débordant sur l'actuelle Gambie, on trouve un ensemble de cercles de mégalithes sur un secteur de 100 km sur 250 km. On retrouve ce type d'alignement dans le nord-est de la république centrafricaine.

§ 2. – Repères historiques :

Même si à la différence de l'Afrique arabo-berbère ou de l'Éthiopie il n'existait pas d'écriture au Sénégal, son histoire est tout de même bien connue, la tradition orale ayant conservé l'épopée des évènements les plus marquants, les griots récitant la généalogie des classes dirigeantes. De plus les lettrés écrivant en arabe ont rédigé de nombreux documents.

Son territoire précolonial correspondait à des fragments d'anciens très grands empires, qui se sont effondrés les uns après les autres et éparpillés en une mosaïque de petits royaumes, proclamant tous des particularismes ethniques et culturels distincts.

Le plus ancien des 3 grands empires ouest-africains dont les chercheurs ont reconstitué l'épopée est celui de Ghana (le Ouagadou), qui remonte au IIIe siècle de l'ère chrétienne, qui s'étendait outre le Ouagadou, sur les provinces du Tekrour (Sénégal actuel), du Sosso, du Mandé et de Diarra, les régions aurifères du Bouré et du Bambouk et Oualata, étendu en 990 à Aoudaghost, la grande cité berbère, carrefour des échanges entre le nord et le sud et dont l'apogée culmine au Xe siècle.

Sa capitale Koubi-Saleh était à la frontière actuelle entre le Mali et la Mauritanie, sa richesse lui provenant de sa situation de plaque tournante du commerce de l'or et du sel. Cet afflux de prospérité y attire d'autres peuplements arabo-berbères et négro-africains qui s'y métissent pour donner naissance à de nouveaux royaumes toucouleurs au VIIe siècle, qui fondent le Tekrour, le Royaume du Namandirou, puis le Djolof, tous issus de cet empire de Ghana qui amorce son déclin sous la pression almoravide à partir du 11e siècle, se plaçant sous la tutelle des Sosso, avant de se dissoudre dans l'empire du Mali vers 1.200.

L'esclavage s'y développe au VIIe siècle, les raids arabes dans le Sahara stimulant la demande pour approvisionner les marchés aux esclaves et en faire des soldats ou des domestiques de maison, qui comme les bœufs et les chevaux, sont alors systématiquement castrés, pour s'assurer d'une plus grande docilité et prévenir leur dissémination.

Des marchands soninkés les échangent contre du sel, du cuivre ou des tissus et c'est à ce moment-là, à partir du VIIIe siècle, que l'islam est introduit par le biais des commerçants arabo-berbères, qui diffusent leur religion dans ce qui deviendra un jour le Sénégal, sous la menace de l'esclavage. Et c'est sous cette menace qu'ils convertissent les Toucouleurs, qui s'en feront à leur tour les propagateurs.

Les Almoravides, aidés des Toucouleurs, tentent eux aussi d'islamiser les groupes de religions traditionnelles par le Djihad, toujours sous la même menace, à défaut de conversion et c'est l'une des raisons de la migration des Sérères vers le Sine et le Saloum, ainsi que des Wolofs, des Peuls et des Mandingues, tous concentrés au Tekrour et qui souhaitent préserver leurs croyances et pratiques.

Le royaume du Tekrour (début IXe siècle, profite de l'affaiblissement du Ghana, pour s'en affranchir et faire lui aussi le commerce de l'or du Bambouk, du sel d'Awlil, des céréales du Sahel et celui des esclaves noirs avec les Maures, par une route qui longe la côte atlantique.

La pression s'accélère avec l'augmentation du trafic caravanier au XIe siècle, le roi *War Jabi* se convertit en 1030, pensant mettre ainsi le royaume à l'abri des raids esclavagistes de ses voisins maures du Trarza et des longues colonnes transsahariennes de captifs, la propagande répandant l'idée que l'esclavage n'est autorisé qu'à l'encontre des infidèles non musulmans.

Ils découvrent vite hélas qu'il n'en sera rien et le Tekrour est absorbé deux siècles plus tard (vers 1285) par l'empire du Mali, tout en y subsistant en tant que province.

En l'an 1095, ce royaume du Tekrour à l'embouchure du fleuve Sénégal forme limès méridional de l'immense royaume maure des Almoravides, issus de la tribu berbère *Zenagas* (hommes voilés) dont l'emprise du grand émir Youssef Ibn Tachfin remonte jusqu'à Zaragosse en Espagne

Les razzias qu'il y mène l'approvisionnent en mercenaires noirs et la connaissance de l'or échangé avec l'empire du Ghana, se répand dans tout ce vaste territoire d'influence, fondateur de la ville de Marrakech en 1062, attirant en retour quelques commerçants de Fès, qui sont à l'origine de la pénétration de la grande confrérie *Tidjaniya.*

Selon des sources portugaises, vers 1510, l'or du Tekrour alimente deux caravanes annuelles qui par le Fezzan (au sud-ouest de la Lybie), amènent en Égypte le métal jaune « en grande quantité ».

Le 2e est le prestigieux empire est celui du Mali (le Mandingue ou Mandé des XIIIe et XIVe siècles), qui recouvre la quasi-totalité du Sénégal, de la Gambie, le Songhaï, des Guinées, du Soudan, du Niger et du nord des Etats côtiers du golfe du Bénin, avec au nord les tribus maures et à l'est l'empire Mossi.

Fondé par Soundiata Keita, il connut son apogée vers 1312 avec Kankan Moussa depuis l'Adrar des Ifoghas jusqu'à l'estuaire de Gambie et sa renommée remonte jusqu'aux cours d'Europe lorsqu'en 1324, il effectue un pèlerinage à la Mecque dont les chroniqueurs racontent les fastes légendaires, accompagné de milliers de serviteurs et d'esclaves, y emportant et distribuant près de 10 tonnes d'or.

La légende se répend, d'une montagne d'or pur au Gabou qui excite dès cette époque un grand nombre de convoitises dans toute l'Europe, la furieuse envie de se rendre maître de cette contrée et plus tard la découverte que le fleuve Gambie en est la voie d'accès la plus directe.

Kankan Moussa aurait vendu plus de 10.000 esclaves en Égypte et en Arabie et acheté nombre de captives circassiennes et mongoles pour compléter son harem, avant de retourner au Mali accompagné d'hommes de science et de culture dont Abou Ishaq es-Sahéli, originaire de Grenade, architecte de la fameuse Mosquée Djingareyber construite en 1328 à Tombouctou, avant de mourir vers 1337.

Des querelles de successions affaiblissent l'Empire, pris en tenaille par les royaumes mossi, les Touaregs, qui brûlent Tombouctou en 1431 et le Songhaï, qui fait sécession en 1464, le reste de l'empire se défaisant ensuite aux mains de vassaux, en une myriade de petites principautés.

Le 3e est l'empire Songhaï, son vassal, fondé à Koukia au VIIe siècle, suite aux métissages entre Songhaïs et Berbères dirigés par le chef Za el-Ayamen, qui fuient la conquête arabe de l'Afrique du Nord et du Maghreb. Ce métissage entre Songhaï et Berbères donne la dynastie des Dia, dont la capitale est Koukia, en aval de Gao, actuel Mali qui prospère comme les empires précédents, dans le négoce de l'or et du sel. Vers 1010, les rois de Koukia s'installent à Gao et se convertissent à l'islam et profitent de l'effondrement du Mali pour s'en affranchir.

Il en reste des stèles en marbre parfois encore visibles sur les frontons des bâtiments administratifs de Gao, le plus souvent extraites de la nécropole de Sané, au nord-est de Gao. Le marbre vient d'Espagne, les inscriptions en arabe sont faites en Andalousie près d'Alméria. Les stèles étaient transportées au travers du Sahara vers la cour des Songhaï de Gao, la plus ancienne datant de 1014. L'apogée de Songhaï se situe entre le XVe et le XVIe siècle, avant de décliner à son tour.

Enfin, l'empire Djolof se construit par Ndiadiane Ndiaye (1er buurba Djolof) dans l'actuel Sénégal.

Elu chef dans ce qui allait devenir le royaume du Oualo, dans la région du fleuve, il réunit les populations d'ethnie wolof et parvient à fédérer plusieurs petits royaumes de Cayor, Baol, Walo, Sine, Saloum, Tekrour, Fouta-Toro, Niani et Bambouk, qui tous avaient fait partie de l'empire mandingue au XIIIe siècle, pour fonder cet empire dirigé par son clan, celui des Ndiayènes, qui dirigea l'empire.

Cet empire du Djolof, le plus puissant lors de l'apparition des premiers européens, correspond à peu près à l'espace actuel sénégambien et englobait aussi une partie de l'actuelle Mauritanie.

Au temps de cette fédération, il y vivait divers peuples, Wolofs, Peuls, Sérères, Soninkés, Maures. Le nom Ndiaye est wolof et très répandu. Les habitants du Djolof sont appelés les *Djolof-Djolof*.

Au sud de cet empire Djolof, il y a l'État du Gabu, celui mythique de l'or, puis le Fouladou (peul), ou encore pays des « Foule ».

Une légende populaire, chantée par les griots et illustrée par le poète-président Léopold Sédar Senghor, rattache d'ailleurs la filiation du premier Bourba Djolof Ndiadiane N'Diaye, à la dynastie des Almoravides, fondatrice de Marrakech et responsable de l'attaque repoussée à Valence, par le célèbre « Cid ».

L'islam se propage très tôt dans l'empire du Djolof, la tradition *ceddo*, religion animiste d'origine des Wolofs, encore fortement majoritaire, cohabite avec l'islam, qui déjà présent lors de la création du Djolof, avec les marabouts mandingues, soninkés, toucouleurs, peuls et maures venus s'y installer et en faire le haut-lieu de la confrérie musulmane majoritaire, la Qadiriyya, la plus ancienne d'Afrique de l'Ouest. Ndogandou, village près de Dahra, le centre économique du Djolof, abritant la plus ancienne communauté de "ahloul bayti" (descendants du prophète Mahomet).

L'empire Djolof s'attache à la préservation des pactes garantis par un écrit en caractères arabes et c'est de cet époque que nait l'attachement à la culture de l'écrit, qui au-delà même du sens du texte revêt un caractère qui confine au sacré, sans même parler des petits manuscrits cousus dans des amulettes de cuir, qui sont portées par chacun pour exorciser le mauvais sort. Une tradition qui perdure jusqu'à ce jour.

De nombreux chefs regardent avec suspicion cette nouvelle religion, qui est celle de l'ennemi maure esclavagiste en razzias millénaires, en opposition avec les croyances traditionnelles auxquelles tous, même les convertis restent très attachés, quoique s'attachant les services de lettrés en arabe pour tenir leurs écritures et leurs archives et il en résulte une culture de grand respect pour l'écrit.

Et lorsque cet écrit émane d'un dignitaire chargé de conserver les documents les plus importants, alors ce qui est écrit devient plus vrai que vrai, chaque famille conserve encore précieusement des écrits sans intérêt et qui n'ont plus aucune utilité, mais qui sont souvent vieux de plus de cent ans, ayant quasi-valeur d'acte authentique !

Ceci explique pourquoi la technicité de l'acte authentique, précédée de très longue date par le concept sécuritaire qu'il a pour fonction de réguler, ne pouvait qu'y prospérer.

Le navigateur *Alvise Cadamosto* découvre ces terres pour le compte du Portugal entre 1442 et 1456 et à la différence de Colomb aux Amériques 50 ans plus tard, il ne s'y est pas fait accompagner d'un notaire, sa mission n'étant pas celle d'attester d'une prise de possession de terres au nom de son roi, mais simplement de reconnaître de nouvelles routes.

Ce n'est que plus d'un siècle plus tard, que les Portugais se lanceront dans la traite des Noirs, capturés par la population locale et troqués contre des fusils, munitions, barres de fer et eau de vie, mais ils devront bientôt faire face à la concurrence de négriers britanniques, français et hollandais à travers le commerce triangulaire.

Après avoir rayonné et englobé la presque totalité du nord et du centre de la Sénégambie, Djolof s'effondre en 1549, avec la mort du dernier empereur, *Lélé Fouli Fak Ndiaye*, tué lors de la bataille de Danki, près de Diourbel, dans le Baol, par Amari Ngoné Sobel Fall, fils du chef du Cayor d'époque Déthié Fou Ndiogou Fall, futur premier damel (roi) du Cayor en conflit avec Lélé Fouli Fak, l'ayant offensé en lui reprochant le non-paiement par le Cayor d'un impôt annuel.

Autre cause de la chute de l'empire, la conquête du Royaume du Namandirou vassal de Djolof, par le conquérant Denianke Koli Tenguella et à partir de là, les autres États allaient, tour à tour, prendre leur indépendance jusqu'à réduire le Djolof aux dimensions d'un petit royaume, dans sa seule partie la plus centrale.

A partir de 1591, l'empire Djolof se fragmente en petits royaumes de plus en plus autonomes et subit le morcellement politique ouest-africain consécutif à une défaite lourde de conséquences, lors de la bataille de Tondibi, l'ayant opposé aux armées de l'empire songhaï des Askias (capitale Gao), qui étaient commandées par l'Askia Ishaq II, au corps expéditionnaire du sultan saadien du Maroc Ahmed IV el-Mansour, commandé par son général Jawdar Pacha.

3 siècles plus tard, dans la 2e moitié du XIXe siècle, les Français (gouverneur Faidherbe) annexent progressivement tous les royaumes.

Le Djolof est le dernier du temps du Bourba Bouna Alboury Ndiaye et c'est paradoxalement la France qui fédère le Sénégal contemporain.

Deux ethnies sont majoritaires, wolofs (Dieng, Ndao, Ndiaye, Niang) et peuls (éleveurs) vivant disséminés autour de gros villages abritant les points d'eau. Très ancienne cohabitation entre Peuls et Sérères, le Djolof étant la terre de pâturage d'hivernage et le Saloum celle de sècheresse.

Les différentes langues y sont phagocytées par le wolof et le pulaar, les deux langues prédominantes.

Des Mandingues, grands commerçants, y vivaient aussi, surtout les socé (malinké) et sarakhollé, ainsi que des familles maures (babou, sadi, diakhoumpa...) qui pratiquaient, comme au Cayor, l'élevage équin. Ils étaient de grands vendeurs de chevaux et tout autant des maroquiniers.

L'ancien vassal Fouta-Toro, récupère des terres prises par le Djolof grâce à Koli Tenguella et pendant que les autres royaumes prennent tout à tour leur indépendance, le Djolof est confronté au XIXe siècle au djihad toucouleur, avec le marabout Maba Diakhou Bâ, venant de Nioro du Rip au Saloum, descendant de Koli Tenguella et disciple d'Omar Foutihou Tall et d'Ahmadou Cheikhou, un marabout du Fouta-Toro, qui réussit à imposer sa domination au Djolof pendant quatre ans.

Sans compter les raids esclavagistes maures du Trarza, les nombreux conflits avec le Cayor et enfin la lutte contre les Français qui réussiront à annexer le Djolof dans les années 1890, le dernier Bourba ayant été comme Lat Dior, l'un des plus grands résistants contre la colonisation.

Par la suite, El Hadj Malick Sy et Cheikh Ahmadou Bamba Mbacké, parachèveront le processus d'islamisation du Djolof, à la fin du XIXe siècle, leur tâche a été facilitée par le zèle prosélyte de leurs délégués et tout autant par l'allié conjoncturel français, dont l'action colonisatrice a disloqué les pouvoirs traditionnels qui formaient obstacle depuis dix siècles à une plus grande pénétration.

En tout état de cause, il en fut comme du colonialisme, les premiers adhérents au nouveau système ou dogme, furent toujours les individus ou groupes défavorisés par l'ordre social défait.

§ 3. – Structure de la société précoloniale :

L'ethnie wolof est hiérarchisée et divisée en castes, chacune ayant un rôle bien défini, avec au sommet de la hiérarchie les *geer* (nobles) les *garmi* l'aristocratie éligible détenant le pouvoir, puis les *jaam buur*, citoyens de terres, souvent riches commerçants et les *serin* (marabouts) souvent sarakhollé.

Les *jaambuur* étaient généralement sérères et peuls, issus de grands matrilignages dont les *buurba* devaient être issus pour pouvoir régner.

Le pouvoir spirituel participait à travers des oracles et à la protection mystique de la famille royale et ses prêtres (*saltige* ou *serin*) étaient aussi propriétaires fonciers, le souverain leur donnait un droit d'usage sur des domaines bien déterminés dont les limites étaient respectées par tous. Ces tenants du pouvoir spirituel étaient à l'origine des *ceddos*.

Le clergé musulman constitué par les *doomi soxna / serin*, était aussi présent. Durant le XIXe siècle où l'islam se propagea par les *djihad*, des conflits opposèrent les deux ordres (*ceddo* et *serin*).

L'ambition coloniale ne s'attaquant qu'au seul pouvoir temporel de l'aristocratie traditionnelle, il en résulta une rupture de cet équilibre historique et cela permit une fantastique accélération de l'avancée de l'islam, la prêtrise traditionnelle fut dissoute, au profit des musulmans.

La noblesse qui dans sa grande majorité était de religion *ceddo*, discréditée pour n'avoir pu former bouclier contre la colonisation, fut elle-aussi contrainte de faire allégeance au nouveau pouvoir dont elle avait perdu le contrôle et de se convertir à l'islam à la fin du XIXe siècle.

En général les *jaambuur*, que l'on définissait comme les "jaam" (esclaves) du "buur" (roi) étaient placés sous l'autorité et la protection exclusive du roi.

Ils formaient la masse paysanne et le gros du peuple, dans une société plurielle où le rapport à la terre est extrêmement varié, selon ses différentes composantes, d'éleveurs, d'artisans, de marchands ou d'agriculteurs, pour lesquels chaque saison a ses divinités qu'il est nécessaire d'invoquer.

Vient ensuite la caste, celle des *nyenyo* ou *gnegno*, eux-mêmes divisés par corps de métier.

Au sommet des *nyenyo* on trouve les *tegg*, les forgerons, qui maîtrisent l'art du métal et ce sont eux qui fabriquaient les armes pour la guerre.

Autres *tegge* (castés), les bijoutiers et leurs femmes qui sont potières.

Puis les *Laobés*, artisans du bois aux origines peuls, bien qu'un grand nombre de *gnegno* soient d'origine peule, les *rabb* sont les tisserands, les *woudés* eux travaillent le cuir.

Il est caractéristique de cette stratification sociétale, que les ferments d'industrie et de production de richesse que sont les créatifs et les artisans, se trouvent relégués par les classes guerrières et de rente.

Les *guéweul* (les griots) forment une autre caste et occupent une place très importante, car ce sont les historiens, les musiciens, chanteurs, généalogistes et conteurs, la plupart des familles gèèr étant liées à des familles guéweuls ou griottes, chargées de glorifier leur noblesse et de chanter leur généalogie.

En retour ces familles nobles leurs devaient protection et assistance. Libres et dépositaires de la tradition orale ils sont réputés pour leur connaissance des lignées familiales et de l'histoire du terroir.

Cette tradition du Djolof et du Cayor n'est bien entendu pas uniforme, car il subsiste nombre de variantes dans l'empire et par exemple, celle des *guelwars* du Sine et du Saloum, dont la construction matrilinéaire serait la résultante d'une mésalliance entre une princesse mandingue du Gabu et un griot. Ce qui par voie palliative, justifierait de la transmission exclusive du pouvoir, de la propriété et de l'influence par la branche maternelle « Naanco », car n'étant pas frappée d'ostracisme de caste.

Au bas de l'échelle sociale, étaient les captifs, *jaam* en wolof, chaque famille noble comme castée en possédant si elle en avait les moyens et comme plus tard aux plantations d'Amérique, ils portent le patronyme de la famille qui les tient en servage à laquelle ils sont très attachés.

Il y en avait trois catégories, représentant semble-t-il près de la moitié de la population :

• Celle des *Jaami juddu*, nés dans la propriété familiale, serviteurs domestiques.

• Celle des captifs du roi ou *Jaami Buur* au statut particulier, car leur chef, le *farba kaba*, lui-même captif du roi, participe à l'assemblée des notables du royaume qui élisent le nouveau roi. C'est parmi les captifs du roi que l'on recrutait les guerriers du royaume, les *tiédos*.

Très courageux, ils forment l'essentiel des soldats, au nombre desquels il y avait des mercenaires, le terme ceddo/tiédo d'origine peule signifiant « celui qui est venu passer la sècheresse » et renvoie donc à la notion d'"étranger" dans toutes les contrées habitées par les Peuls.

• Celle enfin des *Jaami Sayoor*, prisonniers de guerre, captifs de traite destinés exclusivement à la vente et dont le négoce devient le principal vecteur de richesse au préjudice de toute autre activité, ce marché étant dopé à partir de l'établissement de comptoirs de traite négrière à la côte.

Un marché qui organise la conversion des petits royaumes à la guerre de voisinage pour se pourvoir en captifs et par voie de conséquence, la disqualification progressive de toute autre activité moins rémunératrice.

Les *Jaam*, toutes catégories confondues, possédaient tous un terrain propre où ils vivaient, élevaient leurs familles et cultivaient, mais ils restaient sous l'autorité de la famille qu'ils servaient.

Des nuances là aussi car de nombreuses communautés, tel l'empire Mossi, ou de petits royaumes d'agriculteurs animistes, tels les Diolas, Balantes, Mancagnes ou les Floups, entre autres, dont le socle majeur est celui du respect de l'autre, se sont parfois opposés à l'esclavage.

L'ethnie wolof pratiquait une forte endogamie et les mariages avaient lieu exclusivement au sein d'une même caste et catégorie sociale.

En théorie seulement puisqu'il existait de nombreux arrangements de circonstance en dehors de ce périmètre étroit, ce qui explique pourquoi nombre de souverains revendiquaient une double origine, ouolof et peule, sérère et diola, etc. et aussi la facilité avec laquelle des filles de gueer du Oualo comme du Cayor, ont été données en mariage à des colons européens, contre constitution de dot.

La société djolofienne est de nature conflictuelle, classique entre sédentaires (wolof agriculteurs) et nomades (pasteurs peuls), religieuse dus à l'expansionnisme musulman et politiques enfin, épousant bien souvent les contours ethniques.

Le territoire du Djolof était divisé en *lamanats*, tous dirigés par un *lamane*, divisés en communes, le chef de tous les lamanes était le *kangame*, qui fait partie des notables qui élisent le nouveau roi. La capitale de l'empire était à l'origine la ville de Thieng, transférée à Yang-Yang, après son éclatement. Dans chaque lamanat il y avait des tatas, forteresses, sorte de miradors, à but essentiellement militaire

D'un point de vue économique, l'empire du Djolof vivait du commerce transsaharien et l'une des causes de son éclatement est aussi due au fait que les royaumes côtiers ses vassaux, les Cayor, Waalo, Baol, Sine et Saloum, en bénéficiant du commerce transatlantique, plus rentable, se sont enrichis et ont acquis la puissance militaire permettant de se libérer de l'emprise du Djolof avec plus de facilité.

Au XVIIe siècle, plusieurs comptoirs des différents empires coloniaux européens s'établissent le long de la côte, postes d'embarquement au commerce triangulaire. En 1627, les Hollandais fondent un comptoir sur l'île de Gorée. En 1659 la France établit celui de Saint-Louis qui sera la première capitale du Sénégal. En 1677, les Français occupent à leur tour Gorée (un des principaux centres du commerce des esclaves au Sénégal, avec Saint-Louis et le fort de l'île James en Gambie).

Sur cette portion de la côte d'Afrique, la France prend peu à peu l'ascendant sur les autres puissances.

CHAPITRE 2

La lente pénétration d'une culture de l'écrit

Section 1 – Le temps des découvertes à l'assaut d'un « nouveau monde »

Une 1ère question consiste à se demander le pourquoi d'une si périlleuse et très couteuse aventure au nouveau monde, car même si des échanges et migrations ont toujours existé depuis la plus haute antiquité, ils prennent une dimension bien plus aventureuse, celle d'une migration vers l'inconnu et là, dans la réponse à cette question, se trouve probablement la motivation des grandes découvertes du 15e siècle.

§ 1. – Le pourquoi d'un intérêt pour un « nouveau monde »

A. – A la recherche de la route des épices, de l'or et de l'argent

Des expéditions terrestres européennes s'étaient rendues en Eurasie dès la fin du moyen âge, prélude à de plus grandes découvertes et mouvement de juste retour après que les Mongols aient envahi une grande partie de l'Asie et menacé l'Europe, constituant ainsi une brève fédération d'Eurasie, où la *Pax Mongolica* garantissait des routes du commerce à peu près sûres entre le Moyen-Orient et la Chine.

Des Européens en profitent pour explorer l'Orient, la plupart Italiens car le commerce entre l'Europe et le Moyen-Orient était contrôlé par les républiques maritimes comme Venise, qui du XIIIe au XVe siècle, possèdent le monopole du commerce entre l'Europe et le Moyen-Orient.

Leurs récits permettent de se faire une représentation de l'Asie et d'en découvrir des produits, dont les épices et les agrumes, tel celui détaillé de Marco Polo relatant dans le « *Devisement du monde* », ses voyages en Asie entre 1271 et 1295 en tant qu'hôte de la dynastie Yuan de Kubilai Khan. Le commerce de la soie, des épices et de l'encens rend ces cités extraordinairement prospères et riches.

Les épices sont parmi les produits les plus rares et les plus chers du moyen âge et sont utilisés en médecine d'époque, de manière tellement importantes dans le concept médiéval de la théorie des humeurs que dès la mise en place de routes de commerce maritimes, des apothicaires et des médecins comme Tomé Pires ou Garcia de Orta envoyés en Inde pour étudier les espèces d'épices, rapportent leurs découvertes qui trouvent des débouchés dans la cosmétique, la parfumerie, les rituels religieux et comme additif ou conservateur alimentaire.

Les marins musulmans basés au Yémen et à Oman dominant les routes maritimes dans l'océan Indien, achètent les épices en Asie du Sud-Est, les transfèrent dans les villes marchandes d'Inde comme Kozhikode (Calicut) puis dans le golfe Persique et la mer Rouge et c'est de là, que les épices sont transportées par terre jusqu'aux côtes méditerranéennes.

Les marchands, principalement vénitiens, redistribuent ensuite ces produits dans toute l'Europe, mais la montée en puissance de l'Empire ottoman et la chute de Constantinople en 1453 induisent une forte hausse des taxes qui prive les Européens d'importantes routes commerciales, qui sont donc contraints de trouver de nouvelles voies d'approvisionnement et à chercher la route vers les « îles aux épices ».

D'autant plus qu'ils souffrent d'un déficit grandissant en or et en argent, car les pièces utilisées pour acheter les épices et la soie affluent hors du continent pour l'Orient. La plupart des mines européennes s'épuisent ou deviennent inexploitables, compte tenu de la technologie disponible. Le manque de métaux précieux mène à la création d'un complexe système bancaire destiné à gérer les risques du commerce : la première banque véritable, l'Office de Saint Georges est fondée en 1407 à Gênes.

Pour leurs premières expéditions, les Européens utilisent la boussole. Cependant, les progrès de la cartographie et de l'astronomie entraînent l'apparition de l'astrolabe, du quadrant plus précis et de la navigation astronomique. Les navigateurs restent à proximité des côtes et pratiquent le cabotage, guidés par des portulans, cartes qui indiquent les routes les plus sûres et les dangers de la navigation.

Les marins partent d'un point connu et se dirigent avec leur boussole, en s'aidant des indications des portulans pour trouver leur route.

On doit ainsi aux Portugais, à la charnière des XVe et XVIe siècles, la mise au point du premier système de navigation universelle avec l'utilisation maritime des portulans et de la détermination de la latitude par la hauteur de l'étoile polaire et du soleil méridien.

A l'époque où l'on part à la découverte du nouveau monde, les Juifs ont joué un rôle majeur, les plus anciennes cartes dont l'Atlas Catalan d'Abraham Cresques au XIVe siècle, ont été composées par les cartographes de l'école de Majorque.

B. – Les premières relations de voyage

Al Idrissi, de son nom complet *Abu Abdallah Muhammad Ibn Muhammad Ibn Abdallah Ibn Idriss al-Qurtubi al-Hassani (1100 / 1165),* a grandi en Afrique du Nord et en Espagne. Après avoir étudié à Cordoue sous l'empire Almoravide, il a exploré une grande partie de la Méditerranée et est allé aussi en Europe et il serait mort vers 1165 ou 1175 en Sicile ou à Ceuta.

En 1154, le roi normand Roger II de Sicile l'aurait appelé à sa cour à Palerme pour y réaliser une carte, Tabula Rogeriana, rassemblant toutes les connaissances de son époque, un grand planisphère en argent et surtout pour écrire le commentaire géographique correspondant, le « Livre du divertissement de celui qui désire parcourir le monde » et ce travail lui a pris 16 années de sa vie, dans lequel il décrit en détail la Sicile, l'Italie, sa patrie l'Espagne, l'Europe du Nord et l'Afrique, ainsi que Byzance. Sa connaissance du Niger, du Soudan et du Nil est remarquable pour son époque.

En 1291, deux frères marchands génois, Vandino et Ugolino Vivaldi partent de Gênes avec deux galères pour explorer l'Atlantique mais disparaissent le long de la côte marocaine, ce qui alimente les craintes sur la navigation dans l'Atlantique.

De 1325 à 1354, un érudit marocain Abu Abdallah Muhammad Ibn Abdallah al-Lawati at-Tanji Ibn Battuta dit Ibn Batuta (1304 Tanger / 1368 Marrakech), réalise un impressionnant voyage vers Tombouctou au sud et Bulghar (en Russie, sur la Volga) au nord et de Tanger à l'ouest à Quanzhou en Extrême-Orient. Ses récits sont compilés par Ibn Juzayy en un livre appelé *Rihla* (*voyage*).

Comme déjà relaté, deux ans avant sa première visite au Caire, le *mansa* de l'Empire du Mali, Kankan Moussa, était passé en Égypte en direction de la Mecque pour accomplir son hajj et avait fortement impressionné la population par l'opulence de son apanage et les largesses de ses dépenses.

Il se disait depuis que l'Afrique de l'Ouest était riche en or et la connaissance de cette richesse aiguisait toutes les ambitions dans le monde musulman et bien au-delà. Même s'il n'y fait pas explicitement référence, Ibn Battuta avait dû en entendre parler et cela a sans doute motivé sa décision de voyager en Afrique subsaharienne aux marges occidentales du monde musulman et du Sahara.

En 1352, il quitte à nouveau le Maroc vers la ville frontière de Sijilmassa et poursuit pour atteindre la ville saharienne de Teghazza, alors centre important du commerce du sel, enrichie par l'or du Mali, puis huit cents kilomètres au travers de la partie la plus hostile du Sahara, avant Oualata et de là, il poursuit en direction sud-ouest, le long de ce qu'il croit être le Nil mais qui est le Niger, pour enfin atteindre la capitale de l'Empire du Mali, où Mansa Souleiman, qui règne sur l'Empire depuis 1341, le reçoit chichement. Il le quitte pour retraverser le désert et rejoindre son Maroc natal, où il finit sa vie, enfin sédentaire et paisible, selon toutes probabilités au service du sultan.

1494 - Hassan al-Wazzan, dit Léon l'Africain (en latin *Johannes Leo Africanus*), né à Grenade vers 1494, est un diplomate et explorateur d'Afrique du Nord des XVe et XVIe siècles. Après la prise de l'Andalousie en 1492 par les Rois catholiques, Isabelle de Castille et Ferdinand II d'Aragon, la famille de Léon l'Africain se réfugie au Maroc dans la ville de Fès, où Hassan suit des études de théologie dans les madrasas de Fès et à la Quaraouiyine.

Son oncle l'initie à la diplomatie, le conviant à l'accompagner lors d'une mission auprès du souverain de l'Empire Songhaï, Askia Mohammed.

À 20 ans, il s'engage comme grand voyageur et négociateur, ses missions politiques et commerciales le mènent à travers tout le Maroc, au Rif, Souss, Doukkala, Tadla, Tafilalet, zones présahariennes, Maghreb, Arabie, Afrique saharienne, Constantinople et Égypte.

En 1518, au retour de pèlerinage à La Mecque, son navire est attaqué et il est fait prisonnier par des « marins siciliens » ceux d'un chevalier de l'Ordre de Saint-Jean, Pedro di Bobadilla, lequel en fait présent au pape Léon X, qui le fait catéchiser puis baptiser sous ses propres noms, Jean Léon et il devient alors Jean-Léon de Médicis, dit « Léon l'Africain ».

Il s'initie à l'italien et au latin, enseigne l'arabe à Bologne, écrivant à la demande du pape, sa fameuse *Cosmographia de Affrica*, publiée à Venise, sous le titre *Description de l'Afrique en 1525.*

Cet ouvrage de référence, qui évite soigneusement de donner des informations à caractère militaire, est la seule source de renseignement sur la vie, les mœurs, les us et coutumes dans l'Afrique du XVIe siècle et c'est grâce à lui que Tombouctou devient ville mythique dans l'imaginaire européen, devenant l'inspirateur et la « bible » de tous les diplomates et explorateurs intéressés par l'Afrique.

§ 2. – Le temps des découvertes et des grands navigateurs

A. Débuts de l’exploration portugaise (1400-1460)

1297, à la fin de la *Reconquista* portugaise, le roi Denis Ier de Portugal signe un accord avec le marchand génois Manuel Pessanha, faisant de lui le premier amiral de la marine portugaise avec pour mission de défendre le pays contre les pirates musulmans. L’épidémie de peste noire entraîne une sévère perte de population dans la seconde moitié du XIVe siècle et la plus grande partie se tourne vers la mer.

Entre 1325 et 1357, Alphonse IV de Portugal encourage le commerce maritime et lance les premières expéditions. Les Canaries, connues depuis l’Antiquité, sont revendiquées par le Portugal et la Castille.

En 1415, le Portugal s’empare de Ceuta pour contrôler la navigation sur les côtes africaines, le jeune prince Henri participe à l’attaque et réalise la richesse apportée par le commerce transsaharien, car depuis des siècles, les routes commerciales de la côte méditerranéenne à l’Afrique de l’Ouest passent par le Sahara, les Africains fournissent des esclaves et de l’or en échange de sel et produits manufacturés.

Henri veut savoir jusqu’où s’étend la domination musulmane en Afrique, éliminer les intermédiaires qui renchérissent les prix et commercer par mer directement avec l’Afrique de l’Ouest. Il cherche aussi à trouver le légendaire royaume chrétien du prêtre Jean pour prendre les musulmans à revers et une route maritime vers les Indes orientales pour participer au très profitable commerce des épices.

Il crée un groupe de marchands, d’armateurs, de cartographes et d’investisseurs dans la forteresse de Sagres dans le but d’organiser des expéditions le long des côtes africaines jusqu’en Mauritanie, recevant de ce fait son surnom d’Henri le Navigateur. Madère est ainsi atteinte en 1419 et les Açores en 1427. Les portugais en prennent possession et les colonisent très rapidement.

À cette époque, les cartes européennes s'arrêtent au cap Chaunar sur la côte marocaine et personne ne sait s'il est possible de revenir de la mer des Ténèbres qui se trouve au-delà, en vertu de l’adage selon lequel « *Qui passe le cap du Non, n’en retournera pas* », mais malgré les mythes avertissant de la présence de monstres marins, le cap est franchi en 1415 et en 1434, Gil Eanes dépasse le dangereux cap Bojador dit le « cap de la peur » face au Sahara, mettant fin aux vieilles légendes.

L'introduction de la caravelle au milieu du XVe siècle représente une avancée majeure, car capable de remonter le vent mieux que n'importe quel autre navire d'époque. Issues des bateaux de pêches, ce sont les 1ers navires à pouvoir naviguer en haute-mer à distance des récifs côtiers.

La diffusion des éphémérides permet la navigation astronomique et l'orientation en pleine mer sans repère terrestre. Ces tables révolutionnent la navigation en permettant de calculer la latitude et seul le calcul de la longitude demeure aléatoire.

Il est communément admis, que l'actuel Sénégal et la presqu'île du Cap-Vert ont été atteint par le portugais *Nuno Tristão* en 1444, (selon Gomès de Zurara, in « Chroniques de Guinée »).

Selon le même auteur, en 1445, *Dinis Dias* double la presqu'île du Cap-Vert, avant qu'*Alvaro Fernandès* ne parcoure les côtes de Casamance la même année, avançant jusqu'à l'actuelle Sierra Leone (confer *Jean-Pierre Biondi*, « Saint-Louis du Sénégal », Editions Denoël, 1987).

Il semble que des marins Dieppois (en Normandie française), aient parcouru cette même côte occidentale d'Afrique vers la fin de l'année 1364, soit 80 ans auparavant, ainsi que cela résulte de la découverte d'un contrat de société établi en novembre de cette même année, pour « *commercer en divers points du rivage africain situés entre la baie de France* (devenue Rufisque) *et l'embouchure de la rivière Sierra Leone* » (selon *Labat*, Dominicain de l'ordre des frères prêcheurs).

Cette thèse se retrouve aussi, dans la « Description de la côte occidentale de la Guinée septentrionale et du cours du fleuve Sénégal et de la Gambie » faite au *duc de Lauzun*, Gouverneur du Sénégal, lors de sa restitution par les Anglais en 1779, selon laquelle « les normands formèrent des établissements sur les côtes occidentales de l'Afrique dès 1364, il en subsiste un traité d'association au commerce sur ces côtes de septembre 1363, entre les négociants de Dieppe et ceux de Rouen ».

Thèse revendiquée par l'officier-explorateur Louis Gustave Binger en 1900 et tout autant par l'administrateur des colonies et Chef du bureau politique A. Sabatié « *le Sénégal, sa conquête, son organisation* », tout aussi français en 1925, mais bien évidemment contestée par le vicomte portugais *de Santarem* au 19e siècle, chacune des deux nations ayant grand intérêt à revendiquer l'antériorité de sa présence avec tous les intérêts politico-économiques que cela pouvait sous-tendre.

Alors, présence possible en l'état des moyens d'époque et sur le vu d'autres relations avérées, dont le rapport fait par un collaborateur de Colbert, Villaud de Bellefonds (1668), mais établissements stables très peu probable, en raison du coût que cela aurait représenté et de l'absence de nécessité d'époque.

Il est cependant tout à fait possible qu'un ou deux individuels s'y soient installés sous la protection d'un chef de village et y aient pris femme, en ouvrant un très modeste point de contact au négoce.

Ce débat semble clos depuis la découverte en 1980 par *Peter Sebald* (un chercheur allemand), d'une « *Description de voyage en Guinée et aux Antilles de 1639 à 1645, d'Amsterdam à St-Georges-de-la-Mine* » (El Mina) par Michel Hemmersman, natif de Nuremberg en 1617 et engagé par la Cie. des Indes au fort d'El Mina, enlevé aux portugais par les hollandais, lequel y relate la « *tradition orale des indigènes selon laquelle les Français en auraient été les premiers occupants* ».

Pour le normand d'adoption, *Léopold Sédar Senghor*, ces dieppois et rouennais se seraient abstenus de faire connaître leurs activités à la côte et les auraient tout au contraire soigneusement « *cachées ... parce que les profits réalisés incitaient les marins à se taire, pour que les rois de France ne les embêtent pas. Les Normands n'aiment pas parler de leurs affaires* » (*Jean-Pierre Biondi* précité).

La prise de Constantinople par les Ottomans en 1453 représente un choc pour la chrétienté et ralentit le commerce avec l'Orient. En 1455, le pape Nicolas V rédige la bulle *Romanus pontifex*, qui renforce la précédente *Dum Diversas* de 1452, qui accordait les terres découvertes au-delà du cap Bojador au roi Alphonse V de Portugal et ses successeurs et autorisait l'asservissement des païens de ces régions.

Le roi commande une carte à des experts génois pour trouver une route vers l'Asie. Ceux-ci lui livrent à Lisbonne, en 1450, la carte de Fra Mauro, inspirée de la carte Kangnido d'origine chinoise.

En 1456, Diogo Gomes atteint l'archipel du Cap-Vert et dans la décennie qui suit, les capitaines vénitien Alvise Cadamosto et génois António Noli au service du roi Henri y fondent la ville de Cidade Velha, première ville européenne sous les tropiques.

Le prince Henri meurt en novembre 1460. Les faibles revenus issus des explorations font que le marchand Fernão Gomes reçoit en 1469 le monopole du commerce dans le golfe de Guinée en échange de quoi il est tenu d'explorer 100 miles par an durant cinq ans. Avec son soutien, les navigateurs João de Santarém, Pedro Escobar, Lopo Gonçalves, Fernando Póo et Pêro de Sintra vont plus loin que ce qui avait été convenu. Ils atteignent l'hémisphère Sud et les îles du golfe de Guinée dont Sao Tomé-et-Principe et explorent la côte de l'actuel Ghana en

1471. Dans l'hémisphère sud, les marins découvrent la Croix du sud comme point de référence pour la navigation astronomique.

1481, le nouveau roi Jean II de Portugal décide d'implanter le comptoir d'Elmina (la Mine) au Ghana pour exploiter les alluvions chargées d'or. 1482, le fleuve Congo est exploré par Diogo Cão qui en 1486 atteint le Cape Cross dans l'actuelle Namibie. En 1488, une avancée capitale, Bartolomeu Dias franchit la pointe sud de l'Afrique qu'il nomme le « cap des Tempêtes » (*Cabo das Tormentas*) et continue jusqu'à l'actuel Port Elizabeth, prouve que l'océan Indien est accessible par l'Atlantique.

Simultanément Pêro da Covilhã est envoyé secrètement par terre jusqu'en Éthiopie où il acquiert des informations sur la mer Rouge et la côte orientale de l'Afrique laissant supposer que la route des Indes est ouverte. Le Cap des tempêtes est rapidement renommé « cap de Bonne-Espérance » *(Cabo da Boa Esperança)* par le roi Jean II à cause de l'espoir suscité par la possibilité d'une route vers l'Inde.

B. Les « îles aux épices » et la Chine

1511, Afonso de Albuquerque conquiert Malacca pivot du commerce en Asie. Duarte Fernandes est le 1er Européen reçu à la cour du roi du Siam et découvre les fameuses « îles aux épices », les Moluques, seule zone de production de la muscade et du clou de girofle. L'expédition d'Antonio de Abreu y est la première européenne en 1512.

En mer Rouge, Massaoua (Erythrée), est le point le plus septentrional atteint par les Portugais jusqu'en 1541, lorsqu'une flotte atteint Suez.

En 1513, à environ 70 km au sud d'Acandí, en Colombie, l'Espagnol Vasco Núñez de Balboa est informé d'une « autre mer » riche en or. Ce qu'il note avec grand intérêt. Avec peu de ressources, il traverse l'isthme de Panama avec 190 soldats, quelques guides locaux et utilisant un petit brigantin et une dizaine de canoës, ils longent la côte et accostent à l'embouchure du Río Chuchunaque. Le 6 septembre, l'expédition atteint les montagnes d'où l'on peut voir l'« autre mer ».

Première vision européenne du Nouveau Monde. L'expédition descend ensuite la chaîne de montagne et navigue jusqu'à la baie de *San Miguel*. L'objectif principal de Balboa est la recherche d'or mais il découvre un groupe d'îles qu'il nomme l'archipel des perles, nom qu'il porte encore.

En 1516, Juan Díaz de Solís navigue jusqu'au Rio de la Plata, en Argentine et meurt en cherchant le passage vers le Pacifique par le sud.

Au même moment, des Portugais opposés au roi Manuel Ier de Portugal sont à Séville et entrent au service du roi Charles Ier d'Espagne (Charles Quint). Parmi eux se trouvent l'explorateur Fernand de Magellan, les cartographes Jorge Reinel et Diego Ribero et le marchand flamand Christopher de Haro. Magellan qui avait navigué en Inde jusqu'en 1513 lorsque les Moluques sont découvertes, développe l'idée que ces îles sont dans l'hémisphère dévolu à l'Espagne par le traité de Tordesillas et voyant les efforts espagnols pour trouver une route orientale vers l'Inde il leur présente un plan pour y arriver.

Le roi d'Espagne et Christopher de Haro financent l'expédition composée de 5 navires : celui amiral est la caravelle *Trinidad* et 4 caraques le *San Antonio*, la *Concepcion*, le *Santiago* et la *Victoria* ainsi que de 237 hommes de différentes nationalités. La flotte quitte Séville le 10 août 1519 avec l'objectif de rallier les Moluques en naviguant vers l'ouest pour les incorporer dans la zone d'influence espagnole

La flotte navigue plein sud en évitant les territoires portugais du Brésil et touche la première la Terre de Feu à l'extrémité sud des Amériques. Le 21 octobre 1520, partant du cap Virgenes elle entame un périlleux voyage à travers les 600 km du « détroit de tous les saints », aujourd'hui détroit de Magellan. Le 28 novembre 3 navires entrent dans le Pacifique ainsi nommé à cause de son apparente tranquillité. L'expédition parvient à traverser le Pacifique, en ne croisant que les îles Infortunées, deux atolls inhabités et atteint les Philippines en mars 1521.

Magellan est tué lors de la bataille de Mactan et son second Juan Sebastián Elcano prend le commandement de l'expédition qui atteint les Moluques en novembre 1521. Le 6 septembre 1522, la *Victoria* est le premier navire (et seul rescapé) à réaliser la circumnavigation du monde. Le journal de bord d'Antonio Pigafetta, érudit vénitien et assistant de Magellan relate par le détail, la chronique de ce périple.

Cette 1ère circumnavigation apporte à l'Espagne la connaissance du monde et de ses océans en vue de son installation aux Philippines. La seconde, de l'Anglais Francis Drake, n'aura lieu qu'entre 1577 et 1580.

Une curiosité tout de même, l'absence de l'autre grande puissance maritime qu'est l'Espagne à la Côte d'Afrique. Ceci s'explique parce qu'ayant trop à faire aux Amériques, suite au *traité de Tordesillas*, conclu sous l'égide du pape Alexandre VI, le 7 juin 1494 à Tordesillas (Castille), partageant le Nouveau Monde, considéré comme *terra nullius*, entre les deux puissances coloniales émergentes qu'étaient la Castille (Espagne) et le Portugal. Ceci nécessite quelques explications.

Ce traité définit pour ligne de partage de leurs droits, un méridien localisé à 370 lieues (1.800 km) à l'ouest des îles du Cap-Vert, plaçant ainsi le Brésil, découvert par le Portugais Pedro Alvares Cabral, sous souveraineté portugaise, le reste des Amériques revenant à la Castille.

Après la découverte des « Indes occidentales », une répartition des zones d'influences devient nécessaire pour éviter un conflit entre l'Espagne et le Portugal.

Deux mois après le retour de Colomb, le 4 mai 1493, le pape Alexandre VI publie la bulle *Inter caetera* statuant que toutes les terres et les îles situées à l'ouest d'une ligne passant à 100 lieues à l'ouest des Açores appartiennent à l'Espagne. Il n'est cependant pas dit si les terres à l'est reviennent au Portugal. Le roi Jean II de Portugal n'est pas satisfait d'autant qu'une autre bulle donne à l'Espagne la souveraineté sur l'Inde, qui se trouve à l'est de ce méridien.

Il négocie donc directement avec son voisin espagnol et un accord est trouvé en 1494 avec le traité de Tordesillas qui « divise » le monde entre les deux puissances. Dans ce traité, les Portugais reçoivent toutes les terres se trouvant à l'Est d'une ligne passant à 370 lieues des îles du Cap-Vert et les Espagnols toutes les terres à l'Ouest.

Comme l'accord de Tordesillas ne prévoyait pas de limite orientale, les deux royaumes se concertent pour régler le problème. De 1524 à 1529, les experts Portugais et Espagnols se concertent pour déterminer l'antiméridien prolongeant le précédent divisant le monde en deux hémisphères de taille égale. Malgré le talent des scientifiques, les connaissances sont insuffisantes pour donner une estimation exacte de la longitude et chaque groupe revendique la souveraineté des îles, le problème est réglé en 1529 après négociation par le traité de Saragosse attribuant les Moluques au Portugal et les Philippines à l'Espagne.

Des calculs ultérieurs montrent que les deux sont en territoire portugais.

Par suite, les autres puissances maritimes européennes en dehors de la péninsule Ibérique (France, Angleterre, Pays-Bas…) se voient refuser tout droit sur ces terres nouvelles et ne peuvent dans un premier temps que recourir à la piraterie et à la contrebande pour profiter des richesses du Nouveau Monde. En toute logique, elles refusent de reconnaitre le traité de Tordesillas, car ayant chacune une longue tradition maritime toutes étant engagées dans la « guerre de course ».

Même et y compris les petites nations scandinaves, Danemark et Suède ou de la baltique, Courlande et malgré les résistances ibériques, les nouvelles technologies et les cartes se répandent vers le nord.

Le roi de France François Ier s'en montre irrité et déclare que « le soleil luit pour moi comme pour les autres ... je voudrais bien voir la clause du testament d'Adam qui m'exclut du partage du monde ». Les marins bretons et normands le pressant de faire évoluer la situation, il obtient du pape Clément VII une interprétation assouplie de la bulle, le traité de Tordesillas ne concerne que les terres connues et non les terres ultérieurement découvertes par les autres Couronnes.

Pour François Ier, seuls les lieux habités et défendus peuvent être légitimement réclamés par une puissance, les autres étant libres et c'est ainsi qu'il appuie et finance l'expédition de Jacques Cartier

En 1568, les Hollandais se soulèvent contre Philippe II d'Espagne menant à la guerre de 80 Ans. Une guerre entre l'Espagne et l'Angleterre éclate également. En 1580, Philippe II devient roi du Portugal et l'union ibérique ainsi créée devient l'État le plus puissant d'Europe. Les troupes de Philippe envahissent Bruges et Gand. Anvers, qui est alors le port le plus important du monde tombe en 1585. La population protestante reçoit l'ordre de quitter la ville et la plupart émigre en Amsterdam

Autre particularité, celle de la prise le 2 janvier 1492 (l'année même de la découverte de l'Amérique par Christophe Colomb le 12 octobre), du dernier royaume musulman de Grenade, par les « rois très catholiques » Ferdinand d'Aragon et son épouse Isabel de Castille, qui dès l'abdication du dernier roi maure Boabdil, ordonnent l'expulsion de tous les juifs à moins qu'ils ne se convertissent au catholicisme, à l'identique par ailleurs, pour ce qui est des mahométans.

Dès lors plus de 150.000 juifs sépharades quittent la péninsule, nombre d'entre eux trouvant refuge en Afrique du nord, échappant ainsi à l'Inquisition, le sinistre tribunal religieux au service de la monarchie, se chargeant de traquer les faux convertis sous la torture.

Certains tels les parents du célèbre philosophe Spinoza se réfugient en Amsterdam et nombre d'entre eux, plus aventureux, sont les piliers du commerce de comptoirs, aux Amériques, comme à la côte d'Afrique, à Gorée, Rufisque, Porto d'ale, Joal, Palmarin et autres rivières du sud, y construisant de modestes synagogues et y prenant femmes, n'ayant pu s'y faire accompagner en pareille précarité.

La population protestante ayant émigré en Amsterdam qui est composée d'artisans expérimentés, de riches marchands et de réfugiés fuyant les persécutions religieuses comme les Juifs séfarades chassés d'Espagne et du Portugal, rejoints plus tard pour les mêmes raisons, par les huguenots français.

Cette intense immigration fut l'un des facteurs de l'expansion de la ville, qui petit port en 1585, devint rapidement l'un des pôles financier et économique les plus importants au monde. Après la destruction de l'Invincible Armada en 1588, le commerce maritime connut une expansion fulgurante.

C. A la pointe la plus occidentale de la côte d'Afrique

A l'identique de toutes les terres du nouveau monde, l'île de Gorée fut l'objet de nombreuses batailles entre les puissances navales européennes, au temps ou Hugo de Groot (le grand juriste hollandais Grotius, 1583-1845) rédigeait son fameux traité de droit international « *de jure belli ac pacis* » (le droit de la guerre et à la paix).

Il professait que « *la guerre est dirigée contre ceux qui ne peuvent être contraints par les voies judiciaires [...]. Mais pour que la guerre soit juste, il ne faut pas l'exercer avec moins de religion qu'on a coutume d'en apporter dans la distribution de la justice.* »

A partir du 16e siècle, la découverte d'une terre nouvelle équivalait à occupation originaire, fondant de ce seul fait l'affirmation d'un principe de souveraineté, dans le plus total mépris des droits des « naturels » de ces contrées nouvelles, les découvertes précédentes telles le périple de Néchao, où celui particulièrement controversé du carthaginois Hannon ne pouvant être pris en compte, ayant perdu leur efficacité du fait de trop grande ancienneté et d'absence de prise de possession matérielle.

Les Portugais justifiaient de leurs prétentions par d'anciennes relations indiscutables, en prouvant leur arrivée au Cap-Vert dès l'année 1444, puisque dans sa chronique de Guinée, Gomes Eanes de Zurara raconte « *comment Dinis Dias s'en fut aux pays des noirs et les captifs qu'il en ramena, après avoir dépassé le pays des Maures et d'être arrivé au pays des noirs que l'on appelle Guinéens* ».

Après avoir croisé au large du Cap-Vert, il s'ensuit l'implantation de modestes comptoirs à Rufisque et Joal.

Du côté des Français, il était prétendu à partir de Villault de Bellefond, comme déjà relaté, que « *des marins normands auraient fréquenté ces côtes bien avant les Portugais, particulièrement des Dieppois qui auraient reconnu et fréquenté ces côtes d'Afrique dès le commencement du 14ème siècle, puisque l'on sait que leur commerce était établi à Rufisque et le long de la côte jusque bien loin au-delà de la rivière Sierra Léone dès le mois de Novembre 1364* » !

Possible, mais alors et dans ce cas, il eut tout de même fallu expliquer le pourquoi, d'un nom hispanique pour cette rivière !

Mais qu'importe lesquels auront été les premiers, à quelques dizaines d'années près, car dès le siècle suivant vers 1530, les quatre grandes nations d'Angleterre, France, Pays-Bas et Portugal s'y côtoient et cela compte non tenu de quelques autres de moindre activité et de toutes sortes d'interlopes, corsaires, flibustiers et aventuriers de tout poil.

Le temps d'établissement stable est encore loin, car la traite de la gomme, de l'or, poivre, malaguette, cuirs, plumes d'oiseaux, défenses d'éléphants et d'esclaves (un commerce encore embryonnaire), se fait au comptoir n'exigeant rien de permanent et c'était tout autant le cas en l'île de Palma (Gorée) quoique privilégiée par sa position maritime, encore que les Portugais y aient construit une petite chapelle au 15e siècle, pour y ensevelir leurs morts en terre chrétienne.

En **1501**, Amerigo Vespucci fait escale à Gorée et l'année suivante, en 1502, Vasco de Gama lui aussi en escale, se rend dans cette petite chapelle de Gorée, qui était alors la seule construction de l'île.

Au Sénégal, les traces juives sont difficiles à suivre, mais l'on sait que des juifs séfarades Portugais ont vécu sur la petite côte du Sénégal et dans les îles du Cap-Vert aux XVIe et XVIIe siècles, s'y étant installés pour pouvoir pratiquer librement le judaïsme et faire le commerce des cuirs, des peaux, de la cire, de l'ivoire et aussi comme tous les autres commerçants de la région, qu'il s'agisse de portugais, d'anglais, de français, et surtout d'africains, le commerce des esclaves.

Sous la domination des Portugais, les juifs ont subi l'Inquisition qui les obligeait à se convertir avec leur entourage, alors même qu'ils judaïsaient leurs esclaves. Les archives révèlent que les « Nouveaux Chrétiens » continuaient à pratiquer le judaïsme parfois en se cachant, parfois très ouvertement, comme en 1597, ce chirurgien du Cap-Vert, Manuel Nunes, dénoncé par le trésorier de l'Archevêché. Et aussi Nuno Francez Da Costa condamné pour avoir déclaré « qu'il préférait un oncle de ladite esclave avec laquelle il vivait maritalement à toutes les confessions et messes ».

Ces juifs décidés à rester juifs ont laissé une descendance. Quelques chercheurs sont allés à la recherche des juifs du Cap-Vert au Sénégal, dont Nize Isabel de Moraes, une chercheuse brésilienne, qui n'a pu retrouver la synagogue de Rufisque fermée sur ordre d'Isabelle la très Catholique, mais quoi qu'il en soit, de très nombreux sénégalais en sont sans le savoir, les descendants.

Les lançados (littéralement les expulsés), aussi connus sous le nom "tangomaõs" sont des colons portugais engagés au commerce de la côte ouest-africaine en particulier au XVe et au XVIe siècle, le terme "tangomão" est principalement associé à la traite des esclaves.

Parmi ces émigrés figurent des individus en délicatesse avec la justice, mais plus souvent des juifs refusant de se convertir au catholicisme, qui fuient l'Inquisition portugaise, lesquels sont plutôt actifs dans les zones côtières en Afrique et qui vont parfois assez loin à l'intérieur des terres, par exemple au Bambouk, d'où provient l'or par tradition.

Ces petites communautés de métis judéo-luso-africaines quasi apatrides que les Portugais nomment comme déjà vu, « os lançados » ou « tangomaõs », commercent avec de plus en plus de navires en escale, négociant indifféremment avec toutes les nations européennes, mais vint le moment où la concurrence s'avive et où les hollandais d'abord, suivis des Anglais et des Français viennent y prendre des positions à la côte, pour y organiser des monopoles de traite et des territoires d'exclusion de toute autre nation, les marchands s'assurant de l'exclusivité du commerce à la côte d'Afrique.

Le 6 août 1588, « l'invincible armada » espagnole, partie à la conquête de l'Angleterre est défaite par les forces combinées de la marine anglaise et de conditions météo exceptionnellement défavorables et il en résulte un affaiblissement de ces deux nations, au temps où les Pays-Bas se déclarent indépendants de l'Espagne, le 26 juillet 1581 et saisissent l'occasion du vide momentané laissé par cette guerre anglo-espagnole, pour bâtir la plus formidable des puissances économiques.

La France est momentanément mise hors-jeu, par ses troubles intérieurs opposant catholiques et protestants, le roi Henri IV, roi de Navarre et chef huguenot ayant abjuré son ancienne foi lors du massacre de la Saint Barthélémy le 24 août 1572, pour devenir catholique, puis à nouveau protestant... et encore catholique lorsqu'il accède au trône en 1593, en attente de l'édit de Nantes du 13 avril 1598.

Bien faible France à l'international, même s'il s'agit de la nation la plus peuplée d'Europe en ce temps-là, dont deux rois, Henri III et Henri IV sont successivement assassinés et rendue exsangue par ses guerres contre la Ligue catholique, la Savoie, la Bretagne et l'Espagne, pour libérer ses provinces de leur occupation.

Autre absence remarquable, celle de l'empire russe, trop occupé à la même époque par la conquête de l'extrême orient sibérien et l'avènement consécutif de son empire eurasien.

Au cours de la moitié du XVIe siècle, le Tsarat de Russie envahit les Khanat de Kazan et d'Astrakhan, annexant ainsi toute la région de la Volga et ouvrant la voie des montagnes de l'Oural. De même que la colonisation de l'Amérique, celle des territoires orientaux est animée par de riches marchands comme les Stroganoff avec le soutien d'aventuriers comme les cosaques.

Ivan IV offre des territoires exempts de taxes à Anikey Stroganoff qui organise une vaste émigration vers ces territoires en développant l'agriculture, la chasse, la production de sel, la pêche et l'exploitation minière dans l'Oural ainsi que le commerce avec les tribus sibériennes.

En 1627, Piotr Beketov nommé voïvode de l'Ienisseï va collecter les impôts des Bouriates de Transbaïkalie. Il est alors le premier russe à pénétrer en Bouriatie et y fonde le premier village russe, Rybinsky. Beketov est ensuite envoyé explorer la Léna en 1631 et fonde Iakoutsk l'année suivante. Ses cosaques remontent l'Aldan pour construire des forteresses et collecter les impôts.

Iakoutsk est le point de départ des expéditions russes vers l'est, le sud et le nord. Maksim Perfilyev, l'un des fondateurs de Ienisseïsk, fonde Bratsk le long de l'Angara en 1631 et en 1638, il est le premier russe à entrer en Transbaïkalie en venant de Iakoutsk. En 1643, Kurbat Ivanov mène les cosaques de Iakoutsk vers le sud des Monts Baïkal, découvre le lac Baïkal, visite l'île d'Olkhon et Iakob Pokhabov fonde un comptoir à Irkoutsk en 1652, pour la traite des fourrures avec les Bouriates.

Au début des années 1660, Kurbat Ivanov retourne explorer la péninsule tchouktche et rédige la 1ère carte du détroit de Béring où apparait l'île Wrangel, les îles Diomède et l'Alaska encore inconnus à l'époque se basant sur les informations collectées chez les Tchouktches. Ainsi, au milieu du XVIIe siècle, les Russes avaient exploré la quasi-totalité de la Sibérie à l'exception de l'Est de la péninsule de Kamtchatka et de certaines régions au-delà du cercle Arctique.

Cet intérêt majeur explique l’absence de la Russie, à la côte d’Afrique.

L'expansion européenne à l’outremer met en contact le nouveau et l'ancien monde et débouche sur l'échange colombien impliquant le transfert de produits inexistants dans l'autre monde.

Les européens apportent bovins, chevaux et moutons dans le nouveau monde, ils y découvrent tabac, pommes de terre et maïs.

D'autres produits jouent un rôle majeur dans le développement du commerce mondial comme canne à sucre, coton, argent et or qui sont rapatriés en Europe et dans tout l'ancien monde.

Les nouveaux liens transocéaniques et leur domination par les européens mènent à l'impérialisme, ces derniers finissent par dominer la plus grande partie de la planète, leurs appétits pour le commerce, les marchandises précieuses et cette domination affectent les autres régions

L'Espagne mène une politique de destruction violente des empires amérindiens pour substituer son pouvoir aux leurs.

Les autres nations suivent la même voie, en anéantissant nombre de cultures et supprimant les rituels païens, pour imposer le christianisme, de nouvelles langues et organisations culturelles et sociales.

Dans de nombreuses régions comme l'Amérique du Nord, l'Australie, la Nouvelle-Zélande ou l'Argentine, les populations autochtones sont brutalisées et chassées de leurs terres avant d'être réduites au statut de minorités dépendantes, lorsqu'elles ne sont pas exterminées.

Le développement du commerce maritime avec l'Asie et les Amériques modifie beaucoup l'économie européenne. Les anciennes puissances navales de la Méditerranée comme la République de Venise ou la Ligue hanséatique en mer Baltique voient leur part dans le commerce stagner tandis que les ports de l'Atlantique connaissent un essor fulgurant.

De nouveaux produits comme sucre, épices, soie et porcelaines chinoises inondent le marché du luxe européen provoquant une profonde mutation sociale et la redistribution des richesses entre les classes d'influence.

C'est cette conjonction d'affaiblissements de l'Angleterre, de l'Espagne et de la France et d'indisponibilité de la Russie occupée sur d'autres enjeux, qui offre une opportunité exceptionnelle aux industrieux marchands hollandais qui sous couvert de la liberté de culte et d'opinion, attirent nombre de réfugiés, juifs, huguenots, penseurs érudits, qui s'installent dans ces provinces unies en pleine expansion et qui leur offre les moyens d'exprimer leurs talents.

D. Les hollandais du siècle d'or

Toujours selon wikipedia : L'émergence de la puissance maritime hollandaise fut rapide et remarquable. Durant des années, les marins hollandais avaient participé aux voyages portugais vers l'est en tant que matelots et cartographes. En 1592, Cornelis van Houtman fut envoyé par des marchands hollandais de Lisbonne pour collecter le plus d'informations possibles sur les Moluques.

En 1595, le marchand et explorateur Jan Huygen van Linschoten, ayant navigué avec les Portugais dans l'océan Indien, publie un carnet de voyage à Amsterdam « *Reys-gheschrift van de navigatien der Portugaloysers in Orienten* « (*Rapport de voyage sur les navigations portugaise dans l'Orient*). Cet ouvrage incluant les routes maritimes permettant de naviguer entre le Portugal et les Indes Orientales.

La même année, Houtman suivit ces indications pour le premier voyage d'exploration hollandais qui découvrit une nouvelle voie maritime traversant l'océan Indien depuis Madagascar jusqu'au détroit de la Sonde en Indonésie où il signe un traité avec le sultan de Banten.

Les premières compagnies à charte sont créées comme les Compagnies néerlandaise et anglaise des Indes orientales et la France, l'Angleterre et les Provinces-Unies commencent à s'attaquer au monopole portugais dans l'océan Indien.

Les Provinces-Unies construisent leur puissance, se dotant tout d'abord d'une flotte considérable, alors plus importante que celles d'Angleterre, d'Espagne et de France réunies, leur permettant de s'ouvrir un quasi-monopole vers les Indes et contrôler le négoce des produits recherchés (épices, soie, porcelaine de Chine), leur fret étant le plus compétitif et leur réseau commercial le mieux structuré et le plus puissant.

Structuration juridique, financière et de logistique de premier plan, par la création et l'organisation dès 1602, de la toute première société de capitaux de négoce international, la Compagnie néerlandaise des Indes orientales qui devient très vite la plus grosse compagnie privée du XVIIe siècle, forgeant un monopole commercial avec l'Océan Indien et l'Extrême-Orient, dont les routes de commerce s'étendent le long des côtes d'Afrique et d'Asie avec des comptoirs et des mouillages en Indonésie, au Japon, à Taïwan, à Ceylan et en Afrique australe.

Ce modèle à succès ayant fait ses preuves, il est dupliqué pour les besoins du commerce avec l'Afrique de l'Ouest et les Amériques par la fondation de la Compagnie néerlandaise des Indes occidentales, Peter Stuyvesant établissant la colonie de *Nieuw-Holland* dont la capitale *Nieuw-Amsterdam*, deviendra New York.

Le cœur économique de l'Europe se déplace de la Méditerranée vers l'Atlantique. La ville d'Anvers du Duché de Brabant devient le centre du commerce international et la ville la plus riche de l'époque. Centré à Anvers puis Amsterdam, le siècle d'or néerlandais repose fortement sur les grandes découvertes. François Guichardin, un émissaire vénitien note que des centaines de navires transitent par Anvers chaque jour et que 2 000 chariots entrent dans la ville chaque semaine.

Les navires portugais chargés de poivre et de cannelle déchargent leurs cargaisons dans le port et celles-ci sont distribuées dans tout le continent. L'administration est contrôlée par une oligarchie de marchands venant de toute l'Europe. La politique de tolérance en vigueur dans les Provinces-Unies attire de nombreux bourgeois juifs ou protestants persécutés dans leur pays.

Les néerlandais contrôlent vers 1650, 80 % du commerce de la laine espagnole et avec la France (transport du vin de Bordeaux notamment), les échanges dépassaient 36 millions de livres, puis vers 1670 la valeur annuelle des cargaisons des quatre plus grandes flottes marchandes des provinces unies, atteignait la somme énorme de 50 millions de florins.

La Banque d'Amsterdam (première banque centrale et l'une des premières banques à utiliser la monnaie fiduciaire) est créée en 1609 pour le change des devises, met au point la technique de l'escompte (crédit commercial) et accélère la circulation des paiements, avec des taux d'intérêts de moitié inférieurs à ceux des britanniques et dès lors, le secret bancaire, la puissance du florin et les facilités de crédits attirent les investisseurs et les financiers de toute l'Europe.

La Bourse d'Amsterdam, créée en 1611, devient la plus puissante d'Europe, les marchés spéculatifs à terme ferme, s'y négociant jusqu'à vingt-quatre mois avant leur échéance. Lors de l'affrètement d'un navire, il était possible d'entrer dans le capital de l'armateur pour une part qui pouvait être inférieure à 2 % et ainsi, l'actionnariat devenait accessible à tous et même les couronnes étrangères viennent y placer leur épargne, attirées par des taux de rendement sans aucun équivalent.

Adossée à cette finance en pleine euphorie, l'agriculture et surtout l'industrie ne sont pas en reste, l'importation de matières premières permettant l'essor d'industries de transformation dont la production alimente en retour les exportations nationales et en tout premier lieu les chantiers navals qui offrent et de beaucoup, la plus puissante concentration européenne.

Et puis aussi, des raffineries de sucre, manufactures de tabac, tailleries de diamants, savonneries et huileries, l'industrie reine étant celle du textile dont Leyde est la capitale incontestée, ses draps réputés sortant des fabriques à un taux de rendement supérieur d'un tiers, à celui de la concurrence française.

Près de 100.000 personnes dans l'industrie de transformation et ceci explique que l'or pillé par les espagnols au Pérou, se retrouve très vite transformé en produits hollandais.

Pour mieux comprendre, l'accroissement de la richesse de l'Espagne coïncide avec un cycle de très forte inflation en Europe, consécutive au rapatriement par l'Espagne de quantités colossales d'or et d'argent des Amériques. A titre d'exemple, la mine de Potosí en Bolivie produit à elle seule 240 tonnes d'argent par an, entre 1560 et 1580.

Au cours du XVIe siècle, l'Espagne devient très artificiellement l'État le plus riche d'Europe. Un voyageur français écrit en 1603 « En Espagne, tout est cher sauf l'argent ».

Mais en inondant une Europe autrefois pauvre, cet argent provoque une très forte inflation, qui est aggravée par la stagnation de la population, les faibles salaires et la hausse du coût de la vie.

La masse monétaire y devient sans rapport avec la masse réelle de biens et de services. Cet afflux trop soudain n'enrichit cependant pas l'Espagne, dont l'industrie ne produit pas grand-chose et qui importe l'essentiel de ce qu'elle consomme de l'étranger.

Elle devient ainsi de plus en plus dépendante des revenus fournis par son empire et les nombreuses guerres ruinent le pays qui fait plusieurs fois défaut de paiements à la fin du XVIe siècle.

La perte de contrôle des Pays-Bas ruine davantage le royaume qui reste à la marge de l'essor européen.

Alors que le reste de l'Europe stagne, si ce n'est même entrant en récession, l'université de Leyde devient un centre de rayonnement intellectuel de premier plan, l'art et la culture se mettant au diapason, la peinture hollandaise profitant de l'appui de riches mécènes en Amsterdam, comme Anvers, Delft, La Haye, où Utrecht, pour produire les chefs d'œuvres de Rembrandt, Vermeer et autres Frans Hals.

De 1585 à 1700, c'est cette époque de prospérité sans équivalent dans l'histoire des Provinces-Unies, devenus les Pays-Bas, que l'on appelle le siècle d'or néerlandais, qui les hisse au rang de première puissance commerciale au monde et ce temps est celui d'évincer le Portugal en récession en se rendant maître du poste de contrôle stratégique du négoce international, que devient l'île de Gorée, au point le plus occidental de la côte d'Afrique, permettant de contrôler le trafic en direction de l'Insulinde, à l'identique de la ville du Cap et de l'île Maurice, trois étapes stratégiques, vers Batavia et les Indes néerlandaises.

Un contrôle indispensable, car la compagnie des Indes dispose de près de soixante-dix comptoirs et postes de commerce privés et aussi des forts plus ou moins importants, au service de son négoce sur le continent africain, en se souvenant qu'il ne s'agit là que d'une infime portion de son « empire commercial », car possédant une multitude d'autres postes en Amérique, en Asie et en Océanie.

Pour ne parler que de l'Afrique et au zénith de leur influence, les hollandais sont présents en Angola (Benguela, Fort Aardenburgh à Luanda, Fort Mols à Ensandeira, Malemba à Cabinda et Mpinda), Bénin (Alladia, Appa, Ekpé, Fort Zelandia à Jakri, Groot Popo, Offra, Ouidah et Savi), Colonie du Cap, Congo (Loango et Ngoyo), Ghana, Guinée équatoriale (Annobon), Libéria (Kaap Mount à Robertsport), Madagascar Baie d'Antongil), Maurice, Mauritanie (Arguin), Mozambique Fort Lydsaamheid à la baie de Maputo), Nigéria (Badagry, Bénin et Epé), Réunion, Sénégal (Gorée, Joal, Portudal et Rufisque), Sainte-Hélène, Sao Tomé, Sierra-Leone (îles de Bunce et de Tasso) et Togo (Aneho et Petit Popo), soit au moins dix-huit pays (dans leur dénomination d'aujourd'hui).

Le Ghana est à lui tout seul, aussi important que tous les autres réunis, car il comprend au moins 12 postes que sont, Abacqua, Ankobra, Anomabu, Cabo Couço (Carolusbourg), Cong Height, Egya, Goudkust, Kap Apollonia, Keta, Kumasi, Kpone, Usher stadt (actuelle Accra).

Et c'est là que se trouvent la vingtaine de forts d'Amsterdam à Cormantin, Batenstein à Butri, Conraadsburg (Sant Jago), de Veer, Java, Naglas et Scomarus à El Mina, Goede Hoop à Senya Beraku, Elise à Carthago, Hollandia de Gross Friedrichsburg à Poquefoe, Komenda, Leydsaemheyt à Apam, Metaal Kruis de Dixcove, Oranje à Sekondi-Takoradi, Nassau à Mouri, Fort Ruychaver, Santo Antonio d'Axim, San Sebastian, à Shama, Vredenburgh, Witsen à Takoradi.

En contournement de l'Afrique, la route des épices vers les Indes néerlandaises (capitale Batavia) et du négoce avec les soieries et porcelaines de Chine, étant et de très loin la plus prospère, les 3 points de contrôle stratégique du trafic sont Gorée, Kapstadt et Mauritius.

Dès 1627 après avoir acheté l'île de Palma ou Berzeguiche auprès du roi Biram de Cap Vert « dignitaire Lébou à la côte de Daccar », la compagnie néerlandaise des Indes occidentales (W.I.C.) la renomme *Goede reed* (bonne rade) et y fait bâtir un premier fortin hollandais dès sa prise possession, sur instructions de son directeur à la côte d'Afrique, N. Van Wassenaar et de celui y résidant, Pompejus de la Salle, mais ne pouvant accepter ce défi, même s'ils n'y avaient rien construit auparavant, les Portugais n'auront de cesse d'y revenir et de le détruire.

Lors de l'arrivée de 4 caravelles aux armes du Portugal en 1629, « *les hollandais supposent qu'il s'agit de l'avant-garde d'une bien plus puissante flotte et ils s'enfuient, laissant l'île à l'abandon* ». D'autres sources indiquent qu'ils auraient livré bataille avant d'être débordés par le nombre. Selon les écrits de Pascoal Da Costa, *tabelião* (notaire) de Ribeira Grande, il aurait « *servi en 1629 comme feitor* (écrivain témoin) *dans l'armada qui alla réduire la forteresse de Berzeguiche* » (Gorée), les Portugais comme les espagnols se faisant souvent accompagner d'un notaire pour tenir le journal de leurs expéditions à l'outre-mer.

Selon un autre chroniqueur, Manuel Severim De Faria « *le gouverneur João Pereira Corte Real se rendit à Caboverde presqu'île du Cap Vert), avec trois caravelles et 500 hommes et débarqua sur l'île ou les hollandais avaient édifié une forteresse, dans laquelle il entra par la force des armes et capturèrent ceux qui étaient à l'intérieur, récoltant un butin de beaucoup de marchandises, des armes et des drapeaux. Ils rasèrent la forteresse et envoyèrent à Lisbonne les insignes militaires, comme trophées perpétuels de cette victoire* ».

Cette expédition était surtout le temps où le roi du Portugal, avait demandé à son gouverneur des îles du Cap-Vert, Corte-Real (en poste de 1628 à 1632), cf. son compte rendu : « *Votre Majesté m'ordonna de passer en Guinée* (côte d'Afrique), *pour déloger les hollandais de la forteresse de Berzeguiche, punir les Portugais juifs qui vivaient en synagogue à Aresife* (Rufisque)... ». (Nize Isabel de Moraes, in « *A la Découverte de la Petite Côte au 17e Siècle* » T. 2, 1995, éditions IFAN/UCAD, page 259).

Pour y réduite les judaïsants en y installant la « vraie foi » des pères du Saint-Esprit, mais surtout y sécuriser leur monopole devenu très menacé.

Les hollandais reviennent en force un an plus tard, pour s'y réinstaller en 1630 et construire deux forts cette fois-ci, celui d'Orange en partie basse et celui de Nassau sur la hauteur.

§ 3. – L'avènement de l'Angleterre et de la France

A. – A la côte d'Afrique

Ne pouvant être en reste, même ayant pris du retard, l'Angleterre de la Reine Elisabeth I, accorde une concession pour 10 ans à des marchands de la ville d'Exeter et aussi à ceux de Londres pour le « trafic à la rivière de Sénégal » et surtout à celle de « Gambia en Guinée ».

Pour contrer ces initiatives, un premier privilège est accordé par la France à la côte d'Afrique en 1633, pour 10 années par le Cardinal de Richelieu, à une compagnie de marchands Rouennais.

1638 à Saint-Louis : Le Brack (roi) du Walo cède la petite île Bocos qui se trouve à l'embouchure du fleuve Sénégal, juste après avoir franchi la barre, à un capitaine dieppois du nom de Thomas Lambert, qui y construit un bâtiment, lequel est emporté par les flots, très peu de temps après, la marée ayant submergé la partie attenante de la langue de Barbarie (selon M. Abdoul Hadir Aïdara in « Saint-Louis-du-Sénégal, Eds. Grandvaux, 2019, p. 9).

En 1645, ne se résignant pas encore à leur élimination par les hollandais et par les Anglais, les Portugais reprennent l'île de **Gorée** dans un dernier sursaut, mais cela ne durera que deux ans, les hollandais reprenant leur île très endommagée en 1645 et tout y est à reconstruire.

Vingt ans après la reprise de Gorée par les hollandais, ils y sont à nouveau très menacés, car c'est dorénavant l'Angleterre qui, sortie de sa guerre civile engagée par Cromwell et ses round heads, de 1642 à 1651, au cours de laquelle le roi Charles 1er a été décapité le 30 janvier 1649, s'est refait une puissance navale autrement plus importante que celle du Portugal, qui multiplie les incidents et provocations, manifestant de grandes ambitions, à la veille d'une première guerre anglo-hollandaise de suprématie maritime qui ne tarde pas à éclater.

B. – Guerres d'influence maritime anglo-hollandaise et c./ France

Elle se déroule de 1652 à 1654, avec pour point d'orgue une bataille désastreuse à Scheveningen (la cité portuaire qui forme la façade maritime de La Haye), au cours de laquelle les hollandais tentèrent sans vrai succès, de briser un blocus anglais.

Après avoir subi de lourdes pertes ils sont contraints de laisser le contrôle des mers aux Anglais et la mort de leur plus grand amiral Maarten Tromp (en l'absence de Michiel Adriaanszoon de Ruyter, qui combat au même moment en mers du nord), dès le début de cette bataille, leur porte un coup fatal.

Ils mettent fin à la guerre, après que l'ennemi ait réalisé à leurs dépens des prises considérables d'environ 1.200 navires de commerce zélandais, frisons et hollandais, équivalent au double de l'ensemble de la flotte marchande d'Angleterre, ce qui les laisse très affaiblis.

Ils sont donc contraints de signer en 1654, un traité de Westminster très désavantageux, qui ne met pas fin aux rivalités commerciales loin d'être résolues, les hostilités se poursuivant entre leurs compagnies de commerce, qui arment leurs propres vaisseaux, toujours en guerre dans les colonies.

Cinq ans plus tard, en 1659 à Saint-Louis, le Brack du Walo cède à nouveau une île à un autre français, le Sieur Louis Cauillier, agissant pour le compte d'une « Compagnie du Cap-Vert et du Sénégal », celle de « Ndar », située à une vingtaine de kilomètres en amont de l'embouchure du grand fleuve, nettement plus grande que la précédente, occupant une position stratégique entre les deux bras du fleuve, facile à fortifier et à protéger des attaques pouvant venir de l'océan grâce à la barre, comme de la « grande terre » et aussi, bien à l'abri des marées cette fois-ci…

Mais pas des crues du fleuve !

Cette cession a été faite, à la suite de négociations menées par l'entremise du chef de (l'île) de Sor, Jambar (Jean Barre) Diop, pour le compte du Brack Yérim Mbagnick Aram Bacar, moyennant le paiement de « coutumes » annuelles de « *trois pièces de guinées, un tiers d'aulne de drap écarlate, sept barres de fer longues et dix pintes d'eau-de-vie* » (selon M. Abdoul Hadir Aïdara, précité).

La compagnie y fait construire une « habitation » à laquelle on donne le nom de « Fort St-Louis », en l'honneur du roi Louis XIV. Au même moment, les hollandais engageant un important programme de construction de vaisseaux de ligne et l'on peut tenir pour certain, qu'une 2e guerre anglo-néerlandaise est toute proche. C'est dans ce contexte, que les Anglais s'emparent de Gorée en 1664 et qu'ils en détruisent les deux forts, mais fait très surprenant, ils ne s'y maintiennent pas.

Les hollandais s'y rétablissent la même année et lancent un programme accéléré de renforcement de leurs fortifications sur l'île de Gorée et tous leurs nombreux autres postes à la côte d'Afrique, pour sécuriser leur maîtrise des routes commerciales qui est menacée par les Anglais et de se préparer pour une deuxième guerre qui éclate dès l'année suivante.

1664 : Au nom de la Royal African Company, une escadre commandée par le capitaine Robert Holmes est envoyée en Afrique de l'Ouest pour s'attaquer aux colonies néerlandaises. Holmes accomplit sa 1ère attaque sur le comptoir de Gorée en capturant un navire le 27 décembre 1663.

Dans les semaines suivantes, il capture ou coule quatre autres navires.

Le 23 janvier 1664, Holmes s'empare de Gorée. De là, il continue à opérer contre les lignes commerciales néerlandaises. Le 28 mars, il capture le grand navire néerlandais *Walcheren* (incorporé par la suite à la Royal Navy) et conquiert le 20 avril le Fort Taccorary, Côte-de-l'Or. D'autre comptoirs et navires plus petits tombent en sa possession avant qu'il ne termine sa conquête de l'Afrique de l'Ouest le 1er mai 1664.

Charles II fait arrêter Holmes à son retour en Angleterre car il a violé les traités existants avec les Provinces-Unies, mais refuse de restituer ses conquêtes. Alors les Néerlandais, ne souhaitant pas déclarer la guerre, envoient une escadre avec 12 navires censés être à destination de la Méditerranée en août 1664. À la hauteur de Gibraltar, Michiel de Ruyter, qui commande l'expédition, informe les autres capitaines et les équipages de la véritable destination du voyage, qui est l'Afrique de l'Ouest.

Toutes les colonies à l'exception du fort de Cape Coast sont reprises à la fin de l'automne, Ruyter s'emparant aussi de plusieurs comptoirs anglais.

24 octobre 1664, *Goeree eiland*, est reprise par la flotte du plus célèbre amiral hollandais, Michiel Adriaanszoon de Ruyter (“le grand Ruyter”)

Considéré comme le plus grand amiral de son époque, de Ruyter était très respecté par tous ses adversaires, anglais, espagnols et français et par ses hommes qui lui donnèrent le surnom de « Bestevaer » (grand-père), avant que cet homme très pieux ne soit salué au canon et avec les honneurs par Colbert, lors du passage devant les côtes françaises du bâtiment amiral « Eendracht » ramenant sa dépouille, après qu'il ait trouvé la mort lors de la bataille d'Agosta le 29 avril 1676 et qu'il ne soit inhumé en la Nieuwe Kerk d'Amsterdam.

Au même moment, le parlement anglais utilise la Royal Navy contre les colonies néerlandaises. Le fait que la colonie de la Nouvelle-Néerlande n'a pas respecté l'Acte de navigation est prétexte à campagne militaire. Quatre frégates anglaises commandées par Richard Nicolls apparaissent devant la Nouvelle-Amsterdam et appellent la ville à se rendre.

La reddition intervient sans combat le 27 août et la ville est renommée New York par les Anglais en l'honneur du duc d'York et à partir de là, Nicolls envoie une autre expédition sous la direction de Sir Robert Carr contre les colonies néerlandaises le long du Delaware, qui sont attaquées et pillées.

Lorsque la nouvelle de la reconquête par les Néerlandais des colonies d'Afrique de l'Ouest arrive en décembre 1664 en Angleterre, une commission parlementaire permet aux navires anglais de la Manche et la mer du Nord de prendre des mesures contre les navires néerlandais. L'escadre anglaise de la Méditerranée dirigée par l'amiral Thomas Allin attaque la flotte néerlandaise de Smyrne dans le détroit de Gibraltar le 29 décembre. Malgré l'échec de l'attaque (seuls deux navires marchands sont capturés et un autre coulé), le gouvernement néerlandais prend les mesures qui s'imposent. En janvier 1665, il autorise ses navires à ouvrir le feu sur des navires britanniques à des fins d'autodéfense.

Le gouvernement anglais utilise cette déclaration, associée aux opérations néerlandaises dans les Caraïbes, pour déclarer officiellement la guerre aux Provinces-Unies le 4 mars 1665.

La deuxième guerre anglo-néerlandaise fait suite à la première, qui s'est conclue par une victoire britannique et comme la précédente, elle a pour principal enjeu la maîtrise des principales routes commerciales maritimes, sur lesquelles les Néerlandais exercent encore une nette domination.

La guerre se termine en 1667 pour les Provinces-Unies alors qu'elles se trouvent dans une position avantageuse parce qu'elles se sentent contraintes de faire la paix en raison de l'invasion française des Pays-Bas espagnols. Le traité de paix est donc un compromis. L'objectif de guerre britannique de détruire le commerce néerlandais et d'en saisir une partie a échoué. Cependant, le retrait des Néerlandais d'Amérique du Nord d'une part, et celui de l'Angleterre du Surinam et de l'Indonésie d'autre part, apporte un véritable apaisement. Les Provinces-Unies restent les principaux fournisseurs de noix de muscade et obtiennent une nouvelle colonie avec la Guyane néerlandaise.

Les Hollandais sont de redoutables concurrents pour les marchands et fabricants français. Une victoire sur la Hollande permettrait de réduire le problème. Aussi Louvois, qui depuis 1670, dirige le secrétariat d'État à la guerre pousse dans cette direction. La guerre contre les Provinces-Unies doit lui permettre de montrer au roi ses talents d'organisateur, voire de s'imposer face aux brillants chefs de guerre comme Condé et Turenne.

L'opposition politique (la république protestante laisse éditer des médailles moquant le monarque absolu catholique) provoque aussi l'orgueil de Louis XIV.

Dès janvier 1668, l'Angleterre et les Provinces-Unies s'associent au royaume de Suède dans une Triple-Alliance pour forcer Louis XIV à se retirer des Pays-Bas espagnols. La guerre de Dévolution prend fin le 2 mai 1668 avec la paix d'Aix-la-Chapelle. Les efforts expansionnistes de Louis XIV se dirigent contre les Provinces-Unies, car il considère qu'elles l'ont trahi.

Charles II d'Angleterre, s'allie en 1670 avec Louis XIV par le traité secret de Douvres. Il déclare la guerre aux Provinces-Unies et le 6 avril et Louis XIV fait de même.

Sur mer, le 7 juin, l'alliance franco-anglaise essuie un échec à la bataille de Solebay (au large du Suffolk) face à la flotte hollandaise de l'amiral de Ruyter qui sauve son pays d'une invasion maritime.

Mais débordés sur terre, les Hollandais, dès le 16 juin, envoient des négociateurs qui proposent de céder les villes du Rhin, Maastricht, le Brabant et la Flandre hollandaise avec en sus une indemnité de dix millions de livres. Mais Louis XIV exigeant plus de terrain, le rétablissement de la liberté du culte catholique, et d'autres exigences pour humilier les Hollandais, c'est la rupture.

Le 20 juin, les Hollandais rompent les écluses de Muyden et provoquent l'inondation du pays. Les Français ne peuvent plus avancer.

Le 8 juillet, Guillaume III d'Orange, déjà capitaine général (chef des armées néerlandaises), est nommé *stathouder* de Hollande, le 16 juillet *stathouder* de Zélande.

L'assassinat le 20 août, du grand-pensionnaire Johan de Witt, chef de la diplomatie hollandaise et de son frère Cornelis, fait de Guillaume d'Orange le seul maître de la République : il sera l'adversaire le plus acharné de Louis XIV pendant près de trente ans.

En ce qui concerne le conflit avec la France, il se déroule de 1672 à 1678, la France et ses alliés (Angleterre, Münster, Liège, Bavière, Suède) sont opposés à la Quadruple-Alliance comprenant les Provinces-Unies, le Saint-Empire, le Brandebourg et l'Espagne.

Pour l'Angleterre, cette troisième guerre anglo-néerlandaise se termine en 1674 sous la pression du Parlement anglais mais la France continuera à mener sa guerre de Hollande jusqu'en 1678.

1677 : Prêt avant les Coalisés, le maréchal de Luxembourg s'empare de Valenciennes (17 mars) et Cambrai (18 avril), pendant que Monsieur, frère du roi, bat Guillaume III d'Orange à Noordpeene lors de la bataille de la Peene (11 avril) et s'empare du bailliage de Saint-Omer, des châtellenies de Cassel, Bailleul et Ypres. L'Artois et une partie du comté de Flandre sont aux mains des Français.

Mais en octobre 1677, Marie d'York, nièce de Charles II d'Angleterre, épouse Guillaume d'Orange rapprochant ainsi l'Angleterre et les Provinces-Unies (alliance du 10 janvier 1678).

A la côte d'Afrique, l'amiral comte français d'Estrées prend Gorée le 1er novembre 1677 et poursuit sa route conquérante vers l'île de Tobago, aux Caraïbes (ancienne possession des ducs de Courlande).

Selon Madame Marie-Hélène Knight-Baylac (in « La vie à Gorée de 1677 à 1789 » Revue française d'histoire d'outre-mer 1970, p. 377) « *L'essor rend plus aigus les problèmes posés par la vie quotidienne et d'occupation du sol à Gorée ... les bâtiments occupés par les Européens se mêlant aux habitations des autochtones, ... les fortifications étant caractérisées par leur mauvais état. Quand il eut pris l'île, le comte d'Estrées fit raser les forts hollandais qui semblaient être pourtant de belle construction. Dès l'année suivante, la compagnie du Sénégal en fit construire deux nouveaux sur les mêmes emplacements, à savoir face à l'anse et sur la montagne. Le 1er prit le nom de « Fort de Vermandois », puis de « Fort Saint-François » tandis que le 2ème était appelé « Fort Saint-Michel* ».

1678 : Louis XIV pare à la menace de l'alliance anglo-hollandaise. Faisant converger ses armées, il prend Gand (9 mars), Ypres (25 mars) et au sud Puycerda (28 mai). Les Hollandais sont de nouveau directement menacés. Les négociateurs de Nimègue sont presque d'accord sur les conditions de paix, mais Louis XIV demande que son allié suédois récupère les territoires perdus en Allemagne.

L'empereur, l'électeur de Brandebourg et le roi du Danemark, concernés par ces territoires refusant de les rendre, la guerre reprend, sans modifier la donne, les impériaux étant arrêtés sur le Rhin par le maréchal de Créquy à Rhienfeldt et Ortenbach, Louis XIV étant désormais en mesure d'imposer ses conditions pour le dénouement à la guerre.

Triomphant de ses adversaires, la France, par la paix de Nimègue du 10 août 1678 avec les Provinces-Unies, qui met fin à la guerre, confirme son rang de 1ère puissance européenne en acquérant la Franche-Comté et de nombreuses places-fortes flamandes.

L'Espagne fait la paix le 17 septembre. En 1679, la paix est généralisée avec l'empereur (5 février), l'électeur de Brandebourg (20 juin), le roi du Danemark (2 septembre) et la Suède (26 novembre). Le traité de Nimègue est le triomphe de Louis XIV.

Exit les Pays-Bas, qui épuisés dans leur ressource, sont ramenés à une position de second plan par les deux nouvelles grandes puissances, l'Angleterre et la France, mais conservant leur pépite d'Indonésie.

En vivant souvenir de cette époque, il en reste un chant populaire devenu marche militaire française : « *Auprès de ma blonde* »

« Dans les jardins d'mon père, les lilas sont fleuris (bis),
« Tous les oiseaux du monde, viennent y fair' leurs nids ;
« Auprès de ma blonde, qu'il fait bon, fait bon, fait bon,
« Auprès de ma blonde, qu'il fait bon dormir !
« La caille, la tourterelle et la jolie perdrix (bis)
« Et la blanche colombe, qui chante jour et nuit ;
« Elle chante pour les filles, qui n'ont pas de mari (bis).
« C'est pas pour moi qu'elle chante, car j'en ai t-un joli ;
« Dites-nous donc la belle, où donc est votre mari ? (bis)
« *Il est dans la Hollande, les Hollandais l'ont pris* ;
« Que donneriez-vous, belle, pour revoir votre mari ? »
« Je donnerais Versailles, Paris et Saint-Denis (bis) ;
« Les tours de Notre Dame et l'clocher d'mon pays. (Refrain)
« Auprès de ma blonde ...

Le contexte de ce chant composé en 1704, sous Louis XIV et attribué, selon la tradition, à André Joubert du Collet, l'un des plus représentatifs des chants populaires français. Cette marche militaire, a pour titre original, *Le Prisonnier de Hollande* et renvoie aux conflits du XVIIe siècle. L'histoire rapporte que les soldats du duc de Villars, maréchal de France (1653 - 1734) la chantent en entrant au Quesnoy en 1712. Devenue le chant de marche du régiment de Champagne, elle passe ensuite dans le grand public.

André Joubert du Collet, seigneur du Collet, originaire de Bourgneuf-en-Retz, lieutenant français dans la Marine royale, est l'auteur supposé de cette célèbre chanson, qui pourrait être dérivée d'une chanson du XVIe siècle.

Fait prisonnier par les Hollandais lors d'un raid de ceux-ci sur l'île de Noirmoutier pendant la guerre qu'ils livrent contre les Français et les Anglais entre 1672 et 1679, ils le gardent deux ans en captivité avec d'autres prisonniers français, qui ne sont libérés que grâce au paiement d'une rançon par le roi Louis XIV.

Pour remercier le roi, André Joubert (branche de la Morinière et de la Primaudière) lui offre alors une chanson qu'il aurait composée en captivité *Auprès de ma blonde*, en souvenir de son épouse.

C. – L'abominable époque du commerce triangulaire de la honte

Ces développements d'antagonismes européens, pour expliquer le contexte dans lequel va se développer le commerce triangulaire de la honte entre la côte occidentale de l'Afrique et les Amériques, les états locaux fournissant des esclaves destinés aux plantations européennes de l'autre côté de l'Atlantique.

Si barbare que cela soit, dans l'abdication du principe chrétien de « fraternité en Christ » interdisant le « commerce de son semblable », il faut se souvenir en outre que ce sont les peuples amérindiens qui auront probablement le plus souffert de l'expansion européenne car l'on estime qu'entre 50 et 90 % de leur population est décimée par les maladies importées par les Européens. Avant même leur première rencontre avec les Européens, certains peuples avaient déjà été anéantis

Sans relativiser, il semble bien qu'il n'existait aucune esclaverie sur les cartes de l'île de Gorée, établies lors de sa prise de possession par l'amiral d'Estrées, pour compte de la France, en 1677.

Ceci parce que ce n'est qu'à partir de 1674, que s'opère le « grand virage de l'esclavage », après que la conjonction d'intérêts circonstancielle entre l'Angleterre et la France soit parvenue à briser le quasi-monopole des hollandais, que l'essentiel du négoce à la Côte d'Afrique, s'oriente vers le commerce triangulaire, après que ces deux grandes puissances se soient rendues maîtres de chacun des trois flux de pacotille, verroterie, armes et barres de fer d'Europe, d'esclaves noirs d'Afrique et de sucre, rhum, café, cacao, tabac, or et coton des indes occidentales.

Sans oublier toutefois, que le plus gros flux se trouve organisé en navette entre l'Angola et le Brésil.

Jusque-là et depuis des siècles (des millénaires ?), des Africains étaient convoyés en forte colonnes à travers le Sahara, pour les besoins domestiques du monde arabe.

L'émasculation des jeunes mâles servant dans les harems de dignitaires y était quasi-systématique, pour éviter qu'ils n'y fassent souche.

Le coût et les aléas d'un long voyage, depuis les côtes d'Afrique vers les Amériques et tout autant la faiblesse de la demande d'esclaves, en limitaient le trafic jusqu'au milieu du 17e siècle, mais deux faits en ont changé la donne, le génocide des amérindiens rendant la main d'œuvre indisponible aux indes occidentales et deuxième facteur, le temps nouveau de l'engouement européen pour le sucre de canne.

La demande étant en expansion, la canne à sucre a été introduite depuis la Nouvelle-Guinée (au nord de l'Australie) vers la Martinique et les autres « îles à sucre » des Antilles à partir de1640, cette culture devenant rentable, il faut donc trouver le moyen de satisfaire les attentes de ce nouveau marché et tout autant, celui du rhum, qui en est issu et dont le premier est distillé par les planteurs français.

La main-d'œuvre amérindienne ayant été exterminée pour l'essentiel, il devient donc nécessaire d'aller chercher la main-d'œuvre nécessaire dans d'autres contrées et en Afrique en particulier et c'est ce contexte qui va entraîner la naissance du trafic d'esclaves, car cette culture nécessite une main- d'œuvre abondante et la moins chère possible.

Les planteurs de sucre espagnols du Venezuela et portugais du Brésil achètent aussi des esclaves mais en quantité limitée, car le transport par le système de l'Asiento, (du fait du Traité de Tordesillas qui les excluaient de l'Afrique) et l'ancien monopole des marchands hollandais se limitant aux seules expéditions les plus rentables, maintenait le sucre à un prix trop élevé pour le marché mondial ce qui interdisait sa commercialisation à grande échelle.

Mais la donne change lorsque le commerce triangulaire prend son essor à partir de 1674, après que les Anglais alliés aux Français aient détruit le monopole Hollandais et que le transport d'esclaves de la côte africaine vers les Amériques, les grandes îles de Jamaïque et Saint-Domingue et les trois petites, Martinique, Guadeloupe et Barbade deviennent la principale zone d'importation des esclaves.

James Stuart roi d'Angleterre crée en 1672 la Compagnie royale d'Afrique, son cousin français Louis XIV fondant la même année la Compagnie du Sénégal après avoir dissout la Compagnie des Indes de Colbert, l'une des 1ère compagnies coloniales Françaises, car devenu monarque absolu, il lui reproche son incapacité à importer des esclaves.

Au moment où il prend ses distances d'avec Colbert, il est amoureux de la Marquise de Maintenon, issue de la Martinique, qui achète le château de Maintenon à Charles François d'Angennes, un flibustier qui devient en 1678 le plus riche planteur de Martinique.

Détails que tout cela ?

Certainement pas, car au contraire, de très grande importance !

Car ils expliquent pourquoi de petits intérêts auront présidé à des choix antiéconomiques, dès lors qu'il eut été tellement plus simple et sans doute moins couteux, d'organiser ces cultures à la côte d'Afrique.

Oui mais voilà, il s'agissait surtout, d'enrichir au plus vite, ceux qui étaient en situation de rentabiliser leur très éphémère faveur royale et il en allait de même de toutes les autres nations.

L'arrivée des Français et des Anglais en 1674 sur les côtes d'Afrique, après avoir réduit les hollandais, a fait brutalement monter le prix des esclaves, entraînant le développement de circuits d'approvisionnement à l'intérieur du continent, qui affaiblissent les sociétés africaines traditionnelles, la traite négrière changeant profondément la nature des sociétés et bouleverse les économies locales.

Car au-delà de l'aspect moralement répréhensible de ce négoce, il en est résulté une complète déstructuration des équilibres économiques des sociétés traditionnelles, révolutionnant par ailleurs les rapports d'influence interne, comme de voisinage, les activités de culture, d'élevage, d'artisanat, de négoce étant dévaluées face à la nouvelle activité de capture et de vente d'esclaves en émergence.

Cette source de profit immédiat entraine une rapide reconversion et bien entendu l'abandon de toute autre activité, pour multiplier les guerres de voisinage aux seules fins d'approvisionnement et déstructurant par voie de conséquence tous les rapports de confiance et d'anciennes alliances, pour faire place à la méfiance, à la suspicion généralisées, nul ne pouvant plus compter sur qui que ce soit.

Et comment remporter ces guerres sans la supériorité d'armement, acheté au prix fort, auprès des comptoirs des négociants à la traite, bouclant ainsi tous les paramètres d'une catastrophe économique africaine, qui n'a pas nécessairement été planifiée, mais dont les conséquences résiduelles produisent encore leurs effets près de quatre siècles plus tard.

L'arrivée en masse de nouveaux esclaves aux Antilles fait parallèlement baisser leur prix d'achat par les planteurs de canne à sucre, tandis que la production de sucre progresse très vite, ce qui a pour effet d'abaisser le prix de cette denrée sur le marché mondial, et de favoriser sa consommation en Europe.

Pour laisser la voie libre à leurs planteurs de sucre, James II et Louis XIV tentent d'évincer les petits planteurs de tabac de la Barbade et de Saint-Domingue, accusés de manière très opportuniste, de collusion avec les flibustiers et boucaniers, qui commencent à écumer les mers des Caraïbes.

En France, la ferme du tabac est un monopole créé en 1674.

Le prix d'achat aux planteurs est abaissé et le prix de vente au contraire relevé, la production s'en trouvant découragée les consommateurs s'approvisionnent en tabac de Virginie et du Maryland, où James I vient d'octroyer des terres à des aristocrates catholiques pour créer d'immenses plantations de tabac fonctionnant, à base d'esclaves.

Et c'est à partir de cette fin de XVIIe siècle, que la traite négrière atlantique prend sa véritable dimension industrielle.

D. Saint-Louis et la traite de la gomme

La gomme arabique est la plus ancienne et la plus connue de toutes les gommes, une substance muqueuse et résineuse, exsudat de sève coulante et solidifiée, qui est produite naturellement par des arbres gommiers du genre ***Acacia*** et récoltée principalement en Afrique saharienne. Cette matière première est essentielle pour l'industrie agro-alimentaire servant principalement d'émulsifiant, spécialement pour les huiles d'agrumes, de colloïde protecteur dans les émulsions et de supports pour les arômes, comme le fixateur des parfums.

Les Égyptiens qui en connaissaient les propriétés, l'utilisaient déjà pour le bandage des momies et aussi comme moyen de contraception, en association avec des dattes.

Les navigateurs européens découvrent la gomme arabique sur les côtes du Sénégal et de la Mauritanie au XVe siècle et à la suite d'une « guerre de la gomme » acharnée au XVIIIe siècle contre les Anglais, la France en obtient le monopole du commerce sur la côte occidentale d'Afrique.

La plus grande production provient d'Afrique, lui valant son surnom de « gomme Sénégal », 90 % de la production provenant de l'acacia du Sénégal (***Senegalia polyacantha***), qui donne la gomme arabique dure (ou ***kitir***), qui est la plus prisée sur le marché mondial.

La gomme s'écoule naturellement par les saillies faites à l'écorce des arbres et en augmentant leur nombre, il est possible d'en accroitre le rendement, variable selon les arbres, mais en moyenne d'une demi-livre par arbre, la gomme étant un produit d'exportation très important.

Le pays de Galam situé dans la région du confluent de la Falémé avec le Sénégal avait éveillé de bonne heure l'attention des Français du fait de son voisinage avec les mines du Bambouk renommées pour leur fabuleuse richesse. En 1685 avec La Courbe et peut-être même dès 1667, ils s'y aventurèrent, mais les expéditions organisées par les compagnies n'étaient que saisonnières.

La récolte de la gomme a lieu au mois de mars et sujette à variations, la traite se ressentant de la disette ou de l'abondance, mais dans le grave inconvénient de permettre aux anglais d'aller la traiter à Portendic (du néerlandais « Portendijk », qui signifie la digue du port), un point de la côte qui est à quarante lieues au-dessus de la rivière du Sénégal.

Les Maures mettent leur gomme dans des balles de peau transportées à dos de chameaux aux escales du « Désert » et de Podor, dans les mois d'avril et de mai et les traitants se rendent à ces escales en y apportent des objets d'échange, principalement en eaux-de-vie, toiles, quincaillerie et verroterie.

Lorsque l'offre d'achat par les Anglais est plus favorable à Portendic, libre concurrence oblige, les maures Trarzas y portent une partie de leur récolte et alors la vente faiblit à l'escale du « Désert », mais se maintient à Podor, où se négocient les gommes venant des forêts de Leybar et d'Alfatak.

En juillet de chaque année, les traitants de Saint-Louis font le voyage de la traite en direction de Galam.

Ils mettent trois mois pour remonter le fleuve, avec une flottille d'une cinquantaine de bâtiments et ils y arrivent en fin octobre, pour y traiter durant la foire organisée par les maures en début novembre, de l'or, de l'ivoire, des peaux et de diverses céréales, en échange de guinées (pièces de toile), armes à feu, verroterie, etc.

Ce négoce n'est pas simple, car il nécessite de très longes palabres et dégénère parfois en conflits. Le voyage est risqué, exposant à nombre de maladies, auxquelles seuls résistent les naturels du pays.

Le retour est plus rapide et se fait en une quinzaine de jours, lorsque les eaux du fleuve commencent à baisser et de joyeuses festivités célèbrent ce retour de campagne au grand bonheur de tous.

D'après les « *mémoires du marquis de la Jaille, ancien officier de la marine française* », dans « *Voyage au Sénégal pendant les années 1784 et 1785* » cité par Monsieur Pierre Labarthe, l'ancienne Compagnie des Indes avait essayé de faire la traite de la gomme à Galam.

"*Dans le temps de la récolte qui a lieu au printemps, des Maures errants et pasteurs se rendent avec leurs troupeaux et viennent camper près les forêts de gommiers distantes de cinq journées de Galam, ou du fort Saint-Joseph. On y traite la gomme avec les mêmes marchandises que celles employées aux escales du Désert et de Podor et la mesure est la même que le quantar qui est évalué à deux mille quatre cents livres pesant. Il n'y a pas de doute que l'éloignement du Sénégal à Galam, et, l'absence de près d'un an à laquelle étaient forcés les traiteurs, n'aient dégoûté de ces essais ; en sorte que ces mêmes Maures viennent dans la saison de la traite, jusqu'à nos escales, y porter leur gomme*".

Avec André Brüe, au début du 18ᵉ siècle, on peut dire que le Galam entrait dans la sphère des préoccupations françaises puisque deux forts furent construits, l'un appelé Saint-Joseph entre le confluent de la Falémé et la chute du Félou, l'autre le fort Saint-Pierre sur la Falémé.

Le pays de Galam devenait au fil des ans, un îlot actif du commerce français des esclaves et de l'or, qui n'était relié à Saint-Louis que par le seul long et ténu pédoncule du fleuve.

Alors et même si la traite de la gomme devient chaque année un peu plus, l'activité la plus lucrative en cette colonie de Saint-Louis, il ne faut surtout pas penser que le trafic des esclaves en soit absent, il y perdure tout au contraire, à l'identique du négoce de l'or et de l'ivoire, qui même s'ils restent appréciables, sont de moindre importance.

Selon Monsieur Jean-Pierre Dozon, anthropologue et directeur de recherches à l'Ecole des hautes études en sciences sociales de Paris, « *Saint-Louis est un important comptoir de traite négrière, ayant généré également un certain type de rapport servile, ce qui signifie un environnement de violence largement étayé par l'historiographie de la Sénégambie* » (in Saint-Louis-du-Sénégal, éds. Karthala 2019, p. 13).

Il poursuit « *En effet depuis le développement du commerce atlantique, les royaumes wolofs (Waalo, Cayor, Bawol et Djolof), auparavant unis dans une puissante confédération (le « Grand Djolof »), n'ont cessé de se faire la guerre et de se livrer à la chasse à l'homme, pour les vendre aux intermédiaires du commerce et il en va de même des royaumes fulbé et toucouleur, plus éloignés de la côte, ou encore des émirats maures qui ont contribué à la brutalisation généralisée* » de la région, en raison de la présence à Saint-Louis, d'un marché d'écoulement … « *ayant pu atteindre au milieu du XVIIIᵉ siècle, deux mille individus par an* ».

En revanche, pour ce qui est du négoce de la gomme arabique, la tradition du voyage annuel à Galam est rompue et les forts qui la protégeaient ruinés, du fait de la révolution française, suivie de l'occupation anglaise.

Aussi, au retour de la paix et dès la reprise du Sénégal, la Restauration très désireuse en ce domaine comme dans nombre d'autres, de "renouer la chaîne des temps", décide-t-il d'envoyer une mission, pour rétablir "les anciennes relations d'amitié et de commerce qui existaient autrefois entre les habitants de la colonie du Sénégal et ceux du pays de Galam.

§ 4. – Le temps des compagnies commerciales à charte qui se succèdent à la côte occidentale d'Afrique :

A. – Pourquoi et que faisaient-elles ?

Dès le début de l'aventure de découvertes au nouveau-monde, les couronnes européennes évitent de s'engager dans des investissements à risque dont elles n'ont pas le contrôle de proximité et qui nécessitent la levée de capitaux considérables, pouvant compromettre la bonne exécution du budget courant, autrement que ponctuellement.

Elles font donc abandon du financement, des opportunités de négoce à l'outre-mer et d'éventuel profit, à l'investissement privé, sous forme de concession de service public au moyen d'une « ***charte*** » conférant une exclusivité d'exploitation déterminée, assortie du droit de d'organiser l'exclusion de toute autre nation, par délégation de souveraineté.

Une concession contre paiement d'une « *patente* » (c.à.d. une redevance d'exploitation, acquittée généralement en pourcentage sur bénéfices), dans une forme déjà très moderne de « *partenariat public privé* ».

Pour ce faire, il leur est fait délégation de l'ensemble des prérogatives de souveraineté, défense, pouvoir de légiférer, intendance, diplomatie, justice, fermes fiscales et douanières, etc. Et aussi de subventions et si besoin, de l'intervention de l'armée royale au soutien de leur monopole.

Selon Monsieur Abdoulaye Ly précité, le principe de la présence européenne à la côte d'Afrique ... a été exactement défini par Jannequin de Rochefort : « *nostre cappitaine qui n'avoit point d'autre dessein, que de charger son vaisseau de leurs marchandises, et non de conquérir leurs terres, ny de les exterminer* ».

Il poursuit ainsi. Un mémoire de 1783, définissait la concession de la manière suivante : « *Le Sénégal, comme toutes les parties de la côte d'Afrique ou les nations européennes sont fixées, n'a de valeur qu'en raison de l'étendue de son commerce, ce n'est point une concession territoriale, la France ne peut ni concéder, ni défricher, elle est la nation privilégiée, que le droit de conquête a rendue seule propriétaire du commerce et non du pays, comme tous les Européens qui sont établis dans les parties de la côte d'Afrique et dans l'Inde. Ce principe établi, toute concurrence étrangère est une perte réelle pour la nation, une diminution du prix de la conquête, et le concurrent partage le fruit de dépenses que le gouvernement ne fait que pour lui, que parce qu'il est propriétaire* ».

L'esprit sinon la lettre en est rigoureusement identique, dans chacune des nations en compétition à la traite à la côte occidentale d'Afrique comme ailleurs, le prototype ayant inspiré tous les autres avec plus ou moins de bonheur, étant celui des compagnies des indes néerlandaises.

La *"Vereenigde Oostindische Compagnie"* (*V.O.C.*), Compagnie unie des Indes orientales, est une société de commerce créée le 20 mars 1602, à l'initiative de Johan van Oldenbarnevelt, par la fusion de 10 sociétés d'armement installées dans les ports des Provinces-Unies et dotée par un acte des Etats-généraux du monopole des armements et du commerce, avec les pays situés au-delà du Cap de Bonne-Espérance.

L'originalité de cette société est qu'elle dispose dès l'origine de capitaux propres considérables, pour un montant de 6,3 millions de florins, divisé en 2.200 actions, dont la souscription est ouverte aux nationaux autant qu'aux étrangers.

La Compagnie des Indes est à l'origine de la création d'une bourse des valeurs en Amsterdam, bientôt imitée à Londres et à Paris et a été pendant près de deux siècles l'un des piliers de la puissance capitaliste et de l'impérialisme néerlandais.

Mise en faillite, dissoute en 1799, elle est une entreprises capitalistes des plus puissantes au monde, contribuant fortement à l'histoire des bourses de valeurs, au temps où le capitalisme est en gestation, inspirant plusieurs standards des entreprises modernes dont ceux de la société anonyme par actions, émettant des obligations et de la multinationale avec succursales à l'autre bout du monde.

La compagnie européenne fondée au 17e siècle la plus influente, ses conquêtes ont permis aux Provinces-Unies puis aux Pays-Bas de disposer d'un empire colonial significatif en Asie jusque dans la seconde moitié du XXe siècle.

Cette V. O. C. jouit par délégation de l'intégralité des prérogatives régaliennes de puissance publique, ses commissionnaires ayant même eu celle d'instituer des Notaires à Batavia, en Insulinde, devenue capitale des Indes orientales néerlandaises d'alors et même aux points d'étape.

Cela aurait probablement été le cas en l'île de Gorée, si elle avait été suffisamment peuplée, comme cela s'est fait à la Colonie du Cap.

A preuve, le 2 avril 1793, deux commissionnaires de la VOC, Messieurs Nederburgh et Frykenius, en route pour Batavia, ont édicté des règles et instructions pour les Notaires du Gouvernement local de la Colonie du Cap de Bonne Espérance (Van Zyl, in *"The Notarial Practice of South Africa"*, 1909) et le même jour, ils ont procédé à la nomination de deux premiers Notaires, Mes P.H. Faure (un nom d'origine française) et J. Karnspeck, avec résidence à la Province du Cap.

Notons que ce Notariat du Cap en 1793, est postérieur de sept (7) années à celui de Saint-Louis-du-Sénégal, lequel remonte (S.E.O.) à 1786.

Selon Messieurs M.J. Lowe, M.O. Dale, A. De Kock, S.L. Froneman et A.J.G. Lang, auteurs de *"The South African Notary"*, (pages 7 et 8, aux Editions Juta & Co. Ltd. de Cape Town), qui est l'ouvrage de référence relatif au notariat sud-africain, l'ensemble de ce dispositif serait entaché de nullité « ab initio » (dès l'origine) et ce « Notariat » n'aura été qu'un « *Notariat de Fait* », dépourvu d'une quelconque validité.

Ils y postulent, que « *Les Provinces Unies n'ont jamais concédé de pouvoir règlementaire à la Cie. des Indes Orientales, dont la charte n'est que commerciale et de plus, pas pour la province du Cap, qui n'est que* (simple) *escale de ravitaillement en route vers les Indes orientales* ».

Telle n'est pas l'opinion du Dr Ben Duinkerken, historien du droit et ancien Notaire à Den Haag, Pays-Bas (in « *Destin d'une Loi* » p. 366), « *les Etats-Généraux* (des Provinces-Unies) *avaient concédé des droits souverains ... pour promulguer des lois ... le 20 mars 1602 à la Vereenigde Oostindische Compagnie* (VOC des Indes Orientales).

L'article wikipedia relatif aux pouvoirs régaliens de cette compagnie, incline exactement dans la même compréhension d'omnipotence :

« *Grâce à sa puissance, la compagnie constitue un véritable « État dans l'État ». De fait, elle dispose dans les comptoirs néerlandais des Indes orientales des principales fonctions régaliennes (police, défense et* ***justice****)* » et donc probablement aussi dans chacune des escales.

« *C'est* (elle) *qui nomme les gouverneurs et les conseils assurant la justice civile et pénale ... la défense de ses possessions terrestres et la protection de ses routes commerciales et dans cette optique, elle qui décide de la guerre et de la paix avec les princes autochtones, disposant à cet égard d'une diplomatie autonome* ».

« *De même, la compagnie dispose d'une flotte de guerre qui combat les puissances européennes adverses (Angleterre, Portugal et France) et les souverains locaux. Cette armada finit d'ailleurs par être soutenue par une armée de terre privée qui compte jusqu'à douze mille hommes et recrutait plusieurs régiments* ».

« *Ces pouvoirs, la VOC en dispose sur un des plus grands empires du monde, à côté duquel les Provinces-Unies semblent minuscules. Bien que la compagnie reste sous le contrôle des différentes chambres la composant et demeure grandement dépendante de la diplomatie de la métropole, elle est consciente de son pouvoir et ne manque pas d'arrogance vis-à-vis de l'État. Ainsi au milieu du XVII*[e] *siècle, les directeurs de la compagnie vont jusqu'à prétendre que « les places et les forteresses que les Heeren XVII avaient conquises dans les Indes orientales n'étaient pas à considérer comme des conquêtes nationales, mais comme la propriété de marchands privés, qui étaient en droit de les vendre à qui ils voudraient, même s'il s'agissait du roi d'Espagne ou de tout autre ennemi des Provinces-Unies* ».

Tel n'a bien évidemment jamais été le cas, cette toute puissante V.O.C. épuisée par les guerres napoléoniennes et très endettée a été finalement « *démantelée entre 1795* (et 1799) *et ses actifs dévolus à la République Batave* » d'alors.

Selon le Dr Duinkerken, « *la désignation des notaires faisait partie des responsabilités des compagnies pour l'outre-mer. Ce fut notamment le cas le 27 août 1620, lors de la nomination du premier notaire de Batavia en Indonésie, Me Melchior Kerchem, cumulant ses fonctions avec celles de secrétaire du collège des échevins* » (conseil municipal).

En se référant aux énonciations contenues dans l'ouvrage *"The South African Notary"* précité, il conclut en écrivant « *je me permets de mettre en doute ce raisonnement* (selon lequel les désignations faites au Cap en 1793 étaient nulles ab initio) *compte tenu des responsabilités législatives* (dont pouvait se prévaloir) *la V.O.C.*.

Alors et si besoin, le rappel que ces nominations de Notaires à l'escale du Cap avaient été effectuées en 1793, soit deux années avant cette attribution des actifs de la V.O.C. à la République, laquelle emportait sa subrogation dans le pouvoir règlementaire et dont il ne semble pas qu'elle n'ait jamais usé, pour contester ces nominations.

L'activité notariale y perdurera sans aucune forme de contestation et se poursuivra même, au-delà de l'annexion britannique du Cap, en 1814.

B. – Qui étaient-elles ?

Le pendant de la V.O.C., pour l'Afrique et l'Amérique, était une société de marchands néerlandais, fondée le 3 juin 1621, sous le nom (NL) de *"Geoctrooieerde Westindische Compagnie"* (*W.I.C.*), *Compagnie néerlandaise des Indes occidentales*, avec patente du même jour.

Les Provinces-Unies lui octroient, à elle aussi par charte, le monopole du commerce à destination de l'ouest, soit, l'Afrique de l'Ouest (entre le tropique du Cancer et le cap de Bonne-Espérance), l'Amérique, l'océan Pacifique et la partie orientale de la Nouvelle-Guinée.

Elle est organisée de façon similaire (à la V.O.C.), si ce n'est qu'elle ne pouvait mener d'action militaire sans approbation du gouvernement.

Elle avait cinq (5) bureaux (*Kamers*), en Amsterdam, Middelburg, Rotterdam, Hoorn et Groningen, les deux premiers étant les plus importante. Le conseil comptait 19 membres, les *"Heeren XIX"*.

Elle réalise à l'origine de très fructueuses affaires et sa patente est plusieurs fois renouvelée. Après que le Brésil ait été conquis en 1635, la compagnie va commencer à importer des esclaves, un trafic jusque-là interdit aux Provinces-Unies, mais qui vient d'être légalisé par la Barbade, avec le décret de 1636 sur l'esclavage à vie.

En Afrique, la compagnie s'empare du fort portugais d'Elmina sur la Côte d'Or (actuel Ghana) en 1637, pour sécuriser l'approvisionnement et elle fonde de nouveaux comptoirs en Angola, qui ont été pendant plusieurs siècles parmi les principaux centre d'exportation d'esclaves.

Tout ceci avant le grave impact des pertes du Brésil en 1654, de la « Nouvelle Néerlande » (futur New-York), en 1664, l'abandon de Cayenne aux français et l'invasion britannique du Surinam en 1780. Sa dissolution intervient à la suite du rachat de son fonds de commerce par le Gouvernement en 1791 et la dévolution consécutive de ses actifs.

Vif succès dupliqué par l'Angleterre, British East India Co. (1600), *Company of Royal Adventurers trading to Africa* (1661), *Guinea Co.* (1618), Royal African Co. (1672), Belgique (Ostende, du temps des Pays-Bas méridionaux), *Cie. générale, impériale et royale des Indes* (1719), Brandebourg, *Brandenburgisch-Africanische Co.* (1682),

Kurfurstliche Afrikanisch-Brandenburgische Co. (1600), Danemark, *Vestindisk kompagni ou Det Vestindisk-Guineiske kompagni* (1682), Espagne, *Real Compañía de Filipinas* (1830), Suède, *Svenska Västindiska Kompaniet* (1786), *Svenska Ostindiska Companiet* (1731).

Au tout début du négoce à la côte, il y avait la gomme, l'ivoire, l'ambre gris, le cuir, les épices et l'or, le trafic des esclaves ne devenant activité dominante, qu'à partir de la 2e moitié du 17e siècle.

Pour ce qui est de la France au Sénégal, nombre de sociétés se succèdent, Cie. Rozé et Cie. (dite « Normande », bourgeois de Dieppe et Rouen, 24 juin 1626), Jean Bryant Larcy (de St Malo, pour la Sierra-Léone, 14 janvier 1634), Pierre de la Haye (bourgeois Parisien, 31 octobre 1635), Cie. du Cap-Vert et du Sénégal (rachat liquidation de Rozé, en 1658), Cie. française des Indes occidentales (auparavant « Concession royale du Sénégal », cession du 28 septembre 1664), Cie. du Sénégal (Edit du 8 novembre 1673), Nouvelle Cie ; du Sénégal (1681), Cie ; de Guinée (démembrement partiel, 12 septembre 1684), Cie ; Royale du Sénégal (en 1694) et enfin Cie ; du Sénégal (13ème de ce nom, en 1709), qui poursuivra ses activités jusqu'en 1718.

Section 2 – Proto-notariat et registres paroissiaux

§ 1. – Le contexte d'avant le Traité de Paris de 1763

A. – La compagnie du Sénégal

1693 – Une grande partie de l'Europe est en guerre à la suite de la « Crise de la Ligue d'Augsbourg (de 1685 à 1697), également appelée guerre de Neuf Ans, où de la Succession palatine.

Elle oppose le roi de France Louis XIV, allié à l'empire ottoman et aux jacobites irlandais et écossais, à une large coalition européenne, dite de « la ligue d'Augsbourg », menée par l'anglo-néerlandais Guillaume III, l'empereur du Saint-Empire romain germanique Léopold Ier, le roi d'Espagne Charles II, Victor-Amédée II de Savoie et de nombreux princes du Saint-Empire romain germanique.

La France forge une alliance d'intérêt mutuel avec la « sublime porte » (l'empire Ottoman), opposée d'intérêt à l'Autriche dans les Balkans, ne pouvant s'exposer à l'encerclement résultant de cette ligue, dont le tracé géographique menace simultanément l'ensemble de ses frontières.

A cette époque la compagnie du Sénégal est confrontée à de grandes difficultés, comme l'explique M. Abdoulaye Ly (in « La Compagnie du Sénégal » Editions IFAN-Karthala 1993, p. 207 à 212).

« Dans tous les ports du Ponant, les difficultés que rencontre le commerce, du fait de la Guerre de la Ligue d'Augsbourg, sont manifestes. La crise décrite par G.-N. Clark en particulier (The Dutch alliance and the War against French Trade, Manchester University) s'y lit presque à chaque page des registres des Amirautés. Le mouvement des navires de la Cie. du Sénégal s'y trouve considérablement ralenti et presque interrompu, car les malheurs se succèdent, alors que la cour ne peut pas ou ne veut plus secourir la compagnie dont Dappougny devient l'avocat infatigable, les effets de la guerre la justification courante, Anglais et Zélandais semblent s'être alliés aux dieux de la mer, pour multiplier les pertes ».

« Après la perte d'un vaisseau de 300 tonneaux avec toute sa cargaison en baie de Cadix (1688), un autre navire affrété est jeté par la tempête sur les côtes d'Angleterre, avec une cargaison de plus de 100.000 livres de marchandises chargées en Afrique et la Compagnie d'Angleterre prétend se l'approprier pour s'indemniser de la prise de ses navires par Le Lion, de la flotte royale ».

« La Cour resta sourde aux suppliques ... et les mauvaises nouvelles continuent d'arriver en juin et septembre 1689. Pris par les Hollandais, le vaisseau L'Aurore, qui portait « du monde et des munitions » à l'île de Gorée dont La Courbe organise la défense, retenu aux Sorlingues, un vaisseau « chargé de plus de cent mille livres d'effets de retour », pris par les Anglais en vue d'Ouessant, le négrier La Sirène, avec un équipage et sa charge de tabac et d'indigo ».

« Aucune perspective d'amélioration du bilan, car un seul négrier doit charger du sucre à la Martinique, dont la valeur a baissé, la compagnie ne trouvant même pas un navire à fret à un « prix excessif », pour aller prendre des marchandises sur la côte d'Afrique contre les secours indispensables aux comptoirs menacés. « Il y a le Triton à Brest – écrit Dappougny à Seignelay, le 12 septembre 1689 – qui seroit propre à porter des munitions de bouche et de guerre à nos pauvres commis, que nous ne devons point abandonner et laisser périr dans le fâcheux état ou ils sont. Ils nous rapporteraient aussi une partie des marchandises qui sont au Sénégal, qui nous seroient d'un grand secours et qu'il est bon en cas d'invasion de ne pas laisser en propre à nos ennemis ».

« Selon le Conseil d'État (arrêt du 16 décembre 1690) ... la compagnie « ne laisse pas de continuer son commerce avec honneur pourquoy elle est entrée dans des avances considérables affin de subvenir aux grosses

dépenses qu'elle a engagée de faire l'entretien de tous ses forts et habitations sy enviez par les Estrangers que la première pensée des Hollandais dans la présente guerre a esté d'y envoyer l'année dernière dans le dessein de s'en emparer, mis dont ils n'osèrent approcher quand ils aperçurent les nouvelles fortifications que les supliants y avaient fait faire, qu'on les y attendoit avec une contenance à ne rien craindre et qu'on tiroit sur eux le canon du fort de Gorée ... car ne voulant rien épargner pour plaire à Sa Majesté et pour la conservation de ses postes qui sont des conséquences à la France parce qu'en cas de besoin, ils peuvent servir de retraite et de magasins pour les vaisseaux de Sa Majesté et pour ceux des grandes Indes qui peuvent y relâcher dans leur route et y faire des rafraîchissements et de l'eau, même en temps de guerre avec diverses puissances étrangères, c'est un endroit et principalement le fort de Gorée d'où y tenant quelques vaisseaux de guerre on pourroit interrompre le grand commerce que les Estrangers font le long de la Coste d'Or et de toute la Guinée et incommoder beaucoup les vaisseaux qu'ils envoyent aux Indes Orientales ».

« Quel capitaliste sensé pouvait se tromper à ce satisfecit royal !

Parce que la compagnie est sous capitalisée, ses actionnaires refusant d'y réinvestir, la faillite est proche, il est temps de jeter l'éponge, La Courbe écrit en 1692, la compagnie en présentant un bilan de situation compromise, demande à la Cour de « *promulguer l'Arrest qui permet aux Interessez en la Compagnie du Sénégal de faire la vente dudit Sénégal, Gorée et lieux en dépendans, justice seigneurie et privilège du commerce à ceux qui se présentent pour les acquérir, le 28 juin* ».

1693 – Anticipant une ambition hollandaise de reprendre l'île de Gorée qu'ils savent mal défendue et sachant l'état de quasi-abandon, dans lequel se trouvaient les deux postes français, les Anglais de la « Royal African Company », décident d'un coup de force, sur décision de Booker, son très entreprenant gouverneur depuis leur base en Gambie (Fort Saint-James Island), contre les deux comptoirs français de Saint-Louis et Gorée, dont ils se rendent maîtres sans grande difficulté.

Dès le 1er janvier, ils s'emparent de l'île de Saint-Louis (de Bourbon), aidés dans leur entreprise par un prisonnier français, huguenot converti, ancien officier sur le navire « L'Heureux », connaissant parfaitement le passage à la barre du fleuve, pour y avoir servi (Jean Delcourt « *La turbulente histoire de Gorée* », 1982, Editions Clairafrique Dakar).

Pas la moindre résistance, les employés français ont déserté pour se rendre à Gorée par voie de terre.

Selon Delcourt précité, « *le 4 février, leurs deux navires L'Amérique et L'Anne atteignent Gorée durant la nuit, débarquent en silence la troupe d'assaut, qui ne réveille les sentinelles et la garnison des deux forts que les remparts déjà franchis. Avec son effectif réduit à 27 compagnons, le directeur n'a d'autre choix que se rendre* ».

Booker écrit dans le journal où il raconte le détail de la prise des forts français à Sénégal et à Gorée par les Anglais, que « *les deux forts de Gorée étaient dans un tel état depuis 1681, qu'ils n'auraient pas même pu se défendre contre une simple chaloupe* » et il n'eut donc aucune peine là non plus, à s'emparer de l'île.

« *Booker démantèle les forts, embarque canons, munitions et marchandises, incendie les ruines des forts et regagne la Gambie avec ses hommes* » (Delcourt).

Les Anglais renomment l'île de (Gory) « Saint-Michael » et Saint-Louis « William and Mary ».

Fin juillet, à peine 4 mois plus tard, alors que Gorée est laissée à l'abandon, ainsi désarmée, sans fortifications ni garnison, le capitaine français Bernard la reprend tout aussi facilement, les quelques soldats anglais qui s'y trouvent encore sont faits prisonniers de guerre.

Abdoulaye Ly relate : *« pendant que l'on préparait la reconquête en France, Le Léger, vaisseau mis par le roi à la disposition de la compagnie et parti de La Rochelle vers la fin de mai 1693, avait rétabli la situation au Sénégal, autant que faire se pouvait. Le navire à bord duquel se trouvaient Chambonneau et Bourguignon, les deux directeurs en titre pour le Sénégal* (Saint-Louis) et le Cap-Vert (Gorée) *depuis le 8 novembre 1692, après constatation de la présence des Anglais à St-Louis, où il était arrivé le 28 juin, s'était rendu à Gorée le 30 juin.*

Le capitaine Bernard, profitant de la faiblesse de la garnison laissée par les Anglais à Saint-Louis (16 anglais, 5 français, 4 esclaves et 7 gourmettes libres), des querelles au sujet de la succession de Booker décédé, et du manque d'eau dont souffrait alors la garnison du fort anglais de Saint-James Island (ancienne possession du duc *Jekabs Kettler*, Herzog von Kurland und Semgallen), *comptant 64 hommes à terre, 28 marins environ, sans compter la trentaine de français ramenés de Gorée où pris sur l'Heureux, fit mettre la voile, le 27 juillet pour Saint-Louis après la réparation du fort d'En Bas. La reconquête se fit sans mal et les marchandises trouvées dans le magasin furent chargées dans le navire* », mais doit « *renoncer à la conquête de l'établissement anglais de Gambie* » en raison du mauvais état du navire

Le capitaine Bernard remet donc Gorée à Chambonneau, nouveau directeur de la compagnie concessionnaire du comptoir, qui trouve les forts volontairement endommagés par les Anglais avant leur départ. Celui de l'anse est momentanément délaissé en l'état et l'on effectue des réparations de fortune uniquement sur celui d'en haut.

Après la reprise par la France, un Edit royal du 22 septembre 1693, ordonne aux Directeurs de la Cie de « *reconnoistre le Sieur de La Courbe, en qualité de Gouverneur pour nous du Sénégal et de la Coste d'Affrique* (sic), *depuis le Cap Blanc jusqu'à Serre Lionne, pour en ladite qualité faire exécuter les entreprises que nous pourrons former auxdits pays, avec tout le succès qui dépendra de ses soins et de son application, commander à tous ceux qui seront au service de ladite Cie... et ce tant qu'il nous plaira... mandons et ordonnons ... pour leur service de lui obéir, car tel est nostre plaisir ». Donné à Fontainebleau* » (Abdoulaye Ly, la Cie du Sénégal, précité).

« *Les Français resteront maîtres de Gorée pendant 65 ans* ».

A son arrivée le 20 août 1697, Brüe trouva les deux forts « *dans un état à faire pitié* ». C'est la même impression qu'eut, au début de l'année suivante Bourguignon qui dressa le procès-verbal de leur état. La paix de Rijswick créant des conditions favorables, Brüe fit rétablir le fort Saint-François, ne négligeant pas l'autre que le père Labat décrivait ainsi « *ce n'est qu'une losange assez grande, flanquée de deux bastions.*

Les murs sont bâtis de grandes pierres et sont fort élevés ». A la même époque, un retranchement et une batterie face à l'anse furent commencés avec des galets liés à la terre. Le plan dressé en 1723 par Wallons en indique le tracé. En 1727, ce fossé avec 5 mètres de large sur 2 mètres de profondeur. La crainte d'une guerre avec l'Angleterre de plus en vive à partir de 1730, explique qu'en juillet 1741 « *toutes les terres basses...* (étaient) *entourées de fossés de 16 pieds de large sur 4 de profondeur en certains endroits avec plusieurs fers à cheval, demi-lunes »* etc.

Il semble donc que le retranchement atteignait le pied de la montagne. Les travaux du fort d'en haut étaient alors assez avancés, mais ceux d'en bas abandonnés depuis un mois car l'ingénieur Pruneau ne voulait plus rien faire, trouvant ses appointements insuffisants.

1725 : La nécessité d'une organisation judiciaire remonte au début de la colonisation du Sénégal au XVIIe siècle.

Dès cette époque, le colonisateur y envoie des compagnies pour l'exploitation de la colonie du Sénégal. Ces compagnies ont aussi pour objectif de développer le commerce et ont à leur tête un directeur et un gouverneur pour leur administration.

Dans ce contexte, il n'est pas rare que les soldats de l'administration commettent des crimes graves alors qu'aucune organisation judiciaire n'est prévue pour les réprimer.

Il n'existe aucune institution judiciaire en ce temps-là et lors de la prise de fonctions du Directeur Saint-Robert à Saint-Louis en 1725, il dénonce auprès de ses supérieurs hiérarchiques des soldats « *si insolents qu'ils maltraitent impunément les habitants, nègres et négresses, jusqu'à leur donner des coups de baïonnette* ».

Et c'est en réponse à cette dénonciation, que le roi l'habilite par lettres patentes du 5 février 1726, à nommer un procureur et 3 commis pour rendre justice et aussi son adjoint.

(Sylvain Sankalé « *Les conseils commissionnés au Sénégal* », in B. Durand, M. Fabre, E. Gasparini (dir.), « Le juge et l'Outre-mer » tome I, Lille, publication Centre d'histoire judiciaire, 2004, p.229).

Cette époque est celle ou le fameux naturaliste français Adanson séjourne au Sénégal (en l'île de Saint-Louis), de 1749 à 1753.

S'agissant de Gorée, l'auteur d'un mémoire de 1758 écrivait « *rien qui puisse arrêter l'ennemi une fois à terre, les forts ne sont que de modestes redoutes très irrégulières et encore plus mal bâties* ». La batterie de la pointe nord constituait même selon lui un « *couvert pour l'ennemi* ».

Et c'est bien ce qui allait se passer.

B. – Guerre de Sept Ans

La guerre de Sept Ans (1756-1763) est un conflit majeur, le premier à pouvoir même être qualifié de « guerre mondiale », car mêlant presque toutes les grandes puissances de l'époque, regroupées dans deux vastes ensembles d'alliances antagonistes et se déroulant simultanément sur plusieurs continents et théâtres d'opérations, en Europe, en Amérique du Nord, en Inde et même en Afrique.

Elle oppose principalement le royaume de France, l'archiduché d'Autriche, leurs empires coloniaux et alliés, aux royaumes de Grande-Bretagne, de Prusse, leurs empires coloniaux et leurs alliés.

Par le jeu des alliances et opportunismes, de nombreux pays européens participent avec leurs colonies à cette guerre, l'Empire russe aux côtés de l'Autriche et le royaume d'Espagne aux côtés de la France, qui s'achève par un rééquilibrage important des puissances européennes.

En Amérique du Nord et en Inde, l'Empire britannique sort vainqueur, y faisant presque entièrement disparaître le 1er empire colonial français.

En Europe, la Prusse s'affirme au sein de l'espace germanique par les victoires de Rossbach sur les Français et de Leuthen sur les Autrichiens (1757), contestant désormais la prééminence de l'Autriche.

Le début de la guerre est généralement daté du 29 août 1756, lors de l'attaque de la Saxe par Frédéric II de Prusse, qui fait ainsi le choix de devancer l'agression programmée par l'Autriche pour reprendre possession de la Silésie (aujourd'hui en Pologne).

Parce que l'Afrique est devenue dorénavant un enjeu majeur du négoce international, elle devient elle aussi un théâtre d'opérations.

1758 – Saint-Louis, Nouvelle offensive des Anglais, une petite escadre conduite par un capitaine Marsh se présente devant Saint-Louis et obtient sa capitulation sans qu'il ne soit besoin de combattre.

Gorée, pendant la guerre de Sept Ans, une première attaque anglaise est repoussée, mais une nouvelle offensive bien plus puissante, celle du commandant Keppel réussira en fin d'année et donc après St-Louis, Gorée est prise à son tour et les Anglais en font sauter la « redoute ».

Les Anglais y resteront pendant 5 ans, jusqu'à ce que Gorée soit restituée aux Français par le traité de Paris de 1763, mais cette souveraineté anglaise va par contre durer vingt et un ans sur Saint-Louis (jusqu'en 1779), pendant lesquels il est mis en place un « Conseil du Gouverneur », composé de treize membres, neuf « habitants » et quatre officiers, ce qui constitue une avancée démocratique remarquable, par rapport à l'époque française et les créoles (natifs du pays) y prennent beaucoup d'influence.

§ 2. – 1763 – Le Traité de Paris du 10 février 1763 à l'issue de la guerre de Sept Ans (1756-1763)

Gorée seule est restituée à la France au terme de cette guerre de 7 ans.

Trois années de délicates tractations, avant qu'un principe de négociation ne soit acté à Fontainebleau, le 3 novembre 1762, pour aboutir à la signature du « traité de Paris du 10 février 1763 », qui met fin à la « guerre de Sept Ans », en réconciliant, la Grande-Bretagne, première puissance mondiale et la France qui perd l'essentiel de ses possessions coloniales de l'Inde, de la Louisiane et du Canada.

En bien modeste consolation, elle retrouve son poste de transit de traite négrière à la côte d'Afrique, qu'est l'île de Gorée, mais elle doit en revanche céder sa position autrement plus lucrative, qu'est le comptoir d'exportation de la gomme arabique, qu'est Saint-Louis du Sénégal.

A. – Changement majeur, l'administration directe par la Couronne

Changement majeur car ce n'est qu'à partir de ce traité, qu'il est décidé de rompre avec la pratique antérieure de concession exclusive, indifféremment qualifiée de « *patente* », ou de « *charte* », ou encore de « *privilège* », pour un négoce visé dans l'*octroi* de *concession*, en faveur d'une société privée, pour un espace géographique déterminé à la côte occidentale du continent africain, pour en retenir dorénavant le bénéfice à la couronne de France, sans aucune forme de délégation.

La puissance publique assume désormais seule, l'ensemble des prérogatives et contraintes, ainsi que les coûts dont elle s'exonérait auparavant, par la concession en faveur d'une société qui assumait seule selon l'ancienne formule, le risque financier inhérent à son entreprise de recherche de profit, à charge de payer une redevance selon diverses modalités, le financement de son budget étant assuré au démarrage par une dotation lui provenant des souscriptions de ses associés et ensuite par ses recettes d'exploitation.

Il s'agissait là d'un risque majeur, car au-delà des aléas habituels d'un négoce, qu'il s'agisse d'épices, de cire, d'ivoire, de gomme, où même d'esclaves, le compte d'exploitation n'était pas seulement celui de recettes et de dépenses ordinairement quantifiables, parce qu'exceptionnellement conditionné par l'éloignement, les risques de maladies, d'indélicatesses d'agents difficiles à contrôler dans la réalité de l'exploitation, d'indisponibilité des services publics de police, de justice, de douane, de régies fiscales et autres et surtout, la menace constante d'agressions et de pillages.

Un risque substantiel de perte de matière, que ce soit lors de l'approvisionnement des comptoirs en soldats et agents administratifs, en munitions, vivres, équipements, outils, marchandises de traite ou autres, dans les magasins, pour assurer la conservation de stocks en sécurité, ou lors du voyage retour, avant de chiffrer les profits pouvant en résulter, parce très exposé aux attaques de nations concurrentes et de nombreux corsaires, flibustiers et autres interlopes de tout poil.

Il en résultait que le concessionnaire devait faire son affaire de très gros investissements dès l'origine, pour financer la construction de fortifications, les pourvoir en armement et hommes de troupe et assurer lui-même le ravitaillement, l'entretien, l'ensemble des services publics et moyens de logistique, ne pouvant sans doute pas assurer les risques majeurs pouvant dépasser plus d'une année d'exploitation.

Ce risque exponentiel explique les faillites successives de presque toutes les anciennes compagnies concessionnaires.

Comme l'écrit Monsieur Christian Schaefer dans son remarquable ouvrage « *Instructions Générales données de 1763 à 1870 aux Gouverneurs et Ordonnateurs des Etablissements français en Afrique occidentale* » (Librairie ancienne Honoré Champion, Paris 1921), qui sera abondamment cité dans les pages qui suivent « *L'année 1763 est le point de départ ... puisque c'est seulement alors que l'administration royale prit la place de la Compagnie des Indes* ».

Ce changement ne pouvait être plus clairement exprimé, que dans le « *Mémoire du Roi pour servir d'instruction au Sieur Poncet de la Rivière, Gouverneur de Gorée* », en date à Versailles du 2 juin 1763, tel qu'heureusement conservé aux « archives coloniales, Série B ».

« *La Compagnie des Indes ayant supplié Sa Majesté de reprendre sous son autorité immédiate l'île et comptoir de Gorée, vu l'impossibilité où elle est de conserver cette place dont la manutention ne pourrait que lui être très onéreuse sans rapporter aucun bénéfice aux actionnaires, Sa Majesté a décidé en conséquence, que l'île de Gorée serait gouvernée et administrée à l'avenir comme ses colonies de l'Amérique, et Elle a ordonné que la reprise de possession en serait faite incessamment par le gouverneur et la garnison qu'Elle y a destinés* ».

Il figure par ailleurs une note explicative et très instructive dans cet ouvrage en référence avec les colonies de l'Amérique comme suit :

« *L'assertion* [comme ses colonies de l'Amérique] *n'est pas exacte. Le principe général de l'administration coloniale d'alors était la séparation de pouvoirs entre gouverneur (commandant), chef militaire et l'intendant ou ordonnateur, chef administratif, qui demeuraient indépendants l'un de l'autre ; or la suite de l'instruction montrera que Poncet de la Rivière doit diriger seul l'ensemble du service* ».

Une « séparation de pouvoirs » non point constitutionnelle, entre exécutif, législatif et/ou judiciaire, mais entre chef exécutif de proximité et gestionnaire comptable, une division fonctionnelle dont le fondement juridique est inspiré par une préoccupation unique, celle de prévenir le risque de fraudes, d'irrégularités dans les opérations d'encaissement et de décaissement et en bref, de ... malversations et de concussion.

L'ordonnateur (à la colonie, le gouverneur), décide de la dépense, mais il ne peut manier les fonds publics, ni les détenir. A l'inverse, le comptable public joue un double rôle de caissier (principe de l'unité de caisse ou de trésorerie) et de contrôleur budgétaire de la colonie.

Il s'agissait déjà, de ce que la doctrine administrative contemporaine qualifie de principe fondamental d'exécution budgétaire de « *séparation entre ordonnancement et comptabilité publique* ».

Par exception ponctuelle à ce principe et probablement parce que son budget de démarrage est encore modeste, le gouverneur Poncet de la Rivière dirige seul, d'évidence par souci d'économie, pour ne pas avoir à rémunérer un ordonnateur séparé, mais cela n'est que transitoire.

Il est joint à cette lettre de cadrage de mission, la nomenclature détaillée poste par poste, d'un budget de 102.804 livres.

Il en ressort qu'outre le gouverneur, l'état-major se compose de neuf autres cadres, major de place, ingénieur, sous-ingénieur, chirurgien, aumônier, capitaine de port, inspecteur de magasin, garde-magasin et ingénieur géographe, pour un montant de 39.600 livres, soit 38,5 %.

Il s'y ajoute les troupes, soit deux compagnies composées chacune de 66 hommes, capitaine, lieutenant, sous-lieutenant, quatre sergents, un fourrier (sous-officier préposé à l'intendance, chargé du cantonnement des troupes, du logement et de la distribution des vivres), huit caporaux, huit appointés, 40 fusiliers et 2 tambours, pour un montant de 19.372 livres x 2 = 38.744 livres, soit 37,70 %.

Et enfin du personnel à recruter localement (?), soit 10 « volontaires servant tant sur terre que sur mer et pour les petites commissions à faire en terre ferme » et vingt-cinq ouvriers (maçons, charpentiers, serruriers, forgerons, tonneliers), pour 14.800 livres, soit 14,40 %.

Un effectif global de 10 personnes pour l'Etat-major, 132 pour la troupe et 35 auxiliaires, soit au total une petite communauté de 177 personnes, compte non tenu de prestataires occasionnels ou de petits métiers (cuisiniers, boulangers, pileuses, blanchisseuses, ménagers et tous autres) pouvant s'établir à l'ombre de cet effectif et/ou pourvoir à ses besoins d'approvisionnement en nourriture et autres.

Ce budget est très instructif car il est riche de nombre d'enseignements, montrant que le gouverneur représente à lui seul 20 % du budget, dont plus d'un tiers « pour sa table », ce seul poste équivalant très exactement au cumul d'appointements de ses deux principaux assesseurs.

Autres éclairages, salaires identiques pour le major de place, l'ingénieur et le capitaine, tous trois rémunérés au quart de l'appointement personnel du gouverneur, le capitaine recevant près de huit fois la solde d'un sergent et près du double de son lieutenant.

Il faut enfin relever qu'il ne s'agit là que des « frais de personnel » de ce budget, qu'il existe de nombreux autres postes, l'un d'investissement à l'occasion de la reprise de ce comptoir (reconstructions, matériaux, équipements, armement, munitions, main d'œuvre, etc.) et l'autre de fonctionnement (maintenance, logement, approvisionnements, etc.) et très probablement un gros poste pour « divers et imprévus », relatif au grand risque d'avoir à faire face à de nouvelles hostilités.

Pour compenser il y avait nécessairement quelques recettes, redevances portuaires et de mouillage, droits de douane et le modeste profit pouvant être retiré du cabotage à la côte, entre les comptoirs.

B. – Le cadre légal de la fonction juridictionnelle et de l'éventuel acte authentique

Pour l'heure, le cadre légal obligatoire n'est qu'esquissé dans les recommandations qui sont remises à chaque commandant (militaire) et administrateur (du négoce) de la colonie.

Les deux fonctions sont réunies en une seule personne depuis la fin de concession en faveur de société à patente, laisse place à l'administration directe sous la tutelle du ministère de la marine et des colonies.

Des « *instructions générales* » données à partir de 1763 « aux gouverneurs et ordonnateurs des établissements français en Afrique occidentale » confer Christian Schaefer, Eds. Société de l'histoire des colonies françaises, librairie H. Champion, 1921), « *destinées à leur servir de guide. Signées d'ordinaire par le souverain, quelquefois par le ministre, elles rappellent à plus d'un égard, les mémoires remis aux ambassadeurs lors de leur entrée en fonctions. Elles ... précisent les principes devant régler son gouvernement* ».

Les premières qu'il ait été loisible de consulter sont celles données au Sieur Poncet de la Rivière, gouverneur de Gorée (le traité de Paris du 10 février 1763 ayant maintenu le comptoir de Saint-Louis sous la souveraineté de l'Angleterre), dans un « Mémoire du Roi », daté à Versailles du 2 juin 1763, ayant fait suite à une supplique de la Cie. des Indes, ne pouvant plus en assumer la charge, de reprendre sous l'autorité royale l'île de Gorée et décidant en conséquence d'un gouvernement et d'une administration, comme pour les colonies d'Amérique de la couronne de France, dont quelques extraits ci-après :

« Sa Majesté ayant commis le Sieur Poncet, qu'elle a nommé gouverneur pour Elle de l'île de Gorée, pour en aller reprendre possession en son nom, Elle a jugé à propos de lui en expliquer ses intentions sur la conduite qu'il a à tenir à ce sujet ... »

« Lorsqu'il aura repris possession de l'île, il se conformera aux ordres que Sa Majesté lui donne d'ailleurs sur la conduite qu'il doit tenir dans le gouvernement qu'Elle lui a confié ».

« S.M. se remet pour les autres cas qui pourront se présenter à la prudence et au zèle du Sieur Poncet. Elle lui recommande surtout de se conduire à l'égard ... de concilier les intérêts de S.M. et de ses sujets avec tous les ménagements qu'exige la commission dont Sa Majesté a bien voulu le charger ».

Ces quelques recommandations, qui s'abstiennent de prescrire par le détail, donnent la mesure de l'évidente difficulté, au temps d'inauguration de cette forme d'administration directe par la couronne de France, même s'il est recommandé la duplication pragmatique du modèle en vigueur dans d'autres colonies plus anciennes.

Et dans le respect des principes dont il est fait rappel, il en résulte une vaste latitude d'appréciation dont doit nécessairement disposer ce gouverneur nouvellement nommé, spécialement en ce qui peut concerner la loi applicable et les procédures de règlement d'inévitable différends, qui nécessairement seront appliqués par analogie avec la coutume de paris, pondérée en opportunité circonstancielle.

Dans la lettre d'instructions au chevalier Esménager, successeur de Poncet de la Rivière du 22 décembre 1764, il est précisé que « *Gorée est, depuis la cession faite du Sénégal* (Saint-Louis) *aux Anglais, le seul point d'appui sur la côte d'Afrique ...* ».

« *Sa Majesté ayant jugé nécessaire de conserver l'île ...* (pour y) *avoir un lieu de protection pour la traite des Noirs, et la Compagnie des Indes ne retirant plus aucun profit du commerce qu'elle faisait, tant dans le Sénégal qu'elle a perdu par la cession qui en a été faite aux Anglais, que dans la rivière de Gambie qui ne fournit pas assez pour fournir aux frais de l'entretien des forts qu'elle y avait ci-devant, Sa Majesté a fait reprendre en son nom...* ».

Poursuivant « ... *les établissements* (pointes de Daccard et de Bin, cap Manuel, cap Bernard, Portudal, Joal et Albreda) *paraissent plus dispendieux qu'utiles ... nécessaires pour la conservation de Gorée et pour son approvisionnement ... et ne pas perdre l'usage de la rivière de*

Gambie ... le point de vue sous lequel le Sieur chevalier Mesnager doit les considérer ... c'est le commerce ».

« Ce sont là de vraies mines ; ce serait s'abuser que de chercher celles de Bambouc, avant que de s'assurer de la traite des Noirs, qui est le principal objet, et des moyens de la rendre plus facile et moins dispendieuse ».

Et pour finir, « *Sa Majesté ne regarde cet établissement que comme moyen de protection et de faciliter à ses sujets la traite des noirs et le commerce, étant bien éloignée de faire faire ce commerce pour son compte comme la proposition lui en a été faite* » et en clair, ne voulant pas assumer à l'identique des autres souverains, le discrédit de devenir trafiquant d'esclaves nègres en son nom propre.

Sous ce rapport, ceci explique que la puissance publique et ses facilités budgétaires, soient dorénavant seules à même de faire face à une dépense et à des sujétions, ne pouvant s'équilibrer dans un rapport marchand, l'intérêt prioritaire devenant stratégique et militaire.

Ces recommandations sont un peu plus détaillées, dans le mémoire du Roi » remis au Chevalier Esménager, ainsi que celles au Sieur Redon de Beaupréau, sous commissaire de la marine, faisant fonction d'Ordonnateur à Gorée, le 27 février 1767, mais ce n'est pas ici le lieu de les commenter plus avant (voir pour plus de détails, l'ouvrage de M. Christian Schaefer précité).

C. – Les « Proto Notariats-Greffes » dans les registres paroissiaux des postes de Saint-Louis et de Gorée de 1777 à 1794 (20 ans)

Selon toute probabilité, il existait un registre paroissial en l'île de Gorée avant même cette séquence d'influence britannique de cinq années, momentanément interrompu, les Anglais n'ayant pas voulu d'un culte catholique concurrent de leur anglicanisme d'état, car suspectant la perpétuation d'une influence française sous le couvert de religion, mais dès leur retour les Français y ont affecté un abbé Demanet, aux côtés du gouverneur Poncet de la Rivière, comme aumônier de leur garnison.

Cet abbé émarge à la « liste civile », comme figurant nommément dans « l'État de la garnison et d'approvisionnement de Gorée », joint à la lettre d'instructions à l'intention du gouverneur Poncet de la Rivière pour une dotation de 1.500 livres et c'est lui qui consacre la petite chapelle Saint-Louis (de-Gonzague), en l'île de Gorée.

Expulsé vers la France par le gouverneur suivant, le chevalier d'Esménager, ce Demanet a écrit un livre en 1767, « *Nouvelle Histoire de l'Afrique française* ». Il y raconte ses missions d'évangélisation à la côte de Sénégambie, ses baptêmes et ses succès dans la « conversion de mahométans », par trop avantageux pour correspondre à la réalité, mais surtout son conflit avec le nouveau gouverneur, qui l'accusait d'avoir illégalement monnayé ses services ecclésiastiques.

Beaucoup d'archives ont disparu dans l'incendie qui a détruit de nombreux bâtiments de l'île en 1764 et à nouveau dans un deuxième incendie particulièrement dévastateur le 8 juin 1770.

Autre hypothèse, celle selon laquelle et quoique souvent opposé à l'ancien gouverneur Poncet de la Rivière, accusé lui aussi de concussion par son successeur, Demanet est incarcéré à son arrivée à Rochefort puis mis hors de cause auprès de Monseigneur le duc de Choiseul.

Précision utile, l'abbé Demanet (intrigant et mercantile selon Delcourt), revient en Afrique comme directeur général de la Compagnie d'Afrique, l'île ayant en ce temps-là un curé appartenant à l'ordre des Cordeliers du nom de Jolibert qui en outre, a été nommé « greffier » par le gouverneur Boniface, un successeur médiat d'Esménager et Demanet le remplace lors de son départ en janvier 1774.

Selon M. Christian Schaefer (« *Instructions Générales données aux Gouverneurs* », éd. 1921), « *En novembre 1772, peu avant l'arrivée du gouverneur Boniface, cet abbé Demanet (de Manet) ancien aumônier de Gorée, avait formé à Paris une société au capital de 400.000 livres qui se proposait de faire le commerce sur les côtes et à l'intérieur de l'Afrique, dès le début de 1773 et elle signa des traités avec des chefs de la région d'Arguin et de Portendik. Le ministère de la marine s'étant procuré ces actes, les soumis aux Affaires étrangères. Le 27 août, le duc d'Aiguillon les déclara valables, ajoute que les Anglais ne peuvent valablement protester que contre des entreprises faites dans la rivière même du Sénégal ... la société ayant des appuis à la Cour* ».

Tout aussi étrangement, ce prêtre décidément très entreprenant au négoce peu chrétien de l'époque, reçoit une forme de satisfecit du commandant de Gorée, qui elle ne s'est pas perdue comme suit :

« *Certifié par nous Commandant et Administrateur pour le Roy, Remis au Révérend Père Demanet, desservant la Cure Saint-Louis* (nom de la paroisse) *en cette Colonie. Signé Capitaine Joseph Alexandre Le Brasseur* » (Commandant pour le Roy et administrateur général de l'Isle de Gorée et dépendances).

A Gorée, le 6 février 1776, où il fait fonction de « Gouverneur » (Saint-Louis étant toujours anglaise à ce moment-là).

Précision utile, sept gouverneurs se succèdent à Gorée en 14 ans, Poncet de la Rivière en 1763, d'Esménager en 1765, de la Gastière en 1767, de Rastel de Rocheblave en 1768, Boniface en 1772, Le Brasseur en 1773 et Armény de Paradis en 1777, une époque où Gorée seule est possession française, le traité de Paris ayant fait abandon aux Anglais, de l'autre comptoir de Saint-Louis.

Cet épisode d'intrigues explique pourquoi, certains registres qui auront échappé à l'incendie pour étayer la défense de Demanet, auront étrangement pu disparaitre, le plus vieil acte du paroissial d'état-civil de Gorée, rescapé en outre de probables vandalismes, étant celui-ci :

Année 1777 – 1er – Baptême fille d'Isabelle Gaspard, négresse libre :

« *L'an mil sept cent soixante-dix-sept, le deux novembre, a été baptisée par moi ex-Cordelier fesant (sic) les fonctions curiales, Pétronille, fille naturelle d'Isabelle Gaspard, négresse libre ; le parrain habillé Léger, Caporal aux volontaires d'Afrique et la marraine Catherine Bistol, signare qui ont déclaré ne savoir écrire ni signer* »./.

Signé F.C. Chapelet.

Observation : « *cordelier* » est le surnom donné à un ordre monastique, « frères mineurs de l'Observance » ou « frères mineurs conventuels », ce nom leur aurait été attribué lors de la septième croisade, en raison de leur vêtement, fait de gros drap gris et d'une ceinture de corde.

2e Acte – Sépulture de Rémi Dubreuil, matelot de Saint-Malo :

« *L'an mil sept cent soixante-dix-sept, le trois novembre, est décédé à l'hôpital Royal de cette Colonie, muni des sacrements de pénitence et de l'extrême onction, et a été inhumé dans le cimetière de cette paroisse par moi soussigné, ex-Cordelier fesant les fonctions curiales, René Dubreuil de la paroisse de Camollé, âgé d'environ vingt ans, matelot à bord de la goélette la Pêcheuse de St. Malo, capitaine Mr. Dutaillis Augustin Bili et François Poupille comme témoins ont signé le présent acte* ». Signé. Augustin Bili, François Goupille et F.C. Chapelet.

Ce sont là les toutes premières mentions pour l'année 1777, du registre paroissial des baptêmes et des sépultures en l'île de Gorée.

Pour être complet, ce père Chapelet était (selon le Gouverneur Léonce Joré, in « *Les établissements français sur la côte occidentale d'Afrique de 1758 à 1809* », Eds. Société française d'histoire d'outre-mer, 1964), « *cordelier mineur conventuel, aumônier des vaisseaux du roi, faisant fonction curiale en l'île de Gorée* ». Il y mourut probablement de l'épidémie de fièvre jaune l'année suivante en 1778.

A la différence d'autres colonies plus importantes en peuplement, il semble qu'il n'existe pas encore de greffier en cette petite colonie de Gorée pouvant dresser des actes authentiques et pourtant certains habitants sont déjà pourvus en titres de propriété, provenant de décision régalienne de l'autorité et c'est notamment l'octroi d'un terrain au profit de la « Compagnie d'Afrique » ainsi rédigé :

« *Aujourd'huy premier janvier mil sept cent soixante-quinze, est comparu devant nous commandant pour le Roy et administrateur général de l'Isle de Gorée et dépendances, le Sr. De Monneron agent de la société établie à Paris pour le commerce d'Afrique, lequel nous a présenté un arrêt du Conseil d'État du 4 février 1774 par lequel il appert que l'intention de Sa Majesté est, qu'il soit accordé à ladite Société autant que faire se pourra des terreins sur lesquels elle puisse faire construire des bâtiments à ses frais, en vertu duquel nous nous sommes transportés avec ledit Sr. Monneron et le Sr. Laselve garde magasin de la Société sur un terrain de la partie basse de l'isle situé au bord de la mer à l'ouest de cette isle, tenant d'un côté à un bâtiment qui sert de cuisine à la compagnie des volontaires d'Affrique, et de l'autre à une petite maison appartenant au Roy et occupée par un sous-lieutenant de ladite compagnie pour en présence du Sr. Gourg faire prendre le toisé dudit terrein* (sic)*, et après avoir constaté qu'il a cent quatorze pieds de longueur sur cent trente-deux de profondeur, et avoir reconnu qu'il ne peut être utile au service du Roy nous en avons conformément aux intentions de sa Majesté fait concession à ladite Société pour par elle et ses représentants en jouir en toute propriété sans pouvoir être troublée ny inquiétée dans ladite possession. A Gorée lesdits jour et an. Signé le Brasseur et Gourg* ».

Cette précieuse illustration par un texte d'époque est retirée d'un article rédigé par Madame Marie-Hélène Knight, pour la revue d'histoire « Outre-Mers » (Année 1977), sous le titre « *Gorée au XVIIIe siècle : l'appropriation du sol* ».

Alors **pas de Notaire** certes, mais une formulation d'époque dans un vocabulaire très notarial, même en l'absence de véritable justification de pouvoirs du chef des deux parties, ni surtout d'origine de propriété, ni non plus de précision relative au caractère à titre onéreux ou gratuit de cette concession, avec confusion des deux termes de propriété et de possession, mais l'organisation contractuelle dans tous les cas, d'une solide garantie de jouissance contre toute forme d'éviction.

Cet acte administratif est possiblement rédigé sur modèle ayant été préparé par le notaire de la compagnie à Paris, avant l'embarquement pour Gorée du Sieur De Monneron, en se demandant le pourquoi de sa comparution et non sa signature par préférence à celle du Sieur Gourg, si ce n'est parce que seul ce dernier représentant permanent de la compagnie, aura disposé de lettres patentes.

1779 – les Français reprennent Saint-Louis, par le duc de Lauzun,

Selon Monsieur Christian Schaefer précité « *malgré les stipulations du traité de Paris* (de 1763), *l'espoir de recouvrer un jour le Sénégal* (Saint-Louis) *n'avait jamais été complètement perdu* », car diverses études publiées en 1777 (duc de Lauzun) et 1778 (Eyriès), considéraient une nouvelle guerre contre l'Angleterre comme inéluctable et la période propice pour une reconquête facile et rapide.

« *La décision fut prise et les détails réglés en novembre 1778 : deux vaisseaux, deux frégates, trois corvettes, une goélette, armés à Brest avec l'appoint de sept ou huit petits bâtiments armés par la Compagnie de la Guyane, le tout sous les ordres du marquis de Vaudreuil, capitaine de vaisseau. Des troupes de terre y seraient embarquées et placées sous le commandement du duc de Lauzun* ».

Le plan de reconquête est minutieusement préparé avec instruction de démanteler Gorée (trop difficile à défendre) et de s'emparer de tous les établissements anglais, dont la Gambie, jusque et y compris la Guinée anglaise (Sierra-Léone), avant que la flotte poursuive vers les Antilles, car cette époque est celle de la guerre d'indépendance américaine (1778/1783), qui fragilise l'Angleterre et que la France n'est pas mécontente de soutenir discrètement, mais sans savoir en retirer tout le profit, pour fortifier ses propres positions au Canada comme en Inde.

En parfaite exécution de cette stratégie, le marquis de Vaudreuil reçoit la capitulation de Saint Louis le 30 janvier, le duc de Lauzun prenant possession de l'île dans une situation de très grand désordre et pour ainsi dire de quasi-abandon. La flotte fait voile vers le sud, visite Gorée le 5 février, avant de s'emparer du Fort-James en Gambie, le 11, des comptoirs de Sierra-Léone le 14 mars et de ceux de la Côte d'Or (Sekondi-Takoradi, dans l'actuel Ghana), le 24 mai.

Ayant repris possession de St-Louis, le duc de Lauzun n'y représente le roi qu'à peine un mois et regagne la France en mi-mars, laissant le commandement à Jacques Eyriès, comme convenu et cette reconquête par la force est entérinée par un Traité de Versailles en 1783.

Le séjour du duc de Lauzun au Sénégal et son remplacement par Eyriès, arrivé à Saint-Louis avec lui, sont détaillés dans l'ouvrage de A. Sabatié, Administrateur des Colonies, Chef du bureau politique du Gouvernement de la Colonie du Sénégal, 1925 :

https://fr.calameo.com/read/000061616c1a1984087a7

Les instructions remises au duc de Lauzun le 20 novembre 1778 :

« *Sa Majesté ayant fait choix du Sieur duc de Lauzun pour gouverner le pays du Sénégal dont elle a ordonné la conquête sur les Anglais et commander dans toute la partie des côtes d'Afrique, depuis le cap Blanc, jusque et y compris la rivière de Serra-lione, Elle va lui faire connaître ses intentions* » ...

« *La population du Sénégal et la nature des propriétés ne comportent point de tribunal de justice et ne sont susceptibles que de l'application des règles les plus simples, presque toutes de pure police. Le soin principal du Sieur duc de Lauzun, quant aux habitants, consistera à maintenir entre eux le bon ordre et la tranquillité, et à punir selon l'exigence des cas, ceux qui pourront le troubler. S'il survient des contestations d'intérêt et qui tiennent à la* ***propriété****, il appellera pour les décider, le commandant et le plus ancien officier des troupes. Le jugement sera rendu à la pluralité des voix, et rédigé par écrit, avec les motifs qui l'auront déterminé, et il en sera fait dépôt* ».

L'essentiel est organisé de manière rudimentaire, domaine de compétence, collégialité, majorité de décision, nécessité d'un écrit et de sa conservation, malgré le défaut de professionnalisme de ce tribunal, l'évidente subordination des assesseurs au commandant, l'absence de contradictoire, de faculté de se faire assister par un conseil professionnel, ni de double degré de juridiction, en exprimant un doute sur la compétence technicienne de cette « magistrature », sans savoir qui rédigera les motivations et l'écrit, ni qui en assurera la conservation.

Peut-être un homme de loi en charge de cela, mais nulle mention, sauf à ce qu'il s'agisse de « *l'officier d'administration chargé du contrôle des états comptables devant être remis au garde-magasin faisant fonction de commis aux écritures des trésoriers généraux* », visé dans le Mémoire du Roi, pour servir d'instructions au Sieur Le Brasseur, commissaire de la Marine et ancien ordonnateur à Gorée, donné à Versailles, le 15 septembre 1774, cinq ans avant la reprise de St-Louis.

Il est en revanche précisé que « *s'il est commis quelque crime capital susceptible de peine afflictive, le Sieur duc de Lauzun le fera constater par des dépositions et confrontations faites en sa présence et celle du commandant, et renverra les coupables en France, avec une expédition de la procédure pour y être jugés, ainsi et par tels tribunaux que Sa Majesté jugera à propos de commettre* ».

Par les mêmes instructions, Gorée est évacuée de sa garde, réaffectée à St-Louis, les fortifications y sont rasées, une partie de sa population civile est évacuée vers la Guyane, de sorte qu'il ne s'agisse plus que d'un « *simple comptoir, afin que l'ennemi venant à s'en emparer, ne puisse pas lui donner un air de conquête, s'y établir en force et devenir par cette possession, maître de la rivière de Gambie* ».

Et cela ne tarde pas, « *l'île est immédiatement occupée, le 8 mai 1779, par un contingent de soldats du corps africain commandé par le capitaine Wall, ayant quitté l'Angleterre à bord des navires d'une escadre partant pour les Antilles, sous les ordres de l'amiral Sir Edward Hugues* » (in « *La turbulente histoire de Gorée* », Père Jean Delcourt, Editions Clairafrique, mai 1982).

Selon le même auteur « *Devenu gouverneur de Saint-Louis, Jacques Eyriès regretta aussitôt son erreur et voulut reconquérir Gorée. Profitant du passage en octobre d'une forte escadre française, il se heurta à des fortifications si mal rasées et si bien rétablies, à une garnison si nombreuse et si bien épaulée par la population locale, que la tentative, mal engagée, aboutit à un échec* ».

L'abandon de Gorée n'était pas l'initiative d'Eyriès, mais la fidèle exécution des instructions données au duc de Lauzun, devenues les siennes et qu'il aurait cependant pu lui être reproché celle de sa tentative de reconquête, mal préparée, non autorisée et qui se soldait par un échec et qui dans d'autres circonstances aurait mis à mal la relation avec l'Angleterre, mais fort heureusement en temps de guerre...

Le capitaine Joseph Wall, officier brillant et courageux, géant de près de 2 mètres est d'abord promu lieutenant-colonel pour sa double action d'éclat, de conquête et de résistance à l'attaque française, mais violent et caractériel, il est jugé pour avoir fait fouetter à mort trois sous-officiers, les sergents Benjamin Armstrong et George Paterson et le caporal Thomas Upton. Ivre mort, décidant seul et sans même un procès, le seul grief qu'il leur faisait était celui d'avoir formé une délégation et osé venir lui réclamer le paiement de leurs arriérés de salaires !

Il en est résulté un énorme scandale et mis en accusation, il parvient à s'échapper en France, d'où il revient sous un faux-nom pour se marier, avant d'être découvert, jugé, condamné à mort et malgré les interventions du duc de Norfolk, apparenté à son épouse, pendu le 28 janvier 1802.

Eyriès tombé malade doit quitter la colonie.

Il est remplacé par le Sieur Dumontet en 1781 et a lui-même pour successeur le Sieur d'Aigremont, auquel dans le « *mémoire* » traditionnel qui lui est adressé « *pour lui servir d'instructions* » le 24 décembre 1782, il est notamment précisé « *les dépenses de la colonie se réduisent aux appointements, solde et subsistance des troupes et des employés aux travaux qu'il y aura lieu d'ordonner, ... dans les dépenses ordinaires il y pourvoira seul ... et pour celles extraordinaires, et qui n'auront pu être prévues* ... etc. ».

La procédure à utiliser avec hiérarchie d'autorité, avec ou sans autorisation préalable selon l'urgence et dans ce cas le détail précis des règles à observer très strictement y est soigneusement consigné.

L'île de « *Gorée abandonnée si légèrement* », dans l'oubli que d'anciennes fortifications pouvaient être reconstruites, « *fut cependant rendue à la France, le 3 septembre 1783, par le traité de Versailles qui reconnaissait l'indépendance des Etats-Unis* » d'Amérique.

Ce traité bilatéral et définitif, de paix et d'amitié, signé par la Grande-Bretagne avec la France, met fin à la guerre franco-anglaise, en Afrique, la France garde l'île de Gorée et le Sénégal (Saint-Louis).

Faisant suite au Traité de Versailles, il est procédé à la reprise de **Gorée** le 25 mars, dès l'arrivée à Saint-Louis du gouverneur de Repentigny et de l'ordonnateur Bailly, sur la « Bayonnaise », navire amiral de l'escadre commandée par l'amiral marquis de la Jaille, en février 1784, alors même qu'Eyriès avait tenté de la reprendre auparavant, mais sans succès.

La situation des deux forts de Gorée est vraiment peu brillante, mais selon les instructions du roi au gouverneur, « il n'était plus question jusqu'à nouvel ordre de faire de nouvelles fortifications à Gorée ... qui ne vaut pas une telle dépense ».

Après une interruption de 5 années, consécutive à l'occupation anglaise de l'île, le registre de l'état-civil y est remis en route en 1784 avec un acte, le 66e, celui du Baptême de Pierre Joseph Houghton.

§ 3. – Les registres paroissiaux antérieurs à 1786

Les relations entre « le prince et le clergé » n'ont pas toujours été au plus beau fixe, dans cette France qui s'avançait vers la fin de son ancien régime, ses finances publiques gravement endommagées par les expéditions militaires, lui faisant observer avec chaque jour un peu plus de concupiscence, l'opulence des biens de la « sainte mère l'église catholique, apostolique et romaine », en réitération des convoitises de Philippe le Bel, face à la fortune des Templiers, cinq siècles auparavant.

Il en résultait que les petites positions françaises à la côte d'Afrique ne disposaient pas toujours de « préfets apostoliques », au soutien de la mission de « propagation de la foi », les communautés devant souvent s'organiser d'elles-mêmes, pour célébrer comme elles le pouvaient, les trois évènements de vie d'importance, naissances, unions et décès.

Le registre paroissial de Gorée, un temps en déshérence de prêtre en conserve la trace, avec entre autres quelques mentions, pour l'année 1777, « Sépulture de Pierre Toussaint, fils de Jeanne Albis, signare » :

« *L'an mil sept cent soixante-dix-sept, le quatre novembre, a été enterré dans le cimetière de cette paroisse, par moi soussigné, ex-cordelier* (du nom de l'ordre monastique dont les membres portent une ceinture de corde), *faisant les fonctions curiales* (c'est à dire de prêtre), *Pierre Toussaint, âgé d'environ deux ans, fils naturel de Jeanne Albis, négresse* (libre et) *Signare de cette colonie* ».

(Acte de l'Etat-Civil de Gorée N° 3) Signé F.C. Chapelet

La sobre rédaction calligraphiée d'un ecclésiastique instruit, tenant le registre mémoriel pour conserver la preuve, de savoir qui est né, où et quand, s'est marié, quand, avec qui et enfin enseveli, allant directement à l'essentiel, avant d'en administrer le précieux sacrement et ainsi :

« *L'an mil sept cent soixante-dix-huit, le vingt un juillet, après la publication des deux bans faite à la messe de la paroisse ... ne s'y étant trouvé aucun empêchement légitime, les ayant fiancés la veille, nous soussigné ex-Cordelier, aumônier du roi, faisant les fonctions curiales en la paroisse Saint-Louis de Gorée, après avoir interrogé les contractants, à savoir le Sieur Louis Armand Aubert, fils majeur et naturel de feu le Sieur Aubert de Marseille, garde-magasin de la Compagnie des Indes en cette Colonie et de Madame Anne Rossignol, habitante au Cap français et Mlle Marguerite Ausssenac, âgée d'environ vingt ans, fille naturelle de feu le Sieur Ausssenac de Carcassonne, ancien Gouverneur de Galam et conseiller de la même compagnie des Indes et de Madame Catherine Louët, habitante de cette Colonie, après avoir reçu leur consentement par des paroles de présents, nous les avons mariés et leur avons donné la bénédiction nuptiale avant la messe selon le rite de notre mère Sainte Eglise, en présence de Messire Alexandre David Armény de Paradis, Administrateur et Commandant général pour Sa Majesté très Chrétienne à Gorée et dépendances, Capitaine au Corps du Génie, et*

Capitaine en 1er de la Cie. des volontaires d'Afrique, des Sieurs Jean Estoupan de Saint-Jean, Emmanuel François Durand, Franciero, parents et amis des (familles Rossignol, Boutin, Aussenac) *tous ayant signé avec nous le présent acte, ou fait leur croix, ne sachant écrire* ».

Quelques questions au vu de la qualité « d'ex cordelier », dont il est fait mention dans ces deux actes d'état-civil.

Pourquoi « ex », aurait-il défroqué ?

Peu probable, pour un « *aumônier du roi, faisant les fonctions curiales* ».

Ou alors n'ayant quitté, que son ordre cordelier d'appartenance ?

Il ne s'agit probablement que de cela, en se souvenant que l'aumônier figure au nombre des neuf cadres (outre le gouverneur) émargeant au budget de fonctionnement de la colonie, il ne peut donc revendiquer une autre qualité que celle que lui confère cette investiture royale, rendue incompatible avec son ancienne qualité monastique de « cordelier ».

Ces actes d'état-civil ne sont pas des actes notariés.

Mais il s'agit d'écrits publics, rédigés par un officier (du culte) ayant qualité exclusive pour les rédiger, dans une formulation très solennelle et normalisée, consignés dans un registre répertorié, devant faire foi des évènements qu'il y est constaté, de leur existence, de leur date et de l'expression de consentements, avec l'assistance de témoins, de sorte aussi qu'il puisse en être attesté, par la délivrance de copies certifiées.

Et il y a donc bien là tous les attributs de l'acte public, même y compris le plus important, celui de délégation de l'autorité publique, à l'effet de lui conférer une force probante inattaquable, à l'identique de de l'autorité de la chose jugée par une juridiction et de l'acte notarié.

Au vu de cet acte de mariage et pour complément, l'administrateur et commandant général Armény de Paradis, avait déjà séjourné par deux fois à Gorée, dont une 1ère le 12 septembre 1763, en même temps que Poncet de la Rivière, en qualité d'ingénieur, une 2e en 1765 et cette 3e fois en qualité de commandant ayant pris fonction en décembre 1777, qui ne lui a pas été favorable, puisqu'il est décédé en août 1778, moins d'un mois après ce mariage, lors de l'épidémie de fièvre jaune.

Selon Guy Thilmans, « *les abbés se succèdent entre 1781 et 1783* ».

« *On assite à l'arrivée de l'abbé Massoulart de Malfrand* (un prêtre du diocèse de Limoges), *au départ de l'abbé de Glicourt, puis au départ de cet abbé Massoulart et à l'arrivée de l'abbé Coste* ».

En février 1783, leur supérieur du séminaire du Saint-Esprit, l'abbé Becquet, relaie les plaintes de Massoulart auprès de la Propagande (curie romaine), que l'on soit « *obligé de faire l'office divin dans la maison de l'aumônier* », avant l'arrivée des abbés Coste et Faye, nommés préfet et vice-préfet apostolique au Sénégal et dépendances.

Les plaintes de Becquet étant parvenues au Vatican, le roi en est informé le 11 mai 1783 et « *donne ordre au gouverneur de prescrire au greffier de procéder à leur enregistrement au greffe de la colonie* », ce qui démontre qu'il existait un greffe et donc un notariat dès cette époque et très probablement dès la reprise de possession française, en 1778.

Cette instruction précède le temps ou l'abbé Coste est désigné pour occuper la cure de Gorée, le 10 mars 1784 et il est remplacé à Saint-Louis par un nouvel abbé, Le Rendu, en novembre 1784, l'abbé Faye regagnant sa ville natale de Marseille, pour raisons de santé.

1786 (15 janvier) est l'année d'arrivée à la colonie du Sénégal, d'un nouveau commandant, *Stanislas Jean de Boufflers*, marquis de Remiencourt, qui est resté le plus célèbre d'entre tous, sous le nom de « chevalier de Boufflers », gentilhomme lorrain et tout autant poète, fils de Louis François, marquis de Remiencourt et de la belle et spirituelle marquise, Marie-Françoise-Catherine de Beauvau-Craon.

C'est ce Boufflers qui est choisi pour remplacer Repentigny et comme ses prédécesseurs, il lui est remis un mémoire à son départ, pour lui servir d'instructions, daté à Fontainebleau, du 18 novembre 1785.

Il est né à Nacy, Lorraine, le 31 mai 1738, d'une mère intrigante, voire même courtisane, la belle et spirituelle Marie-Françoise-Catherine de Beauvau-Craon, née de Ligneville, fille du prince de Beauvau-Craon, l'une des quatre plus grandes familles de Lorraine.

Louis François de Boufflers, marquis de Remiencourt, son père, est capitaine au régiment de dragons de Harcourt est très occupé aux armées, alors que sa mère devient la maîtresse en titre de l'ancien roi de Pologne, Stanisław Leszczyński, qui sera le beau-père du roi Louis XV (en 1725), comme étant le père de la princesse Marie Leszczyńska.

Mais pour l'heure et pendant son exil (depuis 1710), cet ex-roi est logé chez le prince de Craon à la cour de Lunéville et il sera le parrain du fils de sa maîtresse, Stanislas de Boufflers, auquel il donne son prénom.

« *La Marquise de Boufflers, sa mère, sœur du maréchal-prince de Beauvau et de Monseigneur de Mirepoix, joignait à infiniment d'esprit une rare beauté et un tel enjouement, que le vieux roi de Pologne en était devenu amoureux à l'extrême et se laissait volontiers gouverner par elle* », Voltaire insinuait brutalement qu'elle était la maîtresse du beau-père de Louis XV et les courtisans plus réservés la surnommaient malicieusement : la « *Dame de volupté* ».

Le chevalier de Boufflers faisait les honneurs de cette petite mais très brillante Cour de Lunévillc où régnait ce nouveau Duc de Lorraine et de Bar, dont sa mère était la principale inspiratrice.

Abbé de Longueville, chevalier de Malte, maréchal de camp, académicien, colonel de Chartres-infanterie, gouverneur du Sénégal, bailli d'épée, député de la noblesse libérale aux Etats-généraux, émigré en Prusse, chevalier, marquis, bibliothécaire à la bibliothèque Mazarine

C'est ce fils de famille désargenté et qui cherche à tenir son rang, qui arrive à Saint-Louis en février 1786, accompagné de l'ordonnateur d'Aigremont. Il ne reste que quatre mois à la colonie, avant d'en repartir au mois de juin pour revenir en France, sans même avoir pris la peine de demander l'autorisation de congé d'usage, son intérim étant assuré par le major de la garnison, Blanchot.

Boufflers met à profit son séjour en France, pour faire arrêter ses recommandations par le ministre, puis revient à la colonie en février 1787, préférant s'établir à Gorée, un peu alangui dans les douceurs de l'île, puis il parcourt et reconnaît la côte jusqu'à « Sierra-Lione ».

Il en repart définitivement le 20 novembre, au terme d'un bref éloignement des intrigues de Cour d'à peine deux ans et ne s'étant pas plu à Saint-Louis. Mais il rend célèbre le mode de vie en l'île de « Gorée la Joyeuse », par la chronique de ses échanges avec son inspiratrice, la comtesse de Sabran, qu'il n'épousera que 10 ans plus tard, en 1897, alors réfugié à Breslau (Wroclaw), en Pologne alors prussienne.

Selon le père Jean Delcourt précité « *Boufflers écrit le 6 mars 1786 à son oncle, le maréchal de Beauvau, mon gouvernement est la plus pauvre, la plus sale, la plus dégradée de toutes les masures, au contraire confie-t-il peu après à la comtesse de Sabran, je trouve ici (à Gorée) un séjour délicieux. Il y a une montagne, une fontaine, des arbres verts, un air pur. Tout m'y plait, jusqu'aux pierres.*

Il obtient d'y transporter le siège du gouvernement et de faire de Gorée le port d'attache de la Station Navale d'Afrique ».

C'est au tout début de l'année 1787, après que les actes de l'année précédente ont été transcrits au registre paroissial avec la mention : « *par moi soussigné, chargé de la direction de l'église, à défaut de prêtre* », que l'on trouve la trace en l'île de Gorée, d'un dénommé Charbonnier, Curé, sans savoir si Boufflers est à l'origine de sa venue.

Mais selon le gouverneur Joré (précité), le Ministre des colonies écrit à Boufflers pour l'aviser de « *l'embarquement à Rochefort du Sieur Charbonnier, dont vous faites l'éloge et que vous me proposez pour remplacer* » l'ancien curé. Joré pose la question de savoir si Boufflers connaissait personnellement cet abbé ou s'il lui avait été recommandé ?

Toujours est-il qu'il « *reçut le titre de préfet apostolique le 3 novembre 1786 et rejoignit son poste à Gorée le 18 janvier 1787* » ... et « *qu'il resta en possession incontestée de la cure de Gorée jusqu'u 20 décembre 1789* », appelé ensuite à desservir la paroisse de Saint-Louis, pour y remplacer l'abbé Lerendu, rentrant en France pour ses congés.

Après 2 actes de « Sépulture » numérotés 266 et 267, respectivement des 18 et 22 janvier, un 3ème acte N° 268 de « baptême de Anne Sarr » rédigé comme suit « *l'an mil sept cent quatre-vingt-dix-sept, a été baptisée par moi, Charbonnier, Curé de la paroisse de Saint-Louis de Gorée, Anne Sarr, âgée de 11 mois et 8 jours, fille légitime de André Sarr et de Maÿssa Sarr, ses père et mère habitants de cette île, y demeurant, le parrain Louis Waly et la marraine Nanette Pierre, tous deux habitants de cette paroisse, la marraine a déclaré ne savoir écrire et le parrain a signé avec moi. Signé : Waly et Charbonnier* ».

Administrateur avisé, Boufflers s'attacha à mettre en valeur la colonie tout en se livrant dit-on, à la contrebande de gomme arabique et d'or avec les signares et en particulier avec la célèbre Anne Pépin, avant de quitter le Sénégal le 29 décembre 1787.

Il est regretté par les habitants des comptoirs de Gorée et Saint-Louis et parvient à rembourser ses dettes à son retour en France, grâce au produit du commerce de contrebande qu'il aurait pratiqué avec sa maîtresse goréenne, comme nombre d'autres avant lui.

De quoi payer ses dettes de jeu, mais sans pour autant s'être enrichi.

Élégant, aimable, gai et spirituel, Boufflers « ***le plus errant des chevaliers*** », savait, tourner le madrigal comme l'épigramme, rimer une épître ou une chanson, écrivant avec beaucoup d'agrément des éloges académiques. Jean-Jacques Rousseau a écrit méchamment, peut-être un peu jaloux : « *Il a beaucoup de demi-talents en tout genre, il fait très bien de petits vers, écrit très bien de petites lettres, va jouaillant un peu du sistre, et barbouillant un peu de peinture au pastel.* » !

Le marquis Jean-François de Saint-Lambert, poète et académicien, autre ancien amant de sa mère, le juge d'un trait « *Boufflers, c'est Voisenon le Grand* », au temps de son élection à l'académie, en compliment aigre-doux de l'un de ceux qu'elle aura « distingués », l'avocat et poète François-Antoine Devaux, l'intendant de Lorraine Antoine-Martin Chaumont de La Galaizière, Tressan, le vicomte d'Adhémar, le comte de Croÿ ... dans la méchante fatalité de devoir faire avec, lorsqu'il n'est pire insulte que de questionnement de vertu d'une mère !

Scandalisé par le honteux trafic du « bois d'ébène », sans pouvoir s'y opposer à lui tout seul durant son séjour face aux intérêts du négoce, il fera partie des membres fondateurs de la « *société des amis des noirs* ».

Le roi Louis XVI ne l'aime pas, lui reprochant d'avoir écrit des chansons « un peu lestes » (Le Cœur) et Napoléon s'en souvient lui aussi, n'accédant pas à la demande de nomination comme « Conseiller à vie » à l'Université, qui lui est adressée le 8 août 1808 (à 70 ans), par ce « *très humble, très soumis, très obéissant et très fidèle serviteur et sujet* », qui décède sept ans plus tard, le 18 janvier 1815.

Du temps où il est contre son gré au séminaire, « sa folie naturelle excitée par la réclusion, son imagination passionnée lui firent composer ... des couplets d'une licence outrée, comme ceux de sa chanson : Mon plus beau surplis, qui dépasse en indécence tout ce qui s'écrit dans ce genre de plus grivois. Cette chanson, trop gaillarde pour être reproduite se trouve dans ses Contes théologiques, suivis des litanies des catholiques du dix-huitième siècle, à Paris ».

Et parce que tel n'est pas le sujet, voici l'acte inscrit au registre de mairie de Paris 1er arrondissement : « Du 19 janvier 1815, à midi. Acte de décès de M. Stanislas-Jean, marquis de Boufflers, ancien maréchal des camps et armées du roi, chevalier de l'ordre royal et militaire de Saint-Louis et de la Légion d'honneur, membre de l'Académie française, décédé hier, en son hôtel, rue du Faubourg-Saint-Honoré, n° 144, à quatre heures du matin, âgé de soixante-dix-sept ans, marié à dame Françoise-Eléonore de Manville, etc. Signé : Elzéar de Sabran. Bertscher ».

Il écrit lui-même son épitaphe de son vivant :

Ci-gît un Chevalier qui sans cesse courut,

Qui, sur les grands chemins, naquit, vécut, mourut,

Pour prouver ce qu'a dit le sage,

Que notre vie est un voyage.

Il faudra deux siècles, avant qu'une autre ambassade conduite par un chirurgien-psychiatre, lui aussi écrivain et membre aussi distingué de l'académie, ne vienne s'en faire une sorte de réplique symbolique.

Et puisqu'il s'agit de registres d'état-civil, retour à ceux paroissiaux de la côte d'Afrique de 1778, Aymar Joseph François Charbonnier est toujours curé de Gorée, mais en partance pour Saint-Louis, ou on le retrouve à partir de 1793.

En 1790, Jean-Baptiste de Brux, faisant fonction curiale à Gorée, à nouveau à défaut de prêtre. En 1791, Jean Nicolas Pitter, un autre laïc, 1792, Beugner, 1793, Jean Bonaventure Mussard Duchaudy, toujours pas de prêtre, mais l'important est que le registre soit tenu.

Et ensuite un long vide, sans aucun acte ayant pu être consulté pour la période comprise entre 1795 et 1812, le registre ne reprenant qu'en 1814, mais toujours sans prêtre, sous les signatures de Newton aîné, Pierre Lapolice, Nicolas Pépin et autre Pierre Turpin.

Un 1er acte d'état-civil, ne sera dressé sous N° 456, que le 27 mai 1817.

Ces quelques références démontrent qu'à la différence du 1er arrondissement de Saint-Louis, il n'existait pas encore de « Conseil de Justice » avec l'assistance d'un greffier faisant cumulativement fonction d'officier de l'état-civil, de notaire et de secrétaire du conseil de gouvernement en l'île de Gorée, ayant compétence pour les comptoirs de la côte occidentale d'Afrique.

Saint-Louis est dans la nécessité de protection contre les incursions des maures voisins du Trarza, de leurs raids esclavagistes et de perturbation du commerce de la gomme arabique et occasionnellement de l'esclave.

L'outre-mer n'est pas vraiment séduisant et n'attire que des aventuriers, bannis, soldats, commis de l'état et agents de firmes commerciales en quête de promotion, dans des climats insalubres et des affections virales contre lesquelles les nouveaux arrivants ne sont pas immunisés.

Difficile d'y recruter, car beaucoup savent bien à la métropole que la mortalité y est très importante et nombreux sont ceux, qui dans les hauts-grades, auront même refusé de rejoindre leur affectation.

Fièvre jaune, choléra, paludisme et fièvres dysentériques, la « côte de la mort noire » est un véritable épouvantail et cela se sait en métropole.

Sauf très rare exception, il n'est ordinairement pas pensable de s'y faire accompagner d'une épouse, ni d'y élever des enfants, aux conditions d'installation du moment, qui sont réputées extrêmement précaires.

Mais parce qu'il est dans l'ordre des choses que la nature revendique « ses droits », les nouveaux arrivants ont tôt fait de prendre langue avec les filles du pays et d'engendre prestement un peuplement hybride.

Dans sa thèse de doctorat d'histoire « *A la mode du pays* », *Sylvain Sankalé* analyse mieux que bien, la rapide émergence de cette caste intermédiaire, qui mieux que toute autre a pris la juste mesure de cet environnement de conjonction pacifique d'intérêts pourtant très antagonistes, entre aventuriers du négoce et royaumes traditionnels, pour s'emparer en moins de trois siècles de tous les attributs de représentation et d'exercice du pouvoir, dans un cousinage généralisé, d'accaparement de la fortune, de l'éducation, du savoir, de l'intrigue ...

XVIIe à XIXe siècles sont l'apogée des signares, riches commerçantes métisses, qui à Gorée comme à Saint-Louis, savent retirer tout l'avantage économique de leurs multiples capacités ... d'intermédiation.

Cette conquête du pouvoir trouvera son point d'orgue entre l'abrogation de l'esclavage (1848) et le déplacement du pouvoir depuis Saint-Louis vers Dakar, au cours des quinze premières années du 20e siècle, suite à la création de la fédération de l'Afrique occidentale française (A.O.F.) en 1895, dont la capitale est transférée à Dakar en 1902, organisant l'inexorable déclin de Saint-Louis et le « suicide collectif » de son ancienne élite, qui n'a pas su anticiper ce mouvement et s'est dissoute en moins d'un demi-siècle à de rares exceptions, dans des mariages à la métropole et dans les différentes corps de l'administration coloniale.

Quelques centaines de patronymes d'origine française, mais aussi britanniques bien sûr, figurent dans les registres de l'état-civil des deux premières communes de Saint-Louis et de Gorée.

Quelques-unes de ces familles se sont illustrées, par leur fortune dans le négoce, puis par de solides études dès le milieu du 19e siècle, à Bordeaux, Paris, Marseille ou Toulouse, leur ayant permis de truster pendant plus d'un demi-siècle, les mairies de Saint-Louis, Gorée, Rufisque et Dakar, la présidence du Conseil général et la représentation de la colonie à l'assemblée nationale française.

Quelques patronymes très communs dans ce registre, tels Angrand, Armstrong, Bancal, Boucher, Carpot, Crespin, Devès, Descemet, Dodds, d'Erneville, Fridoil, Le Bègue de Germiny, Guillabert, Holle, Huchard, O'Hara, Patterson, Pécarrère, Pellegrin, Porquet, Potin et aussi Sleight, Thévenot ou encore Valantin.

Même si bien entendu et à des degrés divers, d'autres se sont souvent illustrés, dans l'armée, dans l'église et les autres grands corps de l'état, justice, impôts, postes, etc., où la plupart ont fini par se dissoudre.

Ces familles ont toutes en commun, l'union d'un père venu d'Europe, avec une « signare » d'Afrique, jeune esclave élevée par la fortune, ou fille de notable, au gré d'alliances d'intérêts, ou encore fille créole (les plus prisées) de deuxième génération, qui ont très vite trouvé le moyen de se faire exigeantes et de monnayer chèrement leurs faveurs, auprès d'une « clientèle » d'arrivants de plus grande influence, gouverneurs, commandants de place ou riches négociants.

Peu probable en ce temps-là, de trouver à la côte d'Afrique des unions de contrepartie, entre femmes blanches ou créoles et hommes noirs fussent-ils libres, car la femme y est d'abord et avant tout un attribut de puissance, le domestique ou l'esclave ne pouvant transgresser l'interdit sociétal qu'est la femme ou la fille du maître, en renversement du rapport de subordination, sauf l'exception de relation clandestine, voire de filles de rien, exerçant « le plus ancien des commerces » !

Les produits de ce métissage sont donc faciles à distinguer dans les registres d'état-civil, puisque portant tous des patronymes européens et parce qu'ayant eu accès plus tôt que tous autres à l'éducation, il n'est pas surprenant que l'on en retrouve plusieurs, parmi les premiers commis-greffiers, promus au mérite à la fonction de greffier-notaire, en charge de l'état-civil des communes de Saint-Louis et de Gorée.

Section 3 – Fin des « Chartes » en faveur de compagnies à patente et le début d'une administration directe par la couronne de France, en 1779

A. – Le Greffe-Notariat de Saint-Louis

La situation de l'ancien greffe-notariat de Saint-Louis 1er arrondissement de l'ancienne colonie du Sénégal, était sensiblement différente de celle qui prévalait en l'île de Gorée, 2e arrondissement d'alors.

D'abord parce que plus ancien, d'une trentaine d'années au moins, plus confus parce qu'antérieur à l'organisation de la justice, mais aussi parce que l'île de Saint-Louis, devenue française à partir de 1659, c'est à dire 18 ans avant la prise de Gorée aux hollandais, a été moins disputée entre les puissances européennes d'époque coloniale.

A la différence de Gorée, cette porte française du négoce de la gomme avec le Waalo, le Cayor et le Trarza, n'a été anglaise que par trois fois, sa situation à l'abri de la barre difficilement franchissable à la côte et à l'embouchure du fleuve Sénégal, la rendant plus difficile à prendre.

En 1693, durant 6 mois (guerre de la ligue d'Augsbourg), puis de 1756 à 1779 (23 années tout de même), à la suite de la guerre de 7 ans, pendant la guerre d'indépendance américaine et enfin de 1809 à 1817 (8 années), pendant les troubles révolutionnaires suivis des guerres napoléoniennes et enfin restituée à la France par le Traité de Paris.

Un espace d'affrontements, mais moins fréquents qu'en l'île de Gorée, alternativement lébou, portugaise, hollandaise, suédoise, anglaise et française, par plus de quinze fois. Une situation comparable à celle des iles des Caraïbes, à la souveraineté chamboulée des dizaines de fois.

B. Contexte historique mondial

1776 – L'évènement majeur est celui de l'indépendance américaine, qui fragilise l'Angleterre. La France y a joué un rôle plus officieux que d'importance, avec le marquis de la Fayette et le comte de Rochambeau, car le roi n'a pas souhaité se laisser entrainer dans un nouveau conflit.

C. – Ce qu'il se passait en France entre 1770 et 1786

1770 – Louis duc de Berry, dauphin de France épouse Marie-Antoinette archiduchesse d'Autriche, le 16 mai. Agés de 15 et 14 ans, ils doivent sceller ainsi une nouvelle alliance, avec pour objectif de mettre un terme à plus de trois siècles de conflits entre les deux couronnes.

Six mois plus tard le gouvernement entre en conflit avec les velléités d'indépendance du Parlement de Paris, la principale de ces juridictions d'appel provinciales.

Chacun de ces parlements provinciaux est une cour souveraine rendant la justice au nom du roi, dans un ressort de compétence régional, pouvant être saisie par le justiciable, ou même se saisir d'office de toutes causes pendantes devant une juridiction du royaume et disposant même d'un « pouvoir de remontrance » … et d'expression de mécontentement.

Les membres de ces Parlements sont des magistrats titulaires d'offices royaux héréditaires, cessibles et transmissibles.

Ils ont l'obligation de publier les actes royaux, après vérification de leur compatibilité avec le droit, les usages et les coutumes, exerçant ainsi un contrôle (constitutionnel) de légalité, dont ils font périodiquement une synthèse jurisprudentielle ayant une valeur quasi législative.

En fin de règne de Louis XIV et sous Louis XV, il existait parmi les membres des différents parlements de France, un puissant mouvement appelé ***fronde parlementaire***, suite au rognage de leurs prérogatives, qui demandait la fusion de tous les parlements en un Parlement national unique comme en Angleterre, avec l'objectif de revendiquer un pouvoir législatif qui serait exercé au nom de la nation française et porterait atteinte par voie de conséquence, à l'absolutisme du pouvoir royal.

Une confusion entre le pouvoir législatif et le juridictionnel, en possible empiètement sur l'exécutif régalien et de cela il ne peut être question.

Cette crise entraine la disgrâce de Choiseul, l'arrestation et l'exil de cent trente magistrats du parlement de Paris, qui est démembré par le chancelier et marquis de Meaupou et qui saisit l'occasion pour engager une profonde réorganisation de la justice, mais qui laisse des cicatrices corporatistes, mécontentant la noblesse de robe, fragilisant l'autorité et ouvrant la voie aux futures contestations des Etats généraux.

Car cette opposition au pouvoir royal va durer tout un siècle et ce seront finalement les États généraux de 1789 qui vont fronder à leur tour, pour imposer une séparation des pouvoirs en s'emparant du législatif et les anciens parlements seront alors définitivement dissous.

1774 – A la mort du roi Louis XV, Turgot devient ministre des finances et libéralise la circulation des grains et des céréales au préjudice de rente d'intermédiaires, avant que le jeune Louis XVI rappelle les parlements.

1776 – L'abolition des corporations et de leur capacité d'influence par Turgot et aussi une réforme fiscale impopulaire, entrainent sa disgrâce.

1778 – Traité d'alliance entre la France et les Etats-Unis d'Amérique, suivi en 1779, de l'abolition du servage dans les domaines royaux.

1781 – 19 février, la publication par Jacques Necker, directeur général des finances de son « Compte rendu au Roi » fait scandale, car rendant publique la liste civile servie sur le budget, à nombre de proches de la couronne sans véritable contrepartie de prestation, lesquels n'apprécient évidemment pas le fait que le montant des pensions accordées soit rendu public. Ils exigent sa révocation et lâché par les autres ministres (Maurepas, Vergennes, Miromesnil), il démissionne le 19 mai.

1786 – Le 29 décembre, confronté à une grave crise financière, le roi Louis XVI annonce la convocation des Etats-Généraux du royaume de France, une assemblée des trois ordres (noblesse, clergé et tiers-état) de dimension nationale, qui ne s'était plus réunie depuis plus de 170 ans, chargée de lui recommander des solutions, mais dont il perd le contrôle et qui s'érigera en « assemblée nationale », puis en « constituante ».

Il s'ensuivra un double processus d'initiative législative opportuniste, bien au-delà du mandat originel, en convergence avec la perte de contrôle et les nombreuses maladresses du pouvoir royal.

D. – Contexte à la Colonie du Sénégal et en Afrique

La constante recommandation dans chacune des « instructions » aux gouverneurs de la colonie lors de leur prise de fonctions, est de gérer « à l'économie », de ne pas engager de dépense autre qu'indispensable et ceci explique le retard pris dans la mise en place d'un tribunal.

Au lendemain de la rétrocession officielle de ce territoire à la France, par le traité de Paris de 1763, au temps du duc de Lauzun et de ses successeurs Dumontet et Repentigny, il n'y avait pas de service public de la justice à proprement parler, si ce n'est des « instructions » à l'usage des gouverneurs, lesquelles prescriront entre autres, que « le Gouverneur ait près de lui un Greffier, chargé de l'instruction et de la garde des procédures, nommé par le roi (en 1778, mais le plus souvent par le Gouverneur lui-même), remplissant en outre les fonctions d'officier de l'état-civil et de notaire »... de fait plus que de droit !

Dans les instructions remises au gouverneur Dumontet, le 1er avril 1782, il est intégralement repris ce qui est cité ci-dessus, avec quelques modestes rajouts : « *un ordonnateur, un contrôleur, un garde-magasin et des commis aux écritures ont été établis au Sénégal, pour ce qui concerne la partie économique de la comptabilité* », mais toujours pas la trace d'un homme de loi, d'un greffier, ni d'un notaire.

Le mémoire remis au Chevalier de Boufflers le 18 novembre 1785, n'est pas non plus très explicite, même s'il ajoute à la nomenclature du précédent la locution « *trois écrivains ordinaires* », mais sans que l'on sache si l'un d'entre eux est supposé faire fonction de greffier.

Ce n'est que 5 années après la reprise de possession par la France (1817), qu'une ordonnance de 1822, introduit un embryon d'organisation de la justice dans cette colonie, en y nommant pour la 1ère fois un magistrat.

Rendant compte de son décès après tout juste un an de service à son ministre, le gouverneur (baron Roger), estime qu'il n'est pas recommandé de procéder à son remplacement, car selon lui, cette brève expérience a démontré « *qu'une autorité judiciaire distincte* (de celle du gouverneur) *s'avère contre-productive en stimulant un esprit de chicane qui n'est pas recommandé* ».

Il achève en considérant que « *cette dispersion n'est pas favorable à une saine administration de la colonie* ». Ceci se trouve confirmé dans un article publié dans « ClioThemis » revue électronique d'histoire du droit, qui analyse le rapport de compétition que préfigure cette opinion du gouverneur.

https://www.cliothemis.com/Deux-conceptions-de-l-action

« *L'opposition entre magistrats et administrateurs coloniaux se concentre sur la période d'installation de la justice en la fédération d'Afrique occidentale française, entre 1887 et 1912.*

« *C'est en effet à partir du moment où des magistrats furent invités à participer à l'organisation judiciaire de ces colonies que certaines questions juridiques furent débattues avec âpreté, notamment celles liées à l'application du code de l'indigénat et de la justice indigène* » ... (éclairage) ... sur l'origine et les enjeux des nombreux conflits qui éclatent alors, entre ces deux acteurs majeurs du droit colonial.

« *Magistrats et administrateurs se distinguaient par leur formation mais aussi par une idée différente de leurs attributions ... malentendus et oppositions ... traduisant de façon concrète certaines des hésitations coloniales concernant le droit et l'action judiciaire outre-mer* ».

« *La France n'exporta pas aux colonies le principe de séparation des pouvoirs exécutifs et judiciaires et ce sont les administrateurs de cercle qui, avec des modalités différentes selon les territoires, furent chargés de prononcer les sanctions répressives à l'égard des sujets indigènes.*

Mais parce qu' « *Il n'était pas question d'étendre ce principe aux citoyens français et des juges professionnels furent progressivement chargés du fonctionnement de la justice française* ».

« *En Afrique occidentale française (AOF), l'intégration progressive de ces magistrats dans l'organisation de la justice coloniale entraîna un certain nombre de tensions avec l'administration* ».

Au temps du Traité de Paris de 1815, par lequel la Grande-Bretagne rétrocède les deux îles du Sénégal (Saint-Louis et Gorée) à la France, mettant un terme à sa dernière période d'influence et inaugurant ainsi la lente période de pénétration coloniale qui durera 145 ans, nous sommes encore à plus de trois quarts de siècle d'instauration de cette A.O.F., qui ne naîtra qu'en 1895 et c'est dire si l'institution judiciaire a encore beaucoup de chemin à accomplir dans le contexte d'époque.

En revanche, le « greffe-notariat » a joué à plein et dès son origine, son rôle institutionnel de pacification des relations sociétales, en charge de la pré-constitution et de la conservation d'un instrument de preuve incontestable, cette justice de prévention du conflit est donc antérieure à celle du plein contentieux, pour les raisons budgétaires précisées ci-dessus. Une institution d'équité qui est vite devenue très populaire.

L'origine historique du « minutier » d'état-civil, remonte au registre paroissial du curé de l'église de Saint-Louis, qui a précédé l'installation d'un véritable « greffier » (secrétaire) du « conseil de justice de la colonie », faisant occasionnellement fonction de « notaire ».

CHAPITRE 3

Pratique notariale en préséance d'institution

Une postulation délibérément provocatrice, car appelant l'interrogation du comment la pratique d'une fonction de sécurisation du rapport contractuel, aura pu précéder l'instauration d'un cadre légal, à laquelle il sera répondu que le contexte d'époque n'a importé que graduellement les outils d'une politique, en proportion du besoin exprimé par ses préoccupations les plus immédiates, au nombre desquelles la régulation du rapport de droit, ne figurait peut-être pas parmi les priorités.

Comment et pourquoi instaurer une législation notariale spécifique, à la modeste colonie du Sénégal s'il ne s'agissait d'en déléguer que le faible volume d'activités aux greffes des juridictions ?

Ceci dans l'attente d'avènement des conditions pouvant objectivement justifier de la séparation des deux offices, le tout devant s'inscrire par ailleurs en cohérence, dans le cadre d'une politique coloniale de plus vaste ensemble que celle de la très modeste Colonie du Sénégal.

En se souvenant enfin, qu'en l'absence même de législation spécifique, l'instrument de pratique était celui d'importation et donc parfaitement rodé, sauf l'effet de nécessaires adaptations empiriques au regard de rares spécificités locales, puisque ne concernant à l'origine et pour l'essentiel que les seuls citoyens, le cadre légal étant esquissé au surplus dans les instructions remises à chaque gouverneur.

Alors, l'installation d'un notariat avant même celle d'un tribunal, cela signifie que le droit de la paix aura précédé celui de la guerre !

Section 1 – Les Greffes-Notariats de Saint-Louis et de Gorée de 1786 à 1816

§ 1. – Greffier Nicolas Sigisbert Auguste Placide MARCEL

1786, 1787 et 1789 – Nicolas Sigisbert Auguste Placide MARCEL est « *Avocat au Parlement de Lorraine, Greffier et seul Officier de Justice à la colonie et à ceux du Sénégal, faisant fonction de Notaire* » (il reçoit une centaine d'actes en trois années, dont le détail reste à inventorier).

Il s'agit là du tout 1er Greffier faisant occasionnellement fonction de Notaire, dont la trace ait été trouvée aux Archives nationales du Sénégal.

Même si selon Guy Thilmans (in « L'église oubliée de Saint-Louis-du-Sénégal », « *les autorités* (anglaises) *leur ayant refusé la présence d'un prêtre, les habitants catholiques ont confié à un laïc, Charles Thévenot, un mulâtre, maître de barque, la direction des affaires religieuses* ».

Ce Thévenot d'excellente renommée, jouissait d'une grande autorité, le gouverneur de Gorée Poncet de la Rivière, écrivant au ministre des colonies le 25 mai 1764, qu'il était « *davantage maître de Saint-Louis que le gouverneur anglais, sa maison devenant une chapelle le dimanche et lui-même remplissant le rôle d'un pasteur ... et pouvant être véritablement regardé comme leur roi, leur prêtre et leur législateur* ».

Une opinion probablement partiale, car critique de l'occupation anglaise.

Toujours selon Guy Thilmans, Thévenot ajoutait le titre de « *maire de la ville* » à sa signature, « *le registre paroissial de 1779 portant la mention le 23 avril : Jeune fille de 18 ans ondoyée par Charles Thévenot, maire de la ville faute de prêtre* ».

Il poursuit « *Thévenot assurait les fonctions de notaire garde notes et était chargé du dépôt des actes publics sur lesquels il apposait les cachets de ses armes pour affirmer les extraits* » et « *on peut penser que les Anglais ont créé la fonction de maire, dès leur arrivée en 1758* ».

A. Le contexte international du moment :

Evènement majeur de l'année 1787, celui de l'adoption par le Congrès, de la Constitution des États-Unis d'Amérique, rédigée par Thomas Jefferson, l'une des plus anciennes Constitutions du monde, dont le préambule et l'organisation en inspireront nombre d'autres.

B. En France, ce qu'il s'y passait à ce moment-là

1787 – Nouvelle fronde du parlement de Paris qui refuse d'enregistrer, les édits du cardinal et ministre d'état Loménie de Brienne, qui souhaite assainir les finances du royaume en généralisant l'impôt foncier, le roi se trouvant contraint de laisser son ministre négocier, avant d'ordonner l'enregistrement des édits financiers, d'exiler Philippe d'Orléans et de devoir bientôt en être réduit à convoquer les États-Généraux.

1788 – En représailles, le parlement de Paris publie la « déclaration de lois fondamentales du royaume, provoquant l'arrestation des conseillers Duval d'Eprémesnil et Goislard de Montsabert et la réforme proposée par de Lamoignon qui réduit les pouvoirs du parlement.

Louvoiements et reculades du pouvoir, le ministre Loménie de Brienne est remplacé par Jacques Necker, le parlement de Paris est rétabli et prenant la mesure de l'affaiblissement de l'autorité royale, il exige la *convocation des Etats-Généraux*. Le roi est contraint de s'y soumettre.

1789 – Ouverture le 5 mai, des Etats-Généraux à Versailles, dont les nombreuses joutes et incidents de procédure (pouvoirs, ralliements, etc.), débouchent le 20 juin sur le « *Serment du Jeu de Paume* », puis le 14 juillet, sur la *prise* de la forteresse *de la Bastille*, l'assassinat de son gouverneur Launay et le vote le 8 août, d'une véritable destruction de l'ordre féodal, par l'abolition des privilèges.

Le 26 août l'assemblée adopte une déclaration des droits de l'homme et du citoyen, inspirée de celle des Etats-Unis d'Amérique, avant que le roi ne soit ramené à Paris le 6 octobre, que l'assemblée ne s'y installe et vote le 2 novembre, la confiscation des biens du clergé par la nation.

C. Bien loin de là, dans la lointaine petite Colonie du Sénégal

1786 – A Gorée, c'est l'époque du Chevalier Stanislas de Boufflers ;

1787 (20.11) – L'île de Gorée, du temps du Gouverneur Lieutenant-Colonel Blanchot de Verly – lequel avait assuré l'intérim de Boufflers pendant son absence avant de lui succéder, mais avec très peu de moyens pour administrer la colonie – est sans aucune ressource, sans hommes ni véritables moyens de défense et elle est presque laissée à l'abandon.

1789 (15 avril) – Selon Monsieur Jean-Pierre Biondi, dans son ouvrage « Saint-Louis du Sénégal » (Editions Denoël, 1987, page 73), « *Soucieux de ne pas se laisser oublier lors de la convocation des Etats-Généraux à Versailles, les Saint-Louisiens adressèrent les ... Très humbles doléances et remontrances des habitants du Sénégal aux citoyens français* », sous la plume d'un aventurier du nom de Lamiral, y ayant associé de riches négociants métis, Thévenot, Pellegrin, Dubois, etc. qui se proclament « *Nègres et mulâtres, tous français, en référence à leur identité* » revendiquée, pour réclamer la fin des concessions exclusives de traite et la libéralisation du fructueux commerce de la gomme.

1809 – Sans surprise, l'autorité française étant très affaiblie par les troubles révolutionnaires, ce qui devait arriver arrive et les Anglais s'emparent de Gorée, puis de Saint-Louis, le 13 juillet 1809, la garnison devenue microscopique ne pouvant opposer de résistance inutile.

D. Notes relatives à Me Nicolas Sigisbert Auguste Placide MARCEL

La difficulté inhérente aux patronymes qui ne sont à l'origine que des prénoms, est qu'il est particulièrement aléatoire d'en rechercher la généalogie, compte tenu du très grand nombre de familles pouvant se les partager, sans qu'il n'existe entre elles, de lien de famille avéré.

Selon toute probabilité, ce Greffier Nicolas Sigisbert Placide Auguste MARCEL est celui qui est qualifié « d'*employé de l'administration de cette colonie* » et qui comparait le 9 Fructidor An II (26 août 1794), en la maison publique du greffe (devant l'intérimaire Charbonnier), pour y déclarer (Acte N° 640), que « *Marie Anne Patchine est accouchée hier (25 août) à six heures du soir, dans sa maison située au sud de cette île, d'un enfant mâle qu'il a présenté et dont il s'est reconnu être le père et auquel il a donné le prénom de René*.

Malgré d'intenses et longues recherches, la question de son identité n'a pu être clairement élucidée, car son âge n'est hélas pas mentionné.

Ni son lieu et sa date de naissance, ni sa filiation n'ont été retrouvés sur les sites généalogiques. Ni à Metz, ni à Nancy, ni non plus en Meurthe-et-Moselle ou en Lorraine, qui est la région de sa probable origine.

Quel qu'en soit l'endroit il n'est pas étonnant qu'il soit prénommé Nicolas, le saint patron de la Lorraine, fêté le 6 décembre de chaque année depuis 1477, pour commémorer la victoire contre la Bourgogne lors de la bataille de Nancy, à la suite de l'invocation du duc René II.

Les témoins l'ayant assisté dans cet acte, le citoyen Jean Colné, employé de la même administration et la citoyenne Catherine Cary-Guyobé étant âgés respectivement de 43 ans et de 40 ans, on peut donc supposer qu'il avait à peu près le même âge et pouvant donc être né entre 1750 et 1755.

Il apparait qu'il était l'époux de Madame Marie-Rose Althelin (ou Althenin ?), puisque son nom figure en sa double qualité d'épouse de M. Placide Marcel, avocat au parlement de Lorraine et greffier en chef du Sénégal et dépendances et aussi de marraine, dans un acte du 23 mars 1790 (N° 370 ECSL) lors du baptême de Monsieur Louis Bénis, négociant résident au Sénégal, fils naturel du puissant négociant Paul Bénis et de Louison Debondey, négresse libre habitante du Sénégal.

Le baptême prestigieux d'un majeur, puisqu'il a pour parrain M. Nicolas Louis Auguste de Glimon de Beauvoir du Rouve de Beaumont, Vicomte du Rouve, Maître de la Compagnie d'Infanterie, Chevalier des ordres royaux militaires et hospitaliers de notre dame de Montcalmel et de Saint-Lazare de Jérusalem et de l'ordre royal et militaire de Saint-Louis.

Cet acte confirme que son épouse résidait avec lui à Saint-Louis en 1790, mais serait-elle décédée pour qu'il ait eu un fils naturel en 1794 ?

Et par ailleurs est-il cohérent qu'un « *Avocat au Parlement de Lorraine, Greffier et seul Officier de Justice à la colonie et à ceux du Sénégal, faisant fonction de Notaire* » de 1786 à 1789, puisse se trouver rétrogradé (?) à la fonction probablement plus modeste de simple « *employé de l'administration de cette colonie* » en 1794, où de « *commis aux bureaux civils de la marine* » en 1796.

Surprenant mais pas impossible, car en cette époque d'intenses troubles révolutionnaires, nombre de citoyens en coquetterie avec le maelstrom du pouvoir, recherchent un havre de sécurité dans les postes les plus éloignés de la terreur jacobine, quitte à s'accommoder d'une rétrogradation fonctionnelle, plutôt que de se faire « raccourcir », en ces temps où la « veuve » guillotine fonctionne à plein régime.

L'enfant Retné Marcel n'a vécu que 6 jours, puisque décédé le 31 août 1794, ainsi que cela résulte de l'acte dressé par le greffier par intérim Charbonié le 15 Fructidor An II (1er septembre) suivant, sur la déclaration de son père Nicolas Sigisbert Placide Auguste Marcel.

Dans cet acte N° 539, il est indiqué qu'il est « âgé de 21 ans », ce qui n'est pas cohérent, car si tel est le cas, alors ce Nicolas Sigisbert Placide Auguste MARCEL ne peut pas avoir été le greffier Placide MARCEL, quatre ans plus tôt en 1790, car il n'aurait été âgé que de 17 ans et dans ce cas il s'agirait de deux personnes distinctes.

De deux choses l'une, il y a erreur dans la mention d'âge dans l'acte de décès de 1794, où il s'agit de deux Placide Marcel différents, même s'il est étrange que deux personnes aient pu porter à peu près le même patronyme à Saint-Louis, ce prénom de Placide n'étant pas très répandu.

Autre hypothèse, le second serait le fils du premier ?

Pas trace non plus du décès de l'épouse du greffier entre 1790 et 1794, ce qui invalide l'idée d'une reconnaissance d'enfant « naturel », dès lors que la loi d'époque interdisait la reconnaissance d'un enfant adultérin.

On sait qu'avant son arrivée au Sénégal, il était Avocat au Parlement du duché de Lorraine, dont le siège était à Metz (depuis 1633), alors capitale provinciale (aujourd'hui préfecture du département de la

Moselle, région du Grand-Est). Il est possible qu'il ait dû quitter cette commune, à la suite de la suppression du parlement de Metz par un édit du 10 octobre 1771, avant son rétablissement en 1775.

Une hésitation tout de même sur le lieu d'exercice antérieur du Greffier Marcel, car entre 1661 et 1775, le parlement de Lorraine du 8 octobre 1571, érigé en cour souveraine le 7 mai 1641, s'est trouvé démembré en deux chambres le 16 mars 1661, l'une de Lorraine et l'autre du duché de Bar, les deux à nouveau réunies le 8 août 1667, mais siégeant à Nancy, avant que Louis XIV ne la ramène à Metz.

Et enfin que par édit de septembre 1775, ce parlement (qui était le 13e du royaume de France), ne retourne à Nancy.

Pour meilleure compréhension, les parlements frondeurs étaient souvent en opposition avec le pouvoir royal, puis révolutionnaire et par suite les parlements provinciaux ont été supprimés par décret de l'assemblée nationale du 3 novembre 1789.

S'il était né comme supposé entre 1750 et 1755, il aura pris fonction d'avocat selon l'usage d'époque, vers 23 ans, c'est-à-dire entre 1773 et 1778. Sans que l'on sache si c'était à Metz ou à Nancy.

On se souviendra que le chevalier Stanislas Jean de Boufflers, marquis de Remiencourt et gouverneur du Sénégal de février 1785 à décembre 1787 était nancéen, élevé à la cour de Lunéville et qu'il n'est donc pas impossible qu'il soit à l'origine de la venue de ce compatriote greffier au Sénégal, voire qu'il l'y ait lui-même nommé.

Ceci ne serait pas un cas isolé, car Antoine François *Feuiltaine*, (in « A la mode du pays, Chroniques *saint*-louisiennes, *Saint-Louis* du *Sénégal* 1788-1835 » Eds. Riveneuve, du distingué Sylvain Sankalé) était aussi messin, jeune soldat, fils d'amidonnier arrivé à Saint-Louis en 1788.

Quoi qu'il en soit et s'il s'agit bien du même Avocat Marcel devenu Greffier, il aura résidé au moins 5 ans en cette « île du Sénégal », de 1786 à 1791, au temps de Boufflers et peut-être de son successeur le colonel François Blanchot de Verly.

Une seule certitude, il y est encore le 25 décembre 1791, puisqu'il est le parrain de Marie Angélique Bouris (acte ECSL N° 440), négresse libre (majeure), qui est la compagne d'Antoine Sébastien Malivoire, Commissaire de la marine, lequel est le père « naturel » de Rose « Placide » Malivoire, née le 12 juin 1790 et qui porte son prénom.

On le retrouve en effet neuf ans plus tard, le 4 Pluviôse An IV (24 janvier 1796), comme « *suppléant au greffe de cette colonie, chargé de recevoir les actes de naissances, mariages et décès des citoyens* », devant lequel « *est comparu le citoyen Aymar Joseph François Charbonnié, greffier de cette colonie...* » Et si cela s'avère confirmé, son successeur.

Comme indiqué ci-dessus, il n'est pas certain qu'il s'agisse du même.

Dans cet acte (E.C.S.L. 1796 N° 578) il y est nommé ***Nicolas Sigisbert Auguste Placide Marcel***, qualifié de « ***commis aux bureaux civils de la marine*** ». Il y substitue le greffier titulaire Charbonnier pour cause d'empêchement à l'acte, puisqu'il s'agit de la reconnaissance du fils du greffier, portant les mêmes prénoms que son père, *Aymar Joseph François* Charbonnier, né de la citoyenne Anne O'Hara.

Le déclarant est assisté dans cet acte de 1796, par le citoyen Georges O'Hara, 23 ans (probable frère d'Anne) et de la citoyenne Louise Charlotte Bishopp, 24 ans, tous deux habitants de l'île Saint-Louis.

O'Hara et Bishopp, deux noms à consonnance anglaise, en témoignage vivant de la souveraineté britannique à Saint-Louis pendant la guerre de sept ans, de 1756 à 1763 et qui n'a été restituée à la France qu'en 1779.

Anne et Georges O'Hara sont de toute évidence deux des nombreux enfants du Lieutenant-colonel Charles O'Hara de sinistre mémoire, nommé **'**Commander of the Africa Corps in Senegal**'**, à partir du 25 juillet 1766, après sa conquête sur la France.

Promu capitaine des 'Coldstream Guards' à 29 ans en 1969, il ne s'est distingué qu'à attiser les rivalités entre les différentes tribus pour mieux les réduire. Son séjour s'est traduit par la recrudescence du trafic négrier en pays wolof. De 1766 et 1776, il s'est livré au financement des razzias Maures au Walo, au Cayor et au Bawol. Plus de 8.000 esclaves en six mois en 1775, le gouverneur participant lui-même au pillage des villages wolof situés sur les deux rives du fleuve.

Il est rappelé en 1776, pour donner suite aux pétitions organisées par les marchands britanniques et la population de Saint-Louis l'accusant de brutalité et surtout de trafic clandestin d'or et d'esclaves.

Il est dit dans cet acte de naissance du 24 janvier 1796, que le père et les témoins ont signé, même si aucune signature, pas même celle du « Greffier de l'île française du Sénégal » ne figure à pied d'acte.

E. Observations diverses relatives à l'exercice de ce Greffier MARCEL

Dans « Saint-Louis du Sénégal », Monsieur Jean-Pierre Biondi précité se réfère (en page 70) à « *l'administrateur britannique John Barnes, qui débarque à Saint-Louis en décembre 1763, pour diriger l'African Company* » et qui dépeint lui-même le fort comme « *un tas de ruines » et la garnison anglaise comme un « ramassis d'ivrognes parmi les plus indisciplinés et dépravés qu'il ait jamais vu. Soldats et marins s'énivraient et fricotaient dans les multiples tavernes de l'île* ».

20 ans plus tard en 1788, dans un registre nettement plus optimiste, la note de présentation de l'ouvrage de Sylvain Sankalé précité, parle de « *cette île à l'embouchure du fleuve ... terreau d'expérimentation sociale unique au monde ... Mariages sans curé, enfants naturels reconnus, jardin d'acclimatation pour des plantes venues d'ailleurs, objet de juridictions sensées et pragmatiques faites tout exprès pour une société métissée, un joyeux repaire de farfelus, brigands, exaltés, aventuriers ou braves gens* ».

Les actes reçus à cette époque restent à inventorier pour s'en faire une idée plus précise, par l'analyse des origines de propriétés, en référence à des actes antérieurs où qui y sont joints et annexés, ou encore auxquels il est fait référence, pour justification de droits, de capacité à y intervenir.

La référence par ce Greffier Marcel, au « *Parlement de Lorraine* », pour les actes entre 1786 et 1789 (et peut-être même avant), se rapporte à son appartenance à ce corps judiciaire d'ancien régime, à la veille de la convocation exceptionnelle des Etats-Généraux, ayant engendré le processus que l'on sait, à l'origine de la révolution française.

Et donc la certitude qu'il existe un greffe-notariat dès cette époque, c'est-à-dire un registre laïc distinct du paroissial tenu par un ecclésiastique, qui ne réapparait qu'en 1817 près de trente ans plus tard, mais sans que l'on ne trouve la trace des instructions ayant décidé de son institution.

§ 2. – 1790 – Aymar Joseph François CHARBONNIER

Charbonnier, mais plus probablement orthographié Charbonier avec un seul « n », à ne pas confondre avec un autre Charbonnié, qui faisait fonction à la même époque, de capitaine au bataillon d'Afrique.

Préfet apostolique à Gorée en 1786, puis Curé de la paroisse de Saint-Louis l'année suivante jusqu'en 1794, où il défroque prudemment, peu de temps après qu'une loi de l'assemblée révolutionnaire votée le 10 août 1792, ait décidé de la suppression des préfets apostoliques, au motif que « l'indépendance du gouvernement est inconciliable avec la juridiction exercée par l'évêque de Rome ».

Il est ensuite greffier du Conseil de Justice de la colonie du Sénégal et le restera jusqu'à son décès, survenu à Saint-Louis, le 6 octobre 1802.

A. Le contexte international du moment :

20 avril 1892, la France est en guerre contre la Bohème et la Hongrie. Nombre d'émigrés se joignent aux troupes autrichiennes, occasionnant la chute de Longwy le 23 août, suivie de la prise de Verdun le 30, mais le 20 septembre l'armée révolutionnaire remporte la victoire de Valmy, suivie le 6 novembre de la victoire de Dumouriez sur les autrichiens à Jemmapes et de l'entrée des troupes françaises à Bruxelles le 14 novembre. Le 27 novembre, la Savoie est réunie à la France.

1er février 1793, la France déclare la guerre à l'Angleterre et la Hollande et le 7 mars à l'Espagne.

5 avril 1795, la Prusse reconnait la république et le 1er octobre, la Belgique est annexée à la France.

1798 – Intervention française en Suisse (janvier) et entrée de ses troupes dans Rome (février), suivies de la prisse de Malte (mars) et de la campagne d'Egypte (juillet) et de la victoire des Pyramides.

En représailles l'amiral anglais Nelson détruit la flotte française à Aboukir (1er août) et le 29 décembre, la Russie, l'Angleterre et Naples forment un traité d'alliance contre la France.

En 1799, les armées françaises subissent des revers en Autriche, en Italie, à Saint-Jean-D'acre. Napoléon s'embarque pour la France le 23 août. Victoires de Brune à Bergen et à Castricum, contre les Anglais et les Russes et de Masséna à Zurich, contre les Autrichiens et les Russes.

En août 1801, les Anglais se rendent maîtres de l'Egypte.

B. France, ce qu'il s'y passe en cette trouble période de son histoire

1790 – L'assemblée s'érige en assemblée constituante et décide entre autres de l'abolition des vœux monastiques, le clergé étant doté d'une constitution civile et les ecclésiastiques devenus fonctionnaires publics doivent prêter serment à la constitution, alors qu'éclatent des affrontements entre catholiques et protestants dans le midi de la France.

Les parlements de chacune des provinces, qui étaient à l'origine de la contestation mais redevenus conservateurs, sont abrogés par décret et remplacés par des juges élus, rémunérés par l'état.

2 mars 1791. Loi d'Allard abroge les guildes dont celle des notaires.

Le 21 juin, le roi Louis XVI et la reine Marie-Antoinette ayant été empêchés de se rendre à Saint Cloud pour y célébrer Pâques, tentent de fuir déguisés en boulangers. Etant découverts à Varennes, ils sont arrêtés, ramenés à Paris et placés de facto en résidence surveillée.

Le 14 septembre, le roi Louis XVI prête serment à la constitution, Avignon et le comtat Venaissin étant réunis à la France.

Enfin le 30 septembre, l'assemblée constituante tient sa dernière séance et s'érige le 1er octobre en assemblée législative. Deux mois plus tard, les ecclésiastiques réfractaires au serment sont déclarés suspects.

1792 : Le 9 février, un décret décide de la confiscation des biens des émigrés et le 27 mai, un autre décide de la déportation des prêtres réfractaires (à la constitution républicaine), auquel le roi s'oppose.

Le 20 juin, à la suite de ce veto, la foule envahit le palais des Tuileries et contraint le roi à coiffer le bonnet rouge, avant que l'assemblée proclame le 11 juillet « la patrie est en danger » !

Le 10 août 1792, le peuple insurrectionnel de Paris prend à nouveau d'assaut le palais des Tuileries, en effervescence et dans une sorte de griserie collective, d'évaluation des limites de son pouvoir nouveau.

Le 20 septembre, est la dernière séance de l'assemblée législative, qui laisse place à la Convention.

Le 21 septembre, la Convention décide de déchoir le roi Louis XVI de ses fonctions de roi des Français, de l'abolition de la royauté et de son internement à la prison du Temple avec le reste de la famille royale.

Le 27, la république est proclamée par l'abolition de la monarchie.

Le 9 octobre, les émigrés rentrés sont déclarés « passibles de mort dans les 24 heures ».

Le 3 décembre, Robespierre demande « la mort du roi » qui comparait le 11 devant la Convention.

1793 est l'année de basculement de la révolution dans la Terreur et dans tous les abus de la folie criminelle des sans-culottes et de la justice expéditive des tribunaux révolutionnaires.

Les députés de la Convention nationale instruisent dans l'hystérie collective, le procès de l'ancien roi de France et de Navarre, devenu roi des Français, puis « citoyen Capet », le déclarent coupable de haute trahison et prononcent un jugement le 20 janvier 1793, de mise à mort par décapitation.

21 janvier, L'exécution du roi Louis XVI, malheureux souverain et victime expiatoire, a lieu dès le lendemain matin, sur la place de la Révolution à Paris, qui deviendra plus tard la place de la Concorde.

31 mai, coup de force des parisiens contre la Convention et éclatement de chouanneries en Vendée.

25 juin, présentation d'une pétition au nom des Cordeliers « le Manifeste des enragés ».

Les régicides s'en trouvent soudainement comme privés de lien fédérateur, la révolution s'emballe et dévore ses enfants, les jacobins, girondins et montagnards s'affrontent, assassinant Marat, le 13 juillet.

Il s'ensuit l'instruction de procès cabalistiques par une justice politique, au grand bonheur de la guillotine qui fonctionne à plein régime, décapitant Charlotte Corday, le 17 juillet, la reine Marie-Antoinette, le 16 octobre, Mme Rolland, le 8 novembre, Danton, le 16 Germinal An II (5 avril 1794) et Robespierre, le 9 Thermidor An II (27 juillet 1794).

10 octobre, la Convention proclame un « gouvernement révolutionnaire jusqu'à la paix ».

24 novembre, elle instaure un calendrier républicain.

Au même moment, dans un grand mouvement de fraternité universelle et de main tendue en direction de tous les peuples du monde, la Convention nationale prend un décret révolutionnaire, le 16 Pluviôse An II (4 février 1794) de la République française une et indivisible, qui interdit l'esclavage.

Une décision de l'ère révolutionnaire adoptée au nom de principes humanistes, mais qui ne préoccupe que très modérément, car ce temps est surtout celui d'affrontements, entre cordeliers et Hébertistes.

Il est complété par un 2e décret du 22 Germinal du même An II (11 avril 1794), avec inscription du principe d'inaliénabilité de la personne au préambule déclaratif des droits de l'homme et du citoyen.

Au-delà des principes humanistes revendiqués, il y a aussi une volonté d'appauvrir les possédants coloniaux, en les privant de leur main-d'œuvre à bon marché.

1795 – L'année débute dans la « grande terreur » et les règlements de comptes entre factions révolutionnaires, la « dé-panthéonisation » de Marat et la célébration de l'exécution du roi Louis XVI.

22 août (3 Fructidor), la Convention adopte la nouvelle constitution, dans l'espoir de mettre un terme à la « Terreur », suivie le 26 octobre de séparation et d'instauration d'un Directoire.

1796 – Bonaparte est nommé général en chef de l'armée d'Italie, il épouse Joséphine de Beauharnais et remporte tout au long de l'année de nombreuses victoires sur les piémontais et les autrichiens (Montenotte, Millesimo, Dego, Mondovi, Lodi, Milan, territoires pontificaux, Castiglione, Roverdo, Bassano et Arcole), ce qui le place en position de héros révolutionnaire national.

1797 – Les succès se poursuivent avec l'éclatante victoire de Rivoli le 14 janvier, suivie le 17 octobre de la paix de Campoformio et le 25 décembre (5 Nivôse), de l'élection de Bonaparte à l'Institut.

1799 – Le retour de Bonaparte d'Egypte, coup d'état du 18-19 Brumaire An VIII (9-10 novembre), proclamation d'une nouvelle constitution du 24 Frimaire An VIII (15 décembre) et mise en place de nouvelles institutions, Conseil d'Etat et Sénat, et en janvier 1800, Tribunal et Corps législatif.

1800 – Bonaparte s'installe au Palais des Tuileries (février), suit la reconquête de l'Italie (mai), Kléber est assassiné en Egypte (juin) et attentat royaliste contre Bonaparte rue Nicaise (décembre).

C. En la Colonie du Sénégal :

Révolution, république, déchéance du Roi. Tous ces évènements sont bien éloignés de Saint-Louis l'indolente. Ces nouvelles qui lui parviennent avec retard sont tout de même scrutées par tous ceux qui n'exercent à la colonie qu'à la faveur d'influences dont ils suivent le devenir avec attention, en cette époque qui ne laisse d'inquiéter.

Un aventurier, Sieur Dominique Lamiral précité, ancien commis de compagnie à patente, s'est proclamé porteur des doléances des habitants de Saint-Louis auprès des Etats-Généraux, après qu'il les ait réunis en le 15 avril, l'essentiel consistant à demander l'abrogation du privilège de commerce de la Compagnie du Sénégal, avec laquelle il souhaite régler de vieux comptes (voir pour plus d'informations l'ouvrage de Me Sylvain Sankalé « *A la mode du pays* » p. 66 à 71).

N'étant désigné que par quelques notables, européens et mulâtres, il siège à l'assemblée mais sans aucun titre effectif et sans statut défini.

Il sera l'unique auteur et le seul porteur autoproclamé, des « *Très Humbles Doléances et Remontrances des Habitants du Sénégal aux citoyens tenant les Etats-Généraux* », instrumentalisé exclusivement à l'encontre du monopole de la Compagnie du Sénégal, mais sans aucune demande de changement de statut politique ou administratif de la colonie (voir à ce sujet l'ouvrage du Gouverneur Léonce Jouré, « *Les établissements français à la côte d'Afrique* » p. 258).

La grande nouvelle de part et d'autre de l'Atlantique, est bien entendu celle d'abolition de l'esclavage, qui bouleverse profondément l'ordre socio-économique colonial, en menaçant de ruine un grand nombre d'exploitations principalement agricoles, placées dans l'incapacité de se réorganiser différemment en un seul jour.

Il en résulte au minimum la remise en cause d'un ordre illégitime et un ferment de contestation qui ne va pas manquer de s'amplifier.

Dans leur ouvrage « *les Colonies, la Révolution française, la Loi* » (Presses universitaires de Rennes), Messieurs Jean-François Niort et Jérémy Richard postulent que : « *Depuis la loi d'abolition de l'esclavage du 16 pluviôse an II (4 février 1794), les populations des colonies françaises sont placées, (en théorie), à égalité avec celles de la Métropole* ». En théorie, mais les esclaves peuvent-ils s'organiser ?

« *La constitution directoriale de l'an III (1795), disposant, dès son article six, que « les colonies françaises sont parties intégrantes de la République, et soumises à la même loi constitutionnelle* ».

« *La conséquence politique de cette intégration constitutionnelle au droit commun est que les colonies sont érigées en « départements français et que leur représentation législative est assurée à travers l'attribution de sièges de députés au Corps législatif » (art. 6 et 7)* ».

« *Les lois des 4 brumaire an VI (25 octobre 1797) et 12 nivôse an VI (1er janvier 1798) instituent plus précisément ces départements d'outre-mer et renforcent la portée juridique de la Constitution de l'an III (1795), tout autant que celle de l'abolition de 1794, confirmée au surplus par l'article 15 de la Déclaration des droits et devoirs de l'homme et du citoyen de 1795, disposant que « Tout homme peut engager son temps et ses services ; mais il ne peut se vendre ni être vendu ; sa personne n'est pas une propriété aliénable* ».

Plus de développements :

https://books.openedition.org/pur/50684?lang=fr

A Saint-Louis comme à Gorée, l'abolition des privilèges ne concerne que très modérément la colonie, sauf bien entendu les faits inimaginables, de la tentative de fuite du roi, de son arrestation, de son serment de respecter la constitution révolutionnaire.

La petite colonie du Sénégal est bien plus préoccupée par la menace que représente l'ambition britannique, dont les postes de Bathurst et de Freetown sont très proches, mais tout autant l'espoir pour certaines familles qui sont restées attachées à l'ancienne puissance tutélaire.

Il n'est même pas certain que l'écho du scandale des profits réalisés lors de la liquidation de la « compagnie des Indes » le 17 novembre 1793 soit parvenu jusqu'à Saint-Louis.

Et puis surtout, quoique très assourdies et racontées avec beaucoup de prudence, les nouvelles de révoltes d'esclaves, à la Martinique (31 août 1789), en Guyane (14 octobre), à la Guadeloupe (11 avril 1790) et à Saint-Domingue en ce moment même (6 août 1792) où le pouvoir colonial vient d'être renversé, des îles avec lesquelles Saint-Louis et surtout Gorée, sont en étroite relation.

Inimaginable, il parait que le pouvoir colonial vient d'être renversé à Saint-Domingue et en Haïti (6 août 1792), où des esclaves se seraient libérés et auraient même instauré une république noire indépendante !

Et c'est bien cela qui préoccupe le plus en cette colonie, car même si le trafic d'esclaves y est accessoire comparé à celui de la gomme, une part substantielle de son économie repose sur la possession de captifs.

Si Gorée a certes, représenté un centre de transit significatif pour la traite des esclaves – faute de ressource en eau et même de population disponible dans une Sénégambie alors très faiblement peuplée – ce trafic n'a jamais atteint une importance substantielle, pouvant être comparée à celle des comptoirs à la côte du golfe du Bénin, « Côte des esclaves », qui ont été des centres de transit infiniment plus importants.

Mais il reste que les habitants de l'île possèdent tous des captifs.

L'île de Sénégal (Saint-Louis) reste un centre de traite négrière, mais moins important que celui de Gorée, car ce n'est plus vraiment ce trafic qui fait sa fortune en cette fin du 18e siècle, mais celui de la gomme.

Mais enfin et pour l'heure, grande prudence, car ce mouvement de révolte de captifs aux îles Caraïbes, pourrait bien faire tache d'huile.

Stimulé par ces idées révolutionnaires de liberté pour tous et cela pourrait restreindre fortement l'activité économique, encore qu'il y ait peu de chance que cette fantaisie puisse s'étendre aux captifs que détiennent les souverains des royaumes du Walo ou du Cayor.

Me Sylvain Sankalé (précité) fait référence au gouverneur anglais Charles O'Hara, qui a lui aussi très vite assimilé le « bréviaire de relation locale », pour engendrer une postérité métisse pendant son séjour de dix années à Saint-Louis, son parcours de vie permet d'illustrer plus crument le contexte d'époque.

Ce gouverneur Charles O'Hara (d'origine irlandaise ?) était né en 1740, à Lisbonne, Portugal (fils illégitime du 2e Baron Tirawley, promu 'Field Marshall' en 1763 et de sa maîtresse portugaise).

Lieutenant-colonel le 25 juillet 1766, '*Commander of the Africa Corps in Senegal*', résident à St-Louis, Senegambia, après sa conquête sur la France, une unité composée de prisonniers de guerre britanniques, amnistiés en échange d'engagement de service à vie en Afrique, au temps où le gouvernement essaye de s'établir plus solidement en Afrique occidentale. 1769, nommé capitaine des 'Coldstream Guards'.

Le développement du Sénégal a été de très médiocre intérêt pour les britanniques, O'Hara ne s'étant pas intéressé à la gouvernance civile, les commentateurs anglais lui reprochant son absence quasi-totale de communication écrite durant son séjour, en dehors de sa demande d'envoi de 500 fantassins supplémentaires, de désarmement total des indigènes et surtout l'ambition d'attiser les rivalités entre les différentes tribus pour mieux les réduire.

Son séjour s'est traduit par une volonté d'optimisation et de regain du commerce négrier, touchant particulièrement le pays wolof.

Dix années durant, de 1766 et 1776, il s'est livré à une politique réellement désastreuse, consistant à financer les antagonismes et les razzias des Maures sur les royaumes du Walo, du Cayor et du Baol.

En 1775, dans le seul Walo, les Anglais auraient récupéré plus de 8.000 esclaves en moins de six mois, le gouverneur participant lui-même au pillage des villages wolof situés sur les deux rives du fleuve.

Il s'ensuit son rappel en 1776, au vu des pétitions adressées par les marchands britanniques et la population de Saint-Louis, l'accusant de brutalités et surtout de trafic clandestin d'or et d'esclaves.

Malgré l'offre constitutionnelle de droits avantageux pour les colons, pour en encourager la colonisation de peuplement, très peu de citoyens britanniques manifestent un intérêt pour venir s'installer en Afrique de l'Ouest et ces territoires sont finalement restitués à la France lors du traité de Versailles du 3 septembre 1783.

Le parcours ultérieur d'O'hara n'est pas franchement reluisant, car son nom est associé à une « fuite d'Angleterre à la suite de dettes de jeu », à une « liaison en Italie avec l'écrivaine Mary Berry », « emprisonné à Toulon, puis à Paris », il est échangé contre le comte de Rochambeau, prend part ensuite à la guerre d'Indépendance américaine et aux guerres sur le continent européen.

Promu général, gouverneur de Gibraltar de 1795 jusqu'à son décès, le 25 février 1802 (à 61 ans), il n'a laissé de vivace à l'ombre du rocher, que le souvenir de sa débauche.

1793, Gorée, une 1ère attaque anglaise est repoussée (une autre suivra dans quatre ans en 1797).

Pour l'heure, les commandants successifs à Saint-Louis sont le colonel Blanchot, du 15 mai 1789 à 1801, suivi du Chef de Brigade (Colonel), Commandant Louis Henri Pierre Lasserre, arrivé à Saint-Louis le 2 juillet 1801 et qui sera déporté vers Gorée par des émeutiers, à la suite d'une insurrection ayant éclaté dans la nuit du 4 au 5 Thermidor An X (23 au 24 juillet 1802), pour cause de grave différend entre lui et les habitants, relatif au monopole du commerce de la gomme.

Un procès-verbal des délibérations des insurgés dressées la veille de ce coup de force « au Sénégal, le 4 Thermidor An X » a fait l'objet d'un « dépôt au greffe de la colonie », ainsi qu'il en est fait mention.

Au vu de cette très grave situation, il a été mis fin aux fonctions de Lasserre et Blanchot est à nouveau nommé en qualité de commandant en chef et administrateur général du Sénégal et dépendances, ce qui lui est signifié par le Ministre de la Marine, Vice-amiral duc Denis Decrès, le 28 Thermidor An X (16 août 1802), en attendant l'arrivée de Blanchot à Saint-Louis, le 5 Brumaire An XI (27 octobre 1802).

1797, Gorée, une 2e attaque anglaise infructueuse est repoussée par le Lieutenant Guillemin.

En 1798, Blanchot décide d'évacuer Gorée, où il ne conserve qu'un détachement de 30 hommes, ne disposant pas de suffisamment d'effectif pour défendre efficacement les deux postes.

1800 – Gorée le Commandant particulier se nomme Guillemin. Privée du soutien de la population, la garnison goréenne se rend aux Anglais sans combattre et le 5 avril, Elle est occupée par le Colonel Frazer et sera anglaise pendant 4 ans, alors que Blanchot parvient à les repousser à St-Louis et engage un raid sur Gorée ou il installe Montmayeur, qui ne disposant pas de troupe ne parviendra pas à s'y maintenir.

Dans les instructions qui avaient été données à ce Chef de Brigade Laserre, le 22 Floréal An IX (12 mai 1801), pour assurer le gouvernement de la colonie de 1801 à 1802, il est écrit que « *les procès ordinaires relatifs ... aux contestations d'intérêts, seront terminés en s'inspirant des lois françaises par un conseil que présidera le chef de la colonie, assisté de deux chefs d'administration, un homme de loi fera fonction de greffier. Ce conseil doit exister en ce moment* ».

C'est bien la 1ère fois, que ce mot de greffier figure dans des instructions et il semble bien puisque « doit exister en ce moment » que cette fonction préexistait, mais sur décision de qui et à partir de quand ?

Cette fonction de greffier se réfère clairement à celle assurée par Charbonnier lors de cette instruction. En l'absence d'autre prescription, le commandant a qualité pour désigner un greffier à sa convenance... avec pour seule restriction, qu'il s'agisse... « d'un homme de loi ».

N'ayant pas pris de congé depuis son retour au Sénégal en fin 1792, Blanchot obtient de revenir en France auprès de son épouse et de sa fille pendant l'été 1801, étant remplacé par son adjoint le capitaine Lasserre, lequel s'empresse de créer une compagnie commerciale, sous le couvert d'affidés connus de tous, à laquelle il octroie malgré l'interdit, la concession exclusive de la traite de la gomme.

Cette commandite a pour objectif d'exclure les habitants, lui seul ayant dorénavant le droit de retirer les profits de ce commerce sous couvert de ses commandités et il fait emprisonner Gabriel Pellegrin, un métis influent, qui enfreint le privilège. Cela met le feu aux poudres, les frères Pellegrin, aidés d'un certain Dubrux, un Français ayant longtemps vécu au Sénégal et d'une cohorte d'esclaves, libèrent Gabriel Pellegrin.

Cette entreprise de corruption déchaine la colère de tous les traitants de la communauté des habitants et sans attendre le sort de la réclamation dépêchée vers la métropole, une insurrection générale déborde la garnison dans la nuit du 23 au 24 juillet, s'introduit dans le fort et dans la résidence du commandant et s'empare du capitaine Lasserre.

Après l'avoir roué de coups, ils l'embarquent avec son épouse et le déportent vers l'île de Gorée, où ils sont recueillis par les Anglais sous commandement du colonel Frazer, en attente de nouvelles du ministère des colonies, qui sans même avoir connu les derniers évènements l'a relevé de ses fonctions le 16 août, juste avant l'arrivée de François Pellegrin et de Jean Blondin, deux métis venus à Paris, porteurs de la réclamation et du point de vue des habitants.

Pour l'exemple, ils y sont arrêtés dès leur arrivée, jugés et ensuite acquittés en geste d'apaisement, pour ne pas risquer la propagation d'un climat de révolte, semblable à celui qui a mis les Antilles Françaises à feu et à sang au même moment.

La situation du Sénégal semble troublée, il est prudent d'y nommer un gouverneur bien au fait des affaires de cette colonie et le choix se porte à nouveau sur l'ancien commandant Blanchot, rappelé de sa retraite et réaffecté au Sénégal où il arrive le 27 octobre et il dépêche Lasserre vers la France, pour que l'autorité puisse décider du sort à lui réserver.

Blanchot rétablit l'ordre et installe des conseils où il fait siéger des « Habitants ». Cette révolte a été bien entendue par l'autorité, qui ne manque pas, longtemps après, de rappeler aux gouverneurs, la conduite à tenir à l'égard des habitants pour ne pas partager le sort de Lasserre.

1802 – Gorée Restauration de l'esclavage et de la traite négrière par Napoléon. Deux mois plus tard, le lieutenant Pickford reprend l'île à Montmayeur, puis le 25 mars, par le Traité d'Amiens, l'Angleterre s'engage à restituer l'île de Gorée aux français, mais ceux-ci doivent utiliser la force pour la reprendre en 1804, à l'issue de violents combats.

D. Notes individuelles concernant le Greffier-Notaire Charbonnier :

Ce greffier-notaire Aymar Joseph François Charbonnier, (devant être plus probablement orthographié Charbonier), ne doit pas être confondu avec un autre Charbonnié (écrit parfois Charbounié), qui était capitaine à la même époque, au bataillon d'Afrique.

Nommé préfet apostolique le 3 novembre 1786, en la paroisse de l'île de Gorée par le Chevalier de Boufflers, alors gouverneur de la colonie du Sénégal, il y prend fonction du 18 janvier 1787 au 20 décembre 1789.

Un « préfet apostolique », qui n'est pas évêque mais supérieur religieux, auquel le souverain pontife délègue des pouvoirs dont l'étendue peut varier selon les lieux et les circonstances, ne doit pas être confondu avec un « vicaire apostolique », titulaire d'un évêché « in partibus infideli ».

Il quitte cette charge curiale, pour aller remplacer l'abbé Lerendu en celle de Saint-Louis, le titulaire devant rentrer en France en congé régulier et la signature de ce Charbonnier apparait en qualité de « curé » à partir du 13 mars 1790, sur les registres paroissiaux de ce 1er arrondissement et chef-lieu des établissements français du Sénégal, jusqu'en mai 1794.

Il rédige en cette qualité les actes d'état-civil qui sont conservés au registre paroissial, signant notamment le 8 octobre 1792, l'acte de décès d'une signare, du nom de Marie Yacine Wad.

Possiblement nommé greffier de la colonie du Sénégal (écrivant parfois dans ses actes, de « l'île française du Sénégal ») en 1793, par décision du commandant et administrateur général de la colonie.

Reconverti à partir de janvier 1793, en « ex-Curé », puis le 16 floréal An II (5 mai 1794) il arrête le registre avec la mention « greffier » et au

2 Vendémiaire An III (23 septembre 1794), « en charge du Greffe », signant « Greffier par intérim » (après avoir renoncé à la prêtrise le 5 mai 1794) et enfin à partir de 1802, « Greffier de la colonie du Sénégal ».

Au folio suivant on lit ce qui suit : « Registre des actes de naissance, commencé au Sénégal le 29 floréal de l'An II (18 mai 1794), second de la République française, une et indivisible, par moi Joseph, François Charbonier, greffier par intérim, et, en cette qualité chargé de recevoir les actes de naissance, mariage et décès » en abandon prudent de son ancien état d'ecclésiastique … ayant défroqué pendant la Révolution.

Maelström de qualifications pour « l'ex-curé-greffier » en préambules d'actes, véritable miroir du carrousel métropolitain, entre 1ère république et Consulat : Convention, Directoire avec Conseil des 500, Commission Consulaire, mise en place après le coup d'état du 18 Brumaire An VIII (9 novembre 1799) qui a mis à bas le Directoire, pour laisser place au Consulat de Bonaparte, Sieyès et Ducos, appuyé par un Sénat très conservateur de contre révolution, qui devient chaque jour plus directif.

Le 29 Floréal An II (18 mai 1794), il indique encore « greffier par intérim de cette colonie », puis le 15 Brumaire An III (5 novembre 1794), il signe « greffier », sans plus de mention d'intérim, figurant alternativement comme « greffier de la colonie du Sénégal », « greffier de l'île du Sénégal », « greffier de l'île française du Sénégal » et enfin à partir de 1802, comme « greffier, en la maison du greffe de l'îsle du Sénégal ».

La mention dans les actes de ce nouveau statut de « greffier », non plus intérimaire, mais semble-t-il confirmé de ce Me Charbonnier, est-elle consécutive à une nomination, ou celle d'une prudente adaptation d'opportunisme conjoncturel, avec le nouvel ordre républicain ?

Difficile d'apprécier, si ce n'est dans le rappel de l'évolution législative révolutionnaire à la colonie.

Face aux cordeliers de Danton, aux hébertistes et du comité de salut public qui sur la recommandation de Talleyrand, ancien évêque d'Autun, « diable boiteux ayant défroqué », vient de décider de la « mise à la disposition de la nation » des biens du clergé, il n'est plus très prudent d'être homme d'église, mais sans qu'il ne soit possible de connaître l'intimité des raisons de l'ex-curé Charbonnier.

A la suite des « évènements de Saint-Louis », le citoyen commandant et administrateur général du Sénégal (Blanchot), doit donner des gages de son engagement révolutionnaire, en écrivant le 22 prairial An II (10 juin 1794) au « *Citoyen-président de la Convention* », pour « *faire part de la plantation d'un arbre de la liberté, là où se tenait le marché aux esclaves et qu'un culte de le l'Etre suprême cher à Robespierre a été célébré dans la ci-devant église profanée et rebaptisée Temple de la Raison* ».

Blanchot fait montre d'un prudent opportunisme en cette occasion, en utilisant un jargon révolutionnaire de conjoncturelle mais impérieuse nécessité, terminant sa lettre par un vibrant Vive la Montagne » !

Les évènements de Saint-Louis se réfèrent au « pillage révolutionnaire », c'est-à-dire la mise à sac de l'église du nord de l'île, tel que relaté dans un compte-rendu du gouverneur Blanchot adressé quelques jours plus tard au « citoyen-président de la Convention », daté du 22 prairial An II (10 juin 1794). Voir Léonce Joré, page 423 et suivantes).

Monsieur Beslier écrira en 1935, « *l'église de Gorée avait été souillée, lors de violences et de sacrilèges et les registres de la paroisse avaient été brûlés sur la place publique ... un seul fut sauvé par une dame Jouga et il est conservé aux archives du ministère des colonies* ».

Pour rappel : attention à ne pas confondre, car il existait au moins deux Charbonnier distincts à Saint-Louis, en fin de 18e siècle, le premier un officier et le second un greffier-notaire.

1°/ - CHARBONNIE Jean, né en 1757, sous-lieutenant au bataillon d'Afrique, déclarant à l'acte de décès de Jean Georges Linkenheyl dit « Alsace » (N° 546, du 6 octobre 1794) avec la mention « âgé de 37 ans » dans cet acte, puis 'lieutenant au bataillon d'Afrique' époux d'Hélène Walis (1776-1837), père de Joseph Moustey Charbounié (né en 1803, commis-écrivain de la marine, qui épouse Mlle Marie Catherine Valantin, le 6 août 1845 - Acte ECSL N° 98, fille du célèbre négociant marseillais Barthélémy) et plus tard reconverti en négociant.

Ce '*Charbounié*', avait la qualité d'officier auprès du colonel Blanchot et a même assuré un bref intérim du commandement du poste de Saint-Louis, lors de la sédition subie par Lasserre, l'infortuné commandant (successeur de Blanchot), tiré de son lit avec son épouse, brutalisé par les « habitants » et n'ayant trouvé de salut qu'en se réfugiant à Gorée chez les britanniques, entre le 24 juillet et le 27 octobre 1802.

2°/ - CHARBONNIER Aymar Joseph François, Curé, puis Greffier (parfois Charbonnié), Curé de Gorée (en 1788) puis de Saint-Louis (en 1793), avant de défroquer et d'abandonner l'état ecclésiastique pendant la Révolution. Son parcours de vie sera détaillé plus avant.

Nommé Greffier de la colonie du Sénégal (de « l'île française du Sénégal »), c'est en la 1ère de ses qualités successives, qu'il signe l'acte de décès d'un Sieur Pierre de la Rue, le 8 octobre 1790.

Léonce Alphonse Noël Henri Joré écrit dans son ouvrage de référence « Les établissements français sur la côte occidentale d'Afrique de 1758 à 1809 », Revue française d'histoire d'Outre-mer, que « *le bref contact qu'eut* (l'abbé Lerendu) *avec son remplaçant l'abbé Charbonnier venu de Gorée, lui fit concevoir de sérieux doutes sur la correction des sentiments de ce confrère à l'égard de l'église, ce dont il s'ouvrit au ministre de la Marine à son arrivée à Paris* », ce qui déclencha une enquête le 27 juin 1790, apparemment restée sans suites.

Me *Sylvain Sankalé* dont la « *Chronique saint-louisienne – A la mode du pays* » (Riveneuve Editions, 2007), qui est admirablement documentée, écrit en page 235 de cet ouvrage d'éminente référence « *à partir de cette date, le curé Charbonnier, dans les registres de baptêmes, de mariages et sépultures qu'il tenait à l'époque, fit naturellement suivre son nom de la qualité de greffier à la place de la mention curé utilisée jusque-là* ».

Léonce Joré écrit « *la signature de l'abbé Charbonnier sur les registres paroissiaux de Saint-Louis apparait régulièrement à partir du 13 mars 1790 jusqu'en 1794* ».

« *Le 5 mai de cette dernière année (16 Floréal An II), il signe encore un acte de baptême : Charbonnier, curé, mais au-dessous il arrête le registre en faisant suivre son nom de famille du mot Greffier. Au folio suivant on lit ce qui suit : Registre des actes de naissance, commencé au Sénégal le 29 Floral de l'an II (18 mai 1794), second de la République française, une et indivisible, par moi Joseph François Charbonnier, greffier par intérim, et en cette qualité chargé de recevoir les actes de naissance, mariage et décès. Puis à partir du 2 vendémiaire An III (23 septembre 1794), il se dit greffier* ».

Comme supposé par son prédécesseur Joré écrit « *c'est que l'abbé Lerendu avait exactement jugé son remplaçant ... les évènements survenus à Saint-Louis l'ayant amené à quitter l'état ecclésiastique* ».

Et poursuivant ainsi, « *Il jeta sa soutane aux orties* (ou plutôt aux « cram-crams »), *se maria à la mode du pays avec Anne O'Hara, petite-fille du gouverneur anglais du même nom* ».

Selon l'anthropologue et historien belge Guy Thilmans précité, arrivé au Sénégal en 1965 et décédé à Dakar, le 13 décembre 2001, dans son étude historique consacrée à « L'église oubliée de Saint-Louis-du-Sénégal », commentée par Françoise et Cyr Descamps, il est fait mention de « la renonciation à la prêtrise de l'abbé Charbonnier (le 5 mai 1794), en faisant ainsi référence aux mêmes écrits « *cette date correspondant sensiblement, ou précédant de peu, l'arrivée du Henry* ».

Toujours selon Joré (en page 422), il se dit « greffier à partir du 2 vendémiaire An III (23 septembre 1794), ayant été pourvu de cet emploi à la suite des évènements survenus à Saint-Louis (sédition à l'encontre du gouverneur Laserre), « *Après avoir quitté l'habit religieux, l'ancien curé de Saint-Louis s'était mis en ménage avec une mulâtresse* ... (la signare *Anne O'Hara*, qui était une fille naturelle de l'ancien gouverneur britannique de la colonie de 1766 à 1775.

Il aura donc quitté l'état ecclésiastique en « jetant son froc aux orties ».

Un acte figurant au registre de l'état-civil de Saint-Louis établi sous le N° 578 pour l'année 1796, confirme l'abandon de son ancien état et qu'un fils lui est né le 3 pluviôse An *V* (24 décembre 1795).

Dans l'acte reçu par Nicolas Sigisbert Auguste Placide Marcel, *« commis aux bureaux civils de la marine, suppléant au greffe de la colonie le citoyen Aymard Joseph François Charbonnier, greffier titulaire, assisté du citoyen Georges O'Hara (23 ans) et de la citoyenne Louise Charlotte Bishopp (24 ans), lequel a déclaré que la citoyenne Anne O'Hara est accouchée d'un enfant mâle dont il s'est reconnu le père et auquel il a donné les prénoms de Aymard Joseph François et de tout quoi... signé...*

Il n'y a aucune indication sur l'âge, ni sur la date, ni le lieu de naissance du déclarant, qui malgré de longues recherches, n'ont pu être trouvés.

Naissance le 24 décembre – Aura-t-il songé à chanter « *il est né le divin enfant, jouez hautbois, résonnez musettes* » lors de ce réveillon de Noël !

Cet acte relatif à la reconnaissance du fils du greffier (acte N° 1796-578), portant les mêmes prénoms que son père, *Aymar Joseph François* Charbonnier, a été présenté au paragraphe précédent (Greffier Marcel).

Le déclarant est assisté dans cet acte, par le citoyen Georges O'Hara, (frère d'Anne) et la citoyenne Louise Charlotte Bishopp, habitants de Saint-Louis, qui portent tous deux des patronymes à consonnance anglaise, en vivant témoignage de l'ancienne souveraineté britannique sur l'île de Saint-Louis pendant la guerre de sept ans (de 1756 à 1763), qui n'a été restituée à la France qu'en 1779.

La citoyenne Anne O'Hara, probablement née entre 1770 et 1775 (l'état-civil des habitants indigènes n'était pas tenu durant cette période de souveraineté britannique) et qualifiée d'habitante dans l'acte de naissance de son fils, mais il n'est pas fait mention qu'elle soit l'épouse du greffier Charbonnier déclarant et ce n'est bien évidemment pas le cas.

Elle est la fille de cet ancien Gouverneur britannique du poste de Saint-Louis, Senegambia, de 1766 à 1775, Charles O'Hara de sinistre mémoire, qui vient d'être présenté et qui a eu pour successeur le colonel Matthew Mac Namara, qui laissera lui aussi une postérité métisse.

Le 26 Frimaire An IV (17 décembre 1795), les citoyens, Charles O'Hara, 23 ans et Charles Balmor, 21 ans, assistaient le citoyen Gabriel Pellegrin, dans l'acte de naissance de sa fille Louise, née de la citoyenne Madeleine Wilcoq, autre patronyme britannique.

Georges O'Hara, Anne O'Hara et Charles O'Hara, cela signifie que ce gouverneur O'Hara de triste mémoire, aura laissé au moins trois descendants, en perpétuel souvenir de son séjour à Saint-Louis.

Selon le R.P. Cabon, le jeune Charbonnier se sera établi en Gambie ».

Selon Guy Thilmans (in « L'église oubliée de Saint-Louis du Sénégal » p. 221) ce Charbonnier était « *un greffier consciencieux et moderne, qui dresse des actes avec de longues phrases compliquées et de forme pompeuse, émaillées de « citoyen », « ci-devant » et autres termes du jargon conventionnel* » (de la Convention).

Selon Françoise Deroure, in « La vie quotidienne à Saint-Louis par ses archives, 1779-1809 », Bull. IFAN 1964, p. 421), *« Il lui arrive de divorcer, comme greffier, des époux qu'il a unis, comme prêtre, quelques années auparavant* … ».

C'est aussi ce que conclut Joré par ces mots en présentation du « Curé-Greffier » Charbonnier, *« vécut à Saint-Louis jusqu'à son décès...* ».

En rappel des « évènements de Saint-Louis », le commandant Laserre l'a accusé dans son mémoire en défense (imprimé en 1805), d'avoir prêté sa plume aux insurgés, aux fins de rédaction de leur Déclaration, ce à quoi Charbonnier ne pouvait répondre, étant décédé trois ans auparavant.

« Marié à la mode du pays », l'ex-curé vivait dans une maison au sud de l'île, avec une signare du nom de Nancy Maily, c'est-à-dire selon la coutume d'époque, qui était celle d'une forme de concubinage institutionnalisé et il aura exercé ses fonctions jusqu'à son décès.

Car selon les indications qui figurent dans son acte de décès, survenu le 14 Vendémiaire An XI (6 octobre 1802), alors qu'il était encore en activité, il « *vivait dans sa maison au sud de l'île, avec la Signare Nancy Maily, déclarante à l'acte, laquelle ne sachant pas écrire, a signé de sa marque ordinaire* » avec le greffier.

Cet acte a été dressé sous le N° 589 du registre de l'état-civil de Saint-Louis, par son successeur Me Charles Marcel César Picard, ayant fait fonction de « greffier par intérim au Sénégal », sur la déclaration de la signare Nancy Maily.

E. Observations diverses relatives à l'exercice de ce Greffier

Reprenant le site des archives des notaires du Tarn, on y trouve toute une mine d'informations particulièrement intéressantes :

http://archivesnotaires.tarn.fr/index.php?id=5189

« Sous la Révolution, le notariat connaît un profond remaniement. Deux lois mettent en œuvre ce changement.

« La loi du 29 septembre et 6 octobre 1791 votée par la Constituante, vient réorganiser le notariat.

« Les anciennes catégories de notaires (royaux, seigneuriaux et apostoliques) sont abolies et remplacées par un corps unique de notaires publics. La vénalité et l'hérédité des offices sont supprimées et les notaires indemnisés.

« Des incompatibilités sont prévues : on ne peut être à la fois notaire et avoué, greffier ou receveur des contributions publiques. Le nombre de notaires est également fixé dans chaque département par le corps législatif d'après *les instructions qui lui seront adressées par les directoires desdits départements* (Titre I, section II, article VIII).

« La compétence des notaires est désormais départementale : *Ils ne pourront exercer leurs fonctions hors des limites des départements dans lesquels ils se trouveront placés ; mais tous ceux du même département exerceront concurremment entre eux dans toute son étendue* (Titre I, section II, art. XI).

« Les conditions pour être notaire sont également établies : il faut *avoir satisfait à l'inscription civique*, avoir au moins 25 ans et une certaine expérience – avoir travaillé au moins 8 ans, dont 4 ans minimum en qualité de clerc de notaire dans le département où le concours a lieu (Titre IV, article IV). En outre, un certificat de bonnes mœurs délivré par les employeurs doit être présenté afin de pouvoir se présenter au concours de recrutement, organisé le 1er septembre de chaque année dans le chef-lieu du département.

« Les notaires sont étroitement tenus par le pouvoir politique : l'assemblée départementale les nomme, les révoque ou pourvoit à leur remplacement. Après la chute de la monarchie, il n'est pas possible d'exercer sans avoir prêté un « ***serment de haine à la Royauté*** » et sans certificat de civisme délivré par les comités de surveillance des communes. Ces certificats sont visés par le Conseil départemental. Une délibération en date du 1er février 1793 précise :

« *Le Conseil, ouï le Procureur général syndic, arrête 1° - que les notaires qui n'ont pas obtenu le certificat prescrit par la loi du 5 novembre dernier doivent cesser leurs fonctions sur la sommation qui leur sera faite par le Commissaire national près le tribunal du district (...). 2° - que pour parvenir à dresser (...) la liste des susdits notaires (...) il sera envoyé à chaque directoire de district un gendarme pour prendre et rapporter le tableau qui leur a été demandé le 18 janvier en exécution de l'arrêté du Conseil du même jour*.

« Le tableau dresse un état par district de tous les notaires du Tarn : sur les 133 notaires recensés, le certificat est refusé à 24 d'entre eux par les municipalités et les districts sans que les raisons de ce double refus soient précisées.

« Parmi les notaires jugés inciviques, on peut citer, parmi bien d'autres, le cas de Raymond Milhau, notaire du canton de Salvagnac.

« Le 23 floréal an VI, il est suspendu par l'administration centrale du département pour avoir, lors de l'assemblée communale de Montgaillard, *refusé de faire le serment de haine à la Royauté et à l'anarchie, d'attachement et fidélité à la République et à la Constitution de l'an III. (...).*

« L'assemblée le suspend donc, *considérant que la conduite du dit Milhau est le fruit de son incivisme et de ses sentiments contre-révolutionnaires et qu'il ne conviendrait point qu'un individu qui refuse de se soumettre aux lois de sa patrie pût continuer de remplir des fonctions publiques où il pourrait employer son art perfide à détourner les citoyens de la soumission qu'ils doivent aux lois.*

« Raymond Millau est réintégré deux ans plus tard par une délibération de la même administration en date du 22 brumaire an VIII après avoir été *disculpé des faits à lui imputés lors de la tenue de l'assemblée communale de Montgaillard.*

« Comment a-t-il été disculpé ?

Les raisons ne sont pas mentionnées au procès-verbal de délibération.

« Un décret des 27 janvier et 11 février 1794 interdit aux notaires d'insérer dans leurs actes des clauses et des qualifications féodales, nobiliaires et royales, ainsi que de délivrer des copies ou extraits d'anciens actes. Sous le Directoire, la loi du 10 novembre 1795 dispose que le notariat et les objets qui lui sont relatifs sont compris dans les attributions du ministère de la Justice ».

Tel est donc le Notariat au temps de la bourrasque révolutionnaire, mais qu'est-ce donc qu'un Greffier ?

Selon l'article 3 de la loi du 28 floréal An X (18 mai 1802), le greffier est officier public dont la principale fonction consiste à écrire les sentences et autres actes du juge, à en garder les minutes et à en délivrer des expéditions, à tenir des registres. Il est nommé par le chef de l'Etat.

L'âge minimum pour exercer la fonction de greffier est de 25 ans.

Indépendamment de la condition d'âge, il faut encore, pour être admissible aux fonctions de greffier, jouir des droits civils, civiques et politiques, avoir satisfait aux lois sur le recrutement (loi du 25/5/1832), avoir travaillé pendant trois années soit dans un greffe, soit dans une étude d'avoué ou de notaire, soit chez un receveur de l'enregistrement, fournir un certificat de stage et d'admitatur.

Toutes ces conditions sont nécessaires à l'acquisition d'un office vacant.

Un office est déclaré vacant par l'abandon de celui-ci par le titulaire, ou par le refus de celui-ci d'en exercer les fonctions, par sa destitution, par sa démission, par son décès, et enfin par la suppression de l'office (décision gouvernementale).

Les droits du titulaire d'un office consistent à présenter à l'agrément du gouvernement son successeur et à traiter du prix de son office avec son successeur.

La fixation de ce prix dépend de la volonté des parties, cependant l'exagération dans le prix serait un motif suffisant pour le gouvernement de se refuser à nommer le successeur désigné.

Les tribunaux peuvent apprécier si le prix stipulé pour la vente d'un office est en proportion avec le prix ordinaire des charges de cette nature. Le nouveau titulaire n'est appelé à exercer ses fonctions qu'après la réception et la prestation du serment.

Un délai de 2 mois lui est également accordé pour son installation, ce délai passé, le titulaire est réputé démissionnaire.

Le greffier assiste le juge de paix dans tous les actes de ce magistrat relatifs à ces fonctions (l'acte fait par le juge de paix sans l'assistance du greffier est nul).

Il accompagne le juge toutes les fois qu'il se transporte sur les lieux contentieux, et y apporte la minute du jugement préparatoire.

Il a la garde et le dépôt de toutes les minutes des actes, procès-verbaux, jugements faits et rendus par les juges de paix, procès-verbaux de visite de lieux, prestations de serment, actes de notoriété, appositions et levée des scellés, déclarations d'incendie, actes de dépôt de sociétés, inscription des élèves en pharmacie, etc.

Lorsque le juge de paix statue en matière de simple police, les actes du greffier sont des extraits d'emprisonnement, des extraits de jugements provisoires et définitifs, des bulletins d'ivresse, des indemnités de transport au criminel, etc.

Les greffiers de justice de paix jouissent, comme ceux des tribunaux de première instance, d'un traitement fixe (500 Fr. par la loi du 21-24/6/1845) et de diverses remises ou vacations.

Les fonctions de greffier sont, en général, incompatibles avec toutes autres fonctions soit judiciaires, soit administratives, soit notariales.

Ils prêtent serment devant le juge de paix du canton où ils sont attachés et portent le même costume que celui des greffiers des tribunaux de première instance.

Enfin, ils doivent résider au chef-lieu même du canton (loi du 12/9/1791 et décision ministérielle du 27/10/1827)

Au-delà du statut, on peut donc constater, qu'il n'y a guère de différence entre les prestations fournies par le greffier et par le notaire, car il y a dans les deux cas la même exigence de diplôme (licence en droit), les mêmes prescriptions de rédaction et de conservation d'actes, tous deux étant des « écrivains de foi publique », l'un étant fonctionnaire public, rémunéré par l'état, l'autre étant le « greffier privé » des conventions conclues entre les particuliers.

§ 3. – 1802 – Charles Marie César PICARD

Greffier et seul Officier de Justice de la colonie du Sénégal ;

Le greffier Charbonnier étant subitement tombé gravement malade, il décède le 6 octobre 1802 et le dernier acte d'état-civil qui est revêtu de sa signature porte le N° 673, daté du 13 Fructidor An X (31 août 1802).

Dans l'urgence d'avoir à pourvoir à son remplacement, le commandant Blanchot porte son choix sur celui qui lui semble être le mieux à même de lui succéder, en sa qualité de fin lettré, d'ancien commis de marine et surtout, de secrétaire particulier ayant déjà justifié de sa confiance.

Et donc, par arrêté du commandant Blanchot daté du 8 octobre 1802 (pris pendant le Directoire), le commis de marine Charles Marie César PICARD, est nommé Greffier-Notaire et Officier de l'Etat-civil en l'île de Saint-Louis, « *seul officier de justice de la colonie du Sénégal* », succédant ainsi à Charbonnier. Le premier acte d'état-civil dressé par lui porte le N° 674 et il est daté du 16 Brumaire An XI (7 novembre 1802).

Il inaugure ses nouvelles fonctions d'officier de l'état-civil, en dressant un acte de décès (N° 589 registre St-Louis), celui de son prédécesseur.

A. – Ce qui se passait à ce moment-là dans le monde :

En 1802, Bonaparte se fait élire président de la république italienne, lorsqu'éclate en février la révolte des esclaves à Saint-Domingue conduite par Toussaint-Louverture.

Les évènements s'enchainent : en mars, la « Paix d'Amiens », le 11 septembre (24 Fructidor), la réunion du Piémont à la France et en 1803, la vente de la Louisiane, par la France en faillite, aux Etats-Unis.

1804 – Le 21 juin, Ousman dan Fodio prêche la guerre sainte (*djihad*) contre les Haoussas et remporte la victoire sur l'armée de Younfa à Tabkin Kwato. Il est proclamé « Commandeur des Croyants » et règne sur le Gober (jusqu'en 1817). Création de l'Empire Peuhl de Sokoto (1804-1859). Bitekar Ludduji, un Peuhl qui était considéré auparavant comme le marabout des Zarma dans le Dallol Bosso, ouvre les hostilités contre les mêmes Zarma deux semaines après l'avènement d'Ousman dan Fodio dans le pays Haoussa.

A Madagascar, le général Decaen, capitaine général des établissements français dans l'Inde, établit la capitale de la colonie française de Madagascar à Tamatave, qui contrôle la côte est.

Les cinq grands royaumes composant le reste de l'île se consolident en annexant les plus faibles et en développant les échanges avec l'extérieur.

1805 – Napoléon abandonne son projet de conquête de l'Angleterre et entame une campagne en Autriche (août) et en Bavière (septembre).

Capitulation autrichienne à Ulm (le 20 octobre).

En représailles, l'amiral anglais Nelson écrase la flotte française à Trafalgar. C'est le désastre du 21 octobre. Napoléon entre à Vienne (le 14 novembre), écrase les russes et les autrichiens à Austerlitz (le 2 décembre) et leur impose le traité de Presbourg (le 26 décembre).

B. – Evènements du moment en France :

1802 – Amnistie des émigrés, libres de revenir en France sous condition de jurer fidélité, mais dans le même temps dérive autoritaire, le Consulat se réduisant de plus en plus au seul premier Consul, le général corse Napoléon Bonaparte, qui consolide patiemment son pouvoir personnel, par suite du remplacement des deux autres par Cambacérès et Lebrun et surtout l'instauration par 'senatus consulte', d'un « 1er Consulat à vie » à partir du 12 mai 1802.

1803 (16 mars) – Adoption de la très célèbre « Loi du 25 Ventôse An XI » (Loi du 16 mars 1803), règlementant le Notariat.

« La loi du 25 ventôse an XI (15 mai 1803), promulguée par le Premier Consul, précise et complète la loi de 1791, formant ainsi un véritable code du notariat. La loi est divisée en trois titres.

Le titre premier traite « des Notaires et des Actes notariés ».

Il donne la définition, toujours en vigueur, du notaire : *Les notaires sont les fonctionnaires publics établis pour recevoir tous les actes et contrats auxquels les parties doivent ou veulent faire donner le caractère d'authenticité attaché aux actes de l'autorité publique et pour en assurer la date, en conserver le dépôt, en délivrer des grosses et expéditions* (article 1), précisant qu'il est institué à vie (inamovibilité) et doit résider dans le lieu qui lui est fixé par le gouvernement. Il divise les notaires en trois catégories, selon leur ressort d'exercice : *Les notaires exercent leurs fonctions, savoir : ceux des villes où est établi le tribunal d'appel, dans l'étendue du ressort de ce tribunal ; ceux des villes où il n'y a qu'un tribunal de première instance, dans l'étendue du ressort de ce tribunal ; ceux des autres communes, dans l'étendue du ressort du tribunal de paix.*

C'est un changement majeur par rapport à la loi de 1791 qui fixait le département comme territoire d'exercice du notaire.

Il est défendu au notaire d'instrumenter hors de son ressort, et sa fonction est incompatible avec d'autres fonctions judiciaires et fiscales (juges, greffiers, préposés aux contributions, etc.).

Les notaires doivent avoir un sceau particulier d'après un modèle uniforme ; ils doivent garder les minutes des actes qu'ils reçoivent, et tenir un répertoire de ceux-ci.

Concernant les actes notariés, ils font foi en justice, et sont exécutoires sur toute l'étendue de la République.

Le titre deuxième est relatif au « Régime du Notariat ».

Le nombre des notaires et leur résidence sont fixés par le gouvernement, en respectant certains critères de population de manière à répartir les offices sur tout le territoire de la manière la plus équilibrée possible.

Les suppressions d'étude ne peuvent intervenir qu'après la mort, la démission ou la destitution du notaire.

Les conditions et le mode de nomination au notariat sont précisés : avoir au moins 25 ans, jouir de ses droits civiques, être en règle avec les lois de la conscription et justifier d'un temps de travail de 4 à 6 années, selon les cas, chez un notaire.

Pour postuler ces fonctions, il faut par ailleurs un certificat de moralité et de capacité délivré par le tribunal de première instance, sur la foi d'une délibération de la chambre de discipline des notaires.

Le notaire est nommé par le Premier Consul ; il est tenu de prêter le serment que la loi exige des fonctionnaires publics.

Le principe du concours, jugé inadapté, est abandonné, en faveur d'un choix discrétionnaire qui est bien moins démocratique.

Les chambres de disciplines pour la discipline intérieure des notaires sont établies.

« Le titre troisième traite « des Notaires actuels » : les notaires en exercice lors de la promulgation de la loi sont maintenus, car « une des volontés des législateurs, en adoptant cette loi, est de donner des bases solides à cette profession dans une période où l'on recherche la stabilité après le tourbillon révolutionnaire.

Elle transparaît dans l'exposé que fait le conseiller Réal devant le Corps législatif, le 14 ventôse an XI :

Législateurs, pour établir sur des bases inébranlables le droit de propriété et le repos des familles, ce n'est pas assez d'avoir institué les tribunaux (...), d'avoir placé dans chaque canton (...) un juge de paix (...). Ce n'est point assez qu'à ces deux garanties de la tranquillité publique le rétablissement des cultes ait ajouté l'intervention puissante du ministre, qui, au nom de la divinité, invite les hommes aux sacrifices mutuels qui maintiennent la concorde.

Une quatrième institution est nécessaire (...) à côté des fonctionnaires, qui concilient et jugent les différends, la tranquillité appelle d'autres fonctionnaires qui, conseils désintéressés des parties aussi bien que rédacteurs impartiaux de leurs volontés, leur faisant connaître toute l'étendue des obligations qu'elles contractent, rédigeant ces engagements avec clarté, leur donnant le caractère d'un acte authentique et la force d'un jugement en dernier ressort, perpétuant leur souvenir et conservant leur dépôt avec fidélité (...). Ces hommes désintéressés, ces rédacteurs impartiaux, cette espèce de juges volontaires qui obligent irrévocablement les parties contractantes, sont les notaires : cette institution est le notariat.

« Il faut ajouter à ces changements la possibilité pour les notaires de présenter leur successeur au gouvernement moyennant une contrepartie financière (loi sur les finances du 28 avril 1816, art. 91).

Vrai en Europe, mais ça ne le sera que progressivement dans « l'empire colonial » et c'est même encore très imparfaitement formulé jusqu'à la date de ce jour, dans la regrettable et très médiocre compréhension, de la valeur économique de l'appropriation privative de l'outil de travail.

1804 – Promulgation de la loi du 30 Ventôse An XII (21 mars 1804), portant Code Civil des Français.

Février : Arrestation de Cadoudal et suicide de Pichegru.

Mars : Exécution du duc d'Enghien.

L'évolution autocratique est confirmée, le Consulat à vie laisse la place à l'empire, Napoléon s'étant fait proclamer « Empereur des Français » le 18 mai 1804 et sacrer en la cathédrale de Paris par le Pape Pie VII, le 2 décembre suivant, aux côtés de l'impératrice Joséphine son épouse.

1805 – 26 mai, Napoléon est couronné roi d'Italie.

31 décembre, fin du calendrier révolutionnaire.

C. Ce qui se passait au même moment en la petite colonie du Sénégal

La loi de Ventôse représente un travail de législation absolument remarquable, précédant même d'un an le code civil, synthétisant sans les révolutionner les règles antérieures, en *« faisant le tri dans les structures comme dans les pratiques* (d'ancien régime) *elle a sur la formation coutumière des institutions aux fonctions déjà millénaires, le grand avantage d'une construction rationnelle ... apportant une réponse aux attentes de la Res publica, comme à celles du public »* des usagers de la profession. (texte de Jean Favier, de l'Institut, in « Destin d'Une Loi » éditions CSN/IIHN 2003).

Ce travail qui n'est pas immédiatement rendu applicable à la colonie du Sénégal, quoique par empirisme bien compris et de simple bon sens, les praticiens ne vont pas manquer de s'en emparer au plus tôt.

Des « *instructions générales* » données à partir de 1763 « aux gouverneurs et ordonnateurs des établissements français en Afrique occidentale » confer Christian Schaefer, (Eds. sociales de l'histoire des colonies françaises, librairie ancienne Honoré Champion, 1921), « *destinées à leur servir de guide. Signées d'ordinaire par le souverain, quelquefois par le ministre, elles rappellent à plus d'un égard, les mémoires remis aux ambassadeurs lors de leur entrée en fonctions. Elles ... précisent les principes devant régler son gouvernement* ».

Pour ce qui est plus spécifiquement de la colonie du Sénégal, le cadre légal reste du domaine de l'esquisse dans les recommandations qui sont remises au commandant et administrateur de la colonie du Sénégal et dépendances depuis 1763, lors de sa prise de fonctions, quoique de plus en plus détaillées à l'occasion de chaque nomination et c'est bien le cas du « Mémoire pour servir d'instructions au citoyen Blanchot », du 29 Thermidor an X (17 août 1802), dont quelques extraits :

« *Le Premier Consul ayant nommé le citoyen Blanchot à un second exercice de commandement au Sénégal et Dépendances, c'est tout à la fois une marque honorable de satisfaction qu'il accorde à ses précédents services en cette qualité et une obligation plus étroite qu'il lui impose, de développer toutes ses connaissances acquises dans la carrière ou il rentre. Elle doit lui être tellement familière par une longue expérience, qu'il serait superflu de lui donner des instructions nouvelles. Cependant on va lui retracer ici les principaux objets de sa mission sous le point de vue des faits et des circonstances qui en déterminent aujourd'hui la nature et le caractère* » ...

Cette seconde nomination de Blanchot intervient dans l'urgence, à la suite des troubles occasionnés par la gestion indélicate du commandant Lasserre, ayant entrainé une grave insurrection et le nécessaire rappel d'un officier d'expérience jouissant de l'estime de tous, principalement chargé de rétablir la « tranquillité ».

Nécessité qui vue depuis Paris est loin d'être perçue comme un fait isolé, parce que s'inscrivant dans un contexte colonial plus général, survenant dix ans à peine après la révolte de Saint-Domingue en 1791, ayant abouti à l'indépendance de la république d'Haïti, au moment même d'une insurrection à la Guadeloupe, contre la loi du 30 floréal an X (20 mai 1802) y rétablissant l'esclavage.

« Jusqu'à présent, on a regardé Sénégal comme factorerie, bornée à l'exploitation de quelques branches de commerce indigènes au pays ».

« Le citoyen Blanchot élèvera sa pensée au-dessus de ce cercle étroit. La prépondérance de la métropole française croissant chaque jour sous les mains qui la gouvernent, il faut que les colonies se ressentent de la même impulsion ... C'est cette grande destinée qu'il convient de remplir ... La traite de la gomme est l'objet principal qui amène les européens dans ces parages. On connaît toute l'importance de cette substance végétale... en quelque sorte exclusive au sol du Sénégal ».

« Le citoyen Picard a été autorisé (le 19 prairial an IX) à faire le voyage de Galam et à pénétrer plus avant s'il est possible. On ne peut encore connaître le résultat de cette entreprise politique et commerciale ».

« A l'égard des dispositions judiciaires, comme les procès les plus ordinaires consistent en de simples faits de police ou des contestations d'intérêts entre les Européens et les naturels du pays, ces contestations seront facilement terminées d'après les lois françaises, par un conseil composé des chefs de chaque partie d'administration, présidé par celui de la colonie, auquel sera adjoint un praticien, faisant fonction de Greffier ».

« Ce conseil doit exister en ce moment ».

Une constante d'époque, celle de l'extrême parcimonie de la dotation de fonctionnement et même de défense, dont disposera le gouvernement de la colonie, car si l'ambition est impériale, les colonies coûtent cher, les campagnes militaires encore plus, les finances publiques sont au plus bas et les arbitrages sont très défavorables à tout ce qui n'est pas immédiatement stratégique, puisque la priorité du moment est à l'élargissement du périmètre et des marches de la France en Europe.

L'urgence est donc d'équilibrer les comptes, que les colonies cessent de coûter et que tout au contraire elles se mettent enfin à rapporter.

« *Que le Sénégal ne soit plus un germe d'existence ... il s'agit de* (le) *développer par tous les moyens ... Telle sera la principale étude du citoyen Blanchot, soit pour parvenir à d'utiles cultures, soit pour multiplier des rapports de commerce avantageux* ».

La préoccupation prioritaire est de n'y allouer que le moins de ressource possible et ceci explique la ladrerie qui s'exprime dans chacune des recommandations, celles adressées à Blanchot le 29 Thermidor An X de la République, prévoyant même de retirer une partie de ses troupes.

« *D'après une décision du 1er Consul du 23 Thermidor An X, la garnison blanche sera de 200 hommes. Elle est destinée à garnir les différents postes qu'on occupera. Les soldats blancs, composant la garnison actuelle, repasseront en France, à l'exception de ceux que le commandant jugera utile d'y conserver* ».

« *Il est autorisé à garder les soldats de l'ancienne garnison blanche qui lui paraitront les plus propres à bien servir. Il est une Compagnie de mulâtres provenant de la Guadeloupe, réduite maintenant à un petit nombre* ».

« *Ces débris de compagnie resteront au Sénégal. Ils y serviront sous une discipline sévère, attendu qu'ils ne peuvent être utilisés ailleurs et que le retour en France serait opposé aux intentions du Gouvernement* ».

Il est saisi l'occasion de lui rappeler « *qu'un arrêté du 13 Messidor, fait défense à tous noirs, mulâtres ou autres gens de couleur de l'un et l'autre sexe, d'entrer à l'avenir sur le territoire de la République* ».

« *Le commandant n'autorisera point leur passage en France, jusqu'à de nouveaux ordres, qu'il pourra provoquer, quand il croira qu'il y aura lieu de le faire, pour quelques cas extraordinaires* ».

D. – Quelques informations personnelles concernant ce Greffier

Le greffier Charles Marie César (ou Césaire ?) Picard, serait né à Paris, le 5 novembre 1769 (ou selon d'autres sources, en 1763 ?), de Charles François Picard (dont l'état-civil est introuvable) et de Marie Lajouy (identité pareillement introuvable), rue de Buci (6e arrondissement) et donc probablement né de parents inconnus.

En 1793, à vingt-quatre ans, après avoir été probablement clerc chez un homme de loi, il aurait été nommé greffier militaire en chef des armées du Nord, fonction assimilée, affirmait-il, au grade de capitaine. Il aurait servi ensuite dans les bureaux de l'Etat major. Débuts assez heureux.

Qu'y-a-t-il de vrai dans ses dires ?

Aucun dossier à son nom dans les archives de la guerre ne vient les confirmer ou les contredire, en revanche, il est hors de doute qu'il fut employé plus tard au secrétariat du Directoire exécutif.

« S'il se fit dans ces bureaux de très utiles relations, il vivait très modestement, n'ayant d'appointements qu'au jour le jour. Il logeait à Paris-6e. au 250 rue des Cannettes. Sa femme travaillait à quelques obscures tâches, fort mal payée et Le ménage devait avoir des dettes. »

« Dans une requête du 25 frimaire an VII [15 Décembre 1798] il se déclare prêt à partir pour le bout du monde parce qu'il est « depuis dix-huit mois dans un état de besoin absolu ».

Tout pays sera bon, Egypte, Sénégal, ou une place plus lointaine encore, qui serait pour lui « une espèce de déportation volontaire ».

Au début de sa carrière coloniale il n'y a donc pas la moindre vocation particulière d'explorateur, comme il le dira plus tard, mais la fuite devant la misère. Quelque trace aussi de déséquilibre et d'exaltation comme le remarque un de ses chefs : « Ses opinions ne sont pas sages, mais ses opinions sont très pures. Il est systématique et il espère devenir un autre Jean-Jacques Rousseau ».

Et encore. « Son caractère original prouve sans réplique qu'il serait dangereux de le faire passer aux colonies ou la chaleur et le climat, surtout à la côte d'Afrique, ajouteraient encore à son effervescence. » (in Dossier Picard, 27 frimaire an VII [17 décembre 1798]. Note sans date dans dossier personnel aux archives nationales Le Ministère de la Marine ne tint pas compte de cette opposition peu déguisée.

Car Picard avait l'appui du très influent citoyen Lagarde, sous la direction duquel il servait au secrétariat du Directoire.

Ancien capitaine d'infanterie, employé dans diverses administrations en France, ayant fait fonction de greffier de justice militaire, avec le goût des voyages, une décision ministérielle du 11 germinal an VII [31 mars 1799] nommait Picard, à la qualité de commis ordinaire de marine de 3e classe auprès du commandant Blanchot, avec résidence à la colonie du Sénégal et aux appointements de 2 100 francs.

A une date n'ayant pu être trouvée, il a épousé en la mairie de Paris XIe arrondissement, une demoiselle Marie-Geneviève Miroufle, fille de l'un de ses compagnons du régiment de Picardie et de ce mariage leur est née une fille, Charlotte-Adélaïde, le 8 septembre 1798.

Les archives de la ville de Paris ayant été détruites lors des incendies de la Commune en mai 1871, seul un tiers des actes perdus ont été reconstitués et il ne s'y trouve aucune trace de la naissance de Charles Picard, ni de son épouse, ni non plus de leur mariage.

L'acte de naissance de leur fille aînée Charlotte-Adélaïde est daté du 28 fructidor an VI (14 Septembre 1798, alors que son acte de mariage à Saint-Louis du Sénégal mentionne le 8 Septembre 1798.

Il quitte l'armée à la suite du coup d'état napoléonien du 18 Brumaire An VIII et part seul rejoindre son poste, en laissant sa famille à Paris et déléguant à son épouse restée y travailler, une rente annuelle de 300 F.

Au Sénégal, le commis de marine Picard est le secrétaire particulier du commandant, le colonel Blanchot, dont il paraît avoir eu rapidement l'oreille, mais on ne sait pas grand-chose du détail de son activité.

Sa femme n'ayant pu l'accompagner, il demande depuis Saint-Louis, le 1er fructidor an VII [18 août 1799], à ce qu'elle puisse venir l'y rejoindre et il obtient du ministère de la marine son passage gratuit, mais cela ne se fera pas, car très éprouvée par l'impécuniosité et les « *violentes émotions qu'elle avait eu lors du départ de son époux pour l'Afrique* » (selon sa fille) et elle finira par décéder à Paris le 5 février 1807.

Selon les recherches ultérieures de Ms Doris Y. Kadish (de l'Université de Géorgie), « c'est leur grand-père maternel qui a recueilli les deux sœurs Picard à la mort de leur mère, contrairement à ce qu'avaient pu supposer les auteurs précédents, Léonce Joré et Gabriel Debien ».

Ce grand-père *« Claude Miroufle avait officiellement la garde de ses petites filles à la mort de leur mère. Charles Picard envoyant de l'argent depuis le Sénégal pour leur entretien ».*

« Et d'ailleurs, quand celui-ci a cessé d'en envoyer, le grand-père s'en est plaint auprès des autorités. Dans une lettre datant de 1808 (Dossier Picard archives nationales outre-mer, EE 1546, pièces 178, 213 et 218).

« Claude Miroufle rappelle en effet que sa fille a succombé à une longue et cruelle maladie, laissant deux enfants que sa position ne permet malheureusement pas de soutenir, et que n'ayant rien reçu de leur père les treize derniers mois, ce pauvre homme de soixante ans a dû les entretenir grâce à son propre travail ».

« D'autres documents, toujours dans le dossier aux Archives Nationales semblent aussi attester des difficultés financières de la famille et dans une autre lettre, Miroufle s'inquiète même à l'idée que Picard puisse abandonner ses enfants. »

La colonie souffrait d'un très grave manque d'approvisionnement, plus de numéraire ni de médicaments, presque plus de farine ni de munitions.

Les troupes étaient réduites à quelques hommes, le ministère à Paris ne répondant pratiquement plus aux demandes de secours, en ce temps de guerre où profitant de l'instabilité politique en France, la marine anglaise avait pris le contrôle quasi-exclusif de toutes les routes maritimes.

Blanchot s'est donc rallié à l'offre de Picard de se rendre à Paris pour y relayer ses demandes, la colonie étant virtuellement à l'abandon et tenter d'y obtenir au plus tôt les vivres et les hommes faisant gravement défaut.

En le munissant d'une avance de 40 livres pour son passage, Blanchot a donc dépêché son commis vers la France, dans l'espoir que ses relations d'influence puissent enfin faire entendre, ses demandes et propositions, qui figurent dans une lettre de Charles Picard au ministère de la marine 20 frimaire an IX [11 décembre 1800].

« Picard est resté une quinzaine de mois en France et une seconde fille Caroline-Rose, en est née le 13 brumaire an X [4 novembre 1801] » !

Pas de trace de l'acte de naissance de cette 2e fille Caroline-Rose Picard dans les archives reconstituées de Paris, mais cette date est confirmée sur son acte de mariage à Saint-Louis du Sénégal.

Selon la chronique, il se dit que « *selon nos yeux, qui ne voient pas tout, il occupe surtout son séjour à Paris, à obtenir une mission d'exploration en Afrique et à se faire compter parmi ces jeunes gens instruits et entreprenants* » qui feront connaître des terres inconnues, sans qu'il ne soit besoin d'engager de « *gros frais de voyage* ».

Il parvient à se fait accorder une mission non sans difficulté, car il lui faut la recommandation de son protecteur Lagarde, qui est à présent le secrétaire général des Consuls, pour emporter la décision du ministre.

Au cours de ses démarches, Picard a dû maladroitement laisser suspecter que des intérêts personnels se mêlaient à des vues patriotiques, car une lettre du ministre adressée au nouveau commandant du Sénégal, le 7 brumaire an X [29 Octobre 1801] contient une référence de défiance face aux prétentions du candidat explorateur et exprime les réticences des bureaux (lettre du ministre de la marine au commandant Laserre).

Le projet de Picard était de se rendre au Galam par voie terrestre et le commandant Laserre (successeur de Blanchot) ne lui a pas été d'une grande assistance, mais pouvait-il prendre au sérieux un voyageur aussi peu expérimenté et qui ne connaissait ni le wolof ni l'arabe ?

L'expédition qui est connue par le récit de Picard, qui a été publié par Walckenaer dans son « Histoire générales des voyages », est partie de Saint-Louis le 20 germinal an X [10 avril 1802].

Le rapport qu'il en a fait au ministre à son retour à son retour, le 1er messidor an X [29 juin 1802] et que Walckenaer n'a pas connu, laisse une curieuse impression d'amateurisme très brouillon et l'on peut se demander jusqu'à quel point cette expédition était sérieuse et justifiée.

Et c'est au retour de cette curieuse « expédition », que débute la seconde période de son affectation à la colonie du Sénégal, de 1802 à 1809.

« Peu après le retour de Picard, une sédition éclata à Saint-Louis ».

« Lasserre avait créé une société civile de la traite de la gomme dans laquelle quelques-uns de ses subordonnés et lui-même avaient pris des intérêts directs ou par personnes interposées et des traitants mulâtres qui avaient été exclus de cette combinaison, s'emparèrent du commandant de la colonie, le rouèrent de coups et les embarquèrent de force lui et son épouse sur une goélette qui les mena à Gorée alors aux mains des Anglais.

« Laserre retourna s'expliquer en France et dans l'enquête qui suivit, il accusa Picard d'avoir soufflé sur la révolte mais ne dut parvenir à le prouver car Picard ne fut pas inquiété ».

Mieux, l'ancien commandant Blanchot qui avait été remis en possession du commandement et de l'administration de la colonie depuis le 29 floréal an XI [18 mai 1794], pour calmer les troubles résultant de l'administration maladroite de Laserre ayant provoqué la sédition visée ci-dessus, nomme Picard pendant le Directoire, comme greffier ordinaire et *« seul officier de justice à la colonie et ceux du Sénégal »* par décision du 14 vendémiaire an XI [8 octobre 1802] pour succéder à Charbonnier, qui venait de décéder le même jour.

D'abord intérimaire, puis titularisé par arrêté du commandant Blanchot, ce titre de greffier (sans la mention « par intérim ») figure au registre de l'état-civil, du 4 Nivôse An XI (25 décembre 1802), au 28 juillet 1809.

Il est un peu surprenant de relever qu'un officier ministériel relevant de l'ordre judiciaire puisse être nommé par le commandant et administrateur de la colonie, n'ayant dans le principe de délégation que du ministère de la marine et des colonies et non de la justice.

Ceci démontre si besoin, que les principes constitutionnels, de stricte délimitation de compétences en équilibre et de séparation des pouvoirs, n'ont pas encore de véritable application dans les territoires d'outre-mer, ou « tout doit être tenu d'une seule main ferme ».

E. Observations diverses relatives à l'exercice de ce Greffier

Installé à Saint-Louis depuis 1799, Picard est donc cet ancien Commis de marine, un peu aventureux et velléitaire, qui se sédentarise en paisible greffier et même si ses actes sont relativement simples et d'honnête facture, allant directement à l'essentiel, sans s'encombrer de considérations inutiles, le style en est excellent, les fondamentaux du droit y sont déjà bien en place et parfaitement maîtrisés.

Avec l'appui de protecteurs influents, il fait de très bonnes études dans les meilleurs collèges de Paris s'y liant d'amitié avec des camarades bien nés, qui tout au long de sa carrière pourront intervenir, étant le condisciple et ami de Maret, futur duc de Bassano (de création impériale), chambellan de Napoléon et du baron Pain, secrétaire particulier de l'empereur, qui restera l'un de ses plus fidèles amis.

Il aurait été élève dans une école militaire à Belleville, fondée en 1784 par le comte de Ségur ?

Vers 1791, il démarre probablement comme clerc chez un homme de loi (notaire, avoué, ou avocat ?).

En 1793, à vingt-quatre ans, il aurait été nommé greffier en chef de justice militaire des armées du Nord, fonction assimilée, dit-il, au grade de capitaine et affecté ensuite aux bureaux de l'Etat-major.

Quitte l'armée lors du coup d'état de Napoléon du 18 Brumaire An VIII (9 novembre 1799) avec le grade de capitaine d'infanterie, mais non reconnu par le nouveau régime impérial.

Employé plus tard au secrétariat du Directoire exécutif, il s'y fait des relations influentes et utiles.

8 novembre 1796, il épouse la demoiselle Marie-Françoise Geneviève Anna Miroufle à Paris-XIe, mais l'état-civil de Paris ayant été détruit par des incendies en mai 1871, son acte de naissance, celui de son épouse et celui de leur mariage, auront probablement été détruits et non reconstitués. Ces actes sont parait-il « définitivement introuvables ».

8 septembre 1798, naissance d'une 1ère fille, Charlotte-Adélaïde Picard.

Ils demeurent 52, rue des Cannettes, sa femme travaillant dans des emplois subalternes et mal payés. Le ménage a des dettes et le 15 décembre 1798, Picard se déclare « *en état de besoin absolu depuis dix-huit mois et prêt à partir, même au bout du monde* », mais cela ne signifie pas nécessairement un véritable intérêt pour l'étranger.

Ses chefs ont écrit dans son dossier : « *déséquilibré et en exaltation, ses opinions ne sont pas sages, mais sont très pures ... est systématique et espère devenir un autre Jean-Jacques Rousseau ... son caractère original prouve sans réplique qu'il serait dangereux de le faire passer aux colonies ou la chaleur et le climat, surtout à la côte d'Afrique, ajouteraient encore à son effervescence* ».

Le Ministère de la Marine et des Colonies ne tient pas compte de cette opposition peu déguisée, Picard ayant l'appui du citoyen Lagarde sous la direction duquel il servait au secrétariat du Directoire.

31 mars 1799 : Un arrêté ministériel le nomme commis (ou capitaine ?) ordinaire de 3e classe de la marine du Sénégal et dépendances, avec appointements de 2 100 francs. Il part seul pour rejoindre son poste en Afrique, déléguant une somme annuelle de 300 francs, pour l'entretien de sa fille et de son épouse, laquelle reste travailler à Paris pour vivre.

18 août 1799 : Il demande depuis Saint-Louis, à ce que sa femme vienne le rejoindre et obtient son passage gratuit, mais pour raisons de santé et leur fille étant encore en très bas âge, elle ne pourra venir.

Devenu le secrétaire particulier du commandant Blanchot, gouverneur du Sénégal, il semble en être très écouté, alors que la colonie est quasiment à l'abandon, dans le manque le plus total de vivres, de trésorerie, de médicaments et de munitions, la troupe étant réduite à seulement quelques hommes.

Le 4 avril 1800, neuf vaisseaux de guerre anglais sont devant Gorée et le commandant particulier Guillemin dont la garnison ne compte que 10 hommes, se livre sans combattre, estimant toute résistance inutile.

Pas de réponse de Paris aux demandes pressantes de secours, en ce temps de guerre où les Anglais dominent les routes maritimes et où Saint-Louis est très menacée, risquant de suivre très bientôt le même sort que Gorée.

Blanchot accepte l'offre de Picard, d'aller plaider la cause de la colonie auprès du ministre à Paris, avec l'appui de relations.

Il s'y rend en début septembre 1800, pris en charge par la colonie et voyage 4 mois, par les Canaries, Malaga, Perpignan et Paris, où il fait rapport au ministre des colonies le 11 décembre.

Il passe 15 mois à Paris et naissance d'une 2e fille, Caroline-Rose, le 4 novembre 1801. Il s'y démène pour se faire confier une mission d'exploration en Afrique, sur la recommandation de son protecteur Lagarde, lequel étant secrétaire général des Consuls, emporte la décision favorable, mais le ministre est pour le moins sceptique.

Pouvant suspecter un intérêt personnel dans cette affaire, il écrit le 29 octobre 1801 au commandant par intérim du Sénégal, Laserre, l'informant de ses réserves face aux velléités du candidat explorateur.

10 avril 1802 (20 Germinal An X) Départ de l'expédition de Saint-Louis pour le Galam par voie de terre. Le commandant Lasserre n'y aide pas, ne prenant pas au sérieux son manque d'expérience, soulignant sa méconnaissance des langues wolof et arabe.

29 juin 1802 (1er Messidor An X) A son retour, Picard adresse un rapport au ministre, qui laisse une curieuse impression d'amateurisme et l'on se demande jusqu'à quel point l'expédition fut sérieuse.

Selon Me Sankalé, dans son ouvrage « *A la mode du pays* » qui est extrêmement documenté et en complément de ce qu'avait déjà écrit le gouverneur Léonce Joré, dans son ouvrage « *Les établissements français sur la côte occidentale d'Afrique, de 1758 à 1809* », il en ressort que le citoyen François Michel Emile Blanchot de Verly (alors Commandant de la colonie du Sénégal avec résidence à Saint-Louis), laissé sans moyens par Paris suite à la prise de Gorée par les Anglais le 15 Germinal An VIII (15 avril 1800), avait « *envoyé l'un de ses commis d'administration du nom de Picard, pour tenter d'infléchir l'autisme des autorités parisiennes* » (p. 75).

Lequel, oublieux de la mission confiée par Blanchot, se préoccupa bien plus « *d'un projet d'exploration de la haute vallée du fleuve Sénégal, qui lui tenait à cœur* » ... et « *en revint avec la satisfaction d'avoir obtenu les moyens de cette mission à finalité commerciale ...* qui se solda d'ailleurs par un échec » (p. 80)... « *Résultat insignifiant* » selon Joré, qui poursuit en le qualifiant ainsi « *honnête homme et père de famille dévoué, il était malheureusement agité et versatile* ».

Le gouverneur Léonce Joré confirme dans son ouvrage (p. 153) « *l'échec de cette mission d'études* ... (et d'exploration) *confiée au Commis de marine Picard, dans la vallée du fleuve Sénégal* ».

Jours relativement tranquilles en la petite ville de Saint-Louis-du-Sénégal, chef-lieu de la colonie d'alors, malgré la menace permanente que représentent les Anglais depuis Gorée, en cette période de troubles révolutionnaires durant laquelle, Me Picard est esseulé …

Et l'humaine nature ayant elle aussi ses exigences, il s'y « console » à l'identique de tous les autres européens de la colonie, à commencer par le commandant Blanchot, parce que dix années de service sans pouvoir retourner en France de 1792 à 1801 ... c'est tout de même un peu long.

Blanchot, quoique marié en France avec Marie Josèphe de Lesseps de Beaumont à laquelle il reste très attaché et dont il a une fille Augustine Marie Henriette, avait par ailleurs « épousé selon les usages du pays » une signare Marie Coumba Guèye, dont il a eu trois filles illégitimes qu'il a reconnues, Catherine, Marianne et Magdeleine Blanchot.

Se réglant donc sur cet exemple et un très grand nombre d'autres, Picard fréquente lui aussi une signare « *Combayara* » (Fatim Coumba Diarra) « *négresse libre de ce pays* », qui donne naissance à un enfant de sexe mâle, le 1er prairial de l'An XII (21 mai 1804), prénommé Charles César Antoine, mais qu'il ne reconnaîtra que cinq années plus tard, le 11 mai 1809 (acte N° 712 de l'état-civil de Saint-Louis), avec l'assistance de deux témoins Messieurs François Benoist, lieutenant au 46e régiment d'infanterie et Pierre Louis Descemet, garde-magasin de l'Etat.

Le même jour 11 mai 1809 (acte N° 713), il s'est aussi « *déclaré être le père d'une fille à laquelle il a donné le nom de Caroline* », née le 3 ? 1807 de la « *nommée Combayara négresse libre de ce pays* », avec l'assistance de deux autres témoins, Messieurs François Plée capitaine commandant la garnison et Jean Jardin, lieutenant audit 46e régiment.

27 octobre 1802, La colonie du Sénégal et dépendances restera gérée au retour du colonel Blanchot par cet excellent officier, commandant en chef et administrateur général de la colonie, si proche de ses administrés et cela restera le cas jusqu'à la date de survenance de son décès, à Saint-Louis, le 12 septembre 1807.

Selon Me Sylvain Sankalé (dans « *à la mode du pays* » précité p. 50) « *Charles Picard, Greffier-Notaire, à la pourtant nombreuse progéniture avec ses deux épouses françaises successives, eut encore un enfant avec une sénégalaise* » ;

Accusé par Laserre, d'avoir été l'un des instigateurs de l'insurrection de juillet 1802, Picard n'est pas inquiété en l'absence de preuve, la principale victime de cette affaire, puisqu'il en faut une sera le commis Malivoire, qui sera révoqué et reviendra plus tard à la colonie pour y chercher fortune, dans cette fascination que reste la traite de la gomme.

À la suite de la prise de Gorée le 4 avril 1800, la France monte une expédition qui permet sa reprise le 18 janvier 1804. Le commandement est confié par Blanchot à un officier en retraite de son choix, Montmayeur, à la tête d'une modeste garnison de 15 hommes et comme de bien entendu, les Anglais reprennent cette position trois semaines plus tard, fragilisant la position de Blanchot, à qui il est reproché une action de réoccupation inutile, puisqu'il n'avait pas l'effectif pour la sécuriser !

Un an plus tard en juillet 1805, de graves évènements endeuillent la campagne de traite à la gomme, le convoi annuel est attaqué par les peulhs de l'Almany, des équipages assassinés et toute la cargaison pillée, un véritable défi, qu'il ne peut être question de ne pas relever.

Picard se porte volontaire pour participer à l'expédition de rétablissement de l'ordre, arguant de sa bonne connaissance des lieux comme des hommes, consécutive à sa mission exploratoire trois ans auparavant et il est donc remplacé par un nouveau greffier pendant son absence. Ce sera Eloy Paul Holle, jeune valaisan (suisse) prometteur.

Il y a qu'en réalité Picard veut prospecter les îles en amont de Saint-Louis, où il souhaite se faire concéder un périmètre agricole en vue de le défricher et le mettre en culture, pour y cultiver l'indigo et le coton.

Mais il y a peut-être aussi, comme le prétend la rumeur qu'il souhaite prendre un peu de distance de l'île chef-lieu de la colonie, y suspectant la présence d'espions venus de Paris.

Car il aurait été supputé, qu'il ait eu accointance avec les fomentateurs d'un complot royaliste contre le 1er consul Napoléon, ayant abouti à une tentative d'assassinat le 3 nivôse an IX (24 décembre 1800), connu sous le nom de conspiration de « Cadoudal », ou « de la rue Saint-Nicaise » et dont le Duc d'Enghien aurait été l'instigateur.

Très injuste, car même si de retour depuis le Sénégal depuis 15 jours au temps des faits, comment aurait-il pu participer utilement à l'organisation minutieuse d'une action ayant de toute évidence nécessité plusieurs mois de préparation, mais sait-on jamais, car une véritable course d'influence est engagée entre ex-jacobins, chouans royalistes, le 1e consul et son très tenace ministre de la police, Joseph Fouché.

Sourde compétition d'ambitions entre le 1er consul et le ministre, le second souhaitant à toute force prouver que l'attentat est le fait des royalistes, alors que Bonaparte veut profiter de l'évènement pour se débarrasser d'opposants républicains jacobins en fabriquant si besoin leur culpabilité et tout en cherchant à en découdre avec les royalistes, Fouché donne des gages au Premier Consul, en faisant arrêter et interroger sous la torture plusieurs de ses adversaires personnels.

Il s'est dit qu'averti pas ses amis royalistes, le baron Fain et le duc de Bassano, qui occupaient de hauts postes en 1804 dans le Consulat, Picard ait pu quitter la France sur un navire qui le conduisit au Sénégal.

§ 4. – 1805 (21 août) – Eloy Paul HOLLE : Greffier et « seul Officier de Justice au Sénégal » pendant treize mois, à partir du 21 août 1815.

Commis pour substituer le greffier Charles Picard pendant sa mise en disponibilité pour raison de convenance personnelle, du 3 Fructidor An XIII (21 août 1805), jusqu'au 15 Vendémiaire An XIV (7 octobre 1805), mais un intérim prolongé un an de plus, jusqu'en novembre 1806 (?).

Au tout début de son intermède, cet Eloy Paul Holle, justifie de sa qualité par la simple mention de « Greffier » dans les actes qu'il reçoit.

Il la complète plus tard à l'identique de ses prédécesseurs, en reprenant la formule « Greffier et seul Officier de Justice au Sénégal ».

Rien de nouveau dans le monde ni en France depuis le mois précédent.

A. Ce qui se passe en la colonie du Sénégal, au temps d'Eloy Paul Holle

Messieurs Niort et Richard, commentent dans un savant ouvrage l'indiscutable « *retour d'un droit colonial réactionnaire sous le régime napoléonien, entre 1802 et 1805* », ...

Le « *caractère réactionnaire du régime napoléonien en matière coloniale ... qu'on peut observer dès les débuts du Consulat avec la Constitution de l'An VIII (1799), avant même le rétablissement de l'esclavage et de la discrimination de couleur en 1802 et l'application du Code civil aux colonies en 1805* ».

Ils poursuivent, « *La Constitution consulaire de l'An VIII (1799) opère un net retour au statut colonial spécifique* » ... la mesure principale de ce texte constitutionnel en matière coloniale, c'est-à-dire l'article 91, disposant que « *le régime des colonies françaises est déterminé par des lois spéciales* », s'inscrit dans un « *cadre de rupture globale avec les textes précédents, pas seulement sur l'esclavage, mais aussi sur le statut administratif et politique des colonies* ».

Particularité remarquable, le Code Civil de 1804 est introduit à la colonie du Sénégal, par un arrêté du 28 septembre 1805, mais avec toutefois une restriction d'application aux seuls citoyens français.

1805 : Mungo Park entreprend une expédition vers le Niger en partant de la Gambie accompagné de 35 hommes de Gorée, mais tous périront dans cette aventure.

B. Notes individuelles concernant ce Greffier Eloy Paul Holle :

En l'absence d'établissement de l'acte de décès de cet Eloy Paul Holle, en août 1811, pendant la dernière période anglaise de l'île de Saint-Louis, ayant interrompu la tenue d'un registre de l'état-civil pour les natifs du pays, il a fallu en faire dresser un jugement supplétif.

Son fils déclare le 27 janvier 1838 au tribunal civil de 1ère instance de Saint-Louis, que « *son père est décédé en août 1811, qu'à cette époque il n'a plus été tenu de registre au Sénégal pour constater le décès des citoyens, que cependant, étant à la veille de contracter mariage, il a besoin de justifier du décès de son père* (pour dispense de consentement)*, pourquoi il conclut à ce qu'il plaise au tribunal, de l'admettre conformément à l'article 46 du Code Civil à faire la preuve par témoins du décès dudit Sieur Eloy Paul Holle, son père. Mr le procureur du roi donne ses conclusions conformes à celle de l'exposant. Point de fait ... Point de droit ... Attendu que... Le tribunal déclare que... Et ont signé* ».

Cet Eloy Paul Holle était l'époux « selon la coutume du pays » de la dame Mariam Sambou, signare peuhle native d'Alébé au royaume de l'Almamy (décédée en 1838), dont il a eu au moins deux enfants :

- . Eloi Paul Holle, né à Saint-Louis, le 15 mars 1807 (acte de l'état-civil de Saint-Louis N° 706, du 8 avril 1809) et décédé le 12 juin 1863 ;
- . Et Gabriel Holle, né à Saint-Louis, en 1812 (pas d'acte de naissance durant la période anglaise), mais quelques mois à peine après le décès de son père et décédé audit Saint-Louis, vers 1838.

Selon wikipedia : le nom de ce greffier Holle, a été rendu célèbre par l'aîné de ses deux fils (autre) Eloi Paul Holle, Commandant civil métis héroïque des postes de Bakel (1840-1846 et 1847-1849) de Sanoudebou (1852-1855) et de Saldé, pour avoir tenu tête avec héroïsme et succès, aux forces d'El Hadj Omar Tall qui assiégeaient Médine en 1857.

Le siège du fort de Médine eut lieu en 1857 au Mali, entre les troupes françaises commandées par le général Faidherbe, gouverneur du Sénégal et les guerriers toucouleurs d'El Hadj Oumar Tall.

L'armée et ses tirailleurs avaient déjà fait une partie du travail, en vue de réaliser la ligne du chemin de fer Dakar-Niger, forçant son chemin vers l'est, elle avait établi une série de forts, ainsi qu'une ligne télégraphique, acheminant troupes et canons par les fleuves, sur des navires à vapeur apportés en pièces détachées au début des voies navigables.

A la tête de 7 soldats français, 22 sénégalais et 36 matelots, Paul Holle a vaillamment résisté sans jamais fléchir aux assauts des 25.000 toucouleurs de l'immense armée fanatisée du marabout et il a soutenu le siège du fort de Médine, le plus avancé, qui dura 97 jours, durant lesquels, à chaque assaut, les assiégeants laissèrent des centaines de cadavres au pied du mur du fort. Rapidement, les monceaux de corps en putréfaction empestèrent la garnison.

Le 18 juillet 1857, les militaires et quelques 7 000 habitants du village allié relié au fort, n'eurent plus rien à manger.

Le commandant, le sergent Desplats, à court de munitions, prépara des grenades pour se faire sauter « quand il verrait l'ennemi dans la place ».

C'est alors que surgit Faidherbe lui-même, arrivant à bord d'un bateau à vapeur par le fleuve, ransportant « 500 combattants, dont 100 européens de sa garnison ».

À quelques kilomètres, le navire fut bloqué par des hauts fonds. Faidherbe clama : « Le devoir est de périr ou de sauver Médine. »

On « surchargea les soupapes de sûreté et on poussa les feux ».

Le bateau s'arracha, le fort fut délivré et la garnison sauvée.

Au cours de ce combat, l'officier d'ordonnance du gouverneur, Roger Descemet, y perdit la vie. Son comportement héroïque lui a valu la médaille de chevalier de la Légion d'Honneur remise plus tard par le général Faidherbe, celui-là même qui était venu à son secours.

Dans son livre "*Cinq semaines en ballon*", Jules Verne parle de cet exploit de Paul Holle, considéré comme héros des conquêtes coloniales.

Paul Holle est par ailleurs l'auteur avec Frédéric Carrère, président de la Cour d'appel, de l'ouvrage intitulé « De la Sénégambie française ») et c'est de retour dans ce même poste de Bakel, qu'il est mort 5 ans plus tard, le vendredi 12 juin 1863 à 56 ans.

Depuis ce fait de bravoure, une rue de Dakar porte fièrement son nom.

Il serait très injuste de ne pas saluer avec autant de respect, El Hadj Omar Tall, l'autre héros de cet affrontement, celui d'une résistance farouche à l'encontre de l'entreprise coloniale (et le progrès), lequel a l'identique de Paul Holle et peut-être même plus, à mérité d'entrer dans l'histoire.

C. Observations diverses relatives à l'exercice de ce Greffier-Notaire :

Ce Greffier Eloi Paul Holle, « seul officier de justice au Sénégal », était né à Neuchâtel, en Suisse romande, vers 1780, issu du mariage de Monsieur Pierre Nicolas Holle et de Madame Marie Angélique Haucerne (elle-même la fille d'Antoine Haucerne et de Madeleine Lamotte, ayant une sœur, Marie Catherine Haucerne) et il est décédé à Saint-Louis, en août 1811 comme indiqué ci-dessus.

Il est étonnant qu'un citoyen suisse ait pu être fonctionnaire au Sénégal, mais se souvenir qu'à la suite des invasions françaises de Berne et pays vaudois en 1792 et 1798, ce pays avait été mis sous une quasi-tutelle.

Il fait fonction d'officier de l'état-civil en remplacement de son prédécesseur durant l'hivernage, du 21 août au 7 octobre 1806.

Le dernier acte d'état-civil signé par le greffier Charles Picard porte le N° 601 et il est daté du 26 juin 1805, alors que celui portant le N° 602, daté du 21 août de la même année, est établi sous la signature, de son intérimaire, Eloy Paul Holle.

Cet intérim n'aura duré qu'un peu plus d'un an, puisque son dernier acte N° 806, est daté du 8 octobre 1806, le suivant (le N° 807), daté du 8 décembre de la même année, étant signé du greffier Picard.

Eloy Paul Holle s'est ensuite ré-établi comme « traitant, propriétaire, puis négociant » (à la gomme) à Saint-Louis.

6 décembre 1806 Charles Marie César PICARD, à nouveau **Greffier**

Picard étant de retour et sans que cela ne signifie une remise en cause de la qualité de travail du Greffier intérimaire Holle, le commandant Blanchot le presse de reprendre son poste de Greffier titulaire.

A. Le contexte international du moment

1806 – L'empereur Napoléon Bonaparte (lui-même couronné roi d'Italie à Milan), installe ses frères sur les trônes d'Europe, pour mieux assoir son pouvoir, Joseph Bonaparte est couronné roi de Naples le 10 mars et Louis Bonaparte, roi de Hollande le 5 juin.

Jérôme est fait roi de Westphalie (le 16 août) et il s'ensuit l'organisation d'une « noblesse » impériale familiale (1er mars 1808).

Murat est fait roi de Naples (15 juillet), remplaçant Joseph fait roi d'Espagne, qui entre à Madrid (le 20 juillet).

Remous en Europe : Confédération du Rhin (12 juillet). Dislocation du Saint-Empire (6 août). Campagne de Prusse en octobre. Bataille d'Iéna et d'Auerstedt (14 octobre). Napoléon entre à Berlin (27 octobre) et organise le blocus continental contre l'Angleterre (21 novembre).

1807 – Campagne de Prusse de Napoléon, bataille d'Eylau contre les Prussiens et les Russes (7 février), victoire de Friedland (14 juin), paix de Tilsitt (8 juillet). Intervention en Espagne et au Portugal (novembre) et renforcement du blocus continental contre l'Angleterre.

1808 – Capitulation de Dupont en Espagne (22 juillet), Débarquement anglais au Portugal (août), Capitulation de Junot au Portugal (10 août) et la France évacue la Prusse (27 septembre).

1809 – Offensive autrichienne (10 avril), prise de Vienne (13 mai), les autrichiens arrêtent les Français à Aspern-Essling (22 mai), Bataille de Wagram (6 juillet) et arrestation du Pape Pie VII.

1810 – Alliance France-Suède (6 janvier), la ville de Rome est unie à la France (17 février), annexion de la Hollande à l'empire (9 juillet), rupture de l'alliance franco-russe (31 décembre).

B. Et en France, ce qui s'y passait plus précisément à ce moment-là

1807 – Promulgation du Code du Commerce (11 septembre) et création de la Cour des Comptes (16 septembre). 1808, entrevue d'Erfurt entre Napoléon et le tsar Alexandre. 1809, divorce de Napoléon.

1810 – Mariage de Napoléon avec Marie-Louise, fille de François II, empereur d'Autriche (2 avril) scellant une nouvelle alliance et élection du général Bernadotte au trône de Suède (21 août).

C. Et en la lointaine petite Colonie du Sénégal

En 1807, la traite négrière est abolie par le parlement anglais.

Pour ce qui est de la justice, dans les instructions données au commandant Blanchot du 29 Thermidor An X (1802), il est ajouté dans une formulation semblable à celles au Commandant Lasserre mais légèrement améliorée :

« *A l'égard des dispositions judiciaires, comme les procès les plus ordinaires consistent dans de simples faits de police ou de contestations d'intérêts entre Européens et naturels du pays, ces contestations seront facilement terminées d'après les lois françaises, par un conseil, composé des chefs de chaque partie d'administration, présidé par celui de la colonie, auquel sera adjoint un praticien, faisant fonction de Greffier. Ce conseil doit exister en ce moment* ».

D. Observations relatives au 2e exercice de ce Greffier PICARD :

Eté 1807, le colonel Blanchot affecté par la mort de son épouse (on a parlé de suicide ? le 8 mai 1804) et vieillissant (71 ans), fait une grave chute de cheval.

Il conserve suffisamment de ressource pour établir des dispositions testamentaires, en la forme « d'Ordre du commandant en chef et administrateur général du Sénégal et dépendances, qui fixe la nouvelle organisation provisoire qui aura lieu dans la colonie du Sénégal, jusqu'à ce que Son Excellence le Ministre de la Marine et des Colonies en ordonne autrement, si la colonie venait à perdre son chef » (Confer ouvrage du gouverneur Léonce Jouré précité, p. 231 à 233).

Ne laissant rien au hasard, il y désigne en pareil cas dont il pressent hélas la très probable issue, les personnes qui seront en charge de chacun des services et il fixe minutieusement leurs attributions.

Ces dispositions, dont la lucidité et la qualité de rédaction laissent admiratif, sont établies le 9 septembre 1807 et complétées par un codicille en forme de post-scriptum daté du lendemain, sont probablement rédigées sous sa dictée et sous la plume du Greffier-Notaire Charles Marie César Picard et dans tous les cas, déposées auprès du greffe de la Colonie, pour en assurer la conservation.

Il semble bien, eu égard à la probable intimité et la très grande confiance dont jouit ce « Greffier nommé par Blanchot », que la rédaction harmonieuse de ces instructions soit la résultante d'un « travail à quatre mains », le Greffier-Notaire s'étant fait le fidèle et talentueux rédacteur de la pensée du colonel, dans la grande tradition de ce rapport très particulier, que tous les Notaires du monde connaissent mieux que bien, lorsque s'annonce le temps du destin.

En rappel et pour preuve de cette ancienne et très grande confiance, celui de la mission très délicate, que le colonel Blanchot avait confiée à son commis Picard, au lendemain de l'annexion de l'île de Gorée, au début de l'hivernage de 1800, l'envoyant à Paris, pour tenter de rallier le ministère de la Marine, à l'idée de la reprendre aux anglais et bien entendu de lui en fournir les moyens.

En sa 2e qualité d'officier de l'état-civil, à l'austère devoir pieusement fidèle, il dresse l'acte de décès le 12 septembre 1807 à 5 h du matin, sous le N° 609, sur la comparution des « *Sieurs Pierre François Levasseur, Capitaine au 46e Régiment d'Infanterie et Commandant en second de cette colonie et Jean Louis Marie Degrigny, sous-commissaire de la marine, chargé en chef du service de l'administration* ».

Ils lui déclarent que « *M. François Michel Emile Blanchot, Général de Brigade, Commandant en chef et Administrateur général de cette colonie, est décédé à trois heures de ce matin, par suite de longue maladie dont il était attaqué* » et en foi de quoi lesdits Sieurs Levasseur et Degrigny ont signé cette déclaration après lecture, avec le Greffier.

Ainsi que le commandant Blanchot avait pris soin de le prescrire, le capitaine Levasseur assure l'intérim, dans l'attente de nomination d'un nouveau chef de poste pour la colonie du Sénégal, qui depuis la prise de Gorée se trouve réduite à la seule île de Saint-Louis.

Un nouveau commandant est nommé, un colonel Pierre Armand Pinoteau, qui reçoit ses instructions du Ministre de la Marine le 15 septembre 1808, mais n'ayant pas rejoint son affectation cela maintient Levasseur en position de commandant par intérim. C'est en cette qualité qu'il reçoit une dépêche le 26 décembre, lui promettant pour bientôt les ressources dont il manque cruellement, le poste étant laissé quasiment à l'abandon, qu'il s'agisse d'hommes comme de tous autres moyens.

Même si les temps insurrectionnels de l'ancienne République sont apaisés à Paris, les avancées de l'empire électrisent l'international, la France ne pouvant se porter en un même temps sur tous les fronts et la « perfide Albion » en profite pour s'emparer des établissements français à la côte d'Afrique, à l'identique des Caraïbes, Saint-Louis étant certainement en première ligne de cette ambition, singulièrement depuis la reprise de Gorée à partir de 1800 et le blocus anglais.

Ce qui s'est passé au cours des cinq dernières années dans cette petite île forteresse, située à la pointe la plus occidentale d'Afrique, en est la démonstration la plus éloquente, car après l'occupation anglaise du 5 avril 1800 (colonel anglais Frazer), elle avait été reprise quatre ans plus tard, le 18 janvier 1804, grâce à l'appoint de quelques forces dépêchées depuis la France.

Mais surtout la détermination du commandant Blanchot, qui met en ligne les vaisseaux et la petite garnison de Saint-Louis, sous commandement du lieutenant de vaisseau Mahé.

Sans plus de compliments que nécessaire pour ce succès, il lui avait tout au contraire été reproché d'avoir mené une action inutile, en installant comme commandant particulier de Gorée, un ancien chef d'escadron de hussards du nom de Montmayeur de son seul choix, par préférence à ceux qui composaient son état-major Saint-louisien, qui bien entendu s'en étaient plaints auprès de l'autorité.

Reproche motivé pour action inutile et vaine provocation de l'ennemi, car n'ignorant pas qu'il ne disposait pas des moyens nécessaires pour la défendre, au cas de nouvelle attaque anglaise après cette reprise et c'est ce qui ne devait pas manquer d'arriver, à peine six semaines plus tard.

Dès le 18 mars, les Anglais (lieutenant Pickford), dépêchaient une flotte bien plus puissante que la garnison squelettique d'à peine une quinzaine d'hommes, lesquels se replient vers Saint-Louis, accompagnés des familles restées attachées à la France, dans l'oubli qu'au-delà du management, il eut peut-être fallu doter ce poste de véritables moyens de défense et de l'encadrement qu'il pouvait nécessiter.

Le 11 mai 1809, Picard procède à la reconnaissance tardive de ses deux enfants naturels Charles César Antoine Picard (né le 21 mai 1804, acte N° 712) et Caroline Picard (ou « Reine Caroline » dite aussi « Céline », née le 3 ? 1807, acte N° 713), tous deux issus de sa relation avec la dame « Combayara, négresse libre de ce pays », comme indiqué dans les deux actes qu'il établit lui-même, avec l'assistance de deux témoins.

Mais la question se pose de savoir pourquoi si tard, singulièrement lorsqu'elle est le fait de celui qui en fait habituellement profession ?

Se réglant une fois de plus sur l'exemple du commandant Blanchot ?

Sous le choc du décès au jour de leur naissance en fin 1808 ou début 1809, de deux autres filles jumelles, Adélaïde Mélanie et Reine Rose, issues de la dame Fatim Yamar Coumba Diarra dite « Combayara », où d'une autre relation ?

Ebranlé lui aussi par le décès de son épouse le 5 août 1807 et n'ayant pas osé officialiser une filiation adultérine de son vivant ?

Pourquoi donner à cette Caroline, le même prénom que sa demi-sœur parisienne de six ans son ainée ?

Et pourquoi cette imprécision sur son mois de naissance, se pourrait-il que ce soit le 3 août, c'est-à-dire 48 heures avant le décès de son épouse et qu'il en ait ressenti comme une sorte de châtiment ?

Ou dans le souci prémonitoire de mettre de l'ordre dans leur état-civil, avant une possible invasion des Anglais et de les soustraire ainsi à l'aléa de sa propre disparition ?

Ou enfin pour les doter d'une identité, dans la perspective de les ramener en France avec lui ?

Les mêmes causes produisant les mêmes effets.

Les Anglais – [qui sont désormais les maîtres incontestés des mers, depuis le désastre de Trafalgar le 21 octobre 1805, une bataille durant laquelle la marine du vice-amiral Horatio Nelson (mort au combat) a détruit les deux tiers de celle de la France] – sont parfaitement renseignés sur l'état d'abandon virtuel dans lequel se trouve la modeste colonie de Saint-Louis-du-Sénégal.

Leur flotte commandée par l'amiral Colombine et le général Maxwell est devant la ville en juillet 1809.

Constatant avec amertume que la troupe locale s'est débandée pour fuir avec ses armes vers le continent, le capitaine Levasseur comprends que toute résistance est inutile et il convoque ce qu'il lui reste d'état-major en conseil de guerre et après avoir recueilli l'opinion de chacun, il fait dresser par le Greffier Picard, l'acte d'invitation à « *traiter avec le commandant anglais la capitulation qu'il trouvera la plus honorable pour les armes françaises et la plus avantageuse pour la Colonie* ».

Le 13 juillet 1809, il avait la qualité de « *seul officier de justice de la colonie* » ainsi que cela résulte de l'acte de « capitulation le plus honorable pour les armes françaises » qu'il a dressé à la requête du « *conseil de guerre* » convoqué par le Gouverneur Blanchot en la maison du gouvernement, composé de Levasseur, commandant en chef, d'Erneville, sous-commissaire de la marine remplaçant Degrigny, chargé en chef du service de l'administration, Terrot de Lavalette, capitaine adjoint au major en place, Benoit, lieutenant de la 1ère compagnie, Jardin, lieutenant de la 2e compagnie, Feuiltaine, lieutenant chargé du service de l'artillerie, Gouffé, sous-lieutenant de la 1ère compagnie et Nouyon de la compagnie auxiliaire, au vu de l'avancée de la flotte anglaise ayant passé la barre et s'avançant vers l'île de Saint-Louis ».

« Alors même que la « garde nationale des naturels du pays encouragée par des intrigues secrètes avait déserté en emportant ses armes ».

Cet acte porte la date du 28 juillet et comporte aussi les signatures du Commissaire de Marine Degrigny et du commerçant Durécu, ayant agi au nom des habitants de l'île.

Dans ce texte, intégralement repris dans l'ouvrage du gouverneur Jouré (p. 249), il est aisé de retrouver l'élégance du style rédactionnel de ce Greffier et il en est même fait mention dans la formulation : « *A la signature des membres du Conseil s'ajoute celle de M. Picard, officier de justice de la Colonie, son secrétaire* ».

Il cesse alors ses fonctions à Saint-Louis, après avoir tenu la plume de ce conseil de guerre, l'île étant dorénavant sous l'autorité des Anglais et toujours selon ce qu'écrit le gouverneur Léonce Joré dans son ouvrage (p. 250) « *il rentra en France... ou il fut alors promu Commis principal et affecté au port d'Anvers* (Belgique), *puis au Ministère des Relations extérieures* », après avoir débarqué le 12 octobre 1809, avec les officiers prisonniers de guerre, à Auray, un petit port breton sur l'Atlantique.

Selon Joré et Debien, « *comme il n'avait pas pris part aux délibérations de la commission qui l'avait décidée, il sera tenu hors de l'affaire à son retour en France trois mois plus tard* ».

Selon les écrits de l'une de ses petites-filles « *Lorsque Napoléon 1er fit son coup d'état du 18 Brumaire, mon grand-père quitta l'armée et cette détermination et son origine, le rendirent suspect* ».

« *La nouvelle de la mort de son épouse parvint au Sénégal avec six mois de retard, alors que mon grand-père se trouvait dans le Soudan où il tentait de découvrir les sources du Niger. Malgré le danger qu'il courait en revenant à Paris, il s'embarqua pour la France, et il réussit à dépister les agents de Fouché en changeant de nom* ».

« *Le séjour de six ans qu'il venait de faire au Sénégal, les chagrins et les privations l'avaient complètement transformé et Fouché et ses agents n'auraient pu reconnaître, dans le citoyen Fleury, le Colonel Picard* ».

« En 1810, il se remaria sous le nom de Fleury et resta à Paris où son ami le Duc de Bassano lui avait procuré un emploi de professeur de mathématiques. De ce second mariage, il eut quatre enfants, dont mon père était le troisième ».

« Les événements de 1814 auraient pu le décider à sortir de sa retraite mais, bien inspiré, il n'en fit rien et continua à conserver son incognito, le revirement de Fouché vers le nouveau régime lui commandant la plus grande prudence et le retour de Napoléon de l'île d'Elbe en 1815, confirme si besoin cet acte de légitime prudence.

« C'est alors que mon grand-père qui avait résisté avec le plus grand courage à tant de chagrins et de malheurs, s'écria un jour dans un accès de désespoir, en regardant ses enfants dont les pâles couleurs du visage dénotaient les souffrances – c'en est donc fait, mes cruels ennemis jouiront de leur victoire « !

« Ils ont sacrifié ma famille à leur haine implacable. Qu'ils viennent donc jouir du fruit de leur délation, à la vue des victimes qu'ils ont immolées ! Qu'ils viennent rassasier leur rage, à l'aspect de la misère dans laquelle ils nous ont plongés ! O cruel Fouché, ton cœur barbare ne peut être celui d'un Français ".

« Mais la providence n'avait pas abandonné mon infortunée famille ».

Il figure aux archives des armées, une lettre adressée par l'empereur Napoléon 1er, au duc Decrès, son ministre de la Marine et des Colonies, datée du 26 septembre 1809, par laquelle il précise ses instructions relatives au Sénégal : « *La division qui partira de Cherbourg, pourrait être composée de deux vaisseaux, trois frégates et de deux ou trois bricks, et détacherait en route deux frégates et les petits bâtiments pour reprendre le Sénégal.... Le Sénégal a été pris par cent hommes* (anglais) *de Gorée, il parait qu'il n'a jamais été ravitaillé* ».

Il semble bien que ce projet n'ait jamais eu de suite, à l'identique d'un précédent projet napoléonien d'invasion de l'Angleterre, puisque par autre lettre du 30 septembre, la division de Cherbourg est affectée à une autre priorité ... la Martinique.

C'est probablement à ce moment-là que Picard fait la connaissance (ou retrouve) une dame Marie Antoinette Adélaïde Fleury, veuve d'un sieur Simon Géraut, avec laquelle il engage une relation.

C'est aussi le temps où circule la thèse selon laquelle il aurait troqué son nom contre celui de *Fleury*, car même si Fouché est en disgrâce, il ne faut pas sous-estimer sa capacité à se rétablir et à instrumentaliser, pour lui seul sait à quelles fins, le complot royaliste de 1803.

Le réseau d'amitiés de Picard reste actif et sur recommandation du baron Pain, un de ses anciens chefs au secrétariat du Directoire, le voilà donc commis principal au port d'Anvers, en Belgique en 1810 (pendant son annexion à l'empire français.

Sa petite fille confirme ainsi : *« sur la recommandation cette fois du baron Fain, un autre de ses anciens chefs au secrétariat du Directoire, Picard a été affecté au port d'Anvers »* et comme Picard est rapide en besogne, c'est là que nait dès le 7 novembre 1810, celui qu'il présente comme son 'filleul', Charles Marie César Fleury, qui porte lui aussi à 6 ans d'écart, à peu près les mêmes prénoms que son fils resté à St-Louis !

Toujours selon sa petite-fille *« il ne tarda pas à être placé dans les bureaux du ministère des relations extérieures »* et c'est confirmé, dès l'année suivante, en 1811, le jeu de ses relations le ramène à Paris, où il entre au ministère des relations extérieures et sur la recommandation d'amis influents dont le comte de Jaucourt, un dossier est constitué pour lui faire obtenir la légion d'honneur.

Mais cela est-il possible sous un nom d'emprunt ?

Il semble que ce projet n'ait pas abouti, mais aux affaires étrangères il est en situation idéale pour observer le développement de la situation qui précède la première abdication de Napoléon.

« Au retour des Bourbons, après cette première abdication et à la demande de Talleyrand, il est nommé greffier du Sénégal, car sans doute rechercha-t-on les anciens commis de la colonie pour les ramener à leur poste d'avant 1809 et Picard s'employa certainement à s'y faire renvoyer et dans le même temps, il se fait proposer pour la légion d'honneur, par le compte de Jaucourt ».

« Le retour de l'île d'Elbe, suivi des 100 jours du dernier vol de l'aigle, l'empêcha de s'embarquer, mais ce n'était que partie remise ».

« Picard revenait comme greffier en titre de la colonie, c'est à dire qu'il exerçait en même temps que les fonctions normales d'un greffier auprès d'un tribunal, celles de notaire et d'officier public ».

« A quoi il ajouta la traite de la gomme arabique ».

« Non certes qu'il tint une maison de commerce à son nom, mais sans non plus de discrétion particulière ».

« Bien que cela ait été contraire à toutes les règles, il faut tout de même savoir que cette pratique illégale était très commune et depuis toujours, parmi les employés du gouvernement, qui devaient avoir reçu cet usage des commis des anciennes compagnies du Sénégal, et des

fonctionnaires du roi à Saint-Louis et à Gorée au XVIIIe siècle. Picard avait au moins l'excuse d'être arrivé à Saint-Louis sans avances, ayant même perdu dans le naufrage de la Méduse tous les biens qu'il avait pu emporter ».

La galaxie familiale de ce Picard est particulièrement complexe et a fait l'objet de nombreuses recherches, pour tenter d'élucider ses origines, ses unions et sa descendance.

Surement né de père inconnu entre 1763 et 1764, Charles Marie César Picard pourrait être fils naturel du 6e Prince de Conti de Bourbon-Condé duc de Mercœur, lieutenant général de sang royal, né le 9 août 1736 et décédé à Chantilly, Oise, Picardie, le 13 mai 1838, à 101 ans.

Sa fille Charlotte a écrit : « *tout ce que je sus de mon père, c'est que mon trisaïeul paternel était un officier du Régiment de Picardie, qu'il avait une fille d'une grande beauté que le Prince de Conti avait remarquée et que ma bisaïeule mit au monde, rue de Buci à Paris, en 1763, un fils qui fut enregistré sous le nom de Picard, pendant que son père et son grand-père guerroyaient en Allemagne contre les autrichiens* ».

Marié en premières noces en 1799, à Paris-XIe, avec Marie Françoise Geneviève Anna Miroufle (décédée en 1807), deux filles sont issues de cette union, Charlotte Adélaïde Picard née à Paris, le 8 septembre 1798 (décédée en 1862) et Rose Caroline Picard, née le 4 novembre 1801.

Dans les archives reconstituées de Paris, il n'a été retrouvé aucune trace du décès de la mère de Charlotte et Caroline.

Marié (?) en secondes noces (de 1810 à 1812) avec Marie Antoinette Adélaïde Fleury (1782-1819), Picard, d'après son petit-fils Alphonse Marie 'Césaire', aurait changé son nom en Fleury (celui de sa compagne) en 1810, pour échapper à Fouché.

Léonce Joré et G. Debien ont tenté d'apporter quelques éclaircissements sur cette situation familiale complexe et selon eux, « *Picard n'aurait pas épousé Marie Antoinette Fleury, veuve Simon Géraut* ».

Selon Joré et Debien, « Picard eut quatre enfants de diverses femmes de couleur, Charles-César-Alphonse, né le 1er prairial an XII (21 mai 1805), Céline Caroline, née en 1807, un second fils Gustave Adolphe, né à une date inconnue et enfin une fille, Laure » et ce sont eux qu'il aurait fait venir en France (in "Autour de la chaumière africaine", Bulletin de l'Institut français d'Afrique noire, Tome XXVII, 1-2 (1965), 298-299.).

Dans les archives de Saint-Louis du Sénégal où Charles Picard était justement le greffier, c'est seulement le 11 mai 1809, que l'on trouve la déclaration de et par Charles Picard de la naissance de deux enfants « *nés de Combayara, négresse libre de ce pays* » et dont il reconnaît être le père, Charles César Antoine, né le 1er prairial an XXII et Caroline, née le « trois .... mil-huit cent sept ».

Il est vraiment surprenant de constater, que Charles Picard qui est greffier et surtout l'officier de l'état-civil, chargé d'enregistrer les actes de Saint-Louis, ne connaisse pas la date exacte de la naissance de sa fille !

Et pourquoi aura-t-il effectué ces deux déclarations aussi tardivement ?

S'est-il décidé à le faire à la suite du décès de son épouse légitime, ou pour régler ses affaires avant de retourner en France ?

C'est à Brest qu'est dressé l'acte de naissance de Gustave Adolphe Picard en 1815, « fils de Charles Picard et Marie Antoinette Adélaïde Fleury son épouse, mariés à Paris depuis environ 6 ans », parmi les deux témoins figure Jean-Michel Claude Richard, botaniste à Brest, âgé de 28 ans.

En 1810 après la mort de son père de la première Madame Picard qui avait eu soin des deux filles issues de la première union, Picard les prit avec lui et décida selon l'expression pudique de Madame Dard, « de leur donner une seconde mère », en la personne de Marie Antoinette Adélaïde Fleury, veuve de Simon Géraut, née à Vauréal, près de Pontoise.

En réalité, il n'y eut pas de mariage, car il n'en figure aucune mention sur l'acte de décès de la Veuve Géraut dressé à Saint-Louis le 26 novembre 1817, en revanche il est vraisemblable, qu'un autre enfant, Alphonse-César Fleury, né à Paris en 1813 et que Picard présentait au Sénégal comme son pupille (ou son filleul), était en réalité leur fils.

Pour Doris Y. Kadish, Picard n'est pas marié à Marie-Antoinette Fleury.

Dans ses mémoires, sa fille Charlotte explique que ses quatre demi-frères et sœurs sont les enfants de son père et de sa belle-mère.

Parce qu'une cousine Antoinette-Louise Gillet et un neveu de son père Alphonse Fleury, auraient voyagé sur l'infortunée frégate « La Méduse, cet auteur suggère qu'Alphonse Fleury serait sans doute le fils de Charles Picard, thèse aussi soutenu par L. Joré et G. Debien et par ailleurs, à la fin du roman « la Chaumière Africaine » écrit par Charlotte, il y est écrit que les seuls survivants de la famille Picard, en fin 1819, sont Charlotte, Caroline et « un neveu » Alphonse Fleury.

Il est vraiment curieux, de constater qu'il lui a donné les mêmes prénoms qu'à l'aîné de ses enfants de couleur, né « de la nommée Combayara » !

C'est Charles Picard lui-même, greffier, ès-qualité d'officier de l'état-civil, qui a rédigé de sa main l'acte de décès N° 618 (26 9bre 1817) ainsi qu'il suit : « *Ce jour d'hui vingt-six novembre mil huit cent dix-sept, est décédée chez moi Charles Marie César Picard, greffier du Sénégal soussigné, Marie Antoinette Adélaïde Fleuri, veuve de Simon Géraut, native de Vauréal sous Pontoise, ce que j'ai constaté en présence de Messieurs Jean Denis Royery et Jean-Michel Claude Richard, européens domiciliés en ce lieu, lesquels ont signé avec moi après lecture* ».

Et il n'y est effectivement fait aucune mention d'un mariage.

Là encore, l'un des témoins est Jean-Michel Claude Richard, « européen, domicilié en ce lieu » et le nom de famille y est écrit « Fleuri ».

On trouve effectivement l'acte de naissance de Madame Marie Adélaïde Antoinette Fleury en 1782 à Vauréal, aux archives du Val d'Oise et il est intéressant de noter que son père est « portier au château de Monseigneur le Prince de Conti », plan du château et des jardins de Vauréal, 1781.

Cette propriété a été acquise en 1731 par Louise-Adélaïde de Bourbon-Conti, elle y a fait reconstruire le château et aménager les jardins et l'on peut donc supposer qu'il n'y a jamais de fumée sans feu, car le récit de Théophile Fleury s'inspire sans doute du fait que sa grand-mère ait grandi près du château du Prince de Conti.

L'acte de naissance de César Alphonse Fleury, né le 27 Janvier 1813, se trouve aux archives reconstituées de la ville de Paris.

Selon Mme Doris Y. Kadish précitée, *« La fratrie Picard n'est pas clairement établie, mais il est possible que Charlotte ait vécu au Sénégal avec des enfants que son père aurait eu avec une femme de couleur ».*

« Plus tard, Charlotte épousera Jean Dard qui lui aussi avait eu un fils auparavant, avec une femme africaine et avec lequel elle entretint une correspondance ».

« Quatre enfants – Charles César Picard, Laure Marie Picard, César Alphonse Picard, et Gustave Picard – sont mentionnés dans la liste des passagers de la Méduse et comme étant nés à Paris entre 1810 et 1815 (Archives Nationales, section outre-mer, F5/B9).

« Comme indiqué précédemment, Joré et Debien soutiennent qu'il s'agissait d'enfants métissés nés lors d'un séjour préalable de Picard au Sénégal, mais Hanniet réfute cette hypothèse en se basant sur les certificats de naissance en sa possession (Joré et Debien Autour de la Chaumière africaine, 298-99 et Hanniet, la Véridique Histoire, 23.

« En relevant les dates figurant dans les actes de naissance des enfants, Hanniet fait remarquer qu'il y a trois listes de passagers aux informations divergentes et qu'en conséquence, les dates de naissance fournis plus haut ne seraient pas correctes ».

« Les choses se compliquent si l'on considère comme intentionnelle l'omission de Charlotte, dans son récit, d'un des survivants dans le groupe des enfants, car elle raconte à la fin de son mémoire, que les seuls survivants étaient elle, sa sœur et Alphonse Fleury (148), et elle mentionne précisément la mort de Gustave et de Laure (137-39, 147-48) et il semblerait donc que Charles César Picard ait survécu ».

Doris Y. Kadish tire cette information de *« Jean-Luc Angrand, l'auteur de Céleste ou le temps des signares, un descendant d'Anne Pépin ».*

« Il y relate la naissance d'un fils de Charles Picard et de la princesse Fatime Yamar Comba Diara en 1803. Cette naissance aurait eu lieu lors d'un précédent voyage de Picard en Afrique.

« Angrand cite comme source l'abbé Boilat, un tout premier prêtre mulâtre au XIXe siècle en Afrique, qui reçut le prix de l'Institut de France en 1853 pour ses Esquisses sénégalaises, un ouvrage considéré comme le premier livre écrit par un africain ».

« L'abbé Boilat fait référence à la branche mulâtresse des Picard et à un « M. Charles Picard, prince du sang royal » dont la tante aurait été la reine Ndeté-Yalla (David Boilat, Esquisses Sénégalaises, Atlas (Paris : P. Bertrand 1853).

Doris Y. Kadish est redevable de Jean-Luc Angrand qui l'aida à trouver cette référence qui n'est pas dans le volume lui-même mais dans l'Atlas qui a été imprimé séparément. Boilat fait référence à l'éducation d'un Charles Picard en 1844 et on peut supposer que si ce Charles Picard est né en 1803, l'étudiant en question pourrait être son fils.

Et cela pourrait aussi être le cas d'un Charles Picard, probablement le même, qui épouse Marie Wynh, une signare de Gambie en 1853.

Selon Angrand en 1856, une fille de ce Charles Picard et de Marie Wynh, s'appelait Charlotte Félicité Picard.

Les sources d'Angrand sont le contrat de mariage signé le 21 mai 1853 par Fatime Yamar donnant son accord pour le mariage de sa fille.

Charlotte aurait-elle voulu effacer la progéniture métissée des archives de la famille ? Ou est-ce son père, qui, selon Hanniet, ayant lu une version antérieure de son récit, aurait souhaité cet oubli ?

Ne pas conclure que son père ait voulu modifier de façon radicale le récit objectif des évènements : Hanniet avertit : « il ne faut pas attribuer à Charlotte ce qui provient sans aucun doute des sentiments de persécution de son père (Hanniet, La Véridique Histoire, 171)*, car Charlotte se trouva sans doute dans la même position problématique que les autres femmes décrites dans ce livre.*

D'un côté, elle obéit à son père, et le défend vaillamment dans ses écrits, mais de l'autre, elle a sa propre voix, et une attitude qui lui est propre vis-à-vis des pères, des filles et des esclaves. Ce qui compte, c'est que les deux voix, et l'attitude éclairée envers l'esclavage des familles Picard et Dard ait survécu. »

Une autre interprétation semble possible, celle de se demander si Joré, Debien et Hanniet, chacun à sa manière, n'auraient pas tous raison ?

Ceci car dans l'article sur la vie de Charles Picard, il est fait mention de deux enfants avec Comba Diara, « négresse libre » du Sénégal, tous deux nés lors d'un précédent séjour et prénommés Charles et Caroline.

Charlotte mentionne des demi-frères et sœurs, enfants de son père et de Mme Fleury, alors qu'Hanniet relève un acte de naissance pour Charles en 1810 à Anvers (en Belgique ou Auvers-sur-Oise près de Vauréal où est justement née Mme Fleury ?) et Laure en 1812 à Paris, dans la Véritable histoire du Radeau de la Méduse.

Et si Picard avait simplement déclaré ses deux enfants mulâtres avant son départ en 1809, mais ne les avait pas ramenés en France, et si ce Charles et cette Laure dont parle Charlotte étaient bien d'autres enfants, ceux issus de la relation de la dame Fleury et de son père ?

Et dans ce cas, à l'île de Safal, la famille aurait été seulement constituée d'enfants d'origine européenne, issus du premier et du troisième lit.

Charlotte aurait bien mentionné le décès de Charles Picard (Fleury) né en 1810, mais pas les autres enfants mulâtres de Picard, car ceux-ci auraient grandi au Sénégal et en Gambie, s'y seraient mariés et auraient engendré une postérité.

Ce seraient alors ces descendants, de la branche africaine, dont Angrand aurait trouvé la trace.

Aux archives de Saint-Louis, figure un acte de mariage (N° 4) du 21 mai 1853, d'un M. Bourneuf Charles Picard, né le 20 Janvier 1827 à Dagana, Sénégal et de demoiselle Marie Wynh, née le 8 janvier 1829 en Gambie, colonie anglaise, l'union ayant été précédée d'un contrat de mariage de Me Gilbert Breghot de Polignac, Greffier-notaire, du 11 mai précédent.

Parce qu'il y est dit « *fils naturel de Dame Fatime-Yamar, princesse du Walo, native de Kouma, et demeurant habituellement à Dagana, ayant consenti par acte de Me Gilbert Breghot de Polignac, greffier-notaire, le 23 avril dernier* », il pourrait donc être le fils de Charles Picard fils, l'enfant mulâtre, né en 1807 (et donc âgé de 46 ans en 1853).

Selon Wikipedia, « Fatime » signifie princesse en Wolof.

Ce terme désignait la sœur ou la fille de la reine. La Reine de l'époque (la dernière des « Lingères ») était Ndete Yall (1810-1860).

Bourneuf est un patronyme qu'on trouve à Saint-Louis à la même époque, mais pourquoi l'ajout de Bourneuf au prénom Charles ?

Toujours aux archives de Saint-Louis, se trouve aussi l'acte de naissance de Charlotte Félicité Picard née le 27 janvier 1856 (N° 4 ECSL), fille de Bourneuf Charles Picard, commis négociant âgé de 29 ans et de Marie Wynh son épouse, tous deux demeurant à Saint-Louis, rue de Sor.

La généalogie de cette famille n'est pas suffisamment détaillée sur Wikipédia pour reconstituer les pièces du puzzle.

§ 5. 1811 – « Secrétaires coloniaux, faisant fonction d'Officiers d'Etat-Civil et de Greffiers au Sénégal en période anglaise »

En attente de reprise de possession par la France, en conformité avec les deux traités de Paris de 1814 et 1815, l'état-civil de Saint-Louis est tenu par un « *secrétaire colonial faisant fonction de greffier* » et c'est cette qualité qui figure dans les actes qui sont rédigés à cette époque, dans le registre de l'état civil de Saint-Louis.

Ce registre est (mal) tenu durant la période anglaise, par :

- John (Jean) WEDDLE, acte N° 715 le 3 juin 1111 (sic) ;
- Jean (John) BILLAUD, acte de décès N° 717, le 9 septembre 1815.

Ces « *secrétaires chargés du greffe* » interviennent alors que Saint-Louis est toujours occupée par les Anglais et au terme d'une nouvelle période constitutionnelle particulièrement troublée.

Cette fonction de secrétaire colonial est l'ancêtre de celle de greffier et l'a même précédé, car qu'est-ce qu'un greffier, si ce n'est le « *secrétaire en charge de la tenue du greffe d'une juridiction* » et que par ailleurs, il est fait mention d'un « *secrétaire du gouvernement* » dans un acte N° 607, dressé le 8 décembre 1806 par le greffier Picard, dans lequel le comparant, le Sieur Antoine Albert, se prévaut de cette qualité, pour déclarer le décès d'un chirurgien Augustin Rivolet.

A. Contexte international du moment

1812 – Rupture du Concordat (23 février). Alliance France-Prusse (5 mars). Alliance Russie-Suède (9 avril). Campagne de Russie. Bataille de la Moskowa, Napoléon entre à Moscou (14 septembre), avant passage de la Bérézina en novembre et retrait désastreux des troupes en plein hiver.

1813 – Rupture de l'alliance par la Prusse qui s'allie à la Russie (janvier), suivie de l'Autriche (12 août). Retrait des troupes françaises de Madrid (mai) et bataille de Leipzig (16 août).

1814 – L'armée impériale craque de toute part. Chute de Lérida, la dernière place française en Espagne (25 janvier), suivie de la capitulation de Paris face aux russes et aux prussiens (30 mars).

1815 – Signature traité d'alliance secret Angleterre, Autriche et France.

20 novembre, signature d'un 2e traité de Paris ramenant la France dans ses frontières d'avant 1792.

B. Grandeur et décadence d'une France en lambeaux :

1813 – Murat se tourne vers les alliés (novembre) et le Corps Législatif se prononce contre la continuation de la guerre (29 décembre). Napoléon est lâché de toute part.

1814 – A la suite du désastre de la campagne de Russie (14.12.1812) et l'invasion de Paris par les russes et les prussiens le 30 mars 1814, il est formé le 1er avril un gouvernement provisoire conduit par Talleyrand, qui représentera la France au Congrès de Vienne sept mois plus tard.

Le Sénat prononce la déchéance de Napoléon le 2 avril, qui se trouve contraint à l'abdication à Fontainebleau quatre jours plus tard, le 6 avril et à l'exil en la petite île d'Elbe en Italie (située entre sa Corse natale et la côte de Toscane).

Le jour même, Louis Stanislas de Bourbon (frère du roi guillotiné Louis XVI, jusque-là réfugié en Angleterre) est proclamé roi de France, sous le nom de Louis XVIII et débarque à Calais, le 24 avril.

La chute de Napoléon laisse place à une 1ère Restauration, une monarchie constitutionnelle avec proclamation le 4 juin 1815, d'une Charte bien plus modérée que celle de l'empire, refaisant de la place au parlement, avec une séparation de pouvoirs bien plus équilibrée.

Un bref retour monarchique d'à peine onze mois qui prend fin le 20 mars de cette année 1815, car parti de l'île d'Elbe, après un retour en France soigneusement organisé, Napoléon débarque à Golfe-Juan le 1er mars et effectue une remontée spectaculaire et triomphale jusqu'à Paris, soulevant une armée de partisans enthousiastes et s'installe aux Tuileries, d'où le roi Louis XVIII a pris la fuite.

Cet épisode constitutionnel inauguré le 20 mars porte le nom de « 100 Jours », ou « *Vol de l'aigle* », pendant lequel la monarchie et la constitution impériale de l'an XII sont rétablies, avec une Chambre des Pairs et des Actes additifs à la constitution (22 avril), mais surtout une confrontation à la sainte alliance de toutes les nations, qui se réunissent en Congrès à Vienne et le mettent au ban de l'Europe. Napoléon décrète à son tour le 29 mars, une nouvelle abolition de l'esclavage.

Ce dernier « vol de l'aigle » scelle son destin, lors de la lourde défaite de Waterloo « morne plaine » (écrira Victor Hugo) le 18 juin, suivie de sa seconde abdication quatre jours plus tard, le 22 juin.

Quelques-uns des célèbres vers « Waterloo, Waterloo, morne plaine » :

« Comme une onde qui bout dans une urne trop pleine,
« Dans ton cirque de bois, de coteaux, de vallons,
« La pâle mort mêlait les sombres bataillons.
« D'un côté c'est l'Europe, et de l'autre la France !
« Choc sanglant ! des héros Dieu trompait l'espérance
« Tu désertais, victoire, et le sort était las.
« O, Waterloo ! je pleure, et je m'arrête, hélas !

Le 8 juillet, nouveau retour du roi Louis XVIII à Paris, suivi le 15 juillet de l'embarquement de Napoléon, pour un nouvel exil à Sainte Hélène, très au large des côtes australes de l'Afrique.

Ce retour inaugure une 2e Restauration, une nouvelle Monarchie constitutionnelle, avec rétablissement de la charte de 1814 et une Chambre des Députés, qui ne parvient pas à trouver une majorité de gouvernement, entrainant les démissions successives de Fouché le 22 août, puis de Talleyrand, le 20 septembre.

Une loi d'amnistie est votée le 12 janvier 1816, à l'exception des régicides et des ralliés aux « Cent Jours ».

C. – Et puis là-bas si loin, en la petite Colonie du Sénégal :

Du 14 avril 1814, au 22 juin 1815, quatre régimes en 16 mois, Empire, 1ère restauration, Cent-Jours, 2e restauration, cela va beaucoup trop vite et seuls les initiés parviennent à s'y retrouver aux lointaines colonies, mais cela augure à nouveau de chasses aux sorcières, pour punir les nombreux retournements de casaques opportunistes, durant les différentes étapes de cette période troublée.

La capitulation de Napoléon permet la signature du Traité de Paris le 30 mai 1814, décidant de la rétrocession à la France, des îles de St-Louis et Gorée à la côte du Sénégal, par l'Angleterre, mais les moyens logistiques de reprise ont tardé à se mettre en place, les britanniques ne faisant rien par ailleurs pour en faciliter la perspective ... et puis les « 100 jours ».

Ce traité est comme d'usage un véritable « mercato » colonial entre puissances européennes, les Anglais rétrocédant la Guadeloupe, la Martinique, la Réunion, l'île de Gorée et Saint-Louis-du-Sénégal, mais conservant Malte, l'« île de France » (devenue île Maurice), ainsi que Tobago et Sainte-Lucie aux Antilles, à la France, qui rétrocède Saint Domingue à l'Espagne, (en tant que colonie française, l'indépendance d'Haïti proclamée en 1804 par J.J. Dessalines, n'étant pas reconnue).

La reprise de possession immédiate des îles du Sénégal comme de celles des Antilles, est décidée à la demande de Talleyrand, Picard est à nouveau nommé par le roi greffier-notaire à la colonie. On y recherchait de préférence ceux d'avant l'invasion anglaise, avec instruction de se rendre à Rochefort pour embarquement dès que la formation nécessaire aura été mise en place, des instructions étant données à cet effet dès le 9 janvier 1815, au gouverneur Trigant de Beaumont.

L'épisode du retour de Napoléon, le 1er mars 1815, les « 100 jours » de son second règne impérial du 20 mars au 22 juin 1815, avant sa défaite de Waterloo qui scelle définitivement son destin, retardent l'application de cette reprise jusqu'à la seconde abdication du 7 juillet 1815, suivie du retour de Louis XVIII, réfugié à Gand après l'occupation de Paris par les britanniques et prussiens. Il devra conclure un second Traité de Paris le 20 novembre 1815, sensiblement durci par la méfiance des alliés, le tout retardant d'autant la reprise de possession des deux îles du Sénégal.

Le 8 février 1815, le pape Pie VII demanda au Congrès de Vienne la suppression de la traite des noirs, qui débouche sur un Traité de Vienne contenant déclaration de principe par 8 nations européennes, mais cette interdiction mettra encore une vingtaine d'années avant de devenir complètement effective.

Après l'interdiction de cette traite par l'Angleterre et la France au début du XIXe siècle, la colonisation proprement dite se développe sous la double forme de conquête territoriale et de mise en valeur économique, avec au Sénégal, le développement de culture arachidière d'exportation.

D. – Notes concernant cette période anglaise d'absence de Greffier

La fonction de secrétaire, remplie par John Weddle, par Jean Billaud « *habitant* » et peut-être d'autres, ne leur confère certainement pas les autres attributs d'un officier public Greffier-Notaire, pendant cette dernière période d'occupation anglaise de l'île de Saint-Louis.

Le 31 mai 1819, Jean Billaud déclare le décès de son fils naturel Pierre Claude Billaud, né le 20 janvier 1810, de Marie Escal (acte 649).

Selon généanet, son nom serait Jean-Baptiste Billaud de la Chapelle (?), ayant entretenu une longue relation avec la signare Marie Escal, qui serait née le 23 février 1794 et décédée le 28 juin 1867, âgée de 73 ans.

De cette relation sont nées deux filles au moins, mais non reconnues :

- Virginie Escal dite 'Billaud de la Chapelle', née le 20 novembre 1820, épouse à Saint-Louis de M. Jean Nicolas d'Erneville, le 31 août 1848 et décédée le 6 janvier 1869 ;
- Marie Charlotte Escal dite 'Billaud de la Chapelle', née le 10 mars 1823, épouse à Saint-Louis de M. Henry Antoine Dodds, le 28 février 1849 et décédée en 1890. De cette union naitra l'illustre général Dodds ;

Cette Charlotte Billaud âgée d'environ 23 ans, figure à l'acte N° 47 du 17 mars 1853, au registre de l'état-civil de Saint-Louis, comme épouse d'un Sieur Antoine Dodds et il s'agit clairement de la fille de Billaud.

Il ressort de la biographie de son petit-fils, le général de division Alfred Amédée Dodds, que Jean Billaud de la Chapelle était né en l'île de la Grenade, ce qui expliquerait sa parfaite maîtrise de la langue anglaise.

E. – Particularités propres à cet exercice

Jean Billaud réapparait 20 ans plus tard en Sierra Léone en 1831, devenu « *John Billaud* », au contentieux qui oppose l'administration britannique du lieutenant-gouverneur Rendall, aux frères Valantin négociants saint-louisiens, accusés de contravention à l'interdiction de trafic d'esclaves.

Il atteste « être allé *à Saint-Louis en 1805, lors de la naissance de Durand Valantin, avoir bien connu sa mère, l'avoir vu grandir, savoir qu'il ne s'est jamais établi en possessions britanniques et qu'il est armateur bien connu propriétaire de navires battant pavillon français et n'ayant jamais fait allégeance à sa majesté britannique* » (conf. « *British and Foreign, State Papers*, 1833-1834 », traduction libre).

Il déclare en cette occasion le 7 novembre 1831 qu'il « *a vécu en la ville de Bathurst au fleuve de Gambie de décembre 1819 à octobre 1826, période durant laquelle il était à la fois commis de police, surveillant au bureau de l'équipement, garde-magasinier du commissariat et interprète en français et en ouolof* », après avoir « *résidé en l'île de Saint-Louis pendant 16 ans, sous gouvernance française et anglaise et que par suite, il est parfaitement au fait de la règlementation en l'île* ».

Son nom figure le 28 juin 1808, dans un acte d'état-civil de Saint-Louis (N° 700) dressé par le greffier Picard. Il y est qualifié « d'interprète de la colonie de Saint-Louis », et sa probable parfaite maîtrise des deux langues lui aura probablement permis de « jouer sur les deux tableaux », selon l'intérêt du moment, en cette période particulièrement troublée.

Ceci laisse supposer qu'il aura pu choisir le camp britannique lors de la rétrocession de 1817 et que son prénom était peut-être John et non pas Jean, comme mentionné par convenance en 1815 au registre, même si le patronyme de « Billaud » est incontestablement très français, quoique dérivé du mot germanique « biliwald », devenu « bilidoux », qui signifie « aimable » et « wald » qui signifie « gouverner ».

La loi de finances du 28 avril 1816, réorganise le principe de patrimonialité des charges :

La vénalité des offices royaux de notaires ayant été abolie en 1791, sans la rétablir, la loi du 28 avril 1816, l'a remplacée en instituant un droit de présentation légitime ainsi conçu : « *les avocats à la cour de cassation, notaires, avoués, greffiers, huissiers, agents de change, courtiers, commissaires-priseurs, pourront présenter à l'agrément de Sa Majesté* (plus tard du président de la République), *des successeurs, pourvu qu'ils réunissent les qualités exigées par les* ***lois*** ».

« *Cette faculté n'aura pas lieu pour les titulaires destitués, les successeurs présentés à l'agrément, en application du présent alinéa, peuvent être des personnes physiques ou* (adjonction plus d'un siècle plus tard) *des sociétés professionnelles* ».

« *Il sera statué par décret, sur l'application de cette disposition et les moyens d'en faire jouir les héritiers ou ayants-cause desdits officiers* ».

« *Cette faculté de présenter des successeurs ne déroge point, au surplus, au droit du président de la République, de réduire le nombre desdits officiers, notamment celui des notaires, dans les cas prévus par la loi du 25 Ventôse An XI sur le notariat* ».

Il s'agissait de reconnaître, après en avoir fini de l'outrance idéologique révolutionnaire, la légitimité de l'appropriation privative de l'outil de travail, incitatrice à la responsabilité et à l'investissement patrimonial et professionnel de son titulaire.

Remarquable institution puisque gage de bonne gouvernance, qui gagnerait beaucoup à être étendue à toutes les professions, car consistant en pratique à constituer l'entière valeur de l'office, caution de pratique orthodoxe de la profession, sous la sanction de la perte de son intégralité au cas de destitution.

Selon la « *Chronique de droit public* » d'Hélène Hoepffner, dans Les Nouveaux Cahiers du Conseil constitutionnel 2015/2, « Ce droit de présentation est de nature duale. « *Droit personnel* (Cass. Civ. 23 mai 1854 Sieur Bélon, DP 1854, 1, 170), *reconnu à l'officier ministériel ou à ses héritiers, à l'exclusion des créanciers* ». Et aussi droit patrimonial.

Cela ressort notamment d'un arrêt de la Cour de cassation du 8 janvier 1849, Lainé : « *les offices ne sont pas une propriété dont les titulaires puissent disposer à leur gré et d'une manière absolue* » ; « *la présentation d'un successeur doit être accompagnée d'un traité contenant non seulement l'indication du prix de la charge, mais encore toutes les autres conditions qui seraient de nature à modifier et augmenter ce prix, et qui doivent être soumises à l'autorité, afin qu'elle donne son agrément en pleine connaissance de cause* ».

En pratique, ce mode de présentation donne lieu à convention entre cédant et cessionnaire par laquelle « *le titulaire* (de l'office) *s'engage à présenter à l'agrément du garde des Sceaux son successeur* » Circ. relative à la constitution des dossiers de cessions ….

En contrepartie, ce dernier est tenu, s'ils en conviennent ainsi, de lui verser un prix, « *fixé selon les usages de la profession et les considérations économiques* ».

(Ch. Civile 1ère, 16 juillet 1985, RTD civ. 1987, 88, note J. Mestre).

Cette présentation en termes de « contrepartie » est cependant contestée par *B. Beignier et B. Bernabé, « Office, charge et fonds : notions ... considérant que la somme versée représente la valeur pécuniaire de la charge et le fonds libéral qui forment, ensemble, une étude notariale* », en rapprochement des éléments corporels et incorporels indissociables, constituant une véritable cession de clientèle civile.

Ainsi s'achève cette 1ère époque du greffe-notariat de Saint-Louis.

Saint-Louis du Sénégal, est spécialisée dans le négoce de la gomme arabique, jusqu'à Podor et le Galam en relation avec le Oualo et le Cayor, alors que Gorée, l'île forteresse stratégique et très disputée était le port de regroupement et d'embarquement du commerce triangulaire en provenance de la « petite côte », du fort d'Albreda sur la rive nord du fleuve de Gambie et des « rivières du Sud » (Guinées).

Section Deux – Les Notariats-Greffes de Saint-Louis et Gorée de 1817 à 1893

Une vingtaine de professionnels vont dorénavant se succéder dans les deux Greffes-Notariats de Saint-Louis (1er arrondissement) et de Gorée (2e arrondissement), de la « colonie du Sénégal et dépendances », dont les noms figurent aux archives de la France d'outre-mer, dans le choix de les présenter dans un ordre chronologique comme il va suivre :

§ 1. – Charles PICARD, en 1816 à Saint-Louis

Octobre 1816, Roger Charles Marie César PICARD, est à nouveau réaffecté comme Greffier à Saint-Louis, chef-lieu du Sénégal.

En bonne logique administrative, dès la signature du Traité de Paris de 1814, la restauration décide de réaffecter dans la mesure du possible, les fonctionnaires en charge du poste de Saint-Louis sept ans plus tôt, lors de leur capitulation forcée devant la supériorité numérique anglaise.

Et c'est ainsi que le Greffier Picard est nommé à nouveau Greffier-Notaire de Saint-Louis, par décision du Roi Louis XVIII, dès la restauration de la monarchie et qu'il reçoit l'ordre de se rendre à Brest, pour embarquement dès que la force devant reprendre le commandement sera constituée. Il sera passager et rescapé de l'échouage de La Méduse.

Il faut se souvenir à ce propos, que l'épisode des « 100 jours » en avait retardé l'exécution et que cela avait nécessité un 2e traité de 1815.

A. – Le contexte international du moment :

1816 – 10 avril : Une flotte anglo-hollandaise commandée par lord Exmouth arrive devant Tunis et obtient du bey Mahmoud la libération d'esclaves chrétiens, puis le 27 avril, elle obtient du pacha de Tripoli celle de 580 chrétiens et la signature de traités de paix avec le Piémont et les Deux-Siciles, puis le 27 août, bombardement de la rade d'Alger (van Capellen) et libération d'esclaves européens.

23 avril : Fondation de la ville de Bathurst (Banjul) en Gambie par les Britanniques, pour rendre pratiquement impossible la traite négrière.

2 juillet : Echouement de la frégate *La Méduse*, sur les récifs de l'île d'Arguin, côte de Mauritanie.

4 octobre : Mort de l'explorateur britannique James Kingston Tuckey lors d'une expédition le long du fleuve Congo jusqu'aux chutes de Yelala, inaugurant les « explorations scientifiques » du XIXe siècle en Afrique et en Novembre, départ de Saint-Louis d'une expédition de Peddie et Campbell au Fouta-Djalon et en Sierra Leone.

10 décembre : Arrivée d'un abbé Giudicelli à Saint-Louis, qui est nommé le 17 décembre, préfet apostolique du Sénégal et de Gorée.

Afrique australe : Mort de Senzangakona, son fils Chaka prend le pouvoir avec l'aide de Dingiswayo au détriment de son demi-frère. Il devient chef des Zoulous et organise une redoutable armée.

B. – En ce qui concerne la France et sa Colonie du Sénégal :

Après les guerres napoléoniennes, la France et l'Angleterre s'étaient partagés leurs territoires coloniaux par des traités de Paris du 30 mai 1814 et (après l'épisode des « 100 jours ») du 20 novembre 1815.

Pour ce qui concernait le Sénégal, les Anglais devaient restituer les deux îles de Gorée et de Saint-Louis, mais ils faisaient trainer les choses en les occupants toujours en 1816, espérant secrètement qu'une difficulté puisse les en dispenser.

A l'issue des « 100 jours » et du dernier « vol de l'aigle » napoléonien, inaugurant la « seconde restauration », le Roi Louis XVIII nomme un nouveau gouverneur, le colonel Schmaltz et l'envoie à la « côte française d'Afrique » pour en prendre officiellement possession.

Un convoi de quatre navires est laborieusement formé à Rochefort et il appareille enfin le 17 juin 1816, en direction du Sénégal.

Il est composé d'une frégate « la Méduse », de trois bricks, « l'Echo », « la Loire » et « l'Argus ».

Cette escadre est dirigée par le commandant Chaumareys, vieil officier en retraite ayant perdu la main, rappelé pour l'occasion et s'en remettant aveuglément à un pilote plein d'assurance, du nom de Richefort.

Ayant essuyé un grain dans le golfe de Gascogne, le convoi s'est divisé et chacun des quatre navires file dorénavant sa propre route vers le sud, à son allure, poursuivant séparément et sans nouvelles des autres.

Le 2 juillet, au droit de la Mauritanie, la Méduse naviguant trop près des côtes, s'échoue sur les hauts fonds du banc d'Arguin, les voies d'eau sous la ligne de flottaison ne permettant pas de réparer ni de tenter de désensabler à marée haute. Mais rien de dramatique à ce stade.

Tous les passagers sont saufs, la côte très proche et la frégate ensablée sur les hauts fonds, ne risque pas de sombrer. Mais, l'incompétence manifeste du commandement Chaumareys va entraîner un désastre.

Il est décidé de l'abandon du navire et d'embarquer l'état-major dans les chaloupes disponibles, dont la capacité et très insuffisante.

Les 150 hommes restants, qui sont pour l'essentiel des soldats et des matelots sans grades, sont installés sur un grand radeau de fortune, construit à la hâte avec des pièces de l'appontement de la frégate et devant être remorqué par les canots de sauvetage.

Il eut été tellement plus simple, d'organiser une navette dans un premier temps, pour transporter tout le monde à la côte en trois ou quatre mouvements, avant d'aviser ensuite comment gagner Saint-Louis.

Chaumareys ainsi que Schmaltz et sa famille sont à bord d'une chaloupe, devant remorquer le radeau, mais hasard malheureux ou geste délibéré (?), l'amarre est rompue et le radeau surchargé, impossible à manœuvrer, est abandonné en pleine mer sans que le gouverneur n'y fasse objection, les autres navires ayant rejoint le Sénégal, leurs équipages s'y inquiètent du sort de leur vaisseau amiral.

Les chaloupes regagnent soit directement Saint-Louis, soit les côtes de la Mauritanie, pendant que la situation se dégrade à bord du radeau qui dérive vers le large et sur lequel les vivres venant à manquer, les suicides et émeutes y succèdent aux bagarres, faisant de nombreuses victimes avec par voie de conséquence, des scènes d'anthropophagie au bout de quelques jours.

Après deux semaines de dérive, ne restant plus que quinze survivants hagards, l'Argus vient enfin les secourir et les rescapés (parmi lesquels cinq moururent en route ou en arrivant à Saint-Louis) sont aidés par les saint-louisiens, le colonel anglais Walsh venant lui-même les visiter et la nouvelle de ce drame arrive à la métropole par le récit de deux survivants, Correard et Savigny (publié en 1817).

Cette affaire provoque un énorme scandale. Chaumareys est jugé et condamné à l'emprisonnement et Géricault peint son célèbre tableau, dont la crudité des corps nus fait scandale à son tour.

Pendant que Schmaltz récupère la gouvernance du Sénégal au prix de nombreuses difficultés et humiliations, les Anglais faisant montre d'évidente mauvaise volonté pour lui restituer les comptoirs.

Plusieurs des rescapés de ce naufrage, dont Picard, auront une descendance au Sénégal.

C. – Notes individuelles concernant ce Greffier-Notaire PICARD

« Un possible prince de sang royal au greffe-notariat de Saint-Louis » ?

Pas de changement majeur pour le greffier Picard, qui avait obtenu du gouvernement de Louis XVIII depuis bientôt deux ans, passés pour l'essentiel depuis 1815 à Brest, ayant obtenu de reprendre sa charge de greffier et de notaire au Sénégal et l'accord du ministre de la Marine pour la prise en charge du passage pour tous les siens.

En attente de retrouver son greffe, il avait ensuite reçu l'ordre de se rendre à Brest, d'où l'expédition préparée pour reprendre possession du Sénégal devait partir, mais retardée par le retour de Napoléon de l'île d'Elbe, qui n'avait fait que retarder l'embarquement, pour regagner cette seconde affectation à Saint-Louis du Sénégal.

Toute la famille y était restée pendant les « Cent jours », en attente d'une réorganisation en 1816, mais depuis Rochefort, cette fois-ci.

Il figurait avec son épouse et ses enfants, au nombre des passagers de la frégate « La Méduse », vaisseau amiral de la flotte transportant le gouverneur, sa troupe et son administration, qui se rendait à la côte d'Afrique en juillet 1816, pour reprendre possession des 2 comptoirs de Saint-Louis et de Gorée, à la suite du traité intervenu avec les Anglais ;

"La Méduse" était une frégate de premier rang alors armée au transport, qui portait, y compris son équipage, 450 personnes et le 12 juin 1816, la famille fut conduite en rade d'Aix à bord du navire qui y était mouillé

Picard était bien le seul accompagné d'une tribu de huit personnes, car outre son épouse, Marie Antoinette Adélaïde Fleury, il avait ses grandes filles Charlotte Adélaïde (17 ans) Rose Caroline (15 ans), une jeune cousine, Antoinette Louise Gillet, quatre jeunes enfants, dont son « filleul » d'Anvers, Charles César Alphonse Fleury (1810-1819) et trois petits, Laure Marie Fleury (1812-1819), Alphonse César Henri Fleury (1813-1880, prétendument son « neveu ») et Gustave Adolphe Fleury (1815-1819), ce dernier étant encore « à la mamelle ».

Laure était née à Paris au retour de Belgique, le 2 février 1812, Alphonse César lui aussi à Paris, à peine un an plus tard, le 27 janvier 1813 et le dernier Gustave Adolphe à Brest, lors de la première attente d'embarquement retardée par le retour de Napoléon, le 1er juin 1815.

Selon les écrits de sa fille, pas de traitement de faveur pour la famille Picard sur la frégate, bien au contraire, les neuf membres de la famille étant tous logés dans une chambre unique, proche de la grande batterie.

Il semble bien qu'il n'ait pas plu au Gouverneur, de n'avoir pu choisir lui-même « son « Greffier et de devoir être accompagné de celui d'un prédécesseur, avec lequel il l'aura su en intimité, ayant eu parfaite connaissance, d'une colonie dont lui-même ne savait à peu près rien.

L'encombrement d'une trop nombreuse et bruyante famille à son bord.

La navigation incompétente du commandant aboutit au naufrage que l'on sait, le 2 juillet 1816.

Pas de place dans le canot major pour la famille de Picard et la coupable indifférence de la famille Schmaltz, le commandant Chaumareys ne voulant probablement pas s'encombrer d'une famille nombreuse, dans la forfaiture de ne pas être le dernier à quitter son navire.

Armé d'un fusil Picard exige l'embarquement des siens, face au commandant bien installé, revendiquant le principe « les femmes et les enfants d'abord », le chef de bord s'excusant d'être parti sans prévenir, car ayant reçu l'ordre, de ne pas s'embarrasser de quatre petits-enfants.

Picard y transportait tous ses papiers, des manuscrits, tous ses biens les plus précieux jetés à la mer et tout fut perdu dont les justificatifs de son état-civil, en se souvenant que les originaux avaient brûlé à Paris.

Il ne se prive pas de dire assez haut pour être bien entendu de tous "*ne sommes pas surpris que des matelots soient sans pudeur quand leurs officiers rougissent d'accomplir une bonne action*", ceci parce que l'inconduite de la troupe, se règle sur l'exemple coupable de ses chefs !

Pas d'autre commentaire, mais l'observation critique d'un gouverneur, qui s'est abstenu de donner ses ordres au capitaine du navire, lorsque le cordage qui remorquait le radeau s'est trouvé rompu !

Un gouverneur possiblement jaloux, du trop bon accueil fait au Greffier, par ses vieux amis de Saint-Louis, les familles d'Erneville, Lamothe, Dubois, Artigue, Feuiltaine, Valantin, Debonnet, Boucaline et Waterman et c'est peut-être la raison pour laquelle il lui refuse toute assistance et toute dotation en nourriture, en attente du bon vouloir des Anglais pour restituer les deux postes.

Mais l'important était fort heureusement, de compter au nombre des rescapés, cette aventure étant racontée dans le livre de mémoires écrit par la fille aînée du Greffier Picard, Charlotte-Adélaïde Picard épouse Dard (née le 8 septembre 1798 et décédée en 1862).

Voir pour plus de détails son roman « *la chaumière africaine ou Histoire d'une famille française jetée sur la côte occidentale de l'Afrique à la suite du naufrage de la frégate "La Méduse"*, qui est riche de nombreuses informations concernant la famille de ce greffier-notaire.

E. – Observations diverses relatives à l'exercice de ce Greffier-Notaire

Selon les notes du site des archives nationales Françaises, « *Picard, né le 25 novembre 1769 à Paris, commis de 1ère classe chargé du greffe au Sénégal (19 germinal an 11), retourné en France par suite de la capitulation du Sénégal en 1809, commis principal (9 mars 1810), destiné à nouveau pour le Sénégal en qualité de greffier (5 septembre 1814)* »,
htttp://anom.archivesnationales.culture.gouv.fr/ark:/61561/tu245uwrtw et aussi FR ANOM COL D2C 278 pages 14, 23.

Incertitudes sur la date de reprise de fonctions de ce Me Picard, car même s'il figure un premier acte de mariage au registre de l'état-civil de Saint-Louis sous le N° 21, daté du 3 novembre 1817 (d'Erneville / Thévenot) faisant mention de sa qualité de Greffier, il n'est pas certain que ce soit le premier, ni que le registre ait été bien tenu.

Il est par ailleurs fait observer que toute une série d'actes « à la suite » contiennent reconnaissance d'enfants nés durant la période anglaise pendant laquelle la tenue de ce registre avait été interrompue.

Un premier acte de décès sous sa signature est daté du 26 novembre 1817 (Acte N° 618).

Cette reprise d'activités du Greffier Picard n'aura duré, que deux ans, parce que selon les notes du gouverneur Joré « *A la Restauration, il redevint greffier du Sénégal, ayant réussi à échapper à la mort quand La Méduse fit naufrage. La négligence qu'il apporta dans l'exercice de ses fonctions lui valut d'en être déchargé* » ...

Mais est-ce bien certain ?

Il est en effet permis de s'interroger au regard de la très grande qualité, des documents pouvant être consultés dans les archives coloniales, tels qu'ils ont été fidèlement transmis.

Ne s'agirait-il pas plutôt de sombre rivalité ou de règlement de comptes à la suite de sa défaveur, du fait de la disparition de son ancien protecteur, avec lequel il était en très (trop ?) grande unicité de compréhension ?

Singulièrement si l'on se souvient des médiocres attaques dont Blanchot lui-même a fait l'objet de la part de personnages malveillants, tel son maladroit successeur le colonel Lasserre, à qui cela n'aura pas porté bonheur, ou encore les sieurs Pelletan (directeur de la compagnie du Sénégal) et surtout Lamiral (représentant auto-proclamé de la colonie à Paris), ce dernier de grande nuisance.

Se souvenir surtout que gouverner c'est décider et que décider, c'est choisir entre divers intérêts, qui sont très souvent en antagonisme et donc être confronté au ressentiment du parti ne l'ayant pas emporté.

Picard ayant été le tout premier à être mis dans la confidence des choix « testamentaires » du général Blanchot et ayant peut-être même donné son avis, dans l'hypothèse d'éventuelle consultation, il est imaginable que d'aucuns aient pu suspecter qu'il ait orienté des choix et en aient conçu de la rancune.

Rescapé de la frégate « La Méduse », à l'identique du Gouverneur Julien Schmaltz, ils ont entretenu des relations mitigées pendant tout leur séjour, jusqu'au départ de Schmaltz le 31 décembre 1817.

Novembre 1816. Les revenus du greffe-notariat étant insuffisants pour assurer la subsistance de sa famille de neuf personnes, il écrit au gouverneur Schmaltz, pour lui faire part de son projet de monter une fabrique d'lkalis, avec demande de privilège exclusif pour ce produit et il lui est répondu le 13 novembre « *Les instructions qui m'ont été remises par son Excellence le ministre secrétaire d'Etat au département de la marine et des colonies, portant l'ordre exprès d'empêcher qu'il soit fait directement ou indirectement par les serviteurs du Roi aucune espèce de commerce ni d'entreprise dont le résultat ne pourrait être qu'au détriment des habitants auxquels ils sont entièrement réservés, non seulement je ne puis accéder à votre demande, mais je me crois obligé de vous observer qu'en tant que greffier de la colonie vous devez uniquement vous borner à remplir votre emploi et vous abstenir à toute espèce d'affaires qui lui sont étrangères. Si vous pensez néanmoins pouvoir obtenir directement de son Excellence ce que je regrette de n'être pas dans le cas de vous accorder je vous propose de lui faire parvenir la demande que vous ferez à cet égard par la flûte de Sa Majesté La Loire qui partira pour la France du 20 au 25 de ce mois ».*

La réponse négative mais prudente d'un commandant, qui ne méconnait pas l'existence de relations pouvant intervenir à Paris, pour infléchir la décision dans un sens différent, en retenant par ailleurs qu'au-delà du légitime rappel de l'incompatibilité de sa fonction avec toute autre activité, son emploi de fonctionnaire étant nécessairement exclusif de toute autre, ceci n'était pas un cas isolé, loin de là.

Greffier en titre de la colonie, exerçant aussi les fonctions de notaire et d'officier public.

Il y ajoutait la traite de la gomme, non pas en son nom, cela se savait, certes en contravention avec les règles, une tradition généralisée depuis longtemps, parmi les employés du gouvernement, qui devaient avoir reçu cet usage des commis des anciennes compagnies du Sénégal, et des fonctionnaires du roi à Saint-Louis et à Gorée au XVIIIe siècle.

Picard avait l'excuse d'être arrivé à St-Louis sans avances ayant même perdu dans le naufrage de la Méduse tout ce qu'il avait pu apporter.

Cette initiative va d'ailleurs dans le sens de l'ambition du commandant Schmaltz : Développer au Sénégal un système de plantations coloniales semblable à celui des Antilles et tenter de pallier l'importante perte d'activité résultant de l'interdiction de la traite négrière.

Entente mitigée avec Schmaltz, mais il est moins que certain, que tel ait été le cas avec son intérimaire, le gouverneur et capitaine de frégate Aimé-Benjamin Fleuriau, ayant assuré l'intérim du Gouverneur Schmaltz, pendant son absence du 2 janvier 1818, au 10 juillet 1819, ces 18 mois ayant pu être mis à profit pour régler de vieux comptes.

Il a été reproché à Picard de graves manquements dans la tenue de sa charge de Greffier-Notaire et l'examen de ses registres le confirme sans aucune équivoque.

Le 9 mai 1818. Quatre mois après le départ de Schmaltz pour Paris, son intérimaire le commandant Fleuriau écrit au baron Portal, ministre de la marine et des colonies pour exprimer son exaspération comme suit : « *Je suis fort mécontent de M. Picard, qui a perdu la confiance publique par ses mauvaises affaires et sa négligence. Si j'avais quelqu'un pour le remplacer, il eut été suspendu de ses fonctions. Cet homme doit tout à tout le monde. Ses comptes sont embrouillés les uns dans les autres à ne pas s'y reconnaître. C'est scandaleux* ».

Le 23 juin 1818, Depuis son séjour à Paris, le colonel Schmaltz, écrit lui aussi au ministre, sans doute pour appuyer cette lettre de son intérimaire, mais peut-être aussi pour se couvrir, sait-on jamais, dans les termes suivants : « *J'avais plusieurs fois réprimandé le sieur Picard sur les négligences dont m'avaient parlé plusieurs habitants qui m'avaient prié de me borner à de simples remontrances en raison de l'intérêt qu'inspirait sa nombreuse famille, mais de nouvelles réclamations se sont manifestées depuis lors, ses dettes le mirent en fausse position. Le commerce et ses soucis l'amenèrent à assumer ses fonctions de greffier dans des conditions défectueuses* ».

19 août 1818. Un rapport note que le ministre a décidé que Picard sera relevé de ses fonctions, car « *on considère à Paris qu'on ne peut laisser durer cet état de choses* ».

Fin août / début septembre 1818. Picard est destitué, sans que l'on n'en trouve la date exacte.

Septembre 1818. Une note anonyme figurant dans son dossier (peut-être inspirée par lui) interroge et propose : « *Que va devenir Picard qui ne se trouve dans aucun des cas permettant une allocation* » ?

Vingt-cinq ans de service et père de six enfants, ses connaissances sur l'Afrique sont étendues, M. Schmaltz paraît proposer de lui faciliter les moyens de former quelques établissements sur le continent d'Afrique.

Il pense que « *M. Picard, par son expérience et son activité, pourra être utile dans l'exécution du plan de colonisation, ayant demandé un emploi de directeur des cultures. Aucun fait méritant destitution ne pouvant être retenu contre lui, Monseigneur est prié d'approuver que en même temps il sera fait un rapport au roi pour la confirmation de M. Leduc* (Etienne), *il soit proposé à Sa Majesté pour une pension de retraite dont la quotité sera ultérieurement fixée* » ... Mais en vain !

2 octobre 1818, cette proposition soumise par le ministre au Conseil d'Etat est rejetée par le conseil de la marine « au motif qu'aucun texte ne permet d'attribuer une pension dans le cas de Picard ».

L'examen minutieux du registre de l'état-civil permet d'y relever :

L'acte N° 617, figurant au registre de l'état-civil de la colonie, est daté du 9 septembre 1815 et c'est le dernier acte dressé par Monsieur Jean Billaud, l'ancien « secrétaire colonial chargé du greffe de la Colonie du Sénégal » (pendant le retour de Napoléon durant les « 100 jours ») ;

L'acte N° 618, daté du 26 novembre 1817 est le 1er sous la plume du Greffier Charles Picard, après sa reprise de fonctions. Ce grand écart de deux ans justifie d'interrogations, tout en relevant que cet acte est celui de décès de son épouse, ayant suivi la perte d'un enfant à la naissance !

L'acte N° 619, daté du 28 octobre 1818, est dressé par « Me Etienne Leduc, Avocat en la Cour Royale de Paris, Greffier de la Colonie... » Et cela prouve bien une très grave carence pendant un an ;

Les actes N°s 620, 621, 622, 623, 624, 625, 626, 627, 628, 629, 630, 631, tous de la fin de l'année 1818, sont dressés par le même Me Leduc.

La carence est incontestable, mais pourquoi, que s'est-il donc passé ?

Grave dépression à la suite de la perte d'un enfant mort-né, suivie du décès de son épouse ?

Tracasseries administratives de sa hiérarchie, ayant entrainé une forme larvée de rébellion ?

Ou encore quasi-abandon de son poste, parce que trop occupé par ses activités parallèles, telles que décrites par sa fille Charlotte dans son livre « La Chaumière africaine » (précité p. 96 à 99) ?

Dans le premier cas, pourquoi n'a-t-il pas été substitué en attente de rétablissement et dans le second comme le troisième, pourquoi cette situation aura-t-elle perduré aussi longtemps, avant la sanction ?

La passation de service entre Picard et Leduc a eu lieu le 6 octobre 1818, ainsi qu'en atteste la mention portée au Registre de l'état-civil de Saint-Louis par le nouveau greffier Leduc, avec mention qu'il « *ne lui a été remis par M. Picard son prédécesseur que 3 registres, savoir 1 seul registre courant pour les actes de naissance ne contenant que 6 actes, 1 seul registre pour les actes de mariage sur lequel il n'y avait que 3 actes, depuis la reprise de possession de la Colonie par les Français, jusqu'au 26 août 1819 et 1 seul registre servant pour les actes de décès sur lequel il n'y avait que 5 actes d'inscrits, de l'exercice de MM. Charbonnier et Picard, depuis le 13 9embre 1800 jusqu'au dit jour 6 8bre 1818. Et qu'à compter dudit jour 6 8bre 1818, époque de l'entrée en exercice du soussigné, jusqu'au 26 août 1819, il y a 35 actes inscrits. Lesquels trois registres sont restés en la possession du soussigné* ».

Autre Mention après l'acte N° 632 :

8 janvier 1819 : Ordonnance de Monsieur le Commandant pour le Roi, Administrateur de la Colonie du Sénégal et dépendances, signée Fleuriau, suite au mémoire que nous lui avons présenté par lequel après lui avoir fait savoir l'absence d'actes de décès d'un grand nombre d'actes d'Européens et d'Indigènes de la Colonie du registre destiné aux actes de l'état-civil de la Colonie et donc par conséquent dans l'impossibilité d'en délivrer les expéditions, nécessitant un travail de recollement et rapprochement avec toutes autres pièces et dépositions pour pouvoir les reconstituer.

Rapport du greffier Leduc : Dans l'impossibilité de délivrer copie d'un acte de décès ne figurant pas au registre, tel qu'il lui a été remis lors de sa prise de fonctions le six octobre dernier, ce qui signifie 1818 et il poursuit en écrivant « *ce qui nous prouve que cette partie de l'état-civil des citoyens, a été négligée de manière plus que scandaleuse. Le greffier ne peut de son propre mouvement réparer ces manquements et satisfaire à la loi, parce que les articles ... du code civil des Français lui prescrivent de ne rédiger les actes que sur la déclaration de deux témoins et après s'être transporté auprès de la personne décédée, pour s'assurer du décès, etc. cependant il importe de dresser les actes ... dont le greffier a par devers lui la preuve judiciaire...*

« Et comme vous êtes à présent le commandant spécialement chargé de la surveillance de l'état-civil, il ne peut être rien fait que de votre autorité, et toutes les fois que le cas n'est pas déterminé par la loi, le greffier estime que vous avez le droit, et en conséquence », etc.

Suit la mention, « Fait ainsi que requis, St-Louis, le 18 janvier 1819 ».

Le Commandant pour le Roi et Administrateur du Sénégal et dépendances. Signé Fleuriau. Puis... Signé et paraphé par nous, greffier, Chef de l'Etat-Civil de la ville de Saint-Louis, Colonie du Sénégal et annexée à la minute dudit Acte, étant au Registre des Décès de ladite ville de ce jour d'hui ... janvier mil huit cent dix-neuf. Signé Leduc (qui a omis de noter le jour avant janvier)

Au vu de ce qui précède, il est procédé à régularisation de 3 actes : N°s 637 du 29 décembre 1817, 638 du 15 mai 1818 et 639 du 28 juillet 1818.

Reprenant le cours normal, l'acte N° 640 est daté du 13 janvier 1819

Les 3 premiers actes, numérotés de 617 à 619, qui sont supposés avoir été dressés par Billaud, Picard, puis Leduc, sont tous rédigés de la même écriture, sans que l'on ne sache lequel des trois, mais en toute logique par le dernier et il pourrait donc s'agir de copie collationnée, aux fins de reconstitution lors de la reprise par la France, des actes dressés dans l'intervalle ayant pu disparaître ou être intentionnellement détruits.

Selon sa fille Charlotte dans son livre (p. 98 et 99), il a été abusé par les personnes indélicates ayant très mal géré sa concession, n'occasionnant que des pertes, mais ne pouvant le poursuivre puisque les ayant commis sans avoir qualité pour le faire, il est réduit au désespoir, les deux dernières années de sa vie se passant dans le plus total dénuement, sans doute parce que Charles Picard n'est plus au service de l'administration.

Sa famille et lui-même ne survivent plus que de la charité de leurs amis, dans les champs dévastés de leur petite île de Safal.

1er mai 1719, Toujours selon Charlotte (p. 100), Picard écrit au ministre des colonies, à la suite de sa destitution, se disant « *frappé sans avoir été entendu et après 29 ans de bons services, mais trop fier pour me plaindre d'une disgrâce qui ne peut m'être qu'honorable, puisqu'elle à sa source dans les principes philanthropiques que je manifestais lors de l'abandon du radeau de la Méduse, je me résignerai en silence à la destinée* », en y joignant un mémoire.

Il y exprime à nouveau son désir de coopérer à l'exécution de projets de culture adoptés sur les établissements d'Afrique.

Réellement anéanti, ayant perdu son épouse le 26 novembre 1817 et 3 de ses enfants, Charles (9 ans), Laure (7 ans) et Gustave (4 ans), entre mai et juin 1919, il décède dans l'indigence le 15 août 1819.

Transcription littérale de l'acte de décès de Me Picard, N° 659 dressé à Saint-Louis le 15.08.1819 :

Aujourd'hui quinze août mil huit cent dix-neuf, quatre heures de relevée, au greffe du Conseil de Justice de la Colonie du Sénégal, Côtes occidentales d'Affrique (sic), et Pardevant nous Etienne Leduc, Greffier dudit Conseil, exerçant en cette qualité les fonctions d'Officier de l'Etat-Civil de la Colonie, résidant en la ville de l'île de Saint-Louis, Chef-lieu. Sont comparus Sr. François Thomas, Européen français et Marchand et Sieur Jean Michel Claude Richard, autre Européen français, Jardinier-Pépiniériste du gouvernement de la Colonie, tous Deux demeurant à Saint-Louis. Lesquels nous ont déclaré que le Mr.

Charles Marie César Picard, ex Greffier de la Colonie, âgé de cinquante ans environ, européen français, veuf de ----- Décédée, avec laquelle Il a été marié à la Mairie du onzième arrondissement de Paris, est décédé ce jour d'hui deux heures de relevée en la maison de la Signare Hélène La Brüe, de suites de maladie et nous nous sommes transportés en ladite maison, ou on nous a représenté un corps mort de sexe masculin, qu'on nous a dit et que nous avons reconnu être celui de Mr. Picard, dont et de quoi nous avons dressé le présent Acte, que les témoins et nous avons signé après lecture faite. Signés Thomas, Richard et Leduc.

Trois observations au vu de cet acte de décès :

1/. Le 2e comparant Jean Michel Claude Richard sera son gendre à peine 9 mois plus tard, lorsqu'il épousera sa fille Caroline et sera aussi le fondateur du « Jardin d'Essais de Richard Toll » ;

2/. Il semble que Picard ne soit pas décédé comme indiqué en l'île de Saint-Louis, mais en celle de Safal, ou se trouvait sa plantation de coton dévastée par la sècheresse et les criquets ;

3/. L'ancien commissaire de marine Antoine Malivoire accusé par le capitaine Lasserre en même temps que Picard lors de l'insurrection de juillet 1802 à Saint-Louis, meurt 6 jours après lui le 21 août.

La plume du gouverneur Léonce Joré « *Les établissements français à la côte occidentale d'Afrique, de 1758 à 1809* » (p. 249 et 250), ne lui est pas très avantageuse :

« *Né à Paris le 5 novembre 1769, Roger, Charles, Marie, César, Picard, prétendait avoir été élevé dans une école militaire dite de Belleville, fondée par Ségur, sur laquelle nul n'a pu nous renseigner, puis greffier de justice militaire avec le grade de capitaine, une qualité dont aucune trace n'a pu être trouvée aux archives historiques de l'Armée à Vincennes. Après son licenciement, il sert dans diverses administrations de métropole. Féru de voyages, il obtient d'être nommé commis de 3e classe au Sénégal d'où il fut envoyé à Paris pour tenter d'obtenir la réalisation de certaines mesures proposées par Blanchot sur lesquelles le Ministère tardait à se prononcer. Il paraît s'être surtout occupé au cours de cette mission d'être chargé d'une mission d'explorer le haut Sénégal, ce à quoi il parvint grâce aux relations qu'il s'était faites pendant le temps où il avait appartenu au secrétariat du Directoire exécutif. Le résultat de son voyage fût insignifiant. Désigné en 1802 par Blanchot pour occuper l'emploi de greffier de la colonie, il occupa ce poste jusqu'en 1809 et rentra en France après la capitulation de Saint-Louis. Il fut alors promu Commis principal et affecté au port d'Anvers, puis au Ministère des Relations extérieures. A la Restauration, il redevint greffier du Sénégal, ayant réussi à échapper à la mort quand* la frégate « *La Méduse » fit naufrage. La négligence qu'il apporta dans l'exercice de ses fonctions lui valut d'en être déchargé. Il mourut le 15 août 1819 à Saint-Louis où il avait perdu sa seconde femme et plusieurs enfants. Honnête homme et père de famille dévoué, il était malheureusement agité et versatile. Une de ses filles qui épousa à Saint-Louis M. Dard, directeur de l'Ecole d'enseignement mutuel, écrivit un ouvrage qui eut une certaine notoriété : « La chaumière africaine ».*

La sœur cadette (2e fille de Picard) épouse Monsieur Jean Marie Claude Richard, Agriculteur, fondateur de la station de Richard-Toll, près de Dagana, sur le fleuve Sénégal.

Une étude réalisée en collaboration par MM. Joré et Derien, sur Picard et sa famille sera publiée à Dakar en 1965. Confer :

https://www.persee.fr/doc/outre_0300-9513_1964_num_51_182_1387.

Question, pourquoi aura-t-il donné satisfaction à Blanchot de 1802 à 1809, puis de 1816 à 181 ? Et négligeant ensuite ? Incompatibilité de personnes, défaveur, rivalités, favoritisme, ou autres ?

Quelques détails mentionnés par le gouverneur Léonce Joré dans son ouvrage, concernant sa famille : « avant de se sédentariser en paisible greffier, mais non sans engendrer une postérité locale » ... « ayant ensuite perdu sa seconde femme et plusieurs enfants » (p. 250) ;

Selon Me Sankalé (p. 50), « *Charles Picard, Greffier-Notaire, à la pourtant nombreuse progéniture avec ses deux épouses françaises successives, eut encore un enfant avec une sénégalaise* ».

18 août 1819, Dans l'ignorance du décès de Picard 3 jours plus tôt, le ministre écrit au commandant Schmaltz ayant regagné son poste au Sénégal comme suit : « *Monsieur Picard, ex-greffier à Saint-Louis du Sénégal, m'a adressé le 1er mai dernier, un mémoire dans lequel il exprime de nouveau le désir de coopérer à l'exécution des projets de culture adoptés sur les établissements d'Afrique. Une demande semblable de Monsieur Picard vous avait été communiquée pendant votre séjour en France en 1818. Vous fîtes connaître que vous saisiriez volontiers, à votre retour dans la colonie, les moyens d'améliorer le sort du réclamant. Je vous autorise à faire ou à proposer pour lui être utile ce que permettraient les besoins et l'intérêt du service* ».

Sa nombreuse famille se composait comme suit :

1ères noces à Paris (?) avec la dame Anna CASANAU (?), vers 1792, ou selon d'autres sources, avec dame Adélaïde Geneviève HUET (?), née vers 1770, mariage (?), dissous (comment ?) et sans postérité.

2èmes noces avec une autre dame Marie Françoise Geneviève Anna MIROUFLE, fille d'un camarade de régiment, née à Paris, vers 1778, mariage à Paris-XI, le 8 novembre 1796, qui décède en son absence, le 5 août 1807, à la survivance de leurs deux filles, Charlotte et Caroline, après en avoir perdu (?) un troisième enfant à la naissance.

- Charlotte Adélaïde Picard, née à Paris, le 8 septembre 1798, épouse le 20 janvier 1820, à Saint-Louis, M. Jean Théophile Dard, Directeur d'Ecole d'enseignement mutuel (né à Marouge, Pouilly, Côte d'Or, le 21 juin 1789). Auteur de « La Chaumière Africaine ».
- Caroline Rose Picard, née à Paris 11e arr., le 3 novembre 1801, épouse le 31 mai 1820, à Saint-Louis, M. Jean-Michel Claude Richard, Botaniste-agriculteur, fondateur des établissements agricoles de Richard-Toll (né à Valon, Haute-Saône, le 16 août 1787).

1ère relation hors mariage avec la signare Fatim Yamar Coumba Diarra, dite « Combayara, « négresse libre de ce pays », pendant son premier séjour au Sénégal, de qui il a eu 4 enfants mulâtres, les deux premiers reconnus le 11 mai 1809 et l'ayant peut être accompagné en France entre ses deux séjours.

- Charles César Antoine Picard, né à Saint-Louis, 21.05.1804, Jardinier du Gouvernement, décédé à Saint-Louis, le 8 août 1828. Un fils Bourneuf Charles 1827, qui épouse Marie Wynh le 21 mai 1853.
- Caroline (parfois appelée « Reine Caroline » où « Céline ») Picard, née à Saint-Louis, le 03.??.1807, décédée la même année 1807.
- Adélaïde Mélanie Picard, et Reine Rose Picard, Saint-Louis 1808, jumelles mort-nées, peut-être issues d'une autre relation ?

2ème Relation hors mariage avec une dame Marie Antoinette Adélaïde Fleury, née à Vauréal, Pontoise, Val d'Oise, le 18 mai 1782, Veuve de Sieur Simon Géraut, non remariée, faussement déclarée comme son épouse, décède à Saint-Louis, le 26 novembre 1817, laissant quatre jeunes enfants, deux mois après une fausse couche.

- Charles Marie César Fleury, né à Anvers (Flandres belges), le 7 novembre 1810, décédé à Saint-Louis en octobre 1819 ;

- Laure Fleury, née à Paris, le 2 février 1812, décédée à Saint-Louis, elle aussi en octobre 1819 ;
- Alphonse César « Henri » Fleury, né à Paris, le 27 mai 1813, époux le 12 septembre 1842 de Sophie Anne Emilie Dodds (née le 22 septembre 1820, Sainte Marie de Bathurst, Gambie et décédée le 24 janvier 1845, à Saint-Louis, Sénégal). Il est décédé à Bordeaux, Gironde, le 26 septembre 1880, à la survivance d'un fils unique Charles Théophile Fleury de Lesseps (né le 21 juillet 1843, Saint-Louis, Sénégal et décédé le 31 mai 1928, à Léognan, Gironde, France).
- Gustave Adolphe Fleury, né à Brest, le 01.06.1815, décédé à Saint-Louis, lui aussi en octobre 1819.

Parenthèse : Le premier des deux gendres de Me Picard, Monsieur Jean Dard, avait lui-même un fils naturel avant d'épouser Charlotte, du nom de Théodore Auguste Dard, âgé de 23 ans en 1841, commis-négociant, né le 18 décembre 1817, deux ans à peine avant son union, issu d'une « relation selon la coutume du pays » avec la dame Marie Laisne (née à Saint-Louis, le 14 janvier 1776, y décédée le 16 juillet 1843) et dont l'acte de baptême dressé le 4 septembre 1820 par le Curé Barradère, a été homologué par jugement du tribunal civil de première instance de Saint-Louis, rendu le 28 octobre 1843 (acte ECSL N° 181).

Ce jugement avait été rendu nécessaire pour suppléer à l'indisponibilité de son acte de naissance, comme indiqué dans la requête introductive, parce « *qu'au temps où les françois venaient de reprendre possession de cette colonie et que les lacunes et irrégularités d'une organisation d'administration avaient probablement été la seule cause d'absence de l'acte de constatation de sa naissance* ». Il est signé du président Eugène Delannoise et du greffier par intérim, Anne Nicolas Pierre Jules Juge, qui sera greffier-notaire titulaire 15 ans plus tard, en 1858.

Ce fils aîné de l'instituteur épouse deux semaines plus tard, le 10 novembre 1843 (Acte ECSL N° 183), Mademoiselle Victorine Renaud, née le 20 avril 1826, fille naturelle de la dame Thérèse Renaud.

Curieusement, ce même fils sera déclarant plus de 20 ans plus tard, lors de la naissance du fils naturel d'un autre greffier, Gabriel Armstrong, dans un acte du 21 mai 1841 (N° 70 ECSL), avant sa reconnaissance et légitimation par ses parents, un peu plus de deux mois plus tard.

Alors se pose enfin la question de connaître l'identité réelle de ce pauvre Greffier-Notaire Charles Marie César Picard.

Celle officielle contient nombre de failles ayant permis d'autres spéculations et tout particulièrement celle développée par l'un de ses petit-fils Antoine Fleury, sur le site Généanet.

Selon cette thèse : « *Un officier du Régiment de Picardie, avait une fille de grande beauté, le prince de Conti l'avait remarquée* (et même bien plus que ça puisque) *elle mit au monde un fils, né en 1763 à Paris, rue de Buci, qui fut enregistré sous le nom de Picard* (du nom du Régiment), *pendant que son père et son grand-père étaient en Allemagne, en guerre contre les Autrichiens* » ;

« *Cette fille de grande beauté mourut peu de temps après ses couches et son fils fut élevé par le Prince de Conti, ayant reçu une instruction solide et fait d'excellentes études, dans l'un des meilleurs collèges de Paris, ayant pour condisciple et ami Maret, qui devint Chambellan de Napoléon 1er et qui fut créé ensuite duc de Bassano, lequel le mit plus tard en relation avec le Baron Pain, Secrétaire particulier de l'Empereur, qui fut un de ses plus fidèles amis* » ;

« *Le prince de Conti l'avait fait engager dans un régiment de chevau-légers du roi. Il quitta l'armée, après le 18 Brumaire, dans le grade de lieutenant-colonel. Le nom du prince de Conti revient sans cesse, comme son bienfaiteur, orphelin dès sa naissance, élevé par lui* ».

Voir : Généanet à la page « Charles Marie César Picard » selon les notes de son petit-fils Théophile Fleury.

https://gw.geneanet.org/sschoettel?n=picard&oc=&p=charles+alphonse+marie+cesaire

Selon cette thèse, Charles Picard serait fils naturel du Prince de Conti ayant changé de nom en 1804 pour échapper à la police de Fouché, qui le pensait impliqué dans le complot de Cadoudal contre Napoléon 1er. Et c'est ainsi que Picard serait devenu le citoyen Fleury.

Mais sans que cela ne soit démontré.

Pour finir et à supposer que tel soit le cas, qui était ce prince de Conti ?

La Maison de Conti (ou Conty) est une branche cadette de la Maison de Condé, elle-même issue de la Maison de Bourbon.

Les Conti ont la qualité de « princes du Sang ». La 1ère maison de Conti fut constituée en 1558 pour le 3e fils de Louis Ier de Bourbon (1er prince de Condé), François de Bourbon. Elle tirait son nom de la petite seigneurie de Conti, dans l'actuel département de la Somme, érigée en principauté en 1595. Mais la branche s'éteignit avec la mort sans postérité de François de Bourbon, en 1614. Reconstituée en 1629 pour

Armand de Bourbon, 2e fils d'Henri II de Bourbon-Condé, et se poursuivit jusqu'à la mort en exil de Louis-François-Joseph en 1814. Les 6 princes de Conti, aux alliances prestigieuses (avec une nièce de Mazarin, une fille légitimée de Louis XIV ou leurs cousines Condé ou Orléans), s'illustrèrent par leur rôle politique et militaire, tel François-Louis, proclamé roi de Pologne par la noblesse polonaise en 1696.

Mais ils furent aussi de grands mécènes, protecteurs de Molière, que le prince Armand fait venir à Pézenas, mais aussi de La Fontaine, Diderot, Beaumarchais et Rousseau.

Louis-François (1716-1776), 5e prince de Conti, Grand Prieur du Temple, dans l'enclos duquel il protège les faiseurs de libelles et les Jansénistes, fut un des principaux collectionneurs de son temps.

Louis Joseph, 6e prince de Conti de Bourbon-Condé, Comte de Marche et Lieutenant Général des Armées du Roi, né à Paris le 9 août 1736 et décédé à Chantilly, était le fils de Louis-François, 5e prince de Conti et de la princesse Louise Diane d'Orléans, petit-fils par sa mère de « Mlle de Blois », fille naturelle légitimée de la marquise Attenais de Rochechouart de Mortemart, plus connue sous son autre nom de « Madame de Montespan », célèbre favorite du roi Louis XIV, dont il serait si confirmé, l'arrière-petit-fils, mais tout autant par son grand-père Philippe Charles Duc d'Orléans, lui-même le petit fils du roi Louis XIII.

Si par extraordinaire mais tout à fait possible, cette thèse se trouvait confirmée, alors et sous cette incertaine condition, le Greffier-Notaire Charles Picard « serait » l'arrière-arrière-petit-fils du roi Louis XIV !

Sous toutes les réserves expresses et de droit ... comme il est dans l'usage dans le jargon juridique !

Toujours et à nouveau en référence aux excellentes présentations des archives des notaires du Tarn :

« Selon Michel Jonquet, la 1ère moitié du XIXe siècle est pour le notariat français la période de son apogée. *Les notaires bénéficient en effet des dispositions de la loi de ventôse an XI. Leur inamovibilité garantit leur indépendance et le* numerus clausus *(art. 31) permet de limiter leur nombre, en évitant les excès du temps de l'Ancien Régime ou du début de la Révolution. On peut effectivement constater un premier reflux du nombre d'offices notariaux dans le Tarn : entre 1804 et 1846, 25 études disparaissent après le décès ou la démission de leur titulaire ».*

« Ce n'est pas encore le signe inquiétant d'un déclin démographique, mais plutôt la conséquence d'une volonté de réguler le nombre des

études dont l'augmentation incontrôlée avait inquiété les rédacteurs de la loi de Ventôse. Cette inquiétude apparaît dans l'exposé du conseiller Réal, préliminaire au vote de la loi :

« Le nombre des notaires qui existait alors et qui était déjà reconnu comme beaucoup trop considérable, loin de diminuer, s'augmenta d'une manière exagérée.

« Par ailleurs, dans une société où l'agriculture emploie une grande majorité de la population active (85 % dans le Tarn) et où les campagnes sont surpeuplées, les notaires sont les interlocuteurs privilégiés des propriétaires, qu'ils soient à la tête de grands domaines ou qu'ils soient petits propriétaires exploitants. Le notaire, armé du Code Civil, est garant de la propriété. Il fait partie des notables.

« Dans cette première moitié du XIXe siècle, le notaire a également un rôle financier.

« Dans le domaine du crédit, les notaires auxquels les clients confient leurs économies drainent l'épargne de catégories très diverses.

« Lors de tels crédits, le notaire ne se contente pas d'être un intermédiaire passif entre les clients soucieux de faire valoir leurs fonds et les emprunteurs. C'est lui qui conseille le type de placement, et c'est souvent lui qui choisit l'emprunteur.

« A la fin de la première moitié du XIXe siècle, période d'essor industriel où le besoin de fonds est immense, cohabitent ainsi deux sources de financement, deux réseaux de crédit : l'un par les banques et l'autre par les notaires, le crédit hypothécaire, deux réseaux (…) plus complémentaires que concurrentiels. *Néanmoins, l'essor des banques, les besoins très importants des industriels et les capacités limitées du crédit notarial conduisent à un déclin de celui-ci ».*

§ 2. – Victor Gervais Protais MANGEARD, Greffier-Notaire, Gorée

Rescapé de l'échouage de la frégate « La Méduse » et entré en fonctions à partir du 24 mars 1817, Victor Gervais Protais Mangeard est Greffier du Conseil de Justice de l'île de Gorée, durant 12 années, faisant cumulativement fonction d'Officier de l'Etat-Civil, de Notaire et aussi de Secrétaire privé du Commandant particulier et Administrateur de l'Ile de Gorée, ce dernier étant aussi Président du Tribunal du 2e arrondissement de la colonie du Sénégal.

A. – Le contexte international de 1817 à 1830

1817 – 17 janvier. Guerres d'indépendance en Amérique australe, le général argentin José de San Martín (1778-1850) quitte Mendoza en

Argentine, traverse la Cordillère des Andes vers le Chili et le Pérou à la tête d'une armée de libération. Vainqueur le 12 février avec Bernardo O'Higgins (1776-1842), lors de la bataille de Chacabuco, au Chili ;

1818 – 22 mars. Sir Raffles gouverneur des établissements britanniques en Insulinde, depuis le 15 octobre 1817 arrive à Bencoolen (Bengkulu) au sud-ouest de Sumatra et refuse de céder Padang aux Hollandais.

Il occupe Palembang, position stratégique du détroit de la Sonde qui sera un jour Singapour et il assaille le gouvernement de protestations contre une éventuelle trahison des intérêts coloniaux du Royaume-Uni ;

1820 – Octobre. Guerre entre l'empire ottomanet la Perse. Le chah est aux portes de Bagdad, enjeu majeur en Irak ;

1821 – 7 mai. Le Parlement britannique abolit l'*African Company of Merchants* établie en 1750. Ses possessions en Côte de l'Or (*Gold Coast*, qui deviendra le *Ghana*) sont transférées à la couronne britannique et rattachées au gouvernement de Sierra Leone ;

1822 – Échec de conciliation entre Angola et Brésil, dont la prospérité est fondée en partie sur les richesses des colonies africaines, Angola et Mozambique. Il propose de créer une fédération qui n'aboutira pas, bien qu'ayant pris la relève de Lisbonne, pour monopoliser le commerce des esclaves et édifier des fortunes considérables, dont une partie a servi à la construction de la ville de Luanda ;

1823 – Proclamation de l'indépendance du Mexique, que l'Espagne ne reconnaitra qu'en 1836 ;

1824 – 21 janvier. Guerres anglo-ashanti, le gouverneur anglais du Ghana, Charles Mac Carthy, est vaincu et tué avec six de ses officiers par les Ashanti, à la bataille d'Insamankou ;

1825 – 28 et 31 mai. Le roi de France Charles X obtient du Maroc le statut de nation la plus favorisée ;

1826 – 13 août. Venu de Tripoli (1822), le major britannique Gordon Laing atteint Tombouctou, mais il est assassiné à Araouane, sur le chemin du retour, par ses guides arabes, le 24 septembre. Amadou Cheikhou du Macina s'empare de Tombouctou et y place une garnison

1827 – 26 janvier. Au Pérou, les troupes colombiennes en garnison à Lima se soulèvent pour le maintien de la Constitution colombienne et contre celle bolivienne. Rupture entre Santander, qui soutient les insurgés, et Simón Bolívar. Le gouvernement péruvien démissionne ;

30 avril. Grave incident diplomatique à Alger, lorsque le dey soufflette le consul de France Deval, avec son éventail. L'épisode, fait

suite à des intrigues financières entre ce consul et les argentiers du dey et entraîne la rupture avec la France, qui envoie le 12 juin une escadre organisant le blocus maritime de la ville d'Alger, prélude à sa future occupation ;

1828 – 20 avril. René Caillé, part de Guinée, visite Djenné et arrive à Tombouctou. Il y séjourne déguisé en musulman, puis traverse le Sahara et atteint le Maroc. Ses observations bouleversent la carte d'Afrique. Selon lui Tombouctou compte de 10 à 12 000 habitants et est le principal entrepôt ;

22 septembre. Shaka, roi des Zoulou, est assassiné par ses frères et il est remplacé par l'un d'eux, Dingaan ;

1829 – 12 août. La Grande-Bretagne annexe l'Australie et fondation de la ville de Perth sur la côte est. Elle occupe ensuite la zone de Swan River le 1er juin, craignant un débarquement français ;

14 septembre. L'Arménie turque rattachée à la Russie (traité d'Andri-nople à la suite de l'intervention de la Grande-Bretagne, Kars, Erzeroum et Ardahan sont rétrocédés à la Turquie. 100.000 Arméniens de Turquie passent la frontière en zone russe.

1830 – 30 janvier. Décision d'intervenir en Algérie, suivie le 5 juillet par la prise d'Alger par l'armée française, commandée par le comte de Bourmont. Début de la conquête par la France (1830-1857). L'effondrement du pouvoir ottoman dans le beylik de l'ouest ouvre une période d'anarchie. Habitants de Tlemcen sollicitent protection du sultan marocain Abd ar-Rahman. Envoie son beau-père Moulay Ali ibn-Sulayman et le gouverneur d'Oujda, Idris al-Jirari, qui n'arrivent pas à unir les deux factions rivales de la ville, que sont l'élite citadine pro-marocaine et les Kouloughlis ;

21 juin. Gibraltar devient une colonie de la Couronne britannique et le poste de contrôle stratégique de la Méditerranée occidentale.

B. – En France, ce qu'il s'y passait au même moment

1818 – Elections législatives partielles ou la gauche progresse ;

Mais l'élection aussi, de Benjamin Constant et de Lafayette ;

Formation du ministère Decazes ;

1819 – La gauche l'emporte, Abbé Grégoire, prêtre catholique et figure de la révolution, est élu député ;

1820 – Démission de Decazes et 2e ministère de Richelieu ;

L'élection est remportée par la droite ;

1821 – Décès de Napoléon le 3 mai, en exil à Sainte-Hélène ;

Formation du ministère Villèle le 15 décembre ;

1822 – Congrès de Vérone, Chateaubriand y représente la France contre l'Angleterre et Villèle. Décision d'intervention contre l'Espagne 28 décembre. Chateaubriand promu Ministre des Affaires étrangères ;

1823 – Publication des « Mémoires de Sainte-Hélène » de Las Cases.

Avril, intervention française en Espagne.

24 décembre, dissolution de la Chambre ;

1824 – 16 septembre. Mort du roi Louis XVIII ;

1825 – 29 mai. Sacre du roi Charles X (frère de Louis XVIII) à Reims ;

1826 – 7 avril. Rejet de la loi qui proposait de restaurer le droit d'aînesse

1827 – Avril. Dissolution de la garde nationale. Juillet. Intervention de l'Angleterre, de la Russie et de la France en Turquie. Dissolution de la Chambre et nouvelles élections défavorables à Villèle ;

1828 – 5 janvier. Démission de Villèle. Abrogation de l'autorisation préalable pour la presse (juin) et exclusion de l'enseignement des membres de congrégations non autorisées ;

1829 – 8 août. Formation du Ministère Jule Armand Marie (prince) de Polignac, un ultra-royaliste, fils de la très impopulaire duchesse de Polignac (favorite de la reine Marie-Antoinette) et ancien compagnon d'exil du roi Charles X en Angleterre, qui cumule cette fonction avec celle de Ministre des Affaires étrangères ;

1830 – 23 - 30 juin. Elections législatives en France l'opposition libérale devient majoritaire ;

26 juillet. Publication de quatre maladroites Ordonnances de Saint-Cloud par Charles X, restreignant les libertés individuelles et de la presse et dissolvant la Chambre ;

27-28-29 juillet. Révolution de Juillet à Paris. « Trois Glorieuses » ;

9 août. Louis-Philippe d'Orléans prête serment et est reconnu « roi des Français ».

C. – Et dans la Colonie du Sénégal

Le 17 février 1817 – Après nombre de difficultés et avoir longtemps prétendu ne pas avoir reçu d'instructions précises (dans l'espoir secret d'une reprise d'hostilités qui aurait rendu caduque le traité de Paris), le commandement britannique restitue enfin Gorée à la France.

Le Gouverneur Julien Schmaltz, qui a été généreusement hébergé pendant l'hivernage par Moctar Diop, chef des villages lébous de la presqu'île, en reprend possession pour compte du roi Louis XVIII et elle restera sa possession (puis celle de la république) pendant 143 ans. Jusqu'à la proclamation de l'indépendance de la république du Sénégal.

Comme d'usage, un « *Mémoire du Roi pour servir d'instructions* » est remis au « *Sieur Schmaltz, colonel d'infanterie, commandant et administrateur pour Sa Majesté au Sénégal et dépendances* », avec la particularité de deux documents distincts.

Le 1er est très bref et relatif à la reprise de la colonie, avec en annexe la copie des instructions données par le gouvernement britannique à ses agents à cet effet. Le second, qui est beaucoup plus développé, est relatif à l'administration du territoire.

Sans révolutionner quoique ce soit, les instructions en matière de justice sont en exact prolongement de ce qui précédait, montrant la grande continuité de la politique coloniale au travers des régimes, qu'il s'agisse de Convention, de République de Directoire, de Consulat, d'Empire ou de Restauration, le détail en étant pour l'essentiel la simple duplication de la précédente, même si chaque édition fournit l'occasion d'y apporter des touches subtiles d'amélioration où d'opportunité factuelle.

Celles remises à Schmaltz, sont pratiquement les mêmes que celles de Blanchot en 1807, mais rédigées comme suit : « *La population du Sénégal et la nature des propriétés ne comportent point l'établissement d'un tribunal de justice et ne sont susceptibles que de l'application des règles les plus simples, presque toutes de pure police* ».

« *Les procès ne naissent en général que de quelques contestations commerciales, qui sont jugées sommairement suivant les lois françaises par un* **conseil** (de justice), *composé des chefs des différentes parties de l'administration, présidé par celui de la colonie et ayant un praticien pour* ***greffier***.

« *S'il survient des contestations d'intérêt, et qui tiennent à la propriété ou à la bonne foi dans le commerce, soit entre les naturels du pays seulement, soit entre ceux-ci et les Européens, le Sieur Schmaltz s'adjoindra, pour les décider, le sous-commissaire faisant fonction de contrôleur, et l'officier de garnison de St-Louis le plus élevé en grade, le greffier tiendra la plume. Le jugement sera rendu à la pluralité des voix, rédigé par écrit, avec les motifs ... et il en sera fait dépôt* ».

Ceci démontre une fois de plus combien l'institution de ce Greffier faisant aussi fonction de Notaire, a précédé la mise en place d'un véritable tribunal ayant le caractère d'institution pérenne, autrement que la simple formation circonstancielle décrite ci-dessus.

Mais au-delà de l'énonciation « *les plus simples* », l'autorité savait d'avance que certaines questions s'avéreraient particulièrement complexes lorsqu'elle écrivait « *Pour ce qui concerne la francisation des bâtiments anglais actuellement possédés par les habitants du Sénégal et dépendances, de même que pour tout autre objet ... le colonel Schmaltz se conformera aux instructions et dépêches spéciales qui lui seront adressées par le Ministre secrétaire d'Etat à la Marine* »... parce que ne pouvant être réglées dans la généralité de ces instructions et nécessitant un traitement particulier au cas par cas.

Et dans ces cas-là, le besoin d'un Notaire pour les régler par un contrat s'agissant de propriété de particuliers, singulièrement pour établir sans risque d'équivoque, les « effets relatifs » et « origines de propriété ».

Une autre avancée mais en raison de suspicion, celle de l'état-civil, puisqu'une rubrique particulière lui est consacrée :

« *Les registres de l'état-civil servant à constater les naissance, décès, mariages, etc. ... sont tenus en Europe, par les maires des arrondissements ; mais comme au Sénégal, le maire est ordinairement un habitant, homme de couleur* (sic … et donc défiance), *il est laissé à la disposition du Sieur Schmaltz de les faire tenir, sous une surveillance convenable, par les curés desservant les paroisses ou par des commis d'administration de la marine. Des doubles de ces registres devront être envoyés en France tous les ans, pour y être déposés aux archives ... des Colonies, conformément à l'édit du mois de juin 1776* ».

Pourquoi par des commis de la marine (préposés à la tenue des écritures du ministère de la marine et des colonies), plutôt que de donner clairement compétence au Greffier ?

Quoi qu'il en soit et usant de la latitude qui lui était ainsi laissée, le colonel Schmaltz, a choisi le Greffier plutôt que le Curé.

1818 – 28 janvier. Départ de Saint-Louis de Gaspard Théodore Mollien qui explore Sénégal et Gambie, traverse le Fouta-Djalon avec un âne et un interprète peul et revient par la Guinée portugaise, épuisé par les maladies tropicales, mais riche de renseignements ethnographiques et topographiques. Il est de retour Saint-Louis le 15 janvier 1819 ;

1819 – Arrivée au Sénégal, des Sœurs de St Joseph de Cluny, qui sous l'impulsion de leur fondatrice, la Mère Anne-Marie Javouhey, prennent en charge l'hospice de Saint-Louis et étendent leur mission à Gorée, Dagana, Richard-Toll, Bathurst et Albreda ;

1820 – 6 février. Installation des premiers esclaves noirs américains libérés à Christopolis, au Libéria (pays de liberté) ;

1821 – Baron Joseph-François ROGER, Commandant de Gorée ;

1822 – Décret autorisant des Entrepôts libres à Gorée ;

1825 – Décembre, le noble Sérère Maad a Sinig Amat Diouf Gnilane Faye Diouf, devient roi du Sine ;

1827 – Les Maures du Trarza, s'unissent aux Wolofs pour attaquer les colons français du Waalo, au Sénégal, ce qui en représailles, déclenche une intervention militaire française. La paix ne sera conclue à Saint-Louis que deux ans plus tard, le 25 mars 1829 ;

1828 – Gorée pose de la 1ère pierre de l'Eglise Saint Charles Borromée

D. – Notes individuelles relatives à ce Greffier-Notaire, son parcours

Selon le site « généanet », Victor Gervais Protais Mangeard est né le 17 (où le 18) juin 1775, à Saint-Brice-sous-Rânes, Orne (Normandie, 61150, France), qui comptait 500 habitants à la naissance de Me Victor Mangeard, mais, exode rural oblige, n'en avait plus que 136, en 2020 !

Une toute petite commune donc, qui se trouve à mi-distance entre Caen et Mayenne. Un village situé à 70 kilomètres au sud de Verson, la petite ville où le président Senghor a pris sa retraite et finit ses jours.

Ce modeste bourg composé pour l'essentiel de terres rurales a été l'apanage de la baronnie d'Ecouché, fief des puissants comtes d'Harcourt, l'une des plus anciennes familles normandes, pouvant revendiquer une origine viking et dont le fondateur et Bernard le danois.

Aux temps troublés de la révolution, ses habitants ont été affublés des sobriquets de « patrouillards » et de « culottes jaunes », qui font allusion à la chouannerie et aux guerres de l'ouest, les insurrections paysannes ayant opposé républicains et royalistes, en Vendée, en Normandie et en Bretagne, pour tenter de rétablir la monarchie entre 1792 et 1800.

Il était le fils de Jean Mangeard (Sieur de la Fontaine, de Houlley, né à Joué-du-Plain (1740-1817), commune mitoyenne, Propriétaire (lui-même fils de Guillaume Mangeard, 1713 et de Jeanne Gautier (1716)

et de Marie Gautier, son épouse, née à Saint-Ouen-sur-Maire (1726-1809), autre village limitrophe. Une homonymie Gautier surprenante.

18 avril 1798 : Il épouse Anne Françoise Claire Dufriche des Genettes des Madeleines, née le 10 novembre 1776 à Essay, Orne, y décédée le 8 juillet 1818 à 41 ans, moins de deux ans après le départ de son époux pour le Sénégal. Elle était la fille de François Christophe Dufriche des Genettes des Madeleines (Avocat au Parlement de Rouen, puis juge au tribunal révolutionnaire de Paris, 1742-1795, héritier d'une longue dynastie de noblesse de robe, dont un illustre conseiller du roi) et de Anne Aimée de Broë (1753-1818), son épouse.

De cette union Mangeard/Dufriche des Genettes sont nées deux filles :

- Victorine (ou Victoire ?) Claire Mangeard, née le 2 pluviôse an VII (21 janvier 1799), qui épouse le 14 mai 1827, Monsieur Hyacinthe Brémontier (né en 1795) et décédée en Alger, le 14 mai 1827 à 28 ans ;
- Et Charlotte Aimée Mangeard, née le 10 messidor an VIII (29 juin 1800), qui épouse le 24 août 1825, Monsieur Jacques Gervais Chandon (né en 1785) et décédée prématurément le 6 mai 1829, à moins de 29 ans.

Pas de postérité sur 'Généanet', ni pour l'une, ni pour l'autre.

Me Mangeard avait une sœur aînée Jeanne Marie MANGEARD, 1774-1839 *Mariée le 25 septembre 1794 à Le Ménil-Scelleur, 61271, Orne, Normandie, France, avec* M. Mathurin Toussaint ROUSSE 1767-1835.

Ancien notaire à Argentan (?), ou Boucé (Orne), une modeste commune de 1.500 habitants à son départ, située à 10 kilomètres de son village natal de Saint-Brice-sous-Rânes, qui comptait moins de 500 habitants.

Sous réserve de confirmation, il semble qu'il ait été employé à 24 ans, de la marine royale, en la colonie du Sénégal, en fin d'année 1799 ;

En nostalgie de ce premier séjour (?), il est affecté au Sénégal en 1816, comme Greffier-Notaire du Conseil de Justice de l'île de Gorée et cela jusqu'à la date de son décès, survenu le 22 juillet 1830.

Il embarque comme passager civil sur la frégate « La Méduse », avec son confrère Picard (affecté à Saint-Louis), qui quitte l'île d'Aix (face à Rochefort, Charente-Maritime) le 17 juin 1816, à bord du vaisseau principal d'une flottille composée de quatre voiliers militaires chargée d'acheminer les fonctionnaires et les militaires affectés au Sénégal, ainsi que des scientifiques et des colons (soit 392 personnes au total), pour rallier Saint-Louis du Sénégal, à la suite du traité de Paris, par lequel l'Angleterre rétrocédait cette colonie à la couronne de France.

La frégate la Méduse, était placée sous le commandement du capitaine de frégate Hugues Duroy de Chaumareys et accompagnée de la corvette l'Écho, du brick l'Argus et de la flûte la Loire.

Au nombre des passagers à bord du « vaisseau amiral » la Méduse, se trouvaient notamment le colonel Schmaltz, nouveau gouverneur de la colonie du Sénégal, accompagné de son épouse, le commis de première classe et futur explorateur Gaspard Théodore Mollien, ainsi que l'écrivaine Charlotte-Adélaïde Dard et son père, le greffier-notaire affecté à Saint-Louis, Charles Picard.

René Caillié, un autre explorateur, était à bord de la Loire.

De grandes quantités de matériel avaient été embarquées.

La conduite erratique d'un vieux capitaine et d'un pilote aventureux, provoque le naufrage de la frégate au banc d'Arguin, Mauritanie, le 2 juillet 1816 et il s'ensuivra un scandale retentissant illustré par Géricault.

Le Greffier-Notaire Me Mangeard et son confrère Me Picard, sont au nombre des survivants ayant embarqué avec le capitaine Hugues Duroy de Chaumareys (1763-1841), dans la chaloupe de sauvetage du Gouverneur Julien Désiré Schmaltz (1771-1827).

Après de grandes difficultés de reprise de possession de la colonie du fait de l'obstruction des occupants anglais, le premier acte reçu par lui à Gorée est daté du 24 mars 1817.

Il reçoit le 15 novembre 1817, le Contrat de mariage de Jean-Jacques Alin (natif de la Guadeloupe ayant fait partie du contingent des « antillais » de 1799 et futur maire de Saint-Louis de 1836 à 1848) avec Marie Benis, contenant entre autres dispositions « *l'exclusion du conjoint du partage des biens en présence d'enfants* » et aussi l'engagement pris par l'époux « *de ne pas déplacer sa femme de sa ville natale de Saint-Louis* » " ... comme contraire aux dispositions du Code Civil français.

Il est témoin dans de nombreux actes d'état-civil dont :

1818 : naissance de Amélie Merven (1818-1864) ;

1820 : décès de Joseph Armand François Merven (1776-1820) ;

1820 : mariage de Jean Michel Claude Richard (1787) et Caroline Rose Picard, fille de feu son confrère Charles Picard de Saint-Louis ;

1821 : décès de Louis Alin (1751-1821) ;

1824 : naissance de Anne Justine Henriette Pecarrère (1824-1837) ;

1824 : naissance de Jean René Dupuy ;

1824 : décès de Joseph Tondeur (1797-1824) ;

1828 : mariage de Saint-Luc de Saint-Jean et Anne-Charlotte Langford ;

1829 : mariage d'Armand de Saint-Jean (1803) et Anne Laporte (1813) ;

1829 : naissance de Jean André Samuel Dupuy (1829) ;

1829 : mariage de Jean Dupuy (1805) et Marguerite Hamilton (1810) ;

1829 : naissance de François Cabueil (1829).

Le lecteur relèvera dans ces actes, la présence de patronymes d'origine britannique tels Langford ou Hamilton, qui témoigne si besoin des deux dernières périodes de souveraineté de l'Angleterre en l'île de St-Louis.

Me Mangeard a instrumenté plusieurs actes d'état-civil en relation avec d'anciens déportés de la Martinique en l'île de Gorée et à Saint-Louis.

Dont celui de Monsieur Pierre Féréol (Acte ECG-1827 N° 6), (Vivrier, habitant du Diamant, d'après Fr. Thésée, décédé le 28 juillet 1827 à Gorée, Sénégal, à l'âge de peut-être 40 ans), comme ci-dessous :

« *Aujourd'hui vingt-huit juillet mil huit cent vingt-sept, sept heures du matin, nous Victor-Gervais-Protais Mangeard greffier du tribunal de 1ère instance de l'Ile de Gorée, faisant fonction d'officier public de l'état civil dans le ressort dudit tribunal, sur l'avis qui nous a été donné que Féréol (Pierre) âgé d'environ quarante ans, né à la Martinique, déporté de ladite, fils de ___ et de ___, entré comme indigent à l'hôpital maritime de l'Ile de Gorée, le douze juillet du présent mois, suivant l'autorisation de Mr le commandant particulier de la dite ile de Gorée en date du onze du même mois, y est décédé aujourd'hui à trois heures du matin, nous étant transportés au dit lieu qui nous a été indiqué dans cette maison, avons reconnu que le dit Féréol (Pierre) est réellement décédé, et en présence des sieurs François Dupuy auxiliaire chargé du service du dit hôpital, âgé de vingt-six ans et Armand Laporte propriétaire, âgé de quarante-sept ans, tous deux demeurant en l'ile de Gorée, témoins par nous requis, avons dressé et transcrit le présent acte sur les deux registres de l'état civil de la dite ile de Gorée, que nous avons signé avec les dits deux témoins, après lecture faite, les dits jour et an* ».

Il convient d'expliquer cette affaire des déportés comme suit :

On sait qu'après l'affaire Bissette, qui éclate en décembre 1823, une partie des hommes de couleurs de la Martinique ont été déportés en France mais aussi au Sénégal.

Maître Isambert, leur avocat, rapporte même que certains y seraient morts, selon son expression, « dans les déserts brûlants du Sénégal » (in livre de Françoise Thésée, « Le général Donzelot à la Martinique » et les écrits des principaux accusés comme de cet avocat, permettent de reconstituer les faits sans trop d'incertitude.

Après leur arrestation et une justice coloniale expéditive, ces hommes de couleurs, fortunés pour la plupart, comme représentant « l'élite de leur classe », ont été ballotés même malades de port en port à l'autre, sans rien connaitre du sort qu'on leur réservait ni de leur destination exacte.

Partis de la Martinique le 15 mars 1824, à bord du navire Le Tarn, arrivés à Brest le 19 mai, ils ont été séparés, trente-sept d'entre eux ont été conduits à Rochefort et détenus en rade de l'ile d'Aix, puis embarqués sur le navire Le Chameau le 24 juin, pour être déportés vers le Sénégal.

Durant tout ce périple, leurs avocats Chauveau-Lagarde et Isambert vont s'efforcer d'obtenir l'annulation des décisions du Conseil spécial, en particulier l'annulation pour « illégalité de la déportation », mais n'ont pu obtenir de délai pour les 37 détenus de l'ile d'Aix et débarqués au Sénégal le 14 aout 1824, ils ont été à nouveau séparés, les uns pour Gorée et les autres pour Saint-Louis.

On a écrit depuis le Sénégal le 26 août, *« que les trente-sept déportés de la Martinique sont arrivés dans cette colonie le 14 et qu'ils n'ont qu'à se louer du traitement du gouverneur* » (Monsieur le baron Roger), mais on les y a séparés les uns des autres, onze ayant été conduits à Gorée, et vingt-quatre à Saint Louis.

« Au 30 du même mois et malgré leurs efforts, ces infortunés n'avaient pu trouver moyen de s'employer seulement pour leur subsistance et le pays n'offre aucune ressource, heureux s'ils obtiennent d'être vendus comme esclaves » !

« Un de leurs compagnons, Mondésir, est mort dans la traversée de Saint-Louis à Gorée, et son corps a été jeté à la mer. Les dix subsistant à Gorée sont Pierre Bois, Sainte-Marthe, Armand, Charles Desgrotte, Pierre Ferréol, Joseph Ballon, Remi Bussicher, Tite Pausney, Jean-

Pierre Amédée, François Lacour » (in « Les Déportés de la Martinique au Sénégal », Sylvie Gendrot, 20 janvier 2017.

« Parmi ceux détenus à Saint-Louis, se trouvent Germain Saint-Aude fils, celui-là même qui a été déporté pour son père, Verdet, J. Cadet, Ed. Nouillé, Jean-Michel Dufont, Fréd. Montganier et H. Zenne, qui passaient pour les colons les plus industrieux de la Martinique ».

« Ces malheureux, qui n'ont aucune connaissance de ce qui s'est passé depuis leur embarquement, en dehors du mémoire éloquent de leur avocat et qui ignorent le discours prononcé par le ministre de la marine à la chambre des députés, comptent toujours sur une justice qui leur est due, et qu'ils ne peuvent obtenir, malgré une protection auguste ».

« Finalement Isambert obtient gain de cause en janvier 1825, mais les déportés doivent payer eux-mêmes leur passage sur le bateau qui doit les ramener et l'on comprend que privés de tous moyens de subsistance depuis plusieurs mois, ce soit avec beaucoup de difficulté que seuls certains d'entre eux aient pu repartir ».

« Et en conséquence, seuls 15, font le voyage de retour aux Antilles en 1825, à bord du cutter Le Valentin pour finir leur exil sur l'ile de Sainte Lucie, au sud de la Martinique, ces informations ayant été extraites du rôle d'équipage du Valentin, de la liste des passagers embarqués à Gorée et Saint-Louis le 21 Aout 1825 et débarqués à Sainte-Lucie le 5 Octobre 1825 ». (Source : « Mémoire justificatif des hommes de couleur de la Martinique condamnés » … par Mes Isambert et Bissette)

Me Mangeard est décédé cinq années plus tard à Gorée, lors d'une terrible épidémie de fièvre jaune, le 22 juillet 1830.

Sauf erreur, le cursus de Me Mangeard est probablement le suivant :

1775 : (17 juin) Naissance à St-Brice-sous-Rânes, Orne, Normandie ;

1797 : (???) Achève probablement ses études de droit à Caen, Rouen ou Alençon ;

1798 : (18 avril) Mariage à 23 ans avec Françoise Claire Anne Dufriche des Genettes (21 ans ½) ;

1799 : (21 janvier) Naissance d'une 1ère fille Victoire Claire Mangeard ;

1799 : (fin d'année) Employé de la marine royale, colonie du Sénégal ;

1800 : (29 juin) Naissance d'une 2e fille, Charlotte Aimée Mangeard ;

1808 : (?) Notaire à Argentan, sous-préfecture à 17 km, jusqu'en 1813, ou à Boucé, une modeste commune dans l'Orne ?

1816 : (24 mars) Nommé Greffier-Notaire auprès du Conseil de Justice de Gorée, 2e arrondissement de la colonie du Sénégal ;

(17 juin) Embarque à l'île d'Aix, sur la frégate « La Méduse » ;

(2 juillet) Naufrage au banc d'Arguin, Mauritanie et figure avec son confrère Picard de Saint-Louis, au nombre des rescapés ;

1817 : (24 mars) 1er acte notarié au minutier du greffe-notariat de Gorée ;

1818 : (8 juillet) Décès de son épouse en France pendant son absence, à l'âge de 41 ans ;

1818 : (28 octobre) Greffier-Notaire p. i. pendant 18 mois au Conseil de Justice de Saint-Louis-du-Sénégal, jusqu'au 16 avril 1820 ;

1820 : (9 mai) A nouveau Greffier-Notaire par intérim pendant 3 ans, au Conseil de Saint-Louis-du-Sénégal, jusqu'au 2 mai 1823 ;

1823 : (15 mai) Retour en l'office de Greffier-Notaire à Gorée, Conseil de Justice du 2e arrondissement de la colonie du Sénégal ;

1825 : (24 août) Mariage de sa 2e fille Charlotte, à l'âge de 25 ans, avec Monsieur Jacques Chandon ;

1827 : (14 mai) Mariage de sa 1ère fille Victoire, à l'âge de 28 ans, avec Monsieur Hyacinthe Brémontier ;

1829 : (6 mai) Décès de sa 2e fille Charlotte, pendant son absence, à l'âge de 28 ans et 11 mois ;

1830 : (22 juillet) Décès à Gorée, à 55 ans, lors de la terrible épidémie de fièvre jaune, après 13 ans de séjour à la colonie du Sénégal.

Selon « généanet », il aurait à nouveau été employé dans la marine royale en 1835, mais cela semble impossible puisqu'il est décédé cinq ans plus tôt, sauf à ce qu'il s'agisse d'un homonyme et que tout le cursus de vie présenté ci-dessus s'avère faux ?

Ce parcours de vie interpelle, car pourquoi partir aux colonies au lendemain d'un mariage avec la fille d'un avocat au parlement régional de Rouen pouvant sans doute lui ouvrir quelques portes ?

Employé à la marine en 1799, cela signifie qu'il serait parti en fin d'année, juste après la conception de sa seconde fille, sans même attendre sa naissance le 19 juin 1800 ?

Si ce parcours est juste, qu'aura-t-il fait pendant les 9 années écoulées entre 1799 au Sénégal et 1808 et puis de retour en France (à partir de quand ?), comme Notaire à Argentan de 1808 à 1813 ?

Notaire à Argentan ... S'agit-il d'ailleurs bien du même ?

Et puis, que se sera-t-il passé au cours des quatre années écoulées entre 1813 et son nouveau départ à la côte d'Afrique en 1817 ?

Pourquoi ce départ d'une cité florissante, bien mieux positionnée que la préfecture Alençon, un an avant le décès prématuré de son épouse à 41 ans, alors que ses deux filles n'ont que 18 et 17 ans ?

Pourquoi partir vers ce périlleux Sénégal, de très mauvaise réputation sanitaire (fièvre jaune endémique) et où l'emploi est probablement moins avantageux, sauf importante indemnité d'expatriement et dans ce cas, pourquoi ne se fait-il pas accompagner de sa famille à l'identique de son confrère de Saint-Louis, ou qu'elle vienne l'y rejoindre ?

Cela donne à penser au célèbre poème de Victor Hugo « Oceanox » paru en 1840, dix ans après son décès en la lointaine île de Gorée ou il est enterré et dont ci-dessous quelques-uns des beaux alexandrins :

« Oh ! combien de marins, combien de capitaines ;
« Qui sont partis joyeux pour des courses lointaines ;
« Dans ce morne horizon se sont évanouis ...
« Nul ne sait votre sort, pauvres têtes perdues !
« Vous roulez à travers les sombres étendues ;
« Heurtant de vos fronts morts, des écueils inconnus ;
« Oh ! que de vieux parents, qui n'avaient plus qu'un rêve ;
« Sont morts en attendant tous les jours sur la grève ;
« Tous ceux-là qui jamais ne seront pas revenus !
« On s'entretient de vous parfois dans les veillées ;
« Maint joyeux cercle, assis sur des ancres rouillées ;
« Mêle encor quelque temps vos noms d'ombre couverts ;
« Aux rires, aux refrains, aux récits d'aventures ;
« Aux baisers qu'on dérobe à vos belles futures ;
« Tandis que vous dormez dans les goémons verts !
« On demande : - Où sont-ils ? sont-ils rois dans quelque île ?
« Nous ont-ils délaissés pour un bord plus fertile ? –
« Puis votre souvenir même est enseveli ;

« Le corps se perd dans l'eau, le nom dans la mémoire ;
« Le temps, qui sur toute ombre en verse une plus noire ;
« Sur le sombre océan jette le sombre oubli.

Pourquoi son père a-t-il fait abandon des particules avantageuses de la Fontaine de Houlley, qui complétaient son patronyme ?

Prudence et banalisation, face aux troubles révolutionnaires ?

Parce qu'il avait 14 ans en 1789, on peut supposer qu'en raison de son ascendance de petite noblesse, Me Mangeard était probablement en sympathie avec la chouannerie et que les règlements de comptes consécutifs à la défaite de ce mouvement, l'auront encouragé comme nombre d'autres, à s'éloigner d'un hexagone troublé, sauf à ce qu'il s'agisse pour lui d'une forme de promotion, offerte par la restauration.

Curieux aussi que malgré la distance et la durée du voyage (1 mois), il ne soit pas revenu en France, pour conduire ses filles à l'autel, au jour de leur mariage, le 24 août 1825 et le 14 mai 1827 ?

Le 25 août 1825, il dressait l'acte de décès N° 25 d'un voltigeur au 1er bataillon du 16e régiment d'infanterie légère en garnison en l'île de Gorée, Nicolas Rouvelon, né à Limoges, prouvant qu'il n'est pas aux côtés de sa 2e fille lors de son union et sans savoir s'il y a consenti ?

Le 14 mai 1827, il n'était pas non plus au mariage de la 1ère, car dressant le 30 avril, l'acte de décès (N° 3) d'un matelot danois Pritpeters, ce qui ne lui laissait pas le temps de revenir à temps et ceci est confirmé au vu d'un autre acte de décès (N° 4), daté du 7 juin, celui d'un chasseur du nom de Claude Henry Doyen.

13 années au Sénégal de 1817 à 1830 sans jamais revenir en France ?

Cela semble bien long et dans ce cas, aura-t-il engendré une seconde postérité « à la mode du pays » ?

Pas de trace aux registres des naissances, ni de Gorée, ni de Saint-Louis.

L'étymologie provient clairement de mangeur, ou encore glouton et ce nom se retrouve majoritairement dans les départements français du Maine-et-Loire (commune de Villemoisan), de la Meuse, de la Saône-et-Loire et des Vosges, mais sans que cela ne signifie grand-chose, un ancêtre gros-mangeur ayant pu vivre n'importe où dans l'hexagone, ni surtout n'atteste de l'origine de ce Greffier-Notaire Mangeard.

Il est décédé à Gorée de la terrible épidémie de fièvre jaune le 22 juillet 1830, « en son domicile, à huit heures du matin, après une très courte maladie », ayant nécessité sa substitution au greffe du tribunal depuis le 18 juillet, c'est-à-dire quatre jours seulement auparavant.

Il ne figure aucune mention relative à sa filiation, ni de son veuvage dans l'acte de décès, qui a été dressé sous le N° 32 de l'état-civil de Gorée, par Louis Alphonse Thiesse, commis de marine chargé de l'Inspection, faisant provisoirement fonction de Greffier-Notaire en remplacement du titulaire décédé, qui sera titularisé un mois plus tard pour devenir son successeur.

La déclaration de ce décès a été faite par deux témoins, les sieurs Armand Laporte, âgé de 50 ans (futur maire de Gorée et beau-père des célèbres Messieurs Hilaire Maurel et Hubert Prom) et Pierre Lapolice, propriétaire, âgé de 55 ans, tous deux métis demeurant à Gorée.

Le registre d'Etat-Civil avait été régulièrement arrêté et certifié par Me Mangeard, pour l'année 1829, le 1er janvier 1830 et visé par le commandant particulier, président du tribunal de 1ère Instance de Gorée et aussi par le Gouverneur du Sénégal et dépendances.

E. – Observations relatives à ce Me Victor Gervais Protais Mangeard

Il s'agit du 1er Greffier-Notaire à la résidence de Gorée (2e arrondissement du Sénégal), Greffier du Conseil de Justice, à partir du 24 mars 1817, assurant cumulativement les fonctions d'Officier de l'Etat-Civil et de Notaire, mais aussi de secrétariat particulier de l'administrateur-lieutenant-gouverneur du 2e arrondissement.

Son préambule pour les actes d'état-civil est le suivant : « *Aujourd'hui vingt-sept mai mil huit Cent Dix-Sept devant nous Me Victor-Gervais Protais-Mangeard, Licencié en droit, faisant les fonctions de Greffier pour les établissements français de la côte occidentale d'Afrique à la résidence de Gorée, et chargé par Monsieur le Gouverneur desdits Etablissements, de la tenue des registres de l'Etat-Civil, Est Comparu* ... » (Acte N° 456 du 27 mai 1817).

Il comptait probablement au nombre des rescapés de l'état-major du gouverneur Schmaltz à la suite du naufrage de la frégate « La Méduse ».

En toute logique si l'on en retient les faits ayant pu être vérifiés :

- Par deux « Traités de Paris », du 30 mai 1814 – et après l'épisode napoléonien des « 100 jours » – du 20 novembre 1815, il avait été décidé de la restitution par la Grande-Bretagne à la couronne de France, des deux comptoirs du Sénégal (Saint-Louis et Gorée), conquises durant les troubles révolutionnaires et les guerres napoléoniennes ayant fait suite ;

- Il aura fallu sept mois, pour composer un état-major de reprise de cette colonie, pour y accompagner le « Commandant et Administrateur pour le Roi », le lieutenant-colonel d'infanterie Julien Schmaltz, chargé par le roi Louis XVIII, de sa reprise de possession et composé outre le gouverneur devant avoir sa résidence à Saint-Louis, d'un commandant particulier de Gorée, de la troupe, de l'administration, du greffier du Conseil de Saint-Louis et (très probablement) de celui de Gorée ;

- Une escadre Composée de quatre navires, une frégate « la Méduse », une corvette, « l'Echo » un brick « l'Argus » et une flûte « la Loire », dirigée par le commandant Hugues Duroy de Chaumareys – un vieil officier en retraite ayant perdu la main, rappelé pour l'occasion et s'en remettant aveuglément à un pilote plein d'assurance, Antoine Richefort – a appareillé de l'île d'Aix le 17 juin 1816, avec à son bord le gouverneur, sa famille, son haut-personnel d'état-major et enfin, 250 soldats devant composer la nouvelle garnison chargée de relever les Anglais, à destination du lointain Sénégal ;

- Il en est résulté que le vaisseau amiral « la Méduse » a fait naufrage le 2 juillet 1816, au large de la Mauritanie, huit mois exactement avant la prise de fonctions de Me Protais-Mangeard en l'île de Gorée ;

- Me Charles Marie César Picard, collègue de Me Victor Gervais Protais Mangeard – comme ayant été nommé en même temps que lui-même, greffier au chef-lieu de Saint-Louis – figurait au nombre des passagers ;

- Brereton, le lieutenant-colonel anglais de Saint-Louis ayant refusé de lui céder la place, en prétendant « ne pas avoir reçu d'instructions de son chef McCarthy depuis la Sierra-Léone », il est contraint, avec l'accord de Moctar Diop, chef Lébou de la presqu'île de Cap-Vert, d'organiser un campement précaire à 'Daccard' en attente de rétrocession de Gorée par le lieutenant anglais Mackenzie qui n'intervient que le 25 janvier 1817.

Deux mois à peine avant le 1er acte de Me Mangeard, daté du 24 mars !

Avant même l'institution d'un véritable tribunal civil, il existait à Saint-Louis comme à Gorée, un simple « Conseil de Justice » (sorte de proto-tribunal, dont la première référence trouvée figure dans les instructions au Commandant Laserre (de 1801 à 1802), rapportées comme suit :

« *A l'égard des dispositions judiciaires comme les procès les plus ordinaires ... seront facilement terminés selon les lois françaises, par un conseil composé de chaque partie d'administration présidé par celui de la colonie, auquel sera adjoint un homme de loi rapporteur, faisant fonction de greffier. Ce conseil doit exister dans ce moment* ».

Cet « homme de loi », terme vague et générique, faisant fonction de greffier – professionnalisé dans l'intervalle avant 1817 (date exacte inconnue) – pour assister en sa qualité de praticien du droit, ce qui n'était encore qu'un simple Conseil de Justice, de sa connaissance des lois et de ses compétences en technique rédactionnelle des jugements et contrats.

Cette professionnalisation de la fonction est probablement intervenue au temps d'un des deux prédécesseurs de Laserre, le chevalier de Boufflers (de 1784 à 1788) ou Blanchot de Verly (1er mandat, de 1789 à 1801).

Même si le décret de nomination de Me Mangeard n'a pas été retrouvé, ni celui de Me Picard, Greffier du Conseil de justice de Saint-Louis, il serait illogique que ces deux praticiens du droit, chargés d'assister leurs Conseils de Justice respectifs, aient été nommés séparément.

Tous deux comptaient au nombre des naufragés, de cette plus grande catastrophe maritime du début de 19ème siècle, la preuve en a été trouvée pour Me Mangeard et Me Picard, ce dernier accompagné de sa famille.

Ils ont voyagé sur le navire amiral avec le gouverneur, les deux jouissant d'égalité de traitement, embarqués sur la même chaloupe de sauvetage et arrivés ensemble à Saint-Louis-du-Sénégal en 1816.

Même si elle est peu probable, il existe tout de même une alternative.

Qu'un autre greffier ait été initialement désigné ?

Qu'il n'ait pu, où voulu regagner son poste ?

Que pour toute autre raison, il ne lui ait pas été possible d'embarquer ?

Ou encore, qu'il ait péri dans le naufrage ?

Et que Me Mangeard ait dû être nommé en remplacement ?

Mais tel n'est assurément pas le cas, les deux noms de Mangeard et de Picard, figurant sur la liste des rescapés.

Il apparaît qu'à la suite du naufrage au cours duquel un grand nombre des hommes de troupe a péri après avoir été relégués sur le radeau de sinistre mémoire, immortalisé par le peintre Théodore Géricault, des secours et un contingent de remplacement ont été promptement dépêchés et cela n'aura pas attendu la rétrocession de la colonie par les Anglais.

Il faut savoir que pour l'essentiel, ces soldats étaient des forçats, recrutés dans les bagnes de Brest, Rochefort et Toulon, à qui l'on avait accordé la grâce de s'embarquer pour la colonie pour y former sa défense.

Il ne semble pas que Me Mangeard, ni son confrère Me Picard, n'aient été appelés à témoigner en cours martiale, qui a siégé à Rochefort, du 22 janvier au 3 mars 1817, à la suite de cette catastrophe … et pour cause.

Chaumareys a été condamné à trois années de prison, déchu de son grade d'officier de marine, à ne plus servir et à cessation d'appartenance aux deux ordres de la légion d'honneur et royal et militaire de Saint-Louis.

On retrouve le nom de Mangeard « Greffier par intérim à Saint-Louis », dans le minutier du greffe du Conseil de justice de ce chef-lieu des établissements de la « République française une et indivisible » à la côte occidentale d'Afrique, après les décès de deux de ses anciens titulaires.

- Celui de Charles Marie César PICARD, rescapé du naufrage de « La Méduse », (Greffier-Notaire à Saint-Louis, de fin 1816 au 28 octobre 1818), y ayant vécu jusqu'à son décès le 15 août 1819.
- Et celui d'Etienne LEDUC, ancien avocat à la cour royale de Paris, son successeur Greffier-Notaire à Saint-Louis, du 28 octobre 1818, jusqu'à la date de son décès, survenu le 16 avril 1820.

Ce second intérim, commencé le 9 mai 1820, s'est poursuivi pendant les deux années 1821 et 1822, jusqu'au 2 mai 1823.

Pendant les trois années passées au chef-lieu colonial de Saint-Louis il est substitué dans son greffe de Gorée par Louis Charles Le Roux, commis de marine, puis Adolphe Lejoint (?) Greffier provisoire de l'Ile de Gorée, en octobre 1821 et enfin Jean-Toussaint Alphonse Bourceret, Greffier par intérim, le 18 mai 1822, jusqu'au 30 avril 1823.

Après qu'il ait repris ses fonctions à son retour de Saint-Louis, le premier acte mentionnant le nom de Me Protais-Mangeard au registre de l'état-civil de Gorée 2e arrondissement, est daté du 22 mai 1823.

C'est dès cette reprise de la colonie du Sénégal, qu'apparaissent des actes notariés d'affranchissement d'esclaves, dont ceux rédigés par Me Mangeard, à l'identique de ceux qui sont rédigés aux Antilles et lui servent probablement de modèle, qui génèrent de la jurisprudence et une abondante doctrine.

Madame Hélène Servant, Conservateur du patrimoine et Directrice des archives départementales de Guadeloupe, auteur d'une remarquable contribution sur le thème « *Les archives notariales et l'esclavage* », dans le Bulletin de la Société d'Histoire de la Guadeloupe (N° 148, septembre 2007). Elle y postule que l'édit de mars 1685, couramment appelé « *Code noir* », dispose en son article 44 : « *Déclarons les esclaves être meubles et comme tels entrer dans la communauté, n'avoir point de suite par hypothèque, se partager également entre les cohéritiers, sans préciput et droit d'aînesse, n'être sujets au douaire coutumier, au retrait féodal et lignager, aux droits féodaux et seigneuriaux, aux formalités des décrets, ni au retranchement des quatre quints, en cas de disposition à cause de mort et testamentaire* ».

« *Bien meuble et propriété personnelle de son maître, l'esclave ressortit donc au droit privé, dont le notaire est à la fois le témoin, l'interprète et l'arbitre. Enjeu d'échange à titre onéreux ou gratuit entre particuliers, il apparaît souvent dans les actes de la pratique, qui nous renseignent ainsi indirectement, moins sur l'esclavage en tant que système socio-économique, que sur la population esclave en tant qu'objet, ce qu'elle est et comment elle se comporte. En ce sens, les minutes des notaires illustrent bien la réification* (chosification) *de l'esclave voulue par la loi* ».

« *Les minutes des notaires de Guadeloupe sont conservées en original aux Archives départementales, mais la série à ce jour est loin d'être complète, et elle ne démarre souvent que dans les années 1800, voire 1850 ; outre les destructions dues aux intempéries, à la négligence, il demeure encore aujourd'hui des reliquats de minutiers du XIX*e *siècle que leurs détenteurs rechignent à verser, en contravention avec la loi, du fait précisément de leur contenu relatif à l'esclavage – du moins est-ce le motif allégué, car certaines familles, qui comptent des descendants dans l'île, risqueraient d'être « compromises » ou montrées du doigt, si l'on venait à découvrir leur nom dans des minutes attestant un comportement esclavagiste* ».

« *C'est dire que les sources notariales ne fournissent pas matière à une étude statistique, et que les données qu'elles livrent demeurent de l'ordre du particulier », mais alors quels types d'informations nous fournissent les actes des notaires, ou bien, autrement formulé, dans quels types d'actes trouve-t-on des informations ?* ».

« *Les liquidations de successions donnent lieu à des partages qui soulignent, si besoin était, le statut de meuble de l'esclave. Il peut ainsi demeurer indivis entre les héritiers, ou servir à abonder un lot. De la même manière, par testament, un époux peut léguer au survivant ses esclaves en usufruit, la nue-propriété passant ensuite aux enfants. C'est ce que fait un sieur Gaveau, dont l'inventaire après décès signale trois esclaves à lui laissés en usufruit par sa défunte épouse* ».

« *L'acte d'affranchissement tient lieu d'acte de naissance (art. 57), et l'affranchi jouit désormais des mêmes droits et privilèges que les libres (art. 59). Il s'agit donc à l'origine d'une simple convention de droit privé entre deux parties, qui trouve naturellement sa traduction dans la pratique des notaires. La liberté est soit offerte, soit monnayée* ».

« *Les maîtres replacent l'affranchissement dans le domaine privé sous la forme du désistement ou manumission. Par acte notarié, ils renoncent à leurs droits sur l'esclave, qui devient libre de fait, sans avoir acquitté la taxe. C'est ainsi que le 5 février 1820, le sieur Moreau de Saint-Méry, propriétaire à Basse-Terre, « se désiste de ses droits de propriété et de servitude sur Sophie et Parfaite, sa fille, en récompense de leur fidélité ». On trouve aussi des désistements, sorte de pré liberté accordés par anticipation, avant que la patente ait été totalement payée par l'esclave* ».

« *Les archives notariales, permettent donc de saisir, dans le cadre de pratiques privées, les relations unissant la classe des libres à celle des non libres. En portant le regard sur les minutes passées au cours des mois précédant l'abolition générale, on constate un certain infléchissement dans leur contenu de la part des maîtres, qui tentent de se prémunir contre les conséquences économiques qu'ils redoutent.*

« *On y décèle aussi les stratégies des esclaves pour tenter de s'émanciper, sinon officiellement, du moins de leur vivant, de manière à garantir par des voies détournées, avec la complicité d'affranchis de fraîche date, un patrimoine aussi modique soit-il à leur progéniture* ».

« *Au lendemain de l'émancipation des esclaves on voit petit à petit apparaître dans les actes une nouvelle classe de stipulants qui s'emparent en toute légalité cette fois, du droit à posséder que leur confère leur nouveau statut juridique.*

« *Chaque notaire a sa pratique, ses tics de rédaction, qui rendent ses actes plus ou moins riches. Les minutes rendent compte de comportements privés, personnels, intimes. Elles résultent d'une sélection, car elles ne concernent qu'une frange de la société, celle qui possède et transmet – encore que, on l'a vu, la pratique notariale est beaucoup plus large à l'époque que de nos jours. Elles fourmillent de renseignements d'ordre particulier.*

« Focalisées sur l'individu, elles enrichissent la connaissance généalogique, familiale, et en cela elles constituent un domaine d'étude à la fois complexe, ardu, mais passionnant, et toujours imprévu ».

Le 2e acte dressé par Me Victor Mangeard, le 2 avril 1817 et consulté au minutier du greffe-notariat de Gorée, en est l'exemple type. Il s'agit de l'acte d'affranchissement du nommé « Amarouba ».

« Pardevant Me Victor-Gervais-Protais MANGEARD, Licencié en Droit, Greffier de Gorée ;

« Aujourd'hui Mercredi Deux Avril mil huit cent dix-sept ;

« Est comparue Madame Sophie Mérée, propriétaire, habitant l'île de Gorée, laquelle, en considération de la bonne conduite du nommé Amarouba, son captif et des services qu'il lui a rendu, a par ces présentes déclaré lui donner sa liberté, sa volonté étant qu'à compter de ce jour il soit et demeure affranchi de toute servitude et qu'il jouisse, sous la protection des lois de tous les avantages attachés à la condition d'homme libre ;

« Cet acte d'affranchissement est fait à titre de Donation entre vifs, pure, simple, irrévocable ainsi accepté avec les expressions de la plus vive reconnaissance par le sieur Amarouba pour ce présent et intervenant ;

« Dont acte fait et passé en la maison du Greffe, en présence de MM. Jean-Baptiste Baudin et René Dupuy tous deux propriétaires, habitant aussi l'île de Gorée témoins qui ont signé avec la dite comparante et nous Greffier après lecture faite le dit Amarouba ayant déclaré ne savoir écrire ni signer de ce enquis et de suite ladite dame comparante déclare ne savoir écrire ni signer, aussi de ce requise ;

« Signé : Mangeard – Dupuy et Baudin.

Un autre acte N° 91, daté du 5 octobre 1817, relatif à l'affranchissement du nommé « *Modi nègre poule* (peulh) *âgé d'environ 30 ans* » est dressé à la requête d'une « *dame Thisbé Guiaye, veuve en 1ères noces du nommé Gorba et actuellement épouse du nommé Sénégal, négresse libre demeurant à Gorée chez Madame Anne Roussin* », est rédigé de manière rigoureusement identique, avec par contre la mention d'une origine de propriété du captif, en justification de son droit de l'affranchir puisqu'il « *lui appartient pour l'avoir acheté conjointement avec son mari il y a environ deux ans, du nommé Dimbaya, habitant de Daccar* ».

Rédaction simple, sur une seule page, mettant en scène des protagonistes exclusivement originaires du pays et dans les deux cas, le support juridique utilisé est celui d'un acte de donation entre vifs, d'un bien mobilier incorporel, qui a pour nom la LIBERTE.

Selon Monsieur le professeur Frédéric Charlin, de l'Université de Bourgogne dans « *Une forme de résistance judiciaire à l'esclavage, les actions en affranchissement d'esclaves devant la Cour de cassation* ».

*« L'affranchissement de l'esclave est un acte juridique de nature ambivalente : source d'une liberté civile, cet instrument de régulation du système esclavagiste engendre des problèmes chez les propriétaires et les administrateurs locaux. Comme la manumissio à Rome l'affranchissement de l'esclave n'a pas un visage uniforme : il relève du droit de propriété du maître (dominium) mais se répercute instantanément dans l'état des personnes, du moins lorsque le maître suit les formalités requises par le pouvoir central et local dès le XVIII*e *siècle pour limiter le nombre d'affranchissements, à défaut desquelles l'affranchi n'est pas reconnu à l'état civil ».*

« L'acte d'affranchissement est à l'image du statut juridique de l'esclave dans le Code Noir (Édit de mars 1685), qualifié de bien meuble (art. 44) mais par ailleurs obligatoirement baptisé comme catholique (art. 2) et nourri par son maître (art. 22) ».

« Dans l'ancien droit, la technique de la personnalité juridique est dissociable de l'appartenance à l'humanité : si l'esclave n'a pas de droits, son propriétaire a des obligations envers lui. Un début de personnalité civile n'est attribué progressivement à l'esclave que sous la monarchie de Juillet. Officiellement, l'affranchissement fait naître une personne libre (art. 57), mais l'affranchi ne peut devenir un sujet régnicole tout à fait égal aux autres ».

« L'art. 58 du Code Noir prescrit le respect singulier à l'ancien maître, comme pour l'affranchi à Rome. Exigeant « que le mérite d'une liberté acquise produise en eux [...] mêmes effets que le bonheur de la liberté naturelle cause [aux] autres sujets », l'article 59 oppose la liberté du droit naturel à la liberté civile, comme en droit romain classique ».

« Des liens de dépendance économique et sociale succèdent aux rapports purement domestiques entre les colons et leurs anciens esclaves, bien que l'article 58 ait déclaré les affranchis « francs et quittes envers eux de toutes autres charges, services et droits utiles que leurs anciens maîtres voudraient prétendre, tant sur leurs personnes que sur leurs biens en qualité de patrons ». Les affranchis doivent en

effet, selon ce dernier texte, « porter un respect singulier » à leurs anciens maîtres, à leurs veuves, à leurs enfants, « en sorte que l'injure qu'il leur auront faite soit punie plus sévèrement que si elle était faite à une autre personne ».

« De manière plus générale, les « libres de couleur » (affranchis et leurs descendants) doivent adopter un comportement discret au sein de la société coloniale, comme en attestent la condamnation du luxe vestimentaire, les interdictions d'ordre onomastique, l'exclusion de la noblesse et des métiers juridiques, ainsi que l'interdiction relative d'effectuer des donations ».

« Néanmoins, cette nouvelle catégorie sociale sera perçue à la fin du XVIIIe siècle comme un danger pour la pérennité du système colonial, en raison de son dynamisme économique et de ses revendications d'égalité avec la classe des Blancs. L'esclavage étant bien reconnu officiellement comme « un état violent et contre nature », l'affranchissement rétablit l'esclave dans une liberté dont le droit positif colonial l'a privé ».

« L'affranchissement est un acte sous seing privé ou un acte notarié, toujours d'origine domestique, alors que sa réglementation progressive le transforme en acte administratif au XVIIIe siècle. Les possessions coloniales forment un monde clos où la puissance des planteurs est plus ou moins contenue par les administrateurs royaux. Les juges des conseils supérieurs et les colons entretiennent des liens étroits, voire familiaux. Une telle concentration du pouvoir patrimonial et politique dans les mêmes mains garantit le respect de l'ordre public local, au nom du bien commun de la France ».

« Certains cas légaux d'affranchissement montrent parfois que la libération de l'esclave n'est que la conséquence d'un autre acte juridique. La loi prévoit que l'esclave désigné comme légataire universel, nommé exécuteur testamentaire ou encore tuteur des enfants du maître est réputé affranchi de plein droit (art. 56 CN) ».

« En réaction à la proximité affective de certains maîtres avec leurs esclaves, l'Église incite à officialiser la paternité d'enfants issus de ces mauvaises unions. La libération de l'esclave procède tantôt de la confiance du maître envers un tuteur potentiel pour ses enfants, tantôt de volonté de réunir parents et enfants. Autre motif d'affranchissement, le consentement du propriétaire au mariage de son esclave avec une femme libre, une union dont les enfants naîtront libres ».

« Cette présentation juridique ne doit pas masquer la réalité sociale d'affranchissements bénéficiant essentiellement aux esclaves domestiques (« nègres de maison ») et aux esclaves urbains, spécialisés dans le commerce ou l'artisanat (parfois appelés « nègres à talents »), qui peuvent se révéler encore plus utiles après leur libération ».

« Au début du XVIIIe siècle, la question de la disponibilité en main d'œuvre servile commence à inquiéter les autorités locales, qui remettent en cause les affranchissements de facilité. Ce durcissement est confirmé par Versailles qui exige une autorisation administrative préalable dès 1713, justifiant des enquêtes sur les affranchissements accordés en fraude afin de les annuler rétroactivement, mais en vain. Le contrôle a posteriori de l'affranchissement ne suffit pas ».

« L'âge du maître requis pour affranchir passe de 20 ans à 25 ans et une permission écrite du gouverneur et de l'intendant est désormais exigée. Les taxes locales sur l'affranchissement apparues vers 1740 sont confirmées par la métropole en 1745 ».

« Le contrôle de l'affranchissement se poursuit en dépit de modifications mineures, alors que les périodes de guerre propices à la fraude et à la clandestinité imposent des vérifications rigoureuses. Malgré l'abandon des taxes nationales, le pouvoir domestique reste la source d'une pratique discrétionnaire des affranchissements ».

« L'affranchissement des esclaves suscite des revendications opposées, mais également fondées sur le droit naturel : la liberté et la propriété. Initialement, la liberté civile est seulement accordée, c'est-à-dire octroyée à l'esclave par un acte domestique. Mais la seule décision du maître ne suffit plus, car il doit obtenir l'autorisation des administrateurs de la colonie, acquitter un impôt et remplir d'autres formalités, ce qui incite les colons récalcitrants à faire des affranchissements dissimulés ou irréguliers ».

« Apparaît une nouvelle catégorie d'esclaves appelés libres de fait (« libres de savane » à la Martinique), en réalité esclaves sans maître dépourvus de la fameuse « patente », titre officiel de liberté. Sous la monarchie de Juillet, l'application des lois et ordonnances de réforme de l'esclavage par la jurisprudence civile ramène peu à peu ces affranchis irréguliers vers la liberté civile, au nom du droit naturel. Lié au bon vouloir du propriétaire, l'affranchissement de l'esclave se détache du pouvoir domestique dans des cas déterminés, jusqu'à devenir un véritable « droit à la liberté ».

« Préparant graduellement mais dans l'ambiguïté la disparition de l'esclavage, le régime de Louis-Philippe essaie de montrer l'exemple, prenant l'initiative d'affranchir les esclaves des ateliers publics. Le contexte économique et politique pousse à légaliser la pratique du « rachat » de liberté par le biais du pécule de l'esclave, que le maître laisse en pratique à sa disposition ».

« La loi officialise une pratique moralement condamnée au début de l'esclavage colonial, mais désormais politiquement souhaitable ».

« L'évolution décrite jusque-là s'inscrit dans un large mouvement de personnalisation juridique de l'esclave entre 1830 et 1848, aux multiples inspirations. Cette étape de transition est un peu méconnue car reposant sur l'utilisation judiciaire du Code Noir en faveur des esclaves et des libres de couleur ».

« Elle est pourtant essentielle dans la réduction d'une institution coloniale avant sa suppression. Les esclaves cités dans les affaires mentionnées apparaissent comme de véritables acteurs, contre l'image de passivité et d'ignorance qui leur est souvent accolée ».

« La Cour de cassation gardienne des lois élabore une jurisprudence dite « civilisatrice », favorable à la liberté civile des affranchis en situation irrégulière et à la réunion des familles d'esclaves séparées illégalement par la volonté domestique ».

« Les effets juridiques de l'affranchissement doivent parfois s'articuler avec le statut mobilier de l'esclave. La Cour de cassation aborde en 1841 le problème des esclaves de culture compris dans une hypothèque d'habitation (fonds, terre et esclaves), dont certains ont été affranchis par testament, n'étant dès lors que libres de fait.

« En l'espèce, le créancier hypothécaire estimait que ces affranchissements rendaient la valeur du bien grevé insuffisante et le tribunal de Cayenne les avait déclarés nuls car réalisés en fraude par un maître insolvable. Ce jugement avait été infirmé en appel au motif que si des esclaves immeubles par destination peuvent être détachés de l'hypothèque par la volonté du débiteur, « on ne saurait invoquer ultérieurement les dispositions [du Code civil] sur un ordre de choses en prévision duquel elles n'ont pas été faites ». L'esclave a un double statut juridique, en tant que bien meuble et personne non libre (après 1830) ; son propriétaire ne peut utiliser dans l'absolu sa valeur « mobilière » au détriment de l'esclave en tant que personne ».

Le Procureur général invite les magistrats à ne pas s'y méprendre : « Le Code civil statue sur ce qui est soumis à des règles générales, sur ce qui se trouve dans le droit commun, sur ce qui, en un mot, est l'objet journalier des transactions [...] ; ne cherchons pas à [...] appliquer [aux esclaves] nos règles générales, surtout si, par suite d'une assimilation dégradante pour l'espèce humaine, cette application pouvait tourner [à leur] détriment. ».

« La Chambre des requêtes déboute le créancier sur le fondement de la bonne foi du maître qui pouvait s'estimer solvable, car « l'événement postérieur d'une adjudication faite à vil prix [...] au profit du demandeur en cassation, ne saurait enlever aux esclaves le bénéfice d'un affranchissement fait de bonne foi par un testateur alors placé dans un état d'opulence ».

« La Cour de cassation écarte ainsi une règle de droit commun dont l'application aux esclaves n'est pas envisageable, car remettant en cause l'affranchissement dans une matière dite « favorable ».

« Le statut d'esclave n'étant pas favorable, d'où les moyens donnés aux affranchis irréguliers pour défendre leur liberté civile ».

L'article 3 de l'Ordonnance royale du 10 juillet 1768 disposait « *que tous les actes d'affranchissement soient faits au siège du Greffe, ou passés pardevant Notaires. Dans ce dernier cas, l'expédition de l'acte de liberté doit être déposée au greffe et soit que ledit acte ait été fait devant Notaire, ou au Greffe du siège, il y sera fait mention que les formalités* (d'état-civil et autres, à l'effet de le rendre opposable), *prescrites par la présente ordonnance et celles qui l'ont précédée ont été observées* ».

§ 3. – Etienne LEDUC, en 1818 à Saint-Louis

Etienne LEDUC, est nommé Greffier du Conseil de justice de la colonie française du Sénégal, exerçant la fonction d'Officier de l'état-civil (cumulativement avec celle de Notaire), en remplacement de son prédécesseur Charles Marie César Picard, à la résidence de Saint-Louis, chef-lieu. Il inaugure ses fonctions le 28 octobre 1818.

Le contexte international et celui de France sont identiques à ce qui prévaut lors de la prise de fonctions de Me Victor Mangeard, à Gorée, les deux étant contemporains et il en sera d'ailleurs de même du suivant, avec seulement quelques précisions relatives à la colonie du Sénégal.

A. – Colonie du Sénégal

Une Ordonnance royale du 22 novembre 1819 est venue préciser « l'organisation de la justice dans les colonies françaises », dont quelques extraits ci-après :

« *Louis par la grâce de Dieu, Roi de France et de Navarre*.

« Vu l'arrêté du Gouvernement du 29 Prairial An VII (18 Juin 1802) relatif à l'administration de la justice dans les colonies françaises » ...

« Attendu la nécessité de compléter le plus tôt que faire se pourra, ce qui a été commencé à cet égard : Sur le rapport de Notre Ministre, Secrétaire d'Etat de la Marine et des Colonies.

« Nous avons ordonné et ordonnons ce qui suit » :

« Art. 4. Voulons en conformité du droit public des Français qu'à dater du jour de l'enregistrement de la présente ordonnance dans nos colonies (il soit disposé comme suit) :

« Art. 6. (Mise en place d') une organisation Judiciaire aussi rapprochée que le permettra la différence des localités, de (celle de) Métropole ...

« Art. 8. Notre Ministre Secrétaire d'Etat de la Marine et des colonies est chargé de l'exécution de la présente ordonnance ». Donné à Paris, le 22ème jour de Novembre, l'an de grâce 1819, et de notre Règne le 25ème. Signé : Louis. Par le Roi Signé : Baron Portal.

C'est dans ce cadre succinctement redéfini, que fonctionne dorénavant le système judiciaire en la colonie du Sénégal et dépendances.

B. – Notes individuelles concernant ce Greffier-Notaire

Me Etienne LEDUC prend fonction à Saint-Louis on s'en souvient, à la suite de la destitution de son prédécesseur Me Charles PICARD.

Son identité relevée sur un autre acte du 15 octobre 1818 (N° 785), figure ainsi « *Etienne Leduc, avocat à la cour Royal* (sic) *de Paris, greffier du conseil~~le~~* (sic, les deux dernières lettres sont barrées) *civil judiciaire des établissements françois, côte d'Afrique à Saint-Louis du Sénégal, faisant les fonctions d'Officier de l'Etat-civil* ».

Dans un autre acte du 13 janvier 1919, il est mentionné : « *Pardevant moi Etienne Leduc, Avocat près la Cour Royale de Paris greffier de la Colonie française du Sénégal, Côte occidentale d'Afrique, en cette qualité exerçant les fonctions de chef d'état-civil en la ville de Saint-Louis, Chef-lieu de Colonie, et y résident soussigné* ».

Il a eu la charge de régulariser un certain nombre d'actes figurant au registre paroissial, pendant le bref séjour d'un prêtre portugais pendant l'année 1805 et restés en souffrance durant la période d'occupation anglaise, pendant laquelle le registre des natifs de l'île n'était plus tenu.

Il en est ainsi de l'acte de 'bâtème' de Marie-Louise née le 21 juin 1802, fille de Jacques Labouré, négociant et de Marie-Anne Bonteur, ses parrain et marraine étant Jean et Louise Langlois de Saint-Paul et cet acte est signé du parrain et du prêtre, Pierre Manoel Jose Maria Ferreira.

Pour rappel, c'est lui qui a établi l'acte de décès de Charles Picard (N° 659), où il est mentionné « ex-Greffier », le 15 août 1819 comme suit :

« *Aujourd'hui quinze août mil huit cent dix-neuf, quatre heures de relevée, au greffe du Conseil de Justice de la Colonie du Sénégal, Côtes occidentales d'Affrique (sic), et Pardevant nous Etienne Leduc, Greffier dudit Conseil, exerçant en cette qualité les fonctions d'Officier de l'Etat-Civil de la Colonie, résidant en la ville de l'île de Saint-Louis, Chef-lieu. Sont comparus Sieur François Thomas, européen français et marchand et Sieur Jean Michel Claude Richard, autre européen français, Jardinier-pépiniériste du gouvernement de la Colonie, tous deux demeurant à Saint-Louis. LESQUELS nous ont déclaré que Mr. Charles Marie César Picard, ex Greffier de la Colonie, âgé de cinquante ans environ, européen français, veuf de ----- Décédée, avec laquelle Il a été marié à la Mairie du onzième arrondissement de Paris, est décédé ce jour d'hui deux heures de relevée en la maison de la Signare Hélène La Brüe, de suites de maladie et nous nous sommes transportés en ladite maison, ou on nous a représenté un corps mort de sexe masculin, qu'on nous a dit et que nous avons reconnu être celui de Mr. Picard, dont et de quoi nous avons dressé le présent Acte, que les témoins et nous avons signé après lecture faite. Signés Thomas, Richard et Leduc* ».

Cet acte de décès témoigne lui aussi de sa déchéance, car dans le respect de la qualité des déclarants, restés au nombre de ses derniers amis, leurs fonctions de « marchand » et de « jardinier-pépiniériste », ne sont pas à parité de rang avec celle de l'état-major qui honorait ce même Picard, de signature de procès-verbal de conseil de guerre, dix ans auparavant, le 28 juillet 1809 et les mentions « ex-Greffier » et « en la maison de la Signare ... » confirment cette perception de disgrâce.

Rappel tout de même de la manière dont il qualifiait la tenue de registre d'état-civil par ce prédécesseur dans une requête au commandant datée du 18 janvier 1820, c'est-à-dire d'il y a tout juste sept mois dans ces termes « *ce qui nous prouve que cette partie de l'état-civil des citoyens, a été négligée de manière plus que scandaleuse, le greffier ne peut de son propre mouvement réparer ces manquements* » !

Il est l'auteur des mentions peu flatteuses qui figurent au registre de l'état-civil, pour qualifier ces manquements de son malheureux prédécesseur, sur instructions probables du commandant du poste.

Cela ne lui aura pas porté bonheur, puisqu'il devait décéder à son tour à peine huit mois plus tard, le 16 avril 1820.

Son dernier acte est daté du 7 avril 1820 et le suivant du 16, jour de son décès et rédigé ainsi, « *Pierre Dubois, Maire de la ville, faisant fonction d'officier d'état-civil par intérim, après le décès du Sieur* ***Etienne Leduc****, Greffier du Conseil de Justice de la colonie du Sénégal, né à Enghien, Montmorency, le 5 mars 1762, marié à Paris où il a sa femme et deux filles légitimes, rue du Gros Chenêt N° 8, demeurant en cette ville de Saint-Louis, quartier du Nord, est décédé ce jourd'hui, à quatre heures de relevée en sa maison d'habitation, sise en ladite ville* ».

1820 (24 mai) Victor Gervais Protais MANGEARD, Greffier par intérim du conseil de justice de la colonie française du Sénégal, en cette qualité faisant fonction d'officier de l'état-civil en la ville de Saint-Louis, puis à Gorée et cet intérim s'est poursuivi pendant toute l'année 1921, jusqu'au 2 mars 1922 (acte N° 7).

Il s'agit du même Me Victor Gervais Protais Mangeard titulaire du greffe notariat de Gorée, 2e arrondissement, venu assurer un intérim.

Cet intérim est ensuite prorogé et se poursuivra encore durant 3 années, jusqu'au 2 mai 1823.

C. – Pour complément, à la Colonie du Sénégal

Il est extraordinaire de relever l'évolution politique réalisée en deux années, entre les instructions remises au colonel Schmaltz et celles contenues dans la très longue lettre du Ministre de la Marine à son successeur, le capitaine de vaisseau Lecoupé, le 30 juin 1820, en constatant l'échec des entreprises de colonisation agricole du royaume du Walo, par préférence aux terres bien plus fertiles de l'Almamy des peulhs fouta et par ailleurs les moyens militaires et financiers considérables, qu'il eut fallu mobiliser contre les graves désordres qu'il avait occasionné, pour tenter d'imposer en s'abusant, une politique sans véritables espoir de la voir acceptée par les « naturels du pays ».

Une réflexion tout à fait remarquable pour parvenir à penser une politique coloniale de moyen et long terme, avec définition d'un nouvel humanisme, l'objectif étant de « *faciliter le succès des seules vues qui conviennent à la France : c'est-à-dire le succès d'une colonisation uniquement basée sur l'indépendance, la liberté, la bonne volonté des indigènes et sur l'amélioration réelle et progressive de leur sort* ».

« *En un mot, ou les indigènes sont disposés à entrer dans nos vues, où ils n'y sont pas disposés ... et dans ce cas, peut-on sérieusement se flatter de parvenir à coloniser et à civiliser les rives du Sénégal, malgré leurs habitants, par l'appareil ou l'emploi d'une force européenne* » ?

« *Dans une telle situation, montrer des forces supérieures à ce qu'exige le besoin ... ce serait irriter au lieu de calmer, ce serait nourrir une guerre envenimée là où nous ne pouvons ni prospérer, ni nous soutenir que par la paix. Notre but serait manqué* » !

« *Nous devons au contraire ... prouver que notre intention n'est point de léser les droits d'autrui, mais seulement de maintenir les nôtres et d'améliorer par la culture notre colonie du Sénégal, en améliorant, en même temps, les conditions de tous ceux des naturels qui voudront, ou concourir à nos entreprises, ou en exécuter de semblables pour leur propre compte* ».

« *Nous n'imposerons point la civilisation à des peuples tels que ceux qui occupent les rives du Sénégal, on peut les y préparer ... on n'impose point, on ne contraint point ... il est possible de les y amener avec de l'habileté, de la modération et de la justice ... c'est ce que j'aperçois de plus solide, de plus prochain même, dans les espérances que laisse le Sénégal et c'est beaucoup* ».

« *La même dépêche renferme l'énoncé des dispositions qu'il a plus à Sa Majesté d'adopter en vue de la répression de l'odieux trafic connu sous le nom de traite des noirs et à celles des mesures que mentionne ladite lettre, il faut ajouter l'établissement d'une flottille armée sur le fleuve, qui tout en protégeant la navigation et les cultures, offrira encore une garantie contre les tentatives de traite* ».

« *Il ne me reste plus qu'à vous recommander en me résumant, de vous attacher constamment à faire aimer et honorer dans nos établissements d'Afrique le Roi et la France, de maintenir par tous moyens ... le strict respect de la loi et la bonne administration de la justice, de prévenir par la vigilance la plus exacte et la plus étendue et, au besoin de faire poursuivre et punir sans aucun ménagement l'affreux trafic connu sous le nom de traite des noirs ... vous répondrez ainsi à la confiance que le roi a daigné vous accorder et vous mériterez de nouveau témoignages de la satisfaction de Sa Majesté* ».

Ces instructions confidentielles de l'humaniste qu'était le baron Portal, Ministre de la Marine de 1818 à 1821, au seul usage du gouverneur, étant internes et n'ayant certainement pas vocation à être divulguées, on ne peut douter de leur sincérité, tout en étant frappé par l'énorme changement culturel opéré par la restauration, par comparaison avec l'idée que pouvait s'en faire l'Empire napoléonien fort heureusement défait, dans une compréhension d'opportunité coloniale.

Le Ministre Pierre-Barthélémy Portal d'Albarèdes baron Portal, né le 30 octobre 1765, à Montauban et mort le 11 janvier 1845, à Bordeaux, est un homme politique issu d'une famille protestante de Guyenne.

Ministre de la Marine, il permet à la France de retrouver une marine digne par une politique de relance des constructions navales, de décuplement de l'armement et d'augmentation budgétaire, aboutissant à une flotte de 240 bâtiments en 1822, dont 46 vaisseaux et 34 frégates.

Armateur, il avait créé en 1789 une maison de commerce sous la dénomination *Portal, Larroder et Cie*. Membre du Conseil, puis de la Chambre de Commerce de Bordeaux lors de sa création (1803), il est ensuite ministre de la Marine et des Colonies, de 1818 à 1821. Il a également été juge au tribunal de commerce, maire de Bordeaux et député pour le commerce de Bordeaux.

Nommé par Napoléon maître des requêtes en 1813, député de Tarn-et-Garonne en 1818, pair de France, régent de la banque de Bordeaux, baron héréditaire par lettres patentes de 1818, baron-pair héréditaire par lettres de 1821.

Son petit-fils (fils de sa fille Adèle, 1798-1875), le comte puis marquis Pierre Henri Stanislas d'Escayrac de Lauture (1826-1868), explorateur français, écrivain érudit, rendu célèbre par le récit de ses voyages, en Egypte tout d'abord, où il devient l'ami de Ferdinand de Lesseps et se fait promoteur du canal de Suez et plus tard en Chine, fait prisonnier en 1860, suite au sac du palais d'été, torturé et mutilé par les mandarins.

L'un de ses arrière-arrière-petit-fils, sera professeur à l'université de Dakar plus d'un siècle plus tard, à la fin des années 1970.

D. – Notes individuelles concernant ce Me Etienne LEDUC

Etienne Leduc, Greffier du Conseil de Justice de la colonie du Sénégal, à partir du 6 octobre 1818, à la suite de la destitution de son prédécesseur Charles Picard, Etienne Leduc n'aura exercé que 18 mois.

Sauf possible erreur sur la personne, il est né à Enghien-Montmorency, Val d'Oise, le 5 mars 1762, à douze kilomètres au nord de Paris.

Selon la même source, il est le fils de Jean François Leduc (Grand voyer du duché d'Enghien Marguiller, né en 1711 et décédé le 22 septembre 1788 à 77 ans) et de Madeleine Leguillier, il est le 11e des 12 enfants de son père et le 7e et avant-dernier, issu de sa seconde union.

Un voyer est un fonctionnaire en charge de la voierie et équipements.

Il s'était marié semble-t-il à Paris, où vivaient sa femme et leurs deux filles légitimes, rue du Gros Chenêt N° 8 (selon son acte de décès), mais aucune trace de ce mariage ni de descendance, sur le site « généanet ».

Il est témoin le 13 janvier 1783 (à 21 ans), lors du mariage de son frère Nicolas, Restaurateur à Epinay-sur-Seine, en Seine-Saint-Denis, avec Madame Marie Anne Hederlin. Il est présent aussi à 26 ans, lors de l'inhumation de son père à Montmorency, le 23 septembre 1788.

Il arrive au Sénégal à l'âge de 56 ans, relativement tard pour l'époque.

Il semble qu'il ait fait fonction de greffier de la commission militaire, qui jugea et condamna à mort le 20 mars 1804, Louis-Antoine-Henri de Bourbon, duc d'Enghien, né à Chantilly le 2 août 1772, de sorte qu'il puisse être fusillé le lendemain, après que Napoléon l'eut fait enlever au château d'Ettenheim, à quatre lieues de Strasbourg, sur le territoire de Bade (en Allemagne), par une escouade de gendarmes le 15 mars. Mais sans qu'un greffier ne puisse interférer en quoi que ce soit.

« *Le Gouvernement arrête que le ci-devant duc d'Enghien, prévenu d'avoir porté les armes contre la République, d'avoir été et d'être encore à la solde de l'Angleterre, de faire partie des complots tramés par cette dernière puissance contre la sûreté intérieure et extérieure de la République, sera traduit devant une commission militaire composée de sept membres nommés par le général gouverneur de Paris et qui se réunira à Vincennes. Fils du prince de Bourbon et petit-fils du dernier prince de Condé* », ce duc d'Enghien, n'était que soupçonné d'être au nombre des commanditaires de complots royalistes, ayant attenté à la vie du 1er consul Napoléon Bonaparte.

Un véritable assassinat politique instrumentalisé en forme judiciaire, consécutif à des intrigues et des accusations sans preuves, dont le récit est dans « *Les mémoires d'Outre-Tombe* » de Chateaubriand.

Trois ans avant sa venue au Sénégal, une Ordonnance du Roi, rendue au palais des Tuileries, le 2 novembre 1815, sous l'intitulé LOUIS, par la grâce de Dieu, roi de France et de Navarre, sur le rapport de notre garde-des-sceaux de France, ministre secrétaire d'État au département de la justice, nous avons ordonné et ordonnons ce qui suit : … le sieur Etienne Marie Michel LEDUC, est nommé juge-suppléant au tribunal de première instance de Corbeil, département de Seine-et-Oise , en remplacement de … et nous accordons audit sieur Leduc les dispenses de la représentation du diplôme de licence en droit ».

Cette ordonnance est signée LOUIS, Par le Roi, Le garde-des-sceaux de France, ministre secrétaire d'État au département de la justice, Signé, Marbois, mais sans qu'il n'ait pu être vérifié s'il s'agit du même.

S'il s'agit du même, il n'était donc pas licencié en droit et à la différence du Greffier Mangeard, il s'abstient de faire mention de ce titre (qu'il n'a donc probablement pas) dans son préambule d'actes.

En 1818, Me Leduc est avocat, officier de l'état-civil et témoin lors du décès de Mme Adélaïde de la Ferrière, née le 16 décembre 1786 à Gorée, Sénégal, y baptisée le 11 mars 1787 et décédée le 27 octobre 1818 à Saint Louis, à l'âge de 31 ans, qui était la fille d'Aimé de la Ferrière et de Rosalie AUSSENAC (métisse saint-louisienne, 1765-1828) et demi-sœur des Valantin (2e union de sa mère), dont le célèbre Durand Valantin, qui sera trente ans plus tard, le 1er député du Sénégal.

Dans le préambule d'un acte supplétif et collectif d'actes de décès (N° 632 ECSL) rédigé par lui le 13 janvier 1819, il se qualifie « *d'Avocat près la Cour Royale de Paris, greffier de la Colonie française du Sénégal, Côte occidentale d'Affrique, en cette qualité exerçant les fonctions de Chef de l'état-civil, en la ville de St. Louis, Chef-lieu de la Colonie, et y résident, soussigné* ».

Me Leduc était témoin le 15 août 1819 dans l'acte de décès de son prédécesseur, le Greffier Charles Marie César Picard (acte N° 659 ECSL) et en 1820 dans celui de mariage de son gendre Jean Dard avec sa fille Charlotte Picard.

Le 21 août 1819, dans un acte de décès du Sieur Malivoire (acte N° 660 ECSL), il est « *greffier du Conseil de Justice et officier de l'état-civil de la ville de Saint-Louis* ».

Le greffier Leduc est décédé à Saint-Louis le 16 avril 1820, 18 mois à peine après sa prise de fonctions en sa maison d'habitation de Saint-Louis-du-Sénégal, quartier du Nord, à quatre heures « de relevée ».

Son décès est cité comme suit dans les Annales maritimes et coloniales, année 1821, 1er supplément au Nécrologe des Fonctionnaires et des

Officiers du Département de la Marine et des Colonies pour l'année 1820 en page 1058 6e alinéa : « *Etienne Leduc, greffier à Saint-Louis (Sénégal), né à Enghien-Montmorency, le 5 mars 1762, mort à Saint-Louis le 16 avril 1820* ».

E. – Observations diverses relatives à ce Greffier-Notaire LEDUC

En Afrique Occidentale, les deux premiers tribunaux de droit français ont été ceux de Gorée et de Saint-Louis, réorganisés par ordonnance du 7 janvier 1822, celui de Gorée étant antérieur à celui de Saint-Louis.

Une Ordonnance du roi Louis XVIII, du 7 janvier 1822, institue une nouvelle organisation judiciaire plus spécifique au Sénégal, que celle antérieurement applicable à toutes les colonies, dont quelques extraits ci-après : « ***Louis par la grâce de Dieu, Roi de France et de Navarre****. Nous étant fait rendre compte de l'état actuel de notre justice dans notre colonie du Sénégal et dépendances, nous avons reconnu que si d'une part, les usages suivis jusqu'à présent et de l'autre, le petit nombre des habitants et des procès, ne permettent pas d'y introduire entièrement les formes et les tribunaux établis en France, il est, cependant, nécessaire de préparer un meilleur ordre des choses, et de régulariser l'organisation judiciaire, suivant les besoins des localités et sans s'écarter des anciens usages et règlements qui ont eu jusqu'à présent force de loi dans le pays* ».

« *Vu notre ordonnance du 22 novembre 1819 concernant l'organisation de la justice dans les colonies françaises ; Sur le rapport de notre ministre, secrétaire d'état de la marine et des colonies, nous avons ordonné et ordonnons ce qui suit* » :

« *Des tribunaux d'instance : Art. 1er. Il sera établi dans la ville de Saint-Louis un tribunal de première instance, qui connaîtra (sauf les exceptions à l'article 6 (matières correctionnelles), de toutes les affaires civiles ... Art. 2. Il sera composé a) d'un président, b) de quatre notables habitans, savoir 2 Européens et 2 indigènes, ces quatre juges seront nommés par le commandant et administrateur pour deux ans seulement et renouvelés par moitié chaque année, sur une triple liste de candidats, à la présentation du président, qui est par ailleurs personnellement et spécialement chargé de ...* » ......

« *Art. 4. Le tribunal actuellement établi à Gorée, pour cette île et pour les territoires qui en dépendent est maintenu. Il sera composé du commandant particulier, du principal employé de la marine, et d'un notable habitant, désigné chaque année par le commandant et administrateur pour le roi, sur une triple liste de candidats présentés par le commandant particulier de Gorée. Ce tribunal aura dans son ressort, les mêmes attributions que celles qui sont conférées au tribunal de St-Louis, par l'art. 1er, sauf en matière criminelle. Art. 5. Un greffier sera attaché au tribunal de St-Louis et un autre à celui de Gorée. ......*

Art. 10. Il y aura pour notre colonie du Sénégal et dépendances, un Conseil d'Appel établi à Saint-Louis.

Ceci confirme l'antériorité de celui de Gorée sur celui de Saint-Louis et que le Conseil d'Appel, n'est institué qu'à partir de 1822.

Art. 11. Ce Conseil sera composé a) Du commandant et administrateur pour le Roi, président ; b) De l'officier de l'administration de la marine chargé du service ; c) De l'officier commandant l'infanterie ; d) De l'officier du génie et de l'artillerie le plus ancien, présent à Saint-Louis ; e) De deux notables habitans, désignés par le commandant et administrateur, pour remplir ces fonctions pendant deux années. Le contrôleur où à son défaut celui désigné par le commandant, remplira les fonctions de ministère public. Le greffier près le tribunal de Saint-Louis, fera les fonctions de greffier du Conseil d'Appel ».

Il est par ailleurs fait rappel, que les articles 5, 6 et 7 de l'ordonnance du 22 novembre 1819, ont prescrit la proposition d'un règlement plus particulier, devant être établi par le commandant et soumis à l'approbation royale, pour tout ce qui ne serait pas réglé dans la présente ordonnance.

« *Art. 23. Traitements : Président du Tribunal de Saint-Louis, 6.000 fr. par an ; Greffier de Saint-Louis, 2.000 fr. ; Greffier de Gorée, 1.500 fr., sans préjudice pour ces deux derniers de leurs émoluments, suivant les tarifs, comme greffiers, notaires et officiers d'état-civil. Art. 24. Il pourra être établi un huissier près le Tribunal et le Conseil d'Appel de Saint-Louis, si notre commandant et administrateur le juge opportun et il y est d'ores et déjà autorisé sauf notre confirmation s'il y a lieu* ».

« *Notre ministre, secrétaire d'état de la marine et des colonies est chargé de l'exécution de la présente ordonnance. Donné en notre château des Tuileries. Le 7e jour du mois de janvier de l'an de grâce mil huit cent vingt-deux et de notre règne, le vingt septième* ».

Une justice rendue par des militaires, totalement inféodée à l'exécutif et à l'armée, devant fonctionner sur dotations ad minima, les notables locaux étant probablement désignés non pas seulement à la discrétion, mais à la dévotion du commandant, dans précarité de très faible durée, le greffier de Saint-Louis ayant avantage financier sur celui de Gorée, ce qui explique les promotions ultérieures de Gorée vers Saint-Louis.

En préambule à cette ordonnance, un rapport introductif traçait utilement le contexte historique d'époque :

« *Le Sénégal (c'est-à-dire Saint-Louis) appartient à la (couronne de) France depuis 1763 (fin de la guerre de sept ans contre l'Angleterre).*

Il lui a été cédé par la compagnie des Indes occidentales qui fut alors révoquée. Les Anglais s'emparèrent en 1758 du Sénégal (Saint-Louis) et de Gorée. Ce dernier établissement nous fut restitué par le Traité de 1763 et le 30 janvier 1779, les Français reprirent le Sénégal. En 1800, les Anglais s'emparèrent à nouveau Gorée et le 14 juillet 1809, du Sénégal. Ces établissements ont été rendus en 1814, mais la France n'en a repris possession que le 25 janvier 1817, (à la suite du naufrage au banc d'Arguin, côte de Mauritanie, de la frégate « La Méduse » acheminant les Commandants, et tout l'état-major de ces deux postes, qui sont placés depuis lors sous règlementation de nos ordonnances ».

« *Le Traité de Paris du 30 mai 1814, rendit à la France les colonies qu'elle possédait au 1er janvier 1792, à l'exception de Saint-Domingue, de Tobago, de Sainte-Lucie, de l'île de France (Maurice) et des Seychelles. Ces colonies ne pouvaient pas comme la métropole, être assujetties à un régime uniforme, les intérêts et les besoins, les usages et les mœurs, la diversité des couleurs et des castes, les croyances, les préjugés, sont autant d'obstacles, que viennent augmenter encore, la distance qui les séparent de la mère patrie et la difficulté de communications promptes et rapides, ainsi la charte de 1814 (constitution du 22 Frimaire An VIII, prévoyait l'organisation de chacune par senatus consulte organique, c'est-à-dire, des règlements particuliers. Et c'est ainsi que des ordonnances rédigées avec soin commencèrent à introduire dans nos colonies, une organisation judiciaire initiant les colons aux formes adoptées par la métropole* ».

Ce n'est qu'à partir du 7 janvier 1822, que les deux arrondissements de Saint-Louis et de Gorée, disposent enfin d'un véritable service public de la justice, distinct des précédentes « *formations administratives à compétence judiciaire* », dans l'amorce d'instauration du principe de séparation de pouvoirs entre l'exécutif et le judiciaire, à l'identique de ce qui se met prudemment en place relativement au pouvoir législatif, grâce à l'intervention consultative du Conseil colonial.

Ceci démontre par ailleurs l'antériorité d'implantation d'un Greffe-Notariat lequel a précédé la mise en place d'une véritable institution judiciaire, à la colonie du Sénégal et dépendances.

Il est remarquable par ailleurs de constater, qu'il n'y ait pas encore de véritable juridiction d'appel devant garantir le principe du double degré de juridiction, la composition du « *Conseil d'Appel* » tel qu'institué aux articles 10 et 11 de cette Ordonnance ne pouvant en tenir lieu.

En raison d'une part, de sa composition purement administrative, ceux-là même qui sont choisis parmi les « notables habitants » l'étant à la convenance (c'est-à-dire à la souplesse d'échine ?) du commandant et administrateur, mais aussi en l'absence de l'inamovibilité dont doivent jouir les magistrats pour garantie de leur indépendance.

§ 4. – Jean-Marie François MALO, en 1822 à Saint-Louis

Me Jean Marie François MALO, succède à Me Etienne LEDUC à partir du 1er avril 1822, « *au greffe-notariat du conseil de justice sis en l'Ile de Saint-Louis* ».

Le contexte international dans lequel s'inscrit cet exercice, reste le même que celui dans lequel évolue son contemporain le greffier Mangeard en l'île de Gorée et son prédécesseur Leduc à Saint-Louis.

A. – France, ce qu'il s'y passait à ce moment-là

Les remous politiques consécutifs à l'assassinat du duc de Berry, la démission du ministre d'Etat, comte Elie Decazes, duc de Glücksbierg, la formation d'un deuxième ministère Richelieu, l'élection législative remportée par la droite, le virage conservateur au moment du décès de Napoléon et la formation consécutive d'un ministère Villèle le 15 décembre 1821, rendent complexe la claire définition d'une politique, les ministères rencontrant beaucoup de difficultés à faire approuver les orientations proposées par la chambre et encore plus à en faire voter les crédits. Le roi Louis XVIII meurt le 16 septembre 1824 et son frère Charles X lui succède « *Le roi est mort, vive le roi* ».

B. – En la Colonie du Sénégal

Cette époque est celle du célèbre baron Roger, celui qui aura attaché son nom à une réelle ambition agricole pour le Sénégal, ayant absorbé l'essentiel de son énergie.

Dès le début de la lettre d'instructions qui lui est remise le 9 janvier 1822, l'orientation de sa mission est clairement définie « *si quelques doutes avaient pu être conçus, relativement à la ferme intention qu'à le Gouvernement d'encourager de tout son pouvoir l'établissement et le développement de la culture des denrées coloniales au Sénégal, votre nomination devrait suffire à elle seule pour les dissiper.*

« Coloniser est en effet le grand but de votre mission, le reste de vos fonctions, tout importantes qu'elles sont, peut, en quelque sorte, n'être considéré que comme moyens d'arriver à cette fin essentielle ».

C'était la mission de Schmaltz et mieux définie, celle de Lecoupé, mais sans grand résultats, les tentatives du premier requérant la mobilisation de moyens militaires s'étant soldées par des désordres et celles du second, quoique de persuasion humaniste, sans véritable avancée.

Par préférence à tout autre développement, le commentaire de l'action de ce gouverneur, sera livré par Me ***Sylvain Sankalé***, qui mieux que tout autre s'en est fait l'observateur de talent, dans son ouvrage précité « ***A la mode du pays*** » : « *Roger reprit avec rigueur et une organisation toute scientifique, les essais agricoles qu'il avait déjà tenté sur l'habitation de Koïlel, et qui répondaient à l'intention fermement dessinée du gouvernement de ne plus se hasarder dans des entreprises de grande envergure sans de solides expériences préalables* ».

C'est ce baron Roger, qui devait distinguer avec acuité le potentiel que pouvait offrir le Sieur Jean-Claude Richard, jardinier en chef de la colonie, en lui confiant la création et la direction d'un périmètre d'horticulture, à une centaine de kilomètres de Saint-Louis, auquel il donnait le nom de « Richard-Toll » (jardin de Richard) en ouolof, tout en lui précisant fermement ou se trouvait l'urgence.

Selon Me Sankalé « *En juin* (1822, le baron Roger) *écrivait à Richard, pour lui reprocher de ne s'être occupé que de maçons et de charpentiers, le priant de laisser ces gens-là perdre un peu de leur temps et que les cultures avancent.* Et citant le gouverneur « *C'est là le principal, le reste n'est qu'un accessoire dont je me soucie non plus que de la dernière case en paille* ».

Nommé commandant et administrateur général des établissements français d'Afrique par le baron Portal le 26 juillet 1821, il relayait ainsi fidèlement les instructions contenues dans sa lettre de mission, dont l'édition avait été retardée par la mise au point des détails de son projet de colonisation horticole, mais aussi par le remaniement ministériel intervenu en décembre 1821.

Le marquis et 5e duc de Clermont-Tonnerre ayant été nommé ministre de la marine et des colonies, dans le ministère Villèle depuis décembre en remplacement du baron Portal, c'est donc sous la plume de ce dernier qu'il lui en était précisé l'économie le 9 janvier 1822.

Toujours selon Me Sankalé « *Roger s'intéressa particulièrement à la pistache de terre ou arachide, qui produit une huile qui lui semblait d'excellente qualité, voie dans laquelle le ministère, par une dépêche du 18 août 1824, l'encouragea vivement, en lui communiquant un mémoire d'un Monsieur d'Arras sur la question, et en suggérant que cette culture devrait très bien réussir dans les terres hautes du pays, puisqu'elle venait à merveille dans les terres les plus arides de l'Inde* ».

El l'on sait l'essor que devait prendre la culture de cette légumineuse, jusqu'à devenir pendant plus d'un siècle, l'essentiel de la production nationale, culminant à plus de 1,45 million de tonnes par an, premier exportateur mondial en 1960 et près de 80 % des recettes d'exportation.

« *Il ne s'agissait pas seulement de produire, encore fallait-il transformer et donc concevoir des industries. Là-encore l'activité de Roger était débordante, égrenage du coton, fabrication de l'indigo, il discutait, concevait des prototypes, améliorait les machines qui lui étaient envoyés de France, communiquait avec les fabricants, les sociétés savantes. Ses ressources étaient inépuisables, Roger homme d'action, mais également homme de réflexion, pouvait tout aussi bien se préoccuper des conceptions botaniques de son temps, et notamment des albums de flore publiés* » (Sankalé).

L'ordonnance royale du 22 novembre 1819 (au « § 3 Etienne Leduc » qui précède), précise « l'organisation de la justice dans les colonies françaises », a été complétée et même remplacée en ce qui concerne le Sénégal, par une nouvelle ordonnance du Roi, en date du 7 janvier 1822, réglant au Sénégal tout ce qui concerne l'organisation judiciaire.

Sans rien révolutionner, cette ordonnance confirmait la composition du tribunal de 1ère instance de Saint-Louis, composé d'un président gradué et de quatre notables habitants, sans ministère public et un « *Conseil d'Appel* » au chef-lieu, composé du gouverneur président, de quatre fonctionnaires publics désignés par l'ordonnance et de deux notables habitants, le contrôleur y remplissant les fonctions du ministère public.

Toutefois, il était rappelé au successeur du baron Roger, le Sieur Gerbidon, nommé pour assurer l'intérim le 10 avril 1827, que l'article 21 de cette ordonnance, relatif à « *l'application au Sénégal des différents codes de la métropole, en tout ce qui peut convenir aux localités ... et chargeant le président du tribunal de 1ère instance de*

Saint-Louis de préparer un projet de règlement sur l'application de ces codes pour tous les points non réglés par l'ordonnance elle-même ».

Codes, civil, du commerce, du notariat, de procédure civile, pénal, d'instruction criminelle ... vaste programme et l'on doit comprendre que ce travail herculéen n'ait pas été achevé en cinq mois.

L'année 1922 est aussi l'époque de l'arrivée au Sénégal, d'un autre très « grand homme », la mère Anne-Marie Javouhey « *conduisant quatre religieuses vêtues de la longue robe bleue et coiffées du voile noir, qui débarquent pour la première fois sur la petite île de Gorée* » (Maurice Maillard, « *Gorée la Française* »), pour y entamer l'œuvre de la congrégation des Sœurs de Saint-Joseph de Cluny.

Elle concrétisait ainsi sa vision de vingt-deux années plus tôt à Besançon « *Je croyais voir une multitude d'enfants, pauvres, malades, pleurants et se recommandant à moi en me tendant les bras, ce qui me frappait surtout, c'était une multitude de noirs, hommes, femmes et enfants, qui m'appelaient Ma Chère Mère et ils étaient si malheureux, que l'expression la plus vive m'en est toujours restée, tandis qu'il me semblait entendre : Ce sont les enfants que Dieu te donne* ».

« Alors que je ne savais pas qu'il existait des hommes noirs et diverses couleurs, ni si un jour j'étais appelée à leur faire quelques biens et ces noirs porteraient sur leurs épaules, des outils de travail des champs ».

Même si elle n'aura passé que très peu de temps à la colonie du Sénégal, elle restera toujours au cœur de ses préoccupations, s'activant efficacement depuis la métropole et la Guyane, maison d'éducation, un petit hôpital et un orphelinat, aucune des détresses de ce monde ne sera laissée à l'abandon, par l'immense capacité de conviction et d'entreprise de ce personnage d'exception.

C. – Notes individuelles concernant Me Jean-Marie François MALO

Très peu d'informations disponibles, concernant ce greffier-notaire Jean-Marie Malo, qui n'a passé probablement que cinq (?) années au Sénégal (d'avril 1822 ? à janvier 1827 ?), si ce n'est celles trouvées dans les actes de naissance de ses deux fils, Hyppolite et Claude :

L'aîné, Hyppolite Malo est né à Saint-Louis, le 5 mai 1823 (N° 9 de l'E.C.S.L. du 6 juin 1823), selon sa déclaration et il en ressort :

- Que cet acte a été dressé par un Sieur Félix Auguste Champneuf « *greffier provisoire à l'effet du présent, nommé par ordonnance de Monsieur le commandant et administrateur du Sénégal et dépendances, en cette qualité remplissant les fonctions d'officier de l'état-civil* ».

- Qu'y est comparu le sieur Jean-Marie François Malo, « *greffier de l'île Saint-Louis, âgé de 27 ans* », (ce qui signifie né vers 1796) et qu'il y a « *déclaré que de sa cohabitation avec la signare Marie-Pierre, habitante indigène de ladite île, âgée de 23 ans, il est né le 5 mai dernier, un enfant de sexe masculin, qu'il entend reconnaître par le présent acte et auquel il a donné le prénom d'Hypolite* ».

- L'acte est dressé « *en présence de MM. Hypolite Berryer, capitaine commandant la place de St-Louis et Hypolite Narcisse Mille, négociant.*

Le second, Claude Hector Malo est né à Saint-Louis, le 20 juillet 1826, ainsi que cela résulte des mentions dans les actes de ses deux mariages successifs, le 4 novembre 1848 (N° 337 ECSL) et le 14 septembre 1861 (N° 7 ECSL), mais son acte de naissance (ou de reconnaissance), probablement postérieur, n'a pu être retrouvé, ni consulté.

Lors de son 1er mariage en 1848, il est traitant et mentionné comme « *fils de Jean-Marie François Malo, et de la* (même) *dame Marie-Pierre Fablot, ainsi que cela résulte d'un acte notarié, en date du 28 mai 1827, passé pardevant Me Pierre Delaroque, alors Greffier par intérim, remplissant les fonctions de Notaire à la résidence de Saint-Louis, pour lui tenir lieu d'acte de naissance, par lequel* (son père), *alors greffier des tribunaux de Saint-Louis, l'a reconnu pour son fils, comme étant né de son union suivant les usages du pays* ».

Il épouse en premières noces, la demoiselle Eléonore Michel, née à Saint-Louis, le 22 septembre 1824, fille de feu Jacques Nicolas César Michel, en son vivant mécanicien-horloger européen établi à Saint-Louis et de feue dame Michelle Guibson, habitante indigène.

Au nombre des 4 témoins à cette union, figure Théodore Auguste Dard, qui est le fils du gendre de l'ancien Greffier-Notaire Charles Picard, prédécesseur médiat vingt ans auparavant, du Greffier-Notaire Malo.

Dans cet acte de mariage, il est précisé que son père « *n'a pu être appelé à donner son consentement* (au mariage de son fils), *en raison de son absence …* (au sens légal du terme), *car vers l'année 1827, l'ex-greffier est parti pour France et que depuis cette époque, il n'y a plus de nouvelles de lui et qu'il en a été dressé acte de notoriété par*

Me Gilbert Breghot de Polignac, Greffier des tribunaux en cette île Saint-Louis, y exerçant les fonctions de Notaire, le 3 novembre 1848 ».

Dans un acte N° 102 ECSL du 21 mai 1854, il est fait mention de ce second fils de l'ancien greffier, Claude Hector Malo, dont la profession est d'agent distributeur du magasin général, demeurant à Saint-Louis et y intervenant comme témoin.

Lors de son 2e mariage, en 1861, il est employé au magasin général de la marine et « *Il épouse la demoiselle Clémence Nanette d'Erneville, née à St-Louis, 9 novembre 1835, fille de feu Jean-Baptiste d'Erneville, en son vivant commerçant à S.L. ou il est décédé le 9 novembre 1853 et de la dame Marie-Pierre Valantin restée sa veuve. Les témoins sont des amis de l'époux et parents de l'épouse, Jacques Miller d'Erneville, 41 ans, Nicolas d'Erneville, 35 ans, Pierre Valantin, 37 ans, tous trois commerçants et Louis Joseph Sacray, 42 ans, horloger* ».

Lors de ce mariage, il se dit « *veuf en 1ères noces de la dame Eléonore Michel, fille de feu Michel et de feue Michelle Guibson, décédée à 32 ans à Saint-Louis, le 1er novembre 1859, où elle était née* (vers 1827), *en son domicile à Saint-Louis, rue d'Alger* » (Acte N° 525 ECSL).

Il n'est rien ajouté concernant la qualité de sa mère la dame Marie-Pierre Fablot, de son statut « *d'habitante indigène* », de sa profession, « *d'union selon les usages du pays* », ni de ses date et lieu de naissance, si ce n'est qu'elle est présente et consentante lors de chacune des deux unions et qu'elle « *ne peut signer pour ne savoir le faire* ».

Lui non plus n'est donc pas issu d'une union légitime, le second mariage étant célébré le 14 septembre 1861, 35 années après la date de cessation de fonctions de greffier-notaire de son père et de son probable départ du Sénégal (début 1827 ?), juste après la naissance de ce 2e fils, le 20 juillet 1826 et sans qu'il ne soit prouvé qu'il soit décédé, comme étant âgé d'environ 65 ans (né vers 1796) au jour de cette union.

Pas grand-chose donc, si ce n'est qu'il a dû arriver à Saint-Louis vers 25 ans, qu'il était célibataire et a eu tôt fait d'y faire affaire, sans hésiter un seul instant à reconnaître sa paternité envers chacun de ses deux enfants.

Il s'y ajoute que les règles d'incompatibilité ont été respectées et qu'un substitut a été spécialement désigné au seul effet du deuxième acte, par décision de l'autorité compétente.

Le prénom d'Hyppolite était très populaire puisqu'il s'y retrouve par trois fois (avec un seul « p ») dans cet acte, alors que la « signare » (compagne de Malo) n'est nommée que par son seul prénom.

Le 30 octobre 1823, en sa qualité de « greffier de l'Ile Saint-Louis du Sénégal, remplissant les fonctions d'officier de l'état-civil », Me Malo dresse l'acte de décès du Sieur Nicolas René Durécu.

Chevalier de la Légion d'Honneur, il était né à Vanves près de Paris, le 3 juin 1760, (ancien soldat au bataillon d'Afrique, ayant généreusement logé le gouverneur Schmaltz et sa famille, à la suite du naufrage de la frégate « La Méduse »), son décès étant survenu en son domicile à Saint-Louis, « *sur la déclaration des Sieurs Jean Georges Lezongar et Alphée Dutil, tous deux commis-négociants* » (selon notes de Joré, p. 337).

Le 28 août 1825 – « *Remplissant les fonctions de notaire* », il reçoit un acte d'obligation souscrite par les « *Sieurs Jean Michel Dupond, François Maugarnier, Borry, Florestant, Annaclaite, Voltaire, La Fontaine, Chasteau, Angel, Pierre Michel Marigot et Jean-Charles, tous déportés de l'île de la Martinique, lesquels ont déclaré devoir à MM. Valantin et Cie.* (le puissant M. Durand Valantin, qui 23 ans plus tard, sera le premier député du Sénégal à l'assemblée), *négociants à Saint-Louis, ci présents et acceptants, la somme de sept mille francs, argent de France, pour prêt de pareille somme qu'ils leur ont précédemment fait sans intérêt, en présence de Mr François Pellegrin, Maire de Saint-Louis, en bonnes espèces de monnaie ayant cours, leur ayant servi pour quinze cent francs, à acquitter diverses petites dettes contractées dans la Colonie pour vêtements, logements etc. et pour les cinq mille cinq cents francs restants, pour le payement des frais de passage pour leur retour aux Antilles à raison de cinq cents francs chacun* ».

« *Pour sûreté du payement de ladite somme de sept mille francs, les emprunteurs ont cédé et transporté par les présentes à MM. Valantin et Cie. avec toutes garanties de fait et de droit et jusqu'à due concurrence et parfait payement, toutes les sommes qui doivent leur être comptées par le Gouvernement français ainsi qu'il en aurait pris l'engagement et que M. Isambert, Avocat à Paris, s'est chargé de recouvrer sur l'exhibition des présentes, suivant lettre missive en date à Paris du 17 mai 1825, par laquelle ils ont été autorisés à faire tel emprunt, en conséquence ils donnent dès à présent tous pouvoirs audit Me Isambert pour recevoir lesdites sommes du Gouvernement où de tous autres qu'il appartiendra, en donner quittance, et en faire la remise jusqu'à concurrence de sept mille francs à MM. Valantin & Cie. ou à leurs représentants* ».

« *Dont acte* »,

« *Fait et passé au Greffe de l'île Saint-Louis du Sénégal, le vingt août mil huit cent vingt-cinq en présence des sieurs François Pellegrin, maire dudit Saint-Louis, Pierre Delaroque* (qui a très souvent fait fonction de greffier et de notaire intérimaire) *et Louis Sacre, marchands, tous trois majeurs, domiciliés et demeurants en cette île de Saint-Louis, témoins à ce requis, lesquels ont signé avec lesdits sieurs comparants et nous greffier, sauf les dits sieurs Annaclaite, Voltaire, La Fontaine et Jean Charles qui ont déclaré ne savoir écrire ni signer de ce requis après lecture faite* ».

Sur le site « généanet » il peut être consulté un acte de décès daté du 15 janvier 1784, d'un François Malo, né en 1711, greffier d'Haudonville, en Meurthe et Moselle (à mi-distance entre Nancy et Epinal), y décédé le 15 janvier 1784, à l'âge de 73 ans.

Il aurait pu s'agir d'un grand-père, à l'origine d'une vocation, car son fils François, né en 1741, maire en 1787, décédé le 28 mars 1812, père d'un François Nicolas Malo (1789-1854), marié le 9 juin 1813, à Vallois, avec une dame Marguerite Bregeat (1792-1851) est bien un contemporain, mais clairement n'ayant pas exercé au Sénégal.

Le nom de Malo vient du prénom Malo qui est certainement dérivé des termes celtes "mac'h" et "lou", dont le sens serait "otage" et "lumière" et qui a donné son nom à la fière cité bretonne de Saint-Malo.

C'est avec la découverte des Amériques et le développement des échanges avec les Indes, que Saint-Malo prend son envol et s'enrichit considérablement, proclamant même pendant 4 ans son indépendance.

Les armateurs deviennent plus nombreux et des personnages font sa renommée, tels Jacques Cartier découvreur du Canada, les corsaires qui harcèlent les marines marchandes et militaires, tels Duguay-Trouin, puis un peu plus tard Robert Surcouf. Avec 218 expéditions négrières aux XVIIe et XVIIIe siècles Saint-Malo figure au 5e rang des ports français ayant pratiqué le « *commerce triangulaire* », après Nantes (1.714), La Rochelle (449), Le Havre (441) et Bordeaux (419).

En revanche, Malo-les-Bains (en néerlandais : Malo-Aan-Zee) est une ancienne commune du département du Nord, dans l'agglomération de Dunkerque (dont elle est dorénavant un quartier), créée en 1891 par détachement de la commune de Rosendaël.

Tout ce que l'on en sait (pour le moment), est qu'il n'aura été en fonction qu'un peu plus de quatre ans, de mai 1822 à septembre 1826 et qu'il aura servi aux côtés du célèbre et très actif baron Roger, avant de disparaître sans plus jamais donner de nouvelles au début de 1827.

Il semble bien que ce départ n'ait pas été préparé et que l'autorité ait été placée dans une situation de fait accompli, la contraignent à mettre en place des palliatifs d'urgence et cela pose la question de savoir s'il ne se serait pas rendu coupable de malversations ou autre délit ?

Ce qui expliquerait qu'il ait pu abandonner ainsi ses enfants et « n'ait plus jamais donné de nouvelles » …

E. – Observations relatives à Me Jean-Marie François MALO

« *Pardevant nous ... Malo, Greffier dudit conseil faisant fonction d'officier de l'état-civil* », cet exercice se poursuit durant l'année 1823 jusqu'au 30 août 1824, ou son dernier acte porte le N° 37, puis reprise le 17 juillet 1825 (Acte N° 34), jusqu'au 26 avril 1827 (Acte N° 17).

L'acte N° 18 de ce registre, du 24 mai 1827 est passé devant Pierre Delaroque, Greffier par intérim.

Observation est ici faite qu'au même moment, à Gorée, le 6 août 1824, le registre des actes de l'état-civil de la petite île comporte cette mention :

« *Je soussigné Victor-Gervais-Protais-Mangeard, Greffier du tribunal de première instance de l'île de Gorée, faisant les fonctions d'officier public de l'état-civil dans le ressort du dit tribunal, Certifie que les actes et notes de l'état-civil ci-dessus, ont été fidèlement extraits de l'ancien registre de l'état-civil de l'île de Gorée antérieur à la reprise de possession en 1817, lequel registre m'a été remis au commencement de mon service par M. le Maire de Gorée et est resté, depuis cette époque, déposé aux archives du Greffe* » ;

« *Je Certifie en même sens l'exactitude des observations faites en tête de la présente copie sur l'état actuel de cet ancien registre original, dans lequel le premier feuillet existant est côté quinzième a subi encore quelques nouvelles altérations, par une suite nécessaire de la transcription, et vérifications qui en ont été faites* ». « *Gorée, le six août mil huit cent vingt-quatre* ». « *Mangeard, Greffier* ».

----------------- vient ensuite cette mention -----------------

« *Aujourd'hui six août mil huit cent vingt-quatre, dix heures du matin, pardevant nous, Gaud-Aimable Hugon, Capitaine de frégate en activité, Chevalier de l'ordre royal et militaire de Saint-Louis, Officier de celui de la Légion d'Honneur, Commandant particulier, Président du Tribunal de première Instance en l'île de Gorée, s'est présenté le Sieur Victor-Gervais Protais-Mangeard, greffier dudit Tribunal, faisant dans le ressort les fonctions d'officier public de l'état-civil, lequel nous a représenté, 1°. L'ancien registre de l'état-civil de Gorée, antérieur à la reprise de possession en 1817, 2°. Les deux copies du même registre, faites-en exécution des ordres de M. le Commandant et administrateur du Sénégal et dépendances, l'une pour être envoyée aux archives des Colonies, et l'autre pour être déposée au greffe de Gorée et y suppléer au besoin, à l'ancien registre ci-dessus, vu le mauvais état bien constaté dans lequel il se trouve, lesdites Deux Copies certifiées dudit Sieur Mangeard ».*

« Vérification faite des observations insérées par le Sieur Mangeard en tête des dites deux Copies, relatives à l'état dans lequel se trouve le registre sus-énoncé, nous avons reconnu l'exactitude des dites observations par l'examen attentif que nous avons fait des diverses lacérations, lacunes et altérations y mentionnées. Vérification par nous faite ensuite, de la transcription des différents actes et notes de l'état-civil Compris au même registre, nous avons reconnu que les deux Copies à nous représentées sont entièrement conformes à l'original, le tout en ayant été extrait fidèlement, article par article, et dans le même ordre de date qui y est observé, desquelles vérifications nous avons dressé le présent procès-verbal, en trois originaux, l'un étant auprès de l'ancien registre sus énoncé, et les deux autres étant au pied de chacune des dites deux Copies ; nous avons retenu par devers nous la copie destinée pour les archives des Colonies, et nous avons remis au dit Sieur Mangeard la seconde Copie avec le registre original, pour, le tout, demeurer conservé aux archives du Greffe. Fait à Gorée lesdits jour et an »./.

Signé : C. de Corvette, Commandant particulier Gaud Aimable Hugon

A gauche figure la mention « Vu par le commandant administratif du Sénégal et dépendances »

Signature ? quasi illisible et à droite la mention « *Avec feuilles manquantes depuis la côte soixante-six jusqu'à cent ont été lacérées comme contenant des actes de naissance qui ont été reportés sur un registre plus régulier tenu par Mr. le Préfet apostolique du Sénégal et Dépendances à Gorée le 29 mai 1817* ». Signé Inadelly ? le commandant et administrateur. Suit la signature du même.

Il ressort des mentions figurant dans ces deux actes, que Me Mangeard n'est plus Greffier de l'ancien « Conseil de Justice » de Gorée, mais du « Tribunal Civil de 1ère Instance », à la suite d'une Ordonnance royale du 7 janvier 1822, ayant instauré deux premiers Tribunaux de 1ère instance à Saint-Louis et à Gorée, semblables à ceux de la métropole.

Pierre DELAROQUE, Greffier-Notaire p. i. en 1824 à St-Louis

Pas de numérotation spécifique pour ce Greffier-Notaire par intérim, Pierre DELAROQUE, qui prend fonction le 1er septembre 1824, pour assurer un intérim, à la suite d'un empêchement du titulaire Me Jean-Marie François MALO et à nouveau lors de son départ inexpliqué.

Un parcours intermittent pour ce Greffier-Notaire assurant l'intérim du greffe en l'absence de son titulaire, d'abord pendant 10 mois, du 1er septembre 1824 au 5 juillet 1825 et à nouveau pendant un an et demi de mai 1827 à janvier 1828, avant d'être appelé à d'autres fonctions

De nombreux développements le concernent, car ces deux intérims successifs se seront déroulés sur une période de 4 ans et 5 mois et par ailleurs, peut-on même encore parler d'intérim ?

Dès lors que cela durera jusqu'au 6 janvier 1829 et qu'à son expiration, il s'établira durablement au Sénégal, y fera souche et y exercera de nombreuses autres fonctions.

Pierre Stanislas Delaroque (ou de la Roque ?) né le 19 septembre 1786 est décédé à Saint-Louis le 28 octobre 1841. Il s'y était établi comme marchand, au moins sept ans avant d'y assurer l'intérim du greffe-notariat, car bien plus lettré que l'ordinaire de ses contemporains.

Sauf erreur, il aura été successivement marchand, greffier par intérim, président du tribunal, avocat près les tribunaux de St-Louis et négociant.

En 1817, en sa qualité de témoin à l'acte de décès de Louis François Théodore Leschenault de Latour (1768-1817, l'un des rescapés du naufrage de la frégate « La Méduse », il y est nommé « Pierre de la Roque », mais il y signe « Delaroque » en un seul mot

Dans le préambule d'un acte supplétif et collectif d'actes de décès (N° 632 ECSL) du 13 janvier 1819, dans lequel il est au nombre des cinq comparants et il y est à nouveau nommé « Pierre de la Roque, habitant », mais signé « Delaroque » en un seul mot.

Le 21 août 1819, il est aussi nommé » Pierre de la Roque », européen et français demeurant en la ville de Saint-Louis, dans un acte de décès du Sieur Malivoire, tel que dressé par Me Etienne Leduc, greffier du

Conseil de Justice et officier de l'état-civil de la ville de Saint-Louis, mais il signe encore et à nouveau Delaroque en un seul mot.

Serait-ce donc une fantaisie d'écriture du greffier ?

Selon Généanet, ce greffier intérimaire Pierre de la Roque de la Fage est né le mardi 19 septembre 1786 à Cézens, Commune d'Aubugnet, 15230, Canton de Pierre-Fort, arrondissement de Saint-Flour, Cantal, France, le 19 septembre 1786.

Un village de la haute Auvergne, qui est une région vallonnée et pluvieuse aux fortes chutes de neige en hiver, dont le couvert végétal forme un contraste singulier avec celui de savane quasi-désertique et de sables brulants des environs de Saint-Louis-du-Sénégal.

C'est au 1er arrondissement et chef-lieu de cette colonie du Sénégal, qu'il est décédé le jeudi 28 octobre 1841, âgé d'à peine 55 ans, après avoir été président par intérim, de son tribunal de 1ère Instance.

Dans un acte (N° 155 ECSL du 28 8bre 1841), il est nommé « *Delaroque Pierre, ex-président du tribunal de première instance de cette île Saint-Louis, négociant et président du Conseil général séant en cette dite île, né le dix-neuf septembre mil sept cent quatre-vingt-six, à Aubagnet, commune de Cézens, canton de Pierre-Fort, arrondissement de Saint-Flour, département du Cantal* » et qu'il « *est décédé ce jourd'hui, à cinq heures du matin, en son domicile situé rue Repentigny à Saint-Louis* »

Pierre de la Roque était le fils de Pierre de la Roque de la Fage, né le 18 avril 1756 à Sainte-Marie, Cantal, marié le 14 octobre 1784, à Cézens, avec Françoise Sallat, née le 8 avril 1752 audit Cézens, y décédée avant 14 décembre 1791.

Il était le seul fils issu de leur union, comme ayant eu deux sœurs toutes deux décédées à moins d'un an, Catherine, son aînée en 1785 et Marguerite, sa cadette en 1791.

Mais ceci n'explique pas la raison pour laquelle il aura démocratisé son patronyme ?

Pour se mettre à l'abri de la fureur révolutionnaire ?

Selon les informations trouvées sur le site « généanet », ses grands-parents paternels étaient, Pierre de la Roque, Ecuyer et Seigneur de la Fage (28.09.1695 / 04.02.1764), époux en 1725 de Marie Grandet (1700-1743) et ses grands-parents maternels, Antoine Sallat †1759, époux de Catin (?) ou Catherine Baduel.

Son arrière-grand-père paternel était Charles de la Roque de la Fage, né vers 1656, à Sainte-Marie, Cantal, époux le 12.03.1694 de Louise de Tremeuge du Chaylat, née le 11.04.1676, à Fournols de Rézentières, Cantal, deux vieilles famille auvergnates originaires de l'Aubrac, un haut-plateau du centre-sud du massif central, situé à mi-distance (environ 100 km), entre Clermont-Ferrand, au nord et Rodez en Aveyron, au sud.

En 1824, il avait 38 ans, ce qui était relativement âgé pour l'époque et il avait donc exercé des fonctions antérieures, en métropole comme à la colonie dont on ne sait rien, si ce n'est qu'il était déjà établi à Saint-Louis comme marchand, au moins depuis 1817.

Il est fait appel à lui comme greffier, pendant l'absence du titulaire Malo (congé ou maladie ?) et cela en évidente reconnaissance d'une meilleure aptitude que tout autre, en probable considération de ses diplômes et de ses fonctions et activités antérieures.

Il est mentionné comme exerçant la profession de « marchand » et agissant en qualité de témoin dans un acte d'obligation par divers déportés des Antilles, en faveur de Messieurs Valantin et Cie., tel que reçu par le greffier Jean-Marie Malo, le 20 août 1825.

Il est donc surprenant qu'il ait repris service au greffe deux ans plus tard, sauf à ce que cette reprise ait été rendue nécessaire, à la suite du départ inexpliqué et probablement précipité de son titulaire Malo en début 1827, comme expliqué au chapitre le concernant.

C'est ainsi que le 24 mai 1827, il dresse un acte de décès (N° 18) de Jean Antoine Alla, Chasseur au Régiment d'Infanterie, né le 7 juillet 1803 à Salmon, canton de la Canourgue, arrondissement de Marvejols, Lozère.

Il y est mentionné « pardevant Pierre Delaroque, Greffier par intérim ».

Un seul acte de mariage d'époque figure dans le registre de l'état-civil, celui de Germain Crespin et de Louise Alin, dressé le 22 octobre 1827 à Saint-Louis, « devant Pierre Delaroque, Greffier par intérim ».

A l'expiration de cet intérim, Me Pierre Delaroque s'est maintenu à Saint-Louis, ainsi qu'il ressort entre autres, des mentions figurant dans l'acte de naissance de son fils Raymond, dressé par l'officier de l'état-civil Jean-Marie Tailhardat-Fayette le 12 janvier 1830 (N° 1 E.C. S.L.), où il est fait mention de sa qualité de « *négociant, âgé de 43 ans demeurant en cette île, que la nommée Binta, négresse libre, sans profession âgée d'environ 20 ans, est accouchée le dix du présent mois à l'heure de midi en son domicile, rue Charles Dix à Saint-Louis, d'un enfant de sexe masculin ... dont il se reconnait le père et auquel il donne le prénom de Raymond, en présence des sieurs Georges Alsace, 34 ans et Nicolas Zeler, 30 ans, habitants indigènes* ».

Il perd dramatiquement ce fils aîné à l'âge de 3 ans et 9 mois le 27 octobre 1833, comme indiqué dans son acte de décès (N° 32 E.C. S.L.).

Sa résidence à Saint-Louis est connue puisqu'indiquée dans l'acte de naissance (N° 26 E.C. S.L.) d'un autre fils Louis Auguste, dressé par l'officier de l'état-civil François Pécarrère le 29 janvier 1838, par lequel il déclare ès-qualité de « *propriétaire et d'ancien négociant, âgé de 51 ans, établi à St-Louis depuis plus de vingt ans, que la nommée Binta, demeurant au quartier du nord, est accouchée ce jour d'hui ... d'un enfant de sexe masculin dont il se reconnait le père et auquel il donne les prénoms de Louis, Auguste, en présence des sieurs Auguste Crespin, propriétaire, 34 ans et Louis Lafleur, huissier, 33 ans* ».

Il ressort de cette déclaration qu'il serait arrivé à Saint-Louis avant 1818, âgé d'une trentaine d'années et peut-être même avant.

D'une longue relation avec « *la nommée Binta, négresse libre* », il est le père (entre autres) de Raymond Delaroque né le dimanche 10 janvier 1830 (Acte ANOM 1830 p. 2 N° 1), né "à l'heure de midi en son domicile rue Charles X" à Saint-Louis.

Les témoins sont les Sieurs Alsace, 34 ans et Nicolas Zeler, 30 ans, tous deux propriétaires indigènes à Saint-Louis, qui ont signé et dans cet acte il est déclaré « Négociant âgé de 43 ans » et Binta a 20 ans.

Le 24 avril 1838 pour faire bonne mesure, il procède à la reconnaissance (Acte N° 48 E.C.S.L., après plus de 5 ans) de son fils Pierre Stanislas, né le 27 décembre 1832, présenté à l'officier de l'état-civil le surlendemain sous les mêmes prénoms, comme né de « la nommée Binta, alors âgée de 28 ans », mais sans indication d'identité du père.

Dans cet acte, où il est assisté des Sieurs François Jean Baudouin, propriétaire, âgé de 42 ans et Marie Barthélémy Armand Sas, huissier, âgé de 56 ans, il se déclare « *ancien négociant, propriétaire résidant à Saint-Louis depuis vingt et un ans, âgé de cinquante un ans* ».

Ses trois fils, Raymond, Pierre Stanislas et Louis Auguste, étant tous nés de sa relation avec celle qui est invariablement présentée comme « la nommée Binta, négresse libre », respectivement en 1830, 1832 et 1838, cela permet d'en relever la constance e, se demandant pourquoi il n'aura pas légitimé cette fructueuse relation qui s'est inscrite dans la durée ?

Sauf à ce que cela lui ait été rendu impossible, du fait d'une union en métropole non dissoute, avant son départ pour le Sénégal ?

Son nom peut être relevé comme témoin, dans de nombreux actes d'état-civil, dont ceux-ci-après :

1823 (31 août) : Décès de Jean Beynis (1768-1823) ;

1824 : Mariage de Pierre d'Erneville (1783) et Catherine Jacques Thévenot (1787) ;

1824 : Contrat de mariage de François Michel Pellegrin (1768-1838) et Marie Louise *Louison* DUBOIS (1780-1855) ;

1824 : Mariage de François Michel Pellegrin (1768-1838) et Marie Louise *Louison* DUBOIS (1780-1855) ;

1825 : Mariage de Jean Charles Haucerne (1789) et Catherine Mellis (1790-1835) ;

1827 : Mariage de Germain Crespin 1803 et Marie Félicité Louisonne ALIN (1805-1836) ;

1828 : Mariage de Pierre André 1796-1857 et Marie Gabrielle Pellegrin (1800-1872) ;

1834 (5 février) : Mariage de Jean Marie Tailhardat-Fayette, *officier de l'état civil* (1797) et Anna d'Erneville (1812).

Autres informations relatives à Me Pierre DELAROQUE (intérimaire)

Peu d'informations sur Pierre Delaroque en cette qualité de greffier p.i., eu égard à la brièveté des mentions d'actes au cours de ses deux intérims, du 7 septembre 1824 au 24 octobre 1824 (1 mois ½) et de mai 1827 à janvier 1828 (8 mois). Il semble qu'il n'ait pas été greffier titulaire, mais ni non plus resté intérimaire, car les mentions relatives à sa qualité d'officier de l'état-civil remontant au 3e trimestre 1824, il aura donc séjourné à Saint-Louis et officié comme greffier, plus de trois ans.

Il est probable aussi que les dégâts provoqués par le cycle infernal de l'épidémie de fièvre jaune, aient nécessité son rappel et même sa promotion à la magistrature, au 2e arrondissement de Gorée.

Il est rappelé d'urgence à St-Louis très peu de temps après, à la suite du décès le 10 octobre 1830, de Monsieur Jean Marguerite Butignol, président du tribunal civil de 1ère Instance de St-Louis, lors de la terrible flambée de l'épidémie et fait fonction de président de la juridiction p. i.

C'est ce qui figure dans l'acte de décès du 25 octobre 1830, du greffier ayant assuré un intérim deux ans après lui, Edouard Bauÿn de

Perreuse, dans lequel il est déclarant et qualifié de « *Sieur Pierre Delaroque, âgé de quarante-trois ans, Président p. i. du tribunal civil de cette île* ».

S'il est choisi dans l'urgence pour assumer cette fonction de président du tribunal civil de 1ère instance de Saint-Louis par préférence à tout autre, c'est très probablement en considération de ses connaissances de juriste mais aussi de greffier durant son intérim cinq années plus tôt.

Le 26 septembre 1839, il déclare le décès la veille à 19 h., de son fils Louis-Auguste, âgé de 19 mois (acte N° 75), né de lui Pierre Delaroque, négociant, 53 ans et de la nommée Binta, âgée de 35 ans, au domicile de ses père et mère, rue de Repentigny, quartier du sud à Saint-Louis.

Deux ans plus tard, le 28 octobre 1841, dans son acte de décès (N° 155), à 55 ans, il est mentionné « ex-président *du Tribunal de 1ère instance de cette île Saint-Louis, Négociant et Président du Conseil Général séant en cette île* » demeurant rue Repentigny, sur la déclaration des Sieurs Auguste Crespin, propriétaire et traitant, 37 ans et Blaise Dumont, négociant, 29 ans, faite devant François Pécarrère, officier de l'état-civil.

« Ex-président du tribunal », cela signifierait-il qu'il aura été titularisé dans cette éminente fonction, après en avoir assuré l'intérim ?

On peut donc supposer que c'est au tout début des années 1930 (1932 ?), qu'il aura quitté la magistrature pour retourner au négoce autrement plus rentable, au temps de l'euphorie spéculative de cette « fièvre de la gomme » du premier tiers du XIXe siècle.

Il figure au registre des actes de l'état-civil de Saint-Louis, un acte très surprenant daté du 11 novembre 1841 (N° 175 E.C. S.L.), déclarant le décès « d'un enfant Binta Delaroque dit Lamotte », âgé de 10 mois, fils de « la nommée Binta Delaroque, négresse libre âgée de 40 ans » !

Qui serait donc né 9 mois à peine avant le décès de Pierre Delaroque !

Qui n'aurait pas été reconnu ?

Et dont la mère aurait enfin porté le nom de Delaroque, sans qu'il n'ait été trouvé la trace d'une union dans le registre des actes d'état-civil ?

Mais prenant ce nom moins de 2 mois après décès de Pierre Delaroque !

Une « Binta Delaroque » âgée de 40 ans et donc née vers 1801, c'est-à-dire de 10 ans plus âgée que « la nommée Binta » ?

Pour peu qu'elle ait eu 5 ans de moins et donc née vers 1806, se pourrait-il qu'elle soit issue d'une relation antérieure de Pierre Delaroque, alors âgé de 20 ans ?

Et si tel avait été le cas, aurait-elle été « négresse libre » ou « habitante indigène », selon la subtile classification ségrégationniste d'époque ?

Très étrange mais sans avoir trouvé de réponse à ces questions.

À la suite de l'Ordonnance organique du 7 septembre 1840, qui institue un Conseil général à St-Louis, chargé de donner son avis au Gouverneur sur le budget de la colonie, il était élu son 1er président et avait présidé sa 1ère session le 1er décembre 1840. 11 mois à peine avant son décès.

Ce Conseil général composé de 10 membres élus dans une assemblée formée de 54 habitants notables, à l'identique des autres colonies de Guadeloupe, Guyane, Martinique et Réunion, est entré en conflit avec l'administration, dès l'année 1841, lui reprochant de dépenser inconsidérément. Et il s'en est ensuivi sa dissolution le 27 avril 1848.

Curieusement, dans l'édition N° 317 du « Moniteur Universel, Sénégal » 1er et 2e trimestre 1847 du samedi 13 novembre 1847 (dans la partie officielle Ministère de la Marine et des Colonies), il figure une mention selon laquelle sa succession est indiquée comme ayant été *« remise à la curatelle aux biens vacants dans les colonies »*.

Aurait-elle été si déficitaire, que ses ayants-droits n'aient pu l'accepter ?

Et que son activité postérieure à sa magistrature, ait gravement périclité, du fait de l'effondrement du marché spéculatif de la gomme arabique ?

Une cause plus que probable, dès lors que reconverti au négoce, il aura probablement subi les conséquences financières désastreuses de la « crise de la gomme », qui frappe de plein fouet tous les intervenants de cette filière, à partir de 1837.

Il faut savoir en effet, que suite à la perte de l'île de Saint-Domingue en 1803, la politique coloniale de la France à la côte d'Afrique occidentale s'oriente vers une mise en valeur de son potentiel agricole et c'est bien le cas des instructions données aux gouverneurs, Schmaltz (1817-1820), Lecoupé (1820-1821), baron Roger (1822-1827, à qui l'on doit le jardin d'expérimentation de Richard Toll) et tous leurs successeurs, pour y développer la culture du coton, de l'indigo et de la canne à sucre.

Au demeurant sans vrai succès, parce que la bourgeoisie métisse de Saint-Louis, rechigne à s'engager dans une activité qu'elle perçoit comme risquée et moins rentable que celle du négoce de la gomme.

Cette ambition coloniale du royaume de France, de diversification et tout autant de contournement de monopole, se poursuit avec l'introduction de la pistache de terre » (arachide).

Il devient urgent de faire cesser sa trop grande dépendance, face à la puissante oligarchie des « métis de Saint-Louis », qui profite depuis plus d'un siècle d'une situation d'intermédiaires obligés, du fait de leur égale connaissance des rouages administratifs coloniaux et de la culture, de la langue et des attentes des souverains des petits royaumes locaux, Walo, Cayor, Foulbé, Baol, etc., pour en retirer de gros avantages financiers.

Cela passe par une nouvelle politique de colonisation, par la pénétration de l'Interland et sa pacification, devant encourager l'arrivée de nouveaux colons, pour réduire l'influence de cette bourgeoisie d'intermédiaires, dont la puissance financière s'avise même de plus en plus souvent, de tenir en échec la politique coloniale, par sa revendication de prise en compte d'intérêts locaux et notamment en bloquant le vote des budgets qui sont proposés par le gouverneur, en séances du conseil général.

Et c'est bien pour cette raison que cet éphémère Conseil sera supprimé.

Par ailleurs, dans leur recherche de gains alors substantiels à la colonie de Saint-Louis, les principales maisons de commerce bordelaises ont inconsidérément acheminé cette année-là, plus de trois fois le volume habituel d'écoulement de « guinées », en vue de leur troc contre de la gomme auprès des maures Brakna et du Trarza de la rive nord et il en est résulté un très brutal effondrement des cours.

Ces « guinées », alors très prisées des maures, mais aussi des ouolofs du Walo et du Cayor et des peulhs du Fouta Toro, étaient des pièces de tissu produites dans les usines textiles des comptoirs français en Inde, devant être commandées (et payées) plus d'une à deux années à l'avance.

Les traitants aux escales du fleuve, mais aussi la plupart des négociants (intermédiaires locaux avec les grandes maisons de commerce de la métropole), qui s'étaient endettés pour le financement de leur campagne commerciale au cours antérieur, se sont retrouvés avec un stock de marchandise très fortement déprécié et par conséquent insusceptible d'assurer la couverture de leurs engagements.

Il en est résulté de nombreuses faillites et il est bien possible que Pierre Delaroque se soit trouvé au nombre des nombreux commerçants en situation de déconfiture.

Par ailleurs et comme si ces deux facteurs ne suffisaient pas, la nouvelle politique de dérèglementation de l'ancienne restriction du négoce de la gomme, aux seuls commerçants patentés, qui est changée dorénavant en ouverture à tous les opérateurs, comme « ferment de civilisation », en a durablement détruit les perspectives de forte rentabilité d'antan.

On comprend dès lors, qu'en convergence avec l'abolition de l'esclavage quelques années plus tard, la postérité de Pierre Delaroque se soit écartée de la gomme et qu'à l'instar des descendants de toutes les « vieilles familles métisses de Saint-Louis », elle se soit orientée vers les professions libérales, ou les métiers de l'administration.

N'ayant pas épousé sa compagne, celle qui est invariablement nommée dans les actes d'état-civil comme « la nommée Binta » (et dont le nom de famille n'est jamais mentionné), il se pourrait bien qu'il y ait eu conflit avec une famille légitime restée en métropole, les enfants adultérins ne disposant d'aucun droit en l'état de la législation d'époque.

Aura-t-il eu le temps d'organiser la sécurité financière de son fils Pierre Stanislas, qui n'était âgé que de 9 ans, au temps de son décès et surtout de lui laisser les moyens de faire des études ?

Quoi qu'il en soit, 21 ans plus tard, le 30 décembre 1862, ce fils cadet alors âgé de 30 ans (né le 27 décembre 1832, de sa relation avec Binta, devenu conseil commissionné (avocat) près les tribunaux de Saint-Louis, y épouse Louison Magdeleine Crespin (âgée de 22 ans 1/2, comme étant née le 1er juillet 1839) fille du sieur Auguste Crespin (1803-1868), commerçant (celui-là même ayant déclaré le décès de son père, 21 ans auparavant) et de la dame Hélène Forbis (1813-1894) (voir acte de mariage dans E.C.S.L. 1862, N° 12).

Le mariage est célébré par Blaise Dumont, Maire et officier de l'état-civil, celui qui le 28 octobre 1841, en sa qualité de « commerçant âgé de 29 ans » d'alors, était l'autre déclarant à l'acte de décès de Pierre Delaroque, père de l'époux, aux côtés de celui qui devient son beau-père.

Dans cet acte de mariage, il est mentionné qu'il demeure rue de l'Hôpital et l'identité de sa mère est réitérée sous le vocable « feue Binta » ?

Parce que son beau-père Auguste Crespin était déclarant au décès de son père et probablement aussi son ami au négoce et/ou au Conseil général, il aura peut-être participé à son éducation et son entretien.

A noter qu'un contrat de mariage du même jour devant Me Anne Nicolas Jules Juge (sans Pierre) avait précédé la célébration de cette union, ainsi que cela résulte d'un certificat délivré par lui le même jour 30 décembre 1862 et dont il est fait mention dans l'acte de mariage

Cette union civile avait pour témoins, Guillaume Foy, 59 ans, Jean-Pierre Floissac, 45 ans, Germain Crespin, oncle de l'épouse, 62 ans et Auguste Léautier, 52 ans, tous les 4 propriétaires et commerçants, demeurant à St-Louis, qui ont signé avec le père de l'épouse, sa mère (Hélène Forbis) ayant déclaré ne le savoir.

Cela signifie que suivant les traces de son père, il aura obtenu une bourse ou soutien et fait de solides études secondaires et de droit, avant de revenir à Saint-Louis, des humanités qui ne pouvaient se faire qu'en France en ce temps-là, après obtention du brevet d'études.

Il décède 9 mois plus tard, le 19 septembre 1863 (à 31 ans) en son domicile, rue de l'hôpital et l'acte de décès (N° 429 E.C.S.L.) est dressé par Blaise Dumont, maire et officier de l'état-civil (autre déclarant à l'acte de décès de son père, 22 ans auparavant), sur la déclaration de François Louis Alsace, écrivain de marine, 31 ans et de François Crespin, piqueur au génie, 29 ans, tous deux demeurant à Saint-Louis.

Il est fait mention dans cet acte de décès, que ses parents sont tous deux décédés et il n'a pas été trouvé trace d'une postérité ayant pu être conçue au cours des 9 mois de cette trop brève union.

A fortiori en relevant que sa jeune épouse décède à pine un an plus tard en 1864, âgée d'à peine 25 ans.

En couches, ou les terribles ravages de la fièvre jaune ?

Repères de vie de Pierre DELAROQUE :

1786 (19.09) Naissance à CEZENS, Saint-Flour, Cantal, Hte. Auvergne ;

1818 (??.??) Arrivée à Saint-Louis-du-Sénégal, vers 30 ans ;

1824 (01.09) Greffier-Notaire par intérim substitue 1 mois 1/2 Me Malo ;

1825 (20.08) Marchand et témoin dans acte d'obligation reçu par Malo ;

1827 (01.05) Intérim du Greffe 8 mois, à la suite du départ de Me Malo ;

1928 (01.01) S'établit à son compte comme Négociant à Saint-Louis ;

1830 (12.01) Naissance de son 1er fils Raymond, de la nommée Binta ;

(00.00) Intérim du Tribunal de Gorée, épidémie de Fièvre jaune ;

(10.10) Rappelé d'urgence Président p.i. Tribunal de Saint-Louis ;

(25.10) Dresse l'acte de décès du Greffier Bauÿn de Perreuse ;

1832 (27.12) Naissance de son 2e fils Pierre Stanislas, né de Binta ;

1833 (27.10) Décès de son fils aîné Raymond, âgé de 3 ans et 9 mois ;

1838 (29.01) Naissance de son 3e fils Louis Auguste, né de Binta ;

1839 (26.09) Décès de son 3e fils Louis Auguste, âgé de 20 mois ;

1840 (03.09) Elu Président (le 1er) du Conseil général de la colonie ;

1841 (28.10) Décède à Saint-Louis à l'âge de 55 ans ;

1847 (13.11) Sa succession est placée sous curatelle aux biens vacants ;

1862 (30.12) Mariage à 30 ans de son 2e fils Pierre Stanislas, Avocat ;

1863 (19.09) Décès de son 2e fils Pierre Stanislas à 31 ans.

§ 5. – Florent Désiré BEHAGUE, en 1828 à Saint-Louis

Le 13 janvier 1828, Me Florent Désiré Béhague inaugure ses fonctions en qualité de Greffier-Notaire et d'Officier de l'état-civil en l'île de Saint-Louis-du-Sénégal, chef-lieu de la colonie, succédant ainsi à Me Jean-Marie Malo, lequel avait eu pour intérimaire Me Pierre Delaroque, cet exercice se poursuivant sans interruption jusqu'au 16 avril 1830, soit 2 ans et 3 mois, l'intérimaire ayant même substitué pour cause de fièvre jaune le président du tribunal, avant de se reconvertir dans le négoce.

Une ordonnance du roi Charles X a été prise, probablement à la fin de l'année 1827, pour le nommer à cette fonction en remplacement de son prédécesseur, sur le rapport du ministre de la marine et des colonies, mais ses références n'ont hélas pu être retrouvées pour en examiner le détail de rédaction et sans qu'il n'ait été retrouvé les circonstances exactes de cessation de fonctions de son prédécesseur Jean-Marie Malo.

Le contexte international d'époque et celui de prévalant en France sont les mêmes qu'au temps des autres greffiers-notaires, ses contemporains et prédécesseurs, Mes Mangeard, Leduc et Malo.

A. – Contexte particulier en la Colonie du Sénégal

Sans que cela ne soit exhaustif, divers rapports au roi de cette époque ont été recensés, suivis de plusieurs ordonnances, il s'agit de :

- 28 mars 1830 : Rapport au roi en vue de l'envoi d'un avocat général au Sénégal et de la réorganisation de l'administration de la justice dans cette colonie ;
- 20 mai 1830 : Création du poste d'avocat général au Sénégal ;
- 2 juin 1830 : Nomination à la distinction d'officier de la Légion d'honneur de Pierre Edouard Brou, capitaine de vaisseau, gouverneur du Sénégal et dépendances, et chevalier, Jean Jacques Alin, ancien officier d'infanterie, maire de Saint-Louis ;
- 13 juin 1830 : Fixation du traitement de l'avocat général du Sénégal et nomination à ce poste de Louis Auger, procureur du roi près le tribunal de 1ère instance de Marie-Galante (Guadeloupe) ;
- 10 octobre 1830 : Nomination du greffier du tribunal de 1ère instance de Pointe-à-Pitre, Antoine Marie François Trigant de Latour, baron, avocat à la cour royale de Paris ;
- 1er décembre 1830 : Fixation du budget du service colonial du Sénégal, pour l'exercice 1831;
- 28 janvier 1831 : Nomination du gouverneur du Sénégal et dépendances, Thomas Renaud de St-Germain, ancien officier supérieur
- 1er juillet 1831 : Instructions pour l'enregistrement des actes de notaires dans les colonies ;
- 1er novembre 1831 : Suppression d'emploi, avocat général au Sénégal

B. – Notes individuelles concernant ce Greffier-Notaire BEHAGUE

Malgré des recherches intensives, les références de l'ordonnance de nomination du greffier Béhague à Saint-Louis n'ont pu être trouvées, à l'identique d'ailleurs de celles de nomination en 1831 de son successeur Me Jean Antoine Brueyre, ou de Me Thiesse à Gorée en 1830.

Il est donc possible que cette nomination ait été faite compte tenu de l'urgence par le Gouverneur du Sénégal, le baron Jacques-François Roger, à charge de régularisation comme cela a été le cas pour les greffiers-notaires Thiesse et Brueyre, par ordonnance qui n'a été prise que le 14 juin 1847, soit plus de six ans après leur entrée en fonctions.

Ceci s'explique peut-être par la circonstance d'un départ précipité de la colonie du Greffier-Notaire Malo, au début de l'année 1827 et à la suite du grand désordre occasionné par l'épidémie de fièvre jaune de 1830.

C. – Observations diverses relatives à l'exercice de Me BEHAGUE

Selon les archives nationales d'outre-mer, Florent Désiré Behague, a été notaire à Saint-Louis (Sénégal), de 1828 à 1830, selon « Dépôt des papiers publics des colonies - Notariat (1637-1912) ».

Selon le site de recherches généalogiques « généanet », cette famille serait originaire de Douai, dans le Nord, le patronyme Béhague étant un nom flamand, issu du moyen néerlandais « ***behaagelijk*** » et il s'agirait à l'origine d'un sobriquet désignant un homme aimable, plaisant, qui plait, où qui cherche à plaire. L'origine de ce nom en France est clairement du Nord et plus précisément de Lille, Roubaix et Tourcoing.

Le 26 avril 1828, on trouve son nom dans un acte d'état-civil comme témoin à l'acte de naissance d'un garçon nommé Jean André, quatre mois après l'inauguration de ses fonctions d'officier de l'état-civil.

On trouve aussi dans le registre de l'état-civil de Paris-10e, l'acte de décès (N° 2344), le 24 mai 1876, d'un Sieur Florent Désiré Behague, décédé la veille 23 mai à 12h30, rue Hauteville N° 62, âgé de 73 ans, comme étant né à Bastia, Corse, propriétaire, célibataire, sans autres renseignements et qui était donc probablement né vers 1803 et ce pourrait donc être le même.

Si cela s'avérait confirmé, il aurait eu 25 ans lors de son arrivée au Sénégal et probablement 27 lors de son départ.

Aucune informations relative au bref séjour à Saint-Louis, de ce greffier qui n'aura duré que deux ans, si ce n'est qu'à la différence du précédent, sa qualité de greffier-notaire titulaire est confirmée, par la vérification effective des préambules figurant dans quelques-uns de ses actes.

Si confirmé, il aura quitté la colonie providentiellement et juste à temps pour échapper à la terrible épidémie de fièvre jaune, qui a emporté nombre de ses relations à la fin de l'année 1830.

Le greffier-notaire titulaire de Saint-Louis, Florent Désiré Béhague, ayant quitté son poste dans des conditions probablement soudaines mais non élucidées, il a fallu pourvoir à son remplacement dans l'urgence, en faisant appel à une compétence immédiatement disponible, celle d'un fils de famille, authentique aristocrate un peu aventureux, venu tout jeune à la colonie pour y diriger l'école de Saint-Louis et probablement employé en deçà de ses hautes capacités intellectuelles.

Le capitaine de vaisseau Brou, commandant et administrateur pour le roi, désigne comme intérimaire, celui qui lui semble le plus qualifié pour assumer cette fonction, le Sieur Edouard François Prosper Bauÿn de Perreuse.

Intérim d'Edouard François Prosper BAÜYN de PERREUSE

Face à l'urgence consécutive au probable abandon de son poste par le Greffier Florent Désiré Béhague, le Sieur Edouard François Prosper Bauÿn de Perreuse, Instituteur en belles lettres et Directeur de l'Ecole d'enseignement mutuel de Saint-Louis-du-Sénégal (successeur de Monsieur Dard, gendre de Me Picard) est désigné le 3 mai 1830, en qualité de Greffier et de Notaire intérimaire.

Il semble que cet intérim n'ait duré que cinq mois, du fait de son décès survenu cinq mois plus tard, le 14 octobre 1830.

A. – France, ce qu'il s'y passait à ce moment-là

Deux mois après cette nomination, une crise insurrectionnelle éclate à Paris, qui débouche sur une seconde « Révolution de Juillet », restée dans l'histoire sous le nom des « Trois Glorieuses ».

Mars 1830. Une motion de défiance est déposée à l'assemblée nationale contre le gouvernement et en représailles, le roi Charles X décide en mai, de la dissolution de la Chambre, avec convocation d'élections dans l'espoir de trouver une nouvelle majorité de soutien à l'action du gouvernement, mais contre toute attente, les élections législatives du 19 juillet, renforcent l'opposition.

Après cette longue période d'agitation ministérielle, parlementaire et journalistique, le roi Charles X tente par un coup de force constitutionnel de freiner les ardeurs des députés libéraux. En maladroite provocation, le gouvernement durcit la loi sur la censure de la presse et prend des mesures fiscales impopulaires au moyen de 4 ordonnances du 25 juillet 1830, dites « de Saint-Cloud ».

En réponse, c'est le violent soulèvement des Parisiens qui dressent des barricades dans les rues, et affrontent les forces armées, commandées par le maréchal Marmont, duc de Raguse.

Les choses s'accélèrent, la presse se mobilise, le 26 juillet, l'engrenage des trois glorieuses insurrectionnelles des 27, 28 et 29 juillet.

L'émeute se transforme rapidement en insurrection révolutionnaire, une insurrection qui fera 800 morts et 4.000 blessés.

Le roi Charles X suspend les ordonnances, le 30, mais trop tard il doit fuir Paris avec la famille royale, comme son frère Louis XVIII avant lui lors des « 100 jours », abdiquer le 2 août et partir pour l'exil.

Les députés libéraux, majoritairement monarchistes, prennent en main la révolution populaire et après « l'hésitation », sur l'établissement d'une république, ils optent finalement pour une monarchie constitutionnelle plus libérale, à l'aide d'un changement de dynastie.

Cette « Révolution de Juillet », la 2e après celle de 1789, porte sur le trône un nouveau roi, Louis-Philippe Ier et la maison d'Orléans, branche cadette des Bourbon, succède ainsi à la branche aînée.

En effet, le 9 août, sur la proposition de Thiers, le duc Louis-Philippe d'Orléans est proclamé « roi des Français » et non plus « roi de France », sous le nom de Louis-Philippe Ier. « Roi citoyen » il est à la tête d'un nouveau régime, la « monarchie de Juillet », qui succède à la « Seconde Restauration ».

Cette monarchie de Juillet, monarchie constitutionnelle avec Chambre des Députés, durera 18 ans, du 9 août 1830 au 24 février 1848.

B. – En la Colonie du Sénégal

Même s'il est assourdi en l'île de Saint-Louis, l'écho de ces nouveaux troubles à Paris, consécutifs au passage en force du gouvernement pour légiférer, face à l'opposition parlementaire, très semblables à ceux qui ont provoqué la démission du Président du Conseil Villèle, le 3 janvier 1828, est suivi avec attention et tout particulièrement par le futur gouverneur Pierre Edouard Brou, qui est encore à Paris, juste avant son départ pour la colonie du Sénégal.

Probablement pas de grand intérêt à la colonie, pour les travaux de cette nouvelle monarchie libérale, tant qu'elle ne contrarie pas ses intérêts au négoce de la gomme dans le Galam, ni non plus les influences et protections, dont les uns et les autres peuvent disposer à Paris.

Et réciproquement le désintérêt de cette monarchie de juillet pour les entreprises de colonisation vainement engagées par la restauration, l'échec de toutes les cultures, qu'il s'agisse du coton, de l'indigo, de la cochenille ou du tabac s'avère patent, budgétivore et donc inopportun, en ce temps de restrictions budgétaires, le Sénégal devra retrouver son ancienne fonction de simple comptoir commercial de produits tropicaux, qu'il s'agisse de gomme, de cire ou d'ivoire.

C. – Notes individuelles Me BAUYN de PERREUSE (Intérimaire)

Maître Edouard François Prosper Bauÿn de Perreuse, nait à Paris, le 16 Floréal An VII (5 mai 1799), du mariage de Messire le comte Antoine Marie Prosper BAÜYN, chevalier puis marquis de PERREUSE et Mme Marie Nicole Catherine COURTIN son épouse.

Son père était un officier supérieur, né à Paris, le 20 octobre 1760.

Agé de 29 ans lors de la bourrasque révolutionnaire, il y avait survécu, servant loyalement les différents régimes qui s'étaient succédé.

Sous-officier dans les derniers temps d'ancien régime, promu capitaine de dragons et lieutenant de la garde constitutionnelle du Roi, citoyen capitaine et enfin sous l'Empire, capitaine d'infanterie.

Il avait épousé sa mère Marie Nicole Catherine Courtin, à Paris, le 5 mars 1788, où il était décédé avant la majorité de son deuxième fils Edouard, à la fin de l'année 1816.

Le parcours de l'oncle, son frère ainé, né le 27 avril 1756, très haut et très puissant seigneur, Messire le Chevalier Prosper André Louis Nicolas Bauÿn, héritier du titre de Marquis de Perreuse, seigneur de Perreuse, Balleau, La Brinière, Jallais, La Poitevinière et autres lieux, capitaine de dragons lui aussi, au régiment de Languedoc, aurait été tout aussi prestigieux, s'il n'était décédé à l'âge de 30 ans, le 6 novembre 1786 en son château de Perreuse, paroisse de Jouarre (Seine-et-Marne).

Il est inhumé en présence de son frère, très haut et très puissant seigneur messire Antoine Marie Charles Prosper Bauÿn, comte de Perreuse et de ses meilleurs amis et camarades de régiment.

Dont Messires Jacques Louis Joseph des Acres, Marquis de L'Aigle, lieutenant de Roi de la province de Normandie, Antoine Pierre de Courtin, Chevalier, seigneur d'Ussy, Marcy, Tanqueux et autres lieux, ancien capitaine de cavalerie, chevalier de St-Louis, ci-devant capitaine gouverneur et grand bailli de Meaux, Eléonore Pierre de Courtin, Chevalier, ancien capitaine de cavalerie, chevalier de Saint-Louis, Antoine Jacques de Courtin d'Ussy et Louis Antoine Pierre seigneur de Chavigny, chevalier de Saint-Louis, mestre de camp de cavalerie.

Le père et l'oncle relevaient la fière tradition du grand père, Antoine Marie Charles Prosper Baüyn, marquis de Pérreuse, né le 5 juin 1710, lieutenant à l'Infanterie du Roi le 9 janvier 1731, ayant obtenu une compagnie au régiment de cavalerie de Béthune le 22 mars 1732, puis colonel du régiment d'infanterie de Blaisois le 23 avril 1735, chevalier de Saint-Louis le 11 avril 1743, brigadier le 2 mai 1744, maréchal de camp le 1er janvier 1748 et enfin lieutenant général des armées du Roi le 15 janvier 1758. Retraité à Paris, il y est décédé le 29 novembre 1775.

Epoux en 1ères noces de Marie-Louise Lottin de Charny, fille de Louis François, président à la Cour des aides, et en 2èmes noces (1755) de Marie-Louise Constance Terrier, née le 15 décembre 1734 à Meaux, filleule de Louis Marie Robert Marquelet, chevalier, seigneur de La Noue, premier président et lieutenant général de la ville, bailliage et siège présidial de Meaux et de dame Marie-Madeleine Hannier, veuve Terrier, lieutenant particulier de ladite ville, grand-mère paternelle, décédée à Boulogne-lès-Paris, le 10 février 1782, fille de Jean-Baptiste Terrier, gentilhomme servant ordinaire du Roi, et de dame Marie-Jeanne Nicole Marquelet.

Cet illustre grand-père avait repris dans l'armée du Roi, tous le sens de l'engagement de son père, l'arrière-grand-père, Louis Baüyn de Cormery, né en 1644, l'un des fermiers généraux de sa majesté, au service des finances du royaume de France, auteur de la branche des seigneurs de Cormery et Perreuse, décédé le 19 janvier 1701 à 57 ans.

Il eut d'un premier mariage avec Elisabeth Suzanne Prévost (décédée en novembre 1693, fille de Pierre Prévost, écuyer, secrétaire du Roi, et de dame Anne Bastonneau), un fils, Louis Prosper Baüyn, écuyer, seigneur de Cormery et Perreuse, né le 15 mars 1684, conseiller au Grand Conseil le 26 avril 1709, jusqu'en 1719 et qui avait épousé en 2èmes noces, en juin 1707, Françoise Courtin de Tanqueux, dame de Perreuse ou Péreuse, héritière de la seigneurie de Pérreuse.

Sa descendance en a conservé le nom, comme étant la fille de Charles Courtin, seigneur de Perreuse, Frescline, Villiers, Franqueux et Chanteloup, lieutenant des maréchaux de France au bailliage de Meaux.

L'arrière-grand-père avait un frère, André II Baüyn, chevalier, seigneur de Bersan, Jallais, La Brière et autres lieux, receveur général des finances de la généralité de Guyenne en 1676, fermier général, qui eut de Suzanne de Ferrières (ou de La Ferrière), épousée en 1664, Prosper André Baüyn, chevalier, sire de Jallais et Bersan, baptisé à Paris, paroisse Saint-Merry, le 22 avril 1668, conseiller 2e section des enquêtes du Parlement de Paris le 1er juin 1693, intendant du Roussillon de 1730 à 1739.

Il y avait enfin un marquis de Ruffec, fils du duc de Saint-Simon, dont le frère le chevalier André Baüyn, seigneur de Machery et lieutenant aux gardes Françaises en 1706, est décédé sans postérité.

Le prestige de cette dynastie familiale expliquait peut-être qu'un fils aventureux ait choisi de rompre avec ces parcours on ne peut plus classiques, en relevant un autre défi d'excellence, celui d'apporter la connaissance en terres d'Afrique en se mettant au service d'un nouveau souverain, celui de « mission civilisatrice » en succédant à Monsieur Dard (gendre de l'ancien greffier Picard), comme instituteur et directeur de l'école d'enseignement mutuel de Saint-Louis-du-Sénégal.

Fin lettré, ayant reçu une excellente éducation classique et immédiatement disponible, c'est tout naturellement et dans l'urgence que l'on avait fait appel à lui, lorsqu'il avait fallu pourvoir en compétence, au remplacement de Florent Désiré Behague, greffier titulaire du tribunal de l'île Saint-Louis-du-Sénégal.

Mais hélas, à peine le temps d'y prendre fonction, qu'il est fauché le 24 octobre 1830, à l'âge de 31 ans (acte de décès N° 323 du lendemain 25 octobre), par la terrible épidémie de fièvre jaune, qui a littéralement dévasté la modeste famille judiciaire du Sénégal d'alors, à l'identique de toute sa malheureuse population.

Une véritable hécatombe qui fait des dizaines de victimes chaque jour.

Ce mal était celui de Gorée en début d'hivernage et quoique informée, Saint-Louis n'a pas pris de mesures sanitaires, s'étant crue à l'abri car n'ayant pas suspecté l'extrême contagion d'un mal épidémique qui se répend brutalement en fin septembre et fait des centaines de victimes.

Pas une seule maison qui ne soit affectée par ce mal effroyable, le capitaine de vaisseau Pierre Edouard Brou, gouverneur de la colonie et lui-même contaminé et n'en réchappe que par miracle.

Perte de plus de la moitié de la haute administration et de l'armée et bien entendu de la justice :

- 22 juillet 1830 : Décès de Me Victor Gervais Protais Mangeard, Greffier-Notaire de Gorée ;

- 10 octobre 1830 : Décès de M. Jean Marguerite Butignol, Président du tribunal de Saint-Louis ;
- 24 octobre 1830 : Décès d'Edouard François Prosper Baüyn de Perreuse, Greffier-Notaire (ad intérim) de Saint-Louis.

Son acte de décès est rédigé sur déclaration du « Sieur Pierre Delaroque, 43 ans, président par intérim du tribunal civil de cette île » (greffier précédemment en 1827 et 1828) assurant l'intérim depuis le 11 octobre, du président du tribunal de 1ère instance, décédé la veille.

Pierre Delaroque est toujours président p. i., lors du prononcé d'une décision du tribunal de 1ère instance de St-Louis, le 30 janvier 1831, qui met hors de cause les frères René et Durand Valantin, armateurs au cabotage et le sieur Jacques Ndiaye, capitaine d'une goélette « Les Valantins », accusés de trafic d'esclave par les Anglais, lors de la découverte d'un jeune mousse « Marka » à bord du navire armé par eux au commerce, pour le seul transport de céréales à la côte de Sénégambie et dont ils avaient omis de mentionner le nom dans le rôle d'équipage.

Ce Durand Valantin deviendra un jour le premier député du Sénégal à l'assemblée nationale française en 1848 et il sera aussi le père de John Valantin, docteur en droit et futur Greffier-Notaire quinze ans plus tard, en 1864, à Saint-Louis-du-Sénégal.

Outre le président Pierre Delaroque, cette instance judiciaire avait pour assesseurs les juges Aimé Pesnel, Charles André et Esprit Borel, le greffier (ad intérim) étant le commis Antoine Marie François Pécarrère.

Pierre Delaroque survivra miraculeusement à l'épidémie et s'étant plus tard retiré de l'administration pour devenir négociant à la gomme, il deviendra même président du Conseil général de la colonie.

E. – Observations relatives à l'exercice de ce Greffier-Notaire p. i.

Me Baüyn de Perreuse a eu pour successeur dans l'intérim du Greffe, le Commis-greffier natif de Saint-Louis, Antoine Marie François Pécarrère, du 8 mai 1830 au 20 juin 1831.

C'est ce François Pécarrère, qui en sera le greffier provisoire, en alternance avec le frère du gouverneur, Paul Brou et son nom figure même comme intérimaire d'autres successeurs jusqu'en décembre 1854 soit pendant au moins 25 ans, l'intérim n'étant certainement pas confié à un débutant et cela démontre combien dès cette époque, le Greffe-Notariat recèle des collaborateurs de qualité, issus de famille saint-louisiennes, dont l'intervention s'inscrit dans une longue durée, pour pallier probablement aux trop fréquents changements de titulaires.

Cet Antoine Marie François dit « François Pécarrère père », né à Saint-Louis vers 1800, où il est décédé le 15 décembre 1853, était Officier de l'état civil à Saint Louis et curateur aux biens vacants (administration domaniale), époux de Madame Méry Louise de Saint-Jean, (propriétaire, née à Gorée et y décédée le 14 novembre 1837), dont il a eu au moins deux enfants, qu'il n'a déclarés que longtemps après leur naissance et "reconnus" ou "adoptés" par le père à l'âge adulte, comme c'est le cas pour François Estupant, en 1846.

L'ainé, Jean Théodore Pécarrère, né à Gorée, le 17 avril 1818, fait une carrière de fonctionnaire employé du gouvernement français.

Il est veuf en 1ère noces de Madame Virginie Eugénie Renaud, née à Saint-Louis, le 13 mai 1819 y décédée le 3 mars 1845 (Acte ECSL N° 35) et il épouse en 2e noces Mme Catherine Alsace (Linckenheyl, née à St-Louis le 28 décembre 1832, fille de M. Georges Alsace, traitant et de Mme Marianne Blanchot son épouse, fille de l'ancien gouverneur), à Saint-Louis, le 17 octobre 1858 (Acte ECSL N° 15).

Il décède en Arcachon (Gironde), le 7 mai 1873 à 55 ans, ne laissant qu'une fille unique, Marie Thérèse Hortense Pécarrère (1842), qui épouse à Saint-Louis, le 25 février 1865, M. Léon Charbounnié.

Le second, François Estupant Pécarrère, dit « François Pécarrère fils cadet », né à Saint-Louis le 26 juillet 1820, d'abord commis-écrivain, puis receveur de l'enregistrement et des domaines, comme son père, curateur aux biens vacants et conservateur des hypothèques.

En 1858, il est Officier de l'état-civil chevalier de la légion d'honneur, dans l'annuaire du Sénégal et dépendances année 1861 et plus tard en fin de carrière, au nombre des administrateurs de la banque coloniale, avant de décéder le 15 janvier 1893 à 73 ans.

Il était l'époux en premières noces de Madame Michelle Constance Devès, dont il a eu deux enfants :

Charles François Marie Antoine Pécarrère, né à Saint-Louis, le 27 août 1851, qui épouse en 1ères noces Mlle Marie Angélique Pesnel née à Saint-Louis le 12 octobre 1859 (ECSL N° 336) et décédée le 24 octobre 1886 et en 2e noces, sa sœur cadette Mlle Aimée Sophie Marie Pesnel, née à Saint-Louis le 24 septembre 1865, toutes deux filles issues de l'union de Monsieur Louis Michel Aimé Pesnel et de Madame Adélaïde Marie Renauld-Valantin, le 16 mai 1888 à Saint-Louis (Acte ECSL N° 5). Un contrat de mariage reçu par Me Rivet, Greffier-Notaire, le 15 mai 1888 avait précédé la célébration de la 2e union.

Et Virginie Marie Rose Félicia Pécarrère (1857) épouse de M. Antoine Nicolas Adolphe Charles de Marguerie de Montfort (1842).

Devenu veuf le 30 avril 1862, il épouse en 2e noces à Saint-Louis le 26 octobre 1887, Madame Marie Ndiaye et de cette seconde union naitront cinq enfants : Méry Anne Justine Henriette Rosette Catherine Pécarrère (1863), Constance Pécarrère (1865), Henri Frédéric Eugène François Pécarrère (1867), Gaspard Hyacinthe Frédéric Casimir Pécarrère (1868) et François Jules Alfred Théodore Pécarrère (1873).

Le second de ces sept enfants, Charles Antoine Marie François Pécarrère, fera lui aussi une belle carrière dans l'administration fiscale, comme percepteur et receveur municipal à Saint-Louis, il sera fait Chevalier de la Légion d'Honneur le 16 juillet 1908.

Et enfin, l'avant dernier fils, Gaspard Hyacinthe Frédéric Casimir Pécarrère, né à Saint-Louis, le 13 décembre 1868, sera secrétaire du parquet général le 1er novembre 1897 et plus tard, greffier en chef du tribunal de Dakar, substituant le notaire Me Georges Patterson en 1906.

§ 6. – Louis François Alphonse THIESSE, à Gorée

Il le sera pendant 12 ans, du 28 août 1830 au 8 octobre 1842.

Successeur de Me Victor Mangeard, il est le 2e Greffier-Notaire ayant servi au Tribunal de 1ère Instance (auparavant Conseil de Justice) de l'île de Gorée, 2e arrondissement de la colonie du Sénégal et mentionné dans divers actes comme « y domicilié de droit, rue des Donjons ».

A. – Contexte international du moment

1831 – Naissance de la Belgique. 20 janvier, la Conférence de Londres attribue la totalité du Luxembourg, la partie du Limbourg à l'est de la Meuse et Maastricht au roi des Pays-Bas et décide que la Belgique sera un État perpétuellement neutre sous la garantie des cinq puissances (Royaume-Uni, Autriche-Hongrie, France, Prusse, Russie). Puis le 26 juin, séparation de la Belgique et des Pays-Bas au traité de Londres et le 21 juillet : Léopold Ier de Belgique devient le premier roi des Belges. Il fait son entrée à Bruxelles et prête serment à la constitution belge ;

11 juillet. Combat du Tage suite au refus de Michel Ier de Portugal de reconnaître la monarchie de Juillet, la Sainte-Alliance autorise la France à intervenir militairement, la flotte bombarde Lisbonne ;

8 septembre. Les russes entrent à Varsovie. Soulèvement violemment réprimé après les défaites des nationalistes. La Pologne, soumise à la

répression et la russification, cesse d'exister comme nation et les russes entreprennent la destruction systématique de la nationalité polonaise. La Constitution, la Diète et l'armée polonaises sont abolies, les Polonais sont privés de toutes leurs anciennes libertés individuelles.

Les universités sont fermées, les étudiants envoyés en Russie, les catholiques persécutés, s'exilent vers la Suisse, la Belgique et la France.

1833 – 3 janvier : le Royaume-Uni occupe les îles Malouines.

Le trafiquant d'esclave brésilien Domingo José Martins s'installe à Ouidah et à Porto-Novo sur la côte des Esclaves. Il fait fortune dans le commerce des esclaves entre 1845 et 1850, puis se lance dans le commerce de l'huile de palme jusqu'à sa mort en 1864 ;

Décembre. Fondation à Philadelphie « *American Anti-Slavery Society* »

1835 – Juillet, c'est le début du Grand Trek des Boers en Afrique du Sud, Louis Trichardt rejoint Hans van Rensburg qui dirige un groupe sur la rivière Caledon, accompagné d'une trentaine de personnes.

Cette colonne est décimée par la malaria et les guerriers bantous.

6.000 Boers migrent alors vers le nord à partir de Graaff-Reinet fuyant la civilisation mercantile britannique du Cap.

Sur les 66.000 blancs que compte la colonie du Cap en 1835, 14.000 en dix ans, soit environ 22 %, suivront la migration des Voortrekkers.

1836 – Octobre. Révolte au Liban contre les administrateurs égyptiens qui procèdent à la conscription des Alaouites, Druzes et Métoualis, qui se révoltent contre ces anciens libérateurs, qui sont rejetés car taxant de façon excessive la production agricole et celle de la soie en particulier.

1837 – 20 juin, début du long règne de la reine Victoria du Royaume-Uni de Great-Britain and Northern Ireland, qui durera 64 ans (1901).

1838 – 5 juillet. Les Druzes révoltés occupent Safed et mettent à sac le quartier juif avant de s'enfuir à l'arrivée des troupes égyptiennes d'Ibrahim Pacha. Des milliers de chrétiens maronites armés par les Égyptiens, repoussent ces tribus druzes, soutenues par les Ottomans, les Britanniques et les Russes et c'est là le début du conflit entre chrétiens et chefs Druzes au Liban, qui se soumettent le 17 juillet.

1839 – 26 août : le navire cubain *La Amistad*, sous le contrôle d'Africains récemment capturés, est « secouru » par le *Washington*, de la marine des États-Unis.

1841 – Adama, disciple d'Ousmane dan Fodio, étend sa puissance et son domaine au sud-est de l'empire de Sokoto.

Il s'installe à Yola et jusqu'à sa mort (1847) combat les tribus animistes du nord du Cameroun et son adversaire, le sultan de Mandara, réalise l'unité du Fombina (le sud), qui prend en son honneur le nom d'Adamaoua.

Ses successeurs laissent les émirs abandonner les conversions, piller la région, capturer des esclaves et se combattre entre eux jusqu'à l'arrivée des Européens.

1842 – 31 mars. Le ministre français des Affaires étrangères François Guizot énonce devant la Chambre la « politique des points d'appuis » en Afrique.

La France se lance activement dans la création de postes militaires sur la Côte d'Ivoire (Assinie, Grand-Bassam, Dabou) et de la même manière au Gabon.

B. – La France, ce qu'il s'y passe à ce moment-là

1830. Les jugements rendus par les Tribunaux de Saint-Louis et de Gorée commencent par la formule « *Louis-Philippe Premier, Roi des Français, à tous présents et à venir, Salut* ».

Ce roi en conserve le titre, mais ne dispose plus de pouvoirs qu'honorifiques, dans cette monarchie constitutionnelle et sous un autre vocable que l'on pourrait qualifier de « politiquement peu correct », il ne s'agit plus de facto, que d'une sorte de « présidence à vie ».

Le 23 juillet 1839, Alexis de Tocqueville dépose son *Rapport fait au nom de la commission chargée d'examiner la proposition de M. de Tracy, relative aux esclaves des colonies françaises.*

Ce rapport conclut à **l'émancipation immédiate** de tous les esclaves, mais il ne vient jamais en discussion.

28 novembre : convention franco-hollandaise sur le partage de l'île de Saint-Martin/Sint Maarten, aux petites Antilles.

1840 – 1er janvier. Instauration définitive système métrique en France ;

1er mars. Second ministère Thiers, composé d'hommes de gauche ;

12-23 juin : Convention mondiale contre l'esclavage réunie à Londres. Après un débat houleux, il est décidé d'en exclure les femmes (dont Lucretia C. Mott et Elisabeth Candy Stanton), qui sont néanmoins autorisées à assister aux réunions, dissimulées derrière un rideau.

15 décembre. Les cendres de l'ancien empereur Napoléon Ier rapatriées en France, sont transférées aux Invalides.

C. – En la Colonie du Sénégal

« Maurel et Prom » selon « wikipedia » : Lors de son arrivée au Sénégal en 1822, à quinze ans, le jeune Jean Louis Hubert Prom était employé au service du commerçant Potin installé à Gorée.

Jean Louis Hubert Prom épouse la signare Sophie Laporte en 1828, son cousin Hilaire Maurel (1808-1884) épousa la sœur de cette dernière, la signare Constance Laporte et c'est ce mariage avec ces deux signares qui leur apporte le soutien financier et le carnet d'adresse de l'influente minorité métisse de Gorée et de Saint Louis, une aide incontournable qui leur permet de créer Maurel & Prom en 1831.

Dès 1841, Maurel et Prom s'intéresse au négoce de l'arachide en France, qui passe alors sous la coupe d'un noyau de maisons bordelaises. Peu après, en 1844, le gouverneur Édouard Bouët-Willaumez, anticipant sur l'abolition de l'esclavage en France en 1848, interdit les "engagés libres" et fait recenser les esclaves, mécontentant certains planteurs qui menacent de s'installer ailleurs.

Soutenu par la minorité métisse et en particulier par les signares qui en sont l'élément féminin et dirigeant, Jean Louis Hubert Prom est nommé président du conseil général du Sénégal en 1848, siégeant à Saint-Louis du Sénégal. La société Maurel & Prom armera entre 1836 et 1875 cinquante-huit voiliers gréés en trois-mâts friches pour le long cours et une goélette pour le cabotage. C'est aux alentours de 1875 que des navires à vapeur commencent à remplacer les voiliers.

En 1890, la société Maurel & Prom possèdera des établissements à Saint-Louis, Gorée, Sainte-Marie-de-Bathurst (aujourd'hui Banjul), Leybar, Guembar, Dialahkar, Gandiol, Dakar, Rufisque, Joal.

Les deux familles Prom et Maurel possédaient une huilerie à Bordeaux « Bacalan » et étaient propriétaires du château de Beauval, du vignoble Château Pomerol, du Château Lagarde à Bassens (à côté de Bordeaux) et de la villa Pédesclaux à Arcachon. Le siège bordelais était installé dans l'hôtel particulier situé au 18, rue Porte-Dijeaux

24 avril 1833. Le Code civil français introduit au Sénégal le 5 novembre 1830, s'augmente d'une précision : toute personne vivant au Sénégal y jouit des droits civiques et politiques des Français.

21 juillet. Reprise de la guerre entre la France et le Trarza au Sénégal après que l'émir Mohamed al-Habib ait épousé le 18 juin la linguère du royaume du Waalo Ndieumbeutt Mbodj.

Le gouverneur du Sénégal et dépendances, Thomas Renault de Saint-Germain, décède à Gorée, hôtel du gouvernement, le 18 octobre 1833, âgé de 50 ans, des suites de fièvres contractées pendant la campagne.

Il y était venu en convalescence (étant malade depuis 4 mois), selon ce qui figure dans son acte de décès N° 4, dressé par le Greffier-Notaire Louis François Alphonse Thiesse, sur la déclaration du Sieur lieutenant de vaisseau Louis Augustin Médéric Malavois, commandant particulier de l'île de Gorée (environ 40 ans) et Jacques Etienne Costet, chirurgien de la marine chargé des services de santé à Gorée (environ 50 ans).

Le 30 août 1835, un traité est signé entre le gouverneur du Sénégal Pujol et Mohamed al-Habib qui renonce au trône du Waalo pour lui-même et pour les descendants de son union avec la 'Linguère' Ndieumbeutt Mbodj.

3 novembre 1838. Départ de Gorée de la canonnière *La Malouine*, en exploration entre les îles de Los et le Cap Lopez, pour étudier les possibilités commerciales entre le Sénégal et le Gabon.

Le gouverneur français Bouet-Willaumez occupe Assinie et Grand-Bassam en Côte d'Ivoire et signe un pacte avec les chefs locaux qui les placent sous l'autorité de Louis-Philippe Ier, à qui ils cèdent leurs terres (1843), en échange du soutien militaire français dans leur conflit avec les Ebrié.

Depuis la reprise de possession en 1817, la fonction de chef de la colonie n'avait pas de véritable base juridique et c'est l'ordonnance royale du 7 septembre 1840 qui, pour la première fois, stipule en son article premier, que le commandement et la haute administration de la colonie du Sénégal et de ses dépendances sont confiés à un gouverneur résidant à Saint-Louis.

Il est doté de pouvoirs militaires, administratifs, judiciaires et diplomatiques et il est habilité à prendre des actes réglementaires (arrêtés) exécutables dans la colonie, avec aussi des pouvoirs en matière de législation coloniale pour promulguer les ordonnances, lois et décrets et il est tenu d'adresser chaque année au Ministre de la marine un mémoire sur la situation générale de la colonie.

D. – Notes concernant Me Louis François Alphonse THIESSE

Louis François Alphonse Thiesse est né à Stenay, Meuse, France, le 21 octobre 1799, dernier des six enfants issus de la 1ère union en 1791, de Monsieur François Just Thiesse, administrateur des biens nationaux (né à Danestal, Calvados, Normandie, vers 1765 et décédé à Stenay en

1816) et de Madame Catherine Ponsin, son épouse (née à Stenay le 16 décembre 1764, y décédée le 2 mai 1805).

Stenay (anciennement Sathenay) est une petite commune de 2.500 habitants, au nord-est de la France, quasi-frontalière (moins de 40 km) de la Belgique (Florenville) et du Luxembourg (Rodange), traversée par la Meuse, Wiseppe et canal de l'Est, célèbre pour son musée de la bière.

Quoique né dans la Meuse au pays de sa mère, la famille de Me Thiesse est normande, terroir de son père, ou l'un de ses cousins Jules Théodore Thiesse (né à Niort, Deux-Sèvres, le 6 décembre 1833 et petit-fils de Nicolas-François Thiesse, député au Conseil des Cinq-Cents), s'est distingué après sa licence en droit, avocat, puis secrétaire du préfet de Seine-Inférieure en 1863, élu au Conseil général en 1868, capitaine de gardes mobiles en 1870 pendant la guerre, élu député de Seine-inférieure en 1876, réélu et secrétaire de la Chambre, mène une délicate mission diplomatique au Venezuela en 1886. Poète remarquable, fait officier de l'Académie, grand officier du Cambodge et de Bolivar.

Commis de marine (agent administratif de l'inspection) à Gorée, il y était en ménage « à la mode du pays » durant son affectation, avec Mlle Sophie Dupuy de 10 ans sa cadette, née à Gorée en 1809, issue de l'union de Monsieur René Dupuy (1774-1820) et de Madame Marianne Boucher (décédée en 1814), tous deux issus de vieilles familles métisses de Gorée. Elle y est décédée, le 7 novembre 1881, à l'âge de 72 ans.

Deux filles sont issues de cette relation, Anne Louise Émilie Thiesse, née à Gorée, le 17 mars 1830, au domicile de la dame Anne Nicolas Pépin (Acte N° 1 Etat-Civil Gorée, du 25 mai 1831) et Louise Thiesse, à peine treize mois plus tard, le 3 avril 1831 (Acte d'Etat-Civil non retrouvé).

Louis Alphonse Thiesse est décédé à Gorée, le 11 novembre 1842, à 43 ans, vers les 3 h 30 de relevée, en son domicile de droit, rue des Dongeons. L'acte d'état-civil (N° 75 de Gorée) constatant son décès a été dressé par Me Jean-Pierre Granghaud, huissier du tribunal faisant fonction de greffier provisoire à la suite de son décès, sur la déclaration de M. Etienne Jouga, Ecrivain (employé aux écritures) de la Marine, 34 ans et de M. Bonaventure Boucher, propriétaire, 62 ans.

E. – Observations relatives à Me Louis François Alphonse THIESSE

- 18 juillet 1830 : « Commis de Marine chargé de l'Inspection, provisoirement Greffier du tribunal de 1ère Instance, séant en l'Ile de Gorée, remplissant les fonctions d'0fficier de l'Etat-Civil, dans le ressort dudit tribunal, remplaçant Me Mangeard, greffier titulaire de ladite île actuellement malade » (cette première relation est celle d'un acte de décès N° 25, au registre de l'E.C. de Gorée).

L'acte précédent (N° 24, du 17 juillet 1830), était dressé par Victor Gervais Protais Mangeard.

Le dernier acte sur lequel Me Thiesse figure comme Greffier provisoire est le N° 48 du 16 août 1830.

- . 28 août 1830 : Greffier du Tribunal civil de 1ère Instance de Gorée (1er acte N° 49), sur cet acte et les suivants, son titre de Greffier n'est plus suivi de la mention « provisoire » et cela peut signifier une nomination précipitée, pour donner suite au décès de Me Mangeard survenu le 22 juillet 1830 (Acte d'E.C. N° 32) et donc Greffier-Notaire, du 28 août 1830, jusqu'au jour de son décès le 11 novembre 1842 (pendant 12 ans).

Par acte du 4 août 1840, passé devant William Dumont, juge titulaire près le tribunal de 1ère instance séant en l'île de Gorée, il fait l'acquisition du Sieur François Dupuy et de la dame Anne Turpin son épouse, tous deux « propriétaires et habitants indigènes de l'île », d'un « terrain situé dans la partie Est de l'île (face à l'océan), rue Jousin (x rue St Germain), mesurant en superficie environ 450 m2 ».

Sur ce terrain « se trouvent édifiés quatre grands corps de logis, dont le principal (demeure) est à deux étages et les deux autres à un étage le composant dessus de chambres, salles, cabinets et dessous de magasins, cases à nègres, le tout construit en maçonnerie et joignant aussi en totalité au Nord la dame Sophie Boucher, au Sud les héritiers de la dame Méry de Saint-Jean (maison des esclaves ?), une ruelle entre eux deux, à l'Ouest, le sieur Marquis de Lacombe et à l'Est, la mer ».

Cette acquisition est faite ... au prix de 13.000 francs, payé partie par subrogation contre mainlevée d'un créancier inscrit, le « sieur Gorrin, ex-chirurgien de la marine », pour 7.285,79 francs, le solde étant payable pour moitié à l'échéance de 6 mois et le reliquat à un an, avec intérêt au taux de 6 % l'an, dont partie payable par compensation avec une autre créance détenue par l'acquéreur à l'encontre des vendeurs en vertu d'un prêt hypothécaire du 28 août 1838.

L'acte d'achat contient en outre une stipulation de pacte de préférence en faveur des vendeurs, au cas de remise en vente par l'acquéreur et une clause de réméré (faculté de rachat) aux mêmes prix, charges et conditions, augmenté des frais et des améliorations ayant pu être apportées dans l'intervalle, le tout signé avec l'assistance de deux témoins instrumentaires, sieur Benjamin Boucher, vérificateur de la douane et sieur Etienne Jouga, écrivain de la marine, chargé des revues.

William Dumont, juge titulaire près le tribunal, reçoit cet acte en qualité de « Notaire ad hoc », pour cause d'empêchement à l'acte du Greffier-Notaire qui y est acquéreur et comme spécialement habilité à cet effet, par arrêté de Monsieur le commandant particulier de l'île de Gorée.

En 1844, moins de deux ans après le décès de Me Thiesse et pour des raisons non élucidées, il est décidé de la vente aux enchères publiques (licitation) des biens dépendant de sa succession, dont cette maison.

Pourquoi Me Thiesse n'était-il pas marié avec la mère de ses 2 filles ?

A la possible requête d'une première hoirie en France ?

Parce que marié et non divorcé avant d'être affecté au Sénégal (à 31 ans), ceci pouvant expliquer une nécessaire licitation de ce patrimoine, pour faire cesser l'indivision entre deux branches d'ayant-droits.

Le cahier des charges est dressé et déposé au greffe le 17 mai 1844 et le procès-verbal d'adjudication établi le 10 juillet suivant, au profit du dernier et plus offrant enchérisseur au prix de 8.000 francs.

Ce sera le Sieur Durand Valantin, un très puissant négociant de St-Louis, gendre de la plus grosse fortune de l'île, Madame Anna Colas Pépin, qui sera élu maire de Saint-Louis, conseiller général et quatre ans plus tard, premier député du Sénégal à l'assemblée nationale à Paris, en fin 1848.

A noter que de graves difficultés dans son négoce le contraindront à revendre sept ans plus tard, par acte de Me Bréghot de Polignac, alors Greffier-Notaire à Saint-Louis, le 26 mai 1851 et l'acquéreur en sera sa belle-mère la dame Anna-Colas Pépin, au prix de 15.000 francs, soit près du double de celui d'acquisition, probablement pour venir en aide à l'ancien député du Sénégal et époux de sa fille Mary de Saint-Jean.

Après le décès de cette grande figure, qui a été la compagne du chevalier de Boufflers pendant son séjour à Gorée, cette maison sera revendue par acte du 18 mars 1863, reçu par Me Anne Nicolas Pierre Jules Juge, alors Greffier-Notaire à Saint-Louis, par l'indivision successorale représentée par Me John Valantin, docteur en droit et alors avocat (son petit-fils, qui sera plus tard Greffier-Notaire à Saint-Louis en 1864), à la célèbre maison de commerce « Maurel et Prom ».

Il a été trouvé la trace d'un rapport au roi, daté du 18 octobre 1845, « *proposant d'accorder un passage gratuit à Mademoiselle Thiesse pour se rendre au Sénégal, pour y suivre les affaires de la succession de Louis François Alphonse Thiesse, son frère, greffier du tribunal civil de Gorée, décédé le 10 novembre 1842* ». Et pourquoi cela ?

Si ce n'est en toute logique, parce qu'elle aura eu un intérêt, nécessitant ce passage, pour suivre cette succession de son frère. Et pourquoi ?

Parce que cela aura fait difficulté nécessitant ce suivi, postérieurement à la licitation et dans l'intérêt de qui, si ce n'est d'enfants issus d'une probable première union, représentés par leur tante possible tutrice.

Le parcours de vie de Me Louis François Alphonse Thiesse doit pouvoir être reconstitué comme suit :

1799 : (21 octobre) Naissance à Stenay (Meuse), du mariage de Monsieur François Just Thiesse (natif de Danestal (Calvados) vers 1765 et de Madame Catherine née Ponsin, née à Stenay en 1764 ;

1800 : Enfance et scolarité entre la Meuse et le Calvados (région d'origine de son père) ;

182? : (Date inconnue) En fonction comme Commis de Marine chargé de l'Inspection en l'île de Gorée ;

182? : En ménage « à la mode du pays » avec Mlle Sophie Dupuy née à Gorée en 1809, fille de Monsieur René Dupuy et de Madame Marianne Boucher, tous deux issus de familles métisses de Gorée ;

1830 : (17 mars) Naissance à Gorée d'une première fille naturelle Anne Louise Emilie Thiesse ;

(18 juillet) Greffier et notaire par intérim du Tribunal civil de 1ère Instance de Gorée ;

(28 août) titularisé par Arrêté comme Greffier et notaire dudit Tribunal civil de 1ère Instance) ;

1831 : (3 avril) Naissance à Gorée d'une seconde fille naturelle Louise Thiesse ;

1840 : (4 août) Acquisition du Sieur François Dupuy et de la dame Anne Turpin, de sa résidence face à l'Océan, en partie Est de l'île de Gorée, édifiée sur 2 niveaux sur un terrain de 450 m2 ;

1842 : (10 novembre) Décédé en l'île de Gorée à l'âge de 43 ans ;

1844 : Mise en vente par licitation de la maison dépendant de sa succession.

1845 : (18 octobre) Rapport au roi proposant d'accorder un passage gratuit à une Mlle Thiesse, pour se rendre au Sénégal, « pour y suivre les affaires de la succession » de son frère.

- Du vivant de Me Thiesse il y aura eu au moins deux Commis-Greffiers assurant son intérim et après son décès, deux administrateurs du Greffe :

- Jean-Jacques Alphonse MAURIN (du 4 avril 1838 au 28 janvier 1839), Commis-Greffier au Tribunal de Gorée ;

- Jean-Augustin de SAINT-JUST (du 17 juillet au 10 décembre 1841), un autre Commis-Greffier ;

- Gilbert BREGHOT de POLIGNAC (du 1er au 15 décembre 1842), Greffier-Notaire de Saint-Louis venu à Gorée en urgence, pour y assurer l'administration provisoire du Greffe du 2e arrondissement ;

- Jean-Pierre GRANGHAUD, Huissier du tribunal, nommé pour assurer l'intérim du Greffe et de l'état-civil, par arrêté du commandant particulier de Gorée, à la suite du décès de Me Thiesse survenu le 11 novembre 1842 et qui prend fonction en cette qualité à partir du 15 décembre 1842, jusqu'à l'entrée en fonctions de son successeur.

Ce Granghaud était en 1842 l'Huissier du tribunal de Gorée, ayant peut-être été recruté localement, car précédemment marchand à Saint-Louis chef-lieu de la colonie, comme indiqué dans l'acte de naissance d'un fils Etienne Napoléon Granghaud, le 27 janvier 1839 à Saint-Louis, tel que dressé sous le N° 6 E.C.S.L., du lendemain 28, dans lequel il déclare « *être âgé de 43 ans* » et que ce fils lui est « *né de son épouse, la dame Marie Jeanne Cassanet, en son domicile rue d'Orléans à Saint Louis* ».

Il était âgé de 39 ans dans l'acte de naissance (N° 22 E.C.S.L.) d'un premier fils Bertrand Paul, né à Saint-Louis, le 10 décembre 1833 et de 43 ans dans celui (N° 9 E.C.S.L.) de son deuxième fils Etienne Napoléon, né le 27 janvier 1839 et cela signifie qu'il est né en 1794.

Dans le 1er de ces actes il est mentionné « sergent-major à la 3e Cie. du 4e bataillon du 2e régiment d'infanterie de marine, en garnison au Sénégal, domicilié avant son entrée en service à Bordeaux (Gironde), déclarant que la dame Jeanne Marie Guillemette Cassenet son épouse est accouchée le 8 septembre, au domicile du sieur Dubreuil, rue Potin, d'un enfant de sexe masculin auquel il a donné les prénoms de Bertrand Paul, en présence des sieurs Bertrand Délibes, 43 ans et Joseph Louis Morel, 28 ans, tous deux sergents majors au même bataillon ».

Dans le second, devant François Pécarrère, il est mentionné « marchand, son épouse ayant accouché le 27 janvier en son domicile rue d'Orléans, d'un enfant de sexe masculin auquel il a donné les prénoms d'Etienne Napoléon, en présence des sieurs Etienne Napoléon Riquetty, marchand, 33 ans et Bertrand Délibes, adjudant, sous-officier au 2e régiment d'infanterie de marine, 46 ans ».

Le prénom de Napoléon revient par trop souvent (son fils et son témoin) pour que les convictions politiques de cet Huissier puissent faire mystère.

Son âge (48 ans), est mentionné dans divers actes d'état-civil datés du 6 et du 18 janvier 1843, quatre ans plus tard à Gorée, ce qui confirme malgré la grande imprécision, qu'il serait donc né vers 1795/1796, son patronyme se retrouvant principalement dans le Puy-de-Dôme.

Et sa date de naissance est confirmée dans son acte de décès (N° 56 E.C.G.) ou il est déclaré « marchand, marié avec la dame Jeanne Marie Guillemette Cassenet, né à Clermont-du-Puy-du-Dôme (Clermont-Ferrand), le 9 juillet 1796, du Sieur François Granghaud et de la dame Gabrielle Germot, survenu en son domicile à Gorée le 7 octobre 1844 ».

Un an plus tard, le 10 février 1846, sa veuve y résidait encore et c'est elle qui y déclarait le décès (acte N° 6 E.C.G.), « d'un Sieur Dominique Dumas, ancien marchand âgé d'environ 53 ans, né à Besançon, Doubs, décédé la veille au domicile de ladite déclarante ».

Quelques autres informations concernant le greffier Thiesse :

- Me Thiesse cumulait lui aussi les trois fonctions de Greffier, de Notaire et d'Officier de l'Etat-Civil.

Administration provisoire du greffe-notariat :

Le dernier acte d'état-civil signé par lui porte le N° 6, du 18 avril 1841.

Le suivant N° 7 est daté du 12 juillet 1841 « Nous Jean Auguste de Saint-Just, greffier par intérim, du tribunal de première instance séant en l'Ile de Gorée », le dernier N° 28, est du 22 décembre 1841.

La fonction ordinaire de ce de Saint-Just est d'être « Négociant ».

Le registre de l'année 1841 est clos et arrêté par de Saint-Just, le 1er janvier 1842 (indiqué par erreur 1841) et visé par le Commandant particulier de Gorée, président du Tribunal (qui n'a pas vu l'erreur).

Les actes de 1842 sont supposés passés devant Louis François Thiesse, Greffier mais aucun n'est signé de lui, le dernier étant le N° 72 du 8 novembre, tous régularisés par un Jugement rendu par le Tribunal Civil de Gorée, du 4 janvier 1843, signé Henry Robert, Greffier par Intérim.

Les actes dressés à partir du 11 novembre 1842 (N° 74), le sont devant Jean-Pierre Granghaud, Huissier, remplissant les fonctions de greffier provisoire, le dernier devant lui est le N° 78 bis, du 14 décembre 1842.

- Gilbert BREGHOT de POLIGNAC, le Greffier-Notaire de Saint-Louis est venu assurer une brève administration du greffe de Gorée pendant une semaine, au décès de Me Thiesse, du 23 novembre au 2 décembre 1842 (voir infra Saint-Louis 1838).

L'acte d'E.C. N° 1 du 6 janvier 1843 est passé devant Me Henry Robert, Greffier par intérim, jusqu'au 01.07.1843 (Acte d'E.C. N° 48) puis dans l'acte N° 49 du 04.08.1843, ne figure plus la mention p. i..

§ 7. – Jean Antoine Jérôme BRUEYRE, en 1831 à Saint-Louis

Ayant pris service très jeune à Saint-Louis, le 8 juillet 1831, à tout juste 24 ans, ce Greffier se rend à la colonie accompagné de son épouse et de son jeune fils. Ses 9 années de séjour (9 ans), ont été endeuillées par des drames familiaux, lui-même étant décédé à 33 ans, en décembre 1840.

A. – A la Colonie du Sénégal

Six gouverneurs se sont succédé à la colonie du Sénégal, entre 1833 et 1841, à la suite du décès de Renault de Saint-Germain, Cageot (intérimaire) puis le capitaine de frégate Quernel en 1833, le capitaine de frégate Pujol en 1836, le lieutenant de vaisseau Malavois en 1836, l'officier de Marine Guillet (intérim), l'officier de marine Soret en 1837 et enfin l'officier de marine Charmasson en 1839.

Selon Monsieur Zuccarelli précité, un *« Conseil général du Sénégal est institué, pour la 1ère fois, par l'Ordonnance du 7 septembre 1840. Son corps électoral, d'une centaine de notables désignés par le gouverneur, est réparti en 3 collèges : ceux des négociants français, des négociants et propriétaires indigènes, des détaillants européens et indigènes ».*

« Il est supprimé dans l'ensemble des colonies par la IIe République ».

Le 14 juin 1837, par Ordonnance du roi portant nominations de magistrats au Sénégal et à la Martinique, il est disposé comme suit :

- M. Gallois-Montbrun (Joseph Armand), Juge au tribunal de paix de La Trinité Martinique), a été nommé Conseiller, Vice-président de la cour d'appel du Sénégal ;
- M. Larcher (Vincent), Avocat, Greffier au tribunal de 1ère instance de Fort-Royal (Martinique), a été nommé Président du tribunal civil de 1ère instance de Saint-Louis (Sénégal) ;

- M. Brueyre (Jean-Antoine), Greffier actuel à Saint-Louis (Sénégal), a été nommé Greffier et Notaire du tribunal civil de 1ère instance à Saint-Louis (Sénégal) ;
- M. Thiesse (François Louis Alphonse), Greffier actuel à Gorée, a été nommé Greffier et Notaire du tribunal civil de 1ère instance à Gorée (Sénégal) ;
- M. Pothuau (Pierre Alexis), Commissaire municipal au Fort-Royal (Martinique), a été nommé Juge au tribunal de paix de La Trinité ;
- M. Stenger (Etienne), Greffier au tribunal civil de 1ère instance de Fort-Royal (Martinique), a été nommé Juge auditeur au tribunal de 1ère instance de Pointe-à-Pitre (Guadeloupe).

S'agissant des deux greffiers-notaires de Saint-Louis et de Gorée, Mes Brueyre et Thiesse, cette Ordonnance royale est probablement consécutive à la conversion de ces deux anciens « *Conseils de Justice* », en « *Tribunaux civils de 1ère instance* », vingt années après la nomination de ces deux greffiers-notaires.

Parce qu'ayant eu qualité de « *seuls officiers de justice, à la colonie et ceux du Sénégal* », ils auront précédé de 20 années, la mise en place de véritables juridictions, sur un modèle identique à celui de la métropole.

B. – Notes individuelles relatives à Jean Antoine Jérôme BRUEYRE

Jean Antoine Jérôme BRUEYRE est né le 17 août 1807, à Tence, Haute-Loire, 43190, une commune d'Auvergne, à dix kilomètres au nord du Chambon-sur-Lignon, autre commune protestante, rendue célèbre pour son action de protection d'un grand nombre de juifs pendant l'occupation allemande et aussi par l'accueil de nombreux jeunes africains, dans son lycée-collège cévenol international et protestant.

Il est le fils de Jean Antoine Brueyre, Négociant à Tence (né le 6 septembre 1771 et décédé en 1820) et de Marguerite Cuoq (née en 1780 et décédée le 12 novembre 1813), ce patronyme étant une altération de Bruyère et originaire de la Haute-Loire.

Jeune orphelin de mère (à 6 ans) et de père (à 13 ans), il a le grand mérite d'avoir poursuivi avec succès les études supérieures en faculté de droit.

Curieusement, il se déclare âgé de deux ans de plus que ce qui figure dans son acte de naissance, lors de ses déclarations dans divers actes d'état-civil, ce qui laisse supposer qu'il pourrait être né en 1805 ?

Comme beaucoup de jeunes provinciaux, il monte à la capitale vers 1825 pour y faire ses études et d'une relation avec Marie-Antoinette Victoire Milliard, lui nait un premier fils à Paris, prénommé Jérôme Paul Ernest Brueyre, le 12 décembre 1828, alors qu'il n'a que 21 ans, une naissance qui complique probablement ses études.

Ce fils sera plus tard « correcteur d'imprimerie » à Paris, où il décèdera le 8 mai 1887.

Deux ans plus tard, le 23 septembre 1830 – probablement à la fin de ses études et juste avant d'être recruté comme greffier du tribunal de Saint-Louis au Sénégal – il épouse à Paris une demoiselle Isaure Esther Mezès (née en 1808) et de cette union leur naîtront au moins quatre enfants.

Le premier, Jean Augustin Abel Brueyre, nait le 12 septembre 1831 à Saint-Louis-du-Sénégal (Acte N° 13) et il fera une brillante carrière d'officier de marine, avant de décéder le 21 septembre 1894.

Le second, Benjamin Victor Auguste Ludovic Brueyre, nait le 13 février 1834, lui aussi à Saint-Louis (Acte N° 4). L'acte de naissance, est dressé par l'officier de l'état-civil Jean-Marie Tailhardat-Fayette, sur sa déclaration, les témoins comparants sont Pierre Delaroque, président du tribunal, âgé de 48 ans et Victor François Calvé, Chevalier de l'Ordre royal de la Légion d'Honneur, Docteur en Médecine, Chirurgien major de la marine, âgé de 42 ans.

Curieusement il y déclare avoir « 29 ans », c'est-à-dire une fois de plus, deux ans de plus que dans la réalité de son acte de naissance.

Qu'en est-il exactement ?

Et puis le drame dix mois plus tard, du décès le 25 décembre 1834, pendant la nuit du réveillon, de ce 2e fils qui n'a que 10 mois.

Un probable parent du greffier, Louis Victor Auguste Brueyre, âgé de 21 ans, agent général de la Compagnie de Galam, se charge de déclarer ce décès le jour de Noël, devant l'officier de l'état-civil (Acte N° 66).

Il est écrit dans cet acte « *fils de Jean Antoine Jérôme Brueyre, greffier des tribunaux de cette île et de la dame Isaure Esther Mezès, né en cette île, le treize février de la présente année* (1834)*, décédé ce aujourd'hui à quatre heures du matin, au domicile de ses parents rue Potin* ».

Ceci démontre la présence d'un Louis Brueyre à St-Louis, un possible parent du Greffier et de sept ans son cadet, employé de la compagnie du Galam. Il n'est pas anodin qu'il s'y trouve employé, alors que cet aîné y vit depuis trois ans et très probablement à l'origine de ce recrutement.

Alors fièvre jaune, ou autre maladie infectieuse, ce drame explique peut-être la décision de réinstaller sa famille à Paris, où naît un 3e fils, 10 mois plus tard, le 10 novembre 1835, un autre Benjamin Auguste Ludovic dit « Loïs » Brueyre, qui portera les mêmes prénoms, comme pour tenter d'exorciser le drame qu'ils ont vécu à la côte d'Afrique.

Cet « autre Benjamin Auguste Ludovic », dit « Loïs » Brueyre, conçu visiblement un mois à peine après le drame, sera un jour chef de division à l'assistance publique de Paris, où il décèdera le 17 novembre 1908, âgé de 73 ans, bien loin, très loin de cette terre de Saint-Louis ou il a été conçu et où repose pour toujours ce frère de complète homonymie (le 2e prénom de Victor en moins), qui l'y avait précédé.

Retour ensuite de toute la famille au Sénégal et un quatrième enfant vient combler cette famille, une fille cette fois-ci, Laurence Suzanne Marguerite Brueyre, qui nait à Saint-Louis, le 22 septembre 1837.

Le greffier se déclare âgé de 33 ans dans cet acte, ce qui confirme pour la 3e fois, qu'il est certainement né en 1804 ou 1805 et non pas 1807.

Cet acte contient la trace d'un déménagement, le domicile n'étant plus rue Potin, mais rue d'Orléans et l'un des deux témoins est Camille Eugène Olivier, Commis de marine, celui-là même qui assurait son intérim pendant son séjour en France l'année précédente.

Et puis le retour vers Paris et la trace de cette petite fille et de sa mère qui s'y perdent, alors même qu'il est encore au Sénégal.

Nouvelle grossesse ?

Décès en couches ?

Avec l'enfant ?

Il faudrait trouver le temps de fouiller les registres parisiens, généanet ne disposant que de peu d'informations, mais pour sûr quelque chose de grave a dû se passer et ceci explique sans doute son retour en France et peut être même son décès sept mois plus tard, à peine âgé de 33 ans.

Aucune information sur son épouse, ni sur un autre enfant.

En revanche, sa fille Laurence Suzanne Marguerite Brueyre, épouse un Sieur Honoré Albain François Nicolas (de 16 ans son aîné), né à Pertuis (Vaucluse), le 2 mars 1821, leur mariage ayant été célébré à Versailles, Yvelines, le 16 avril 1855, alors qu'ils ont respectivement 34 et 18 ans.

Cette même fille Laurence Brueyre, veuve ou divorcée (?), se remarie 12 ans plus tard, avec un Sieur Auguste Verrat (de 20 ans son aîné), né à Vitry-le-François (Marne), le 20 mars 1817, leur mariage étant célébré à Paris 11e, le 7 mai 1867, alors qu'ils ont 50 et 30 ans.

Son 2e fils, Jean Augustin Abel, obtient une bourse pour faire ses études, en fin 1848, comme étant « *fils d'un ancien greffier au Sénégal, décédé dans cette colonie sans fortune et de famille nombreuse* ».

Entre autres activités, c'est lui qui célèbre le mariage le 5 février 1834 (acte N° 3) de Jean Marie Tailhardat-Fayette, officier de l'état civil et curateur aux biens vacants, né à Riom, Puy-de-Dôme, le 13 Frimaire An VI, correspondant au 3 décembre 1797 et d'Anna d'Erneville, née à Saint-Louis le 21 décembre 1812, en sa qualité de « *Greffier des tribunaux séants en l'île Saint-Louis du Sénégal, chargé des fonctions d'Officier de l'état-civil à l'effet des présentes, par arrêté de Monsieur le Gouverneur du Sénégal en date du seize janvier dernier* », pour cause d'empêchement à l'acte organisant une incompatibilité, comme y ayant un intérêt personnel.

Il a aussi dressé divers actes d'état-civil, en sa qualité de « *Greffier des tribunaux séants en l'île Saint-Louis du Sénégal, remplissant les fonctions d'Officier de l'état-civil, en vertu d'un arrêté de Monsieur le Gouverneur de la colonie en date du vingt novembre mil huit cent trente-cinq* », pour cause de probable empêchement momentané du titulaire, dont les trois ci-après :

- 11 décembre 1837, naissance (acte N° 311) de Germain Jean-Jacques Crespin (né le 8),
- 13 janvier 1838, décès (acte N° 10) de Pierre François Lamotte, ancien négociant et propriétaire, né en France et domicilié à Saint-Louis, âgé de 82 ans.
- 2 mai 1839, dans un jugement de constatation de la naissance (acte N° 33) de Durand André, dans lequel il exerçait ses fonctions de greffier.

Son parcours de vie doit pouvoir être reconstitué comme suit :

1805 : (ou 1807 ?) 17 août, naissance de Jean-Antoine Jérôme Brueyre, à Tence, Haute-Loire ;

1824 : Début de ses études universitaires à la faculté de Paris ???

1828 : 23 ans, 12 décembre, naissance d'un 1er fils Jérôme Paul Ernest,

1829 : 24 ans, fin de ses études avec probable obtention d'une licence en droit et probable première expérience professionnelle à Paris ;

1830 : 25 ans, 23 septembre, mariage avec Mlle Esther Isaure Mezès ;

1831 : 26 ans, départ pour le Sénégal avec toute sa famille, engagé comme Greffier en l'île Saint-Louis, chef-lieu de la colonie ;

(8 juillet), arrivée à Saint-Louis et séjour tout le reste de l'année jusqu'au 31 décembre ;

(12 septembre), naissance 2e fils Jean Augustin Abel, St-Louis ;

1832 et 1833 : deux années entières à Saint-Louis-du-Sénégal ;

1834 : (13 février), naissance d'un 3e fils Benjamin Victor Auguste Ludovic, né à Saint-Louis ;

Année entière passée avec toute sa famille à Saint-Louis ;

(25 décembre), la tragédie du décès de son 3e fils, Benjamin, Victor Auguste Ludovic Brueyre, la nuit de Noël à St-Louis ;

1835 : Année entière à Saint-Louis, tout en organisant le retour de toute sa famille vers la France ;

(10 novembre), naissance de son 4e fils Benjamin Auguste Ludovic, à Paris ;

1836 : Probable année de congés (après 5 ans) et retour familial à Paris (l'Intérim du Greffe est exercé par le Commis Camille Olivier) ;

(23 mai), baptême de son fils Jean Augustin Abel, en la paroisse de Saint-Germain-des-Prés ;

1837 : (janvier-septembre) Séjour à Paris et retour familial à St-Louis ;

(22 septembre) naissance à Saint Louis de son 5e enfant (une Fille), prénommée Laurence Suzanne Marguerite ;

1838 : (janvier à avril) Séjour familial à Saint-Louis-du-Sénégal ;

(avril 1838 à avril 1839) Départ de toute la famille pour Paris pour une année entière (?) de congés en France ;

1839 : Probable survenance d'un drame familial ;

(avril à décembre) retour seul (?) pour une dernière année à Saint-Louis-du-Sénégal ;

1840 : (janvier à mai) à Saint-Louis-du-Sénégal et retour définitif de sa famille en France en mai, sans savoir s'il est resté à St-Louis.

3 décembre, décès à 33 ans, à la colonie, comme il est indiqué dans l'octroi de bourse de son fils. Acte de décès non retrouvé.

Ci-après le très brillant parcours d'Officier de marine, de son fils Jean-Augustin Abel Brueyre (le second de ses quatre fils), né à Saint-Louis-du-Sénégal, le 12 septembre 1731.

1847 Entre dans la Marine – 1849 (1er août) Aspirant – 1854 (25 mars) Enseigne de vaisseau au port de Toulon – 1860 (110 juillet) Lieutenant de vaisseau – 1863 (13 août) Distingué Chevalier de la Légion d'Honneur - 1869 (1er janvier) en attente d'affectation au port de Toulon (et le 11 août) Elevé Officier de la Légion d'Honneur à 38 ans ;

1870 (avril) Commandant d'aviso « Le Renaudin » - 1871 Officier en second du croiseur « d'Estrées » en station navale au Gabon et aux côtes occidentales d'Afrique – 1874 (17 décembre) Capitaine de frégate (lieutenant-colonel) à 43 ans – 1879 Retraité à 48 ans – 1894 (21.11) Décédé à 63 ans en l'hôpital du Val-de-Grâce et Inhumé le 24 novembre, au cimetière du Père Lachaise, dans la 60e division.

Sauf erreur, il sera resté célibataire, sans alliance connue ni postérité.

Enfant adopté par Monsieur Pierre Joseph Dellorier, Rentier, demeurant à Paris, 19, rue Bellefond, son père étant décédé lorsqu'il n'avait que 9 ans, sa mère étant probablement décédée elle-aussi.

Publication au « Moniteur Universel » du jeudi 16 septembre 1847, de la liste nominative, par ordre de mérite, des candidats qui a la suite du concours de 1847, ont été, par décision du ministre de la marine, nommés élèves à l'école navale ... 67e/117, Jean-Augustin Abel Brueyre ».

Publication dans la « « Gazette nationale, ou le Moniteur universel » du 7 novembre 1848, page 3.104, « fils d'un ancien Greffier au Sénégal, décédé dans cette colonie sans fortune, famille nombreuse » et il obtient une bourse (mention au titre des concessions).

Publication dans « Le Moniteur Universel » N° 220, du 8 août 1849, décision du 7 août du ministre de la marine et des colonies, nommant au grade d'aspirant de 2e classe les élèves de la 1ère division de l'école navale, qui ont été reconnus admissibles par la commission d'examen, dont : ..... 81e (sur 90), Jean-Augustin Abel Brueyre.

Publication au 'Moniteur Universel' N° 194, du mercredi 12 juillet 1860, du décret impérial du 10 juillet 1860, sur proposition de l'amiral ministre de la marine, ont été promus ... au grade de lieutenant de vaisseau (capitaine), Brueyre (Jean-Augustin Abel), ancienneté (1er/2e tour).

Décret rendu à Vichy, du 29 juillet 1863, sur proposition du ministre de la marine et des colonies, ont été nommés dans l'Ordre impérial de la Légion d'Honneur ... au grade de chevalier ... Brueyre (Jean-Augustin Abel), lieutenant de vaisseau, 15 ans de service effectif dont 7 à la mer.

Décret du 11 août 1869, sur proposition de l'amiral ministre de la marine et des colonies, promu Officier dans l'Ordre impérial de la Légion d'honneur, lieutenant de vaisseau, 21 ans de service effectif dont 13 à la mer, second du d'Estrées, preuve de dévouement dans épidémie de fièvre jaune. Chev. 13.08.1863 (J.O. de l'Empire français, N° 221, 12 08 1869).

Liste des personnes ayant souscrit en 1873, pour la reconstruction du palais de la Légion d'Honneur ... Officiers ... Brueyre-Dellorier (Jean-Augustin Abel), lieutenant de vaisseau, 20.

Par décret N° du 17 décembre 1874, promotion au grade de capitaine de frégate (lieutenant-colonel) de Jean-Augustin Abel Brueyre-Dellorier (1er tour ancienneté), publié dans le J. O. de la République Française N° 346, du samedi 19 décembre 1874 et dans le « Messager du Midi » (Montpellier et Nîmes) N° 350, du lundi 21 décembre 1874.

Il ne s'est apparemment jamais marié et sans postérité. Ne disposant sans doute pas suffisamment d'influences utiles, il n'a hélas pas atteint le grade de capitaine de vaisseau (colonel) ni celui de contre-amiral (général), avant d'être admis à faire valoir ses droits à la retraite.

Ce 19e siècle est celui de l'aventure coloniale, de la grandeur de la « mission civilisatrice de la France » sur les cinq continents, qui s'accompagne parfois de l'évangélisation et cette famille Brueyre en est un vivant exemple, puisqu'un frère du greffier, de trois ans son cadet se rend célèbre en Chine.

Benjamin Brueyre, né le 20 mai 1810 à Tence et mort le 24 février 1880 dans le Sien-hsien, est un jésuite français qui ouvrit une nouvelle mission en Chine en juillet 1842, plus d'un siècle après l'interdiction de la religion chrétienne par décret impérial (1724). Il est surtout connu pour sa traduction de la Bible en chinois datant de 1862.

Etudes au séminaire de Puy-en-Velay, entre dans la compagnie de Jésus en 1831, noviciat à Chieri, puis en Suisse. Etudie la philosophie à Mélan et à Fribourg (1834-1835) tout en étant professeur scolastique dans divers collèges dont Saint-Michel, étudie la philosophie à Vals-près-le-Puy. Est choisi en 1841 pour partir en mission pour la Chine avec deux confrères, le P. François Estève et le P. Claude Gotteland.

C'est la première mission jésuite depuis l'expulsion au 18e siècle et la mort en Chine du dernier jésuite en 1793.

En 1840, 200.000 chrétiens persécutés, sur tout le territoire, dont s'occupaient moins de 100 prêtres chinois et 40 missionnaires européens. Les trois jésuites débarquent à Wusong près de Shanghai, le 11 juillet 1842. Le P. Gotteland qui dirige la mission avait reçu pour instruction de reprendre la tradition jésuite de travaux scientifiques, tandis que les deux autres prêtres devaient se consacrer à l'apostolat.

Le P. Brueyre est soutenu par une forte spiritualité mariale et s'efforce dès le départ de pourvoir aussi aux moyens matériels de la population.

Il ouvre, en 1843 la mission du Kiang-nan (Jiangnan aujourd'hui) avec Hangtchéou (Hangzhou) pour base, revenant de temps à autres à Zikawei. Le séminaire démarre le 1er février 1843 avec vingt-trois étudiants et déménage à Song kia-tu en 1853.

Supérieur du Tché-li oriental (1859-1866), il meurt à Sienhsien en 1880.

Son apostolat s'exerce en temps difficiles (massacre de 1870 à Tientsin) et il est au début en butte à l'incompréhension du vicaire apostolique de Nankin, Mgr Louis de Bési, qui quittera la Chine en 1847.

Il a traduit en chinois de nombreux ouvrages de piété, en particulier sur le Sacré-Cœur, et écrit des grammaires et des dictionnaires.

Le Greffier-Notaire Me Jean-Antoine Jérôme Brueyre aura pour intérimaires, Camille Eugène Olivier (du 5 janvier 1836 au 25 janvier 1837), Commis de marine, faisant fonction de Commis-Greffier, âgé de 30 ans en septembre 1837 et donc né probablement en 1807 et François Pecarrère, pendant presque toute l'année 1837, jusqu'au 26 novembre.

Ci-dessous un extrait de la gazette nationale (le Moniteur Universel) du 14 février 1841, page 3/12 :

« Par ordonnance royale, en date du 9 février 1841, les nominations suivantes ont eu lieu dans la magistrature coloniale » :

- *« Juge auditeur au tribunal de première instance de Marie-Galante, dépendance de la Guadeloupe, emploi vacant, M. Partarrieu (Charles-Joseph), avocat » ;*
- *« Greffier du tribunal de 1ère instance à St-Louis (Sénégal), M. Breghot (Gilbert), greffier provisoire, en remplacement de M. Brueyre, décédé (26 mai 1840 au 26 mai 1843), ès qualité de Commis Greffier » ;*
- *« Anne Nicolas Pierre Jules Juge (du 5 juin 1843 au 29 mai 1844), Commis Greffier ».*

E. – Observations relatives à Jean Antoine Jérôme BRUEYRE

Par Ordonnance du 24 mai 1837, une Cour d'Appel dont le siège est fixé à Saint-Louis, alors capitale du Sénégal et dépendances, est instituée en remplacement de l'ancien « Conseil d'Appel », complétant ainsi l'implantation d'un véritable pouvoir judiciaire progressivement rendu autonome de l'autorité administrative coloniale, en complément des deux premiers tribunaux de 1ère instance, semblables à ceux de la métropole, qui ont été instaurés à Saint-Louis et à Gorée, par une précédente Ordonnance royale du 7 janvier 1822.

C'est en application de ce texte qu'a été prise l'Ordonnance du 14 juin 1837, visée supra.

L'organisation judiciaire de la colonie du Sénégal et dépendances, qui remontait à l'ordonnance de 1822, est améliorée en 1837 sur les bases suivantes : Dans chacun des deux arrondissements de Saint-Louis et de Gorée, un Tribunal de (simple) police, un Tribunal de 1ère instance et une Cour d'Appel remplace le Conseil d'Appel précédemment institué.

En revanche et après un long débat parlementaire sur le fait de savoir s'il fallait instaurer des juridictions de cassation territorialement plus proches des litiges, dans le but d'en raccourcir les délais de procédure, il a été réaffirmé le principe d'unicité d'appréciation pour prévenir d'éventuelles constructions divergentes, au bénéfice d'une plus grande autorité jurisprudentielle.

L'autorité coloniale introduit par ailleurs les Codes en vigueur à la métropole : Code civil dorénavant applicable à tous, sauf en droit des personnes pour les musulmans (Arrêté local du 5 novembre 1830), Code procédure civile (Ordonnance royale du 7 janvier 1822), Code du Commerce (Ordonnance royale depuis le 4 juin 1819), Code Pénal de 1832 (Ordonnance royale du 29 mars 1836), Code d'instruction criminelle (procédure pénale en 1838), Conseil de guerre (Arrêté du 10 juillet 1838), voies de recours en cassation et enfin une Conservation des hypothèques est instituée dès 1820, qui sera rendue pleinement opérationnelle, par un Arrêté local du 26 décembre 1832.

Un alignement progressif sur le modèle institutionnel de la métropole.

Une avancée remarquable mais prudente, car le personnel judiciaire ne relève pas du ministère de la justice mais de celui des colonies. Il ne peut donc revendiquer les dispositions ordinaires de son corps d'origine et tout particulièrement, le principe d'inamovibilité des magistrats.

Cela fera souvent difficulté, mais cela que l'administration coloniale tient à maintenir sous contrôle, cette amorce d'autonomie judiciaire.

§ 8. – Gilbert BREGHOT de POLIGNAC, en 1840 à Saint-Louis

Par Ordonnance royale du 9 février 1841, Gilbert BREGHOT de POLIGNAC, faisant fonction de greffier-notaire provisoire depuis le 26 mai 1840, après le décès de Jean-Antoine Jérôme Brueyre, est titularisé Greffier et Notaire du tribunal de 1ère instance à Saint-Louis (Sénégal).

Il y restera en fonctions pendant 14 ans, jusqu'au 31 mars 1854, Me Anne Nicolas JUGE, son Commis, ne lui succédant qu'après 4 ans, en 1858.

A. – Des faits remarquables, dans le contexte international du moment

1843 – 7 juin, Éthiopie. Traité d'amitié d'Angoläla entre les rois, du Shoa, Sahle Selassié et de France, représenté par Rochet d'Héricourt ;

19 novembre. Liban, Notables druzes et maronites s'entendent pour donner le pouvoir à l'émir Asaad Kaadan Chehab.

Les grandes puissances font pression sur la Porte, qui a établi une administration directe sur le Liban, pour que soit entreprise une réforme constitutionnelle.

Umar Pacha crée des assemblées de notables, aux côtés de deux *caïmacanats*, l'un maronite au nord, l'autre druze au sud ;

1844 – 10 septembre. Joinville signe pour la France la convention de Tanger (fin des troupes marocaines de la frontière. Internement, en cas de capture, d'Abd el-Kader dans une ville marocaine de l'Atlantique. Les troupes françaises évacuent Mogador et Oujda.

Convention de Lalla-Marnia, complète celle de Tanger délimitant la frontière algéro-marocaine.

Malgré la vive opposition d'une partie de la population, le sultan du Maroc essaie de conserver de bonnes relations avec la France.

1845 – 20 novembre. Bataille de la Vuelta de Obligado. Les marines française et anglaise écrasent la flotte de Roas, le dictateur argentin. Blocus de Buenos Aires ;

1847 – 26 juillet. Le Libéria est la première colonie africaine (ex USA) à devenir indépendante ;

9 octobre. La Suède abolit l'esclavage dans sa colonie, St-Barthélemy

29 novembre/8 décembre. Londres. 2e Congrès de la Ligue communistes. Karl Marx et Friedrich Engels sont chargés de rédiger un « *Manifeste du Parti communiste* » ;

1848 – L'empire austro-hongrois se fissure de toute part.

3 mars, Kossuth réclame à la diète de Presbourg une constitution pour la Hongrie et fait adopter une adresse à l'empereur ;

6 mars. Les corporations de Basse-Autriche réclament des droits politiques pour le peuple, la suppression de la censure, la publicité des procédures judiciaires et l'institution des jurys ;

11 mars. A Prague, tchèques et allemands exigent des réformes constitutionnelles, l'autonomie des pays de la couronne de Bohême et le respect des droits des deux nations ;

13-14 mars. Révolution de Vienne. Manifestation au Landhaus. La troupe ouvre le feu et l'agitation s'étend aux faubourgs. Metternich démissionne et s'enfuit. La cour octroie la liberté de la presse, promet une constitution, la force révolutionnaire s'organise : comité bourgeois de sécurité, garde nationale, comité central, etc. ;

15 mars. Révolution éclate à Budapest. Petöfi et ses amis organisent une manifestation qui porte aux autorités un programme national et libéral en 12 points (liberté de la presse, suppression de la censure, ministère responsable et Assemble nationale, égalité de droits civiques et religieux, contribution égale de tous aux charges publiques, suppression des redevances seigneuriales, banque nationale, forces armées nationales, libération des prisonniers politiques, réformes judiciaires, union avec la Transylvanie). Le conseil de lieutenance capitule devant la foule et le comte Batthyány devient le président du conseil du premier ministère responsable hongrois ;

22 mars. Les Autrichiens sont chassés de Venise. Ils évacuent Milan.

Le 24 mars, En Transylvanie, Simion Bărnuţiu, professeur du séminaire uniate de Blaj lance une proclamation pour demander la reconnaissance des Roumains en tant que « Nation » et l'abolition du servage ;

8 avril. Révolution à Prague. Charte de Bohême ;

11 avril. Statut particulier de la Hongrie. La Diète hongroise est dissoute et remplacée par une Assemblée nationale élue au suffrage direct des nobles, des bourgeois et des paysans aisés ;

12 avril. Diffusion à Vienne d'un programme politique pour la « Slovénie unifiée » pour la réunion de tous les slovènes.

21 mars. Le gouvernement danois annexe le Schleswig. En l'apprenant, les duchés de Schleswig et de Holstein se déclarent indépendants et nomment un gouvernement provisoire le 24 mars ;

1853 – 24 mai. Napoléon III offre au Royaume-Uni de conclure une entente destinée à soutenir l'Empire ottoman en déclin, contre les velléités de la Russie de s'emparer de Constantinople ;

29 septembre, Guerre de Crimée. La Porte, étant assurée du soutien du Royaume-Uni et de la France, déclare la guerre à la Russie ;

30 novembre. Bataille de Sinope. La flotte russe défait la flotte turque dans le port de Sinope et prend le contrôle de la mer Noire au détriment des Ottomans. L'équilibre européen est menacé par l'expansionnisme du tsar Nicolas 1er de Russie. Les bâtiments britanniques et français bloquent le Bosphore, pour protéger Istanbul et passent les détroits le 4 janvier 1854. Le temps le plus marquant de cette guerre est celui du siège de Sébastopol, qui dure d'octobre 1854 au 8 septembre 1855, à l'issue de la bataille de Malakoff. Elle se solde par la défaite de la Russie, qui est actée par le traité signé à Paris, le 30 mars 1856, l'émancipation des nations balkaniques (Bosnie, Bulgarie, etc.) et en France, la restauration du prestige international du pays et la dislocation de son ancienne opposition formée contre Napoléon 1er par le Congrès de Vienne en 1815 (une alliance européenne entre l'empire austro-hongrois, la Prusse et l'Angleterre) ;

1855 – Les fortes rivalités entre puissances européennes ayant fait suite à cette guerre – qualifiée par de nombreux auteurs comme la 1ère des guerres mondiales - les incite à monter en puissance dans leur entreprise d'expansion coloniale en Afrique.

Il ne s'agit pas encore d'une véritable colonisation, mais de course au « marquage de territoire » – à l'instar des grands fauves – une politique qui n'a d'objectif premier que de planter un drapeau, dont la présence à pour finalité de justifier de l'exclusion de tout autre prétendant.

La course est engagée entre les deux empires français et britannique, avec pour objectif de joindre les « deux D », que sont Dakar et Djibouti pour le premier et les « deux C », Le Caire et le Cap pour le second.

Et tôt ou tard, au point de rencontre, cela risque de faire boom !

B. – En France, ce qu'il s'y passait à ce moment-là

1843 – 2-7 septembre. Visite officielle de la reine Victoria au roi Louis-Philippe en Normandie, au château d'Eu, établissant une « *Entente Cordiale* », entre le Royaume-Uni et la France ;

1845 – 3 février. Karl Marx, sommé de quitter Paris par Guizot pour ses activités révolutionnaires, se réfugie à Bruxelles ;

19 mars. Règne d'Amadou Sékou, roi du Macina, après crise de succession. Révolte des Touareg de Tombouctou réprimée en 1846, le pays est pacifié, vivant en bonne intelligence avec ses voisins.

1846 – 16 novembre. L'Autriche annexe la Ville libre de Cracovie. Échec de la République libre polonaise. Le soulèvement, parti de Pologne du Sud et de Galicie, est victime de son impréparation. Seule Cracovie se donne un gouvernement national. Les troupes autrichiennes annexent la ville avec l'appui de la Russie, malgré l'opposition de Londres et Paris, qui s'abstiennent d'intervenir.

1848 – 27 avril : Abolition de l'esclavage dans les colonies françaises ;

14 janvier, France. Guizot interdit les réunions politiques de l'opposition (campagne des banquets). Maladresse qui déclenche la révolution de février 1848 ;

22-24 février. Révolution à Paris. Ces 3 journées révolutionnaires renversent la « Monarchie de Juillet », Louis-Philippe abdique, formation d'un gouvernement provisoire. Début de la « 2e République française » (laquelle ne durera que 4 ans, jusqu'en 1852) ;

23 avril. Election de l'Assemblée constituante au suffrage universel masculin et victoire des républicains modérés (groupe national).

27 avril. Publication en France du décret d'abolition de l'esclavage, signé par Victor Schœlcher ;

4 mai. Première séance de l'assemblée constituante en France qui proclame la IIème république (et qui n'achèvera ses travaux que le 26 mai 1849) ;

23-26 juin. Journées de Juin. Insurrection ouvrière à Paris, durement réprimée. Un bilan de 11.000 arrestations et 5.000 morts.

10/11 décembre. Louis-Napoléon Bonaparte, petit-neveu de l'ancien empereur est élu Président de la République, est élu au 1er tour, au suffrage universel masculin à 74,31 %, pour un mandat de 4 ans et c'est la 1ère élection présidentielle dans l'histoire de France. Une expérience de démocratie directe qui restera unique pendant plus d'un siècle, jusqu'à l'élection du Général Charles de Gaulle en 1965.

1851 – 2 décembre. Coup d'Etat constitutionnel de Louis-Napoléon Bonaparte, qui dissout les Chambres à quelques mois de la fin de son mandat lui interdisant de se représenter, fait arrêter nombre d'opposants républicains et monarchistes en suspendant l'ordre constitutionnel et un an plus tard il instaure par plébiscite, ce qui sera, le Second Empire ;

C. – En la Colonie du Sénégal

Selon Wikipédia :

1843 – 16 août. Départ de St-Louis d'une expédition organisée par le gouverneur du Sénégal Bouet-Willaumez, dirigée par Raffenel remonte le fleuve Sénégal jusqu'à Bakel, la Falémé, visite les mines d'or du Kéniéba, le Bambouk et exploration du Galam ;

1847 – 4 décembre. Ordonnance professionnalisant le corps judiciaire, de sorte qu'elle ne soit plus l'apanage des militaires. L'objectif est aussi de rendre l'organisation judiciaire un peu plus conforme à celles des autres colonies telle la Martinique, qui sont toutes dotées dorénavant, de magistrats professionnels. Elle confirme l'institution d'une Cour d'appel, et de deux tribunaux de première instance, l'un à Saint-Louis et l'autre à Gorée. Dans ces deux localités, c'est le code pénal français qui s'applique, ouvrant déjà la voie à une assimilation judiciaire. En même temps, la réalité qu'offrent ces pays habités par des indigènes d'ethnies, religion et mœurs si différentes de la culture du colonisateur, l'amène à envisager cette organisation avec souplesse.

1848 – Le chef Toucouleur El Hadj Omar s'installe à Dinguinraye au bord du fleuve Sénégal, acquiert une réputation de saint et rassemble de nombreux disciples, formant les cadres de son armée.

1850 – 11 octobre. Auguste-Léopold Protêt est nommé gouverneur du Sénégal et appuie fortement la culture de l'arachide, introduite depuis une dizaine d'années. Cette nouvelle activité prometteuse sera encouragée par son successeur Louis Léon César Faidherbe.

1853 – 27 février. Mort d'Amadou Sékou et début du règne d'Amadou Amadou, 3e et dernier roi du Macina (fin en 1862). Après une longue crise de succession, il règne sans difficulté jusqu'à l'avènement du Toucouleur El Hadj Omar ;

Septembre. Couronnement de Maad a Sinig Coumba Ndoffène Famak Diouf, qui accède au trône du royaume du Sine, après la mort du roi Sérère Maad Sine Amat Gnilane Faye Diouf.

1854 – 21 mai. Prenant le relais de Maba Diakhou Ba et d'Amadou Cheikhou, El Hadj Omar Tall quitte Dinguiraye et se lance dans une guerre sainte. Il attaque ses voisins animistes et s'empare des régions aurifères de Bambouk et Nioro (1855).

16 décembre. Louis Léon César Faidherbe gouverneur du Sénégal. Il commence ses conquêtes (1854-1865), unifie progressivement la mosaïque de petits royaumes du Walo, du Djolof, du Cayor, du Baol,

du Sine, du Saloum et du Fouta, pour former ce qui sera le Sénégal, mais qui devient pour l'heure, colonie française.

Au prix de campagnes militaires incessantes, il transforme les anciens comptoirs commerciaux de Saint-Louis et Gorée en une colonie unifiée et étroitement surveillée.

Il crée le corps des tirailleurs sénégalais (1857) et réduit les chefs locaux et particulièrement les Damels du Cayor.

1856 – Mars. Le gouverneur Auguste-Léopold Protêt prend possession de la péninsule du Cap-Vert et crée un établissement français le 25 mai 1857, près du modeste village de pêcheurs de Dakar.

Selon Monsieur le professeur et docteur Gana Fall (in « Fonctionnaires et auxiliaires civils sénégalais de l'administration coloniale française 1854-1920, dans Histoire générale du Sénégal des origines à nos jours »).

« *La guerre sainte avec les marabouts tidjanes ... connait une évolution notoire puisqu'elle s'étend aussi aux européens en début d'expansion coloniale ... interpellant pour la 1ère fois, les musulmans vivant sous autorité française et leurs collaborateurs, notamment les marabouts de confrérie la Khadriya, surtouts ceux employés dans l'administration coloniale comme interprètes, cadis, agents politiques, etc.* ».

Il poursuit, « *L'appel d'El Hadj Omar Tall de 1855, divisa le monde musulman du Sénégal, car le Cheikh était combattu par les lettrés Khadriya, très influents à Saint-Louis et au Fouta, notamment Cheikh Mamadou du Fouta Toro, Bou-el-Mogdad, très lié à la famille de Cheikh Sidiya du Trarza et Hamat Ndiaye Ann* ».

Interprète, secrétaire et conseiller très écouté du gouverneur Faidherbe, Bou-el-Mogdad Seck a mené des missions diplomatiques absolument stratégiques pour le compte de l'administration coloniale, en négociant entre 1858 et 1866, des traités de protectorat avec les émirs du Brakna et du Trarza, pour sécuriser le Walo et la rive gauche du fleuve Sénégal.

Il se fait l'émissaire de Saint-Louis même bien au-delà des seuls Sénégal et Mauritanie, en s'engageant au Soudan, au Maroc et jusqu'en Algérie.

Toujours selon Monsieur le professeur et docteur Gana Fall précité :

« *Avec Bou-el-Mogdad, c'est l'illustration nette et claire que la colonisation n'est pas uniquement le fait des armes, mais aussi du renseignement* (qui est réellement stratégique), *en vue de dégager des politiques à suivre, des priorités, etc. On comprend dès lors, la place centrale qui a été celle de cet interprète, dans le dispositif colonial d'époque et pourquoi son décès en 1868, a été ... une véritable calamité pour l'administration de la colonie* ».

Toujours selon Wikipédia : El Hadj Omar Tall est mû par l'idéologie universaliste de l'islam et par un projet de rénovation égalitaire de la société. Il encourage le libéralisme de la confrérie Tidjaniya dont il est le représentant et se promet d'imposer une « fraternité transcendantale » à tous les peuples du Soudan occidental.

Il y a toutefois que cette perception n'est pas unanime et que la puissance coloniale pratique le vieil adage selon lequel il convient de « diviser pour mieux régner », pour mener à bien ses ambitions de conquête de 1854 à 1875, sous le couvert d'une entreprise de pacification.

Toujours selon Monsieur le professeur Gana Fall « *les premiers auxiliaires combattants aux côtés des troupes* (françaises) *vinrent des quatre communes. C'est avec ces forces indigènes que Faidherbe soumet le Walo en 1859, après avoir battu le Fouta en 1854 à Dialmath* ».

Tel est le cas de Paul Holle, fils d'un négociant suisse et d'une mère peuhle, commandant du fort de Bakel en 1855, puis de Médine en 1857, qu'il défend avec acharnement et un modeste effectif de 60 soldats, avant l'arrivée salvatrice par le fleuve du général Faidherbe, contre plus de 20.000 des guerriers toucouleurs de d'El Hadj Oumar Foutiyou Tall.

Le professeur Gana Fall poursuit ainsi : « *Après le contrôle français sur le fleuve, les troupes auxiliaires, cette fois-ci renforcées de Walo-Walo et de Toucouleurs aux côtés des tirailleurs, menèrent des expéditions destinées à la conquête des Etats du Sud, permettant de relier Saint-Louis à Dakar, après l'annexion du Cayor en 1864* ».

D. – Notes concernant Gilbert BREGHOT de POLIGNAC

Gilbert Bréghot de Polignac est né à Gannat, sous-préfecture du département de l'Allier, une petite ville d'Auvergne, à 20 km à l'ouest de Vichy, le 17 juin 1816, 3e fils (après deux sœurs Philiberte, 1806 et Gabrielle, 1808) de Monsieur Jean-Baptiste Bréghot de Polignac, contrôleur ambulant des contributions indirectes (né le 15 avril 1781 à Riom, Puy-de-Dôme) et de Mme Gilberte Hennequin, son épouse (née le 15 février 1777, à Clermont-Ferrand, Puy-de-Dôme), ayant demeuré et décédés à Bourbonne-les-Bains (près de Vittel), Haute-Marne.

Son grand-père paternel se nommait lui aussi Jean-Baptiste Bréghot de Polignac, né vers 1751 et décédé à Riom, Puy de Dôme, Auvergne, le 19 septembre 1800, à l'âge d'environ 49 ans et selon le site « généanet », il était « Homme de loi » et l'époux de Perrette de Cambray (décédée en 1804).

Mentionné « Avocat au Sénégal » en page 1.152 dans la Gazette des Tribunaux du jeudi 30 novembre 1854 et en 1855 il est l'un des trois « Conseil commissionné » (Avocat), remplissant les fonctions d'Avoué au tribunal de Saint-Louis, avec Victor Pronnier et Pierre Rateau.

Le 23 juin 1860. Il est inscrit au répertoire comme Commissaire-priseur et conseil commissionné près les tribunaux de Saint-Louis.

Gilbert Bréghot de Polignac a entretenu une relation avec dame Anna Gray (née en 1820), qui lui donne une fille, Clémence Victoire Gray, née à Saint-Louis le 7 janvier 1843 (acte N° 13), qu'il reconnait sous le nom de Bréghot de Polignac et décèdera à Toulon le 20 mai 1871, à 28 ans.

Elle épousait le 23 juin 1860 à Saint-Louis (à 17 ans ½), un M. Louis Alexandre Flize, Lieutenant-Colonel d'Infanterie de Marine, né à Colmar, le 26 février 1828 et décédé à Toulon, le 14 mai 1871, à 43 ans.

Me Bréghot de Polignac épousera ensuite à Saint-Louis, le 1er mai 1848 (Acte N° 211 ECSL), Madame Marie-Louise Félicia Goyaux, née le 27 août 1822, à Gémozac, un bourg rural du département de la Charente Inférieure (devenue Charente-Maritime), fille de M. Jean Goyaux, marchand sellier (décédé à Saint-Louis, le 5 décembre 1838) et de Mme Angélique Marguerite Cécile Michel, marchande, restée sa veuve.

Les témoins sont Monsieur Vincent Larcher, Chevalier de la Légion d'Honneur, procureur général près la cour d'appel du Sénégal, âgé de 48 ans, M. Frédéric Jean Carrère, Chevalier de la Légion d'Honneur, président de ladite cour, âgé de 34 ans, M. Jean-Marie Tailhardat-Fayette, propriétaire (ancien officier de l'état-civil) âgé de 48 ans, Me Anne Nicolas Pierre Jules Juge, commissaire-priseur, âgé de 29 ans (qui sera Greffier-Notaire dans 10 ans et son successeur médiat) et de Monsieur le capitaine de vaisseau Baudin, Officier de la Légion d'Honneur, commandant en chef de l'activité des côtes occidentales d'Afrique.

Les consentements sont reçus par M. Antoine Marie François Pécarrère, officier de l'état-civil et très souvent Greffier-Notaire p.i., depuis 1830.

De cette union sont nés au moins deux autres enfants :

- Louis André Gilbert Bréghot de Polignac, né à Saint-Louis, le 5 mars 1850 (Acte N° 56 E.C.S.L.) ;
- Jean-Baptiste François Gilbert Bréghot de Polignac, né à Saint-Louis, le 14 février 1854 (Acte N° 37 E.C.S.L.) ;

Dans le premier de ces actes d'état-civil, il est qualifié de « *notaire et greffier en chef des tribunaux de Saint-Louis* », âgé de 33 ans et son épouse de 27 ans, leur domicile étant rue Lauzun. Les témoins sont Frédéric Jean André Carrère, Docteur en Droit, Chevalier de la Légion d'Honneur, Président de la Cour d'Appel, âgé de 35 ans et Jean-Marie Tailhardat-Fayette, Propriétaire, âgé de 50 ans.

Tous deux sont bien connus comme ayant été ses témoins au jour de son mariage, mais aussi comme ayant laissé une postérité au Sénégal

L'un d'entre eux, Justin Charles Mbodj dit Carrère sera Clerc de Notaire, au début des années 1970 à Dakar, en la jeune République du Sénégal.

Dans le second, il est également qualifié de « *notaire* », (avant) « *greffier des ...* », âgé de 37 ans, son domicile étant dorénavant rue de la mosquée.

Les témoins sont Alexandre François Justin Caminade, pharmacien civil, puis négociant, âgé de 41 ans, époux de la dame Cécile Louise Charlotte Goyaux, beau-frère de l'accouchée et Henry Félix Léandre Coulon, Chevalier de la Légion d'Honneur, Capitaine au 3e régiment d'infanterie de marine, âgé de 35 ans.

La qualité prestigieuse des témoins dans ces trois actes de mariage et de naissance, démontre la remarquable introduction de ce Notaire-Greffier, dans la « bonne société » saint-louisienne d'époque.

La maison de Polignac est une famille de vieille noblesse d'extraction féodale, originaire du Puy-en-Velay (Haute-Loire).

Le chef de cette illustre famille est créé duc héréditaire par le roi Louis XVI, le 20 septembre 1780 et obtient le titre de prince romain par bref pontifical (escrit) de 1820 avec autorisation de porter ce titre en France, par ordonnance du 30 juillet 1822. Ce titre de prince est confirmé, avec transmission en ligne masculine et féminine, par diplôme du roi de Bavière du 17 août 1838.

Une branche cadette de cette illustre maison de Polignac, a accédé au trône de Monaco en 1949, sous le nom de *Grimaldi*.

La famille Bréghot, originaire de l'Auvergne, appartenait dès le XVIIe siècle à la haute bourgeoisie de cette province.

Une de ses branches vint plus tard se fixer en Bresse.

Noble Antoine-Joseph Bréghot, avocat en Parlement, demeurant à Montluel, épousa à Lyon le 15 juin 1781 Suzanne Péricaud. Leur fils, Claude Bréghot du Lut, né à Montluel en 1784, est conseiller à la Cour d'appel de Lyon, décédé en 1849 et il a été un littérateur distingué.

Cette branche de la famille Bréghot du Lut subsiste en région lyonnaise. L'un d'entre eux, Antoine-Jean Bréghot du Lut « ci-devant **notaire** à Montluel, était rentier domicilié à Grenoble et faisant fonctions de curateur à succession vacante d'un cafetier », en vertu d'un jugement rendu par le tribunal de Trévoux le 12 novembre 1857.

Une autre branche de la famille Bréghot est connue sous le nom de Bréghot de Polignac, dont l'un des membres épouse à Paris, en décembre 1880, une demoiselle Caroline Leroy.

Les armoiries de la famille Bréghot du Lut et de Polignac sont « D'or à un chevron de gueules accompagné en chef de deux étoiles d'azur el en pointe d'un pommier terrassé de sinople ».

Probable et lointain cousinage avec l'ancien président du Conseil des Ministres du roi Charles X, Jules Auguste Armand Marie de Polignac (un ultra royaliste, fils de la duchesse de Polignac, favorite de la reine Marie-Antoinette et compagnon du futur roi pendant son exil en Angleterre, qui a cumulé la présidence du Conseil et le ministère des affaires étrangères), du 8 août 1829, jusqu'à sa chute le 29 juillet 1830.

Une parenté qu'il n'est peut-être plus très recommandé de revendiquer en ces temps de « Monarchie de Juillet » puis de « 2e République » ?

Une homonymie ayant pu être embarrassante et justifiant ainsi de son éloignement de convenance, en la lointaine colonie du Sénégal ?

E. – Observations relatives à Me Gilbert BREGHOT de POLIGNAC

Son style rédactionnel est savant, mais de remarquable sobriété.

En voici un exemple : *« Devant Me Gilbert Breghot de Polignac, greffier aux tribunaux de l'île Saint-Louis en Sénégal, Madame Madeleine Jacques de Saint-Jean, propriétaire demeurant à Saint-Louis, constitue son mandataire spécial le Sieur Alfred Agnès, chevalier de la Légion d'honneur, maire de la ville de Saint-Pierre, Martinique, présentement à Paris, pour vendre et transférer une inscription de rente de onze pour cent, portée au Grand livre de la dette publique au nom de la comparante en vertu de la loi du 30 juillet dernier, comme ayant été colloquée dans l'indemnité coloniale afférente au Sénégal pour un capital de 40.040 francs et 66 centimes (certificat de liquidation n° 501 du 31/10/1850). Acte délivré en brevet à l'île Saint-Louis en Sénégal le 6 novembre 1850, en présence de MM. Charles Jean Blondin et Chéry Dugommier, traitants demeurant à Saint Louis (qui signent) ».*

Il a eu au moins 4 intérimaires pendant son séjour, tous ses commis-greffiers, Anne Nicolas Pierre Jules Juge, du 1er juin 1847 au 29 avril 1848 et pendant les années 1857 et 1858 (avant de lui succéder), Charles Pellegrin, le 28 décembre 1852 et du 17 au 27 juin 1856, François Pécarrère, du 31 mars au 30 décembre1854 et enfin Charles Boucaline, du 16 au 26 décembre 1857 et le 10 août 1858, les trois derniers appartenant à de vieilles familles métisses de Saint-Louis.

§ 9. – Henry ROBERT, Greffier-Notaire à Gorée (1843-1866)

Maître Henry ROBERT était natif de Bordeaux, Gironde, France, le 14 septembre 1804. Il aura été le 3e Greffier-Notaire du Tribunal civil de 1ère Instance de l'Ile de Gorée (2e arrondissement) « *propriétaire y domicilié de droit* » et il le sera resté sur une durée record (pour l'époque) de 23 ans, du 5 janvier 1843 au 21 janvier 1866, après avoir succédé à Me Mangeard (le 1er, 1817-1830) et Me Thiesse (le 2e, 1830-1842).

A. – Le contexte international du moment

1854 – 27 mars. La France et l'Angleterre déclarent la guerre à la Russie et entrent à Sébastopol le 10 septembre 1855, la guerre de Crimée prendra fin le 18 janvier 1856.

1856 – Le négus d'Éthiopie Théodoros II, propose une réforme de l'Église comportant une réduction du nombre de ses clercs et la sécularisation d'une partie de ses biens. Devant la résistance des prêtres, il décide unilatéralement de confisquer les terres de l'Église en 1860. Les événements et sa mort l'empêchent de mettre sa réforme en application ;

30 mars. Traité de Paris entre la Russie et l'Empire ottoman imposé par les puissances occidentales. Il marque la fin de la guerre de Crimée, brise l'isolement de la France, place l'Empire ottoman sous la garantie des puissances européennes, et neutralise la mer Noire et les détroits. Interdiction est faite aux Russes de conserver une flotte en mer Noire et des bases sur ses côtes. La Moldavie et la Valachie sont replacées sous la suzeraineté ottomane (les Autrichiens les évacuent dans l'année). Le Sud de la Bessarabie est cédé à la Moldavie par les Russes. La navigation sur le Danube est internationalisée, contrôlée par une « Commission européenne du Danube » siégeant à Galatz.

1860 – 17-19 septembre. Visite de Napoléon III à Alger. – Son accueil est réservé de la part de la population française, qui n'avait pas voté en sa faveur lors de son élection en 1851. Il souhaite garantir la protection des terres arabes contre l'avidité des colons. Se méfiant des civils, il préfère renforcer les prérogatives de l'armée. Consulté par

Ismaël Urbain, un Saint-Simonien converti à l'islam, professe des idées égalitaires provoquant des réactions négatives de la part de Pélissier, puis de Mac-Mahon.

1862 – 1er juillet. Guerre de Sécession aux Etats-Unis d'Amérique.

Il est décidé d'y construire un 1er chemin de fer transcontinental.

Le gouvernement accorde aux compagnies *Union Pacific* et *Central Pacific* des prêts avantageux et dix sections de terres fédérales alternées de part et d'autre du remblai (surfaces doublées dès 1864).

15-16 juillet. Bataille « d'Apache Pass ». Cochise, le chef apache des Chiricahuas devient hostile aux Blancs à la suite de l'exécution de plusieurs membres de sa tribu par les troupes américaines.

Vote du décret de confiscation autorisant l'affranchissement d'esclaves appartenant aux maîtres qui se battent contre l'Union. Ce décret n'est pas appliqué par les généraux nordistes et Lincoln ne l'impose pas.

17 août. Début de la révolte des Sioux. Plus de 700 colons périssent. Après leur échec contre le camp militaire de Wood Lake le 28 septembre, 38 Santee sont exécutés le 26 décembre à Mankato et les Indiens vaincus ne possèdent plus que les deux Dakota et le Montana.

28-30 août. Victoire sudiste à la seconde bataille de Bull Run, en Virginie, « seconde bataille de Manassas ». Le général Robert E. Lee repousse deux invasions de la Virginie puis pénètre au Nord.

14 septembre. Bataille de South Mountain et le 17, celle d'Antietam (Maryland) qui sauve Washington d'une attaque des Sudistes de Lee.

Le 22, Abraham Lincoln rend publique sa « proclamation préliminaire d'émancipation ».

Il offre au Sud un délai de quatre mois pour cesser la rébellion, en menaçant d'émanciper les esclaves si les Sudistes continuaient à combattre, tout en promettant de ne pas toucher à l'esclavage dans les États qui se rallieraient à l'Union.

1866 – Décembre. Éthiopie, le négus (empereur) Théodoros II décide du dépouillement total de l'ancienne capitale Gondar, déjà délabrée.

Il fait retirer leurs trésors de 44 églises.

Neuf cents manuscrits précieux sont emportés à Magdala, et la ville est livrée à l'incendie.

B. – Et en France, ce qu'il s'y passe au même moment

1848 – 23 février. Fusillade bd. des Capucins, la bourrasque emporte la 'monarchie de juillet', dernière de l'histoire constitutionnelle française.

Louis-Philippe d'Orléans abdique le lendemain, laissant place à la 2e République. Louis-Napoléon Bonaparte est élu à la présidentielle, le 20 décembre et il charge Odilon Barrot de former un gouvernement.

1848-1849 – Assemblée constituante en attente d'une constitution ;

1848 (27.04) – Décret d'abolition de l'esclavage (Victor Schoelcher) ;

1849-1852 – Constitution 1849 avec Assemblée nationale législative ;

1851 – Nombreuses passes d'armes entre le gouvernement et l'assemblée, rendent le système parlementaire impopulaire, Louis-Napoléon passe en force pour dissoudre l'assemblée (2 décembre), fait arrêter les opposants, engage l'épreuve de force contre la gauche appuyée par l'armée (le 4) et organise un plébiscite le 21, qui donne une majorité écrasante pour préparer sa marche vers l'Empire, monarchie impériale constitutionnelle, avec Corps législatif et Sénat (révisée 16 x) ;

1852 – Promulgation d'une constitution le 14 janvier et nationalisation des biens des Orléans le 23. Election du Corps législatif le 29 février et Sénatus-consulte rétablissant l'Empire le 7 novembre ;

1853 – Mariage de Napoléon III avec María Eugenia Ignacia Agustina de Palafox y Kirkpatrick, 19e comtesse de Teba, une aristocrate espagnole dite Eugénie de Guzman y Montijo, le 30 janvier.

Le Baron Haussmann est préfet de Paris et en redessine les grands axes.

1855 – Exposition universelle de Paris (6 mois, de mai à novembre) ;

1856 – Loi du 24 juillet sur les sociétés commerciales ;

1857 – Dissolution du Corps législatif (29 avril) et élections législatives anticipées (21 juin) ;

1858 – 14 janvier. Attentat d'Orsini contre Napoléon III devant l'Opéra de Paris ;

Du 11 février au 16 juillet. A Lourdes (Hautes-Pyrénées), au lieu-dit grotte de Massabielle, la jeune Bernadette Soubirous, 14 ans, déclare y avoir été gratifiée de 18 apparitions d'une jeune fille. Des miracles sont opérés (l'Eglise reconnaitra en la jeune fille la Sainte Vierge).

Le prince impérial, âgé de deux ans, étant tombé malade, l'impératrice fait chercher de l'eau de la grotte et ... L'enfant guérit ;

1860 – 14 juin. Annexions de la Savoie et du comté de Nice à la France.

1866 – 7 juin. Début de la guerre entre l'Autriche et la Prusse pour le contrôle du Schleswig-Holstein. La Prusse envahit cette province du nord, pour répondre à la dénonciation de la convention de Gastein par l'Autriche le 1er juin. La confédération germanique répond le 14 juin en décrétant une procédure d'exécution générale contre la Prusse.

Napoléon III laisse battre l'Autriche, mais en n'intervenant pas, il laisse la porte ouverte à l'unité allemande sous l'autorité prussienne.

C. – Ce qui se passe en la Colonie du Sénégal en ce temps-là

27 mars 1844 – Ordonnance du roi, portant création de la cour d'appel du Sénégal dont le siège est à Saint-Louis du Sénégal ;

14 juillet 1845 – Ordonnance du roi, portant nomination du gouverneur du Sénégal et dépendances François Marie Charles Ollivier, capitaine de vaisseau en retraite.

4 novembre 1845 – Rapport au roi proposant de désigner le commandant Creuly, employé aux fortifications de Paris, pour inspecter les travaux nécessaires à la défense du Sénégal et notamment ceux de construction et de renforcement du fort de Gorée.

7 novembre 1845 – Ordonnance du roi nomme Aimable Petit, capitaine de corvette de 2ème classe, commandant particulier de Gorée.

La 2e République de 1848 crée un mandat de député pour le Sénégal.

Monsieur François Zuccarelli, ancien Commissaire de police en 1952, docteur en droit en 1968, conseiller technique du ministre de l'Intérieur du Sénégal de 1963 à 1982, chargé de cours à l'École nationale d'administration de Dakar, Conseiller en service extraordinaire à la Cour suprême du Sénégal, est l'auteur d'un ouvrage « La vie politique dans les quatre communes du Sénégal » absolument remarquable, dont des extraits ont été publiés dans la revue socialiste de culture négro-africaine « Ethiopiques », N°s 22 et 23, d'octobre 1977 et 1978 et qui seront repris dans leur intégralité, chaque fois qu'il s'agira de la vie politique au Sénégal comme ci-après.

Selon cet observateur talentueux, *La vie politique sénégalaise, est caractérisée par des compétitions électorales entre groupes socio-ethniques souvent antagonistes* ».

« *Elle est marquée par la constitution de clans électoraux, par le clientélisme et tous leurs effets pervers ; également par les interventions à peine discrètes des autorités administratives et religieuses, musulmanes ou catholiques* ».

« C'est au nom de la politique d'assimilation, laquelle se fonde, selon Georges Hardy, sur l'idée de « l'identité permanente du type humain », que le Sénégal est doté d'institutions électives ».

« Par Sénégal, cependant, il faut entendre les seules agglomérations de Saint-Louis, Gorée, Dakar et Rufisque. Soit une population qui n'est d'environ que de 26.600 individus en 1870. Les organes de la France républicaine y sont introduits : un député, des conseils municipaux, le conseil général ».

« En 1848, une instruction du gouvernement provisoire, en date du 27 avril, accorde un représentant au Sénégal. C'est Durand Barthélémy Valentin qui est choisi le 31 octobre 1848 et réélu le 10 août 1849 par un corps électoral très restreint. Ayant dû démissionner, il est remplacé par un autre mulâtre de Saint-Louis, John Sleight (17 août 1851) ».

« Mais avant que ce dernier n'ait pu régler la question de son éligibilité, la représentation parlementaire des colonies est supprimée par le décret - loi du 2 avril 1852 de Napoléon III et ne sera rétablie que 19 ans plus tard, sous la IIIe République, en 1871 ».

C'est pendant l'exercice de Me Henry Robert, qu'est promulguée une ordonnance royale des 4 décembre 1847 et 6 février 1848, renforçant les moyens judiciaires à la colonie du Sénégal :

« Louis-Philippe, etc., vu l'art. 25 de la loi du 24 avril 1833, sur le régime législatif des colonies, vu les ordonnances des 7 janvier 1822 et 27 mars 1844, concernant l'organisation judiciaire du Sénégal, attendu qu'il est devenu indispensable de rendre cette organisation (judiciaire du Sénégal) plus complète et plus conforme à celle de nos autres colonies, sur le rapport de notre ministre secrétaire d'Etat de la marine et des colonies, et de notre garde des sceaux, ministre secrétaire d'Etat de la justice et des cultes, etc. ».

Chapitre 1er, Composition et compétences de la Cour et des tribunaux.

Art. 1er, La Cour d'appel séante à Saint-Louis prendra désormais le nom de Cour royale. Cette cour et les tribunaux de première instance sont composés ainsi qu'il suit, savoir :

Cour royale. – Un procureur général, un président, deux conseillers, 2 conseillers auditeurs, le 1er substitut du procureur général, un greffier.

Tribunal de 1ère instance de St-Louis. – Un juge royal, le substitut du procureur général ci-dessus désigné, un commis-greffier assermenté.

Tribunal de première instance de Gorée. – Un juge royal, le second substitut du procureur général, un greffier.

Art. 2. Le juge royal rend seul la justice dans les matières qui sont de la compétence des tribunaux de première instance statuant en matière civile, commerciale et correctionnelle.

Art. 3. Un des conseillers auditeurs, désigné à cet effet par arrêté du gouverneur, tiendra à St-Louis les audiences du Trib. de simple police.

Art. 4. Un des conseillers auditeurs, désigné comme il est dit ci-dessus, sera chargé à St-Louis d'employer sa médiation pour concilier autant que possible les parties ; il remplira les fonctions et fera les actes tutélaires attribués aux juges de paix, tels que les appositions et levées de scellés, avis de parents, actes de notoriété et autres des familles.

Art. 5. Trois juges au moins sont nécessaires à la Cour royale, pour statuer sur les appels interjetés en matière civile, correctionnelle ou de police. Le conseiller auditeur qui aura tenu l'audience dont appel ne pourra connaître des appels. Lorsque le nombre de juges nécessaire pour rendre arrêt est incomplet, le président y pourvoit en appelant des fonctionnaires ... »

Chapitre V. Des traitements des membres de l'ordre judiciaire.

Art. 15. Les traitements des magistrats et des membres des cours et tribunaux sont fixés comme suit :

Le procureur général royal	*9.000 F. ;*
Le président de la Cour royale	*8.000 F. ;*
Chaque conseiller	*6.000 F. ;*
Chaque conseiller auditeur	*3.000 F. ;*
Indemnités pour frais (logement, etc.) pour chacun	*3.000 F. ;*
Le premier substitut du procureur général	*5.000 F. ;*
Le greffier et notaire de Saint-Louis	*2.000 F. ;*
Le commis-greffier	*1.500 F. ;*
L'huissier de Saint-Louis	*1.000 F. ;*
Le juge royal de Saint-Louis	*6.000 F. ;*
Le juge royal de Gorée	*5.000 F. ;*
Le deuxième substitut du procureur de Gorée	*4.000 F. ;*
Le greffier et notaire de Gorée	*2.000 F. ;*
L'huissier de Gorée	*1.000 F.*

Observations : Rien n'est donc laissé au hasard et les rémunérations très disparates reflètent une très forte hiérarchisation, puisqu'un procureur général royal perçoit neuf fois (!) le salaire d'un huissier.

Traitements exactement du double de ceux de la métropole et l'on remarque la nette préséance du procureur général royal sur les magistrats du siège, qu'il s'agisse de l'ordre de présentation, où de sa rémunération.

Chapitre VI. Dispositions diverses

Art. 16. Il sera établi à Saint-Louis un comité consultatif lequel sera appelé à donner son avis sur les questions de droit musulman qui lui seront soumises par les tribunaux. La composition et le mode de procéder de ce comité seront réglés par un arrêté du gouverneur, délibéré en conseil d'administration.

Art. 17. Il sera créé, près les tribunaux de la colonie, des conseils commissionnés (**avocats**), *dont le ministère sera entièrement facultatif de la part des parties. La nomination de ces conseils appartiendra au gouverneur, qui règle par des arrêtés spéciaux rendus en conseil d'administration, tout ce qui a rapport à leur nombre, à leurs attributions et émoluments.*

Art. 20. Nos ministres de la marine et des colonies, et de la justice et des cultes (MM. De Montebello et Hébert) sont chargés, etc.

1854 – Faidherbe. L'ordre colonial s'impose avec Louis Faidherbe, gouverneur du Sénégal (territoire des Quatre communes) de 1854 à 1861 et de 1863 à 1865, qui, respectueux des coutumes indigènes, jette les bases de la future Afrique-Occidentale française (AOF) et étend l'influence française très au-delà du Sénégal, travaille à développer l'économie locale et crée le port de Dakar.

D'aucuns Commandants particuliers ont souhaité rendre Gorée plus autonome de Saint-Louis. Cette rupture souhaitée par les notables goréens et plus ou moins approuvée par le commandant particulier est évidemment récusée par le gouverneur Houbé : "*L'idée de séparer l'administration de Gorée de celle de Saint-Louis doit s'effacer devant l'autorité de la raison. L'exécution d'une pareille mesure entraînerait des dépenses considérables et inutiles et doublerait le travail des bureaux du département de la Marine sans nécessité. L'importance respective de Saint-Louis et de Gorée n'est pas assez considérable pour donner même une apparence sérieuse à une semblable proposition*".

Passant outre, le ministère fait tout de même préparer en novembre 1846 un projet de séparation qui sera même approuvé (selon l'Abbé Boilat), mais qui ne sera jamais mis en œuvre et restera en l'état.

1856 – 9 août. Victoire d'Alpha Oumar, général d'Oumar Tall, à la bataille de Kassakeri sur l'armée du Macina.

19 août, Oumar Tall s'empare de Diangounté où s'est réfugié Karounga Diawara, roi du Diarra. Ce dernier s'enfuit à nouveau et les troupes d'Oumar Tall refluent vers l'ouest.

25 mai 1857 – Selon Monsieur Jacques Charpy, archiviste paléographe de (de l'École nationale des chartes), conservateur du patrimoine, ancien chef du service des Archives de l'A.O.F. (de 1951 à 1958) et auteur de « *Dakar, naissance d'une métropole* » :

« Le 25 mai 1857 le chef de division, commandant supérieur de Gorée et dépendances, Léopold Protet, adressait l'avis suivant aux habitants et commerçants de l'île de Gorée et aux capitaines de commerce sur rade : *« Messieurs, je suis heureux de vous annoncer que ce jour 25 mai 1857, j'ai pris possession au nom de la France du territoire de Dakar, en arborant le pavillon français sur le fort que nous venons d'y construire et qu'ainsi je dégage notre commerce des droits et péages qui lui étaient imposés par nos traités avec les anciens chefs du pays. Bientôt des alignements ressortant d'un plan de ville à Dakar, préparés par les soins de M. le capitaine du génie en chef, seront soumis au conseil d'administration et à l'approbation de Son Excellence M. l'amiral Ministre de la Marine et des Colonies et seront tracés afin de faciliter la régularité des constructions et engager à de nouvelles acquisitions de terrains... J'engage tout le monde à se conduire à Dakar avec la prudence et les égards que mérite une population qui a fêté aujourd'hui notre prise de possession, parce qu'elle a cru à la parole que je lui ai donnée et que je tiendrai, de ne porter atteinte à aucun de ses droits et de la traiter en tout et pour tout comme française ».*

De long temps, les autorités françaises envisageaient une implantation sur la presqu'île du Cap Vert. Après les guerres de l'Empire lors de la reprise du Sénégal par la France, le ministre recommandait au nouveau gouverneur *la fusion des intérêts et des affections* à l'égard des habitants de la presqu'île. En 1812, ceux-ci, les Lébous, avaient conquis leur indépendance sur les Damels du Cayor qui, *comme tous les autres rois d'Afrique occidentale faisaient des razzias fréquentes sur leurs propres sujets pour les vendre aux négriers qui trafiquaient sur cette côte.*

Cette prise de possession officielle de Dakar et de la presqu'île du Cap-Vert, par le commandant Léopold Protêt, avait été précédée le 10 janvier 1857, par l'achat d'une « Maison Jaubert » car outre les besoins militaires de défense il y avait aussi de nombreux intérêts économiques.

Dès le 20 janvier 1857, le nouveau commandant supérieur de Gorée Léopold Protet (anciennement gouverneur du Sénégal) avait appareillé de Gorée avec quatre bâtiments et avait débarqué à Dakar où son adjoint, Pinet-Laprade, avait entrepris de fortifier la « Maison Jaubert » sur l'emplacement de ce qui deviendrait la place Protet (aujourd'hui la place de l'Indépendance). De 1857 à 1859 une ville est ébauchée et des alignements tracés dans le village de Caye (bas de la rue Vincens). Les premières démarches sont ensuite entreprises pour la construction d'un phare sur la grande Mamelle. La compagnie des Messageries impériales s'étant engagée à assurer la ligne du Brésil, les débats sont ouverts pour la construction d'un port en eau profonde à Dakar.

1858 – 20 mai. Mauritanie, le général Louis Léon Faidherbe, gouverneur du Sénégal impose la souveraineté française aux tribus Trarza qui contrôlent les escales du bas Sénégal et rançonnent les commerçants.

1862 – 2 février. Un Traité est conclu entre le Damel du Cayor Madiodio et le gouverneur du Sénégal Louis Léon Faidherbe.

En juillet, Lat Dior Diop est proclamé nouveau Damel du Cayor après sa victoire sur Madiodio et il mène alors une véritable guérilla active contre les avancées coloniales, qui se terminera par sa mort en 1886.

1864 – 12 janvier. Victoire française sur les troupes du Damel du Cayor Lat Dior à la bataille de Loro.

12 février. Mort d'El Hadj Omar dans les grottes de Déguembéré.

Son fils Ahmadou Tall devient roi de Ségou mais n'a pas les moyens de venir à bout des révoltes menées par les Peuls du Macina et par les Bambara. Il résiste avant d'être chassé par les Français qui rétablissent la dynastie Diarra.

18 février. Faidherbe envoie Eugène Mage et le Docteur Quintin à Ségou, pour nouer des rapports commerciaux et rechercher la route la plus courte entre les bassins du Sénégal et du Niger.

Ils donnent la première description détaillée de l'empire toucouleur de Ségou dans *Voyage au Soudan occidental*, édité en 1868.

Mais la mission ne donne aucuns résultats commerciaux appréciables.

Crise du négoce de la gomme arabique à Saint-Louis-du-Sénégal :

Les campagnes militaires de Faidherbe de 1854 à 1858 et la libéralisation du commerce qui s'ensuit, portent un coup fatal au négoce de la gomme arabique, qui était déjà mal en point depuis une trentaine d'années.

Il en résulte de nombreuses faillites de petits traitants saint-louisiens, qui ne peuvent honorer les échéances d'emprunts souscrits pour acheter des pièces de guinée et autres marchandises de traite.

Pour rappel, ces traitants de Saint-Louis avaient obtenu du gouverneur colonial (Ordonnance royale de 1842) un prix plancher non négociable (accord appelé le « compromis »), pour sécuriser le négoce de la pièce de guinée (cotonnades indiennes teintées à l'indigo dont l'unité était de 16,5 m x 1 mètre, qui étaient importées de France ou d'Angleterre) lors de la saison de grande traite, de février à juillet (décrue du fleuve), aux deux principales escales de Darmankour et de Désert, à 100 km en amont de Saint-Louis et la 3e à Coq en pays Brakna à 200 km.

En représailles à ce dirigisme, les maures du Trarza avaient organisé des rétentions de stock enterrant la production saisonnière de la gomme, en attente de remontée des prix, mais aussi en l'orientant vers d'autres filières, alimentées par les pratiques de dumping de concurrents britanniques, depuis les points de traite d'Arguin, de Portendick et même de Gambie, qui mettaient en échec cette politique dirigiste.

Les guerres de pacification menées par la France contre les maures du Trarza, entrainent une baisse considérable de l'offre de gomme et il en résulte un nombre très limité de traitants indépendants, ceux qui pratiquaient la grande traite avant 1836, les marchands et négociants européens de St-Louis devant s'en tenir aux seules activités d'import-export, le commerce aux escales devant être très règlementé ».

Cette règlementation autoritaire va à contre-courant d'un mouvement irrépressible vers le libre-échange et la 2e république ouvre le commerce au fleuve à toute la population indigène de Saint-Louis.

Le triomphe de la compréhension libérale du commerce à partir de 1858, signe la fin du règne des traitants, dès lors que les grandes maisons de commerce sont autorisées à s'installer aux escales du fleuve, dont celle de Dagana, imposant leurs prix d'achat de la gomme, devenu définitivement très bas, avec réduction consécutive des coutumes payées aux chefs maures.

Par voie de conséquence, les paysans indigènes se détournent de ce négoce, au profit de la culture arachidière, au tout début de l'expansion d'une nouvelle forme d'économie de type colonial.

Pour plus d'informations sur ce sujet, lire « Négoce blanc en Afrique noire – Le commerce transsaharien au XIXe siècle vu d'Afrique noire », dans les actes du colloque du Centre d'étude d'Afrique Noire (I.E.P. de Bordeaux), 23-25 septembre 1999, par Catherine Coquery-Vidrovitch. (Une publication de la Société française d'histoire d'outre-mer).

Au-delà de cet aspect purement marchand, il en résulte une disqualification de cette activité qui est à l'origine des fortunes de Saint-Louis et par conséquent le basculement du rapport d'influence au sein de la colonie, la classe bourgeoise métisse, économiquement bien plus puissante que les coloniaux, administratifs et militaires de passage, se trouve brutalement très fragilisée, par cette importante perte de matière.

Elle s'en détourne progressivement pour intégrer les différentes administrations coloniales (dont intendance, armée, impôts, douane, justice, postes et travaux publics), dans lesquelles elles vont lentement se dissoudre, en conjonction avec l'arrivée massive de colons, qui alliés à l'électorat indigène, lui feront perdre le pouvoir politique local et celui de représentation à l'assemblée nationale, un demi-siècle plus tard.

Trois observations concernant la famille du gouverneur Faidherbe :

1°/ - Durant son 1er séjour au Sénégal (de 1854 à 1861), il déclare le 17 janvier 1857, devant le Maire Blaise Dumont, la naissance l'avant-veille 15 janvier 1857, d'un enfant naturel, née de lui déclarant Louis Léon César Faidherbe, Officier de la Légion d'Honneur, Colonel du Génie, Gouverneur du Sénégal, âgé de 38 ans, né à Lille, le 3 juin 1818, « *que Mademoiselle Dioncounda Sidibé (Soninké), née à Ségankané, Khasso, âgée de 15 ans, est accouchée avant-hier 15 du courant, d'un enfant de sexe masculin auquel il a donné les prénoms de Louis Léon* » (Faidherbe), en présence de Messieurs Charles Hipolite Bilhau, Officier de la Légion d'Honneur, Capitaine en 1er des Spahis en garnison au Sénégal, 41 ans et Paul Louis Michel Fontaine, sous-commissaire de Marine, 39 ans. Il en a été dressé acte sous le N° 40, le 17 janvier.

Parti en France à huit ans avec son père en 1865, ce fils du gouverneur et d'une jeune esclave est élevé par la femme française que Faidherbe épousa par la suite.

Ce fils du gouverneur Faidherbe a fait ensuite une école d'officiers, avant d'intégrer au Sénégal le corps des tirailleurs sénégalais, à titre indigène et non, comme il lui aurait été possible de le faire, un corps français.

Pendant ce temps, son père est élu député, puis sénateur.

Il meurt prématurément de la fièvre jaune en 1881 à l'âge de 24 ans et est enterré à Saint-Louis. Une vieille rumeur évoque un suicide dont son métissage aurait été la cause, car rejeté à la fois par les négociants et militaires européens qui le considéraient comme un nègre et par la société mulâtresse, qui voyait en lui l'héritier du gouverneur qui par trop inféodé aux intérêts des maisons de commerce bordelaises, avait gravement endommagé leur suprématie économique.

2°/ - Juste avant la fin de son 1er séjour au Sénégal, le gouverneur Faidherbe marie sa toute jeune nièce (fille de son frère Louis), le 23 mars 1861 avec un officier de la marine (Acte N° 5 ECSL).

Clarence Laurence Marie Faidherbe, née à Quaregnon, Belgique le 30 juillet 1842, est la fille de Louis Emile Romain Faidherbe, en son vivant commis-négociant, d. à Vazemmes et décédé à Lille, Nord, le 6 juillet 1853 et de Marie-Louise Joseph Picard, sa veuve, d. à Courtrai, province de la Flandre occidentale, Belgique, au moment de l'union et ayant donné pouvoir notarié à son beau-frère, Louis Léon César Faidherbe, Officier de la Légion d'Honneur, Colonel du Génie, Gouv. du Sénégal et dépendances, son oncle et beau-père, pour l'assister et l'autoriser.

L'heureux époux se nomme Hyacinthe Laurent Théophile Aube, Officier de l'Ordre Impérial de la Légion d'Honneur, chevalier de l'ordre royal de Saint Maurice de Lazare, de l'ordre impérial du grand-ducal du Mérite et de l'ordre royal du Christ, lieutenant de vaisseau, commandant l'aviso à vapeur « l'Etoile » et il est né à Toulon, Var, le 22 novembre 1826, fils de Michel Aube, employé à la recette générale du département du Var et de Thérèze Françoise Pierrugues, son épouse.

Les prestigieux témoins sont, Alfred Jules Maritz, chevalier de l'ordre impérial de la Légion d'Honneur, chef de bataillon du génie, directeur du génie et des ponts et chaussées en la colonie, 40 ans, Pascal Olivier de Negroni, chevalier de l'Ordre Impérial de la Légion d'Honneur et du Médjidié de Sa Majesté le Sultan, capitaine au 1er régiment de Spahis, Chef d'Etat Major du Gouverneur, 32 ans, Aristide Louis Antoine Maximilien Marie Vallon, chevalier de l'Ordre Impérial de la Légion d'Honneur, chevalier commandant de la Tour et de l'Epée, commandant de l'aviso à vapeur « Le Dialmath », 35 ans et Armand Aubin Banaré, enseigne de vaisseau, lieutenant du bateau « L'Etoile », 25 ans.

3°/ - Durant son 2e séjour au Sénégal (de 1863 à 1865), il a été déclaré le 25 février 1865, devant le Monsieur le Maire Blaise Dumont, la naissance l'avant-veille 23 février 1865, d'une fille légitime, née de lui déclarant Louis Léon César Faidherbe, Commandeur de l'Ordre Impérial de la Légion d'Honneur, Général de Brigade, Gouverneur du Sénégal et dépendances, âgé de 46 ans, lequel a « *déclaré que la dame Angèle Emilie Marie Sophie Faidherbe, son épouse, est accouchée le 23 du présent mois, d'un enfant de sexe féminin auquel il a donné les prénoms de Mathilde Marie* » (Faidherbe).

Les prestigieux témoins à l'acte étaient MM. Alfred Ferdinand Brunetière Chevalier de l'Ordre Impérial de la Légion d'Honneur, Capitaine de Spahis, Officier d'Ordonnance du Gouverneur, 40 ans et Charles Régnault, Chevalier de l'Ordre Impérial de la Légion d'Honneur, Lieutenant de Vaisseau, Aide de Camp du Gouverneur, 27 ans.

Il en a été dressé un acte à Saint-Louis, sous le N° 77, le 23 février.

D. – Notes individuelles concernant Me Henry ROBERT

Comme susindiqué, Me Henry ROBERT était Bordelais, y étant né le 14 septembre 1804, 3e des Greffiers et Notaires du Tribunal civil de 1ère Instance de l'Ile de Gorée « propriétaire y domicilié de droit ».

Il le sera resté sur une durée record (pour l'époque) de 23 ans, du 5 janvier 1843 au 21 janvier 1866, après avoir succédé à Me Mangeard (1817-1830) et Me Thiesse (1830-1842).

Fils de Maître Sicaire Robert, en son vivant propriétaire et huissier de justice (décédé en la commune de Bègles, arrondissement de Bordeaux, Gironde, le 31 janvier1835) et de Madame Marie Noël, son épouse, sans profession (d.c.d. elle aussi à Bordeaux, le 24 mai 1853).

Me Robert était nécessairement licencié en droit, puisque telle était déjà l'exigence règlementaire.

Il était l'époux de Madame Méry Diop, propriétaire à Gorée, sans profession, née à Saint-Louis, Sénégal, le 23 février 1810, ainsi que cela résulte d'un acte de notoriété dressé audit Saint-Louis, le 25 novembre 1863, dument homologué en vertu d'un jugement du tribunal civil de 1ère instance dudit lieu, rendu le 3 décembre suivant, ladite Madame Méry Diop, fille naturelle de la dame M'Basela Diop, décédée à Saint-Louis, le 15 janvier 1825 et de père inconnu (mais probablement « Bidot »).

C'est en tout cas le patronyme indiqué dans les actes de naissance de ses trois enfants et cela suppose qu'elle était la fille naturelle d'un français ne l'ayant pas reconnue, pour n'avoir probablement pu le faire, comme c'était bien souvent le cas, lorsque le géniteur était marié et non divorcé à la métropole, avant son arrivée seul lors de l'affectation à la colonie.

Le mariage des époux Robert / Diop a été célébré au tribunal civil de 1ère instance de Gorée, servant de maison commune de l'état-civil (Acte N° 337 E.C.G.), le 29 décembre 1863 et il contient en outre reconnaissance et légitimation de leurs trois enfants naturels (voir ci-après).

Ils avaient pour témoins quatre négociants goréens bien connus, Louis Georges Alsace, 41 ans, Jean-Baptiste Vézia, 33 ans, Durécu Potin, 40 ans (un futur maire de Gorée) et Joseph Demay, propriétaire, 51 ans.

Ils l'ont fait précéder d'un contrat de mariage (contenant adoption du régime dotal), reçu le même jour 29 décembre 1863, par Me Joseph Valéry Bourdeux, huissier du tribunal de Gorée, ayant fait fonction de notaire ad intérim pour cause d'empêchement du titulaire à l'acte.

Parce que Me Henry Robert cumulant les trois fonctions de greffier, de notaire et d'officier de l'état-civil, il avait dû se faire substituer pour la célébration de son mariage, par l'huissier Joseph Bourdeux dans les deux dernières de ces trois qualités et en outre étant officier public, être spécialement autorisé à se marier, par arrêté du gouverneur de la colonie du Sénégal et dépendances, pris à Saint-Louis, le 24 novembre 1863.

Il figure une mention dans l'acte de mariage, selon laquelle l'épouse Méry Diop a déclaré « ne savoir signer », lorsqu'elle en a été requise et elle y a donc apposé sa « marque habituelle ».

Il est décédé à Gorée, le 21 janvier 1866, à 62 ans, dans des circonstances particulièrement troublantes, comme ayant été « *trouvé mort sur la plage de l'île à 5 heures du matin* », sur la déclaration de Monsieur le commissaire de police Jean-Baptiste Arthozoul, 40 ans.

Un procès-verbal circonstancié a très certainement été dressé, devant l'autorité en charge de la police judiciaire dans l'île, sur la déclaration des témoins l'ayant trouvé sur la plage, pour expliquer les circonstances inhabituelles de ce décès, mais n'a hélas pas pu être consulté.

Pour finir, il aura été greffier-notaire du 5 janvier 1843 (par intérim), puis titulaire (4 août), jusqu'à la date de son décès le 21 janvier 1866, c'est-à-dire pendant 23 ans et donc plus que tout autre en l'île de Gorée.

Administration provisoire du Greffe-Notariat :

- Le registre de l'état-civil est arrêté par le greffier et certifié « *Vu par nous Juge Impérial, Président du Tribunal Civil de 1ère Instance de Gorée, ce 1er janvier 1866* » avec sceau à l'effigie de l'aigle impérial et mention « *Tribunal de 1ère Instance – Sénégal et dépendances* ». Le dernier acte d'E.C. ayant été dressé sous le N° 26, le 20 janvier 1866.

L'acte N° 27 du registre de l'état-civil de Gorée qui constate son décès, est reçu par Me Joseph Valéry Bourdeux, Huissier du tribunal civil de 1ère instance et Greffier-Notaire par intérim (2 mois, depuis le 21 janvier jusqu'au 18 mars 1866, Acte N° 84). Se souvenir aussi, que c'est cet Huissier qui l'avait déjà substitué le 29 décembre 1863, pour recevoir son contrat de mariage, pour cause d'empêchement du titulaire à l'acte.

Me Gabriel Armstrong, (son Commis-Greffier) est ensuite Greffier-Notaire par intérim pendant 1 an et 20 jours, du 20 mars 1866 (Acte N° 85) au 8 avril 1867 (Acte N° 61).

Ce Commis-Greffier alors âgé de 25 ans (en 1866) était né à Saint-Louis, le 21 mai 1841, du mariage de John Armstrong (né le 14 avril 1817 et décédé le 20 mars 1882, petit fils d'un officier britannique John Daniel Armstrong), qui était capitaine de port, négociant et traitant à Saint-Louis et de Marie-Jeanne Antoinette Charbonnié (née le 3 janvier 1817 et décédée le 19 octobre 1875), propriétaire.

Il a tout d'abord été déclaré le 22 mai 1841, comme fils naturel de sa mère sans indication de père (Acte ECSL N° 70), le déclarant étant le sieur Théodore Dominique Jean Dard, fils naturel d'autre Jean Dard, plus tard devenu gendre de l'ancien greffier Charles Picard et n'ayant été formellement reconnu par ses pères et mère, que par acte ultérieur du 6 août 1841 (N° 100), c'est-à-dire plus de deux mois plus tard, pardevant Me François Pécarrère et légitimé par le mariage subséquent de ses parents, célébré à Saint-Louis, le 8 mars 1849.

Il a très souvent fait fonction de Greffier et de Notaire par intérim (de Me Victor Boyer), en 1866 et 1867.

Il épouse (à 19 ans) à Saint-Louis, le 3 novembre 1860 (Acte ECSL N° 12) Mlle Sophie Léautier (née à Saint-Louis, le 19 avril 1842, fille naturelle de M. Potin Léautier et de Mme Marie Aimée Morel-Boirard), et ils avaient pour témoins, quatre dignes représentants de la « bonne société saint-louisienne » d'alors, Jean Théodore Dard, Louis Georges Alsace, Devès et Isidore Partarrien.

Aîné des 5 enfants de ses parents, il ne semble pas avoir eu de postérité, mais il avait 4 frères et sœurs cadets, une sœur Marie Louise Antoinette Armstrong (1844-1896) et trois frères, Jean Armstrong (1845), Octave Armstrong ONG (1851) et Hippolyte Victor Armstrong (1853).

Trois enfants sont issus de l'union entre Henry Robert et Méry Diop :

- Marie Noël Léontine Robert, née à Gorée, le 18 août 1844 (Acte N° 50, E.C. Gorée, dressé le 2 septembre 1844, par Armand Laporte, Maire de Gorée, du fait de l'empêchement de l'Officier d'Etat-Civil titulaire, en vertu d'une Ordonnance du Commandant particulier, Président du Tribunal de Gorée, du 31 août, rendue à pied de requête du Sieur Henry Robert, Greffier-Notaire, constatant la naissance d'une fille, née le 18 août 1844, vers 10h du soir, de lui déclarant et de dame Méry Bidot, (née à Saint-Louis et âgée d'environ 33 ans) dem. avec lui à Gorée ;
- Eugène Lucien Henry Robert, né à Gorée, le 17 septembre 1846 (Acte N° 149, de l'E.C. de Gorée, dressé le 23 septembre 1846, par Armand Laporte, Maire de Gorée, compte tenu de l'empêchement de l'Officier d'Etat-Civil titulaire, en vertu d'une Ordonnance de M. le Commandant particulier, Président du Tribunal de Gorée, du 22 septembre, rendue à pied de requête, par le Sieur Henry Robert, Greffier-Notaire, constatant la naissance d'un fils, né le 17 septembre 1846, vers 11h du matin, de lui déclarant et de dame Méry Bidot (née à Saint-Louis et âgée d'environ 35 ans) demeurant avec lui à Gorée ;
- Guillaume Albert Robert, né à Gorée, le 26 mai 1850 (Acte N° 73, de l'E.C. de Gorée, dressé le 8 juin 1850, par François de Saint-Jean, Maire de Gorée, compte tenu de l'empêchement de l'Officier d'Etat-Civil titulaire, en vertu d'une Ordonnance de M. le Commandant particulier, Président du Tribunal de Gorée, de ce jour 8 juin, rendue à pied de requête, par le Sieur Henry Robert, Greffier-Notaire, constatant la naissance d'un fils, né le 26 mai 1850, vers 7h du matin, de lui déclarant et de dame Méry Bidot, (née à Saint-Louis et âgée d'environ 39 ans) demeurant avec lui à Gorée ;

Ces trois enfants naturels ont été reconnus et légitimés dans l'acte de mariage de leurs parents, du 29 décembre 1863.

Le second de ces trois enfants, Eugène Lucien Henry Robert, sera un jour secrétaire de mairie à Rufisque, comme il ressort de son acte de mariage « in extremis à domicile et portes ouvertes » avec une Mlle Marie Sarr, avec dispense de publication de bans comme étant la future « à l'article de la mort », le 23 mai 1900 (Acte d'E.C. Rufisque 1900, N° 3).

A l'instar de son père, il procède à légitimation lors de cette union, des 4 enfants nés à Rufisque, issus de sa longue relation avec la « future ».

- Marie Noël Léontine Robert, le 2 octobre 1878 ;
- Pierre Henry Sicaire Robert, le 13 février 1881 ;
- François Marie Joseph Albert Robert, le 15 mars 1984 ;
- Marie Antoinette Robert, le 4 décembre 1889.

Dans le respect de la tradition, les deux aînés portent les prénoms de leurs arrière-grands-parents bordelais, Sicaire Robert et Marie, née Noël.

Dans l'acte de mariage visé ci-dessus, la mère du futur est nommée Méry Bideau, alors que dans son acte de naissance elle est nommée Méry Diop, fille naturelle de la dame M'Basela Diop mais sans indication de sa paternité, ce qui laisse supposer que selon l'usage d'époque elle aura repris le patronyme « Bideau » de son père par simple possession d'état, même s'il n'y a pas eu de reconnaissance formelle.

Le successeur de Me Henry Robert sera Me Victor Boyer, Greffier des Tribunaux, séant en l'île de Gorée, à partir du 9 avril 1867 (Acte N° 62 du registre de l'Etat-Civil de l'île de Gorée).

Le parcours de vie d'Henry Robert peut être reconstitué comme suit :

1804 : (14 septembre) Naissance à Bordeaux du mariage de Sicaire Robert et Marie Noël ;

1815 : Enfance et scolarité classique à Bordeaux, Aquitaine ;

192? : Greffier en France ?

1835 : Décès de son père Sicaire Robert à Bègles, arr. de Bordeaux ;

184 ? : Arrivée à la colonie du Sénégal et dépendances ?

1843 : (6 janvier) Greffier-notaire par intérim à Gorée, à 38 ans (voir acte N° 1, E.C. Gorée) ;

(4 août) Greffier du Tribunal civil de 1ère Instance de Gorée (voir acte N° 49, E.C. Gorée) et à partir de cet acte, il n'y figure plus la mention « par intérim ») ;

1844 : (18 août) Naissance de sa fille aînée Marie Noël Léontine Robert (voir acte N° 50, E.C. Gorée) ;

1846 : (17 septembre) Naissance de son 1er fils Eugène Lucien Henry Robert (voir acte N° 149, E.C. Gorée) ;

(12 décembre) Intérim de Joseph Noël Barrère (1 mois), jusqu'au 17 janvier 1847 ;

1850 : (26 mai) Naissance de son 2e fils Guillaume Albert Robert (voir acte N° 73, E.C. Gorée) ;

1853 : (24 mai) Décès de sa mère Marie Noël, à Bordeaux, veuve non remariée de Monsieur Sicaire Robert ;

(8 juin) Substitué par Me François Allemand (6 mois), jusqu'au 28 décembre ;

1863 : (29 décembre) Mariage à 59 ans à Gorée avec Méry Diop (voir acte N° 337, E.C. Gorée) ;

1866 : (21 janvier) Décès à 61 ans et 4 mois à Gorée (voir acte N° 27, E.C. Gorée) ;

Intérim de Me Joseph Valéry Bourdeux, huissier du tribunal jusqu'au 18 mars 1866 ;

(20 mars) Intérim Me Gabriel Armstrong, commis greffier (13 mois), jusqu'au 8 avril 1867 ;

1867 : (9 avril) Début d'exercice de son successeur Me Victor Boyer (voir acte N° 62 E.C. Gorée).

E. – Observations relatives à l'exercice de Me Henry ROBERT

Il aura eu au moins deux intérimaires, Joseph Noël Barrère (greffier par intérim pendant un mois, du 12 décembre 1846 au 17 janvier 1847) et François Allemand (commis greffier du 8 juin au 28 décembre 1853.

Ce commis intérimaire François ALLEMAND, « *âgé de 28 ans* », figure dans nombre d'actes d'état-civil où il intervient en qualité de témoin, durant les années 1849 et 1850, dont l'acte de décès (N° 26) de dame Marie Pignard, pileuse, décédée à Gorée le 5 février 1849, démontrant qu'il était à Gorée depuis plus de quatre ans au temps de son intérim.

Son mariage a été célébré à Gorée par le greffier-notaire Henry Robert le 30 août 1851 (Acte N° 93 E.C.G.) et il y est déclaré « commis-greffier des tribunaux à Gorée, né le 27 novembre 1819 à Champanastais, commune de Lauzet, département des Basses-Alpes, fils d'Henry Allemand et de Marie-Rose Hugues ».

Il y épouse la « demoiselle Nancy Valantin, née à Gorée le 13 février 1830, fille de François Valantin et de Sophie Heddle » (2 familles métisses de Saint-Louis), sans mention de contrat de mariage.

Sept mois plus tard, le 31 mars 1852, ils sont les heureux parents d'une fille prénommée Balbine Rose Sophie (Acte N° 48 du 6 avril, dressé par Henry Robert), née en leur domicile rue Saint-Germain.

Le 11 août 1853, alors qu'il est greffier notaire par intérim, il leur nait un fils prénommé André Valantin Théodore (Acte N° 48 du

18 septembre, dressé par le Maire François de Saint-Jean, le substituant pour d'empêchement), au domicile de dame Rose Otley, rue St-Joseph.

Le 9 octobre 1856, ils ont la douleur de perdre un autre fils prénommé Henry, âgé d'environ 11 mois (et donc né vers novembre 1855).

La déclaration est faite (Acte N° 187 E.C.G. devant le greffier-notaire Henry Robert, employeur de son père, dont il portait probablement le prénom), par les Sieurs Jean Momzer, ancien huissier, âgé de 31 ans et Jean Charles, commis-greffier, âgé de 27 ans.

Comme nombre d'autres avant lui, ce commis-greffier quitte son emploi au tribunal pour s'établir ensuite au négoce, comme « traitant ».

Ainsi qu'en atteste la naissance le 31 décembre 1857, d'une autre fille Léonie Eloise Delphine (Acte N° 8 du 12 janvier 1858, dressé par Henry Robert), au domicile de dame Nancy Nicol, rue de Boufflers.

La déclaration est faite par John Dupuy, commis employé au greffe, 23 ans, en présence des mêmes Jean Momzer, huissier, 33 ans et Jean Charles, commis-greffier, 29 ans, le père étant absent pour ses affaires.

Deux jumeaux Ernest François et Delphine Sophie Allemand, leur naissent le 30 octobre 1862, et dans les deux actes de naissance (N°s 268 et 269 E.C.G.), dressés par Me Henry Robert, il déclare « *être propriétaire et négociant, âgé de 43 ans* (et que) *le garçon est sorti le premier du sein de sa mère ... et la fille la dernière* ».

Dans divers actes d'état-civil dressé dans le courant de l'année 1873, il agit en qualité de 1er adjoint au Maire, remplissant les fonctions d'officier de l'état-civil dans la section de Dakar, par délégation du maire de la commune de Gorée et c'est notamment le cas dans l'acte de mariage N° 164 du 22 août, d'un Monsieur Ernest Henri François David Tayeau et d'une demoiselle Marie Madeleine Catherine Durand.

Dans la fatalité attachée à l'exercice au greffe trop souvent rencontrée, il décède le 31 mars 1875, dans sa maison de Dakar, âgé de 56 ans, étant propriétaire, commerçant et adjoint au maire de Gorée. L'acte de décès (N° 36 E.C. Gorée) est dressé par le maire Durécu Potin, sur déclaration de son gendre François Désirat Lacoste (époux de sa fille aînée Balbine née en 1852 ?), commerçant, âgé de 30 ans.

Son épouse Nancy née Valantin, lui a survécu de 5 ans, comme étant décédée très jeune à Gorée, le 9 janvier 1881, à l'âge de presque 51 ans.

Sa fille aînée, Balbine Rose Sophie épouse le 3 juillet 1881 à Gorée (Acte ECG N° 3), un M. François Montarras, 2e maître armurier de la marine, originaire de Saint-Agnant, arrondissement de Marennes, Charente inférieure, né à Rochefort le 16 janvier 1851 (Acte N° 43 du 3 juillet 1881, célébré par le Maire François Piécentin et précédé d'un contrat reçu le 6 juin précédent, par le greffier-notaire, Me Raoul Rivet),

Enfin deux autres commis-greffiers gèreront le greffe après le décès de Me Henry Robert, Joseph Valéry Bourdeux, âgé de 53 ans dans un acte du 11 avril 1860 était donc né en 1807.

Il était Huissier près les tribunaux et avait fait fonction de Commis Greffier le 29 décembre 1863 et plus tard du 21 janvier au 18 mars 1866, comme indiqué supra.

Et Gabriel Armstrong, Commis-Greffier, qui a assuré l'intérim pendant un peu plus d'un an (13 mois), du 20 mars 1866 au 8 avril 1867.

Notons aussi que Monsieur Jacques Franciéro, remplissait les fonctions d'officier de l'état-civil, en l'absence du titulaire le 19 juin 1872.

§ 10. – Anne Nicolas Pierre Jules JUGE, en 1858 à Saint-Louis

Me Anne Nicolas Pierre Jules JUGE, est d'abord Commis-Greffier de Me Breghot de Polignac en l'île Saint-Louis-du-Sénégal, à partir de 1847 puis Conseil commissionné (Avocat) en 1852, Commissaire-priseur, intérimaire pendant 4 ans en 1854, avant d'être enfin nommé Greffier ET Notaire à ladite résidence de Saint-Louis, à partir du 13 août 1858.

Il le sera pendant cinq (5) ans, jusqu'à son décès, le 4 septembre 1863.

De gros changements constitutionnels sont intervenus en France, avant le départ de son prédécesseur. La « Monarchie de Juillet » a laissé place à une « 2e République » en 1848, puis à un « 2nd Empire » en 1851.

A. – Le Contexte international du moment

1858 – 10 décembre. Conclusion d'un traité défensif entre la France de Napoléon III et le Piémont de Cavour ;

1859 – 18 février. La France occupe Saigon au sud de l'Indochine ;

29 avril. L'Autriche attaque le Piémont. Le 10 mai, Napoléon III engage la France en Italie et remporte les batailles de Magenta le 4 juin et de Solferino le 24. L'armistice intervient le 12 juillet.

1860 – 24 mars. Le Piémont annexe l'Italie centrale et la France obtient la Savoie et Nice.

B. – Et en France, ce qu'il s'y passait à ce moment-là

1848 – 22 février. Intronisé par les barricades de 1830, le roi Louis Philippe 1er est chassé par de nouvelles insurrections qui éclatent, à la suite du soulèvement du peuple conduit par des républicains libéraux, qui sont suivis par de nombreux étudiants, depuis le Panthéon jusqu'à la Madeleine, lesquels se rendent maîtres de la capitale ;

Après avoir refusé de faire donner la garde pour tirer sur le peuple et enclencher ainsi un engrenage dont nul n'aurait pu prédire l'issue, outre le risque de voir la troupe fraterniser avec les insurgés, le roi est contraint d'abdiquer le 25 février et le même jour, Alphonse de Lamartine et les révolutionnaires parisiens proclament une 2e République, mettant un terme définitif à cette monarchie constitutionnelle ;

Une république de bien courte durée, puisque l'élection dès décembre 1848, de Louis-Napoléon Bonaparte à la présidence de la république, va favoriser son coup d'état trois ans plus tard, le 2 décembre 1851 ;

Il donne un tour autoritaire à son régime, pour préparer le plébiscite des 21 et 22 novembre 1852, qui lui confère la dignité impériale, met fin à cette éphémère 2e République pour laisser place au 2nd Empire le 2 décembre. Napoléon III succède indirectement à son oncle Napoléon 1er.

1860 – 23 janvier. Traité de commerce conclu avec l'Angleterre ;

24 novembre, les Chambres obtiennent la reconnaissance d'un droit d'adresse et les ministres devront présenter et défendre la politique du gouvernement devant les assemblées.

1861 – Encadrement budgétaire, crédits soumis à autorisation préalable du Corps législatif.

1862 – 23 janvier. Traité de commerce conclu avec la Prusse.

1863 – 30 mai. Elections législatives.

1864 – 25 mai. Loi reconnaissant les droits de coalition et de grève.

1865 – Octobre. Napoléon III et Bismarck se rencontrent à Biarritz.

C. – A la Colonie du Sénégal

1861 – 5 mars. Création par Faidherbe de ce qui deviendra « l'Ecole des fils de chefs », laquelle au-delà de sa mission d'élévation culturelle de la « *chefferie traditionnelle illettrée et très jalouse de ses intérêts personnels au détriment de l'hégémonie coloniale* (selon M. le professeur Gana Fall), *signataire de traités de protectorats* » sera un instrument subtil, destiné à enrôler l'aristocratie, au soutien de l'ambition coloniale.

1862 – Début de grands travaux d'aménagement du port de Dakar et le 1er février, un premier plan d'aménagement de cette nouvelle commune.

Les jugements rendus par les Tribunaux de Saint-Louis et de Gorée commencent par la formule :

« *Napoléon, par la grâce de Dieu et la volonté nationale, Empereur des Français, à tous présents et à venir, Salut* ».

Selon M. Zuccarelli précité : « En 1862 des pétitions sont adressées au pouvoir central, en vue du rétablissement » (du Conseil Général du Sénégal supprimé dans l'ensemble des colonies par la IIe République). *« Elles émanent des négociants bordelais qui, par un organe électif, espèrent restreindre les droits de l'administration sur la marche des affaires commerciales.*

« En 1878, les sociétés Maurel et Prom, Maurel frères, Buhan et Teisseire, Devès et Chaumet s'adressent une nouvelle fois au ministre de la Marine et des Colonies en faisant soutenir leur action par les Chambres de Commerce de Bordeaux et de Marseille ainsi que par des parlementaires et elles obtiennent satisfaction ».

D. – Notes concernant Me Anne Nicolas Pierre Jules JUGE

Me Anne Nicolas Pierre Jules JUGE est né à Montauban, le 23 juin 1819, de l'union de Me Jean-Baptiste Joseph Juge, licencié en droit, Avoué près le tribunal civil de Montauban et de Madame Jeanne Antoinette Charlotte née Mallet son épouse, tous deux décédés avant son mariage.

La ville de Montauban, préfecture du Tarn-et-Garonne, ancien haut-lieu du protestantisme d'Occitanie, est située à 20 km au nord de la Garonne, à peu près à mi-distance entre Toulouse et Agen. Elle est à la confluence de trois rivières souvent tumultueuses, l'Aveyron, le Tarn et le Tescou.

Il est bien probable que ce Montalbanais en avait le bel accent rocailleux du Quercy, qui « roule comme un torrent de cailloux vers la Garonne ».

Il était l'époux de Maria Camille Gérard-Fontallard, sans profession, née le 16 juin 1831, commune de Neuvizy, arrondissement de Rethel, département des Ardennes (mineure âgée de 18 ans lors de leur union), fille de feu le sieur Henry Alexandre Gérard dit Fontallard, en son vivant artiste-peintre, décédé à Batignolles-Monceaux, le 4 août 1843.

L'acte de décès de son père est annexé à l'acte de remariage en secondes noces de sa mère, Adélaïde Elisabeth Hellant, alors veuve

Fontallard, le 7 juin 1848, chez qui elle demeurait à Saint-Louis, avec Monsieur Jules Théodore Legros, Avocat, Maître Juge ayant été l'un des quatre témoins lors de ce mariage de sa future belle-mère.

Le mariage de Me Juge est célébré à Saint-Louis, le 5 novembre 1849 (acte N° 324 ECSL) par Louis Marcellin Héricé, 2e adjoint au maire, officier de l'état-civil, après qu'il ait affirmé ignorer les lieu et date du décès de ses père et mère, ni leur dernier domicile, en présence des Sieurs Joseph Laurent Sainte-Catherine, le chevalier de Percin (époux de dame Elmire Crisnier des Vignes), conseiller à la cour d'appel du Sénégal, 33 ans, Gilbert Bréghot de Polignac, greffier en chef des tribunaux de Saint-Louis, 34 ans, Achille-Joseph Desvergnes Lafont-Faye, substitut du procureur général, 29 ans et Jean Pierre Laroche, commerçant, 42 ans, tous quatre demeurant à Saint-Louis, témoins qui ont signé avec les époux, la mère de l'épouse et l'officier de l'état-civil.

Lors de son mariage, Me Juge est « commissaire-priseur à Saint-Louis (Sénégal) y domicilié » et mentionné comme « demeurant rue de Sor ».

Son épouse à une jeune sœur, Blanche Elise Gérard-Fontallard, de trois ans sa cadette, née à Paris, le 6 mars 1834, qui épouse un officier corse le 8 mai 1857, le Sieur Pascal Olivier de Negroni, chevalier de l'Ordre Impérial de la Légion d'Honneur et du Médjidié de Sa Majesté le Sultan (de l'empire Ottoman), lieutenant en premier du 1er régiment de Spahis escadron du Sénégal, né à Rogliano, à l'extrême nord de son île, le 4 août 1829, lui-même fils du Sieur Pierre Jean de Négroni, Avocat à Paris et de Madame Marie-Jeanne de Cardi, son épouse décédée en Algérie.

Lors de ce mariage, huit ans après celui de Me Juge, il est précisé que la belle-mère, dame Hellant, est décédée à bord du Brick l'Adolphe de Marseille, Capitaine Jean Marie Lazare Penellon, le 11 février 1850, trois mois à peine après l'union de l'aîné de de ses filles avec Maître Juge.

Le 28 janvier 1853, Me Anne Nicolas Pierre Jules Juge, Commissaire-priseur, est déclarant à l'acte de naissance de sa fille ainée, Julie Blanche Juge (acte N° 19 ECSL) et il est assisté de deux témoins, Etienne Prosper Bancal, Docteur en Médecine, 48 ans et Marc Maurel, négociant, 26 ans, tous deux domiciliés à Saint-Louis.

Par contre sept ans plus tard, il est « Greffier de la cour impériale et du tribunal de 1ère instance de cette île, âgé de 41 ans, demeurant rue de Guet Ndar, » lors de la naissance de sa 2e fille, née le 29 mai 1860, Adélaïde Anne Marie Camille Juge (acte N° 234 E.C.S.L.), où il est assisté de 2 témoins, son beau-frère, Pascal Olivier de Négroni, capitaine au 1er régiment de spahis, chevalier de l'ordre impérial de la Légion d'Honneur et du Médjidié de Sa Majesté le Sultan, chef d'état-major du gouverneur, 32 ans et Louis Philippe Auguste Solon, huissier, chef de bataillon de la milice sédentaire, 40 ans, tous deux domiciliés à Saint-Louis.

Il ne semble pas que son épouse et lui aient eu d'autres enfants.

Au-delà de la calligraphie d'époque absolument remarquable, les quelques actes à son rapport qu'il nous ait été donné le loisir d'examiner sont d'excellente facture, qu'il s'agisse de cohérence dans leur logique de présentation, d'énonciation du droit en stricte conformité et plus encore en simple efficacité en termes d'organisation de la preuve, puisque c'est bien là la mission substantielle de l'acte notarié.

Me Juge – était-ce un patronyme de prédestination – aura porté son ministère de "fiducia" de même niveau que celui d'époque en métropole et c'est bien là ce qui était attendu, au tout début de l'expansion coloniale.

Il est décédé le 4 septembre 1863, en son domicile rue de Guet Ndar, à 44 ans, comme indiqué dans son acte de décès (N° 341 E.C.S.L.), où il est qualifié de « Greffier des tribunaux de Saint-Louis, Notaire à la résidence de St-Louis, y domicilié », les deux fonctions faisant l'objet de mentions séparées, ce qui confirme l'idée de deux offices publics distincts.

Dans cet acte de décès sa filiation se trouve indiquée, ainsi que l'identité de son épouse, ses parents étant tous deux prédécédés.

Ce décès prématuré à 44 ans, a probablement été causé par la fièvre jaune, car tous ceux déclarés la même semaine concernaient des personnes de moins de 45 ans.

Il est décédé à la survivance de sa veuve alors âgée de 32 ans et de deux petites orphelines Julie et Adélaïde, âgées respectivement de 10 et 3 ans.

Cette jeune veuve s'est vite remariée le 10 février 1868, avec un Sieur Elisée François Jean-Baptiste Bégnicourt et établie à Bordeaux, Gironde.

Elle lui aura survécu de 37 années, comme y étant décédée le 5 janvier 1900, à la survivance de son second époux et d'un fils issu de cette 2e union, François Henri Maxime Bégnicourt, né le 14 décembre 1868.

Il aura donc vécu à Saint-Louis-du-Sénégal où il est enterré, un peu plus d'une vingtaine d'années, contemporain de seize gouverneurs au moins.

Sauf erreur, il s'agit de Louis Edouard Bouët-Willaumez (1843), Laborel (1844), François Marie Charles Ollivier (1845) Hoube et Ernest

Bourdon comte de Gramont (1846), Caille, Léandre Bertin du Château et Auguste Baudin (1847), Aumont et Auguste Léopold Protêt (1850), André César Vérand (1853), Louis Léon César Faidherbe (1854), A. Robin (1858), Léopold François Stéphan et Jean Bernard Jauréguiberry (1861) et Jean Emile Pinet-Laprade (1863).

Arrivé au Sénégal, juste après les grandes joutes politiques, autour des enjeux de « fortune, race et pouvoir » de 1837-1838, ayant permis d'instituer une parité de désignation d'assesseurs au tribunal de 1ère instance, entre les élus et ceux désignés par le gouverneur, la mise en place d'un conseil général et le principe de représentation de la colonie auprès de l'assemblée nationale à Paris, dont le 1er député aura été Durand Valantin, élu en 1848, frère du remarquable François Valantin.

(Lire à ce sujet l'article de Monsieur Roger Pasquier, dans Société française d'histoire des outre-mers, 1981).

Il aura bien connu toute l'administration coloniale et judiciaire d'époque, les négociants européens les plus influents, tout particulièrement Calvé, Monteillet et Prom, mais aussi et tout autant, les plus grandes familles métisses, faisant jeu égal avec les puissantes maisons de traite, Alsace, Valentin et Pellegrin et bien entendu le maire élu, Jean-Baptiste Alin.

Il aura été le témoin privilégié, de la grave crise du négoce de la gomme, qui a ruiné à partir de 1848, nombre de familles Saint-louisiennes.

Une crise ayant nécessité la mise en œuvre d'une politique d'intégration coloniale, pour résorber le marasme, qui donnera naissance au Sénégal contemporain, par la fédération des comptoirs de Saint-Louis et Gorée, aux anciens royaumes du Walo (1855), du Djolof (1858) et du Cayor (1861) et le lancement de grandes initiatives agricoles (arachide, coton et indigo), du réseau de distribution d'eau potable à Saint-Louis, du futur port de Dakar et surtout de la ligne de chemin Dakar-Saint-Louis.

Ajoutons enfin, qu'il fallait beaucoup de témérité, pour aller s'établir en cette « terre des fièvres » (jaune, paludisme, choléra et dysenterie) et de grande insalubrité, qu'était alors l'Afrique noire, où « côte de la mort noire », où seuls les parias de la société occidentale osaient s'aventurer.

E. – Observations relatives à Me Anne Nicolas Pierre Jules JUGE

Me Anne Nicolas Pierre Jules Juge a eu au moins 3 intérimaires pendant ses 5 années d'exercice, tous trois choisis parmi ses Commis-Greffiers :

- Charles Boucaline (du 16 au 26 décembre 1857 et le 10 août 1858) ;
- Gustave Auguste Ponthoy (le 14 mars 1859) ;
- Et enfin Pierre Rateau, qui fait fonction de « Greffier provisoire » à la suite du décès de Me Juge, survenu le 4 septembre 1863, pendant 5 mois, du 8 septembre 1863 au 3 février 1864.

Me Charles Boucaline, né à St-Louis, le 21 juillet 1815, fils naturel de Jean Boucaline, soldat mulâtre du bataillon des Antillais et de la dame Jeanne Bonton, est commis négociant lors de son mariage (à 41 ans) le 27 décembre 1856, avec la demoiselle Marianne Carpot, née elle aussi à Saint-Louis, le 19 avril 1833 (23 ans), fille de Charles Carpot, traitant et de la dame Catherine Floissac, son épouse, leur union étant précédée d'un contrat de Me Gilbert Bréghot de Polignac de l'avant-veille.

Tout comme Me Anne Nicolas Pierre Jules Juge, alors Commis-Greffier principal de Me Gilbert Bréghot de Polignac, Me Charles Boucaline a été ensuite l'un de ses Commis-Greffiers-Notaires, du 16 au 26 décembre 1857 et aussi le 10 août 1858.

C'est lui qui substitue Me Juge, Greffier-Notaire intérimaire le 8 mai 1857, pour cause d'empêchement à l'acte, pour recevoir le contrat de mariage de sa belle-sœur, la demoiselle Blanche Elise Gérard-Fontallard, avec Pascal Olivier de Négroni, lieutenant en 1er du régiment de spahis.

Le parcours de vie de Me JUGE, doit pouvoir être reconstitué ainsi :

1819 (23.06) Naissance à Montauban, Tarn-et-Garonne, du mariage de Maître Jean-Baptiste Joseph JUGE, Avoué et de Madame Jeanne Antoinette Charlotte MALLET, son épouse ;

182?-184? Etudes secondaires et universitaires en France ;

184? (???) Arrivée à Saint-Louis, chef-lieu de la colonie du Sénégal ;

1847 (01.06) Commis-Greffier substituant Me Breghot de Polignac, Greffier titulaire, pendant 11 mois, jusqu'au 29 avril 1848 ;

1848 (01.05) 3e Témoin, au mariage du Greffier Breghot de Polignac, il y est qualifié de Commissaire-priseur, demeurant rue de Sor ;

(07.06) 2e Témoin, lors du mariage de sa future belle-mère Mme Adélaïde Hellant, avec Me Jules Legros, Avocat à Saint-Louis ;

1849 (05.11) Mariage avec Maria Camille Gérard-Fontallard à St-Louis de 12 ans sa cadette (née à Neuvizy, Ardennes, le 16 juin 1831), fille de Mme Hellant ex veuve Fontallard devenue épouse Legros.

1850 (11.02) Décès soudain de sa belle-mère, en route vers la France à bord du brick « l'Adolphe », à peine 3 mois après leur union ;

1853 (28.01) Naissance d'une 1ère fille, Julie Blanche Juge à St-Louis ;

1854 (30.11) Greffier provisoire à la suite de la démission de Breghot de Polignac, devenu Conseil commissionné (Avocat) à St-Louis ;

1857 (08.05) Substitué pour cause d'empêchement à l'acte par son commis-greffier Charles Boucaline, lors du mariage de sa belle-sœur Blanche, avec un lieutenant corse, Pascal de Negroni ;

(16.12) Substitué de 10 jours par le commis-greffier Boucaline ;

1858 (13.08) Greffier titulaire des tribunaux de Saint-Louis et notaire, substitué à nouveau pour quelques jours, par son commis-greffier et notaire intérimaire Charles Boucaline ;

1859 (??.?) Substitué par Commis-Greffier Auguste Ponthoy (qq. j.) ;

1860 (29.05) Naissance d'une 2e fille, Adelaïde Anne Marie Camille ;

1863 (04.09) Décès à 44 ans, en son domicile à S.L., rue de Guet Ndar ;

(08.09) Commis-Greffier Me Pierre Rateau est nommé Greffier provisoire, jusqu'au 3 février 1864 (durée totale de 5 mois).

§ 11. – John VALANTIN, en 1864 à Saint-Louis

Me John VALANTIN, est lui aussi Greffier ET Notaire à la résidence de l'île de Saint-Louis-du-Sénégal, à partir du 9 février 1864, mais le sera moins de trois (3) ans, jusqu'au jour de son décès, le 30 novembre 1866, âgé d'à peine 29 ans !

A. – Contexte international du moment

1866 – Victoire du général Prusse Helmuth von Moltke sur l'Autriche à Königgrätz Sadowa, mettant un terme à la guerre austro-prussienne et renforçant l'unification allemande de Bismarck.

1867 – Février. Rapatriement du corps expéditionnaire français au Mexique (de 1861 à 1867, des conservateurs mexicains en Europe avaient souhaité installer au Mexique un souverain européen catholique conservateur pour contrebalancer le pouvoir des États-Unis protestants.

José Manuel Hidalgo y Esnaurrízar, réussit à intéresser l'impératrice Eugénie à sa cause et sur les conseils du duc de Morny, Napoléon III trouva l'archiduc Maximilien de Habsbourg, qui venait de refuser d'être roi de Grèce, lequel encouragé par sa femme Charlotte, fille du roi des Belges Léopold Ier, accepta de devenir empereur du Mexique.

Il en est résulté une révolte nationaliste.

A l'issue d'un long conflit avec Juarez et les républicains, lâché par la France et cerné par les juaristes, Maximilien se rend pensant naïvement qu'il serait conduit à Veracruz et rembarqué pour l'Europe.

Mais il est fait prisonnier, condamné à mort et exécuté à Santiago de Querétaro le 19 juin 1867, avec ses généraux Miramón et Mejía).

4 novembre. Les troupes françaises doivent retourner en Italie, pour y protéger l'Etat pontifical contre Garibaldi.

B. – France, ce qu'il s'y passait à ce moment-là

Le début d'exercice de Me Valantin, correspond à la seconde moitié du second empire qualifiée « d'empire libéral », qui s'étend globalement de 1860 à 1870 en adoucissement de la première période, dite « d'empire autoritaire », dans laquelle (selon wikipedia) l'empereur Napoléon III, élu du peuple se veut le gardien de l'héritage révolutionnaire.

Seul maître du pouvoir exécutif, il gouverne avec l'aide de deux organes dont les attributions sont distinctes : le Cabinet particulier, sorte de secrétariat général du chef de l'État, et le Gouvernement.

Jusqu'en 1864, le Cabinet particulier est dirigé par Jean-François Mocquard et composé de fidèles. Quant au Gouvernement, il est composé d'une dizaine de Commis, individuellement responsables devant lui seul et révocables tout autant selon sa seule volonté.

Si les ministres ne peuvent s'opposer aux projets du chef de l'État, il en est autrement des conseillers d'État. Hauts magistrats nommés par l'Empereur, pour la plupart issus de l'administration orléaniste et peu enclins à partager ses préoccupations sociales.

Même si leur rôle est essentiellement consultatif, ils n'hésitent pas à discuter le travail des ministres et amender les textes sur lesquels ils se prononcent, y compris ceux en provenance directe du Cabinet, qui se heurtent souvent à l'opposition du Conseil d'État, sans que Napoléon III ne procède, durant tout son règne, à la moindre révocation de conseillers alors qu'il en avait les pouvoirs.

Il y a aussi un Corps Législatif, composé de 270 élus, siégeant pendant une unique session annuelle de 3 mois.

Il ne pouvait élire son président, ni voter le budget par chapitres, ni interpeller le gouvernement, ni poser des questions aux ministres.

Le seul pouvoir réel dont les membres du Corps législatif disposaient était de rejeter les propositions de lois et les prévisions budgétaires.

C. – En la colonie du Sénégal

1864 – 1er avril. Inauguration du phare des Mamelles à Dakar, réduisant fortement le risque d'échouage sur les rochers des Almadies et aussi les pillages et « fortunes de mer » de villages Lébous de Ouakam et de Yoff.

1866. 1er décembre. Ce dispositif est complété par deux autres phares fixes, aux Almadies et au Cap Manuel, ayant permis l'inauguration le 4 novembre, d'un premier passage de paquebot transatlantique à fort tirant d'eau au port de Dakar.

D. – Notes individuelles concernant Me John VALANTIN

« Le destin foudroyé d'un talentueux jeune homme très pressé »

Me John VALANTIN, est né en l'île de Gorée, le 17 avril 1837.

Il est le fils du député Barthélémy-Durand Valantin, négociant et de Mary de Saint-Jean son épouse, descendants tous deux de familles métisses prospères et parmi les plus influentes de la petite ville de Saint-Louis, qui est en vigoureuse expansion en ce milieu du XIXe siècle.

Son père, Barthélémy-Durand Valantin, dit « *Durand Valantin* », né à St-Louis le 5 décembre 1804 (dont la filiation résultait d'un acte de notoriété du 29 juin 1829, constatant sa naissance « *du mariage selon l'usage du pays* », homologué par le tribunal de 1ère instance de Gorée, le 1er juillet 1829 et qui décèdera le 30 juillet 1864), était le fils d'un Sieur Barthélémy Valantin, puissant négociant natif de Marseille et de la Signare Rosalie Aussenac, dont l'ascendance paternelle était originaire de Carcassonne, fière cité fortifiée de l'Aude et haut-lieu du catharisme occitan des comtes de Trincavel, cinq siècles auparavant.

Ce père alors âgé de 25 ans, négociant à Gorée, était l'époux en 1ères noces à Gorée, le 6 juillet 1829 (Acte N° 9 ECG), d'une Mlle Marie Lloyd, fille mineure (âgée de 19 ans et 1/2, née à Gorée, le 12 octobre 1809) d'un sieur Richard Lloyd (quand vivait colonel au service de Sa Majesté britannique, décédé en Angleterre) et de la dame Marie Legros.

Ce mariage est célébré par le Greffier-Notaire Victor Gervais Protais Mangeard. en son autre qualité d'officier de l'état-civil, en présence de François et René Valantin (34 et 27 ans), tous deux négociants et frères germains de l'époux, Charles Legros (32 ans), oncle de l'épouse et Pierre Panet (59 ans) ami du jeune couple.

Cette union ne durera que 15 mois, la jeune épouse Marie Lloyd-Valantin tragiquement emportée le 14 octobre 1830 (Acte N° 66 ECG), par la terrible épidémie de fièvre jaune, ayant terrassé le greffier-notaire Mangeard qui l'a célébrée, lui aussi décédé 3 mois plus tôt, le 22 juillet, l'acte de décès est dressé par son successeur Louis Alphonse Thiesse.

Le sieur Durand Valantin se remarie cinq ans plus tard, le 19 mars 1836 (Acte N° 9 ECG), devant le même greffier-notaire Louis Alphonse Thiesse, à Gorée, avec la demoiselle Mary de Saint-Jean, âgée de 21 ans ½, née le 18 septembre 1814, fille du sieur François de Saint-Jean et de la dame Anna-Colas Pépin, tous deux propriétaires et habitants indigènes de l'île de Gorée, avec laquelle il se trouve déjà uni « *selon l'usage du pays* », vivant en la maison de sa mère (devenue célèbre comme « maison des esclaves ») et ayant fait dresser par trois fois des actes respectueux par ledit notaire.

Ce mariage est célébré en présence d'Antoine Bouton (50 ans) et de Nicolas Dupuy (36 ans), tous deux propriétaires et cousins maternels de l'épousée et d'Armand Laporte, maire de Gorée (62 ans) et Adolphe Cabueil, négociant (30 ans), non parents et amis des époux.

L'occasion de reconnaissance de deux filles naturelles, nées à Gorée, savoir, Rosalie Anne Eucharis Valantin, le 3 août 1834 (Acte N° 19 ECG du 6 août) et Léocadie Valantin, le 2 août 1835 (Acte N° 12 ECG du 5 août) et légitimées par le mariage subséquent de leurs parents.

Durand Valentin est donc ce père de John Valantin, un notable métis de l'île de Saint-Louis, ayant fait de solides études à Marseille auprès de son père, négociant dans la gomme arabique de toute première importance, fondateur en 1840 d'une société du Galam, armateur, actif dans la location de biens immobiliers et homme politique de caractère.

Selon Jean Pierre Biondi, in « Saint-Louis du Sénégal, Mémoires d'un métissage » … « *Dès la création du Conseil général en 1840, il est élu dans le collège des négociants indigènes, mais il en démissionne pour manifester sa mauvaise humeur, le président du Conseil n'ayant pas respecté l'arrêté prévoyant un serment préalable au roi et à la charte* ».

« *Il y est réélu en 1841, puis à nouveau en 1846 … illustrant bien la sourde épreuve de force opposant français et métis, avant de dégénérer en 1848 en conflit plus ouvert, le mécontentement des métis ayant plusieurs sources : installation à partir de 1820 de négociants bordelais, formant un clan doté d'influences en métropole, au temps de difficulté de la traite de la gomme, l'approche de l'abolition inéluctable de l'esclavage, qui va occasionner une importante perte de patrimoine, précipiter le déclin des signares et posant la question de la représentativité du maire, face au gouverneur et aux autorités* ».

« *Capitaine de la 2e compagnie de milice (partie sud de l'île), en 1843, président de son conseil d'administration, en janvier 1848 et figure locale de tout 1er plan lorsque la 2e République supprime le Conseil Général et organise des élections législatives dans les colonies* ».

Il est élu le 30 octobre 1848, à l'assemblée nationale française, avec plus de 60 % des suffrages exprimés contre le candidat européen Bertin du Château, il est en outre nommé maire de Saint-Louis en décembre, en remplacement de Jean-Jacques Alin « l'Antillais » vieillissant.

Elu enfin le 12 août 1849 à l'Assemblée Législative (1er député du Sénégal), six mois à peine après le 2e décret d'abolition de l'esclavage en France, adopté le 27 avril 1848, par le Gouvernement provisoire de la Seconde République, sous l'impulsion de Victor Schœlcher.

Son activisme farouche pour obtenir toujours plus de décentralisation en faveur de la mairie et du conseil général, l'oppose au gouverneur Baudin, qui intrigue pour susciter l'opposition de ses adjoints à la Mairie, ses activités publiques l'éloignant de ses affaires qui périclitent.

John Valantin n'a que 11 ans lors de l'élection de son père à la députation et l'accompagne peut-être en France avec lui, pour y continuer ses études secondaires en pension (?). A Toulouse ou à Paris ?

Il est même possible qu'il l'y ait précédé, mais cela n'est pas certain, car curieusement son état-civil mal justifié, ne le sera que quatre ans plus tard, par l'établissement d'un acte de notoriété (supplétif d'état-civil) à cet effet, son père ayant omis de le déclarer lors de sa naissance.

Cet acte est dressé le 25 septembre 1851 (alors qu'il a déjà 14 ans), devant le sieur « *Calixte Vieu, président du tribunal civil de 1ère instance de Gorée, 2e arrondissement du Sénégal, remplissant en outre les fonctions de juge de paix dans le ressort de ladite île, assisté du sieur François Allemand, commis-greffier assermenté* », sur la déclaration d'Adolphe Cabueil (oncle maternel et témoin au mariage de son père), faite au nom M. Durand Valantin au moyen d'une procuration sous seing privé, datée à Saint-Louis, du 19 septembre 1851, « *pour exprimer sincèrement son regret de ne pas avoir rempli cette formalité et y suppléer par le témoignage de sept témoins* ».

Ces sept témoins sont tous domiciliés à Gorée. Ce sont les sieurs Jean Pierre Turpin (59 ans), Paul Salzédo (40 ans), Pierre Panet (32 ans) et William Dumont (42 ans), propriétaires et traitants et les dames Louison Picard (75 ans), Elisa Aubert (70 ans) et Thérèse Pierre Baudin (50 ans), propriétaires et sans profession, déclarant « *avoir parfaite connaissance de la naissance de John Valantin, le 17 avril 1837, fils de M. Durant Valantin et de Marie de Saint-Jean son épouse, au temps où le père était absent de la colonie* » (ce qui explique sans doute l'omission).

L'acte est homologué pour tenir lieu d'acte de naissance, par Jugement du Tribunal de 1ère instance de Gorée, le 27 septembre, présidé par le « *juge Calixte Vieu dudit Tribunal, en présence de M. Charles de Reboul, procureur de la République et Henry Robert, greffier tenant la plume ... le tout en la présence des sieurs Jean Monnet, huissier (26 ans) et Alphonse Boyer, commerçant (39 ans), qui ont signé en qualité de témoins avec le greffier, lors de la transcription de la déclaration du sieur Adolphe Cabeuil, dans le registre de l'état-civil* ».

Probablement resté en France lors du retour de ses parents à la colonie et quoique fils de député, il a sans doute dû surmonter tous les aprioris de cette époque pour y faire de brillantes études et devenir l'un des tout-premiers « natifs indigènes du Sénégal » (si ce n'est le premier), à y soutenir une très prestigieuse thèse de « docteur en droit » (à 23 ans), 12 ans à peine après l'abolition de l'esclavage !

Le mémoire qu'il présente lors de sa licence en droit privé devant la faculté de Toulouse, en 1858 a pour thème on ne peut plus classique : « *du contrat de mariage* » (Imprimerie Lamarque et Rives).

Le sujet qu'il choisit pour la thèse de doctorat qu'il soutient en 1860 devant la même faculté de droit, en 1860, est lui aussi très classique « *De la nature et des caractères généraux du droit d'hypothèque* ».

Conf. : https://gallica.bnf.fr/ark:/12148/bpt6k5663682z.texteImage

Dès son retour à Saint-Louis, en 1861 (à 24 ans), ce jeune homme pressé est d'abord Conseil commissionné (c'est-à-dire Avocat) près les tribunaux de la colonie du Sénégal et dépendances.

A peine un an plus tard, toujours aussi pressé, il épouse (à 25 ans) Emma Louise Bancal, née à Saint-Louis, le 8 juillet 1839 (23 ans), fille du docteur en médecine et chirurgien de marine, Etienne Prosper Bancal (né à Rochefort, Charente-Maritime, le 25 septembre 1808) et de la Signare Marianne Aubert (née à Saint-Louis, vers 1813) et légitimée par le mariage de ses parents le 24 décembre 1853.

Leur mariage est célébré à Saint-Louis, le 9 juillet 1862 « à minuit » (!) (Acte E.C.S.L. N° 6), par « *nous Blaise Dumont, maire et officier de l'état-civil, en l'hôtel de la mairie de l'île Saint-Louis (Sénégal), les portes ouvertes et le public admis* » en présence de son père Durand Valantin, négociant (veuf de la dame Marie de Saint-Jean, décédée à

Sainte-Croix-de-Téneriffe, le 23 octobre 1853) et du père et de la mère de la jeune épouse, tous trois présents et consentants.

Le tout avec l'assistance de quatre témoins prestigieux, les sieurs Léopold François Estéphan, chevalier de la Légion d'Honneur, Commissaire de la Marine, Ordonnateur, Chef du service administratif de la Colonie (46 ans), Jean Laurent Hervé Martin, négociant (39 ans), Jean-Théodore Pécarrère, Entrepreneur des travaux du Gouvernement (46 ans) et Joseph Moustey Charbonnié, propriétaire (57 ans), tous quatre domiciliés à Saint-Louis.

Les deux derniers patronymes de Pécarrère et de Charbonnié sont bien connus du notariat d'époque et cette union matrimoniale très mondaine est riche en enseignements sur ce qu'est la « bonne société » saint-louisienne de cette 2e moitié du XIXe siècle, en parfaite duplication de la culture bourgeoise française d'alors, la puissante société métisse étant en parfaite osmose avec les hauts représentants de l'administration coloniale, gouverneur, ordonnateur et bailleurs d'activité.

De manière très surprenante, il n'est pas fait mention dans l'acte, d'un contrat de mariage qui en toute logique, aura très probablement précédé la célébration de cette union, selon la tradition déjà bien établie entre les familles bourgeoises, singulièrement lors de l'union d'un jeune avocat ayant justement choisi « *le contrat de mariage* » pour thème de son mémoire de licence en droit, quatre ans auparavant !

Avocat, ses nom et qualité figurent dans un acte reçu par Me Anne Nicolas Pierre Jules JUGE, Greffier-Notaire à la résidence de l'île de Saint-Louis-du-Sénégal, le 18 mars 1863, dans lequel il est mandataire de ses tantes Mme Marie-Thérèse de Saint-Jean épouse de M. Antoine Cabueil et Mme Nancy de Saint-Jean veuve de M. René Valantin, à l'effet de vendre une maison sise en l'île de Gorée, en faveur de la société « Maurel et Prom », représentée par M. Jean Maurel, négociant, pour prévenir in extremis une saisie adjudication en exécution d'une décision de justice pour avoir recouvrement de créances.

Cette maison édifiée sur un terrain d'une superficie de 772,45 m2, entre la rue Saint-Germain à l'Ouest, où elle porte le N° 9 et la mer à l'Est, était composée de trois corps de bâtiment en « U », dont celui central élevé sur trois niveaux et les deux ailes d'un seul étage sur rez-de-chaussée, pourrait bien être le plus célèbre des bâtiments de Gorée, connu sous le nom de « *Maison des Esclaves* ».

Cet immeuble leur appartenait en indivision, par suite d'une donation à eux consentie par leur mère, Madame Anna-Colas Pépin (ex-compagne du Chevalier de Boufflers), par acte de Me Henry Robert, alors Greffier-notaire à Gorée, du 23 mars 1855, ensemble avec sa 3e fille Emilie Mewing veuve Beynis et les enfants de sa 4e fille, venant en représentation de leur mère Madame Mary de Saint-Jean prédécédée (dont son fils, Me John Valantin).

Madame Marie-Thérèse Cabueil avait ultérieurement racheté les droits indivis de sa sœur Madame Emilie Beynis et des enfants de son autre sœur prédécédée, Madame Mary de Saint-Jean ép. Durand Valantin.

Il est remarquable de constater que la donatrice Mme Anna Colas Pépin épouse de Saint-Jean (alors la plus grosse fortune de Gorée) était elle-même propriétaire de cette maison, à la suite de l'acquisition qu'elle en avait fait de son gendre le sieur Durand Valantin, par acte de Me Bréghot de Polignac, alors Greffier-Notaire à Saint-Louis, en date du 26 mai 1851, (très probablement pour l'aider ?) au temps des graves difficultés de son négoce et de sa démission de son mandat de député.

M. Durand Valantin était lui-même propriétaire de cette maison, suite à l'adjudication judiciaire qui lui en avait été faite, le 6 juillet 1844, ès-qualité de dernier et plus offrant enchérisseur, lors de la vente aux enchères publiques sur licitation, des immeubles dépendant de la succession de feu le sieur Louis François Alphonse Thiesse, quand vivait Greffier-Notaire, celui-là même qui avait célébré son union en 1836, Me Thiesse ayant lui-même acquis des époux François Dupuy et Anne Pierre Turpin, par acte établi au Greffe, le 4 août 1840.

Lors de son union avec Mary de Saint-Jean, M. Durand Valantin vivait en la maison de sa belle-mère Anna-Colas Pépin, probablement depuis la fin de l'année 1833, lors de la conception de sa fille ainée Rosalie Anne Eucharis Valantin, née en cette maison, le 3 août 1834 !

Tout un microcosme largement présenté dans les pages précédentes, en constantes accointances familiales et fortes connivences patrimoniales.

John Valantin ne sera Greffier et Notaire titulaire qu'un an plus tard, le 9 février 1864, cinq mois avant le décès de son très célèbre père, Durand Valantin, le 30 juillet suivant.

E. – Observations relatives à l'exercice de John VALANTIN

Son père est un notable saint-louisien de toute première importance, ayant fait ses études à Marseille, ville natale de son père.

L'histoire le retient comme directeur de la Compagnie de Galam dès 1840, un franc-maçon très ambitieux et peu scrupuleux en affaires.

Référencé "négociant indigène" par arrêté du 20 janvier 1843 fixant la liste des électeurs au Conseil général, il dirige une maison de commerce qui après de brillants résultats connaît de sérieuses difficultés et sera finalement mise en faillite le 4 octobre 185l.

Il est à Gorée en 1842, lors de la visite de l'amiral prince de Joinville.

Veuf de Mary de Saint-Jean le 23 octobre 1853, il s'est dit qu'il aurait peut-être épousé en 3e noces la dame Angélique Feuiltaine, fille d'une autre célèbre famille métisse de Saint-Louis.

Mais l'acte justificatif de cet éventuel mariage n'a pas été retrouvé dans les archives d'état-civil de Saint-Louis ni de Gorée et donc peu probable, car il n'en est pas fait mention non plus, dans son acte de décès.

Son nom a été cité dans un contentieux avec les autorités britanniques à Bathurst et Freetown, l'ayant injustement accusé de trafic d'esclave, pour cause d'omission d'inscription d'un jeune mousse, dans le rôle d'équipage de sa goélette de transport de la gomme et de céréales.

Il a été mis hors de cause, à la suite d'un procès correctionnel.

Il pousse vers la sortie le vieux maire de Saint-Louis, Jean-Jacques Alin, dit l'Antillais et il est nommé maire de Saint-Louis par arrêté du 27 novembre 1848, accédant ainsi au fauteuil convoité, mais il entre en conflit avec le gouverneur Baudin et démissionne en 1851.

Il est élu représentant (1er député du Sénégal) à l'assemblée constituante de la IIe République le 30 octobre 1848 avec 1.080 voix sur 2.071 votants (pour 4.726 inscrits).

Le député Durand Valantin est admis à siéger le 16 janvier 1849 et prend place à droite et pour resituer dans le contexte d'époque, le décret Schœlcher abolissant l'esclavage venait d'être signé, le 27 avril 1848.

Il vote contre l'amnistie, pour les crédits de l'expédition romaine, contre l'abolition des taxes sur les boissons alcoolisées.

Il est réélu le 12 août 1849 par la colonie, représentant à l'assemblée législative, avec 1 319 voix (2 033 votants, 4 991 inscrits), contre 452 pour M. Masson et 240 pour M. Petiton.

Il suit la même ligne politique conservatrice que précédemment, allié aux monarchistes pour voter la loi Falloux-Parieu sur l'enseignement.

Il vécut à Paris avec son épouse, la Signare Mary de Saint Jean (elle-même la fille de la Signare Anna Colas Pépin, compagne du chevalier de Boufflers durant son séjour au Sénégal) et ses enfants dont son fils John, 22 rue du Bac, comme l'atteste l'annuaire du Parlement de 1852.

Ils y fréquentaient les milieux artistiques et en particulier le peintre de la marine Édouard Auguste Nousveaux, rencontré à Gorée en 1843 et avec lequel ils s'étaient liés d'amitié, lorsqu'il avait réalisé une peinture « *l'amiral-prince de Joinville à Gorée* », sur laquelle figurent son épouse Mary de Saint-Jean, sa mère Anna Colas Pépin et lui-même.

Dans la difficulté de combiner la gestion de ses affaires qui périclitent, confrontées au vif antagonisme de l'administration et qui exigent sa présence au Sénégal, il démissionne de son mandat de député en juin 1851 et le remet à la disposition de ses électeurs, mais son candidat, un négociant de Rouen, Lefort de Gausselin est largement battu.

Un autre riche négociant métis et son 2e adjoint dissident à la mairie, John Sleight, est élu son successeur Député du Sénégal, mais né à Bathurst (en Gambie) d'un père officier anglais de la Royal Navy, son éligibilité est contestée et avant son admission définitive, le poste de Député de la colonie du Sénégal est supprimé par Napoléon III.

Membre du Conseil général pendant toute sa durée, puis du Conseil d'administration de la colonie, il joua un rôle important particulièrement dans les discussions sur l'organisation du commerce de la gomme.

C'est lui qui a rédigé un Mémoire à l'occasion de la pétition présentée à l'assemblée nationale par les commerçants européens du Sénégal (Imprimerie des ouvriers associés, Bordeaux 1849, 39 p.).

Légataire universel de son neveu Barthélémy Valantin, un contentieux l'a opposé aux consorts Dumont, qui ont vainement tenté de faire invalider ce testament en sa faveur, confirmé par un codicille.

Selon Jean-Pierre Biondi précité « *Valantin avait combattu Sleight parce que criblé de dettes, il avait promis le siège à Lefort, son principal créancier* » (en contre-échange d'un abandon de créance ?).

« *Désormais tout était déréglé, ses démêlés avec le directeur des ponts et chaussées, le chef des services administratifs, le service des douanes, tournèrent au désavantage du maire. La revanche de l'administration fut impitoyable, aux abois, déclaré en faillite par le gouverneur Protêt, Valantin doit démissionner de la mairie en septembre 1851* ».

Son épouse décède alors que son fils John n'a que 16 ans, le 23 octobre 1853 à Santa Cruz de Tenerife, probablement en escale retour depuis la France vers Saint-Louis. Il aurait épousé (?) en 3e noces Angélique Feuiltaine, fille d'une autre famille métisse très connue de St-Louis.

Il est le grand-oncle du futur député Théodore Carpot (dernier élu métis) et décède à 58 ans, en son domicile à Saint-Louis, rue de la Mairie, le 30 juillet 1864 (Acte N° 584, E.C.S.L.).

Le beau-père de John Valantin, Etienne Prosper Bancal, né à Rochefort, Charente-Inférieure (aujourd'hui Maritime), le 25 septembre 1808, était associé à toute une épopée sentimentale, avant sa venue au Sénégal ...

Fils de Pierre Paul Bancal (1769-1826), adjudant major au 3e régiment d'artillerie de marine et de Marie Louise Elisabeth Joly (née en 1779, fille de Louis Joly et d'Elisabeth Blondeau).

Selon la chronique reprise in extenso cet « *Etienne Prosper Bancal dit « Prosper », décédé à Saint-Louis-du-Sénégal, le 22 septembre 1877, quelques mois avant la grande épidémie de fièvre jaune, était docteur en médecine (thèse intitulée "Des fièvres au Sénégal", Montpellier, 12 décembre 1834), arrivé au Sénégal à l'âge de 22 ans en qualité de chirurgien de marine et il s'y distingua aussitôt par son dévouement lors d'une des nombreuses épidémies qui ravageaient le pays* ».

« *Ce médecin est aussi connu en littérature, en raison des visites que lui rendit un jeune officier de marine, Julien Viaud (Pierre Loti)* ».

« *C'est lui le "Charental" du "Journal d'un jeune officier pauvre." Installé à Dakar-Bango dans un domaine appelé "la petite ferme", il reçut en 1874 la visite de l'écrivain aventurier auquel il avoua que c'est par chagrin d'amour qu'il s'était exilé au Sénégal* » !

« *Jeune médecin à peine diplômé, il était tombé amoureux d'une jeune fille à laquelle il avait dû renoncer parce qu'elle était déjà promise à son meilleur ami. Or cette jeune fille et cet ami n'étaient autres que la mère et le père du futur Pierre Loti* !

« *La vérité est plus complexe. Lors d'un séjour en France en 1835 (faisant suite à sa soutenance de thèse à Montpellier, décembre 1834), le Dr Prosper Bancal tenta de se suicider avec sa maîtresse, Madeleine-Zélie Trousset, née à Angoulême (Charente) 15 octobre 1806, épouse de François Priolland, né à Linars (Charente) 10 août 1799. Celle-ci mourut de sa main. Un procès criminel s'ensuivit, mais il fut acquitté* ».

« Il est probable que ce soit plutôt cet épisode tragique qui fut la cause réelle de son exil, bien qu'à cette époque, déjà, il entretînt une liaison avec une Signare (métisse de Sénégambie), Marianne Aubert fille de Charles Aubert, traitant à Gorée et de Marie-Pierre dite 'Perrine' de la Combe, qu'il épousa, le 24 décembre 1853 ».

« Cette épouse lui avait déjà donné 4 enfants légitimés lors de ce mariage : les 2 premiers nés à Gorée, Marie-Louise (09.01.1834), René Victor (17.04.1837) et les 2 autres à Saint-Louis, Mary Emma (08.07.1839, ép. John Valantin) et Auguste Roger (10.01.1847) ».

Belle-mère de John Valantin, Marianne Aubert, était issue d'une famille métisse de l'île de Gorée ou elle était née vers 1813, de Charles Aubert, traitant, et d'une mère métisse, Marie-Pierre dite 'Perrine' de la Combe. Il est mentionné « ne sachant signer » dans son acte de mariage.

Hasard de l'histoire, l'un des témoins à l'acte de naissance de Marie Emma Aubert (N° 46 ECSL) devenue Bancal à la suite de sa légitimation était son futur beau-père Durand Valantin, alors âgé de 34 ans.

Son beau-frère est l'illustre René Victor Louis Bancal, (28.12.1837), Capitaine de spahis, Chevalier de la Légion d'honneur (28.12.1867), époux d'Hélène d'Erneville, qui a combattu en Allemagne comme capitaine adjudant-major au 11e régiment de dragons, puis dans les spahis en Algérie, avant de rejoindre le corps des spahis sénégalais de Saint-Louis comme capitaine en second et enfin commandant en chef du poste de Bakel. Il est décédé à Saint-Louis, le 24 janvier 1900.

John Valantin et son épouse Marie Emma étaient parents de 3 enfants :

- Mary Louise Rosalie Renée, née à St-Louis le 26 avril 1863 (Acte N° 165 ECSL), qui porte le prénom de sa grand-mère paternelle ;
- Prosper Durand, né à St-Louis, le 17 août 1864 (Acte N° 304 ECSL), qui porte les prénoms de ses deux grands-pères, maternel et paternel ;
- Et Louis Victor, né à Saint-Louis, le 4 septembre 1866 (Acte non retrouvé), qui porte le prénom de son oncle maternel, officier de spahis.

Dans le 1er de ces trois actes de naissance, il déclare être Docteur en Droit, Avocat et dans le 2e et le 3e, Docteur en Droit, Greffier des tribunaux, Notaire à Saint-Louis, y demeurant dans les deux premiers, rue de la Mosquée et dans le troisième, rue Dubois.

Mary Louise Rosalie Renée, fille ainée de « feu » John Valantin, est décédée le 19 octobre 1967 (Acte N° 838 ECSL), au domicile de son grand-père Prosper Bancal, rue de Sor. Déclaration du Sieur Alfred Cabueil, vérificateur des douanes, 37 ans et de son oncle René Victor Bancal, sous-lieutenant à l'escadron de spahis, âgé de 31 ans.

Le drame de la vie d'un jeune homme surdoué au destin fracassé !

Docteur en Droit à 23 ans, marié à 25, un 1er enfant à 26, nommé notaire à 26 ½, il enterre son père au moment de la naissance d'un 2e enfant à 27, déclare un 3e enfant à 29, deux mois à peine avant son décès !

Le dernier contrat de mariage qu'il ait reçu est daté du 24 août, alors que le suivant daté du 7 décembre est reçu par son Commis-Greffier Victor Pronnier, intérimaire après son décès.

Il semble qu'il soit décédé le 30 novembre 1866, possiblement d'un accident, laissant après seulement 4 ans de mariage, une jeune veuve de 27 ans, une fille de 3 ans, Mary (qui ne lui survivra que 11 mois) et deux fils, le premier Prosper, de 2 ans et le plus jeune Louis, de 3 mois.

Que s'est-il passé ? Accident ? Suicide ?

Son acte de décès n'a pas été retrouvé.

Il ressort de trois avis relevés au « *Moniteur du Sénégal et dépendances Journal Officiel* », qu'il a laissé une situation financière à tout le moins délicate, puisque sa veuve, tutrice légale sous contrôle judiciaire de ses enfants mineurs, n'a pu accepter sa succession que « *sous bénéfice d'inventaire* ».

- Moniteur Sénégal et dépendances N° 615 du 14 janvier 1868, page 8 :

Vente aux enchères publiques :

« *La dimanche 19 janvier 1868 à huit heures du matin, il sera procédé par le ministère du Commissaire-Priseur soussigné, au domicile de Monsieur Bancal, rue de Sor, à la requête de Madame veuve John Valantin, tutrice de ses enfants à Saint-Louis, à la vente aux enchères publiques et au comptant, sous peine de folle enchère, de divers objets tels que : Couverts en argent et onyx, table à jeu, lampes, console, pendule, guéridon, glaces, tableaux, piano, fauteuils en rotin, verrines, armoire en cailcédra* (sic), *fontaine en porcelaine, pendule de bureau, lit en fer avec matelas, coffre-fort, bureau-casier, cartes de la Sénégambie, berceau d'enfant, rideau de croisée, garnitures de fenêtres, linge de table effets à usage, bibliothèque de cent soixante-dix volumes, ouvrages divers, cuillers à café, etc.*

« *Saint-Louis, le 15 janvier 1868,*

« *Le Commissaire-Priseur p. i., Descemet.*

Il en ressort que la situation est réellement dramatique.

Cette vente intervient 3 mois jour pour jour après le décès de Marie-Louise, la fille aînée de Me Valantin.

Au-delà du mobilier professionnel, il y a aussi celui du domicile, la bibliothèque et surtout des objets très personnels à forte charge affective, piano, vaisselle, linge de maison…

Démontrant l'extrême gravité de la situation financière.

• Moniteur du Sénégal et déps. N° 632 du 29 septembre 1868, page 158 :

Avis de Retrait de cautionnement :

« *D'un acte passé au greffe des tribunaux de Saint-Louis, le 28 septembre 1868, enregistré, il appert que Madame Mery-Emma Bancal, veuve de Monsieur John Valantin, domiciliée à Saint-Louis, agissant comme tutrice légale de ses enfants mineurs, héritiers bénéficiaires de leur père, a déclaré être dans l'intention de retirer les cautionnements que son mari avait successivement versés* (au trésor public), *comme conseil commissionné près les tribunaux de la colonie et comme greffier-notaire à Saint-Louis* ».

« *Pour extrait. Saint-Louis, le 28 septembre 1868. Le greffier. Eyssette.*

Ces cautionnements, qui avaient été constitués pour garantie d'exercice des fonctions successives de Me Valantin, sont effectivement devenus sans objet et la veuve a de toute évidence le plus urgent besoin d'en récupérer les fonds de contrepartie, pour l'entretien de ses enfants.

• Moniteur du Sénégal et déps. N° 655 du 20 octobre 1868, page 170 :

« *AVIS : Au nom de Madame Emma Bancal, veuve de Monsieur John Valantin, domiciliée à Saint-Louis, administrant, comme tutrice légale des héritiers de son époux, la succession bénéficiaire de ce dernier, les créanciers de ladite succession sont invités à présenter leurs titres au greffier-notaire soussigné, chargé de préparer la répartition d'une somme entre les ayants-droit* ».

« *Saint-Louis, le 20 octobre 1868* ».

« *Eyssette* ».

« Bénéficiaire », cela signifie que cette succession n'a été acceptée que « sous bénéfice d'inventaire », pour cause d'un passif rendant nécessaire la prévention d'un risque de confusion de patrimoine, de sorte que les créanciers ne puissent être colloqués que sur les actifs de la succession et dans la stricte limite de leur valeur, à l'exclusion des biens propres de l'épouse, en se souvenant qu'elle était hélas commune en biens.

Le produit des ventes aura-t-il permis de désintéresser les créanciers ?

Avant que le boni de liquidation ne puisse être réparti entre les héritiers, sans que l'on ne sache ce qu'il aura pu advenir du logement familial, très probablement vendu lui aussi. Avant même le mobilier ?

A preuve, la vente aux enchères du mobilier visée dans le premier de ces trois avis, telle que prévue le 19 janvier, devait avoir lieu « *au domicile de Monsieur Bancal, rue de Sor* », père de la veuve, ce qui peut signifier qu'elle et ses enfants y avaient trouvé refuge ?

Il aura eu deux intérimaires pendant le trop bref exercice de Me Valantin, son Commis-Greffier Pierre Isidore Chenu, par trois fois, à partir du 26 décembre 1865 puis en 1866 et enfin une semaine, juste après son décès le 30 novembre 1866.

Et enfin l'Avoué devenu Greffier provisoire à son décès, Victor Paul Pronnier (pendant un an, du 5 décembre 1866 au 24 décembre 1867).

Ce Commis-greffier Victor Pronnier, s'est par la suite reconverti en marchand, comme il apparait dans son acte de mariage célébré à Saint-Louis quatre ans plus tard, le 8 février 1872 (Acte N° 4 E.C.S.L.).

Il y est nommé « Victor Paul Pronnier, né à Arras, Pas-de-Calais, le 16 décembre 1835, fils de Monsieur Guislain Fleury Pronnier et de Madame Sophie Joseph Hardelin ».

Son épouse « Catherine Georg est née à La Wantzenau, Strasbourg, Bas-Rhin, le 30 janvier 1834, fille d'autre dame Catherine Georg ».

Les témoins, sont M. Théodore Dard, 50 ans (fils naturel du gendre de l'ancien greffier-notaire Picard) et M. François Pécarrère, 52 ans (ancien intérimaire du Greffier-Notaire Me Anne Nicolas Pierre Juge).

Le parcours de vie de Me John Valantin doit pouvoir être comme suit :

1837 (17.04) Naissance à Gorée, du mariage de M. Barthélémy Durand Valantin, Négociant et de Mary de Saint-Jean, Prop., son épouse ;

184? (??.??) Etudes primaires à Saint-Louis-du-Sénégal, au temps où son père est élu capitaine de la Milice, puis au Conseil Général ;

1848 (30.10) Election de son père, assemblée constituante 2e Rép. ;

(27.11) Son père est nommé Maire de Saint-Louis et entre en forte opposition d'intérêts avec le gouverneur Baudin ;

1849 (12.08) Accompagne parents à Paris ?

Lorsque son père est élu Député du Sénégal à l'assemblée nationale Il réside à Paris-6e, 22, rue du Bac, à 900 m du Palais Bourbon.

1851 (??.06) Son père démissionne de son mandat de Député et revient à St-Louis, pour s'occuper de ses affaires en mauvaise posture ;

Faillite Cie. du Galam. – Septembre. Démissionne de la Mairie ;

(25.09) Notoriété supplétive à son acte de naissance à Gorée ;

1853 (23.10) Décès sa mère Mary de Saint-Jean, Santa Cruz de Ten. ;

185? (??.??) Etudes secondaires en France et universitaires à Toulouse ;

1858 (??.??) Mémoire de Licence en droit « *du Contrat de Mariage* » ;

1860 (??.??) Thèse de Doctorat en droit « *le Droit de l'Hypothèque* » ;

1861 (??.??) Conseil commissionné (Avocat), Tribunaux du Sénégal ;

1862 (09.07) Mariage avec Mary Emma Bancal (23 ans, 08.07.1839) fille du Dr Prosper Bancal et de Madame Marianne née Aubert ;

1863 (18.03) Mandataire de ses tantes, pour la vente ancienne maison de sa grand-mère Anna Colas Pépin à Gorée, par acte de Me Juge, qui a été celle de Durant Valantin et avant, du greffier Thiesse ;

(26.04) Naissance de sa fille aînée Mary-Louise Rosalie Renée ;

1864 (09.02) Greffier et Notaire titulaire à Saint-Louis-du-Sénégal ;

(30.07) Décès de son père Barthélémy Durant Valantin, 60 ans ;

(17.08) Naissance de son 1er fils Prosper Durand Valantin ;

1865 (26.12) Brèves substitutions (3 fois), par son Commis-Greffier Pierre Isidore Chenu et une semaine, à la suite de son décès ;

1866 (04.09) Naissance de son 2e fils Louis Victor Valantin ;

(30.11) Décès prématuré à 29 ans à ?

Son acte de décès n'a pas été retrouvé et la cause en est inconnue ;

(05.12) Avoué Victor Paul Pronnier, nommé Greffier et Notaire provisoire (1 an, 24.12.1867) en attente d'un successeur ;

1867 (19.10) Décès sa fille aînée Mary-Louise Rosalie Renée (4 ans).

§ 12. – Victor-Léon BOYER, à Gorée (8 avril 1867/21 juillet 1871)

Succédant à Me Henry Robert, décédé au bord de la plage, dans des circonstances troublantes après 23 années d'exercice, ce nouveau Greffier-Notaire Victor-Léon Boyer, prend fonctions le 8 avril 1867.

C'est lui qui pendant 5 ans sera simultanément Officier de l'état-civil, Greffier du tribunal civil de 1ère instance et Notaire à la résidence de l'île de Gorée, en charge des registres des 3 offices jusqu'au 21 juillet 1871.

Pour rappel, le Greffe-Notariat était resté sous administration provisoire pendant plus d'un an depuis le décès de son précédent titulaire, ayant été géré d'abord par l'Huissier du tribunal Joseph Valéry Bourdeux, du 21 janvier au 18 mars 1866, puis par le Commis-Greffier Gabriel Armstrong, du 20 mars 1866 au 8 avril 1867.

A. – Le Contexte international du moment

1869 – Inauguration du canal de Suez raccourcissant d'au moins deux semaines le parcours vers l'Asie et réduisant l'intérêt stratégique des ports d'escale aux côtes d'Afrique occidentale et australe.

1870 – Après de multiples provocations de Bismarck, l'Empire français déclare la guerre au royaume de Prusse le 19 juillet, mais mal préparée elle se solde très vite par une lourde défaite à Sedan, qui entraine l'annexion par le Reich de l'Alsace-Lorraine et l'affirmation de la puissance allemande en Europe au détriment de l'Autriche-Hongrie et de la France, qui subit l'occupation de son territoire.

B. – Et en France, ce qu'il s'y passait à ce moment-là

1869 – Elections législatives le 23 mai.

Réforme constitutionnelle par Sénatus-consulte du 8 septembre, qui instaure un partage de l'initiative des lois entre l'exécutif et le corps législatif et le vote du budget par chapitre.

1870 – Formation du gouvernement Emile Olivier (2 janvier) ;

Sénatus-consulte instaurant la double responsabilité des ministres devant les députés et devant l'Empereur le 20 avril, massivement confirmé par un référendum-plébiscite le 8 mai ;

1er septembre, la défaite de Sedan entraîne la capitulation de Napoléon III et la fin du Second Empire ;

4 septembre, proclamation de la République à Paris et dissolution du Corps législatif ;

19 septembre. Les Prussiens assiègent Paris.

Echec des pourparlers avec Bismarck le lendemain ;

31 octobre. Une insurrection occupe l'hôtel de ville de Paris, compliquant les pourparlers entre Thiers et Bismarck, en l'absence de constitution, ni d'assemblée nationale constituante paralysée.

1871 – 19 janvier. Echec d'une sortie parisienne contre le siège prussien et nouvelles négociations engagées entre Jules Favre et Bismarck le 24, se soldant par l'armistice et le 26 par la capitulation de Paris ;

8 février. Elections donnant une majorité royaliste ;

17.02. Thiers est nommé chef de l'exécutif de la république française ;

18 mars au 28 mai. Insurrection de la Commune de Paris.

C. – A la « Côte-de-l'Or » en Afrique occidentale anglo-néerlandaise

1867 – 5 mars. Traité d'échange territorial de Londres, entre la Grande-Bretagne et les Pays-Bas, relatif aux forts (et territoires en dépendant), situés sur la « Côte-de-l'Or d'Afrique » (l'actuel Ghana).

Après le vote d'abolition de traite négrière par l'Angleterre, le 26 juillet 1833 et de la cession par les Danois de leurs six forts de Christiansborg (10.000 livres sterling) et d'Augustaborg, Fredensborg, Kongensten, Prinsensten et Provesten, ainsi que leurs plantations des monts Akuapen sur ce territoire aux Anglais en 1850, les forts britanniques étaient en forte expansion, alors que ceux des hollandais végétaient.

Par ce traité, il a été convenu de la cession par les Pays-Bas à la Grande-Bretagne, de leurs cinq forts à l'est d'Elmina (ex portugais), de Nassau, Crèvecœur, Amsterdam, Goede Hoop et Lijdzaamheid, en échange de la cession par les britanniques de leurs quatre forts (à l'ouest d'Elmina), d'Apollonia, Dixcove, Komenda (Commany) et Sekondi (Takoradi).

Cet accord s'est avéré désastreux pour les hollandais car il a fait difficulté avec leurs alliés historiques ashantis qui étaient en fort antagonisme avec les populations des nouveaux forts qui leur étaient attribués.

Il en reste de nombreux vestiges, autrement plus importants que ceux de la modeste île de Gorée au Sénégal et cet accord a entraîné des difficultés aussi avec l'empire français, car l'Apollonie est la région la plus à l'est de l'actuelle Côte d'Ivoire, avant qu'un accord frontalier n'ait été trouvé.

Ce traité anglo-néerlandais a été de courte durée, car le « siècle d'or » et de grandeur des Provinces-Unies et révolu et que son intérêt principal se trouve dorénavant dans ce que seront un jour l'Indonésie et la Malaisie.

En effet moins de 3 ans plus tard, le ministre néerlandais (libéral) des affaires coloniales, Engelbertus De Waal, souhaite céder au plus vite cette couteuse colonie de la Côte-de-l'Or et négocie en secret avec les britanniques pour conclure à 's-Gravenhage (La Haye), un accord pour la céder, le 25 février 1871, au prix de 46 ;939,62 florins néerlandais.

Cet accord fait difficulté avec le Conseil d'Etat néerlandais, qui le rejette en conditionnant sa ratification, à ce qu'il soit « assorti de reconnaissance expresse par la Grande-Bretagne, du contrôle et de l'influence des Pays-Bas dans les Indes orientales et en particulier à Sumatra ».

Après de fastidieuses tractations de délimitation de frontières, un accord final est intervenu à nouveau à La Haye, sous le nom de « Traité de Sumatra », le 2 novembre 1871 et il illustre de manière singulière, la manière dont les puissances coloniales négociaient leurs droits sur les terres du nouveau monde, en échangeant l'Afrique contre l'Asie, sans que les peuples autochtones n'y soient intéressés en quoi que ce soit.

D. – En la Colonie du Sénégal et ailleurs

Selon Monsieur Zuccarelli précité :

*« Le **3 septembre 1870**, la double nouvelle du désastre de Sedan et la capture de l'Empereur Napoléon III parvient à Paris. Le lendemain, la foule se rassemble devant l'Hôtel de ville et y proclame la République.*

« Ainsi débute une nouvelle période de l'histoire de France.

« En ce qui concerne la colonie du Sénégal, elle sera marquée par une tentative d'application de la théorie de l'assimilation politique dans les 4 communes de Saint-Louis, Gorée, Dakar et Rufisque.

« Les habitants de ces agglomérations seront appelés à élire leurs représentants à la Chambre des députés et dans les instances locales. Le droit de vote favorise des compétitions électorales souvent violentes, toujours acharnées.

La représentation parlementaire du Sénégal est rétablie « *par la III*e *République naissante (décret du 1er février **1871**), puis à nouveau supprimée en 1876, l'administration locale craint l'influence du député*

« A la suite de pétitions des habitants des communes, Jules Grévy consent à rendre aux électeurs sénégalais le droit de désigner un représentant au Parlement (décret du 8 avril 1879). Ils le conserveront jusqu'en octobre 1958, sauf durant la période du régime de Vichy ».

« Pendant la période anglaise des compagnies à monopole, l'habitude avait été prise de désigner un maire à Gorée et Saint-Louis.

*« Il s'agissait, d'une nomination individuelle, la commune n'existant pas en tant que personne morale de droit public. Sur l'insistance du député Lafon de Fongauffier, et malgré la résistance du gouverneur, un décret du 10 août **1872** crée les communes de Saint-Louis et de Gorée.*

« La 1ère est constituée par l'île de Saint-Louis, les faubourgs de Guet Ndar, Ndar Toute et Sor auxquels on ajoute, en ***1884****, le village de Gokhoumbaye. Elle a un maire, deux adjoints et quinze (15) conseillers municipaux. Gorée a un maire, 2 adjoints, un adjoint spécial pour le Dakar embryonnaire qui lui est rattachée et onze (11) conseillers.*

« Le décret du 4 février ***1879*** *prévoit une Assemblée de 16 membres élus au suffrage direct pour six ans et renouvelables par moitié.*

« Elle délibère notamment sur le budget de la colonie et, ce qui intéresse particulièrement les négociants bordelais, sur l'assiette, les règles de perception, le montant des taxes et contributions locales, à l'exception (toutefois), *des droits de douanes et d'octroi de mer.*

« Les éléments, caractéristiques de la vie politique sénégalaise sont relativement stables durant la période qui va de 1871 à 1914.

« Le premier d'entre eux est le « localisme », ou sentiment d'appartenir à une collectivité que la géographie détache des grands courants de pensée et des événements mondiaux (qui n'intéressent guère).

« Rappelons qu'en 1870 il fallait quinze jours de navigation maritime pour joindre Bordeaux à Dakar. Une nouvelle telle que la déchéance de Napoléon III met plus d'un mois pour parvenir au Sénégal.

« Plus tard, le câble sous-marin accélère la circulation de l'information, mais sous une forme télégraphique et avec cette concision qui ne laisse de place qu'au fait brut. Pour ces raisons, les électeurs sénégalais ne se préoccupent essentiellement que de ce qui les concerne le plus directement.

« Aucune idéologie ne se manifeste dans la vie politique locale entièrement dominée par (des préoccupations à court-terme), *des soucis tels que la récolte d'arachides, le chemin de fer, les droits douaniers, les infrastructures économiques. Ce faisant, le corps électoral privilégie le groupe de pression constitué par les négociants bordelais qui monopolisent le commerce d'importation et d'exportation.*

D. – Notes individuelles concernant Me Victor-Léon BOYER

Selon l'excellent site « Généanet », Me Victor-Léon BOYER était né à Fort-de-France, Martinique, petites Antilles Françaises, le 17 août 1840, 9e et dernier enfant issu du mariage de M. Jean Boyer (né le 2 novembre 1796 à Bergerac, Dordogne), en son vivant Conseiller à la Cour royale de Cayenne, Guyane française (1829), puis Juge royal au Tribunal de 1ère Instance du Fort-Royal, Martinique (1841), puis président dudit (1842), enfin procureur du roi près ledit Tribunal (1843) et de Madame Louise Elisabeth 'Céleste' RISTELHUEBER (née à Paris en 1806).

Ses parents se sont mariés à Paris, le 28 février 1829, juste avant leur départ en Guyane et sont décédés au Fort-Royal (ancien nom de Fort-de-France), Martinique, sa mère le 14 septembre 1841, à seulement 35 ans, alors qu'il n'a que 13 mois et son père moins de deux ans plus tard, à presque 47 ans, le 15 juillet 1843, le rendant orphelin de mère à 1 an et de père à 3 ans.

Sa famille paternelle Boyer est originaire de Dordogne, d'ascendance Martineau, celle de sa mère alsacienne, originaire de Haguenau, Bas-Rhin et Bianchi (italienne ?).

Il n'a pas été trouvé qui aura assuré la tutelle, au temps de sa minorité.

Dernier des neuf enfants issus de l'union de ses parents, mais en réalité, le 11e sur un total de 12, car deux frères consanguins, Jean et Jules Bonne-Roque, sont nés à Bordeaux (en 1826 et 1828) d'une relation de son père avec une dame Adèle Bonne-Roque (née vers 1808), un an à peine avant l'union de ses parents et leur départ vers la Guyane.

A peine 13 mois après le décès de sa mère, le 13 octobre 1842, son père convole avec Mlle Séraphine Louise Amélie AUBERT-ARMAND (de 24 ans sa cadette), née le 17 août 1819, à Paris, fille de son collègue Conseiller à la Cour, Pierre Daniel A.-A., qui fait étrange est celui qui avait déclaré le décès de sa 1ère épouse un an auparavant (Acte N° 431).

Un mariage célébré alors que le procureur royal a déclaré « *se trouver dans l'impossibilité de se transporter à la mairie, ce qui est attesté par le médecin Aubry* » et donc célébré au domicile du Procureur royal, en l'absence du beau-père consentant, qui a donné pouvoir notarié.

8 mois et 3 semaines après cette 2e union nait une fille, Jeanne Alice BOYER, le 5 juillet 1843 (12e enfant), mais qui n'est déclarée que deux semaines plus tard, le 19 juillet (Acte N° 327), c'est-à-dire 4 jours après la mort de son père, survenue le 15 juillet dont il est dressé acte (N° 322) le même jour « *pater is est quem nuptiae demonstrant* ».

La veuve convole en 2e noces 16 mois plus tard, le 19 novembre 1844 avec un commis de marine de 29 ans, Jules BLUM d'ALBERSTADT.

Sur les 9 enfants issus de la 1ère union, 4 décèdent en bas âge et cinq d'entre eux auront une postérité dont Pierre Emile Léopold Boyer, né à Cayenne, Guyane française, le 23 décembre 1829, son aîné de 11 ans et au parcours remarquable dans la Marine à partir du 1er juillet 1846, Commis, 1852, Aide-Commissaire à la Martinique, 1858, Sous-

Commissaire, 1860, Commissaire, 1866, Chev. de la Légion d'Honneur 3 août 1867. Ordonnateur à Tahiti, 1er janvier 1869, Commissaire impérial iles de la Société, 1872, Chef du service administratif, membre du Conseil privé du Gouv. de Cochinchine, 1876, Officier de la Légion d'Honneur, 1er janvier 1881, décède à Paris-8e, 17 mai 1884, à 54 ans.

Auguste Edmond Boyer, né lui aussi à Cayenne, le 18 janvier 1831, Propriétaire et négociant à la Pointe-à-Pitre, Guadeloupe, époux de Mme Marie-Clotilde Marchet et qui décède à Toulouse, le 22 avril 1906.

Et outre Victor le Greffier-Notaire, 2 sœurs nées toutes deux au Fort-Royal, Céleste Louise (23.02.1836), épouse un M. Senevals à Bordeaux et Marie-Amélie (12.03.1839), qui épouse un Monsieur Testut à Paris.

Aucune information n'a été trouvée sur le parcours d'enfance de ce Me Boyer, car ni Pierre, ni Auguste, ses deux aînés qui n'étaient âgés que de 14 et 12 ans lors du décès du père à la Martinique, n'auront pu se charger du jeune Victor, lequel aura peut-être dû retourner à la métropole.

Ni non plus sur ses études et son début de carrière, jusqu'à sa nomination comme Greffier et Notaire (à 26 ans 1/2), en l'île de Gorée, colonie du Sénégal, du 12 avril 1867 au 31 juillet 1871.

Alors qu'il y est en fonction depuis près de 5 ans, il se rend aux Antilles, et épouse à Basse-Terre, Guadeloupe, le 22 janvier 1872, la demoiselle Louise Gabrielle Agathe 'Emilie' CARBONNEL, (née le 5 février 1847, à Le Précheur, Martinique), fille de M. Jean-François Gabriel Carbonnel (1795 / 2 mars 1852), quand vivait Propriétaire du domaine « Morne Mouton » et de Madame Louise Rose Hersilie MILLOT de LORE, son épouse (22 octobre 1806 / 18 août 1853).

Dans l'acte de mariage (N° 1 ECBT), il est mentionné « âgé de 31 ans, Greffier-Notaire à Saint-Louis, Sénégal, y domicilié, stipulant avec l'autorisation de M. le Gouverneur du Sénégal du 6 juillet dernier, avec mention de publication du mariage en l'Isle de Gorée, Sénégal, les 8 et 15 octobre 1871, aucun contrat n'ayant précédé cette l'union ».

Ces mentions démontrent que le mariage est célébré entre les deux affectations à Gorée puis à Saint-Louis, puisque son titre officiel est déjà celui du chef-lieu de la colonie, alors que la publication est faite à Gorée, qui est encore très probablement son domicile de droit.

Les témoins de prestige étaient M. Joseph Gustave Desmazes (65 ans), Commandeur de la Légion d'Honneur, Commissaire général Ordonnateur, Hippolyte Pierre Mazé (54 ans), Officier de la Légion d'Honneur, Commissaire de la Marine, Auguste Edmond Boyer (41 ans), frère du futur, propriétaire et négociant, domicilié à la Pointe à Pitre et Henri Raphael Armand Cléret (37 ans), sous-commissaire à la marine.

Son frère aîné, quoique absent et en poste aux îles de la société en 1872, est très clairement à l'origine de cette union, car il a lui-même épousé en 1ères noces le 2 mars 1852, à Le Précheur, Martinique, une demoiselle Louise Jeanne Eugénie Irma Carbonnel (née à St-Pierre, Martinique, le 8 juin 1829, y décédée le 23 janvier 1853, à 24 ans) et en 2e noces, le 2 décembre 1854, à Saint-Pierre, sa sœur aînée, Louise Rose Eugénie Saintplice Hersilia Carbonnel (née à Le Précheur, le 2 mars 1826 et décédée à Paris-17e, le 18 janvier 1905), dont il a eu cinq enfants.

Il est un peu étrange au vu des usages, qu'il ne se soit écoulé que 22 mois entre le décès de sa 1ère épouse et la célébration d'une 2e union, avec une belle-sœur, le rapport d'alliance en faisant interdiction de principe, sauf dispense du président de la République.

La 2e épouse est l'aînée d'une fratrie de 15 enfants (8 garçons et 7 filles, nés entre 1826 et 1852), issus de l'union Carbonnel / Millot de Loré (la 1ère épouse était la 3e, d'une famille de « békés » très royaliste au temps de la Restauration), puisque sept des huit garçons ont pour prénom « Louis » et que les sept filles se prénomment « Louise » !

Ces deux unions du frère aîné ayant précédé de 15 ans et 13 ans le départ de Me Boyer pour le Sénégal, il est bien certain qu'il connaissait la benjamine, âgée de 20 ans à son départ et donc en âge d'être mariée, surtout si l'on se souvient qu'elle aussi était orpheline de longue date.

Quoi qu'il en soit, ils étaient déjà fiancés lors de la publication des bans et de la demande d'autorisation administrative faite au gouverneur.

Louise Rose Eugénie, épouse de Pierre, était l'aînée des filles et Louise Gabrielle Agathe, celle de Victor, la benjamine, les deux frères Boyer devenant beaux-frères en 1872, comme ayant épousé les deux sœurs.

Les deux frères ont 11 ans d'écart, les deux sœurs, 21 ans, l'aînée ayant probablement été un peu la « mère adoptive » de la benjamine, car ayant 26 ans au décès de ses parents, alors que la petite n'avait que 5 ans.

Le frère aîné du Greffier-Notaire, Pierre Emile Léopold, était absent lors de son mariage, le second, Auguste Edmond, y était témoin, mais c'est la qualité de l'aîné qui justifie probablement de cet aéropage prestigieux de Commandeur de la Légion d'Honneur, Commissaire général Ordonnateur, d'Officier de la Légion d'Honneur, Commissaire de la Marine, de Propriétaire et Négociant et de Sous-Commissaire à la Marine, qui figurent comme témoins dans l'acte de mariage.

La famille CARBONNEL est originaire de Moustiers-Sainte-Marie, Alpes-de-Haute-Provence, à 45 km à l'est de Manosque, le quadrisaïeul Pierre Carbonnel y étant né en 1662, avant d'émigrer à la Martinique, où il s'est marié au Précheur, avec une demoiselle Marie Madeleine MOISSON, le 24 juillet 1685 et il y est décédé le 19 février 1700.

La famille MILLOT de LORE est d'ascendance Cocquet, Godineau et Monboucher, quatre familles de riches propriétaires et de planteurs « Béké » de la Martinique, toutes établies à la Grande Anse, au Précheur et au Courbet, depuis plus de deux siècles.

De retour au Sénégal, le 13 mai 1872, Me Boyer gagne sa nouvelle affectation à Saint-Louis cette fois-ci, 1er arrondissement de la colonie, ce qui correspond à une promotion, qu'il s'agisse de reconnaissance, de salaire et aussi d'émolument proportionnel sur une matière autrement plus importante à cette époque, que dans la modeste petite île rocher de Gorée, qui était sa 1ère affectation à la côte occidentale d'Afrique.

Son séjour à la colonie du Sénégal prend fin le 16 juin 1879 et il y sera resté en fonctions sur une durée totale de 12 années (de 1867 à 1879).

Un décret du 18 novembre 1879, rendu sur la proposition du ministre de la marine et des colonies et du garde des sceaux, ministre de la justice, nomme ... « *greffier du tribunal de première instance de Basse-Terre (Guadeloupe), M. Boyer, Greffier-notaire à Saint-Louis (Sénégal), en remplacement de M. Roche, admis à faire valoir ses droits à la retraite* ».

Un « jeu de chaises musicales » entre trois continents, qui démontre l'unicité fonctionnelle de cette famille judiciaire, cogérée par les deux ministères des colonies et de la justice et l'absence de cloisonnement entre siège et parquet, entre greffe et notariat et fonctions administratives de la justice.

Et tout autant la vaste entreprise de diffusion mondiale de normes uniformes dans l'entier empire, la France ayant très puissamment exporté ses remarquables avancées législatives sur les cinq continents.

Il décède prématurément à Basse-Terre, à la Guadeloupe, le 13 janvier 1884, âgé d'à peine 43 ans ½, et il ne semble pas qu'une postérité soit issue de son union avec son épouse Louise Gabrielle Agathe Carbonnel.

Suivant décret du 26 mai 1885, de S.E. M. le président de la République Jules Grévy, sur le rapport de M. le Ministre de la Marine et des Colonies C. Galiber, il a été alloué une pension annuelle à la Veuve née Carbonnel Louise Gabrielle Agathe, figurant sous le N° 19, dans le tableau récapitulatif de 34 allocataires qui y est annexé, au motif que son époux est « *mort des suites d'un accident grave, résultant notoirement de l'exercice de ses fonctions* », d'un montant annuel de 482 francs (sauf erreur), ledit décret publié au Bulletin des Lois de la République française, Vol. 31, 2e semestre 1885, en page 228.

Cette épouse est décédée à Saint-Pierre, Martinique, le 8 mai 1902, à l'âge de 55 ans, l'une des 30.000 victimes, de l'éruption explosive de la Montagne Pelée, une catastrophe ayant détruit en quelques minutes la plus grande commune de cette île et le cinquième de sa population.

Il se pourrait qu'il ait été promu magistrat à Basse-Terre, Guadeloupe, au début des années 1880, mais cette information n'a pu être confirmée.

Son parcours de vie doit pouvoir être reconstitué à peu près comme suit :

1840 : (17.08) Naissance à Fort-de-France, Martinique, Antilles fr., de Jean BOYER et de Louise Elisabeth RISTELHUEBER ;

1843 : (15.07) Orphelin à 3 ans par suite des décès de ses père et mère ;

1848 : Etudes primaires et secondaires aux Antilles où en France (?) ;

1858 : (?) Entreprend des études de droit à la faculté de ?

1862 : (?) Première affectation comme Commis-greffier à ?

1867 : (08.04) Prend fonctions comme Greffier du Tribunal civil de 1ère instance de l'île de Gorée, Notaire et Officier de l'état-civil, en charge de ces trois offices (à 27 ans) jusqu'au 21 juillet 1871 ;

1871 : (Fin) Profite d'un long congé de six mois, après quatre années de fonctions, pour se rendre auprès de sa famille aux Antilles ;

1872 : (22.01) Epouse à Basse-Terre, Guadeloupe, la demoiselle Louise Gabrielle Agathe Carbonnel, née au Précheur, à la Martinique ;

(13.05) Retour et nouvelle affectation à St-Louis-du-Sénégal ;

1879 : (16.06) Fin de son affectation à la colonie du Sénégal où il aura été en fonctions au total pendant 12 années (de 1867 à 1879) ;

(18.11) Nommé Greffier du Tribunal civil de 1ère instance de Basse-Terre (Guadeloupe), succédant au Greffier Me Roche ;

1884 : (13 janvier) Décède à Basse-Terre, Guadeloupe, à 43 ans 1/2, des suites d'un accident et selon toute apparence, sans postérité.

E. – Observations diverses relatives à Me Victor-Léon BOYER

Les rotations entre service public et entreprise privée étaient souvent rapides, surtout lorsqu'il s'agit de recrutement local, les fonctionnaires n'hésitant pas à démissionner pour s'engager au commerce, dès qu'une opportunité plus lucrative pouvait se présenter.

L'huissier du tribunal Bourdeux (en 1866) avait eu pour successeur un autre huissier, Isidore Bouët (âgé de 35 ans, né à Privas, Ardèche, le 9 septembre 1834), devenu lui-même « ex-huissier ».

C'est cette mention qui figure dans son acte de mariage le 25 septembre 1869 (N° 339), avec la Veuve Reybaud, née Magdeleine Bénis (à Gorée le 7 novembre 1833), tel que célébré par Me « *Victor Boyer, greffier-notaire remplissant les fonctions d'officier de l'état-civil en l'île de Gorée (Sénégal) ... les parties interpellées ... déclarant avoir fait un contrat de mariage avec société d'acquêts devant Me Victor Boyer, greffier notaire en cette île, à la date du vingt-quatre de ce mois* ».

Mention aussi au registre de l'état-civil de Gorée neuf ans plus tôt, devant le Greffier Henry Robert, le 11 avril 1860, sur la déclaration d'un sieur François Alphonse Boyer, de la naissance d'une fille Marion Victoire Boyer, née le 3 avril 1860 (Acte N° 86), de la dame Victoire Baudin, âgée de 36 ans, dont il se reconnait le père.

Les 2 témoins dans cet acte sont Joseph Valéry Bourdeux, Huissier, âgé de 53 ans et François Allemand, Négociant, âgé de 40 ans.

Tous deux bien connus, comme ayant occasionnellement fait fonction de Greffier et de Notaire par intérim, respectivement en 1865 et 1853.

Cet Alphonse Boyer est sans aucun rapport avec le Greffier-Notaire.

A preuve, un acte de mariage est dressé le 10 mai 1869 (N° 92), « *devant Victor Boyer, Officier de l'état-civil, du ...* (même) *Sieur François Alphonse Boyer, Propriétaire et négociant demeurant à Gorée, né à Camps (Brignoles, Var) le 15 septembre 1812 ... avec demoiselle Catherine Octavie Baudin, propriétaire et ménagère, demeurant à Gorée ou elle est née en 1919* (50 ans, sœur ainée de la précédente ?)*, fille de feu Jean-Baptiste Baudin et de feue Sophie Goné Yacine Diouf ... ayant déclaré avoir fait un contrat de mariage sous le régime dotal, devant Me Victor Boyer, notaire en cette île ce jour d'hui ...* ».

Cet acte confirme qu'il s'agit de simple homonymie, car il y aurait eu incompatibilité, le Greffier-Notaire ne pouvant intervenir pour des proches, jusqu'au degré d'oncle et de neveu.

C'est cette autre famille Boyer qui a fait souche à Gorée et qui est à l'origine du patronyme qui s'est perpétué jusqu'à ce jour au Sénégal.

Et donc sans rapport avec Me Boyer, ce patronyme étant très commun.

Ses intérimaires à Gorée auront été :

- Fernand GUERRIE (du 22 juillet 1871 au 31 janvier 1872), Commis Greffier, ayant assuré son intérim pendant six mois ;
- Et Jean PROVOST, Commis-Greffier assermenté (âgé de 22 ans).

§ 14. – Alexandre EYSSETTE, en 1867 à Saint-Louis

Me Alexandre EYSSETTE aura été à la fois Greffier et Notaire à Saint-Louis-du-Sénégal, pendant trois années, du 27 décembre 1867 au 8 juin 1870, puis président du Tribunal civil de 1ère Instance dudit, d'abord par intérim pendant un an, avant d'en devenir titulaire, jusqu'en juillet 1873.

Né à Beaucaire, Gard, le 21 juin 1810, Me Alexandre Eyssette était le fils aîné de Me Philippe Eyssette, Notaire impérial à Beaucaire.

Après des études classiques (latin et grec ancien) et de droit, il succède à son père dans son office de Beaucaire vers 1835, avant d'en démissionner pour devenir Avocat, à Nîmes, chef-lieu du département au temps où son frère cadet en brigue la mairie.

Il aura été successivement, Notaire à Beaucaire, Maire de sa ville natale, membre du Conseil Général du département du Gard, puis Avocat à Nîmes, Professeur de belles lettres à Paris, Greffier-Notaire à Saint-Louis-du-Sénégal, à la côte d'Afrique occidentale et enfin Magistrat. Mais surtout un esprit particulièrement distingué, latiniste érudit, passionné de culture, d'histoire et de civilisations.

Ancien Notaire gardois, brillant intellectuel, jurisconsulte et écrivain, il ne semble hélas pas, qu'il ait été inspiré pour écrire sur St-Louis pendant les six années de son séjour africain de 1867 à 1873 (sauf erreur), autant qu'il aura eu à cœur de le faire lors de toutes ses autres affectations.

A. – Le Contexte international du moment

1867 – 17 février : un navire emprunte le canal de Suez pour la 1ère fois.

5 mars. Convention signée à Londres entre britanniques et néerlandais pour régler les limites de leurs possessions à la côte de Guinée (Gold Coast et Goudkust). A l'est du fleuve Kakum de Cape Coast à Elmina à la couronne britannique et à l'ouest aux Pays-Bas.

Les populations locales s'opposent violemment à cet échange de territoires opéré sans tenir compte des alliances contractées auparavant.

21 mars : les Britanniques déposent le roi de Cape Coast John Aggrey, abolissent son titre et le remplacent par un chef élu (*amankarado*) qui doit prêter serment d'allégeance à la couronne.

15 mai : Monseigneur Charles Lavigerie, précédemment à Nancy est nommé évêque d'Alger. Il souhaite évangéliser l'Algérie, en opposition avec l'empereur et l'armée. Il fonde deux ordres missionnaires, les Pères blancs et les Sœurs missionnaires d'Afrique, qui ouvrent des dispensaires et des orphelinats. Il veut ramener les berbères au christianisme qu'ils ont abandonné pour l'islam au VIIe siècle.

28 mai. Début du règne de Kofi Karikari, roi Ashanti (intronisé le 26 août et déposé sept ans plus tard, le 21 octobre 1874).

1868 – 25 janvier, Éthiopie : l'expédition punitive britannique de Sir Robert Napier, partie de Zula, marche vers l'Amhara. Le 2 mars, elle est à Antalo. L'avance de Napier est favorisée par l'attitude du ras du Tigré, Cassa, qui est en lutte ouverte contre le négus Théodoros II.

12 mars. Un oukase russe transforme le royaume de Pologne en simple territoire de la Vistule, annonçant sa prochaine partition. Conseil d'État, Conseil administratif et budget sont incorporés à l'Empire russe.

1869 – 17 novembre. Ouverture du canal de Suez, en Egypte.

Depuis son yacht *L'Aigle*, l'impératrice Eugénie, est en tête du cortège des navires qui franchissent ce canal conçu par Ferdinand de Lesseps. Avec cette ouverture, les côtes de la mer rouge acquièrent une importance considérable et sont livrées à la convoitise des nations européennes dont l'Italie, le Royaume-Uni et la France.

1870 – 15 février. L'Alliance israélite universelle ouvre la 1ère école agricole à « Mikvé-Israël », dans l'arrière-pays de Jaffa, à l'instigation de Charles Netter, un de ses fondateurs. Les autorités ottomanes octroient des terres à l'Alliance. De cette école vont sortir des générations d'agriculteurs juifs qui sauront faire « *fleurir le désert* ».

9 avril. La loi agraire De Waal, autorise la mise en valeur des terres incultes par des particuliers aux Indes orientales néerlandaises (Indonésie) et la loi sur le sucre du 21 juillet prévoit la disparition progressive de cette culture d'État, entre 1878 et 1891.

21 juin. Massacre de Tientsin (aujourd'hui Tianjin) en Chine. Des étrangers dont des Français et des chinois convertis sont massacrés et mutilés par la foule chinoise. Le développement des activités mission-

naires, notamment catholique, crée des tensions. La France menace d'entrer en guerre. Ce massacre marque la fin de la politique de coopération entre les occidentaux et l'empire Qing.

19 juillet. L'Empire français déclare la guerre au Royaume de Prusse.

30 juillet. Abolition du concordat de 1855 en Autriche-Hongrie. Le cardinal Schwarzenberg, archevêque de Prague, prend la tête de l'opposition catholique.

Août. Défaites françaises face aux prussiens et alliés, Wissembourg Forbach-Spicheren, Frœschwiller-Wœrth et Saint-Privat-la-Montagne.

2 septembre. Napoléon III, encerclé à Sedan est contraint de capituler.

4 septembre. L'assemblée proclame la déchéance de Napoléon III et l'établissement de la république en lieu et place de l'Empire. Formation d'un gouvernement provisoire dit de la « Défense nationale ».

19 septembre. Début du siège de Paris par les troupes allemandes.

28 septembre. Capitulation de Strasbourg assiégée par les allemands depuis le 9 août. Échec d'une insurrection bakouniniste à Lyon.

7 octobre. Léon Gambetta, ministre de l'Intérieur quitte Paris en ballon, atterrit à Montdidier dans la Somme et tente de reformer une armée.

Novembre. Traités signés après la victoire militaire de la Prusse.

Le grand-duché de Bade et la Hesse (le 15 novembre), la Bavière (le 23 novembre) et le Wurtemberg (le 25) adhèrent à la Confédération de l'Allemagne du Nord.

1871 – 18 janvier. Proclamation de l'Empire allemand sous l'égide de la Maison de Hohenzollern, le roi Guillaume 1er est proclamé "Deutscher Kaiser" dans la galerie des glaces du château de Versailles.

28 janvier. Chute de Paris, après un long siège (18 septembre 1870-28 janvier 1871). Signature de la convention d'armistice entre le comte de Bismarck, chancelier de la Confédération germanique et Jules Favre, ministre des affaires étrangères du gouvernement de défense nationale.

26 février. Signature à Versailles des préliminaires de paix entre la France et l'Allemagne.

2 novembre. Traité de Sumatra transfère les établissements hollandais du Ghana (*Goudkust*) au Royaume-Uni qui fonde la Côte de l'Or (futur Ghana) contre les droits britanniques à Sumatra.

1872 – 21 janvier. Le ras Kassa du Tigré est couronné à Aksoum, négus d'Éthiopie après 4 années de conflit de succession sous le nom de Yohannès IV. Il se fait construire un palais à Mékélé, plateau du Tigré.

A la différence de la politique de centralisation de Théodoros II, il entreprend une large décentralisation administrative et politique, qui reconnaît une grande autonomie à l'aristocratie, en particulier au ras Ménélik II du Choa (1878) et au ras Adal de Godjam (1880) ;

7 septembre. Bismarck, qui redoute que la France ne constitue une alliance antiprussienne avec d'autres pays d'Europe organise une rencontre à Berlin des trois empereurs (Autriche-Hongrie, Allemagne et Russie). Ils s'entendent sur le principe d'une assistance mutuelle en cas d'agression par une tierce puissance.

B. – En France, ce qu'il s'y passait à ce moment-là

Le fait majeur est celui de la ***défaite de Sedan*** en 1870, entrainant la chute de Napoléon III et la fin du Second Empire (qui aura duré 18 ans, du 2 décembre 1852 au 4 septembre 1870), qui s'est caractérisé par une période prospère et brillante, entre deux dépressions économiques et a permis un quart de siècle de forte croissance économique.

La politique économique étatiste de l'Empereur, avait pour objectif la relance de la croissance par la modernisation des structures, la réalisation d'infrastructures et la mise en place d'un système bancaire et commercial novateur, qui a permis de rattraper l'ancien retard industriel sur le Royaume-Uni, en partie grâce à une politique volontaire et choix du libre-échange, les campagnes ont connu une certaine prospérité et la production industrielle une forte croissance. La grande industriels et les chemins de fer sont les secteurs qui se seront le plus modernisés.

1871 (28 janvier). Capitulation de Paris à la suite du long siège prussien.

(8 février). Election d'une majorité monarchiste aux législatives, issue du vote rural et clérical bourgeois, qui porte Adolphe Thiers à la tête de l'exécutif. Le 1er Président de la 3e République, de 1871 à 1873.

Il forme un gouvernement en opposition avec la *Commune de Paris* à majorité ouvrière et en fort ressentiment contre la défaite de Sedan, qui revendique le renversement républicain du Second Empire et crée un Comité central de démocratie sociale, communiste, jacobin et radical.

(10 mars) Face à l'Insurrection, l'assemblée fuit à Versailles, suivie par la bourgeoisie et nombre de juristes (plus que 2 Notaires à Paris).

Mise en place de comités populaires autogérés, confisquant les biens déclarés vacants.

(17.03) L'exécutif envoie l'armée s'emparer des canons de Montmartre aux mains de « Communards ». 21.03 « Versaillais » assiègent Paris.

(21 mai) Entrée des troupes régulières. Communards fusillent 47 otages dont l'archevêque, incendient l'hôtel de ville, le palais des Tuileries, etc.

Une répression impitoyable fera plus de 20.000 exécutions sommaires.

(10 mai) A la suite de la défaite de Sedan, la France se trouve contrainte de signer le Traité de Francfort par lequel elle fait abandon de l'Alsace et de la Loraine à l'Allemagne. Il en résulte un très fort regain nationaliste semblable à celui qui prévaudra en Allemagne après le Traité de Versailles, qui lui sera imposé à la fin de la première guerre mondiale et qui y portera les nazis au pouvoir.

C. – En la Colonie du Sénégal

Pour l'heure, la présence française s'est fortement renforcée au Sénégal, grâce au colonel Louis Faidherbe, gouverneur de 1854 à 1865, lequel réduit l'influence des souverains des petits royaumes traditionnels, pour les fédérer dans un plus vaste ensemble pacifié et pouvant favoriser l'investissement. La construction du poste de Médine en 1865 assure alors le contrôle de toute la vallée du fleuve Sénégal.

1870 – C'est dès cette époque que se forme l'idée d'une ligne de chemin de fer pour relier Saint-Louis à la future capitale fédérale de Dakar, mais qui ne verra le jour que 15 ans plus tard.

1871 – 9 mars Le suffrage universel masculin est restitué aux deux communes « françaises » du Sénégal, Saint-Louis et Gorée dont les députés siègeront à nouveau à l'Assemblée nationale ;

Restitution au Cayor, au Damga, et au Toro, nominalement annexés dans la période précédente, d'une autonomie plus ou moins complète.

Il reste cependant autour des communes constituées des banlieues de quelques étendues auxquelles on pensait pouvoir appliquer plus aisément les codes et les règles d'administration mais l'on réalise que cette volonté d'assimilation se heurte à beaucoup de résistance.

Il est donc mis en place un régime de protectorat, admettant la législation indigène dans les localités que sont Saint-Louis et Gorée et plus tard, Rufisque et Dakar, en notant aussi que ces « quatre communes de plein exercice » pouvaient se voir appliquer leur statut civil ou se voir appliquer le code civil métropolitain promulgué au Sénégal en 1830.

23 août. Le roi sérère Maad Sine Coumba Ndoffène Famak Diouf est assassiné à Joal par une conspiration à la solde des français.

Lafon de Fongauffier, Député du Sénégal à l'Assemblée (1871-1876).

Selon Monsieur Zucarelli précité, « *Le 28 février **1871** est signé l'armistice conclu entre Jules Favre et Bismarck. Il doit permettre l'élection et la réunion d'une assemblée nationale dont la première tâche sera de décider de la paix ou de la poursuite de la guerre.*

« *Pour les colonies de Martinique, Guadeloupe, Réunion et Sénégal, un décret du 1er février 1871 prévoit que les gouverneurs convoqueront les électeurs dans les plus brefs délais. Le Sénégal élira un député. Le gouverneur Vallière fixe le dimanche 26 mars comme jour du scrutin.*

« *Les candidats sont nombreux : dix au total. Le général Faidherbe, héros du tout récent conflit, est présenté malgré lui.*

« *Parmi les autres compétiteurs, on trouve le directeur de la Banque du Sénégal, Haurigot ; Bocandé, un retraité ; Frédéric Carrère, ancien magistrat et l'auteur, avec Paul Holle, de l'ouvrage sur la Sénégambie ; Alexandre Caminade, pharmacien à Saint-Louis ; Albert Teisseire, le fondateur des établissements commerciaux bien connus, associé avec son beau-père, Jean-Evariste Buhan. Un seul mulâtre tente sa chance : Jean-Jacques Crespin. Le premier à annoncer sa candidature est un officier de marine, Lafon de Fongauffier.*

« C'est lui qui l'emporte en recevant 59 % des suffrages, soit 1.186 voix sur 1.980 suffrages exprimés. Il y a 4.277 inscrits et une participation de 43,95 % des citoyens.

« *Jean-Baptiste Lafon de Fongauffier est né le 21 août 1822 à Sagelat, petite commune de la Dordogne.*

« *A 19 ans, il s'engage dans la marine royale, comme simple matelot. Sans nom (car il n'a fait qu'ajouter à son patronyme l'appellation d'une propriété rachetée durant la Révolution), sans fortune, sans relations et dans une période où la caste des officiers de marine est la plus fermée qui soit, il parvient néanmoins à gravir les échelons de la hiérarchie. Second maître puis premier maître de timonerie, il est nommé enseigne de vaisseau alors qu'il sert au Sénégal, en 1853. Affecté ensuite en Guyane, il y connaît bien des déboires. Selon ses supérieurs hiérarchiques, il est « difficultueux, brouillon, criard, disputeur ».*

« *De nombreux conflits l'opposent à ses camarades. Tout ceci finit par le ramener devant un conseil d'enquête qui lui retire son emploi.*

« *Mais, six mois plus tard, en août 1860, il est réintégré. En août 1861, il devient lieutenant de vaisseau, grade qu'il ne dépassera jamais.*

« *L'essentiel de sa carrière se déroule, désormais, au Sénégal. Il y commande divers avisos jusqu'au moment de son élection.*

« Celle-ci ayant été validée le 5 mai 1871, il s'inscrit à l'Union Républicaine, groupe parlementaire d'extrême gauche dont le chef de file est Gambetta. A diverses reprises, il intervient soit à la tribune de la Chambre, soit auprès des services centraux.

« C'est à son insistance que l'on doit la création des communes de Gorée et de Saint-Louis, obtenue contre l'avis des autorités locales. Il échoue, cependant, dans ses tentatives de formation d'un conseil général et du remplacement des militaires par des civils à la tête de la colonie.

« Aux élections de 1876, le siège de député du Sénégal est supprimé. Sans doute est-ce là une conséquence des vives attaques que Lafon de Fongauffier a menées contre ses pairs, gouverneurs, commandants de cercles ou directeurs du ministère de la Marine et des Colonies.

« Nommé par la suite receveur des finances à Paris, il meurt le 14 décembre 1893. Il repose à Sagelat dont il était conseiller général.

« Pendant la période 1872-1876, la compétition se transporte sur le plan communal. Elle est particulièrement active au chef-lieu de la colonie. Deux listes s'y opposent, à l'occasion des scrutins du 20 octobre 1872 (annulé par la suite) et du 8 décembre suivant par les élus, se trouvent deux Sénégalais d'origine : Abdoulaye Mar et Bacre Waly.

« Le premier maire est Auguste Bréchet, un « conseil-commissionné » faisant fonction d'avocat.

« A Gorée, ce n'est pas la compétition qui est à craindre, mais au contraire le peu d'empressement du corps électoral. Le maire de 1872 est ici Durécu Potin.

« Entre 1872 et 1875 de nombreuses élections complémentaires ont lieu, à la suite de démissions en cascades.

« Lors du renouvellement triennal des conseils municipaux, Gaspard Devès devient maire de Saint-Louis, tandis que Potin demeure en fonctions à Gorée. Après le décès de ce dernier, son remplaçant est Charles Chaussende, un commerçant. Chaussende et Devès conservent leurs postes de maires, après les élections de 1878.

« Dès ce moment, deux clans électoraux se forment au chef-lieu.

« L'un, animé par Gaspard Devès, rassemble plus spécialement les petits commerçants européens et mulâtres. L'autre est celui qui défend les intérêts des négociants bordelais, avec Bourmeister et Descemet.

D. – Notes individuelles concernant Alexandre EYSSETTE

1810 (21 juin). Alexandre Eyssette nait à Beaucaire, dans le département du Gard, vieille cité marchande autrefois opulente, en bordure du Rhône.

Beaucaire, dont le nom signifie belle pierre ou « bèu caire » en occitan, est née de très longue date de sa position de cité relais sur la célèbre voie Domitienne, qui reliait l'Italie à l'Espagne dès l'époque romaine.

Cette antique Ugernum, dont le port fluvial desservant Arles, Nîmes, Remoulins et Saint-Gilles en a fait une place commerciale de si grande importance (selon Wikipédia), que la noblesse gallo-romaine s'y est réunie lors de la prise de Rome par les Vandales en 455, pour y élire Avitus pour nouvel empereur, mais sans que cela ne l'empêche de subir ensuite, les invasions des Burgondes, des Wisigoths et des Sarrasins.

Le royaume pacifié, malgré les guerres de religion du temps de la Réforme, la Foire de la Madeleine va donner à Beaucaire, un véritable rayonnement international du XVIIe au XIXe siècle et c'est à cette époque que s'édifient de magnifiques hôtels particuliers, avant que l'avènement du chemin de fer n'étrangle le commerce fluvial et réduise brutalement l'expansion de cette vieille cité.

Me Alexandre Eyssette est l'ainé des 3 enfants issus de l'union de Me Philippe Eyssette, Notaire impérial à Beaucaire et de Marguerite Adélaïde Elisabeth Turion. Un mariage tardif pour l'époque, puisque son père a déjà 40 ans au jour de sa naissance, en l'hôtel particulier de son père, au N° 42, du boulevard Ledru-Rollin.

C'était le temps d'apogée de l'empire napoléonien, un an après l'éblouissante victoire de Wagram sur les Autrichiens et d'une nouvelle alliance de pacification attendue des épousailles de l'empereur, avec Marie-Louise, archiduchesse d'Autriche, célébrées deux mois auparavant.

Beaucaire, de l'occitan « bel caïre » (belle pierre comme celles de sa forteresse) est une très ancienne cité, qui fait face à Tarascon sur l'autre rive du Rhône, connue dès l'époque romaine sous le nom d'Ugernum, devant son influence à sa position de carrefour de la voie Domitienne, reliant Rome à l'Espagne et sa fortune à la fin du moyen-âge, à sa célèbre foire internationale de « la Madeleine ».

Son frère Philippe Guilhaume, de 18 mois son cadet, sera Avocat, Maire de Nîmes chef-lieu, président de son Académie, puis deviendra lui aussi Magistrat et sera fait chevalier de la légion d'honneur,

Une image pastel représente les deux frères vers 1820 et c'est le seul portrait conservé aux archives municipales de Beaucaire. « Arrivé à l'âge adulte il mesurait 1,70 mètre et était atteint de myopie », selon les registres de recensement militaire.

Une jeune sœur Pauline, née en 1816, épouse en 1839 un médecin nîmois, le Dr François-Esprit Raizon, dont elle aura trois enfants, Marie, Amélie et Louis Raizon. Au décès de son époux (avant 1858), son beau-frère Jean Henri Raizon, lui aussi Docteur en médecine (époux de Dame Marie Cambacérès), est désigné subrogé-tuteur des trois mineurs, jusqu'à son décès a Codognan, le 25 mai 1864. Restée veuve, elle décèdera plus de 15 ans après son époux, le 21 février 1875.

La famille Eyssette, catholique, royaliste-légitimiste de Beaucaire « fidèle à la lignée des Bourbons, représentée par le prince en exil Henri V, comte de Chambord », jouissait d'une situation prospère au temps où le père était Notaire impérial dans cette petite cité méridionale,

La famille y possédant une grande demeure patricienne dite « Hôtel du Grand Jardin » avec façades sur trois rues, au nord du Grand jardin (aujourd'hui rue Jean Letchenko), à l'est sur le boulevard insubmersible (devenu rue Frédéric Mistral) et au sud, sur le rue Neuve (de l'Ecluse).

Le nom de « grand jardin » était celui d'une vaste hostellerie qui disposait d'un grand jardin, après l'inauguration de l'écluse qui régulait le canal, à partir du 15 décembre 1811 et celui de « neuve » se référait lui aussi au réaménagement autour de l'écluse.

La qualité de juriste d'Alexandre Eyssette « *renforçait son appartenance au mouvement légitimiste, au temps ou des membres de professions libérales et notamment des avocats dirigeaient en Languedoc ce mouvement auquel étaient rattachés une partie des magistrats des cours royales de Nîmes, Montpellier et Toulouse ... illustrant une facette de la vie politique languedocienne ... car selon eux, le Roi des Français Louis-Philippe d'Orléans, comme le Prince-président Louis Napoléon Bonaparte, étaient tout simplement des usurpateurs* » (source : A.J. Tudesq « L'opposition légitimiste en Languedoc en 1840 » Annales du Midi, 1956, pp 395-399).

« *L'appartenance religieuse catholique renforçait elle-aussi la sympathie légitimiste ... la grande masse catholique se sentant opprimée depuis (la Révolution) par le parti protestant qui s'est emparé de toutes les positions (importantes) dans la magistrature et l'administration du département (du Gard) ... le pouvoir économique étant aussi détenu pour l'essentiel par des notables de confession réformée, cumulant les fonctions d'administrateurs ou directeurs de banques avec celles d'industriels et grands négociants ... l'Eglise était un symbole fort de la contre-Révolution, dans le sens ou la révolution française avait permis l'avènement politique de la bourgeoisie protestante* ». (même source).

Parce que « *le clergé languedocien était lui-même le plus souvent légitimiste* » en opposition avec « *l'esprit anticlérical de nombre de dirigeants orléanistes* », tel était probablement le substrat socio-culturel dans lequel s'était maturée la conscience politique de la famille Eyssette.

Sans que ce ne soit le propos central de la présente étude, ceci est le lieu d'expliquer pourquoi Me Alexandre Eyssette aura très mal vécu « *le coup d'Etat du 2 décembre 1851, par lequel Louis Napoléon Bonaparte, président de la République française depuis trois ans, confisque le pouvoir en violation de la légalité constitutionnelle, à quelques mois de la fin de son mandat, alors même que la Constitution de la IIe République lui interdisait toute velléité de représentation* ».

Sous cet éclairage, son parcours de vie peut s'écrire comme suit :

1820 à 1833. Etudes de lettres classiques français, latin et grec ancien et de licence en droit à la faculté d'Aix-en-Provence ;

1833 (3 août) Nommé Avocat par l'Académie d'Aix-en-Provence ;

1835. Succède à son père en qualité de Notaire à Beaucaire ;

1837. Publie un mémoire sur « l'*Antique Ugernum* » (Uerkno, Beaucaire) ;

(15 octobre). Elu Conseiller d'arrondissement du Canton de

Beaucaire, par 47 voix (sur 70 votants, soit 67 %, en sa qualité de candidat monarchiste et légitimiste et de plus jeune électeur inscrit (à 27 ans et membre du Conseil municipal), contre 21 à l'extrême gauche, 1 au pouvoir orléaniste et 1 voix perdue ;

1839 (22 juillet). Nommé Sec. du Conseil d'arrondissement de Nîmes ;

(1er août). Membre du Comité supérieur d'instruction primaire ;

1843 (18 octobre). Ordonnance royale du roi Louis-Philippe, le nomme Maire de Beaucaire, charge qu'il occupera pendant 3 ans ;

1844-1846. Maire de Beaucaire, membre du Conseil général du Gard ;

Il fait entreprendre des fouilles qui livrent des stèles d'époque gallo-romaine et restaurer les modillons de la chapelle par le sculpteur Cartailler. C'est pendant son mandat qu'il entreprend la transformation des ruines de l'ancien château royal en jardin public et qu'il fait construire le boulevard 'insubmersible', qui est aujourd'hui la « digue de la banquette », qui longe la cité dans sa partie sud-est, pour protéger son centre-ville des caprices du fleuve et des crues qui l'inondaient périodiquement. Cela lui vaut une médaille d'or de première classe pour son dévouement.

Ce dispositif qui change profondément la physionomie de la cité vient en complément de l'écluse régulant le canal du Rhône à Sète, inaugurée en 1811, un mois après la naissance de son frère cadet Philippe Guilhaume (qui sera lui aussi maire, de Nîmes) ;

1844 (05.11). Juré de la Cour d'assises du Gard (au 4e trimestre) ;

1845 (11.04). L'un des 97 souscripteurs (modeste), pour 10 actions de 4.000 F, équivalant à 0,25%, lors de la constitution de la société « Cie. d'exploitation du chemin de fer de Montpellier à Nîmes »

1846 Fin de son mandat de maire, mais il continue de siéger au sein de l'assemblée communale de Beaucaire ;

1848 (février) Avènement la 2e République, à peu près au moment où il quitte le Notariat et devient Avocat au barreau de Nîmes ;

1850 (24 juin) Subit la saisie de deux beaux immeubles sis à Beaucaire, à l'audience des criées du Tribunal de Nîmes ;

1851 (2 décembre) Coup d'état impérial de Louis Napoléon Bonaparte ;

185? Quitte son métier d'Avocat et monte à la capitale pour y devenir « Professeur des belles lettres » à Paris ;

Il réside au 7 du passage de la Petite-Boucherie-Saint-Germain et il s'agit là de la période la plus obscure de son parcours de vie ;

1856 Collabore à la revue « La France Littéraire et Artistique », Paris.

1867 (31 juillet). Nommé Greffier-Notaire du Tribunal de 1ère instance de Saint-Louis (chef-lieu du Sénégal), jusqu'en 1870 (prîmes d'expatriement conséquentes du fait du risque sanitaire d'époque extrêmement élevé en raison de la fièvre jaune et du paludisme) ;

1870. Président par intérim du Tribunal de 1ère instance de Saint-Louis (dans l'urgence, à la suite du décès du titulaire de la fièvre jaune) ;

1871 (4 juin). Nommé président du Tribunal de 1ère instance de St-Louis (en reconnaissance de son efficacité et de ses connaissances de très fin juriste) ;

1873 (13 août). Nommé président du tribunal de 1ère instance de Chandernagor, aux Indes Françaises ;

1874 (1er juillet). Président du Jury pour le baccalauréat ès-lettres et ès-sciences aux Indes Françaises. Il le restera pendant 7 années, jusqu'en 1880. Cette activité lui fait octroyer les palmes d'argent d'officier d'académie et (selon M. Reboul précité) il aurait reçu les palmes d'or si la mort ne l'avait emporté ;

1876 (10 juin). Nommé Conseiller à la Cour d'appel de Pondichéry, Indes Françaises (et ce sera là son « bâton de maréchal » !) ;

Assure plusieurs fois l'intérim du président de la Cour d'Appel ;

1877 (15 octobre). Arrêté du gouverneur des Indes Françaises, rendu sur la proposition du procureur général, le chargeant provisoirement de présider la Cour d'Appel, en remplacement de M. Ravel, parti pour la France, en sa qualité de conseiller le plus ancien ;

1886 (16 juin). Décret accédant à sa demande d'admission à faire valoir ses droits à la retraite ;

(4 juillet) Décède à bord paquebot « Anadyr » ramenant France.

Greffier du Tribunal de Saint-Louis, après avoir été Notaire à Beaucaire, en métropole pendant 13 ans et Avocat à Nîmes, pendant quatre à cinq ans, c'est très probablement le plus fin praticien à accéder à cette fonction à Saint-Louis à l'âge de 57 ans et cela explique pourquoi 3 ans plus tard, il est choisi comme intérimaire du président du Tribunal et titularisé l'année qui suit, avant d'être promu aux Indes Françaises.

Son père Philippe Eyssette a été titulaire (Notaire impérial) de l'office notarial de Beaucaire, inauguré par son prédécesseur André Barnavon en 1773 jusqu'en l'An IX. Il lui a succédé de l'an X (1802) à 1835, avant que son fils Alexandre ne lui succède, en 1835 (à la suite de sa démission ou de son décès ?), lequel démissionne en 1848, avant que Jean-Louis Wilfrid Roman ne lui succède jusqu'en 1882.

L'office est en 2021, celui de la S.C.P. « Jérôme Feriaud et Valérie Michèle Henriette Semonnay-Perrier, Notaires associés ».

Ce cursus démontre l'éclectisme d'un parcours de grande richesse intellectuelle, mais n'explique pas les raisons de revirements spectaculaires, qui ne sont que partiellement élucidés.

Fils de famille bourgeoise et talentueux, il succède à son père, avant ou du fait de son décès ?

Il gère avec son frère cadet, en 1838, l'expropriation d'une bande de terrain dépendant de leur indivision successorale, pour la construction du chemin de fer entre Beaucaire et Nîmes.

Pourquoi cet abandon de la profession de Notaire, pour celle d'Avocat qui est celle de son cadet ?

Pour l'aider en administrant son cabinet, pour cause d'incompatibilité (?), au moment de son élection en 1948, à la Mairie de Nîmes ?

Agitation spéculative professionnelles ou privée (?) le 18 février 1842, lors d'une saisie de biens immobiliers à Beaucaire et Saint-Gilles, en qualité de cessionnaire d'une créance de Messieurs de Surville et fils, négociants à Nismes, à l'encontre d'un couple de débiteurs solidaires, Sieur et Dame Pelautier. Il est commis par le Tribunal de Nîmes le 29 août, pour réaliser une vente sur saisie immobilière ;

Surenchère du sixième le 6 septembre 1849, à la suite de l'adjudication sur saisie du domaine « Mas Vianès » (divers bâtiments dans les terroirs de Manduel, Redessan, Jonquières et Saint-Vincent, avec vignes et olivettes, adjugé à l'audience des criées du 21 août 1849, en faveur de Monsieur Triaire-Brun, docteur en droit, juge suppléant au tribunal civil du Vigan, par ministère d'avoué Denis-Timoléon Castilhon. Surenchère pour son propre compte ou pour celui de clients ?

Ayant dû faire de mauvaises affaires, il subit à son tour la saisie de la maison de maître qu'il avait acquise le 18 août 1840, par acte de son confrère Me Fayn, sur poursuites d'une dame Alexandrine-Marguerite Vincens, Veuve du sieur Auguste Maigre, propriétaire et de son frère, Sieur Victor Marguerite Gaston Vincens, ancien capitaine d'artillerie, demeurant tous deux à Nîmes, pour avoir recouvrement de leur créance, à la barre des criées du tribunal de Nîmes, le 18 mars 1850.

Deux biens immobiliers sis à Beaucaire, font l'objet de la saisie poursuivie à son encontre :

Le premier, son ancienne résidence à Beaucaire, du temps où il y était Notaire, se trouve quartier de la Curaterie (du Curateur), avec entrée principale au 21, rue des Quatre-Rois (les 4 d'un jeu de cartes), aujourd'hui rue du 4 septembre, N° 5, d'une contenance le sol de 427 m2, élevé de 2 étages sur rez-de-chaussée, sur deux parcelles originairement distinctes et réunies en un seul corps par complète reconstruction vers 1842, avec 2 portes « de maître » au rez-de-chaussée et 7 fenêtres à chaque étage et accès par l'arrière sur la rue Basse-de-la-Draperie (devenue rue Ledru-Rollin), face au splendide hôtel de Fressieux, résidence familiale du cardinal de Cabrières.

Il s'agit de l'édifice le plus somptueux de cette artère, à 60 mètres à peine de l'hôtel de ville et de l'actuelle place Georges Clémenceau, une adresse prestigieuse ou résidaient plusieurs familles nobles, bourgeoises et de professions libérales de la cité.

Le second est un immeuble de rapport, au quartier « La Montagne », rue Roquecourbe, à 100 mètres de l'actuelle église réformée protestante (rue Rabaud Saint-Etienne) et à 500 mètres du château de Beaucaire, d'une contenance le sol de 435 m2 environ, élevé de 2 étages sur rez-de-chaussée. Cette artère très fréquentée lors de la foire et proche du Casino municipal (théâtre lyrique ou se presse toute la bonne société) tire son nom de sa forme qui longe le contrefort sud-est du château.

Ayant promis de se libérer si on lui accordait des délais, il obtient gain de cause et l'audience est reportée par 2 fois, au lundi 13 mai, puis au 24 juin 1850, mais cet engagement n'ayant pas été respecté, l'adjudication est prononcée, à l'audience des criées du Tribunal de Nîmes.

Le premier lot au profit de la Veuve Maigre et le second d'un Sieur Ambroise Contestin, suivie de surenchère du sixième pour ce second lot le 2 juillet, par un Sieur Léon Gontier, sous-chef de bureau à la mairie, pour réadjudication à l'audience des criées du 22 suivant.

Une véritable tragédie.

Pourquoi cette situation financière aussi gravement compromise ?

Dettes de jeu, passions secrètes, ou plus simplement un surendettement consécutif à dépenses inconsidérées, lorsqu'il a démoli les anciennes constructions de la rue des 4 Rois, faisant face à l'ancien cabaret devenu l'annexe de la Mairie, pour y construire son magnifique hôtel particulier disposant d'une entrée secondaire sur la rue Basse-de-la-Draperie ?

Avocat, frère du Maire, ayant formé une surenchère (professionnelle ?) à l'encontre d'un Magistrat, à défaut de déconfiture, cela augure d'une situation financière assurément très compromise.

Pourquoi ce départ de Nîmes vers la capitale, dans un modeste emploi de « professeur des belles lettres » – un titre avantageux mais économiquement très précaire – si ce n'est à la suite de déboires financiers ayant entrainé des conséquences professionnelles néfastes.

Alors, un Avocat en perdition et par voie de conséquence, la possible nécessité de devoir prendre de la distance d'avec son environnement ?

Mais il y a aussi, que « monarchiste, il ne devait pas lui être facile de supporter à la tête de l'Etat, de celui qui devient Napoléon III » (Selon M. Michel Reboul, Note aux archives municipales, Beaucaire)

Aucune information non plus, sur une éventuelle union de Me Alexandre Eyssette, ni non plus de postérité.

Ni à Beaucaire, ni à Nîmes, ni non plus à Saint-Louis-du-Sénégal, à la différence de ses prédécesseurs, qui y ont presque tous laissé une postérité métissée.

Désintérêt pour les dames ?

Selon « Le Courrier de Saône et Loire », du 25 mai 1939, commentant l'éventuelle entrée de Daniel Eyssette à l'Académie française dans « Le Petit Chose », « *la famille Eyssette a été ruinée par la Révolution de 1848 et s'est réfugiée à Lyon* » … Est-ce la même ? C'est bien probable, car ce patronyme est bien celui de Beaucaire.

En revanche et dans le même temps, une production littéraire abondante et de grande richesse, pouvant peut-être expliquer une mal gouvernance de son patrimoine, ceci ayant pu entrainer cela.

1856 (8 novembre) : Publie un ouvrage très savant, sur la « *Fondation du monastère et de la ville de Saint-Gilles* » ;

1856 : la revue « *La France Littéraire et Artistique* », forme l'espoir « *de le voir enrichir de temps à autre nos colonnes de travaux de cette portée* » signé Adrien Péladan, Directeur de la revue.

1858 (16 octobre) : « *Homme d'une patiente observation et qui a consacré beaucoup de loisirs à des études archéologiques* » commente le remarquable travail de l'abbé Gilbert en 1811 sur Notre-Dame et son trésor » (Basilique Métropolitaine de Paris). Signé André Péladan ;

1859 : Publie cours supérieur de français (200 exercices de grammaire et de style à l'usage des lycées, collèges, etc.). Ouvrages « dictées françaises ». Plus de 10 rééditions jusqu'en 1878 ;

1859 (1er décembre) : Publicité pour ces travaux de grammaire française en langue néerlandaise dans la revue '*Opregte Haarlemsche Courant'* ;

1860 : Publie de très savantes « *Etudes historiques sur le Consulat et les institutions municipales de la ville de Beaucaire depuis le 13e siècle jusqu'en 1789* » ;

1862 : Publie de nombreux articles dans les colonnes de la « La France Littéraire et Artistique ». Il y fait notamment l'apologie de l'épigraphie.

1866 : Publie les 2 premiers volumes d'une « *Histoire de Beaucaire* », dont les démonstrations savantes, ne font pas l'unanimité et sont critiquées auprès de l'académie de Nîmes ;

1872 : Publication dans la revue « La vraie France » de Lille, d'une série d'articles du 27 septembre au 19 octobre, pour raconter la

« *fondation du monastère de la ville de Saint-Gilles et la vie du Saint Abbé* », qui lui vaut l'hommage d'une tribune belge, en relevant toutefois le risque que représente le roman historique, pouvant fausser la perception factuelle, en « *exposant le lecteur au risque de confusion entre la vérité et la fiction née de l'imagination fertile du romancier* » ;

1877 : Publie « *Jurisprudence et doctrine de la Cour d'Appel de Pondichéry en droit Indou* » ;

1879 : Publie « *Jurisprudence et doctrine de la Cour d'Appel de Pondichéry en droit musulman* » ;

Ces travaux lui valent les félicitations de ses collègues et du ministre et sont versés auprès de l'Académie des sciences morales et politiques de Paris ;

1884 : Publication chez Aubanel, éditeur à Beaucaire, d'un 3e volume de son « *Histoire administrative de Beaucaire depuis le treizième siècle jusqu'à la Révolution de 1789* ».

Il s'agit là, d'une œuvre considérable venue compléter son « Etude » de 1837 qui n'en était qu'un simple essai annonciateur d'une centaine de pages, augurant d'un travail beaucoup plus consistant.

Selon les « Annales du Midi » (Année 1890) : « *loin d'être une histoire purement administrative comme le titre pourrait le laisser supposer, Me Eyssette étudie la part que Beaucaire à prise lors d'évènements historiques plus généraux ... avec une liste des consuls, syndics, viguiers, gouverneurs, etc. de Beaucaire, ... l'auteur n'ayant pas ménagé sa peine en consultation d'archives municipales ... pour livrer une contribution riche de détails ... sur les officiers de la ville, capitaines, défenseurs des pâturages, levadiers, robiniers, voyers, estimateurs-jurés, etc. c'est la partie la plus originale et la plus approfondie d'un travail très critiqué, mais pouvant être utilement consulté, parce qu'incontestablement, le premier historien sérieux qu'ait trouvé la ville de Beaucaire* ».

Un engagement littéraire constant de très distingué lettré, pendant plus de cinquante ans, qui ne lui vaudra hélas pas l'admission à l'Académie, mais l'estime unanime de tous ses contemporains.

Pour ce qui est de son trop bref séjour au Sénégal, il y est nommé greffier des tribunaux de Saint-Louis en 1867, c'est-à-dire à 57 ans, un âge bien plus avancé que d'usage pour ce type d'affectation et même surprenant, s'agissant d'une entrée dans la fonction publique (plus du double de la moyenne d'époque), cet étrange éloignement des cercles culturels qu'il affectionne, ne pouvant s'expliquer que par une probable nécessité financière.

Pourquoi cette 1ère affectation, en tardif recrutement, à près de 60 ans ?

Il ne semble pas qu'il se soit passionné pour la côte d'Afrique, n'y ayant apparemment pas trouvé d'inspiration, ni consacré aucun écrit.

Alors oui, un probable intérêt strictement pécuniaire, car les primes d'expatriation à la colonie du Sénégal y étaient substantielles, pour compensation de l'important risque sanitaire que représentait la fièvre jaune qui y était endémique et cela se savait !

Il quitte le Sénégal, tête-de-pont des possessions françaises à la côte d'Afrique au bout de 5 ans et 6 mois, pour une nouvelle affectation aux Indes Françaises, où il séjournera en revanche plus de 13 ans.

Il est bien dommage, qu'à l'instar de ce dont il a gratifié l'Académie des sciences morales et politiques de Paris, pendant son séjour aux Indes Françaises, il n'ait pas publié une « « *Jurisprudence et doctrine de la Cour d'Appel de Saint-Louis-du-Sénégal* ».

Selon Monsieur Michel Reboul précité (in « Des Beaucairois dans l'Histoire »). *En 1886, se sentant malade, il demanda à rentrer en métropole ce qui lui fut accordé. C'est le lendemain – il venait d'avoir 76 ans – le 21 juin 1886, qu'il embarqua à bord du paquebot « L'Anadyr ». Malade, il espérait néanmoins revoir son pays. Le dimanche 4 juillet à cinq heures du matin, Alexandre Eyssette s'éteignit d'une paralysie générale déclenchée la veille. Un prêtre lazariste lui administra les derniers sacrements. Il rendit l'âme alors que le prêtre lui administrait l'extrême onction. La cérémonie du « jet à la mer » eut lieu ce jour-là à 17 heures, en présence du commandant, des officiers et des passagers français. Le prêtre lazariste célébrait l'office. Ainsi s'acheva l'existence d'un homme dont l'un des buts fut de servir au mieux l'intérêt public.*

L'auteur de ce texte a exprimé des « remerciements pour leur aide à Mademoiselle et Messieurs Simone, Georges et André Pouzol, arrières petits-neveux d'Alexandre Eyssette, ainsi qu'au doyen Monsieur Olivier Lombard, dont les notes lui ont été précieuses ».

Selon « Le Petit Bengali » dans son édition « Chandernagor », du lundi 16 août 1886, « *Il laisse dans l'Inde la réputation d'un savant et d'un homme de cœur. Du savant il avait l'indulgence et la modestie. Nul ne fit moins de bruit dans le monde que ce philosophe légèrement épicurien, qui ne sut jamais refuser ni une aumône ni un conseil. Son cœur était à la hauteur de son intelligence* ».

« *Il sera regretté profondément de tous ceux qui l'ont connu et la Cour d'Appel de Pondichéry lui garde l'hommage perpétuel de son admiration et de ses regrets* ». (Le Moniteur Officiel).

Au vu de ce parcours, deux questions doivent être posées :

Pourquoi en 12 ans n'a-t-il pas été promu à la présidence de cette Cour ?

Et pourquoi n'a-t-il pas été fait chevalier de la Légion d'Honneur, comme nombre de ses contemporains qui étaient moins méritants ?

Son frère cadet Philippe Guilhaume Eyssette, est né lui aussi à Beaucaire, le 28 décembre 1811 et il prête serment comme Avocat au barreau de Nîmes, préfecture du département, le 3 novembre 1833.

Il est élu membre du conseil de l'ordre le 3 novembre 1836.

Fervent catholique et légitimiste, parfois qualifié « d'historien local » (confer « *Notice historique sur les origines municipales de la ville de Nîmes, sur l'église primitive Sainte-Marie et sur l'église nouvelle de Saint-Paul* », 1853) et orateur de talent, il est élu en 1839 (à 28 ans), conseiller d'arrondissement pour le canton de Nîmes-3, puis nommé adjoint au Maire.

Élu à l'Académie royale du Gard le 9 avril 1836 (à 25 ans), il la préside en 1842, sept ans après y avoir donné une conférence en séance publique (août 1835), sur le thème « *Du mouvement de la littérature et des arts, dans la localité* », en sa qualité de chantre d'une « philosophie chrétienne », de foi et de poésie et d'apologue d'une « science de la charité », qui crée des institutions pour aller « chercher la plaie sociale jusque sous les haillons du vice et dans les fanges de la cité ».

Plus de deux siècles après cette conférence, réexhumons sa postulation selon laquelle, « *la science de l'histoire est aussi celle de l'avenir, car elle est une leçon donnée aux générations futures par leurs devanciers, car ce n'est qu'au reflet de l'avenir que s'émeuvent et se colorent les cendres mortes du passé* ».

Elu membre du Conseil d'arrondissement de Nîmes le 4 décembre 1839 par 102 voix, contre 74 à son concurrent Monsieur Léonce Maurin, Juge d'Instruction. Selon la Gazette du Bas-Languedoc « un de ces jeunes hommes … affranchi de préjugés et de vieilles haines … qui marche sans regarder en arrière, dans les voies de la religion, de la monarchie et du progrès ». « Révélateur du véritable esprit de l'opinion royaliste ».

Homme de culture autant que son aîné, il combat l'idée d'un temple à Auguste, au vu de fragments exhumés lors de fouilles et affirme que l'emplacement de la cathédrale est celui de la basilique érigée par l'empereur Adrien, en l'honneur de Plotine, chef d'œuvre de magnificence.

Poète érudit autant que politique, pour interpeller en 152 alexandrins en 1838, le régicide « *Cromwell découvrant la bière de Charles Ier* » (d'après le tableau de M. Paul de la Roche, 1831), pour exalter la mémoire du roi martyr, décapité à Londres, le 30 janvier 1649, à l'initiative principale d'Oliver Cromwell, le dictateur tyran de la « République du Commonwealth », despote puritain qui 12 ans plus tard, après la restauration, sera soumis à un rituel d'exécution post-mortem le 30 janvier 1661.

Référence dans les « Mémoires de l'Académie du Gard », à sa notice érudite et très documentée en 1840, pour appeler l'attention de ses membres, sur *« les origines et l'historique de la juridiction contentieuse exercée en France par les tribunaux ecclésiastiques* ». Il en est fait mention dans le compte-rendu des travaux de l'Académie du Gard, dont il donne lecture lors de la séance du 31 août 1840, en sa qualité de Secrétaire-adjoint, suppléant l'absence du Secrétaire-perpétuel.

26 avril 1847, élu Vice-président de la Conférence scientifique du Gard, après avoir été président de sa Commission permanente 1846-1847.

Elu Maire de Nîmes le 17 août 1848 (à 37 ans), juste après l'instauration de la IIe République, dans un contexte du durcissement conservateur, succède à Ferdinand Girard (dernier édile de la défunte Monarchie de Juillet), après une période de grande instabilité municipale.

Le 19 novembre 1848, il organise une cérémonie dans les arènes, où il lit le texte de la nouvelle Constitution devant une foule nombreuse.

Est-ce un geste d'allégeance en direction du nouveau pouvoir républicain ?

Partisan de l'ordre, voire réactionnaire, il se fait fort d'interdire tout rassemblement de militants socialistes dans la ville. Cela ne lui vaudra bien évidemment pas que des amis.

Pour pallier la hausse du chômage après la disparition des ateliers nationaux, il lance plusieurs chantiers, notamment le prolongement du cours Neuf, et la création d'une foire à bestiaux (1850).

Selon Madame Evelyne Lavergne, responsable des archives municipales de la ville de Nîmes, à qui nous devons de chaleureux remerciements, pour les recherches érudites qu'elle a entrepris pour nous assister dans notre quête de meilleure intelligence de la situation d'époque, « *le contexte des années 1848 à 1851, celui de la 2e République était troublé et plutôt favorable dans le Gard aux légitimistes ... et amènera Philippe Eyssette à la tête de la municipalité de Nîmes, mais dans le cadre d'une situation difficile économiquement et donc aussi socialement et qui porte en germe les prémices de revirements politiques* ».

« *Crise économique ... la production textile nîmoise, principal moteur économique de la ville chute de 82 % ... situation désastreuse entraine chômage des ouvriers du textile et de nombreuses activités annexes ... création d'ateliers de charité pour employer les chômeurs à des travaux d'utilité publique et leur assurer un modeste salaire de contrepartie ... revendications socialistes avant la lettre ... craintes de soulèvement et de graves désordres publics ... misère sociale désastreuse* », tel est le contexte de prise de fonctions de la municipalité Eyssette, aggravé par la fragmentation du corps socio-politique entre légitimistes, orléanistes, républicains et bonapartistes.

C'est aussi le temps de » *l'achèvement de grands travaux d'urbanisme (réaménagement du grand jardin de l'Esplanade), entamés au temps du maire Girard* (prédécesseur de Philippe Eyssette) *et de la construction de la nouvelle église Saint-Paul* ».

« *Malade, dès le printemps 1851, du fait des soucis de sa charge ... ayant pu aggraver une pathologie existante ... ou provoqué le découragement ... ou encore une excuse honorable pour justifier de son retrait d'activité municipale ?* »

Quelle qu'en soit la raison, il y est remplacé pendant toute une année par son adjoint.

Son mandat de Maire est écourté par sa nomination, en 1851, comme Juge au tribunal civil de Largentière, une sous-préfecture d'Ardèche (la seconde plus petite de France) bien moins prestigieuse que la turbulente capitale du Gard. Il démissionne de sa Mairie pour incompatibilité et est alors remplacé par son adjoint Frédéric Vidal.

Un parcours inverse à celui de Jules Noé Privat, arrière-grand-père maternel de l'auteur de ces lignes, lequel né à Vagnas en 1869, à 30 km de Largentière et à l'extrême sud du département de l'Ardèche, traverse la « frontière » d'avec le Gard, à moins d'un kilomètre, pour se marier à Générac, une petite commune viticole, située à mi-distance (15 km à peine) entre Beaucaire, Saint-Gilles et Nîmes.

Pour Philippe Eyssette, la ville de Largentière ne lui est pas inconnue, puisque c'est celle natale de son épouse Marie Sophie Mathilde Louise Deslesbres, elle aussi fille d'un notable influent, avoué, puis notaire, juge et maire de la commune et que c'est celle de célébration de son union, quatorze années auparavant, le 25 octobre 1837.

Largentière, une cité traditionnellement très catholique, à la différence de Nîmes, chef-lieu du Gard, dont les leviers d'influence économique son protestants pour l'essentiel.

Selon l'annuaire de la magistrature, il y prend fonction comme Juge au Tribunal civil de 1ère Instance, le 3 mai 1852, puis comme Juge d'Instruction au bout d'un an, le 7 mai 1853, mais ne sera promu aux fonctions de président de cette modeste juridiction, que 9 ans plus tard (!), le 18 octobre 1862.

Quoique réinstallé en Ardèche, il publie en 1853 chez Waton, un éditeur Nîmois, une *« Notice historique sur les origines municipales de la ville de Nîmes ».* Un ouvrage savant de 195 pages, sur l'antiquité chrétienne et l'administration communale, réédité en 1993, par la Société d'histoire et d'archéologie de Beaucaire.

Ancien président de l'Académie royale de Nîmes, il en devient membre « correspondant » en 1852 et n'en sera proclamé membre « titulaire non-résident » que lors de sa séance du 2 janvier 1864, un an après sa promotion à la présidence du tribunal de Largentière.

Selon Madame Evelyne Lavergne précitée « *on peut penser que Philippe Eyssette a considéré en 1851, que son avenir politique serait définitivement « bouché » et qu'il a alors saisi l'opportunité d'être nommé juge à Largentière ... ville agréable et prospère au 19e siècle ... dotée d'un tout nouveau Palais de Justice ... et ou son beau-père était suffisamment influent pour y avoir favorisé son accession à la magistrature* ».

Il décède étant encore en fonctions le 19 septembre 1874 (à 63 ans), dans son domaine de Privat à mi-distance entre les villes d'Arles et de Beaucaire et cela soulève un certain nombre de questions.

Après un début de parcours aussi brillant, les informations qui nous ont été communiquées expliquent le pourquoi d'une si longue attente, avant d'être promu président de juridiction.

Et sans doute aussi le pourquoi de ces 22 années dans une seule et même juridiction et de ce « bâton de maréchal » dans lequel il restera plafonné jusqu'à son décès, 12 années durant, l'environnement familial de cette affectation et le crédit social d'une cité majoritairement catholique, lui ayant peut-être apporté une forme de compensation.

Et à la différence de son frère, il a tout de même été fait Chevalier de la Légion d'Honneur le 14 octobre 1873, moins d'un an avant son décès.

Il n'était que temps !

Il est étonnant toutefois, que cette décoration lui soit remise le 8 novembre 1873, par un collègue Juge au même tribunal, Monsieur Louis Clovis Vernet, au parcours très semblable au sien, comme ayant été successivement Avocat, Maire de Largentière, Conseiller général, nommé Juge suppléant le 28 juillet 1856, puis titulaire le 5 août 1872 et qui lui succèdera comme président, à partir du 17 octobre 1874 et le restera jusqu'à son admission à la retraite, le 23 septembre 1883.

Un jeune collègue, de neuf ans son cadet (né à Rochemaure, Ardèche, le 25 décembre 1820), dont il est le supérieur hiérarchique et qui compte 4 années d'ancienneté de moins que lui dans la magistrature, mais distingué Chevalier 3 ans avant lui (depuis le 9 avril 1870) !

Un parcours honorable, mais qui n'explique l'abandon d'une carrière politique prometteuse, que du seul fait de sa qualité de fervent catholique et de royaliste légitimiste, prise à très funeste revers par l'instauration de la IIe République et ensuite par le IIe Empire.

En conclusion de sa rubrique nécrologique, le « *Messager du Midi* » du 24 septembre 1874, l'honore cinq jours plus tard en écrivant, « *M. Eyssette était un de ces hommes intelligents et intègres, auxquels l'opinion publique n'hésite pas à rendre hommage* ».

Son souvenir est perpétué par un passage triangulaire à Beaucaire, formant jonction entre le promontoire insubmersible, l'écluse et le canal du Rhône à Sète, qui porte le nom de « square Eyssette », à 60 mètres à peine de l'ancienne propriété de son père et où se tient annuellement, le fameux « Encierro » de Beaucaire.

« L'Encierro », de l'espagnol enfermement, est l'une des plus importantes manifestations de la riche tradition taurine provençale, durant laquelle des taureaux sont lâchés sur un parcours fermé par des barricades de protection du public.

Avec « l'Abrivado », la « Bandido », les Recortadores », le « Toro piscine » et surtout la « Course camarguaise » (dont Beaucaire est considérée comme le berceau), l'Encierro compte au nombre des évènements folkloriques les plus populaires de l'été. Celui du square Eyssette, qui attire des centaines de spectateurs le 21 juillet de chaque année, est probablement le plus fameux d'entre eux.

La « *fé di biau* » (foi en le taureau), une « manifestation identitaire de la sociabilité festive » !

E. – Observations diverses relatives à Me Alexandre EYSSETTE

C'est pendant l'exercice de ce Me Eyssette à Saint-Louis, que survient l'entrée en guerre contre la Prusse, suite à de nombreuses crises ultra nationalistes, qui provoque la défaite de Sedan, la capitulation le 2 septembre 1870 et l'abdication de Napoléon III, qui remet son épée au roi Guillaume de Prusse, en présence du chancelier Bismarck, ce qui permet à Léon Gambetta de proclamer la Troisième République à l'hôtel de ville de Paris, dès le surlendemain, le 4 septembre 1870.

Il eut pour intérimaire, Pierre Isidore CHENU, son Commis-Greffier, au moins par trois fois, entre le 10 juin 1870 et le 21 octobre 1871, probablement distinct d'un autre Pierre Chenu de Pierry (Pierre-Elie-Eugène), greffier au tribunal de 1ère Instance de Bône (Algérie), 1880.

1870 – Pas de constitution. Assemblée nationale constituante.

« Lors de la deuxième moitié du XIXe siècle, le notariat subit les conséquences des transformations économiques et sociales. Une crise économique, la « Grande Dépression », frappe le monde à partir des années 1870 et s'y ajoutent, pour la France, les lourdes conséquences financières du conflit franco-prussien de 1870. Cette crise touche particulièrement l'agriculture, et se traduit notamment par la chute du prix des terres. L'apparition en Europe du phylloxera, qui atteint le vignoble gaillacois en 1879*, ne fait que rendre la situation plus difficile.*

« Cette crise atteint de plein fouet les Notaires dont le sort était largement lié à celui des propriétaires terriens. En France, les destitutions de Notaires, notamment pour raisons financières, augmentent considérablement dans les années 1880 : elles passent d'une quinzaine par an avant 1870 à 103 en 1889.

La plupart des sinistres de l'époque étaient dus à des prêts sur biens ruraux devenus mal gagés.

« Dans le Tarn, pas moins de 8 destitutions de notaires sont prononcées dans la décennie 1880 (dont 7 entre 1884 et 1888). Il est difficile de ne pas relier la fréquence exceptionnelle de cette procédure, relativement rare en temps normal (une douzaine pour le reste du siècle dans le Tarn), au contexte économique.

« Cette crise agricole se termine à la fin du siècle, et les Notaires s'efforcent de tirer des leçons de leurs déboires financiers en modernisant leur comptabilité et leur formation. Les décrets des 29 janvier et 2 février 1890, complétés par un arrêté du 15 février 1890, organisent la comptabilité notariale et permettent aux inspecteurs de contrôler les mouvements de fonds des Notaires inspectés.

Alors et pour tenter de répondre à la question du pourquoi cette fracture dans la carrière des deux frères Eyssette, à la césure du 19e siècle, qui semblaient promis au plus brillant des parcours, il semble bien qu'il faille en rechercher la cause dans le bouleversement politique consécutif à l'avènement de la 2e République, puis du 2nd Empire, après la chute de la Monarchie de Juillet le 24 février 1848.

Catholiques traditionnalistes et conservateurs, leurs espoirs de carrière auront été ruinés par cette révolution, avec la circonstance aggravante pour l'aîné des deux frères, d'une situation patrimoniale calamiteuse.

Ils n'auront trouvé de refuge que dans la carrière judiciaire, où leur avancement aura été freiné par un pouvoir républicain suspicieux à l'encontre de juristes talentueux, notoirement royalistes légitimistes.

L'avènement du 2nd Empire n'y aura rien changé, bien au contraire, car augurant d'une suspicion accrue, à l'encontre du péril d'une restauration légitimiste, dont ils ont été probablement perçus comme de potentiels soutiens objectifs.

Selon le commentaire qui nous a été communiqué par les archives municipales de la ville de Nîmes :

« Si les frères Alexandre et Philippe Guilhaume Eyssette, choisissent de quitter la vie politique et de se 'faire discrets', c'est probablement parce qu'ils pressentent bien avant le Coup d'Etat du 2 décembre 1851, le caractère problématique du mouvement légitimiste, devant la montée vers le pouvoir déjà bien amorcée de Louis-Napoléon Bonaparte et ils semblent évaluer précocement les soutiens dont le 'prince-président' bénéficie. »

« Par la suite, ils ne seront guère tentés par un retour à la vie politique : pour en trouver l'explication, il faut se resituer dans le contexte des formes de répression qui seront développées sous le 2ème Empire et s'expriment notamment par une surveillance et un durcissement accru envers tous les opposants politiques avérés ou potentiels au régime. »

« L'encadrement autoritaire plonge ses racines dans le basculement de l'été 1948 » (source Juliette Glikman, août 2019, sur le site de la fondation Napoléon).

§ 14. – Louis Félicité Emilien DEPROGE, à Gorée

Un autre martiniquais d'excellence, qui aura servi au Sénégal pendant six (6 1/2) ans et demi, du 6 février 1872 au 2 décembre 1878.

A. – Contexte international du moment

1872 – 6 avril. Comptoir d'Elmina cédé par les hollandais aux anglais ;

15 avril. Un ouragan dévaste Zanzibar et le prix des clous de girofle augmente brutalement ;

Tripolitaine et Cyrénaïque réunies sous l'autorité d'Ali Riza Pacha ;

14 mai. Grands Lacs, les armées du khédive et de Samuel Baler prennent possession du Bounyoro, elles battent le roi Kabarega à Masindi le 8 juin, mais doivent se retirer après de lourdes pertes.

25 juin. Werner Münzinger est nommé gouverneur de Massaoua au bord de la mer Rouge, par le khédive d'Égypte en juillet 1871 et il étend son autorité sur Keren, en Éthiopie.

1873 – 25 septembre. Début du règne de Hassan Ier, sultan du Maroc (qui durera 21 ans, jusqu'à la fin de l'année 1894) ;

1874 – 9 octobre. Réalisation de l'Union générale des postes (Union postale universelle en 1878), une collaboration des Postes du monde entier, lors d'une Conférence internationale à Berne ;

1875 – 15 février. Savorgnan de Brazza obtient un ordre de mission pour explorer les bassins de l'Ogoué et d'Alima, Congo (1875-1879) ;

1876 – 16 novembre. Campagne d'Éthiopie, es troupes d'Arakel Bey sont vaincues par le négus Yohannès IV à Gundet, sur le Mareb. Les Égyptiens doivent se retirer et abandonnent leur matériel sur le terrain, soit six pièces d'artillerie, près de 2 000 fusils et 20 000 thalers.

1877 – 12-19 septembre. Conférence de géographie de Bruxelles, inspirée par le roi Léopold II de Belgique et organisée par Émile Banning. Elle réunit des délégués de l'Allemagne (Georg August Schweinfurth), de l'Autriche-Hongrie, de la Grande-Bretagne (Verney Lovett Cameron), de la France (amiral de la Roncière le Noury), de l'Italie et de la Russie et vise à « planter l'étendard de la civilisation sur le sol de l'Afrique centrale et lutter contre la traite des esclaves ». En fait, il s'agit de la première tentative d'échanges entre puissances coloniales d'information d'ordre « géographique ».

14 septembre. Le roi des Belges Léopold II fonde l'Association internationale africaine, une société privée chargée de l'exploration et de la répression de la traite au Congo (futur Congo-Kinshasa).

1878 – 3 mars. Traité de San Stefano mettant fin à la guerre russo-turque à propos des Balkans et qui permet :

- Indépendance de la Roumanie, du Monténégro et de la Serbie.
- Création d'une principauté de grande Bulgarie autonome dans le cadre de l'empire ottoman, mais soumise à l'influence directe de la Russie.
- Annexion par la Russie de la Dobroudja et du delta du Danube.

B. – France, ce qu'il s'y passait à ce moment-là

1873 – 7 janvier. Mort de Napoléon III en exil en Angleterre ;

Thiers mis en minorité à la Chambre démissionne. Le comte Patrice de Mac Mahon, 1er duc de Magenta (monarchiste) est élu président de la République et appelle le duc Albert de Broglie pour former le ministère.

(24 mai). L'Allemagne évacue les territoires occupés (juillet) ;

(16 novembre). Loi du septennat proroge le mandat de Mac Mahon ;

1874 – 16 mai. Gouvernement Broglie renversé et Cissey lui succède ;

1875 – 30 janvier. « Amendement Wallon » en France qui établit le septennat présidentiel et précise le caractère républicain du régime.

24 février au 16 juillet. Trois lois constitutionnelles établissent la 3e République. Réformes constitutionnelles avec élection du président de la République au suffrage indirect ;

1876 – 2 décembre. Instabilité ministérielle, gouvernements Dufare puis Simon mis en minorité ;

1877 – 4 mai. Instabilité, anticléricalisme de Gambetta. 16 mai, démission Jules Simon. 17 mai, nouveau Ministère Broglie. 22 juin. Dissolution de l'assemblée. 8 septembre obsèques de Thiers.

14 octobre. L'élection législative renvoie une majorité républicaine. « Il faut se soumettre ou se démettre maréchal comte de Mac Mahon ».

13 décembre. Rappel de Dufaure pour former un gouvernement.

1878 – 1er mai au 10 novembre. Exposition universelle de Paris (qui est la troisième du genre).

C. – Et à la Colonie du Sénégal

1877 – 17 avril. Accompagné d'un seul guide africain, l'explorateur français Paul Soleillet part de Saint-Louis du Sénégal pour Ségou où il conclut un traité de commerce et d'amitié avec le sultan Ahmadou, fils d'El Hadj Omar, chez lequel il séjourne d'octobre 1878 à janvier 1879.

D. – Notes concernant Me Louis Félicité Emilien DEPROGE

Me Louis Félicité Emilien DEPROGE, était né au Fort-Royal (Fort de France) à la Martinique, Antilles Françaises, le 18 juillet 1819 ;

Il était le 2e fils des huit enfants de ses parents Jean Elie DEPROGE, « *Carteron libre* », né vers 1779, marchand, propriétaire et important négociant au Fort-Royal et Marie-Rose Victoire née BERNE (7 mars 1794 / 1842), son épouse, « *Métisse libre* », sans profession, originaire de l'île de Sainte Lucie (alors colonie de souveraineté britannique).

Son père Jean-Elie né FATIME, 'DEPROGE', était l'ainé de trois fils '*Carterons libres*' (avec ses deux frères Pierre-Henry et Louis Joseph), issus de la relation de leur père Monsieur Louis DEPROGE (né vers 1746 et décédé le 24 août 1804) et de leur mère Madame Thérèse FATIME, elle aussi « *Métisse libre* » au Fort-Royal.

Tous trois avaient été autorisés à porter le patronyme de Deproge, par décision de justice rendue en 1839, au terme d'une longue procédure, ayant fait droit à leur demande de rectification d'état-civil.

Selon Monsieur Emile Hayot dans « *Les gens de couleur libres en Martinique* » Madame Thérèse Fatimé, métisse libre, née en 1761, aux Anses d'Arlet, Martinique, habitant au Fort Royal, 23, rue Saint-Laurent (ou elle est décédée le 4 août 1824), eut trois fils de Monsieur Louis Deproge, né en 1746, négociant au Fort-Royal, y décédé le 24 août 1804 à 58 ans. En 1839, tous ses enfants obtinrent du tribunal l'autorisation de porter dorénavant le nom de Deproge, leur père ayant pris soin d'établir un acte de reconnaissance de son vivant, homologué.

Jean-Elie Fatimé (Deproge), l'aîné, père du futur Greffier-Notaire était né en 1779 et décédé en 1854. Quarteron « libre », il était marchand au Fort-Royal ou il épouse le 9 août 1814, Marie-Rose Victoire née Berne (1794-1850), métisse « libre » native de Sainte-Lucie, île britannique.

Elle était la fille de Jean-Pierre Berne, né au Fort Royal, Martinique, en 1773 et décédé très jeune à Sainte-Lucie, à 23 ans en 1796 et de Victoire Adélaïde, née à Sainte-Lucie en 1777, y décédée en 1846, à 69 ans.

De l'union de Jean-Elie Fatimé-Deproge et Marie-Rose Berne sont nés 3 fils, Jean-Jules Marie, Louis Félicité Emilien et Pierre Elizabeth Illide.

Les deux frères de Jean-Elie (oncles du futur Greffier-Notaire) étaient :

- Pierre-Henry Fatimé (Deproge), né en 1781 et décédé en 1844, Maître d'école à 32 ans en 1813, quarteron « libre » de la Martinique, époux de Marie-Luce dite « Nisida » (1785-1830), elle aussi « métisse libre » du Fort Royal. Devenu Pierre-Henry Deproge, il demeurait audit Fort-Royal, 21, rue Blénac (en 1814), puis 22, rue Blondel (en 1823).

- Et Louis Joseph Fatimé (Deproge), né vers 1783, qui était Commis de négociant au Fort-Royal, en 1819.

Tous deux comptaient comme son père, au nombre de ces premiers « gens de couleur libres » et remarquables, qui avaient accédé à la reconnaissance et à l'estime sociale au Fort Royal, par leur compétence et leur travail, au tout début du XIXe Siècle.

Après avoir passé une licence en droit, le futur Greffier-Notaire alors Juge de Paix au canton du Marin, âgé de 31 ans, épouse la Mlle Marie Emilie THALY (20 ans, née en 1831), le 17 juillet 1850, au Lamentin, Martinique, fille de M. Jean-Baptiste Marcellin Thaly et Mme Céleste Augustine, prop. (Mariée le même jour que sa sœur Luce Eglérie Thaly), avec pour témoins le Procureur de la République, le Greffier en Chef de la Cour d'Appel, un Conseiller à ladite Cour et un ami Avocat.

De cette union sont nés quatre (4) enfants.

- Marie Félicité Athanase Deproge, en 1853, qui n'a vécu que 5 ans.
- Alexandre Jean Élisabeth Hermenigilde Deproge, Receveur des PTT, né à Fort-de-France le 14 avril 1855, qui épouse à Gorée Mlle Marie Amélie Potin (née à Gorée le 27 juin 1857, fille de M. Louis Potin, Propriétaire et de Mme Anna Pierre Valantin), le 20 novembre 1880 (Acte ECG N° 8 et contrat de mariage de Me Raoul Rivet du 19.11)
- Paul Léon Deproge, né à Fort-de-France en 1858 et décédé 1916 ;
- Élisabeth Augustine Mathilde Deproge, née à Fort-de-France en 1861.

C'est à la suite de ce séjour à Saint-Louis, puis à Gorée à partir de 1871, où ses enfants l'avaient accompagné, qu'Alexandre (âgé de 22 ans lors du retour de la famille aux Antilles) a souhaité s'établir au Sénégal et s'y marier, la petite dernière Elisabeth y étant décédée en 1876.

Alexandre y est resté jusqu'à son décès le 8 juin 1916 et a engendré une « postérité sénégalaise », ayant eu au moins un fils, Joseph Louis Emilien Aimé Deproge, né à Gorée, le 28 avril 1884, Commis des secrétariats généraux, qui épouse le 17 janvier 1910, (Acte ECG N° 1), Mlle Marie-Louise Valentine Merle, née à Gorée le 21 mai 1876, veuve de M. Jules Adolphe Arthur Lemarchand, d.c.d. à Sète, Hérault, le 30.01 1900, fille de feu Pierre Merle, négociant et de Madame Rachel Le Gros.

Il est fait mention dans cet acte, que l'union a été précédée d'un contrat reçu par Me Georges Patterson, Notaire à Dakar, le 17 janvier 1910.

Le parcours de vie de Maître Louis Félicité Emilien Deproge doit sauf erreur ou omission, pouvoir être reconstitué à peu près comme suit :

1819 : (18 juillet) Naissance au Fort-Royal (Fort-de-France), île de la Martinique, Antilles Françaises, du mariage de Jean Elie Fatimé qui deviendra Deproge, et de Marie-Rose Victoire née Berne ;

1850 : Etudes à Fort-de-France, à la Martinique ;

1848 : (27 avril) Commis-Greffier assermenté (à 28 ans) à la Cour d'Appel de Martinique et Juge de paix du canton du Marin, Martinique, par arrêté du Gouvernement provisoire ;

1849 : Membre suppléant à la Chambre de Commerce de Fort-de-France (à 30 ans) et adjoint au Maire de Fort de France ;

(14 décembre) Nommé Greffier par intérim du Tribunal de 1ère instance de l'arrondissement de Fort-de-France, par arrêté du gouverneur-général sur proposition du Procureur intérimaire, en remplacement de M. Vergeron (Jules) dont la démission a été acceptée (Bulletin officiel de la Martinique) ;

1850 : Juge de paix (à 31 ans) au canton de Fort-Saint-Pierre, en remplacement du citoyen Langlois de Saint-Montant. (Bulletin officiel de la Martinique) ;

(17 juillet) Mariage au Lamentin, Martinique, avec demoiselle Marie Emilie née THALY ;

1852 : (21 juillet) Démissionnaire de sa fonction de Juge de paix au Marin, Martinique ;

1853 : Naissance de sa fille Marie Félicité Athanase Deproge (décédée à cinq ans, en 1858) ;

1855 : (14 avril) Naissance de son fils Alexandre Jean Elisabeth Hermenigilde Deproge ;

1858 : Naissance d'un 2e fils Paul Léon Deproge décédé en 1916 ;

1861 : Naissance à Fort-de-France de sa dernière fille Elisabeth Augustine Mathilde Deproge ;

1862 : (28 février) Nommé Commis-Greffier à Fort-de-France.

1871 : (3 mai) Nommé Commis-Greffier à Saint-Louis-du-Sénégal, 1er arrondissement de la colonie, jusqu'au 28 décembre ;

(15 septembre). Nommé Greffier-Notaire en l'île de Gorée,

2e arrondissement de la colonie du Sénégal et dépendances ;

1872 : (3 février) A 53 ans. Prise de fonctions comme titulaire à Gorée. Il y exercera presque sept années, jusqu'au 2 décembre 1878 ;

1876 : (10 mai) Décès de sa dernière fille Élisabeth Augustine Mathilde à Gorée, emportée par la fièvre jaune à l'âge de 15 ans ;

1877 : (5 mai) Assure l'intérim du Greffe du Tribunal de 1ère instance de St-Louis-du-Sénégal (1er arrondissement), pendant l'absence du titulaire Me Victor Boyer, jusqu'au 28 décembre 1877 ;

1878 : (9 juillet) Nommé Greffier-Notaire à 59 ans, à la Pointe-à-Pitre, Guadeloupe, aux petites Antilles Françaises ;

(2 décembre) Cesse son office à Gorée. Départ en Guadeloupe ;

1880 : (20 novembre) Son fils Alexandre Jean Elisabeth Herménégilde (Receveur des postes) se marie à Gorée avec Mlle Marie-Amélie Potin (fille de M. Louis Potin et de Mme Anna Pierre Valantin) ;

1883 : (24 mai) A 64 ans. Il est enfin nommé Greffier-Notaire, chez lui à Fort-de-France, Martinique, petites Antilles Françaises ;

Il semble qu'après sa retraite, il ait été Avoué et Avocat ;

1890 : (dimanche 22 juin) Il décède à 71 ans, dans le grand incendie de Fort-de-France, comptant au nombre de la centaine de victimes et des 10.000 sinistrés. Une grande partie du centre-ville commercial et des quartiers populaires périphériques a été détruite.

Fin lettré, sa formule aurait pu être : « *On peut rire de tout, mais pas avec n'importe qui* » !

Pour rappel il était le second fils d'une famille de huit (8) enfants issus de l'union de Jean-Elie Deproge et Marie Rose Victoire Berne.

L'aîné était Jean Jules Marie Deproge, né au Fort Royal, le 5 décembre 1817. Jamais marié, sans postérité, il fait une belle carrière au Ministère de la Marine et des Colonies, Ecrivain de la marine en 1847, Sous Commissaire, Chef de Bureau et enfin Directeur de l'Intérieur par intérim, il est distingué Chevalier de la Légion d'Honneur en 1872, élevé au rang d'Officier en 1884. Il décède le 8 août 1895, à 77 ans.

Six cadets les suivaient, dont quatre garçons :

Pierre Elisabeth Illide Deproge, né le 7 juillet 1821, Henry Elisabeth Saint-Just Deproge, né en 1822 (marié le 9 août 1847 à Marie Henriette Dorothée), Henry Elisabeth Fatimé-Deproge, né en 1823 et Joseph François Elisabeth Fatimé-Deproge, né en 1832 et décédé en 1856.

Le 3ᵉ fils, Pierre Elisabeth Illide DEPROGE, Négociant, Conseiller municipal, Membre de la Chambre de Commerce et 1ᵉʳ adjoint au Maire de Fort-de-France, épouse le 5 avril 1842, Mlle Louise Marie Elisabeth FABIEN (née le 14 mai 1823 et fille du célèbre condamné). Il sera le père de sept (7) enfants, nés entre 1843 et 1858.

Dont le 5ᵉ, qui sera le plus célèbre de la famille, Louis Joseph 'Ernest' DEPROGE, qui sera élu en 1881 (jusqu'en 1898), Député de la Martinique à l'Assemblée nationale française.

Ce neveu du Greffier-notaire, né à Fort-de-France, le 15 août 1850, ayant fait ses études primaires dans son île natale, puis secondaires à

Rouen et enfin à la faculté de droit de Paris, devient Avocat et élu Député, joua un rôle politique de premier plan à la fin du XIXe siècle.

Outre les quatre garçons, il y avait aussi deux filles : Marie Joséphine Catherine Fatimé (1824) et Marie Rose François Fatimé (1828).

Pour en revenir au célèbre Louis Joseph 'Ernest' Deproge, Député de la Martinique, il siège à la Chambre des députés dans les rangs de l'extrême gauche dont le chef de file est Georges Clemenceau, à l'identique d'autre fils de Greffier Gerville-Réache (dont il sera traité infra), qui est élu Député de la Guadeloupe en même temps que lui.

À partir de 1882, il est avec Marius Hurard, qui est chef de file du parti républicain en Martinique, faisant partie de la classe des mulâtres qui représente la bourgeoisie intellectuelle de la colonie, mais au contraire de Marius Hurard il restera farouche défenseur de l'assimilation totale à la France et crée un journal *la Petite France* pour diffuser ses idées assimilationnistes.

En 1898, il est battu aux législatives par Osman Duquesnay et quitte définitivement la vie politique pour devenir directeur de la banque de la Réunion puis de différentes perceptions de France, mais une cruelle maladie l'afflige et une paralysie le condamne à une quasi-immobilité. Il meurt le 15 décembre 1921 à Sanvic, en Seine-Maritime, à 71 ans.

E. – Observations diverses relatives à Me Emilien DEPROGE

Le drame pendant son séjour de six années au Sénégal, d'y perdre sa plus jeune fille, Élisabeth Augustine Mathilde, née à Fort-de-France en 1861 et décédée à Gorée, le 10 mai 1876, à l'âge de 15 ans.

La déclaration de ce décès survenu « au domicile de Monsieur Deproge, sis au Greffe du tribunal de Gorée » a été faite (sous le N° 43 ECG) par le Commis-Greffier de son père, Jean BENGA (alors âgé de 24 ans), devant le maire René Durécu Potin, père de Clotilde Potin, qui sera l'épouse de Me Georges Patterson, lequel aura aussi pour Commis-Greffier dix ans plus tard, le même Jean BENGA, qui le substituera souvent entre le 30 décembre 1886 et le 27 septembre 1893.

Intérim d'Antoine DIAGNE, Commis-Greffier pendant ses vacances à la métropole et en Martinique, du 7 mai 1877 au 9 janvier 1878.

§ 12bis – Victor BOYER, à St-Louis (13 mai 1872 au 16 juin 1879)

Il s'agit de ce Me Victor-Léon Boyer, auparavant en fonctions à Gorée depuis 5 ans (1867), en se retenant qu'une affectation depuis le modeste

2e arrondissement de Gorée, vers Saint-Louis, siège de la Cour d'Appel et chef-lieu de la colonie du Sénégal, correspond à une promotion.

Qu'il s'agisse de reconnaissance, de salaire et même d'émolument proportionnel sur une matière autrement plus importante à cette époque, que dans la modeste petite île rocher, de sa première affectation à la côte occidentale d'Afrique.

Il passera sept années à Saint-Louis, pour un total de 12 au Sénégal.

C'est pendant ce séjour qu'un 2e Président de la 3e République française est élu, le Maréchal comte Patrice de Mac Mahon (1873-1879) et qu'une loi constitutionnelle avec une Assemblée nationale est adoptée en 1875.

A. – Ce qui se passe à la Colonie du Sénégal

Deux décrets du 18 novembre 1879, portant nominations dans la magistrature des colonies, publiés au J. O. de la République française N° 317 du mercredi 19 novembre, sont particulièrement instructifs en ce qui concerne l'administration de la justice dans l'empire colonial d'alors.

Le premier organise la permutation de cinq magistrats du siège et du parquet, entre les juridictions de Nouméa, en Nouvelle-Calédonie, Nossi-Bé, à Madagascar, Papeete, aux établissements français de l'Océanie et Sétif, en Algérie, mais aussi entre tribunaux supérieurs ou de 1ère instance, avec même des fonctions de Lieutenant de Juge, ou d'Avocat nommé substitut de Procureur de la République.

Parce que le second concerne plus spécifiquement le Sénégal, il est intégralement retranscrit comme ci-après :

« *Par décret du 18 novembre 1879, rendu sur la proposition du ministre de la marine et des colonies et du garde des sceaux, ministre de la justice, ont été nommés* :

- Greffier du tribunal civil de première instance de Basse-Terre (Guadeloupe), M. Boyer, Greffier-notaire à Saint-Louis (Sénégal), en remplacement de M. Roche, admis à faire valoir ses droits à la retraite ;

- Greffier–notaire à Saint-Louis (Sénégal), M. Réache (Gerville), actuellement Greffier-notaire à Gorée (Sénégal), en remplacement de M. Boyer, nommé Greffier du tribunal civil de première instance de Basse-Terre (Guadeloupe) ;

- Greffier–notaire à Gorée (Sénégal), M. Rivet, actuel chef du bureau administratif du parquet général de la Martinique, en remplacement de M. Réache (Gerville), nommé Greffier–notaire à St-Louis (Sénégal).

Dans 14 ans, ce sera ce même Me Rivet qui deviendra le 1er Notaire d'exercice libéral du Sénégal, en résidence à Saint-Louis-du-Sénégal.

B. – Observations diverses relatives à Me Victor BOYER, à St Louis

Ce « jeu de chaises musicales » entre trois continents, démontre à suffisance, l'unicité fonctionnelle de cette famille judiciaire de l'outre-mer, cogérée par les deux ministères des colonies et de la justice et l'absence de cloisonnement entre siège et parquet, entre greffe, notariat et fonctions administratives de la justice.

Et tout autant la vaste entreprise de diffusion mondiale de normes uniformes dans l'entier empire, la France ayant très puissamment exporté ses remarquables avancées législatives sur les cinq continents.

Victor BOYER est substitué pendant sa 2e affectation à Saint-Louis, chef-lieu de la colonie, par :

- Me Emilien DEPROGE, son successeur Greffier-Notaire à Gorée, du 5 mai au 28 décembre 1877 ;
- Me Antoine DIAGNE, Commis-Greffier, d'août 1878 à février 1879 :
- Et Me Georges PATTERSON, autre Commis-Greffier, de juin à décembre 1879, qui sera 4 ans plus tard son successeur médiat, Greffier-Notaire à Gorée et un jour le premier Notaire praticien libéral à Dakar.

Me Boyer quitte le Sénégal pour les Antilles en 1879, rejoignant son affectation en Guadeloupe, comme Greffier du T. 1ère I. de Basse-Terre.

§ 15. – Eutrope Honoré 'GERVILLE' REACHE

Venu de Guadeloupe pour prendre fonction à Gorée, le 5 décembre 1878, Maître Eutrope Honoré 'Gerville' REACHE, n'y reste que 13 mois, jusqu'au 9 janvier 1880, avant d'être promu à Saint-Louis, chef-lieu de la colonie, comme l'avait été avant lui Me Victor Boyer et comme le sera son successeur, Me Raoul Rivet, tous deux originaires de la Martinique.

Curieux jeu de chaises musicales d'époque coloniale, en rappel qu'après Saint-Louis, son prédécesseur Me Boyer est nommé par le même décret, à Basse-Terre, à la Guadeloupe, l'ile natale de Me Gerville-Réache.

C'est l'époque d'un très vif intérêt colonial français pour la promotion de sa vision utopique d'universalité en Afrique, dont il est justifié par les concepts de « mission civilisatrice », « d'éveil aux lumières » et de « brassage entre les peuples », qui connaîtront des fortunes diverses.

De manière inattendue, les « Antillais d'Afrique » auront joué un rôle incontestable, dans l'éveil d'une conscience nègre, se faisant prototypes de nombreuses autres avancées, en vue d'une affirmation identitaire.

A. – Le contexte international du moment

1879 – Février, le député britannique Laurence Oliphant quitte son île d'Angleterre, pour voyager en Transjordanie, se rend à Constantinople en mai et demande au Sultan d'accorder des terres aux Juifs en Palestine, avec une charte de colonisation. Il en deviendra le très célèbre « *Lawrence of Arabia* » ;

1er juin. Mort de Louis Napoléon Eugène Jean Joseph Bonaparte, sur un champ de bataille entre Blood River et Vrijheid, au Natal, en pays Zoulou, dans l'actuelle république d'Afrique du Sud.

Prince impérial élevé en Grande-Bretagne, il s'est engagé comme officier dans l'armée anglaise, qui est en guerre de conquête coloniale.

Ce « fils de France » né à Paris, le 16 mars 1856, est l'unique fils de Napoléon III, empereur des Français et d'Eugénie de Montijo.

Son parrain était le pape Pie IX, sa marraine, la reine Victoria, amie de l'impératrice, mais parce qu'elle était de religion anglicane, la reine de Suède Joséphine, fille d'Eugène de Beauharnais et cousine de l'empereur, la représentait lors de la fastueuse cérémonie de « baptême du siècle », selon le mot de l'empereur, par le Cardinal légat Patrizi qui représentait le pape.

A 23 ans et unique prétendant au trône impérial depuis le décès de son père le 9 janvier 1873, il est soucieux d'affirmer sa légitimité militaire Bonaparte, en préalable à de futures ambitions :

« *Lorsqu'on appartient à une race de soldat, ce n'est que par le fer qu'on se fait connaître* ». Voyant dans la guerre en Afrique du Sud une occasion d'y gagner de la gloire, il se porte volontaire, mais désireux plus que tout de servir son pays, il écrit à sa mère qui tentait de le dissuader, à la veille de son départ : « *Quand j'aurai fait voir que je sais exposer ma vie pour un pays qui n'est pas le mien, on ne doutera plus que je sache la risquer mieux encore pour ma patrie* ».

7 octobre. Conclusion d'une alliance de défense austro-allemande, constituée pour prévenir le risque que représente la Russie.

Ce traité d'assistance militaire consacre la fin de la ligue des trois empereurs à la suite de la guerre russo-turque dans les Balkans, qui vient de démontrer que les intérêts stratégiques de la Russie s'opposent à ceux de Vienne et de la Prusse ;

Deux axes en émergent, l'un est franco-russe, l'autre austro-allemand.

1880 – 20 mars. Sur décision du gouverneur Louis Brière de l'Isle, départ de Saint-Louis de l'expédition du Commandant Joseph Gallieni pour Médine, au Soudan français, avec pour mission de nouer des relations avec les chefs locaux, établir des comptoirs et construire une voie ferrée pour pénétrer à l'intérieur du continent ;

25 avril. Gallieni signe un traité avec Tokontan Keita plaçant Kita en pays Bambara sous protectorat français, mais il est violé dès le 11 mai, lorsque les bambaras attaquent la colonne française à Dio et qu'Ahmadou, chef Toucouleur du Soudan occidental ordonne aux français d'arrêter leur marche à Nango, 40 km avant Ségou.

Galliéni rester pratiquement prisonnier de juin 1880 à mars 1881.

Craignant l'affrontement que le gouverneur prépare, ne disposant que de troupes sans moyens, l'almamy le libère le 21 mars 1881 et signe un traité accordant la navigation française sur le Niger.

– [Promu colonel et commandement supérieur du Haut-Fleuve (colonie du Sénégal), territoire militaire au sein de la colonie du Sénégal 5 ans plus tard, Galliéni y obtient des succès aux dépens d'Ahmadou (1887) et contraint Samory Touré, à accepter un traité, après une grave défaite dans la ville de Siguiri en Guinée et faisant abandon, entre autres, de toute la rive gauche du fleuve Niger. Il y fait bâtir un fort, qui portera le nom de « Fort Gallieni »] –

3 octobre. Fondation de Brazzaville, capitale de la future République du Congo-Brazza, par Pierre Savorgnan de Brazza (1852-1905) ;

16 décembre, Début de l'insurrection des Boers au Transvaal, les Britanniques sont chassés du pays ;

20 décembre. Début de 1ère Guerre des Boers avec l'attaque d'un convoi militaire britannique à Bronkhorstspruit le 23 mars 1881 et le 30, le Transvaal devient une république dirigée par un triumvirat formé de par Paul Kruger, Marthinus Pretorius et Petrus Joubert.

B. – Et en France, ce qu'il s'y passait à ce moment-là

1877 – 16 mai, Une grave crise institutionnelle oppose le président de la République (un monarchiste), le Maréchal-prince Patrice de Mac Mahon à la Chambre des députés où une majorité républicaine vient d'être élue, avec Léon Gambetta pour figure de proue.

Une confrontation institutionnelle entre le Gouvernement et la Chambre durant toute l'année et qui ne trouvera son épilogue qu'à la fin de l'année lorsque Mac Mahon reconnaitra sa défaite politique.

La portée de cette crise institutionnelle est immense, car elle restera fondatrice dans les esprits, d'un régime républicain qui est encore tout récent en France, ruinant les espoirs des courants monarchistes, légitimistes, orléanistes et bonapartistes, d'une éventuelle restauration, qui devient tout simplement impensable, dans un avenir prévisible.

Mais surtout, elle acte l'interprétation constitutionnelle de 1875, selon laquelle, le gouvernement est responsable à la fois devant le chef de l'État et le parlement, en reconnaissant au président un rôle actif dans la gestion du pays, dans le respect de l'autre souveraineté républicaine, en vertu de laquelle le gouvernement est tout autant responsable devant le parlement, qui l'investit et qui peut le révoquer.

13 décembre 1877. [le président Mac Mahon se soumet aux résultats électoraux et rappelle Jules Dufaure pour former un ministère de centre gauche (5e gouvernement Dufaure), adressant dès le lendemain un message au Parlement, qui restera capitulation politique, reconnaissant que « *la dissolution* (de l'assemblée) *ne peut être une façon normale de gouverner un pays* », et il conclut en disant : « *La Constitution de 1875 a fondé une République parlementaire établissant mon irresponsabilité, tandis qu'elle a institué celle solidaire et individuelle des ministres. Ainsi sont déterminés nos devoirs et droits respectifs. L'indépendance des ministres est la condition de leur responsabilité. Ces principes, tirés de la Constitution, sont ceux de mon gouvernement* »].

1878 – Le Sénat étant en revanche resté conservateur, le président Mac Mahon se maintien dans une humiliante posture de cohabitation,

1879 – 5 janvier. Les élections sénatoriales par renouvellement du 1er tiers sortant y portent une majorité républicaine. Mac-Mahon est contraint à la démission le 30 et remplacé par Jules Grévy, qui renonce à exercer son droit constitutionnel de procéder à une dissolution.

1880 – La république adopte le 14 juillet comme jour officiel pour la célébration de la fête nationale ;

11 juillet. Il est prononcé l'amnistie des communards et procédé trois jours plus tard à la 1ère célébration de la nouvelle fête nationale.

C. – Et en la Colonie du Sénégal

Le député du Sénégal à l'assemblée est « Alfred Gasconi (1879-1889)

Selon M. Zucarelli précité, « *Le poste de député du Sénégal rétabli, les électeurs des quatre communes sont convoqués le 8 juin 1879.*

« Trois candidats se présentent aux suffrages de leurs concitoyens.

« Le 1er à se faire connaître est un M. Maréchal, ancien trésorier-payeur.

« Etabli dans la colonie depuis quinze ans, il y a pris sa retraite et par ses attaches familiales, il est proche des négociants bordelais.

« Le deuxième, Jean-Jacques Crespin, un métis de Saint-Louis est déjà bien connu. Battu en 1871, il tente sa chance pour la seconde fois.

« Depuis décembre 1875, il est le deuxième adjoint au maire du chef-lieu, Gaspard Devès. Il est très attaché à cette famille et l'une de ses filles a épousé un fils Devès.

« Le troisième et dernier, Alfred Gasconi, est un nouveau venu.

« Après une campagne électorale particulièrement calme, il y a ballottage au premier tour.

« Le 22 juin 1979, 37,4 % des inscrits prennent part au scrutin. Il y a 2.404 suffrages exprimés.

« Gasconi obtient 1.159 voix contre 1.134 à Maréchal et 111 à Crespin.

« Il en ressort qu'avec l'appui du clergé, Gasconi a bénéficié du choix des mulâtres et d'une bonne part de l'électorat d'origine métropolitaine non inféodé aux Bordelais.

« Selon le dictionnaire des parlementaires français, Gasconi est né à Saint-Louis le 21 novembre 1842. Son père, Sauveur, capitaine au long cours marseillais, y faisait la traite annuelle de la gomme.

« Il rencontre à Saint-Louis Elisa Fleuriau et se fixe dans la colonie où il achète une maison, rue Neville.

« Selon l'acte de naissance d'Elisa du 10 juillet 1819, elle est fille d'Aimé Benjamin Fleuriau, capitaine de frégate (plus tard maître des requêtes au Conseil d'Etat, directeur du personnel de la Marine et Commandeur de l'ordre royal de la Légion d'Honneur), intérimaire du colonel Schmaltz, lorsqu'il était gouverneur du Sénégal de 1817 à 1820.

« Benjamin Fleuriau épouse « à la mode du pays » une métisse, Marie Thérèse Renaud. Ceci est confirmé par le registre de l'Etat-civil de 1841 qui, porte la mention du mariage le 23 juillet, de Sauveur Gasconi, « Européen, Capitaine au long cours, négociant et propriétaire » et d'Elisa Fleuriau, « Indigène » (parce que quarteronne).

A l'époque, la mention d'indigène est encore réservée aux « enfants du pays », les mulâtres.

« Ceci nous paraît régler la question de l'origine du nouveau député du Sénégal, (qui est donc quarteron ou octavon), *né de père marseillais et d'une mère métisse ou quarteronne de St-Louis.*

« Elisa meurt de façon tragique. Alors qu'enceinte de son septième enfant et débarquant sur la plage de Saint-Louis, elle est enlevée par une vague. Alfred est élevé à Marseille.

« En 1866, il se porte volontaire pour servir dans les troupes pontificales, alors attaquées par les nationalistes italiens, il participe à la bataille de Mentana et au siège de Rome et y gagne ses galons de sous-lieutenant, passe ensuite dans l'armée française et se fait remarquer lors de la bataille du Mans, parmi les volontaires de l'Ouest.

« Démobilisé, il fait ses études de droit, puis s'installe comme Avocat, tout d'abord à Marseille, ensuite à Saint-Louis (1877). C'est alors qu'il est élu contre le candidat des Bordelais.

« Ceux-ci ne tardent pas à mettre Gasconi dans leur jeu et ils prennent leur revanche lors des premières élections au Conseil général, le 28 septembre 1879. Les membres du négoce, mulâtres, européens et – quelques Sénégalais emprisonnés dans cette coalition peuvent compter sur quatorze sièges, sur un total de seize élus.

Tous sont adversaires déclarés de Gaspard Devès, maire de Saint-Louis auquel les opposent des rivalités commerciales, à preuve, la municipalité du chef-lieu ayant besoin de la caution de l'assemblée coloniale pour emprunter la somme nécessaire au financement de la conduite d'eau de Lampsar, cette indispensable satisfaction lui est refusée.

« Gaspard Devès démissionne (le 24 juin 1880), bientôt suivi par Jean-Jacques Crespin. C'est Charles Valantin qui devient maire, le 2 août.

« Parce qu'il meurt à peine quelques jours plus tard, une commission spéciale doit être créée pour gérer les affaires municipales.

« Le mandat de la Chambre des Députés vient à expiration en juillet 1881. Au Sénégal, les législatives sont fixées au 18 septembre.

« Le député sortant, fort de l'appui des négociants bordelais, fait acte de candidature : il est réélu au second tour, le 8 octobre, avec 1.561 voix contre 490 à Jean-Jacques Crespin. La participation électorale est d'un peu plus de 31 % des inscrits. La même année, un autre fait important se produit dans la colonie. Les négociants bordelais, leurs

amis et clients ayant déjà la majorité au Conseil général, emportent le conseil municipal de Saint-Louis. Auguste de Bourmeister devient maire (« Bourmeister, c.à.d. bourg Maistre », signifiant 'maire' en allemand).

« *Quelques mois auparavant, le 7 novembre 1880, les Rufisquois avaient été appelés à désigner leur premier conseil municipal. Les négociants sont ici chez eux et ne vont cesser de l'être jusqu'en 1914. Joseph Assémat, représentant d'une maison de commerce, est élu maire. Il démissionne en mars 1882 pour être remplacé par Sicamois.*

« *Pendant ce temps, la commune de Gorée-Dakar, incapable de trouver les ressources nécessaires à son budget, traverse de graves difficultés. Sept élections y sont nécessaires en quatre ans. Le maire, François Piécentin, démissionne lui-même en octobre 1881. Il est remplacé par Kerny-Sarrazin. Les clans électoraux ont pris de la consistance.*

« Tous ceux qui s'opposent à la trop grande influence économico-politique des négociants bordelais se regroupent derrière Gaspard Devès, qui en sera le chef de file jusqu'en 1884, puis de ses fils ;

« *Les partisans de Gasconi se constituent en groupe autonome disputant sa clientèle au clan des Devès.*

« Lors des élections municipales du 8 septembre 1884, les gasconistes l'emportent à Saint-Louis où le conseil est constitué par une majorité de ceux que l'on appelle « les enfants du pays ». Bourmeister reste maire ainsi que Sicamois à Rufisque.

A Gorée-Dakar, c'est l'Avocat de Montfort qui est élu.

« *Ainsi porté par ses partisans, Gasconi est élu une 3*[e] *fois député du Sénégal, le 18 octobre 1885. Il bat à nouveau Jean-Jacques Crespin.*

« Bien qu'il reçoive l'aide agissante des négociants, il se préoccupe de plus en plus des petits commerçants et des traitants, consolidant ainsi la majorité des mulâtres.

« *Lorsque le Conseil général est renouvelé pour moitié, en novembre 1885, les négociants se retirent de la lutte à Saint-Louis et les gasconistes font élire cinq des leurs. Ils ne peuvent cependant pas éviter l'élection de Justin Devès. L'Assemblée coloniale jusque-là dominée par les Bordelais, est dès lors composée d'une majorité de mulâtres qui occupent 10 sièges sur 16. On y trouve un seul indigène : Bacre Waly.*

« *De nouvelles élections au Conseil général ont lieu en 1888.*

Les gasconistes sont vainqueurs à Saint-Louis tandis que les Bordelais se maintiennent à Gorée-Dakar et à Rufisque. Justin Devès est battu mais, son frère, Hyacinthe, se fait élire dans le Sud.

« Les gasconistes maintiennent leur majorité. Entre temps, le 6 mai 1888, a lieu le renouvellement des conseils municipaux.

A Saint-Louis, la liste gasconiste passe, avec à sa tête Bourmeister, le maire sortant. Sur dix-huit postes, onze reviennent à des mulâtres.

Rufisque, au contraire, reste aux mains des Bordelais qui font élire Lamartiny comme maire.

A Gorée, Charles de Montfort conserve son poste.

Dakar, qui vient d'être érigée en municipalité distincte le 17 juin 1887, a pour 1er maire un commerçant, Alexandre Jean, qui le restera en jusqu'en mai 1892.

Mais au-delà de cette chronique du « *jeu politique* », deux faits saillants doivent être portés à plus grande attention, relativement à cette période 1878 / 1883, qui est celle d'exercice au Sénégal (Gorée, puis St-Louis, du Greffier-Notaire *Eutrope Honoré Gerville REACHE*, parce qu'ils sous-tendent la trame de tous ces changements :

1°/ – La grave épidémie de fièvre jaune de 1878-1881

Selon le R.P. Jean Delcourt (« *La turbulente histoire de Gorée* », Eds. Clairafrique 05.1982) « *La première grande attaque de fièvre jaune avérée dont la chronique ait retenu la mémoire est celle qui a ravagé l'île de Gorée en juillet-août 1778, tuant une majeure partie de sa population, dont le gouverneur Armény du Paradis, le curé, le chirurgien-major et la plus grande partie des officiers et des soldats* ».

De-là, elle s'est ensuite répandue par mer, ou à travers le pays Lébou, le Cayor et le Walo, pour aller décimer les troupes anglaises à Saint-Louis, qui était sous autorité britannique à la suite de la guerre de Sept-Ans, la maladie ne faisant pas de différence entre les souverainetés.

Nombre d'autres poussées épidémiques survinrent dans les ports de la côte occidentale d'Afrique, depuis Saint-Louis jusqu'en Angola, dont celle (selon Delcourt) qui « *fit son apparition en 1859, venant de Sierra-Léone et de Gambie et qui emporta en quelques mois une centaine d'européens sur 250 et une autre centaine de métis et d'africains* ».

« *En 1866, alors que les paquebots s'apprêtent à faire escale à Dakar, nouvelle épidémie qui fait encore une centaine de victimes dans l'île* ».

« *Mais de toutes, la plus violente est celle de juillet-août 1878.*

« *La garnison de soldats préposés à la garde du fort est réduite à quasi-néant. Le président du tribunal est une des premières victimes.*

25 cas mortels dans la semaine du 25 juillet au 9 août, 18 au cours des 48 heures qui suivent et plus de 200 victimes au 25 août, dont tous les médecins et la majorité des infirmières. Une statue de la douleur rappelle cette terrible épreuve devant le relais de l'Espadon ».

Une multitude d'officiers du service de santé de la marine sont décédés de fièvre-jaune pendant le séjour au Sénégal, en tentant de la combattre comme ils pouvaient en l'absence d'antibiotiques et l'état de modicité des moyens d'époque, une véritable hécatombe et notamment :

En 1830 – A Gorée, le chirurgien Jean-Baptiste Sandemoy-Dulac et le pharmacien Jean-Louis Masson et à Saint-Louis, les chirurgiens Callot, Adolphe Dudon, Charles de l'Ecluse et Jean Mordan ainsi que les pharmaciens François Dejon et Joseph Morain, tous de la fièvre-jaune.

En 1878 – A Gorée, les médecins Jean Amouretti, Jean Borallo, Pierre Bellom, Justin Guillaud, François Lecuyer (en mer), Eugène Messin, Victor Roche, Renée Sarette, Hippolyte Thoraval, Lionel Le Gall, Prévot, Hugoneng, à Saint-Louis, les médecins Lucien Briant, Antonin Dalmas, Adolphe Bougarel et le pharmacien Paul Desprez-Bourdon, à Dagana, les médecins Pierre Cotrel et Emile Gouffé et les pharmaciens Louis Bover et Pierre Chevrier et à Bakel, le médecin Pierre Massola.

Cette année 1878, restera la plus terrible du cycle endémique de cette redoutable épidémie, qui entraîne 749 décès sur 1474 européens (51 %) et décime presque entièrement le corps médical en service au Sénégal lequel enregistre 22 décès sur 26 médecins et pharmaciens. Soit 85 % !

En 1879 – A Gorée, le médecin Thomas Andrieu et à Saint-Louis, le médecin Michel Mathis et le pharmacien Joseph Barbedor (pendant son rapatriement) et à Médine, le médecin Claude Minier.

La résurgence de 1881 a présenté les mêmes caractéristiques, avec la mort à Gorée, du médecin Louis Carpentin et à Saint-Louis, des médecins Joseph-Honoré Bertrand, Jules Lullien, Emile Vergos, Maux, Brou et Eugène Oizan et des pharmaciens Auguste Richard, Hugues, Pinard et à Kayes, du médecin Aimable Faucon, tous engagés dans ce combat, au péril de leur vie.

Le Gouverneur de la colonie, Lanneau en aura été l'une des victimes.

Cela se sait à la métropole et cela explique qu'il y ait vraiment très peu de candidats, pour aller servir à la « colonie de la mort noire » (!) même et y compris lorsque le service est appuyé de très fortes prîmes.

C'est donc en toute priorité, pour combattre plus efficacement ce cycle épidémique de fièvre jaune, qu'est conçu le projet de construction d'un véritable hôpital sur la presqu'île à Dakar, en 1862, en remplacement de celui de Gorée, soupçonné d'entretenir le risque épidémique.

La réédition de 1878 qui frappa Gorée et Dakar, puis Rufisque et Saint-Louis ayant fait près de 750 victimes sera décisive et les travaux de l'hôpital d'application des armées (hôpital principal de Dakar) débutent en 1880, en bordure de l'anse Bernard. Il est inauguré en août 1884.

Mais le salut ne viendra réellement que 50 ans plus tard, lors de la mise au point du vaccin antiamarile en **1936**, par ***Max Theiler***, médecin américain d'origine sud-africaine ayant séquencé et isolé la souche de cet effroyable virus, qui sera le 1er africain à recevoir un prix Nobel en 1951, en reconnaissance d'exceptionnelle contribution de ses travaux.

En faisant remarquer que la recherche américaine n'était pas la seule et qu'une équipe française a elle-aussi mis au point un vaccin contre la fièvre jaune dès 1932, sous la conduite d'un éminent médecin, chercheur et biologiste de l'Institut Pasteur, le Dr Jean Laigret.

Fondé par décret du 4 juin 1887, cet Institut Pasteur avait été financé, grâce au succès d'une souscription internationale, inauguré à Paris, le 14 novembre 1888, pour « *permettre à Louis Pasteur d'étendre la vaccination contre la rage, de développer l'étude des maladies infectieuses et de transmettre les connaissances qui en étaient issues* ».

Il a très vite été compris, qu'il convenait de rapprocher la recherche du site d'expérimentation et les premières évaluations au Sénégal, en 1896.

C'est à Dakar que s'est tenue en avril 1928, une grande conférence intercoloniale sur la fièvre jaune, l'objectif est d'harmoniser les travaux des différents instituts de recherche et le partage des découvertes.

De la visibilité aussi, lors de la décision de construction dès 1923, du magnifique bâtiment de style 'Art-Déco', inauguré en 1937, qui abrite ses laboratoires, en bordure d'avenue éponyme et qui énonce fièrement sur son fronton : « A PASTEVR, l'Afrique noire reconnaissante ».

Et c'est bien dans ces locaux qu'a été mené l'essentiel de la recherche, contre le virus amaril, au temps ou M. C. Mathis en est le directeur et c'est à l'Institut Pasteur de Dakar que le vaccin français a été mis au point, par la valeureuse équipe de Jean Laigret et H.W. Sellards.

Cet Institut Pasteur de Dakar, dont les premières recherches remontent à 1896, reste aujourd'hui centre principal de recherche biomédicale au Sénégal, dont l'influence s'étend à toute l'Afrique de l'Ouest et bien au-delà, a joué un rôle majeur pour parvenir à vaincre cette calamité.

Selon la thèse de Monsieur Adama ALY, du P. A. M. (Année 2000) « *Fièvre jaune et ordre colonial au Sénégal (1850-1960)* »

« La fièvre jaune était à l'état quasi endémique au Sénégal.

« Les épidémies se succèdent et font des milliers de morts, l'avenir même de la présence française au Sénégal étant menacé.

« Les médecins représentent l'optimisme colonial mais la presse découragée conteste les choix de l'entreprise coloniale.

« Ils prennent part au combat mais certains d'entre eux mettent à profit leurs compétences scientifiques pour asseoir efficacement les débuts d'une organisation coloniale au Sénégal.

« Vanille, coton et indigo sont introduits par leurs soins et s'intéressant aussi à la gomme qui suinte de l'acacia gommier, utile en confiserie et pharmacie, dont ils ne veulent pas laisser le monopole aux Maures.

« Sur le plan de la recherche strictement médicale, les médecins coloniaux participent à l'assainissement des colonies ».

« Mais dans les rapports de la plupart des médecins, parmi les colonies françaises les plus insalubres, le Sénégal semble une des plus redoutables. La mortalité moyenne est de 140 pour 1 000 de 1832 à 1837. En 1881 les garnisons françaises de Podor, de Bakel et de Kayes sur le fleuve Sénégal accusaient même une mortalité de 40 pour 100 ».

« L'état sanitaire du Sénégal comme celui du reste de l'Afrique est perçu comme très dangereux et cette crainte transparaît à travers des expressions comme « le pays des fièvres », « le tombeau de l'homme blanc » ou « le rivage de la mort », qui étaient utilisées pour désigner les premières villes coloniales.

« L'explorateur Pierre Loti qualifie Saint-Louis en 1910 de « vaste nécropole ». Le Professeur Mahé, médecin de la Marine en 1875, dont les propos sont rapportés par Lapeysonnie (1988), illustre bien la perception de ses contemporains de la situation sanitaire des tropiques en s'adressant en ces termes aux étudiants de l'École de médecine de Brest devant servir Outre-Mer :

« Là-bas, sur les rives empestées de l'Atlantique, vous rencontrerez le redoutable sphinx de la malaria, pernicieux Protée, le fantôme délirant du typhus, le spectre livide et glacé du choléra, le masque jaune du vomito-négro. Défiez-vous ! De la terre sort un souffle empoisonné ».

« La mémoire collective a également conservé de cette période le souvenir parfois fugace et confus d'une mortalité effroyable.

« Cette perception de l'Afrique comme un univers morbide est corroborée par les statistiques médicales mais également par toute une littérature produite par les explorateurs des siècles précédents, enfin par le corps médical lui-même ».

« La première préoccupation de l'administration coloniale, sera donc la lutte contre la fièvre jaune, qui mobilise le monde médical aussi bien aux colonies qu'en métropole, car le caractère terriblement meurtrier des différentes épidémies et leurs répercussions politico-économiques justifiaient très amplement de cet intérêt particulier ».

« Le duel singulier que la société coloniale a livré contre la fièvre jaune est riche d'enseignements, car les problèmes de santé publique ont été d'une manière générale le lieu d'une confrontation sociale, entre plusieurs modèles interprétatifs des faits de santé ; d'où le problème de la médicalisation de la société sénégalaise.

« De quelle manière celle-ci a-t-elle accepté le modèle de la médecine coloniale ?

« Quel a été l'impact de la maladie dans le devenir et la construction de la société coloniale ? Quelles réactions a-t-elle engendré, quelles réalités matérielles ou culturelles a-t-elle mis en évidence ?

« Ces interrogations sont d'autant plus intéressantes qu'on ne peut isoler le discours médical du discours social. En effet, tout discours sur le corps et la maladie est en fin de compte un discours sur les mœurs et sur l'ordre. C'est particulièrement vrai au Sénégal, où on assiste à un conflit entre plusieurs représentations de la santé et plusieurs recours thérapeutiques possibles.

« Il s'agit ici d'une confrontation entre les pratiques occidentales et les pratiques africaines. En effet, les notions de santé, de vie et de mort reposent en Afrique sur des connaissances tacites, mystiques et religieuses, en opposition avec les connaissances et les pratiques occidentales. La confrontation avec la fièvre jaune, que les indigènes appellent « maladie des blancs », a été un moment privilégié d'expression de ces contradictions ».

Cette situation explique la réputation désastreuse de cette destination d'affectation dans l'empire colonial français d'alors, sa très faible attractivité et en particulier pour un départ en famille et par conséquent, l'importance des « primes d'expatriement » qui y était proposées.

2°/ – Investissements publics massifs à Dakar, future capitale

Le vieux projet d'aménagement de la presqu'île se matérialise par sa prise de possession décidée en 1857, par le Commandant de Gorée, Pinet-Laprade, chef de bataillon du Génie et la conception dès 1862, de son plan d'aménagement cadastral avec l'ambition de rationnaliser la vocation de la bande côtière de 62 mètres, la distribution entre les espaces publics et privés et encourager l'investissement privé.

Cette ambition a pour moteur le plus central, la réalisation de très gros investissements publics, avec pour cadre légal le Code Civil, un arrêté du 28 février 1862, organisant la publicité foncière et l'intervention du Greffier-Notaire établi à Gorée depuis 1817 et qui sera transféré à Dakar en 1889, pour sécuriser les rapports contractuels entre particuliers.

Une voie ferrée dite « des carrières » est réalisée en fin de siècle, pour retirer du matériau sur la grande Corniche de Fann et remblayer tout l'espace qui se trouve au pied de la future Mairie en gagnant sur mer, là ou se trouve aujourd'hui la gare, l'arsenal et surtout le port de Dakar et ses aménagements du barachois, pour en faire l'escale de l'Amérique du Sud et accueillir des navires de près 10 mètres de tirant d'eau.

Projections cadastrales et urbanistiques, phares des Mamelles, celui du Cap Manuel, lancement d'importants édifices publics, tout d'abord des casernes, hôpital, palais gouvernoral, tribunal, bâtiments administratifs et d'intendance, ville indigène, mais aussi théâtre, IFAN, dans ce qui va devenir une commune distincte de Gorée sept ans plus tard.

Les choses n'avancent pourtant que très lentement, le privé ne suit pas et organise au contraire une très forte résistance contre cette « chimère administrative » décidée contre son gré par l'autorité publique et qui met en danger l'amortissement de ses investissements antérieurs dans les « trois communes » de Saint-Louis, Gorée et Rufisque.

Pour des raisons propres à chacune, parfois communes, toutes ont intérêt à contrarier le développement de cette « chimère » qui deviendra Dakar.

Cet état des choses ne va changer qu'à la fin du siècle, lors de la création de la vaste Fédération territoriale administrative d'Afrique Occidentale française (Côte d'Ivoire, Dahomey, Guinée, Haute-Volta, Mauritanie, Niger, Sénégal et Soudan français) et de la décision d'installation de sa capitale à Dakar, raccordée à Saint-Louis par un chemin de fer en 1885.

Un réseau ferré complété par celui du Dakar-Niger vers Bamako et dont Thiès sera la « capitale du rail ».

Ce parti administratif et d'infrastructures, couplé avec le creusement d'un très grand port en eau profonde (le 3e de France) et le besoin de logement de la multitude de fonctionnaires européens, qui arrivent par centaines au début du siècle, affectés aux services administratifs induits par le siège de la vaste A.O.F., déclenche un mouvement spéculatif de très vaste ampleur dont le secteur privé se saisit vigoureusement.

Gorée se délite en longue spirale descendante, alors que Dakar absorbe l'influence administrative de Saint-Louis (restée capitale de la colonie du Sénégal-Mauritanie) et ramène Rufisque (ancienne capitale de l'arachide), au rang de modeste bourgade, elle aussi en forte récession.

1879 – 10 septembre. Lat Dior Diop, Damel (roi) du (Sénégal) sous protectorat français et fermement opposé à la colonisation, signe à regret le traité de construction de la ligne de chemin de fer Dakar-Saint-Louis-du-Sénégal, dans lequel il pressent, à juste titre, la fin de son autonomie. – Pour prix du formidable développement qui s'ensuivit.

Jean Jauréguiberry, ancien gouverneur du Sénégal nommé ministre de la marine en février, fait adopter en septembre le projet de chemin de fer Sénégal-Niger. La Chambre des députés vote les crédits destinés à financer les études préliminaires relatives au Transsaharien.

Septembre. Le gouverneur du Sénégal Louis Brière de l'Isle, envoie le capitaine Joseph Simon Galliéni à Ségou pour y négocier un nouveau traité avec le sultan Ahmadou. Arrivé à Médine il crée le 12 octobre le poste de Bafoulabé, au confluent du Bakoy et du Bafing, 1er maillon d'une chaîne destinée à relier le haut Sénégal au delta central nigérien.

Décembre. Le nouveau président du Conseil français Charles de Freycinet, est partisan de la construction du Transsaharien et de la « conquête pacifique » de l'Afrique par les chemins de fer et autres moyens de transport modernes.

1880 – 20 mars. Départ de Saint-Louis, de l'expédition de Gallieni pour Médine, mandaté au Soudan français (Mali) par la France ;

6 septembre. Création du gouvernement supérieur du Haut-Fleuve, avec pour siège Médine, puis Kayes dès 1881, qui va dépendre du gouvernement du Sénégal. Gustave Borgnis-Desbordes en est le commandant supérieur.

D. – Notes relatives à Me Eutrope Honoré 'GERVILLE' REACHE

Né le 16 juin 1827, à la Pointe-à-Pitre, Guadeloupe, petites Antilles Françaises, il est le fils aîné de Gerville Honoré REACHE (né en 1797, décédé le 27 décembre 1865) « *homme de couleur libre de naissance* », d'abord charpentier de marine, puis entrepreneur de constructions navales et propriétaire et de Eulalie Louise née PEPIN, son épouse, (née en 1804, à Basse-Terre, Guadeloupe), « *femme de couleur libre et patentée* », habitante et propriétaire. Ses parents se sont mariés au Morne-à-l'Eau, Guadeloupe, le 6 février 1826.

Il est l'époux depuis le 19 janvier 1848 (mariage à 20 ans 1/2), alors qu'il était Clerc de Notaire, de Marie-Lucile Félicité (1831-1875, dont le patronyme Lambert n'apparaitra que plus tard).

Grâce à l'appui d'un proche de sa famille, Maître Mondésir Magloire, Greffier principal et Conseiller général, il entame une carrière de fonctionnaire des greffes et parquets, à partir du 24 juin 1858, en étant recruté comme Commis-expéditionnaire au Greffe du Tribunal civil de 1ère Instance de Pointe-à-Pitre.

Il y a pour tâche la copie manuscrite et collationnée des décisions rendues par la juridiction, avant certification conforme par le Greffier et si besoin la formule légale, devant permettre leur exécution forcée.

Promu 1er Commis-Greffier en 1866, à la Cour d'Appel de Guadeloupe, il assure en cette qualité, un long intérim du Greffier en chef du Tribunal de 1ère instance, alors qu'il est indisponible en 1870.

Il y excelle et donne tellement satisfaction, que cela lui vaut deux ans plus tard, en 1872, d'être promu Greffier en chef titulaire.

Alors qu'il aborde ses 45 ans, il était réellement temps.

Il a la douleur de perdre son épouse trois ans plus tard, le 31 juillet 1875.

Elle n'avait que 44 ans et leurs trois derniers enfants, Flavie, Stéphane et Laurence, n'ont respectivement que 17, 15 et 10 ans.

Il perd aussi le protecteur de ses débuts de carrière de fonctionnaire, ami de sa famille, ancien Greffier en Chef du Tribunal et Conseiller Général, Me Mondésir Magloire, le 28 mai 1878.

Deux ans après le décès de son épouse, il lui est proposé une affectation alléchante, bien mieux rémunérée et assortie de prime d'expatriement, en l'île de Gorée, 2e arrond. de la colonie du Sénégal, à la côte la plus occidentale d'Afrique, qui lui permet aussi d'aller à la découverte de la terre de ses ancêtres, comme plusieurs antillais à la même époque.

Il accepte et s'y fait accompagner de sa fille Flavie, qui à presque 21 ans, va pouvoir l'aider à diriger son « train de maison », de son fils Philippe, 18 ans, qu'il emploie comme Commis au Greffe-notariat. Les deux ainés Léodor et Gaston sont à Paris, l'un établi et l'autre achevant ses études. On ne sait si Laurence, petite dernière 13 ans l'accompagne elle aussi, sauf à être restée auprès de sa famille à la Guadeloupe.

Il faut se souvenir, que la situation sanitaire au Sénégal a très mauvaise réputation et que cette décision de départ correspond au pic d'épidémie de fièvre jaune 1878-1881, qui a atteint des sommets semblables à ceux de 1830, avec parfois plus de 60 % de mortalité en juillet et août 1878.

Ce véritable sommet dans l'histoire de cette maladie, survient quatre mois avant son arrivée à Gorée au début du mois de décembre et sauf possible désinformation, il est tout simplement impensable, qu'il ne soit pas au fait du risque considérable auquel il expose sa famille.

Peut-il ignorer, que la dernière fille de son prédécesseur Louis Félicité Emilien Deproge, venu lui aussi des Antilles, Élisabeth Augustine Mathilde, a été emportée par la fièvre jaune en cette « ***île mouroir*** » de Gorée, le 10 mai 1876, il y a tout juste deux ans, à l'âge de 15 ans ?

Ceci explique l'environnement qui prévaut au temps de son acceptation de l'offre d'affectation qui lui est faite en cette contrée, qu'il ne peut pas ne pas savoir très inhospitalière et surtout le courage et/ou l'inconscience (?) qu'il lui faut, pour prendre le risque de s'y faire accompagner par deux ou trois de ses plus jeunes enfants.

Il y sert pendant une année comme Greffier-Notaire au Tribunal civil de 1ère instance de l'île de Gorée (2e arrondissement du Sénégal), du 5 décembre 1878 au 9 janvier 1880, avant d'être promu à la capitale d'alors, Saint-Louis-du-Sénégal (chef-lieu et 1er arrondissement de la colonie), y cumulant les deux Greffes, du Tribunal de 1ère instance et de la Cour d'Appel, du 20 janvier 1880 au 18 mars 1882.

Ayant eu le loisir d'observer au début de sa carrière de Clerc de Notaire, la réorganisation du Notariat aux Antilles (Guadeloupe et Martinique) et sa séparation des Greffes de Tribunaux, à l'instar de la Guyane, un décret du 14 juin 1864, y rendant applicable la loi de la métropole du 25 Ventôse An XI (complétée par une Ordonnance particulière à ces colonies du 4 janvier 1843), il semble probable et légitime qu'il ait formé le projet de demander sa reconversion comme Notaire d'exercice libéral et revenir exercer dans son île natale.

Et c'est logiquement ce qu'il aura compté faire alors qu'il a 54 ans, en s'embarquant pour Paris sur le paquebot « Congo », en fin mars 1882.

La toute récente élection de son fils à la députation devrait peut-être même pouvoir y aider, en lui apportant les influences parisiennes de complément, qui sont bien souvent nécessaires à la réalisation de ce type d'ambition. On peut le regretter, mais c'est ainsi.

Son union conjugale est comblée, par l'arrivée de cinq (5) enfants dans son foyer, trois (3) garçons et deux (2) filles, en 1849, 1854, 1858, 1860 et 1865, qui tous prospèreront en harmonie.

Et cela malgré la perte de deux autres en bas-âge, (1851 et 1856), qui a provoqué un refus sidéral et le geste de « remplacement désespéré », de redonner chaque fois les prénoms de l'enfant disparu à celui nouveau-né, tentant ainsi de le faire revivre dans une symbolique morbide !

- Marie Mathilde Caroline Flavie Euphrasine, chargée de faire revivre le 20 février 1858, une autre Anne Toinette Marie Mathilde Augusta Clénine, née le 13 juin 1851 et décédée à 15 mois, le 3 octobre 1852 !
- Philippe Auguste Barnabé Stéphane, préposé lui aussi à faire revivre le 12 juin 1860, un autre Philippe Auguste Stéphane Ursule, né le 21 octobre 1856 et décédé à 15 jours, le 5 novembre suivant !

Était-ce la culture d'époque ? On ne sait, mais une charge inconsciente et écrasante, pour ceux qui dès le berceau sont assignés à pareille tâche !

- 1 – Anne *Léodor* Philotée Metellus Gerville REACHE (né à Pointe-à-Pitre, le 26 juillet 1849 et décédé à Paris, le 29 janvier 1911), épouse à 21 ans, Madame Delphine Anne Marie Alice Herisson (née à Pointe-à-Pitre, le 30.09.1850), à Pointe-à-Pitre, le 26 septembre 1870.

D'abord Greffier comme son père (1869), puis Ecrivain de la Marine (1870), Ministère de la Marine et des Colonies, Directeur de l'Intérieur des Etablissements français en Océanie (1882), Commandant de l'île de Mayotte aux Comores, (1886), Gouverneur de la Guyane française (1888 à 1891), avant de finir cette brillante carrière à Paris, au Ministère des Finances (rue de Rivoli, de 1892 à 1901) ;

Cinq enfants, deux garçons et trois filles, comblent leur union : Pierre, 1871, Angélique, 1872, Jeanne, 1882, Gérard 1884 et Anne, 1887, mais il est possible qu'ils en aient perdu d'autres entre 1872 et 1882.

Leur fille Jeanne, née le 26 mars 1882 (**5** jours avant le décès du grand-père) mérite une attention particulière, car elle a fait une carrière exceptionnelle de chanteuse d'opéra lyrique mezzo-soprano, à Paris, Bruxelles et Londres et ensuite aux USA en 1907, New-York, Chicago,

Boston et Philadelphie, où elle devient très populaire, interprétant entre autres « Dalila », du « Samson et Dalila » de Saint-Saëns.

Considérée comme l'une des plus belles voix du siècle, sa carnation d'opale lui permet de masquer ses origines, de « passer la ligne » et d'échapper à la ségrégation qui prévalait férocement en Amérique de ce temps-là, où l'on espère que nul n'aura su que celle qui était adulée par la bonne société des opéras, était la descendante (7 ou 8 générations) d'esclaves noirs importés d'Afrique à peu près deux siècles plus tôt.

Elle épouse en 1910, Georges Gibier-Rambaud, directeur de l'Institut Pasteur à New York, dont elle aura deux fils, Paul et Georges Gibier-Rambaud et décède prématurément à New-York à 33 ans, le 5 janvier 1915, d'une intoxication alimentaire (autre source, de septicémie ?).

- **2** – Sidoine, Marie, Théonille, ***Gaston*** Gerville REACHE (Pointe à Pitre, 29 août 1854 et décédé à Mareil-en-France, Val d'Oise, le 30 mai 1908). Lycéen à Versailles (1971), professeur de rhétorique et de philosophie en Haïti (1875), de retour à Paris (1876), il y reprend des études de droit en Sorbonne, Avocat au barreau de Paris (1879), franc maçon, disciple et ami de Victor Schoelcher, il a la charge de la chronique judiciaire à la revue juridique de gauche « La Justice », fondée par Georges Clémenceau, qui le prend en grande estime.

Militant d'extrême gauche, il est membre du comité d'organisation du banquet de commémoration du 30e anniversaire de l'abolition de l'esclavage (Décret du 27 avril 1848), donné à Paris le 18 mai 1879 et qui est présidé par Victor Hugo.

Cette action sera un puissant levier pour sa candidature à la députation, 2e circonscription de Basse-Terre, en son île natale de Guadeloupe.

Le succès retentissant de son élection comme Député de la Guadeloupe à l'assemblée nationale française, le 4 septembre 1881. Il a tout juste 27 ans et cela fait de lui le benjamin de cette élection.

Le 4 mai 1882, il épouse à Paris 5e, Mlle Marie-Louise Antoinette Fourcade (née à Paris, 8 janvier 1856), une robuste blanchisseuse parisienne, qui lui a déjà donné 2 fils nés tous deux à Paris-5e, Paul (1879) et Maxime (1881). Son camarade parlementaire, mentor et ami Victor Schoelcher, est l'un de ses témoins et son frère Léodor, l'autre.

Un 3e fils, Léo, leur nait en 1888. Il sera journaliste, écrivain et même poète à ses heures.

Après le vote de la loi de 1881 sur le « *régime de l'indigénat* », il est vent debout avec tous les autres députés élus des colonies, pour fonder une « *société française de protection des indigènes* », dont il est bien évidemment élu, membre du Conseil d'Administration.

Il co-fonde avec son grand ami et camarade parlementaire Victor Schoelcher, le journal économique « *Le Moniteur des Colonies* », dont il est le rédacteur en chef.

C'est à partir de cette tribune qu'il commence à conceptualiser l'idée de départementalisation, qui ne deviendra réalité que plus d'un demi-siècle plus tard, en 1946, lors de l'adoption de la loi pour les « vieilles colonies » de Guadeloupe, Guyane, Martinique et Réunion.

Polémiste virtuose, s'illustre en particulier lors de « l'Affaire Dreyfus » et il est réélu par cinq fois à la Chambre des Députés, en 1885, 1889, 1893, 1898 et 1902, au total 25 années et il en sera même élu Vice-président en 1904, jusqu'à la fin de son dernier mandat, le 31 mai 1906.

C'est lui qui conduit les obsèques de son grand ami, le sénateur Victor Schoelcher, décédé le 25 décembre 1893 et il prononce son oraison funèbre au cimetière, mais hélas sans avoir pu obtenir les funérailles nationales qu'il avait demandé, malgré l'appui de Clémenceau.

Cette faute sera réparée plus d'un demi-siècle plus tard, le 20 mai 1949, lorsque l'Assemblée nationale et Monsieur Gaston Monnerville, alors président du Conseil de la République originaire de Guyane, décideront du transfert de ses restes au Panthéon, en même temps que ceux du Gouverneur général Félix Eboué.

Il divorce d'avec son épouse, le 22 mars 1897 et il ne semble pas qu'il ne se soit jamais remarié.

Le 8 mai 1902, il subit l'épouvantable drame de perdre son fils aîné Paul, jeune et brillant docteur en droit, qui meurt à 22 ans à Saint-Pierre en Martinique, lors de l'éruption du volcan « Montagne Pelée » la plus dévastatrice du siècle. Une nuée ardente à plus de 250°, qui détruit toute la ville en moins de cinq minutes, incendiant tout sur son passage, y compris les navires ancrés dans sa rade.

Le lycée général et technologique de Basse-Terre, à la Guadeloupe, porte le nom de celui que tous s'accordent à considérer comme l'héritier le plus authentique de Victor Schoelcher et qui maintient vivant le souvenir de son immense talent et de son engagement le plus constant, au soutien de la cause indigène et créole.

- **3** – Marie Mathilde Caroline *Flavie* Euphrasine Gerville REACHE (née à Pointe-à-Pitre, le 22 février 1858), épouse Monsieur Guillaume

Joseph Alexandre Dosmond, aide-commis de marine, né à Cayenne, Guyane française (10 janvier 1853), qu'elle rencontre et épouse à Saint-Louis, Sénégal, le 18 février 1881, tous deux y résidant, lui en affectation et elle gérant le « train de maison » de son père.

En cette occasion, son Greffier-Notaire de père se fait substituer par l'un de ses Commis Antoine Diagne, pour instrumenter le contrat de mariage de sa fille (Acte N° 2, du Registre des mariages de Saint-Louis, 1881), pour cause d'empêchement statutaire et comme il est écrit littéralement dans cet acte : « *remplissant à la place du greffier empêché en cette circonstance, les fonctions de notaire* ».

- **4** – Philippe Auguste, Barnabé *Stéphane* Gerville Réache (Pointe-à-Pitre, 12 juin 1860), le dernier des trois fils, surnommé en famille « *le maudit* », qui bourlingue en Océanie comme chef de bureau au Ministère de la Marine et des Colonies.

Il épouse Catherine Keck-Ruis (née à Tahiti, 27 juillet 1861), qui est d'origine alsacienne et mexicaine, (4e enfant d'une fratrie de 13), à Nouméa, Nouvelle Calédonie, le 11 septembre 1886. Ils auront deux fils, René Stéphane (1884-1959) et Georges Gaston (1887-1959) et une fille Eva Marcelle (1890-1894).

Vers 1900, veuf ou divorcé, ce dernier et 3e fils du Greffier-Notaire de Gorée et St-Louis, se remarie avec demoiselle Idalie Eugénie Marie Dubruncquez (née à Schaerbeek, Brabant, Belgique, le 20 janvier 1877) et il vivra quasi-centenaire, jusqu'en 1959.

Alors, LA bonne question tout de même, pourquoi ce 3e fils Stéphane était-il surnommé en famille « *le maudit* » ?

Et d'ailleurs pour commencer … maudit par qui ?

Possiblement et légitimement rebelle, à la suite de la charge dont il est injustement lesté depuis le jour de sa naissance, d'avoir à faire revivre en prénoms, un frère homonyme prédécédé, 4 ans avant sa naissance ?

Où pour avoir décidé de quitter son père durant leur séjour à Gorée ou Saint-Louis, vers 1880, alors qu'il avait 20 ans et où Commis sans joie au Greffe paternel, il aura préféré intégrer le Ministère de la Marine et des Colonies comme son aîné, pour aller bourlinguer en Océanie ?

Ou alors, quelque incompréhension avec ce frère aîné, lorsqu'ils se retrouvent tous deux en affectation à Tahiti en 1881 ?

Juste avant le décès du père ?

Peut-être aussi quelques années plus tard, une vie un peu dissipée ?

Son fils René nait en 1884, 2 ans avant sa légitimation par mariage.

Est-il l'auteur de frasques en Afrique, à l'origine d'une lignée « Serville Réache » à Bangui, en Oubangui-Chari, avant son remariage ?

Quoiqu'il en soit, un très beau parcours de vie lui aussi, même si moins prestigieux, dans une compréhension conventionnelle que celui de ses deux aînés, à Tuamotu et Gambier, Polynésie française, Nouvelle Calédonie, Guadeloupe, Sénégal, Congo, Martinique, récompensé par des promotions et une distinction d'Officier d'Académie.

Et puis aussi et pour finir, alors que ces deux ainés décèdent à 61 ans 1/2 et 63 ans 1/2, lui vivra quasi centenaire en Belgique, jusqu'à ses 99 ans.

• **5** – Jeanne Valentine Stéphanie Gabrielle *Laurence* (la petite dernière, née à Pointe-à-Pitre, le 26 janvier 1865), épouse un Monsieur Adolphe Hérisson (originaire de Cayenne, Guyane) à la Guadeloupe, probablement un parent de sa belle-sœur Delphine Hérisson, épouse de son frère le Gouverneur Anne-Léodor.

Pendant le séjour au Sénégal, Me Eutrope Gerville-Réache a la grande satisfaction de voir ses deux premiers fils se régler sur son exemple et réussir brillamment leurs études universitaires à Paris, l'aîné en droit, en 1874 et le second en philosophie et droit, en 1879.

Et enfin, l'apothéose de la victoire du cadet Gaston, à la législative du 4 septembre 1881, élu Député de la Guadeloupe à 27 ans, le plus jeune de toute la République lors de cette élection.

Un succès éclatant, mais aussi la difficile confrontation avec un ordre culturel encore empli d'à priori, dans lequel Gerville-Réache a eu le grand mérite de porter très haut les « couleurs » de la diversité.

Professeur d'histoire contemporaine Dominique Chathuant écrit dans « *L'émergence d'une élite politique noire dans la France du 20e siècle ?* », que « *C'est sous la Troisième République que des hommes issus des colonies, perçus comme noirs ou métis, s'affirment peu à peu comme des parlementaires de stature nationale, alors que se diffusent encore des théories affirmant leur infériorité biologique ou culturelle*

Ils sont toujours issus des mêmes colonies : le très faible nombre d'Indochinois, d'Africains noirs et de Nord-Africains ayant accédé à la citoyenneté écarte les probabilités de voir émerger des individualités politiques au Parlement.

Le Guadeloupéen Gaston Gerville-Réache (1881-1906) est l'un des premiers « hommes de couleur » de stature nationale de la Troisième

République. Soutenu par Victor Schœlcher, il évolue vers des positions modérées avant d'être élu à la vice-présidence de la Chambre (1904).

Sa présence au Palais-Bourbon témoigne de l'investissement de la sphère politique coloniale par une élite mulâtre républicaine constituée sous l'esclavage puis avec la République contre la ploutocratie blanche et monarchiste. Mulâtre pour le regard guadeloupéen, Gerville-Réache serait évidemment classé « colored » par les critères ségrégationnistes américains de l'époque mais, en France, son teint relativement clair le tient partiellement à l'abri des stéréotypes raciaux. Parce qu'il n'en présente pas toutes les caractéristiques » …

Ni non plus les traits négroïdes les plus prononcés.

Dommage qu'il se soit souvent contenté de prendre des positions parfois trop modérées et surtout non dénuées de calcul politicien. A titre d'exemple, en s'abstenant de se rallier à son collègue Numa Gilly, député du Gard, lorsqu'en 1888, il accuse de corruption divers membres de la commission des finances de la Chambre.

Retour à la Colonie du Sénégal en mars 1882, Me Gerville-Réache, le Greffier-Notaire de Saint-Louis, embarque le 30 au soir, ou le 31 de bon matin, sur le nouveau paquebot S/S « *Congo* » de la compagnie des Messageries Maritimes, qui depuis le 20 novembre 1878 relie le Brésil à la France, avec escale au Sénégal.

Ce navire de 125 mètres de long, jauge 5.410 tonneaux et il fera une honnête carrière sans jamais aucun incident majeur jusqu'à sa démolition à Gênes, en Italie, en 1913. Il marche à 15 nœuds de croisière, grâce aux 2.900 chevaux de sa puissante machine compound, emportant outre ses hommes d'équipage, 180 passagers en 2 classes (96 + 84), avec capacité pour 515 émigrants vers l'Amérique, en entrepont.

Il embarque à Dakar, à destination probable de Bordeaux, pour une traversée qui prend moins de dix jours, en dehors d'une éventuelle escale de ravitaillement d'une 1/2 journée au Maroc.

Il décède en mer, après seulement quelques heures de voyage, lorsque son navire double les îles du Cap-Vert, le privant de retrouver son fils à Paris et cette nouvelle soulève énormément d'émotion au Sénégal, où il était unanimement apprécié.

Que s'est-il passé, de quoi est-il décédé, il n'a que 54 ans. ? Était-il malade et si oui pourquoi aurait-il embarqué ? Ou était-il évacué pour traitement (fièvre-jaune ?) à la métropole ?

Me Gerville-Réache n'était de retour en son office à Saint-Louis, que depuis 5 mois, après avoir été substitué par ses Commis du 9 avril au

31 octobre 1881, c'est-à-dire la période où son fils était en campagne à la Guadeloupe, briguant la députation.

Il est probable que le père s'y soit investi, pour mobiliser des soutiens dans une circonscription, dans laquelle il a œuvré à la satisfaction de tous pendant 25 ans, ou il dispose encore de précieuses influences et il est donc tout aussi probable qu'il ait été fièrement aux côtés de ce fils, le 4 septembre, à la Guadeloupe, lorsque sont proclamés les résultats de son élection, comme Député de Basse-Terre.

Alors, pourquoi un nouveau départ pour la France, 5 mois à peine après avoir regagné son Office, après une longue absence de 7 mois ?

Ces questions resteront hélas sans réponse.

En relation avec ce décès à bord, se souvenir aussi qu'il anticipe celui précédemment évoqué, de son prédécesseur médiat au Greffe-Notariat de Saint-Louis, *Alexandre Eyssette*, qui décèdera à son tour dans 4 ans, le 4 juillet 1886, lors de son retour d'affectation en Inde, à bord du paquebot S/S « Anadyr », de la même Compagnie des Messageries Maritimes.

Un paquebot lui aussi de 125 mètres de long, jaugeant 3.592 tonneaux, 2.900 Ch., transportant sur la ligne de Chine, 194 passagers en 3 classes (112 + 46 + 36), avec capacité additionnelle pour 1.200 émigrants vers l'Amérique en entrepont (lorsqu'il est sur cette ligne), mais de facture plus ancienne, lancé 15 ans plus tôt en 1873 et sinistré en 1889.

Le 20 octobre 1881 (un mois après l'élection de son fils à la députation), le Gouverneur du Sénégal avait prononcé son éloge, en commentant comme suit son fort engagement pendant l'épidémie de fièvre jaune : « *Ce greffier-notaire, très instruit et profondément républicain, a rendu des services tout à fait exceptionnels pendant l'épidémie de fièvre jaune à Saint-Louis-du-Sénégal* ».

Ces services exceptionnels se rapportent aux années 1879 et 1880, puisqu'il était absent de la colonie, pour l'essentiel de l'année 1881.

Il avait un frère prénommé Saint'Ville REACHE, né à la Pointe-à-Pitre, le 11 mars 1829 et son cadet de deux ans, ayant en toute logique fait lui aussi de bonnes études, mais qui n'aura pas eu le temps de briller comme son ainé, parce que décédé à la Pointe-à-Pitre, où il était Tailleur d'Habits et Célibataire, le 24 février 1853 (Acte ANOM N° 98).

Un cadet décédé à tout juste 23 ans et 11 mois et comme indiqué dans son acte de décès, « en la maison de son père ou il demeurait, rue Faubourg des Abysses (8e section) et n'ayant pas laissé de postérité.

L'autre frère Saint-Jean dit « Eugène » REACHE, de 16 ans son cadet et 3e de la fratrie (né à la Pointe-à-Pitre, 10 juin 1843 et décédé à Basse-Terre, 13 décembre 1890), épouse Mlle Marie Joséphine Renée Michel (née en 1865 et décédée en 1913), à Basse-Terre, le 4 février 1885 ;

Avant même que cela ne devienne une véritable tradition familiale, ce cadet étudie lui aussi le droit, successivement Juge de Paix, Greffier en Chef de la Cour d'Appel de Basse-Terre et Conseiller Général.

Il a eu cinq enfants, Jean Eutrope (1886), Marie Auguste Richard (1888), Gilonne et Marie-Eulalie Léonide (1890) et Marie (1892).

Le 3e, Marie Auguste Richard REACHE, (Basse-Terre, 3 avril 1888), Commerçant grossiste alimentaire, épouse Marie-Lou Josèphe Emilienne SAINT-VAL (née en 1890). De ce mariage le 27 août 1913, naitra un fils Lucien GERVILLE-REACHE, le 21 septembre 1920.

Ce Lucien, petit-fils de Saint-Jean et neveu du Député Gaston, s'illustre en affaires mais aussi en politique, car après avoir achevé ses études de droit, sciences politiques et d'économie à Paris, il est fondateur à Basse-Terre, de la 1ère agence de voyages de l'île.

Il est aussi l'agent de la compagnie Air France, agent général de la Cie. d'assurances « La Protectrice » et propriétaire de l'hôtel « Relaxe ».

Engagé au soutien du sport, Président du club « l'Intrépide » de Goubeyre, il est élu au Conseil Général de la Guadeloupe pour le Canton de Saint-Claude, qui lui confie la présidence de sa Commission des Finances, sans qu'il n'abandonne son intérêt pour l'art et l'écriture, ni sa grande inclination pour la poésie.

De sa relation avec la demoiselle Marie-Louise VOULZY, chanteuse et danseuse passionnée de musique salsa, afro-cubaine, merengue et conga, naitra un fils naturel à Paris-18e, le 18 décembre 1948, Laurent Gerville-Réache, qui deviendra très célèbre sous le patronyme de sa mère, Laurent VOULZY.

Ce talentueux auteur-compositeur-interprète, arrière-petit-fils de Saint-Jean le Greffier, petit-neveu de Gaston le Député et arrière-petit-neveu d'Eutrope Honoré, ancien Greffier-Notaire de Gorée et de Saint-Louis-du-Sénégal, est père de quatre fils, dont deux Julien et Nicolas, de sa 1ère union avec Betty, Cliff Hoodzy, né d'une brève relation et Quentin, né de sa 2e épouse Mirella Lepetit, journaliste au Nouvel Observateur.

Mais aucun de sa relation avec l'actrice Véronique Jannot.

E. – Autres observations Me Eutrope Honoré GERVILLE-REACHE

A pris fonction au Sénégal comme Greffier-Notaire au Tribunal civil de 1ère Instance de Gorée.

Nommé Greffier et Notaire à Saint-Louis (Sénégal), par Décret du 18 novembre 1879, à l'issue de 2 années passées à Gorée (Sénégal), venant y remplacer le précédent greffier-notaire Victor Boyer, auquel il avait déjà succédé lors de sa précédente affectation.

« Promu » aux deux Greffes du Tribunal Civil et de la Cour d'Appel de Saint-Louis-du-Sénégal, chef-lieu de la colonie et au Notariat, du 20 janvier 1880 au 18 mars 1882.

Le cursus de Me Eutrope Honoré Gerville-Réache, doit être celui-ci :

1827 : (16 juin) Naissance à Pointe-à-Pitre, Guadeloupe, Antilles Françaises, fils aîné d'Honoré Gerville REACHE (1797-1865) et de Madame Eulalie Louise née PEPIN (1804), son épouse ;

184? : (?) Clerc de Notaire Office Me Pierre Louis Marie ANNOTHE alors Notaire à la résidence de la Pointe-à-Pitre (*non vérifié*) ;

1848 : (19 janvier) Mariage avec Marie-Lucile Félicité LAMBERT (1831-1875) Union comblée par naissance de **5** (sur 7) enfants ;

1849 : (26 juillet) Naissance de son fils aine, Anne Léodor Philotée Metellus Réache (sera un jour *Gouverneur* de la Guyane) ;

1851 : (13 juin) Naissance de 1ère fille, Anne Toinette Marie Mathilde Augusta Clénine Réache, qui décède à 15 mois, 3 octobre 1852 ;

1854 : (29 août) Naissance de son 2e fils, Sidoine, Marie, Théonille, *Gaston* Réache (sera un jour élu *Député* de la Guadeloupe) ;

1856 : (21 octobre) Naissance d'un 3e fils, Philippe Auguste Stéphane Ursule, qui décèdera hélas 15 jours plus tard, le 5 novembre ;

1858 : (20 février) Naissance d'une 2e fille Marie Mathilde Caroline *Flavie* Euphrasine Réache (sera plus tard épouse *Dosmond*), (prénoms quasi-idem à ceux de sa fille née 1851, d.c.d. 1852) ;

(24 juin) - Commis expéditionnaire au Greffe du Tribunal de 1ère Instance de Pointe-à-Pitre, Guadeloupe ;

1860 : (12 juin) Naissance de son 4e fils Philippe Auguste, Barnabé *Stéphane* Gerville Réache (quasi-idem fils né & d.c.d. 1856) ;

1865 : (26 janvier) Naissance de 3e fille Jeanne Valentine Stéphanie Gabrielle Laurence Réache (sera plus tard épouse *Hérisson*) ;

1866 : Promu Commis-Greffier, à la Cour d'Appel de Guadeloupe ;

1870 : Greffier par intérim du Tribunal de 1ère Instance. Il y excelle ;

1872 : 45 ans – Promu Greffier en Chef, Cour d'Appel de Guadeloupe ;

1874 : Fils aîné 'Léodor' achève ses études de droit à Paris et intègre Ministère de la Marine et des Colonies. – En 1888, 14 ans plus tard, il sera nommé par Décret, Gouverneur de la Guyane ;

1875 : (31.07) Le drame du décès de son épouse qui n'a que 44 ans, au temps où leurs trois derniers enfants n'ont que 17, 13 et 10 ans ;

1878 : (?) Offre d'affectation possiblement plus rémunératrice comme Greffier et Notaire à Gorée, à la côte occidentale d'Afrique ;

1878 (5 décembre) Greffier-Notaire au Trib. civil de 1ère Instance île de Gorée, 2e arr. du Sénégal, jusqu'au 9 janvier 1880. – Sa fille Flavie (20 ans) et 3e fils Stéphane (18 ans) l'y accompagnent, sa fille tenant sa maison et son fils, Commis au Greffe-Notariat.

La benjamine Laurence (13 ans), doit elle-aussi être du voyage ;

1879 : Son 2e fils 'Gaston', achève ses études de philosophie et droit lui aussi à Paris. S'inscrit comme Avocat, se lance en politique ;

(18 novembre) Décret le nommant Greffier-Notaire à St-Louis, chef-lieu Sénégal, y remplace Me Boyer, nommé à Basse-Terre ;

1880 (20 janvier) Greffier-Notaire T.C. 1ère I. & C.A. Saint-Louis, chef-lieu, colonie Sénégal et le restera 2 ans, jusqu'au 18 mars 1882 ;

1881 : (18 février) Mariage sa fille Flavie avec M. Guillaume Dosmond, se fait substituer par son Commis-Greffier, Me Antoine Diagne, comme Notaire p.i. et à nouveau par le même, du 9 au 22 avril ;

(25 mai) A nouveau substitué par Me Georges Patterson, son autre Commis-Greffier, à Saint-Louis, jusqu'au 31 octobre ;

(4 septembre) L'élection triomphale de son 2e fils "Gaston" Député de la Guadeloupe à 27 ans et benjamin de l'Assemblée ;

(20 octobre) Eloge du Gouverneur du Sénégal, pour l'éminence de services rendus pendant la terrible épidémie de fièvre jaune ;

1882 : (26 mars) Naissance sa petite-fille Jeanne (fille de Gaston), qui fera carrière de chanteuse d'opéra lyrique à Paris et New-York ;

(31 mars) Décède à **54 ans**, à bord du paquebot S/S « ***Congo*** » sur lequel il se rendait en congé en France depuis le Sénégal.

Substitutions :

Par son Commis-Greffier Antoine DIAGNE, le 18 février 1881, pour recevoir le contrat de mariage de sa fille Flavie (Acte N° 2 S.L/), pour cause d'empêchement statutaire et comme il est écrit dans cet acte, « *remplissant à la place du greffier empêché en cette circonstance, les fonctions de notaire* ».

Pendant les 3 ans et 3 mois de son séjour au Sénégal (de décembre 1878 à mars 1882), ses intérimaires auront été ses deux Commis-Greffiers :

- Antoine DIAGNE (du 9 au 22 avril 1881 ;
- Georges Auguste PATTERSON (du 25 mai au 31 octobre 1881) ;

Les deux auront occasionnellement fait fonction de Notaire intérimaire, avec un égal et réel talent.

Le remarquable Antoine DIAGNE, substitue à Saint-Louis, Mes Victor Boyer (6 mois, en 1878-1879), Honoré Gerville-Réache (2 x 1 mois en 1881 et 1882). Goréen de talent ayant exercé à très haut niveau, dans un rang identique à celui de son cadet et contemporain Georges Patterson.

L'un des tous premiers « *naturels du pays* », il aura œuvré avec beaucoup de conscience et de talent, aux côtés de 3 Greffiers-Notaires successifs originaires des Antilles, Mes Emilien Deproge, Victor Boyer et Eutrope Gerville Réache, à Saint-Louis comme à Gorée.

Plus que tout autre, il mérite assurément d'être un peu mieux présenté.

Son titre officiel, signalétique de sa fonction, était celui de « *Commis-greffier assermenté près les tribunaux de Saint-Louis-du-Sénégal* ».

Né à Gorée vers 1848, fils de Goré Diagne, patron de cabotage décédé à Rio Nuñez (côte de Guinée, près de Boké) et de Bamby Diagne « ayant vécu à la rivière de Gambie ». Il s'est marié sans contrat à Saint-Louis, le 15 février 1879, avec Faly Tiaw, dite Agnès Tiaw, 21 ans, née à Joal le 26 mai 1857, fille de Maré Tiaw, maître maçon et de Yacaty N'Doye, décédés à Gorée (Acte ECSL N° 2).

Son père est DIAGNE, goréen, pouvant être lébou ou ouolof, mais il est en revanche et sans aucune hésitation, authentiquement lébou par sa mère Thiaw, un patronyme caractéristique du pays Layène.

Antoine Diagne était un possible parent, mais de 16 ans l'aîné, du futur Député Blaise Diagne, né à Gorée, le 13 octobre 1872, d'un père marin Lébou et cuisinier, Niokhor Diagne et d'une mère Mandjaque Gnagna Antonia Preira, originaire de Guinée-Bissau alors portugaise.

Il substitue le Greffier-Notaire Eutrope-Honoré Gerville Réache, le 18 février 1881, pour recevoir le contrat de mariage de sa fille Flavie (Acte N° 2 S.L/), pour cause d'empêchement statutaire et comme il est écrit dans cet acte, « *remplissant à la place du greffier empêché en cette circonstance, les fonctions de notaire* » et aussi du 9 au 22 avril 1881.

Greffier-Notaire par intérim, il décède ab intestat des suites de maladie (fièvre jaune ?), en l'hôpital militaire de Saint-Louis, le 7 juin 1882, à cinq heures du matin, âgé de 35 ans comme indiqué dans son acte de décès N° 421 du même jour.

Une immense figure pionnière du notariat sénégalais, disparue prématurément et qui aurait pu être le premier natif du pays à accéder à la fonction de notaire libéral, 16 ans plus tard, avant même Me Guillabert, comme étant son aîné de près de 18 ans et âgé s'il avait survécu d'environ 53 ans au temps de cette titularisation et donc à l'identique de son cadet Me Patterson (né en 1850), nommé Notaire à Dakar en 1904, à l'âge de 53 ans.

L'autre Commis-Greffier, Georges Auguste PATTERSON, avait déjà été son intérimaire, outre la période ci-dessus, du 12 au 14 janvier1880.

Né à Saint-Louis le 27 mai 1850 et licencié en droit après des études en France, il était le cadet de deux ans de son collègue Antoine Diagne.

Il substitue à Saint-Louis, Mes Victor Boyer (1877) et Honoré Gerville-Réache (2 x 6 mois en 1881 et 1882) et à Gorée, Louis Jean-Baptiste Raoul Rivet (en 1880).

De tous ces Commis, il sera le seul à devenir Greffier titulaire à Gorée en 1883 et enfin Notaire libéral à Dakar, en 1904 ;

Il substitue le Greffier-Notaire Eutrope-Honoré Gerville Réache, du 12 au 14 janvier 1880 et du 25 mai au 31 octobre 1881.

Me Georges Auguste Patterson, alors Commis Greffier-Notaire à Saint Louis, assure l'intérim de Me Raoul Louis Rivet à Gorée, du 13 au 29 novembre 1882, en attente de l'arrivée de son successeur au Greffe du 2e arrondissement, qui sera Me Fernand Colardeau.

Il substitue aussi Me Rivet à Saint-Louis, (par trois fois au moins, entre le 9 avril 1883 et le 24 juin 1986 et le 25 janvier 1890) et sera le premier « natif du Sénégal » à accéder à la fonction de Greffier-Notaire titulaire à Gorée, après avoir été Commis Greffier-Notaire neuf ans plus tôt, dès 1873 (à 23 ans) en sa ville natale de Saint-Louis-du-Sénégal.

Il est nommé « Greffier-Notaire provisoire », après le décès du titulaire Me Eutrope Honoré Gerville-Réache et exercera en cette qualité pendant 7 mois, d'avril à octobre, son aîné Antoine Diagne étant hospitalisé et décédant lui aussi deux mois plus tard.

Métis d'ascendance britannique, on le retrouvera plus avant, car il sera dans 24 ans, le tout premier notaire d'exercice libéral en la ville nouvelle de Dakar, érigée en commune distincte de la vieille commune de Gorée, par décret du 17 juin 1887.

Suprême humiliation pour Gorée, qui va devenir une cité dortoir de la future capitale de l'A.O.F., à laquelle elle sera même rattachée, en 1929.

Antoine Diagne et Georges Patterson, deux profils contemporains, dont le lecteur mesurera la grande similitude contemporaine, promus l'un comme l'autre au mérite, par l'ordre colonial d'époque, en reconnaissance objective de leur véritable talent.

Les durées respectives de leurs intérims (13 jours pour Diagne et 6 mois pour Patterson), ne résultant pas d'une plus grande expérience du second, mais de la maladie qui devait emporter le premier le 7 juin 1882 justifiant probablement du choix du second, pour la longue période de 5 mois.

9 avril au 31 octobre, presque 7 mois d'absence et donc de très probable départ de la colonie, sans que l'on n'en sache exactement le pourquoi ?

- Il s'agit de la durée de congé statutaire d'époque (2 mois par année de service outre-mer), augmentée de celle du trajet aller-retour en bateau.

Si l'on compte ses deux années et demie de service depuis son arrivée au Sénégal en décembre 1978 et le début de celle en cours, cela correspond très exactement.

- Dans ce cas, il est très probable qu'il se sera porté aux côtés de son fils Gaston, pour l'aider à faire campagne à la Guadeloupe, à l'annonce de sa candidature à la députation, allant aider le jeune diplômé « parisien », en battant le rappel de ses solides introductions locales, en préparation de la consultation législative prévue dans 4 mois !

- Il pourrait aussi s'agir de maladie, une grave épidémie de fièvre-jaune ayant prévalu durant tout son séjour au Sénégal, fait de terribles ravages et à laquelle lui-même et sa famille auront eu la chance d'échapper.

Administration provisoire du Greffe et du Notariat :

Il s'écoulera huit mois avant l'arrivée de son successeur Me Louis Jean-Baptiste Raoul RIVET, lui aussi des Antilles (Trinité, Martinique), qui comme Me Gerville-Réache, aura servi auparavant à Gorée.

Antoine Diagne, est notaire provisoire pendant le mois mars et ensuite ce sera Georges Patterson, à nouveau pendant 7 mois, d'avril à octobre.

Se pose la question du pourquoi cette disparité de distribution d'intérims, entre les deux Commis-Greffiers, à la suite de laquelle le nom d'Antoine Diagne disparait même définitivement, car on ne trouve plus aucune trace de substitution, des successeurs de Me Gerville-Réache ?

Talentueux, le sachant et en cette légitime posture, il est possible que le Commis Diagne, ait mal vécu une iniquité de traitement et peut-être une forme de discrimination, en se voyant préférer son collègue Patterson ?

Non, tel n'a assurément pas été le cas, sa disparition du répertoire n'ayant hélas résulté que de son décès prématuré, survenu en l'hôpital militaire de Saint-Louis le 7 juin 1882, à la suite d'une courte maladie.

Quoi qu'il en soit, le remplacement de Me Gerville-Réache n'était pas prévu, ne s'agissant pas du terme de son affectation à Saint-Louis et au moment de son décès sur le navire le menant en France, il n'y allait qu'en déplacement privé, pour une raison qui reste indéterminée.

La fonction qui était toujours la sienne au jour du décès est d'ailleurs confirmée, par la mention qui figure sur l'avis publié par sa famille :

« *Greffier-Notaire près la Cour d'Appel du Sénégal, Ancien Conseiller Municipal, Ancien Membre de la Chambre d'Agriculture de la Pointe-à-Pitre, Guadeloupe* ».

Sont mentionnés en tête de cet avis, ses deux fils aînés, Léodor-Honoré Gerville-Réache, Directeur de l'Intérieur à Tahiti et Gaston-Honoré Gerville-Réache, Avocat à la Cour de Paris, Député de la Guadeloupe.

Pour finir, quelques notes sur une « *Histoire de la Famille Réache* », retirées de l'ouvrage « *Gerville-Réache, l'héritier de Schœlcher* ».

Honoré Réache, agriculteur au Morne-à-l'Eau, « *Homme de couleur libre de naissance* » l'arrière-grand-père du futur député Gaston Réache, nait à Sainte-Anne, Guadeloupe, vers 1750.

Il a deux fils en fin de XVIIIe siècle, Gerville, et Jean-Baptiste, qui quitteront la terre.

Si la descendance de Jean-Baptiste s'éteint deux générations plus tard, avec le décès de Maxence, le 12 juillet 1971, celle de Gerville Réache, né au Morne-à-l'Eau, en 1797, sera prolifique, car lorsqu'il s'éteint à 68 ans, il est déjà entouré de 14 petits-enfants et cela continuera.

Un des trois fils de Gerville, Eutrope Honoré Réache, né à la Pointe-à-Pitre, le 16 juin 1827, qui sera Greffier-Notaire à Gorée, puis à Saint-Louis, à la lointaine colonie du Sénégal, peut être considéré comme le patriarche le plus représentatif de la famille.

Puisque 60 % des Réache vivant aujourd'hui, descendent de lui.

Voici l'ascendance directe de ses fils réellement d'exception, dont l'aîné sera *Gouverneur* de la Guyane, le second *Député* de la Guadeloupe à l'Assemblée nationale et le plus jeune et surtout le plus « *Aventureux* », Chef de bureau du Ministère de la Marine et des Colonies, en service en Océanie, en Afrique et en Amérique.

TABLEAU GENEALOGIQUE GERVILLE REACHE

Pierre CREAC'H v. 1690 + v. 1742	→	Jean REACH v. 1718 + v. 1771	→	Honoré REACHE v. 1750 + v. 1820	→
Gerville REACHE v. 1797 + 27.12.1865	→	Eutrope H. REACHE 16.06.1827 + 31.03.1882	→	Léodor et Gaston 1849-1911 + 1854-1908	→

C'est ce prénom, Gerville, qui en se rajoutant opportunément au nom de REACHE, s'inscrira dans l'histoire en devenant un nom composé, celui de GERVILLE-REACHE.

Le nom de REACHE a subi des évolutions significatives par le passé. On trouve dans cette famille au gré des époques, de l'héritage ancestral, des habitudes, des peurs, des voyages et des erreurs dans l'état civil, des CREAC'H, REACH, REACHE, GERVILLE-REACHE et même SERVILLE-REACHE pour une branche africaine originaire de l'ancien Oubangui-Chari en Afrique-équatoriale française, à Bangui, en République Centrafricaine d'aujourd'hui.

Lors de la naissance du futur Député, Gaston REACHE, le 23 août 1854, six générations dont les quatre dernières sont parfaitement connues, s'y étaient succédées en cette île de Guadeloupe.

La seconde et la troisième, celle de l'arrière-arrière-grand-père Jean REACH de Saint-François, né vers 1718 et celle de son fils Honoré, né vers 1750, sont agriculteurs, dans des plantations de coton et de café, sur des habitations secondaires de deux ou trois carrés (hectares) à Sainte-Anne, aux Abymes et au Morne-à-l'Eau.

Ce Jean REACH de 1718, comme son frère Thomas, né vers 1720, sont très probablement les fils mulâtres d'une esclave noire, (où mulâtresse) et d'un père planteur, qui les aura installés et peut-être reconnus comme enfants naturels, mais sauf exception, sans épouser leur mère, leur ayant donné son nom en les reconnaissant, ou comme c'était le plus souvent le cas, en simple situation de fait.

Il semble que ce Père ait été un marin breton et donc visiteur occasionnel non installé, du nom de Pierre CREAC'H, originaire de Saint-Pol-de-Léon, une petite cité du Finistère, située à 60 km au Nord-Est de Brest, qui comptait moins de 4.000 habitants à l'époque et dont l'état-civil sommaire figure dans son acte d'inhumation, dressé par le curé à la Pointe-à-Pitre, le 22 août 1842.

Alors et après avoir engendré une postérité à la Guadeloupe vers 1720, on peut supposer que même de passage à l'origine, ce marin aura fini par s'établir dans une plantation, mais pas avant l'âge de 30 ou 35 ans et qu'il sera donc né vers 1690 et décédé en 1742, à l'âge de 50/52 ans, ce qui était courant en l'état sanitaire des fièvres tropicales d'époque.

C'est la 4e génération, qui voit le jour au début du XIXe siècle, qui va quitter le travail de la terre pour s'employer à la ville, celle de Gerville Honoré REACHE, né en 1797 et de son frère Jean-Baptiste, les deux fils légitimes d'Honoré au Morne-à-l'Eau et de son épouse, Madame Eulalie Louison née PEPIN, qui seront, le premier Charpentier de Marine et le second Commis de Commerce.

Ces trois premières générations de REACHE étaient analphabètes, même et y compris sans doute l'ancêtre venu de Bretagne, mais ce n'était pas le cas de Gerville, dont la belle écriture est attestée.

A force de courage et de sacrifices, ce Gerville Honoré REACHE est devenu Entrepreneur de constructions et cela lui a donné les moyens financiers d'envoyer tous ses enfants à l'école et aux études, ce qui est remarquable, voire véritablement exceptionnel pour l'époque.

Eutrope Honoré REACHE, le fils aîné, né le 16 juin 1827, qui sera Greffier-Notaire au Sénégal et le père du futur Député Gaston est de ceux-là, tout comme le sont ses deux frères cadets, Saint'Ville, né le 11 mars 1829 et décédé à 24 ans, le 24 février 1853 et Saint-Jean, né le 10 juin 1843 et décédé le 13 décembre 1890.

Comme l'écrira, le Gouverneur du Sénégal, le 20 octobre 1881, rendant hommage à Eutrope Honoré Réache : Cet *homme de couleur* instruit, profondément républicain, « *qui a rendu des services tout à fait exceptionnels pendant l'épidémie de fièvre jaune à Saint-Louis-du-Sénégal, en 1881* » (CAOM, dossier Eutrope Réache EE 1601).

C'est lui qui a engendré cette lignée de personnages de roman.

Les cinq autres enfants de Gerville Honoré REACHE et Eulalie Louison PEPIN, sont décédés très jeunes.

Eutrope Honoré GERVILLE REACHE, père de Gaston, a trois fils :

- L'aîné Anne-Léodor, né en 1849, qui sera plus tard *Gouverneur* ;
- Le cadet Gaston, né 5 ans plus tard, en 1854, *Député* de la Guadeloupe en 1881, à 27 ans, l'orgueil de la famille
- Et enfin le benjamin Stéphane dit « *le Maudit* », né en 1860, qui bourlinguera en Océanie, en Afrique et en Amérique, comme Chef de bureau en service au Ministère de la Marine et des Colonies.

Tous auront un destin véritablement hors du commun.

|------- Anne Léodor Philotée Metellus
| *Gouverneur* – 1849-1911
|
|------- Sidoine Marie Théophile Gaston
| *Député* – 1854-1908
|
Eutrope Honoré |------- Marie Mathilde Caroline Flavie
1827-1882 | 1858-1888
|
|------- Philippe Auguste Barnabé Stéphane
| *Aventureux* – 1860 – ? après 1915
|
|------- Jeanne Valentine Stéphanie Gabrielle
Laurence – 1865 - ?

Le député Sidoine, Marie, Théophile, *Gaston* REACHE, a eu trois fils :

- L'ainé Paul (1879), docteur en droit, décédé à 23 ans lors de l'éruption du volcan de la Montagne Pelée à Saint-Pierre, Martinique, 8 mai 1902.
- Maxime, (1881), lui aussi docteur en droit et décédé à 30 ans.
- Et Léo, né en 1888, journaliste, écrivain et poète.

Au travers de Léo, le petit dernier, la descendance directe de Gaston REACHE, vit aujourd'hui en France métropolitaine et aux Etats-Unis.

Gaston avait 2 sœurs, Flavie (épouse *Dosmond*) et Laurence (épouse *Hérisson*), nées respectivement, le 20 février 1858 et le 26 janvier 1865.

Quelques-uns de ces personnages ont réellement marqué leur temps et il est possible d'en retrouver l'histoire et de plus larges développements.

Grand intérêt pour la famille d'Eutrope Honoré GERVILLE REACHE, *Greffier et Notaire au Sénégal*, avant la survenance de son décès le 1er avril 1882, à bord du paquebot S/S « *Congo* », au large des îles du Cap-Vert, qui le ramenait du Sénégal vers la France, pour y fêter l'élection de son fils, mais n'expliquant pas la cause de son décès.

Et ses trois fils le Gouverneur Anne Léodor Philotée Metellus, le Député Sidoine Marie Théophile Gaston et l'Aventureux Philippe Auguste Barnabé Stéphane.

Trois figures bien différentes, mais toutes trois très hautes en couleur.

§ 16. – Jean-Baptiste Raoul 'Louis' RIVET

Comme ses deux prédécesseurs Victor-Léon BOYER et Eutrope Honoré GERVILLE-REACHE, Jean-Baptiste Raoul Louis RIVET est lui aussi originaire des petites Antilles Françaises, de La Trinité, à la Martinique.

Il prend fonction comme Greffier et Notaire au Tribunal civil de 1ère instance de Gorée (2e arrondissement de la colonie du Sénégal), le 19 avril 1880, mais n'y exerce que deux ans, jusqu'au 26 octobre 1882, avant d'être « promu » aux mêmes fonctions, à la Cour d'Appel et au Tribunal civil de 1ère instance de Saint-Louis, 1er arrondissement et chef-lieu de la colonie du Sénégal.

Il sera onze ans plus tard, le premier au Sénégal, à devenir « Notaire » d'exercice libéral, à la suite de la séparation de cet office notarial, de celui du Greffe du Tribunal civil de 1ère Instance.

C'est sous cette dernière qualité, après les Greffes de Gorée et de Saint-Louis, que son parcours de vie sera présenté par le détail en Tome II.

A. – Le contexte international du moment

1881 – 20 janvier. Yohannes IV négus d'Éthiopie, fait couronner Adal Tessemma *negus* du Godjam et du Kaffa. En réaction, le négus du Shoa Ménélik assujettit au tribut le Kaffa et Jimma, dans l'Oromia ;

- 7 février. Le lieutenant-colonel Borgnis-Desbordes s'installe à Kita, au Soudan, à mi-distance de Kayes et Bamako, où il construit un fort ;

16 février. Le colonel Paul Flatters est assassiné par les Touareg au puit de Bir-el-Garama près de Tamanrasset, à l'extrême sud de l'Algérie ;

- 26 février. Loi accordant les crédits permettant le début de la construction du chemin de fer entre Kayes et le Niger, achevé en 1904 ;
- 10 mars. Gallieni signe à Nango un traité avec Ahmadou qui accorde à la France le droit de faire du commerce sur le haut Niger, mais non ratifié par la France. Ahmadou laisse partir Gallieni le 21 mars ;

Il rejoint à Kita la colonne du lieutenant-colonel Borgnis-Desbordes, commandant militaire du Haut-Fleuve, qui 'soumettra' par la suite toute cette région située entre le Sénégal et le Niger ;

Mars. Samori Touré prend Kankan en Guinée, après 9 mois de siège ;

Il rencontre pour la première fois les troupes françaises sur la rive gauche du Niger. Après la chute de Kankan, l'État de Samori Touré évolue vers une théocratie islamique (1880-1886) ;

- 15 janvier. Guerre du Pacifique : bataille de Miraflores ;
- Les troupes chiliennes occupent Lima le 17 et la ville est mise à sac ;
- 4 mars. Présidence républicaine de James Garfield aux États-Unis ;
- 12 mars. Pérou, le caudillo démocrate Nicolás de Piérola, au pouvoir depuis 1879, est emporté par la défaite militaire et cède le pouvoir à Francisco García Calderón puis au général Lizardo Montero ;

2 juillet. Assassinat du président des Etats-Unis, James A. Garfield ;

23 juillet. Un traité est signé à Buenos-Aires pour délimiter la frontière entre le Chili et l'Argentine le long de la ligne de crête de la Cordillère des Andes, entré en vigueur le 22 octobre 1881 ;

18 septembre. Domingo Santa María est élu à Santiago, président de la République du Chili ;

Aníbal Pinto, vainqueur de la guerre du Pacifique, ne peut se représenter car la réélection n'est plus permise au Chili, ses succès militaires profitent aux libéraux qui gardent le pouvoir jusqu'en 1890 ;

20 septembre. Début de la présidence républicaine du vice-président Chester A. Arthur aux États-Unis d'Amérique (jusqu'en fin 1885).

1882 – 26 février. L'armée coloniale française de Borgnis-Desbordes doit battre en retraite face à Samori Touré devant Kéniéra et le 2 avril. Victoire de Samori Touré à la bataille de Woyowayanko ;

- 6 juin. Éthiopie. Victoire du *négus* du Choa Ménélik sur le negus du Godjam Tekle Haymanot Tessemma à la bataille d'Embabo à Guduru ;

Tekle est fait prisonnier ;

- Août. L'empereur d'Éthiopie Yohannes IV, signe un accord à Warayelu, avec son vassal le plus puissant, Ménélik, ras du Choa.

Il lui accorde une partie des territoires conquis sur Tekle Haymanot Tessema (Kaffa). Le Wollo revient à son fils Araya Selassie Yohannes, époux de Zewditou, fille de Ménélik ;

B. – En France, ce qu'il s'y passait à ce moment-là

Le 3e Président de la 3e République est Jules Grévy (1879-1887) ;

1881 – 25 février. En l'honneur de Victor Hugo qui vient d'entrer dans sa 80e année, Jules Ferry décrète la levée des punitions dans tous les lycées, collèges et écoles relevant de son ministère ;

- 16 juin. Loi sur la gratuité de l'enseignement primaire obligatoire ;
- 14 novembre. Début du gouvernement Léon Gambetta (qui finira en janvier 1882). Paul Bert est nommé ministre de l'instruction publique ;

Création d'un sous-secrétariat d'État aux Colonies confié à Félix Faure, qui est supprimé le 9 août 1882, puis rétabli en septembre 1883 ;

1882 – 19 janvier. Krach de l'Union générale à Lyon, un scandale financier qui entraîne une série de faillites. Crise économique, due pour l'essentiel à un essor trop rapide, consécutif aux politiques de grands travaux, qui ont des répercussions en Grande-Bretagne qui entre dans une période de grave dépression jusqu'en 1886-1887.

26 janvier. Démission du *Grand ministère Gambetta*, qui est suivie le 30 par la formation d'un 2e gouvernement Freycinet.

C. – Et à la Colonie du Sénégal

Selon Monsieur Zuccarelli précité, *« Le décret du 12 juin 1880, en créant la commune de Rufisque, englobe au centre commercial proprement dit les petites agglomérations de Diokoul, Mérina et*

Tiawlène. Avec le maire et un adjoint, le conseil municipal est constitué de dix conseillers, chiffre qui sera porté à seize par la suite.

« Le localisme est particulièrement net lorsqu'on consulte la presse de l'époque, spécialement les deux premiers journaux publiés en 1885, puis le bimensuel qui parait de manière plus durable à partir de 1896, l'Afrique occidentale.

« Lorsque l'affaire Dreyfus passionne et divise l'opinion publique métropolitaine, il n'y est fait aucune allusion dans les publications et durant les campagnes électorales au Sénégal.

« Ce particularisme est renforcé par l'existence d'un corps électoral restreint. Le droit de vote et l'éligibilité sont accordés aux seuls habitants des 4 communes avec des restrictions qui éliminent une bonne part d'entre eux. Sur les listes électorales de 1871, on compte 4.277 inscrits au total. On passe à 8.710 électeurs en 1914. On voit les limites de la politique d'assimilation menée au Sénégal.

« La qualité d'électeur est donnée aux citoyens français : c'est-à-dire aux originaires de la métropole et de la colonie qui sont soumis, par la naissance, au statut civil français. La question de liaison de citoyenneté et de statut civil va faire l'objet de nombreux débats jusqu'en 1914.

« Pour cette raison, le droit de vote donné aux indigènes est très fragile.

« On n'en trouve pas de justification juridique. Comme il n'est ni possible, ni souhaitable de le leur contester, l'administration coloniale fait revivre un texte de circonstance, il s'agit d'une instruction de 1848 dans laquelle il est prévu que « seront dispensés de toute preuve de naturalisation les habitants indigènes du Sénégal... qui justifient d'une résidence de plus de cinq ans dans lesdites possessions ».

« Par possessions françaises, on va entendre les quatre communes.

« Quant à la résidence, elle sera prouvée par l'inscription sur les rôles des impôts locaux ; puis par la déclaration de deux témoins.

« Enfin, par décret du 17 juin 1887, la commune de Dakar est séparée de celle de Gorée, (pour devenir après Saint-Louis, Gorée et Rufisque, la 4e « commune de plein exercice » de citoyenneté). *Elle est dirigée par un maire, un adjoint, douze (puis dix-huit) conseillers.*

« A partir de la loi du 28 mars 1882, les maires et les adjoints ne sont plus nommés mais élus par des conseils municipaux, eux-mêmes choisis au suffrage universel direct pour une durée de six ans et

renouvelables par moitié tous les trois ans. Par la suite, le décret du 26 juillet 1884 rend applicable à la colonie la loi du 5 avril 1884, ce qui est la véritable charte des communes françaises.

1879 – 10 septembre. La question du chemin de fer du Cayor est soulevée une 1ère fois, lors de la ratification d'une convention avec le Damel du Cayor, Lat Dior Ngoné Latyr Diop, qui trouve un intérêt au soutien que lui a apporté la France en 1875, contre Cheikhou Amadou.

1880. L'État français (par le ministère de la Marine et des Colonies), organise un concours ouvert aux plus grandes entreprises françaises, pour construire et faire exploiter par une compagnie privée, une voie ferrée de 265 kilomètres entre Dakar et Saint-Louis.

Mais craignant une perte d'autonomie, Lat Dior révoque unilatéralement le traité conclu avec la France, attaque ses positions et déclenchant en représailles une action de pacification du Cayor, qui devient protectorat.

1881 – 27 avril. Début du soulèvement du Damel du Cayor Lat Dior au Sénégal, qui dénonce le traité de 1879 et s'oppose à la construction de la ligne de chemin de fer de Dakar à Saint-Louis.

Avril. Le Fouta-Toro passe sous le protectorat français. Le colonel Brière de l'Isle, gouverneur du Sénégal, obtient la soumission de l'almani Siré-Baba-Lih, qui règne sur le littoral du Sénégal actuel.

- 12 décembre. Création de la Cie. du Sénégal et de la côte occidentale d'Afrique (Cie. française de l'Afrique occidentale, CFAO, en 1887).

1882 – 1er mai. Loi confirmant une convention du 30 octobre 1880, concédant pour 99 ans à la Société de Construction des Batignolles, la construction (achevée en 1885) et l'exploitation de la ligne du chemin de fer de Dakar à Saint Louis, avec rachat possible au 1er mai 1908.

- 29 juin. Une autre loi approuve le cahier des charges. Si la compagnie parvient à lever par appel public à l'épargne, un capital de 5 millions de francs, l'État lui fournira une avance de 12 680 000 francs.

Le montage financier de l'opération est assez alambiqué : la ligne sera construite et exploitée aux frais de l'État qui, en vertu de la garantie accordée à la compagnie, devra payer l'intérêt du capital de construction et les insuffisances d'exploitation.

L'État est bien obligé d'offrir de tels avantages au concessionnaire, car la colonisation débute à peine et les habitants se montrent résolument hostiles aux tentatives de pénétration. Les opérations militaires ne sont pas terminées, et les guerres avec les Damels du Cayor et les Teignes du Baol ne prendront fin qu'avec la mort du dernier Damel, Lat Dior, tué lors de la bataille de Dekheulé, en décembre 1886.

Pour réaliser cet important chantier et exploiter la future ligne, la SCB d'Ernest Goüin crée en 1883 une société anonyme au capital de 5 millions de francs, appelée *Compagnie du chemin de fer de Dakar à Saint-Louis* (Cie. Du D.S.L.). Le conseil d'administration de la SCB autorise l'apport en nature de la concession en capital, la souscription d'un maximum de 6 700 actions de numéraire de la nouvelle compagnie, la signature d'un marché à forfait et d'une convention, précisant les conditions financières des rapports entre les deux sociétés.

D. – Notes concernant Me Jean-Baptiste Raoul 'Louis' RIVET

Me Jean-Baptiste Raoul 'Louis' RIVET, était né le 8 février 1838, en la petite commune de La Trinité, qui fait face à l'océan Atlantique au nord-est de l'île de la Martinique, aux Antilles Françaises.

Selon le site d'archives généalogiques 'Généanet', ce patronyme de RIVET pourrait aussi être celui de « RIVET-SAINT-MICHEL » ?

Aîné des deux fils issus du mariage de Me Charles Alphonse Philippe RIVET-SAINT-MICHEL, ou RIVET, lui-même Greffier de justice de paix du Canton de la Trinité, Quartier Sainte-Marie, alors âgé de 29 ans (comme étant né à Saint-Pierre vers 1810), du mariage le 22 avril 1834, de Charles RIVET SAINT-MICHEL, ou RIVET (1780), un Négociant fortuné et de Marie-Anne Théodore ARTAUD (1789) son épouse.

Et de Madame Antoinette Aimée ROY son épouse, alors âgée de 22 ans comme étant née au François (Martinique), le 12 avril 1815, fille d'une puissante famille ayant fait sa fortune dans les plantations de canne à sucre, leur mariage ayant été célébré à La Trinité, le 22 avril 1834.

La déclaration de sa naissance a été faite avec l'assistance de deux témoins, Monsieur Jean-François Duvau, 42 ans, officier de défense de marine royale de 2e classe et de Monsieur François Roy de Larentery, 35 ans, propriétaire et oncle maternel, ce qui confirme une ascendance de propriétaires « béké ».

Ces indications sont celles qui figurent dans son acte de naissance aux archives ANOM de la Martinique (Acte ECM N° 19 du 12 mars 1838), en revanche sans qu'il n'y soit fait mention du prénom de 'Louis', lequel aura pu être été rajouté ultérieurement, par fibre royaliste ?

Comme ses trois prédécesseurs au Greffe de Gorée, Mes Victor BOYER, Louis Félicité Emilien DEPROGE et Eutrope Honoré GERVILLE-REACHE, ce Me Jean-Baptiste Raoul 'Louis' RIVET est donc lui aussi originaire des petites Antilles Françaises.

Et comme le sera aussi son successeur, Me Fernand COLARDEAU.

Il n'a pas été trouvé, les références de ses études, ni non plus la date exacte de son début de carrière au parquet général de Fort-de-France, en revanche, il figure de nombreuses mentions sur le site 'généanet', de plusieurs nominations par arrêtés du Gouverneur, comme Juge de paix par intérim dans divers cantons de la Martinique, en sa qualité de chef du secrétariat administratif du procureur général.

C'est notamment le cas le 8 novembre 1871, pendant un mois et demi en sa ville natale de la Trinité et c'est en sa qualité de chef du secrétariat du procureur général, qu'il souscrit le 15 mars 1872, aux bonnes œuvres d'une « Association patriotique des Dames de France ».

Quatre jours plus tard, le 20 mars, il assure l'intérim pendant un mois, de la Justice de Paix du canton du Lamentin.

Puis le 25 juillet, pendant 4 mois cette fois-ci, celui de la Justice de Paix du canton du Diamant. Es-qualité de 1er substitut du Procureur Général il souscrit à nouveau en faveur de « l'Association patriotique ».

Le 31 mars 1873, il assure l'intérim pendant trois mois, de la Justice de Paix du canton de Saint-Esprit, avant d'obtenir par arrêté du Gouverneur, un « congé de convalescence pour la France, dont la durée sera fixée par Monsieur le Ministre de la Marine et des Colonies ».

Le 7 février 1976, il est nommé Juge de Paix (titulaire) au Lamentin ;

Il prend fonction en qualité de greffier et de notaire au tribunal civil de 1ère instance de Gorée (2e arrondissement de la colonie du Sénégal), le 19 avril 1880, mais n'y exercera que deux ans, jusqu'au 26 octobre 1882, avant d'être « promu » dans les mêmes fonctions, auprès de la Cour d'Appel et du tribunal civile de 1ère instance Saint-Louis-du-Sénégal (1er arrondissement et chef-lieu de la colonie).

Et de devenir 11 ans plus tard, le tout premier à la colonie du Sénégal, à devenir « notaire libéral », à la suite de la séparation des deux offices.

A noter que le Gouverneur du Sénégal d'époque, Louis Alexandre Esprit Gaston Brière de l'Isle (1876 à 1881), était aussi natif de la Martinique et de sept ans son aîné, comme étant né à Le François, le 4 juin 1824.

Son dossier de « carrière de magistrats ayant cessé leurs fonctions entre 1883 et 1900 » figure à l'inventaire numérique des archives nationales de France, sous la référence BB/6(II)/584 (p. 148).

Mais cette information est incertaine car non vérifiée et parce qu'il existe un risque de confusion avec un autre magistrat du nom de Raymond Michel Félix Rivet, nommé 1er substitut près le Procureur Général près la Cour d'Appel de Fort de France, par Décret impérial du 21 avril 1866 (à 48 ans), né à Saint-Pierre le 5 avril 1818 et démissionnaire le 9 juin 1874 (à 56 ans), fait Chevalier de la Légion d'Honneur le lendemain de sa cessation de fonctions, le 10 juin 1874).

Selon le site généanet, Me Rivet est mentionné témoin le 1er décembre 1866, lors du mariage de Pierre Marie François Gaston Poullet-Osier Huissier civil né à La Trinité le 5 avril 1840 (fils de la dame Marie-Antoinette Amélie Lodoïska Roy, 54 ans, née en 1812, probable parente et de 4 ans l'aînée de la mère de Me Rivet, née en 1816) et Anne-Marie Bellan, née au Gros-Morne, le 19 janvier 1845 (Acte ECLM N° 24).

Dans cet acte de mariage, Me Rivet est déclaré « âgé de 28 ans, chef du bureau administratif du procureur général, cousin germain de l'époux ».

Un enfant prénommé Louis (Marie Félix Edouard), est déclaré comme étant né à Fort-de-France, Martinique, le 29 avril 1869, sans indication du nom du père dans son acte de naissance (Acte ECFF N° 499 du 1er mai suivant), par sa mère la demoiselle Marie-Lucie Cappa, 23 ans, dont la belle signature volontaire et calligraphiée, témoigne d'une éduction parfaite, autant que de son aisance sociale.

Elle se fait assister de deux témoins lors de cette déclaration, les Sieurs Romuald de Lavau, 39 ans, Commis-Greffier à la Cour de la colonie et Théodore de Cours, 26 ans, écrivain de la marine, non parents mais probables collègues et amis du père secret (alors âgé de 31 ans).

Lors de la naissance de cet enfant naturel, Me Rivet est âgé de 31 ans, et il est en fonction de Chef du secrétariat du Procureur Général de la Cour d'Appel de Fort-de-France.

Cet acte de naissance comporte en outre une mention marginale de sa légitimation 17 ans plus tard, consécutive au mariage de ses parents le 4 février 1886, le père y étant déclaré « âgé de 41 ans, Greffier-Notaire à Gorée, Sénégal, dont mention faite à Paris, le 8 août 1883, par le sous-chef de bureau chargé des archives coloniales ».

Et pourquoi cette mention dans l'état-civil de son fils en 1883, d'une légitimation par le mariage subséquent de ses parents ?

Alors qu'elle est intervenue 3 ans plus tôt, en 1880.

Ce patronyme de Cappa lui est proche, parce que c'est aussi celui d'une dame Marguerite Clémence Cappa, native elle de Fort-de-France le 23 novembre 1858, qui épouse M. Louis Joseph Léon Poullet, agent de la Compagnie Générale Transatlantique à Cayenne, né le 2.12.1850, marié à Fort-de-France le 28 avril 1880, qui était le neveu de Me Rivet.

Le 7 février 1876, il est nommé Juge, à la Justice de Paix du Lamentin.

Le 18 novembre 1879, sur le probable rapport conjoint des ministres des colonies et de la justice, il est nommé par décret, greffier-notaire à la résidence de Gorée (Sénégal), en remplacement de Me Réache (lui aussi originaire des Antilles), lequel est promu à la capitale St-Louis.

Son mariage avec la demoiselle Marie Lucie CAPPA est célébré à Fort-de-France, le 4 février 1880 (Acte ECFF N° 8, 11 ans après la naissance de ce fils), sur la comparution de Jean-Baptiste Louis Raoul Rivet, 41 ans, Greffier-notaire à Gorée, Sénégal, domicilié à Fort de France (son père étant décédé en 1862) et d'une Mademoiselle Rose Pauline Cappa !!! décédée le 10 mai 1878 !!! (Acte N° 519).

L'union est précédée d'un contrat de mariage de Me Léon Bally, notaire à Fort de France et contient par ailleurs mention de la légitimation de leur fils Louis Marie Félix Edouard, né le 29.04.1869, 'déjà reconnu'.

Les 4 témoins étaient MM. Marie Georges Charles Maurice Blondel-Larougery, 33 ans, Avocat près le tribunal de 1ère instance et près la C. A. de la Martinique, Paulin Dominique Audemar, 53 ans, Propriétaire, Arthur Alivou, 40 ans, négociant, tous trois d. à F. de F. et Hippolyte Louis Damien, 44 ans, percepteur des contributions, d. à St Esprit.

Cet acte est incroyablement mal rédigé, car il organise une confusion entre l'identité de l'épouse et celle de sa mère naturelle prédécédée, l'employé de l'état-civil ayant « sauté » l'identité de l'épouse et l'a confondue avec celle de sa mère, en recopiant son brouillon !

L'acte de décès de Mlle Rose Pauline Cappa est dressé le 16 mai 1878, sur la déclaration de Monsieur Raoul Rivet, 40 ans, chef du bureau administratif du procureur général (et qui se comporte donc en gendre) et de M. Léon Paublet, 26 ans, écrivain au secrétariat du gouvernement, pour attester qu'est décédée en sa demeure rue Joyeuse,

Mlle Anne Rose Pauline Cappa, 51 ans, sans profession, fille légitime de Monsieur Louis Cappa et de Madame Anne Rose Charsein, tous deux décédés.

Ce mariage est célébré, juste avant le départ en affectation à la Côte d'Afrique, dont le système de santé n'a pas la meilleure réputation, pour organiser une situation matrimoniale reconnue et la légitimation de leur fils et puis, le temps de gagner cette lointaine destination via la métropole, il y prend fonctions deux mois et demi plus tard, le 19 avril.

On ne sait pas s'il y est accompagné de son épouse et de son fils, mais ceci pourrait expliquer ce mariage précipité, de manière à justifier de la prise en charge du déplacement onéreux vers cette nouvelle affectation.

Il n'y séjourne que deux ans, car par Décret du 20 juillet 1882, il est promu à son tour Greffier et Notaire à la Cour d'Appel et au Tribunal civil de 1ère Instance de Saint-Louis-du-Sénégal, capitale de la colonie d'alors, mais il n'y prend effectivement fonction que le 4 novembre.

Le 8 mars 1883, Me Fernand Colardeau, son successeur au Greffe-Notariat de Gorée est mourant.

Il est substitué par Me Eugène Thiam, son Commis assermenté, pour recevoir le contrat de mariage du Procureur de la république M. Alexis Chambaud avec Mlle Marion Boyer (Acte N° 1 ECG), avec pour témoin Me Louis Jean-Baptiste Raoul Rivet, Greffier-Notaire à St-Louis.

Il y est écrit qu'il a 42 ans ce qui signifie qu'il est né vers 1841.

Cette demoiselle Marion Boyer est sans relation de parenté, avec l'ancien greffier Victor Boyer.

E. – Observations relatives à Me Jean-Baptiste Raoul 'Louis' RIVET

Après Gorée, Me Rivet est promu Greffier-Notaire à Saint-Louis-du-Sénégal (1er arrondissement), du 4 novembre 1882 au 18 mai 1893 (10 ans ½), puis notaire en exercice libéral, (le tout 1er dans l'histoire du notariat au Sénégal), à la suite de la décision de séparation des deux offices de Greffe et de Notariat, du 18 mai 1893 au 9 juillet 1896, c'est-à-dire un exercice effectif d'une courte durée d'à peine trois ans.

Me Georges Auguste Patterson, alors Commis Greffier-Notaire à Saint Louis, assure son intérim à Gorée, du 13 au 29 novembre 1882, en attente de l'arrivée de son successeur au Greffe du 2e arrondissement, qui sera Me Fernand Colardeau.

Précédemment Greffier-Notaire à Gorée, 2e arr. (du 19 avril 1880 au 26 octobre 1882), il a été substitué à Saint-Louis par divers Commis Greffiers, dont Me Evremond Taillandier (du 10 juillet au 29 décembre 1883), Me Jean M'Benga (les 5 et 6 juillet 1886), Me Georges Auguste Patterson (par trois fois entre le 9 avril 1883 et le 24 juin 1986 et le 25 janvier 1890), Me Paul David (du 24 juin au 20 décembre 1886) et Me Célestin Portet (par deux fois, entre le 13 juin 1889 et le 15 mars 1893).

Les origines du Commis-Greffier Evremont Taillandier, n'ont pas été retrouvées, mais ce nom est surtout porté en Auvergne, à Vierzon, mais également très présent dans le Centre, l'Ouest et la Bourgogne.

Ce nom est à l'origine celui d'un métier et désigne l'artisan qui confectionnait les lames d'outils (houes, bêches par exemple), appelées autrefois taillants. Variantes : Tailhandier (63), Taillandié (82), Tallandier (55), Taillanter (76), Taillendier, Tallendier (59, 60).

Informations relatives au Commis-Greffier Jean M'BENGA :

Le plus souvent orthographié « Benga »), il substitue à Gorée, Mes Louis Félicité Emilien Deproge (1876), Honoré Gerville-Réache (au temps de l'épidémie de fièvre jaune, 1879), Louis Jean-Baptiste Raoul Rivet (1881) Fernand Colardeau (1883) et enfin Georges Auguste Patterson, de très nombreuses fois entre 1884 et 1894.

Il substitue aussi Me Rivet à Saint-Louis les 5 et 6 juillet 1886.

Ce remarquable Jean M'BENGA, a œuvré avec talent, aux côtés de 3 greffiers successifs Mes Rivet, Colardeau et Patterson, comme commis-greffier assermenté près le tribunal civil de 1ère instance de Gorée.

Il était né à Gorée dans le courant de l'année 1852, fils naturel de M. Providence M'Benga, menuisier et reconnu par acte de Me Henry Robert, alors Greffier du Tribunal civil de 1ère instance de l'île de Gorée, remplissant en outre les fonctions de Notaire et d'Officier de l'état-civil, le 8 septembre 1859 (Acte ECG N° 231) et de la dame Penda Diouf, blanchisseuse (décédée en 1857), tous deux domiciliés à Gorée.

Il s'y est marié, le 12 mai 1892, avec Mademoiselle Catherine Mané, dite 'Cathy Jean', sans profession, née à Gorée le 7 mars 1861, fille légitime de M. Jean Mané, patron au cabotage et de Mme Coumba M'Bame Demballé, son épouse, elle-aussi blanchisseuse, tous deux domiciliés quand vivaient en l'île de Gorée (conf. Acte N° 2 de E.C.G.).

Ils sont assistés de 4 témoins, Sieurs Paul Tonn, secrétaire municipal (30 ans), François M'Baye, employé de commerce (36 ans), Claude Potin, agent de commerce (39 ans) et Diouga Dieng, propriétaire et armateur (68 ans). (Ce Diouga, ou *N'Diouga DIENG* est l'arrière-arrière-grand-père paternel de Me Daniel-Sédar SENGHOR, auteur de cet ouvrage).

En bon Clerc de Notaire, Jean M'BENGA a fait précéder son union par un contrat de mariage, reçu par Me Georges Patterson, alors Greffier-Notaire près le Tribunal de 1ère instance de Dakar, le 5 mai précédent.

Il s'agit là du 1er Lébou, à avoir exercé à aussi haut niveau.

Les origines de Paul DAVID, dont les prénom et nom sont communs n'ont pas été retrouvées à l'identique de celles de Célestin PORTET, même si quelques cultivateurs portant ce prénom et ce nom figurent dans la base de données de généanet et sont originaires pour l'essentiel du département de l'Ariège et plus précisément des communes de Montoulieu, Auzat, La-Bastide-de-Sérou et Serres-sur-Arget.

Ces quatre petites communes sont situées respectivement à 11, 33, 17 et 9,3 km de la ville de Foix (la préfecture la moins peuplée de France) et elles comptent respectivement 407, 481, 967 et 683 habitants.

Si cette origine se trouvait confirmée cela n'aurait rien d'étonnant, car consécutive aux débuts de plantation de l'arachide, favorisée au Sénégal par la colonisation française à partir du milieu du 19e siècle.

Cet engouement nouveau, a coïncidé avec une arrivée significative de jeunes cultivateurs ariégeois de Mirepoix, de Prades, du pays de Sault et de la haute Ariège, le plus souvent célibataires et d'origine très modeste, pour travailler dans les postes excentrés des maisons de commerce bordelaises ou marseillaises, dans le négoce de la graine et les débuts de l'industrie de l'oléagineux.

Souvent attirés par des parents les ayant précédés, on les nommait les « mange-mil », car ils se distinguaient par leur frugalité et leur capacité étonnante à pouvoir s'accommoder de conditions de vie très spartiates.

Ils y restaient souvent longtemps, apprenant la langue du pays et ils gravissaient petit à petit les échelons de la hiérarchie commerciale, en finissant par s'installer comme traitants à leur propre compte.

Quelques-uns d'entre eux se sont particulièrement distingués : J.-B. Vézia (pradéen) à Gorée ; Sentenac (Saint-Girons), créateur de moulins à mil, resté 64 ans en Afrique et dont le fils a construit une usine de sauce tomate. Et aussi les Cathala, Bergé, Marchand (Urbain, dans la carrosserie), Toustou, Laffont, Delpy et nombre d'autres, tous ayant contribué au développement économique du Sénégal.

Au cours de ses cinq années d'exercice libéral, Maître Rivet aura eu au moins deux intérimaires :

- Le commis-greffier Célestin Portet, assure son intérim par deux fois, entre le 26 mars 1893 et le 4 juillet 1896, la seconde de ces deux substitutions s'achevant par son décès, survenu à Saint-Louis le 9 juillet 1896.
- Le greffier en chef Jean Edouard Minvielle, est chargé d'administrer l'office notarial, lui aussi par deux fois, entre le 15 juillet 1896 et le 29 novembre 1898, ce qui signifie que Me Rivet est dans l'incapacité de reprendre ses fonctions lors du décès de Me Portet, étant probablement absent de la colonie.

Né vers 1838, Me Rivet a environ 60 ans lors de la prise de fonctions de son successeur Me Augustin Henri-Louis Guillabert en janvier 1899, ayant souhaité prendre sa retraite (?) à 60 ans, où pour raisons de santé (?), car ayant même été substitué pendant 24 mois au cours des trois dernières années.

Cela signifie qu'il n'aura repris fonction que pendant six mois, au cours de ces dernières années, de novembre 1897 à mai 1898, n'étant probablement revenu à Saint-Louis que pour préparer son départ définitif, à partir de mai 1898 et cela ne peut s'expliquer que pour raisons de santé, où pour aller retrouver son fils en Indochine.

Me Louis Jean-Baptiste Raoul Rivet restera pour toujours, le 1er notaire d'exercice libéral du Sénégal.

Le parcours de vie de Me Rivet doit pouvoir se présenter comme suit :

1838 : (8 février) Naissance à Trinité, Martinique, Antilles Françaises ;

1858 : Etudes universitaires à ?

1862 : Diplôme de licence en droit de la faculté de ?

186? : Précédentes fonctions ?

1866 (1er décembre) Il est mentionné « chef du bureau administratif du procureur général de la Cour d'Appel à Fort-de-France, dans l'acte de mariage de son cousin germain ;

1868 : Relation avec la demoiselle Marie-Lucie Cappa ;

1869 : (29 avril) Naissance d'un fils naturel Louis Marie Félix Edouard, à Fort-de-France, Martinique, qui ne sera reconnu et légitimé que lors du mariage de ses parents 11 ans plus tard ;

1871 : (8 novembre) Arrêté le nommant Juge de Paix par intérim pour une durée d'un mois, en sa commune natale de La Trinité ;

1872 : (15 mars) Souscrit aux bonnes œuvres d'une « Association patriotique des Dames de France » ;

(20 mars) Arrêté le nommant Juge de Paix par intérim pour une durée d'un mois, au canton de Le Lamentin ;

(25 juillet) Arrêté le nommant Juge de Paix par intérim pour une durée d'un mois, au canton de Le Diamant ;

(date exacte inconnue) Nommé premier substitut du Procureur Général et souscrit à nouveau en cette qualité aux œuvres ;

1873 : (31 mars) Arrêté le nommant Juge de Paix par intérim pour une durée de trois mois, au canton de Saint-Esprit ;

1876 : (7 février) Nommé Juge de Paix à la Justice de Paix de Le Lamentin, Martinique ;

1878 : (16 mai) déclare le décès de Mlle Anne Rose Pauline Cappa, 51 ans, mère de sa compagne et grand-mère de son fils ;

1879 : (18 novembre) Nommé Greffier-notaire à la résidence de Gorée (Sénégal), en remplacement de Me Réache, nommé à St-Louis ;

1880 : (4 février) Epouse Marie-Lucie Cappa, mère de son fils. Union précédée d'un contrat de Me Léon Bally Notaire à F. de F emportant légitimation de leur fils Louis M. F. Edmond ;

(???) Départ pour le Sénégal, via la métropole (?), sans que l'on sache s'il y est accompagné de son épouse et de son fils ;

(19 avril) prise de fonctions au Greffe-notariat, Ile de Gorée ;

1882 : (20 juillet) Nommé Greffier et Notaire à la Cour d'Appel et au Tribunal de 1ère Instance de Saint-Louis-du-Sénégal ;

1882 : (4 novembre) prise de fonctions au Greffe-notariat de St-Louis

1883 : (8 mars) Témoin à Gorée, lors du mariage du procureur de la République Alexis Chambaud ;

1893 : (15 avril) Décret portant séparation du Greffe du tribunal d'avec le Notariat de Saint-Louis.

(10 mai) Cessation de fonctions de Greffier comme ayant été nommé titulaire de l'office notarial de Saint-Louis-I ;

1896 : (4 juillet) Intérim de Me Célestin Portet, Commis-greffier qui décède 5 jours plus tard. (15 juillet) Intérim de Me Jean-Edouard Minvielle, Greffier en chef jusqu'en novembre 1897 ;

(29 août) Elévation Officier dans l'Ordre royal du Cambodge ;

1897 : (novembre) Brève reprise de fonctions (6 mois) jusqu'en mai ;

1898 : (mai ou juin ?) Démissionne à 60 ans pour raisons de santé ?

Me Jean-Edouard Minvielle nommé Notaire provisoire chargé d'administrer l'office notarial dans l'attente de la nomination d'un successeur ;

(24 octobre) Augustin Henri-Louis Guillabert nommé titulaire, successeur de Me Rivet et il prend fonctions en janvier 1899 ;

1899 : (8 février) Décède à Paris-8e, le jour même de ses 61 ans.

Observation : Quatre Greffiers-Notaires successifs, Mes Victor Boyer, Eutrope Honoré Gerville-Réache, Louis Félicité Emilien Deproge et Louis Jean-Baptiste Raoul Rivet, auront été originaires des Antilles.

Tous les quatre ont commencé leur service au Greffe-Notariat de Gorée (2e arrondissement), avant d'être promus à Saint-Louis, chef-lieu (et 1er arrondissement) de la colonie du Sénégal et dépendances, le siège de la Cour d'Appel et d'un tribunal de 1ère instance, le Greffier officiant cumulativement auprès des deux juridictions et comme Notaire.

Cela confirme si besoin, en dehors du traitement et des émoluments d'actes, la hiérarchie existante entre les deux arrondissements, qui va s'inverser en moins de deux décennies, du fait de la création de Dakar et surtout par suite du transfert de la capitale de l'A.O.F. en 1902.

§ 17. – Fernand COLARDEAU, Greffier et Notaire à Gorée

Un autre Greffier-Notaire titulaire venu des petites Antilles Françaises, Fernand Colardeau n'exercera à Gorée que moins de neuf (9) mois, du 22 juillet 1882 au 16 mars 1883 et sera emporté prématurément lui aussi par une nouvelle flambée de la terrible épidémie de fièvre jaune, qui fait périodiquement payer un très lourd tribut à la colonie.

A. Le contexte international du moment

1883 – 20 mars. Convention de Paris sur la protection de la propriété intellectuelle. Réalisation de l'Union pour la protection internationale de la propriété industrielle (système des brevets) ;

1er février. Gustave Borgnis-Desbordes occupe Bamako.

5 février. Il commence la construction d'un poste fortifié destiné à faire face aux attaques d'Ahmadou au nord et de Samori Touré au sud ;

Partis du Sénégal, les Français avancent vers le lac Tchad et le Niger et l'empire d'Ahmadou est coupé en deux parties. Celui-ci proteste contre ces empiètements territoriaux, mais comme la menace se précise, il préfère abandonner Ségou à son fils et se rendre maître de Nioro, malgré la résistance de son frère Mountaga, qui refuse de l'accueillir dans la ville qu'il gouverne.

Les Français coupent les communications entre Ségou et Nioro (1885) ;

26-27 août. Située entre Java et Sumatra, le volcan Krakatoa dont le nom signifie « mont silencieux », connaît un cycle éruptif très violent dont les déflagrations s'entendent jusqu'à Singapour et en Australie.

L'effondrement du cratère détruit par l'explosion provoque un immense tsunami, dont les vagues font le tour de toute la planète et qui font près de 36.000 morts en dévastant les côtes nord-ouest de l'île de Java ;

3 septembre. Borgnis-Desbordes, à qui on reproche les pertes humaines consécutives aux trois campagnes qu'il a menées (229 hommes dont 194 européens) et la lenteur des travaux du chemin de fer de Kayes vers Bamako (mortalité considérable des travailleurs marocains et chinois), est remplacé par le lieutenant-colonel Boilève, et les opérations militaires sont suspendues.

18 décembre. Parlement refuse les crédits demandés pour la poursuite des travaux et la construction de la ligne de chemin de fer est arrêtée.

B. – En France, ce qu'il s'y passait à ce moment-là

1883 – 21 juillet. Fondation de l'Alliance française, à l'initiative de Paul Cambon et Pierre Foncin.

C. – Et en la Colonie du Sénégal

1883 – Avec la Révolution industrielle, la France désire construire un chemin de fer afin de relier Saint-Louis et Dakar, dont la réalisation est confiée à une société privée et entre en conflit avec le Damel du Cayor, Lat Dior. Ce conflit permit à la France de faire officiellement du Cayor un protectorat en 1886, un an après la fin de la conférence de Berlin.

C'est au XIXe siècle que l'islam gagne pacifiquement la majeure partie des populations, auparavant animistes du Sénégal, grâce aux confréries maraboutiques, celle d'El Hadji Malick Sy pour la Tidjaniya et celle d'Ahmadou Bamba Mbacké, fondateur de la confrérie mouride, qui émerveillent les populations par leur érudition et leurs miracles.

C'est également le moyen fédérateur pour ces populations de se protéger contre les ravages du double péril que connaissent les royaumes au XIXe siècle, les djihads répétés et la colonisation forcée.

Selon M. le professeur Gana Fall « *au Djolof comme au Ndiambour, les chefs ont eu à souffrir de l'influence du Schaikh Ahmadou Bamba. Si Samba Laobé Penda se soumit à lui en adhérant à la nouvelle confrérie, en revanche le Bour du Ndiambour, Ibrahima Ndiaye, jugeant que l'autorité du marabout portait ombrage à son pouvoir et son prestige, sollicita l'intervention de l'autorité coloniale en ces termes* » :

« *Ahmadou Bamba joue un rôle plus important que moi, son influence porte atteinte à mon pouvoir et à mon prestige. Quelques chefs de cantons sont venus me rendre compte qu'ils ne sont pas écoutés par leurs administrés à cause de l'influence du mouridisme qui y règne. Vous comprenez combien il me sera difficile de diriger cette partie de ma province où je ne peux plus aller sans m'exposer à un nouvel affront, être abaissé comme je l'ai été. Je vous serais donc reconnaissant d'examiner la situation dans laquelle je me trouve actuellement réduit, car c'est le gouvernement français qui m'a investi et il lui appartient de me soutenir* ».

Il n'est pas du tout certain que l'administration coloniale ait répondu à cet appel.

Car en effet, prenant la juste mesure de l'opportunité historique qui leur est offerte par les avancées maladroites du pouvoir colonial, de réduction de l'obstacle historique à leurs ambitions que sont les religions traditionnelles, les confréries soufi s'en font d'abord les contempteurs.

Selon Monsieur le professeur Gana Fall, Cheikh Ahmadou Bamba, grand soufi, saint et érudit, poète et maître de la prosodie en matière coranique, expliquera en 1910 « *le gouverneur français, grâce à Dieu, ne s'oppose en rien à la profession de la religion. Au contraire, il aide les musulmans qu'il aide et les encourage à la pratiquer* ».

Fructueuse collaboration qui lui vaut d'être fait Chevalier de la Légion d'Honneur en janvier 1919 et « *n'ayant pas été consulté en préalable, il en reçoit le diplôme et non la croix, qui est un insigne caractéristique de la religion chrétienne* » (selon le blog Médiapart 2020), qui ajoute « *qu'il n'appartient pas qu'à la communauté*

Mouride, mais fait désormais partie du patrimoine culturel et religieux de l'ensemble du Sénégal ».

De son côté, le professeur Gana Fall poursuit « *Quand à El Hadj Malick Sy nous dit Rawane Mbaye, il quitte Ndiarné pour Tivaouane afin de continuer sa mission au vu et au su des Français, traduisant ainsi une volonté de vivre en paix avec le pouvoir colonial* ».

Il en résulte un affaiblissement drastique de la chefferie traditionnelle et la montée en puissance de ces confréries concurrentes, qui profitent à plein du discrédit d'une aristocratie, devenue coupable de son inaptitude à faire obstacle aux ambitions de pénétration, du nouvel acteur colonial.

Le rapport d'antagonisme millénaire, entre le culte thiédo traditionnel et celui de tribus maures esclavagistes, s'en trouve profondément fracturé.

Demba Waar Sall, président de la Confédération du Cayor en 1886, est selon M. le professeur Gana Fall « *confronté à un problème d'image de marque et accusé de trahison, l'empêchant d'avoir le soutien de ses administrés* » et ne parvenant plus à gouverner, il finit par démissionner.

Il poursuit, de la même manière, le Bourba Djolof Bouna Ndiaye, un fin lettré, ayant étudié à l'école des fils de chefs et séjourné en France est « *vivement contesté par les esclaves de la couronne ... et l'opposition des peuhls à son autorité est si vive, qu'il écrit au commandant pour solliciter son aide* », ajoutant « *Je vous affirmerai M. le commandant que je suis dans un milieu dont je serai heureux de me voir sortir* ».

Un double jeu dont la subtilité échappe pour l'essentiel au colonisateur, qui s'avance maladroitement au-delà des anciens comptoirs de Saint-Louis et Gorée, comme un éléphant dans un magasin de porcelaine, sans prendre la pleine mesure de son dynamitage du seul rempart historique aux ambitions de pénétration de cette religion d'importation et qui sans vraiment le comprendre, se mue en principal agent de sa propagation.

Il ne faut pas oublier, que cette période coïncide avec l'avènement de la 3e République en France, dont l'action politique est dominée pour l'essentiel par les radicaux-socialistes, qui sont massivement des francs-maçons anticléricaux, souvent hostiles aux entreprises d'évangélisation des missions catholiques, qu'ils contrarient plutôt que de les encourager.

Une politique coloniale qui est aux antipodes de celle de l'Angleterre, ou le souverain est aussi chef de l'église anglicane et ou, dans la plus parfaite intelligence, le soldat et le missionnaire avancent de concert !

Et sans que ce ne soit le lieu de poursuivre plus avant cette analyse des rapports d'influence entre les trois pouvoirs, aristocratique, spirituel et colonial Monsieur le professeur Gana Fall écrit en page 65 de son ouvrage « *Ce sont les marabouts qui sont les grands bénéficiaires de la récupération de l'aristocratie traditionnelle par le pouvoir colonial* ».

Quoiqu'elle en pense, la France restera en droit de pouvoir revendiquer son principal crédit colonial, celui d'islamisation historique du Sénégal !

Le XIXe siècle est donc marqué par la chute des royaumes, l'avancée des colons européens et la résistance anticoloniale par des personnages tels qu'Aline Sitoé Diatta, Sidya Ndaté Yalla Diop, Oumar Tall, Mamadou Lamine Dramé, Alboury Ndiaye, Alpha Molo, Maba Diakhou Bâ, Ndaté Yalla, Moussa Molo Balde, Djignabo Badji, Lat Dior...

Lors de la conférence de Berlin qui s'achève le 26 février 1885, les puissances européennes se partagent l'Afrique et annexent tous les royaumes situés à l'intérieur des terres, la colonisation de l'ensemble de l'Afrique de l'Ouest s'achevant quelques années plus tard.

A Saint-Louis, le puissant parti marchand de la famille Devès, négociants mulâtres fortunés, disposait de relais d'influence auprès du parti radical à Paris, mais aussi de leviers auprès des fonctionnaires en poste à la colonie, au moyen d'allocations de complément pouvant être allouées par le Conseil Général.

Il avait obtenu le rappel du gouverneur Brière de l'Isle (1878-1881), à la suite de la dissolution intempestive en 1879, de la municipalité dirigée par Gaspard Devès et son adjoint Jean Crespin.

« Jacobinisme dominateur semblable à celui des colons d'Algérie » !

C'est le temps de « désannexion » (perte d'influence du conseil général entre 1889 et 1894, sur l'intérieur du pays sénégalais) qui est voulue par le gouverneur Clément-Thomas, relevé le 25 août 1890, avant son remplacement le 23 septembre 1890, par le gouverneur de Lamothe.

Ces affrontements d'intérêts croissants entre la puissante bourgeoisie métisse et l'administration coloniale, se comprennent mieux, au vu des troubles consécutifs à « *l'affaire de Podor* ».

En 1889, le service judiciaire à Saint-Louis est antillais dans sa grande majorité et son chef (Procureur général), qui se veut au service exclusif de l'équité se nomme Henri-Louis-Hippolyte Ursleur.

Petit-fils d'un maître maçon « libre de couleur », né à Cayenne, Guyane, le 2 mai 1857, fils de l'Avocat Philistall Ursleur (1823-1892), qui sera élu bâtonnier du barreau de Cayenne et conseiller privé de la Guyane.

Parti à seize ans faire ses études classiques et juridiques à Bordeaux, puis à Paris, il est licencié en droit et revient à Cayenne en 1880, comme Avocat et Avoué.

Nommé chef du service judiciaire au Sénégal en poste à Saint-Louis en 1886 (du temps du greffier-notaire Rivet), mais il en revient au bout de moins de deux ans, à la suite des troubles et dirigera l'École préparatoire de droit, ce qui lui vaudra la distinction d'Officier d'Académie.

Elu Conseiller général de Cayenne dès son retour d'Afrique en 1888, il préside l'assemblée guyanaise à partir de 1892. À ce titre, il œuvre en faveur des intérêts de l'industrie aurifère et de la laïcisation des institutions locales. Il est ensuite élu maire de Cayenne entre 1890 et 1898. Lors des élections législatives de 1898, il se présente contre le député sortant Gustave Franconie, qu'il bat dès le premier tour, par 1.393 voix contre 1.163. À la Chambre, il s'inscrit au groupe radical-socialiste.

Également secrétaire de la réunion parlementaire coloniale et maritime, dans la continuité de ce qu'il a vécu au Sénégal, il est partisan de la décentralisation, réclamant plus d'autonomie pour la Guyane.

Pour en revenir à « l'affaire de Podor », l'ouvrage de Monsieur David Robinson, « *Sociétés musulmanes et pouvoir colonial français au Sénégal et en Mauritanie 1880-1920 – Parcours d'accommodation* », Editions Karthala. Pages 110 et suivantes, est riche d'enseignements socio-politiques d'époque.

« *Léon Clément Thomas est nommé gouverneur en 1888, avec mission de consolider et d'étendre l'autorité coloniale française au Sénégal et il en est de même de son successeur Henri de Lamothe, par l'entremise de sa direction des affaires politiques* ».

« *L'affaire Jeandet en est l'illustration. Un assassinat et trois exécutions se produisent en septembre 1890 déclenchant une enquête. Abel Jeandet était arrivé au Sénégal en 1887, avec une bonne expérience en préfecture et il est en charge des affaires politiques* ».

« *Le gouverneur l'envoie à Podor, alors que la France mobilise ses forces contre la partie centrale du Fouta Toro, dernière poche de résistance, contre le futur Sénégal colonial et un soldat mécontent après avoir été rétrogradé, abat Jeandet dans sa tante* ».

« A la suite d'une enquête à tout le moins expéditive, le gouverneur Clément-Thomas et son directeur politique, Louis Tautain, font condamner et décapiter l'assassin et deux « complices » sur la place publique de Podor et leurs corps sont jetés au fleuve, l'un des trois étant l'ancien chef du protectorat du Toro, le *Iam Toro Sidikh*, que Jeandet avait démis de ses fonctions trois ans plus tôt ».

Règlement de comptes ? « *Il se forme très vite une coalition d'intérêts à l'initiative d'un groupe de métis saint-louisiens dirigé par la famille de Gaspard Devès et sa maison de commerce, qui entretient des liens très étroits avec les traitants et chefs traditionnels de la région de Podor, lesquels choqués par le jugement et l'exécution sommaire, mettent en place une très forte contestation* ».

« *En collaboration avec le directeur de l'intérieur qui assure l'intérim du gouverneur Clément-Thomas qui a quitté la colonie et en attente de l'arrivée de son successeur de Lamothe, ils saisissent le chef du service judiciaire, un Antillais nommé Henri Ursleur, qui voyant nettement les implications, diligente une enquête sur les actes du directeur Tautain, commandant du poste de Podor* ».

« *Les Devès alertent aussi Alexandre Isaac, l'ardent défenseur des droits de l'homme et sénateur de la Guadeloupe, ainsi que l'amiral Aristide Vallon, le député qu'ils avaient soutenu pour les élections de 1889, son soutien étant capital pour contrer les efforts du ministère de la Marine et des Colonies pour faire abandonner l'enquête judiciaire* » ... et couvrir cette grave bavure qui tombe très mal.

« *Sur intervention de groupes d'intérêts bordelais et du gouverneur de Lamothe, On rappelle Ursleur, son successeur, un autre Antillais nommé Henri Larrouy et deux autres membres du service judiciaire qui furent mutés avant la fin de l'année, l'administration décapitant ainsi une institution judiciaire aussi sûrement qu'elle l'avait fait des prétendus comploteurs, l'enquête étant ensuite abandonnée* ».

« *De Lamothe révoque ensuite le conseil municipal de Saint-Louis, qui était sous la direction d'un très proche des Devès et le remplace par une commission confiée à l'avocat français Jules Couchard et l'on « persuada » enfin le député Vallon, de l'intérêt qu'il y avait pour la suite de sa carrière, à « laisser tomber » cette affaire* ».

Cette affaire illustre par ailleurs l'affrontement colonial entre pouvoir exécutif et l'embryon de pouvoir judiciaire, en bute à la raison d'état.

« *L'empire triomphe impunément sur la commune et sur le citoyen* (au nom de la raison d'état), *mais l'opposition pousse la hiérarchie française dans ses derniers retranchements ... le gouverneur de Lamothe ne se privant pas d'interférer dans le processus électoral et dans les affaires relevant du conseil municipal de Saint-Louis et profite de chaque occasion pour affaiblir le camp Devès* ».

« *Son successeur Jean-Baptiste Chaudié, poursuit la même campagne contre l'opposition saint-louisienne et lance une enquête au sein de la Banque du Sénégal, vénérable institution financière saint-louisienne contrôlée par la communauté métisse et qui venait de consentir des prêts importants aux Devès* », accusés de malversations, de faux bilan, d'abus de biens sociaux et d'escroquerie.

Mise en faillite, « *la banque est mise en liquidation judiciaire, ses dossiers confisqués et ce qu'il reste d'actifs, est apporté à la Banque de l'Afrique occidentale, qui est sous puissant contrôle métropolitain* ».

L'objectif principal est atteint, celui d'asphyxier financièrement ces métis Devès puissants et par trop indociles, en les privant de leur banque et surtout des moyens de financement de leurs ambitions politiques.

Cette affaire est l'un des ingrédients de la perte de pouvoir de la société métisse de Saint-Louis, en complément de sa division suicidaire entre Carpot, Descemet, Devès et Pellegrin, même si le conseil général est toujours présidé par Descemet, en attente de son gendre Guillabert.

Les intérêts de la bourgeoisie métisse sont aussi menacés par l'afflux soudain de petits colons débarqués de la métropole, dont le nombre multiplié par sept entre 1840 et 1890, submerge les intérêts de l'ancien négoce créole et ce mouvement s'intensifie avec l'avènement de Dakar, qui deviendra à partir de 1902, la nouvelle capitale de l'A.O.F.

Ces deux forces se trouvent contraintes d'intensifier leur jeu dangereux, d'instrumentalisation du groupe indigène majoritaire, qui ne tardera pas à s'en affranchir pour leur prendre le pouvoir.

Cette redistribution entraine le revirement de position de la puissante famille Devès, qui est adossée par clientélisme aux intérêts indigènes, qui s'allie à partir de 1914 aux intérêts bordelais, pour soutenir le candidat français Heimburger dans le but de faire battre son vieil adversaire François Carpot, favorisant ainsi sans l'avoir anticipé, le succès du futur député Blaise Diagne.

Voir l'article de Jean Manchuelle, dans « Cahiers d'Études africaines », Année 1984 : « *Métis et colons, la famille Devès et l'émergence politique des Africains au Sénégal, 1881-1897* », pages 477 à 504.

Site web : https://www.persee.fr/doc/cea_0008-0055_1984_num_24_96_2197

D. – Notes individuelles concernant Me Fernand COLARDEAU

Fernand Colardeau nait le 24 novembre 1840, à Pointe-à-Pitre, Antilles Françaises, « chez la Veuve Pipau, rue des Jardins n° 72 ».

Il est le 6e des 11 enfants issus du mariage (en 1828) de François Colardeau, né au Port de la Liberté (1798-1865) et de Magdeleine Thérèse dite « Théléma » Labille, née à Basse-Terre (1808-1878).

Il épouse à Basse-Terre, Guadeloupe, le 1er juin 1866 (sans contrat), Marie Cléontine Almérine Guilliod, née audit Basse-Terre le 24 juillet 1838, fille d'Alexis Sylvain Guilliod, marchand orfèvre (né vers 1868), domicilié impasse du Marché et de Marie Simplicia Latour.

Il semble que le couple Colardeau-Guilliod ait eu neuf enfants, dont quatre ont eu une postérité :

- Jeanne Thérèse Marie Colardeau, en 1866, qui épouse à 20 ans un M.
- Armand Pierre Marie Bougenot, le 24 novembre 1886 ;
- Alexis Emile Lucien François Colardeau, en 1868 ;
- Jean Marie Camille Maurice Colardeau, en 1869 ;
- Louise Fernande Madeleine Colardeau, en 1872, qui épouse à 21 ans un Monsieur Charles Emile Nadal, le 10 octobre 1893.

Il quitte la Guadeloupe en 1882 pour se rendre à Gorée via la France, sur le paquebot Lafayette, peut-être attiré à la colonie du Sénégal par la présence de son frère Octave, lequel de deux ans son aîné (né en 1838), y est commissaire à la marine et fait chevalier de la légion d'honneur en 1881. Ce frère sera plus tard gouverneur de Nouvelle-Calédonie.

Les deux îles de Gorée et de Saint-Louis sont organisées sur le modèle français et dotées du même statut que les autres communes françaises.

Cette politique d'assimilation est fondée sur l'idée généreuse et idéaliste, mais tout autant réductrice, consubstantielle à ce laminage suprématiste, qui était caractéristique de la 3e République, au nom des nobles idéaux des radicaux-socialistes et d'inspiration probablement maçonnique, de « *l'universalité d'identité du genre humain* » ;

Pendant son séjour à Gorée, le Greffier-Notaire y réside avec sa famille, rue des Gourmets.

Le 1er acte notarié reçu par lui et dont il est fait mention dans le registre de l'état-civil (mariages) de Gorée est un contrat de mariage

(Nicolas de Saint-Jean et Marie Noël) daté du 5 décembre 1882, tel que visé dans leur acte de mariage (N° 4 dudit registre ECG, pour l'année 1882).

Le 8 mars 1883, alité et mourant, il est dans l'impossibilité de recevoir personnellement, le contrat de mariage du Procureur de la république Alexis Chambaud, qui épouse une jeune goréenne, Marion Boyer (homonymie sans rapport avec l'ancien Greffier-Notaire Victor Boyer).

Il est substitué par son Commis-Greffier assermenté, Eugène Thiam.

Il est fait mention de son indisponibilité dans l'acte de mariage célébré le même jour, tel qu'il figure dans le registre de l'état-civil (mariages N° 1 ECG) de Gorée. L'un des témoins est son confrère et prédécesseur Louis Jean-Baptiste Raoul Rivet, alors Greffier-Notaire à Saint-Louis.

Me Colardeau est décédé à la fleur de l'âge, le 16 mars 1883, à 42 ans, dans le terrible gâchis de ce pur produit d'exemplarité de ces « Antillais et Guyanais dans les collèges royaux, sous la Restauration et le Second Empire ».

Le parcours de vie de Maître Fernand Colardeau doit pouvoir être reconstitué à peu près comme suit :

1840 : (24 novembre) Naissance à Pointe-à-Pitre, Guadeloupe, Antilles Françaises, 6e des onze enfants issus du mariage de François Colardeau et de Magdeleine Thérèse dite « Théléma » Labille ;

1851 : Enfance, scolarité et études supérieures à la-Pointe-à-Pitre, Guadeloupe ;

1865 : Au décès de son père, il est employé du parquet du procureur général à Basse Terre ;

1866 : Secrétaire ordonnateur rédacteur, puis greffier provisoire à la justice de paix de Basse Terre ;

(1er juin) Mariage avec demoiselle Marie Cléontine Almérine Guilliod, à Basse-Terre, Guadeloupe ;

Naissance de sa 1ère fille Jeanne Thérèse Marie Colardeau ;

1868 : Chef du secrétariat du procureur général, en plein Second Empire, jusqu'en 1872 ;

Naissance de son 1er fils Alexis Emile Lucien François ;

1869 : Naissance de son 2e fils Jean-Marie Camille Maurice ;

1872 : Chef de du bureau du parquet général de la Guadeloupe ;

Naissance de sa 2e fille Louise Fernande Madeleine ;

1879 : Greffier provisoire de la justice de paix à Basse-Terre ;

1882 : Nommé Greffier-Notaire en l'île de Gorée (Sénégal), modeste comptoir français à la côte d'Afrique, il quitte la Guadeloupe pour regagner son poste via la France sur le paquebot Lafayette ;

(22 juillet) Prise de fonctions comme greffier-notaire en l'Ile de Gorée, 2e arrondissement de la colonie du Sénégal ;

1883 : (16 mars) Décède à Gorée, à 42 ans, lors d'une nouvelle flambée de la terrible épidémie de fièvre jaune.

Sa Veuve Marie Cléontine Almérine Guilliod, retourne à la Guadeloupe avec leurs enfants et y restera sa veuve, se consacrant à leur éducation jusqu'à son décès 10 ans plus tard, en 1893, à l'âge de 55 ans.

Les deux fils, Alexis Emile Lucien François (Avocat) et Jean Marie Camille Maurice (Mécanicien), se rendront avec leur oncle Octave en Nouvelle-Calédonie à la fin du siècle. Ils y feront leur vie, alors que les deux filles, déjà mariées peu de temps après leur retour du Sénégal, resteront en Guadeloupe.

E. – Observations relatives à Maître Fernand COLARDEAU

De 1878 à 1883, l'épidémie de fièvre jaune au Sénégal entraîna la mort de 21 médecins et pharmaciens de marine français (un seul survécut).

Deux stèles, l'une à Saint-Louis et l'autre dans l'île de Gorée rappellent le sacrifice de ces valeureux praticiens qui, au sein des populations et au chevet des malades, firent leur devoir au point de succomber à leur tour.

Parcours d'excellence tragiquement fracassé par cette terrible épidémie.

Encore plus prestigieux, aura été le parcours de son frère Octave Jean Baptiste Charles Colardeau, (5e de la fratrie Colardeau), lequel présent au Sénégal au même moment, aura eu la chance d'en réchapper :

1838 : 4 décembre, né à Pointe à Pitre, rue de l'Ancien Canal n° 11.

1851 : 28 juillet 1851. Candidat aux bourses nationales à Basse Terre, alors qu'il n'a que 12 ans et 7 mois ;

1863 : Commis de marine à Basse Terre.

1865 : Mentionné comme aide commissaire de la marine en Guyane, dans l'inventaire après le décès de son père, représenté par Jean Rullier, notaire.

1869 : Sous commissaire de la marine à Basse Terre.

1881 : Commissaire de la marine au Sénégal. Nommé chevalier de la Légion d'honneur le 18 janvier. Reçu à Saint-Louis-du-Sénégal par le général Brière de l'Isle, gouverneur du Sénégal.

Vers 1898. Devient gouverneur de Nouvelle-Calédonie. 2 de ses neveux, Maurice et Lucien (fils du greffier de Gorée) l'y rejoignent.

En seize années, de 1867 à 1883, cinq Greffiers-Notaires se seront succédé au Greffe du Tribunal civil de 1ère instance de l'ile de Gorée, 2e arrondissement de la colonie du Sénégal, avec la particularité d'être tous venus depuis l'autre côté de l'océan Atlantique, en provenance des Antilles Françaises, trois de la Martinique, deux de la Guadeloupe.

- Victor-Léon BOYER, du Fort-Royal (Fort-de-France), en Martinique, du 8 avril 1867 au 21 juillet 1871 ;
- Louis Félicité Emilien DEPROGE, de Fort-de-France, en Martinique, du 5 février 1872 au 9 juillet 1878 ;
- Eutrope Honoré GERVILLE REACHE, de la Pointe-à-Pitre à la Guadeloupe, du 5 décembre 1878, au 9 janvier 1880 ;
- Jean-Baptiste Raoul Louis RIVET, de Trinité à la Martinique, du 19 avril 1880, au 26 octobre 1882 ;
- Fernand COLARDEAU, Pointe-à-Pitre, Guadeloupe, du 26 octobre 1882 au 7 avril 1883, victime de la fièvre jaune, après moins de 6 mois.

Ce n'est assurément pas le fait du seul hasard, si cinq greffiers nommés au Sénégal, arrivent des Antilles et s'y succèdent, car cela participe en évidence, d'un calcul, de choix et d'intérêts, qu'il s'agisse d'influence, de dissémination d'idées, de stratégie politique, ou d'enjeu budgétaire.

Victor-Léon Boyer, Jean-Baptiste Raoul Rivet et Fernand Colardeau, sont descendants de puissantes familles de planteurs 'béké', négociants et propriétaires fortunés, dont la généalogie 'officielle' est sans doute fière, de ne s'être jamais compromise … en mixage de races.

Idéologie « officielle », rendue aveugle aux « à-côtés », si l'on sait que le Gouverneur Louis Brière de l'Isle, natif « béké » de la Martinique, avait lui-même, outre son frère et ses quatre sœurs, trois demi-frères, issus de la longue relation de son père Edme Claude Laurent B. de l'Isle avec 'Cythère', une jeune et jolie métisse libre, actrice née à Saint-Pierre.

Emilien Deproge et Eutrope Gerville Réache ne sont pas des « béké » et même tout au contraire, en situation de revendiquer leur qualité « *d'hommes de couleur, très instruits et profondément républicains* ».

Tous deux sont fils « *d'hommes de couleur libres et patentés* », qui ont quitté l'ignoble condition de leurs parents dans la plantation de canne à sucre, pour s'élever socialement par le seul mérite de leur compétence d'artisans, leur ayant donné l'accès à un début de savoir, pour pousser leurs enfants vers la meilleure éducation et les diplômes.

Alors et même s'ils sont quarterons, de carnation très pâle et qu'ils ne revendiquent certainement pas plus que nécessaire, une ascendance qui pourrait s'avérer contre-productive et ruiner leur effort d'ascension en société coloniale, qu'il s'agisse d'Afrique ou de Caraïbe, ils sont tous deux arrière-petit-fils d'esclaves noires et peuvent même, en être fiers.

Il est bien peu probable que l'écho d'idée philanthropique d'un « retour vers l'Afrique » leur soit même parvenue, le jamaïcain Marcus Garvey n'étant pas encore né, mais il y a l'intérêt de se rendre à la découverte d'une terre ancestrale, au moins pour mesurer combien il y reste à faire pour la mettre à niveau des timides avancées réalisées aux Caraïbes.

Et donc se réjouir en paradoxe, du privilège de s'en être extrait, dans la satisfaction paternaliste de découvreurs de talents locaux, parmi leurs Commis-greffiers dans la 2e moitié du 19e siècle ;

Ce seront les excellents commis-greffiers-notaires Gabriel Armstrong, Georges Patterson, Antoine Diagne, Jean M'Benga, François Cissé et Eugène Thiam, pour n'en citer que quelques-uns.

Il y a aussi, que la venue d'antillais qualifiés en Afrique, pour y exercer des fonctions éminentes qui étaient auparavant l'apanage exclusif du colon, démontre que la « mission civilisatrice » est cohérente, que la promotion est possible et ce sera là, un puissant incubateur de talents.

Alors, est-il fortuit, que ce soit dans ces deux familles Deproge et Gerville Réache, que soient élus exactement en même temps, les Députés de la Guadeloupe et de la Martinique à l'assemblée nationale ?

Elus tous deux le 21 septembre 1881, par un mouvement de réaction contre l'ordre antérieur suprématiste, Ernest Deproge comme Gaston Gerville-Réache, siègent à l'extrême-gauche et se font représentants exigeants de la cause indigène, au-delà de leur seule circonscription, car cette cause interpelle l'entier « empire français » qui vient d'être défait et dans cette compréhension ils sont tous deux … députés de l'Afrique.

Professeur d'histoire contemporaine, Monsieur Dominique Chathuant, a recherché dans l'histoire la réponse à la question de « *L'émergence d'une élite politique noire dans la France du 20e siècle ?* », en rappelant que « *C'est sous la 3e République que des hommes issus des colonies, perçus comme noirs ou métis, s'affirment peu à peu comme des parlementaires de stature nationale, alors que se diffusent encore des théories affirmant leur infériorité biologique ou culturelle*

Gaston Gerville-Réache, fils d'Eutrope Honoré Gerville Réache, Greffier-Notaire à Gorée, puis à Saint-Louis-du-Sénégal (1878 à 1882), Député de la Guadeloupe (1881-1906), aura été l'un des tous premiers « hommes de couleur » de stature nationale de la 3e République.

Ernest Deproge, neveu de Louis Félicité Emilien Deproge, Greffier-Notaire à Gorée, puis à Saint-Louis-du-Sénégal (1872 à 1878), Député de la Martinique (1881-1898), en a été la réplique, se rangeant lui aussi derrière Clémenceau dans l'hémicycle.

Tous deux sont Avocats, très proches de Victor Schoelcher, nés respectivement en 1854 et 1850, âgés de 27 et 31 ans lors de l'élection du 21 septembre 1881, ils siègent dans les rangs de l'extrême gauche.

Selon M. le professeur Chathuant, *« Leur présence au Palais-Bourbon témoigne de l'investissement de la sphère politique coloniale par une élite mulâtre républicaine constituée sous l'esclavage puis avec la République contre la ploutocratie blanche et monarchiste ».*

« Leur élection est un signal d'émulation très puissant, au service de la politique assimilationniste fondée sur l'idée généreuse, idéaliste, mais tout autant réductrice par laminage identitaire de la troisième République, de « l'universalité d'identité du genre humain » qui était celle d'époque.

Prenant fonction à Gorée, le 5 décembre 1878, Me Eutrope Honoré 'Gerville' REACHE, qui arrive de Guadeloupe, n'y reste que 13 mois, jusqu'au 9 janvier 1880, puis promu à Saint-Louis, chef-lieu de la colonie, comme l'avait été Me Victor Boyer avant lui et comme le sera son successeur, Me Raoul Rivet, tous deux originaires de Martinique.

Clin d'œil de l'histoire ? Il est amusant de constater qu'après Saint-Louis, Me Boyer est nommé à Basse-Terre, en Guadeloupe, l'ile natale de son successeur à Saint-Louis, Me Gerville-Réache.

C'est l'époque d'un très vif intérêt colonial français pour la promotion de sa vision utopique d'universalité en Afrique, dont il est justifié par les concepts de « mission civilisatrice » et « d'éveil aux lumières », qui connaîtront des fortunes diverses, les « Antillais d'Afrique » ayant joué un rôle incontestable, dans l'éveil d'une conscience nègre, en se faisant prototypes de nombreuses autres avancées d'affirmation identitaire.

Me Fernand Colardeau a eu pour successeur Me Georges Auguste **Patterson**, qui doit probablement sa nomination à l'urgence de devoir assurer au plus vite, la continuité du service public de la preuve.

§ 18. – Georges Auguste PATTERSON, Greffier et Notaire, en 1883 à Gorée, puis à partir de 1889, Greffe transféré à Dakar

Ancien Commis-Greffier-Notaire à Saint-Louis depuis 1880, Maître Georges Auguste Patterson est nommé dans l'urgence Greffier-Notaire provisoire, lors du décès titulaire Me Fernand Colardeau, le 16 mars 1883 et il assure l'intérim de ce Greffe du 2e arrondissement, avant d'être titularisé à une date inconnue (probablement par arrêté du gouverneur), mais antérieure au 21 septembre 1883, puisque dans un acte reçu à cette date, il ne figure plus la mention « par intérim ».

Il exerce à Gorée au moins jusqu'au 26 mars 1888 et accompagne ensuite, le transfert du Tribunal en 1889 (?), vers la nouvelle ville de Dakar, à la suite de la décision de création de cette nouvelle commune, qui est dorénavant séparée de celle de Gorée, par Décret du 17 juin 1887.

A. – Le contexte international du moment

1885 – Conférence de Berlin et expansionnisme colonial européen ;

1887 – 6 janvier. Victoire éthiopienne de Ménélik II à la bataille de Chelenko sur l'émir du Harrar. Les forces de Ménélik massacrent 11.000 soldats et s'emparent de quelques canons Krupp. Annexion du Harrar et de l'Illubabor. Ménélik y installe son cousin le ras Makonnen (qui décède en 1907) ;

Harrar est une des plaques tournantes du commerce des armes en Afrique orientale. Arthur Rimbaud, qui y réside entre 1880 et 1891, décrit dans sa correspondance l'importance des profits de ce trafic ;

25-26 janvier. Une colonne militaire italienne partie de la mer Rouge s'aventure en Éthiopie pour porter secours aux assiégés de la ville de Saati. Ras Alula, chef de l'Asmara les y repousse et les défait le lendemain lors de la bataille de Dogali. Ils y perdent 430 hommes ;

17 octobre. La France crée l'Union indochinoise (Cochinchine, Annam Tonkin, Cambodge, auxquels s'ajoutent ensuite le Laos, puis Kouang-Tchéou-Wan), sous l'autorité d'un gouverneur général qui représente la France (dont Lanessan, Paul Doumer, Albert Sarraut).

La royauté est conservée dans les protectorats, mais vidée de toute substance au profit de résidents, les rois peu complaisants seront exilés.

1889 – 3 novembre : Ménélik II, qui a obtenu l'allégeance d'une grande majorité de la noblesse éthiopienne, se fait couronner négus d'Éthiopie, restaurant la dynastie salomonide (fin en 1913) ;

15 novembre, au Brésil. Le régime de l'empereur Pierre II du Brésil, devenu très impopulaire auprès des grands propriétaires terriens, pour avoir aboli l'esclavage, est renversé sans effusion de sang par l'armée, dirigée par le général Manuel Deodoro da Fonseca.

La République est proclamée (*República Velha*, 1889-1930) et l'armée fait son entrée sur la scène politique brésilienne. La nation est informée que la dynastie impériale est détrônée. Tout le monde l'accepte (les planteurs abandonnent un empire qui émancipait les esclaves).

En provinces, seuls Bahia et le Maranhão réagissent défavorablement.

L'empereur abdique, part en exil et meurt à Paris le 5 décembre 1891 ;

1890 – 20 mars. Bismarck démissionne de ses fonctions de chancelier de l'Empire allemand, remplacé par le général Caprivi (fin en 1894).

L'antagonisme entre le chancelier et le kaiser Guillaume II, qui est latent depuis les grandes grèves de mineurs de 1889, n'a pas survécu à leurs différends, que ce soit en politique extérieure (partisan du statu quo européen, Bismark s'est opposé à la *Weltpolitik* de l'empereur, qui refuse de renouveler ses engagement envers la Russie) ou en politique intérieure (le kaiser supprimera les lois antisocialistes de 1878).

1891 – 20 juin : les Britanniques et les Néerlandais définissent leurs zones d'influence respectives à Bornéo, en Indonésie. Les Pays-Bas obtiennent la plus grande partie (orientale) de l'île, dont Tarakan ;

1893 – 9 mars, Éthiopie: signature de la convention pour la construction d'une ligne de chemin de fer entre Addis-Abeba et Djibouti par une compagnie française et fondation de la ville de Diré-Daoua ;

10 mars. La Côte d'Ivoire devient une colonie française autonome ;

1896 – 22 juin : Jean-Baptiste Marchand reçoit le commandement d'une mission d'exploration baptisée *Mission Congo-Nil*. Il part de Marseille et arrive à Loango un mois plus tard, avec pour but de joindre les deux océans (1896-1899) ;

26 août (ou le 24) Assaut de la Banque ottomane à Constantinople par les Arméniens, suivi de massacres en Arménie. La guerre entre l'armée ottomane et les Arméniens redouble d'intensité alors que le nationalisme arménien prend un caractère de plus en plus révolutionnaire ;

Nouveaux massacres à Muş, à Van et à Killis. Le parti Dachnak décide alors de faire appel à l'opinion internationale par une action spectaculaire. Le 26 août, 26 dachnak emmenés par Babken Siuni et Armen Garo Pasdermadjian s'emparent de la Banque ottomane, à Constantinople, en tuant les sentinelles de garde ;

Les Puissances occidentales s'émeuvent et leurs ambassadeurs s'unissent pour en demander l'évacuation et promettre des réformes ;

A Constantinople, six mille Arméniens sont massacré par la foule et les religieux musulmans, après l'attaque de la banque. La population arménienne de Turquie est réduite de 400.000 habitants. 100.000 tués ou martyrisés, 50.000 de faim ou de froid dans les 2.500 villages dévastés, 100.000 fuient en Transcaucasie ou dans les Balkans ;

1897 – 3 avril Fondation à Vienne du mouvement de la Sécession, par des artistes tels que Gustav Klimt, ou Otto Wagner ;

B. – En France, ce qu'il s'y passait à ce moment-là

1887 – Le 4e Président de la 3e République française est Marie-François-Sadi Carnot (1887-1894) ; 10 mai. La commission du budget de la Chambre adopte une motion de Gerville-Réache, Député de la Guadeloupe : « *La Chambre, considérant que les économies contenues dans le projet du budget de 1888 sont insuffisantes, invite le gouvernement à lui présenter de nouvelles propositions* »

1889 – 27 janvier. Le général Boulanger triomphe à Paris lors des élections législatives partielles avec 245.000 voix contre 162.000 au candidat radical modéré et 17.000 au candidat blanquiste.

Il fête son succès au restaurant Durand place de la Madeleine quand ses partisans l'invitent à marcher sur l'Élysée pour prendre le pouvoir, mais il refuse et rejoint sa maîtresse Madame de Bonnemains ;

31 mars. Exposition universelle à Paris. Ouverture au public de la Tour métallique, construite par Gustave Eiffel, son inauguration officielle a lieu le 6 mai. Elle devient alors le plus haut édifice au monde (303 m), pèse 10.100 tonnes et comporte 18.038 pièces métalliques réunies par 2.500.000 rivets. 1.665 marches conduisent au sommet. Œuvre maîtresse de l'exposition universelle, elle est aussi le 1er monument du monde dont la visite est payante. Située à l'extrémité du Champ-de-Mars, au bord de la Seine, elle va devenir le monument symbole de Paris et de la France aux yeux du monde.

1er avril. Le général Boulanger, menacé de passer en Haute Cour pour trahison, s'enfuit à Bruxelles et il se suicide en septembre 1891 sur la tombe de sa maîtresse ;

1895 – 16 juin. Décret créant le gouvernement général de l'Afrique-Occidentale française (AOF) ;

C. – Et à la Colonie du Sénégal

1887 – Après Saint-Louis et Gorée (décret du 10 août 1872), puis Rufisque (décret du 12 juin 1880), Dakar est érigée par décret du 17 juin 1887, en commune dite de « plein exercice » Les quatre sont régies par le Code civil et selon le statut dit « des Quatre communes » ;

30 septembre. Introduction du système de l'indigénat par décret ;

8-12 décembre. Le marabout Mamadou Lamine Dramé est vaincu et tué par les Français à la bataille de Toubakouta à la frontière de la Gambie ;

Le député du Sénégal à l'assemblée est l'Amiral Vallon (1889-1893).

Selon M. Zucarelli précité, « *Les élections législatives du 6 octobre 1889 marquent un net changement de majorité. Gasconi, en favorisant à outrance les mulâtres (par des bourses, des emplois...), a mécontenté une large part de l'électorat. Les frères Devès décident, de leur côté, d'apporter leur concours et celui de leurs partisans à l'Amiral Vallon, candidat des Bordelais. Après des tractations multiples, une candidature unique représente les clans bordelais et des Devès. Face à cette coalition, Alfred Gasconi n'a aucune chance de succès. Il est battu dans toutes les circonscriptions électorales et particulièrement à Saint-Louis. Il obtient 1.484 voix contre 1.773 à son adversaire.*

« *Ces élections sont marquées par de nombreuses fraudes organisées par les agents de la commune gasconiste de Saint-Louis. En conséquence le conseil municipal du chef-lieu est dissout le 6 avril 1890, la liste du clan Devès, conduite par Jean-Jacques Crespin, est élue. Par un échange de bons procédés, les négociants bordelais ont fait voter pour leurs nouveaux amis.*

« *Le nouveau député du Sénégal, Aristide Louis Vallon, est né le 26 juillet 1826 au Conquet, petite commune du Finistère. Il est le fils d'un receveur des douanes. Après des études au collège Joinville de Brest, il entre à l'Ecole Navale, en novembre 1840. Aspirant à 16 ans, enseigne à 20 ans, devient lieutenant de vaisseau en 1853 et capitaine de frégate en 1863. Il participe aux expéditions de Crimée et de Chine, puis sert au Sénégal, de 1856 à 1869, sur de petites unités tout d'abord, comme commandant de la flottille du fleuve et enfin à la tête de la station navale de la côte occidentale d'Afrique. Durant la guerre contre la Prusse il commande la place du Havre. Après avoir été nommé capitaine de vaisseau, en 1871, il est affecté aux ports de l'Atlantique ou à des commandements à la mer, à bord des cuirassés Suffixal et Gauloise.*

« Le 18 juin 1882, voici Vallon de retour au Sénégal, mais comme gouverneur cette fois. Il en a gardé le souvenir d'un pays qui se dirige comme un navire de la marine nationale. Mais les années ont passé et la vie politique avec ses clans a totalement modifié les conditions du gouvernement. Faute de s'adapter, Vallon échoue totalement. Il démissionne dès le mois d'octobre suivant son arrivée.

« Ce rapide abandon de la mission qui lui a été confiée et cette perte de sang-froid sont mal appréciés par le ministère. Une commission d'enquête, présidée par l'Amiral Courbet, est créée afin de juger le comportement de l'ancien gouverneur. Elle estime qu'il est « vivement à regretter qu'un officier de marine donne ainsi l'exemple d'une défaillance, heureusement fort rare dans le corps ». Cela dit, tout est pardonné. Affecté à Brest, Vallon obtient le grade de contre-amiral en janvier 1886 et quitte le service actif en octobre 1888.

« Assez curieusement, cet officier qui jugeait, quelques années plus tôt, que le régime politique étendu au Sénégal était « prématuré » et appelait les passions, se lance lui-même dans la compétition, à l'appel des négociants bordelais. Il est vrai que les électeurs sénégalais avaient porté à la députation un homme qui allait se préoccuper beaucoup plus de ses anciens subordonnés et de la marine en général que des intérêts de la colonie. Il se désintéresse des compétitions électorales qui suivent.

« A l'occasion d'élections municipales à Saint-Louis, le 12 avril 1891 (celles de 1889 avaient été annulées par le Conseil d'Etat), l'ancienne majorité gasconiste se reforme pour soutenir un avocat d'origine métropolitaine, Jules Couchard. Dès lors l'électorat de ce dernier est constitué par les Européens, le petit commerce et une fraction de mulâtres catholiques et traditionalistes. Jules Couchard devient maire.

« Puis les électeurs doivent renouveler l'ensemble des conseils municipaux, les 1er et 8 mai 1892. Couchard est réélu sans difficulté au chef-lieu. A Dakar, c'est l'ancien premier magistrat de Gorée, Marguerie de Montfort, qui succède à Alexandre Jean. A Rufisque, la machine électorale des négociants se manifeste à nouveau : le maire

est le représentant des établissements Buhan et Teisseire (Joseph Gabard) tandis que l'adjoint est le délégué de la C.F.A.O. Il en est de même à Gorée où le nouveau maire est Le Bègue de Germiny.

1890 – Grève des cheminots de la compagnie du chemin de fer de Dakar-Saint-Louis (Cie. du D.S.L., société privée par actions) ;

1892 – Importants travaux d'extension du port en eau profonde de Dakar, par la construction de deux môles de plus de 200 mètres ;

1892, c'est aussi le temps du parcours de très riche exemplarité et tout autant de controverse du général Alfred Amédée Dodds, l'un des fruits Saint-louisiens les plus illustres, de la politique d'assimilation d'alors.

Né à Saint-Louis-du-Sénégal le 6 février 1842, de parents métis, aîné d'une fratrie de dix enfants et l'époux d'Adèle Madeleine Linckenheyl.

Son père, Antoine Henri (ou Henry) Dodds (1818-1882), un négociant quarteron, a été le dernier Directeur des Postes à Saint-Louis, avant leur fusion avec le télégraphe et sa mère, Charlotte Billaud de la Chapelle (1823-1890), était une signare métisse, née d'un père français né à la Grenade et de mère issue d'une vieille famille franco-sénégalaise.

Son grand-père, John Dodds (1790-1874), officier britannique et aide-de-camp du dernier gouverneur anglais à St-Louis, Sir Thomas Brereton qui était l'époux d'une métisse, Sophie Feuiltaine (1797-1866), issue d'un officier puis négociant d'origine lorraine et d'une mère peule (voir à ce sujet la thèse de doctorat en histoire du droit, de son lointain descendant Me Sylvain Sankalé, avocat à Dakar « A la mode du Pays ».

Son grand-père maternel était ce John ou Jean Billaud ayant fait fonction de secrétaire et de « quasi-notaire », en charge de l'état-civil de Saint-Louis, pendant sa dernière période de souveraineté britannique.

Un parcours réellement exceptionnel pour un originaire de Saint-Louis :

1862 : Admis dans la prestigieuse école militaire de Saint-Cyr, il en sort 47e (promotion de Puebla 1864) et versé dans l'infanterie de marine ;

1867 : Lieutenant le 25 octobre, il est affecté à La Réunion et il s'y distingue lors de la répression d'une insurrection, car blessé à la tête, il empêche sa section de tirer sur la foule et proposé au grade de capitaine ;

1869 : Promu capitaine le 25 décembre, se distingue durant la guerre de 1870 à Bazeilles fait chevalier de la Légion d'honneur le 24.12. Il s'évade après la défaite de Sedan, rejoint l'armée de la Loire puis celle de l'Est ;

1871 : Il est interné en Suisse en février à la fin de la guerre et fait partie de l'armée de Versailles qui fait le siège de la commune de Paris. Il est affecté à sa terre natale du Sénégal de 1871 à 1874 (il s'y marie le 7 mars 1874), puis à Brest de 1874 à 1876 et ensuite à Cherbourg et à Toulon ;

1878 : Il est promu Chef de bataillon le 13 août et il participe aux opérations de la Casamance entre 1877 et 1878 en se distinguant à l'assaut de Moricounda. Au Sénégal de 1881 et 1883, il y commande un bataillon de tirailleurs sénégalais. Il est promu lieutenant-colonel le 25 mai 1883 et élevé officier de la Légion d'honneur le 29 décembre ;

1886 : Il est affecté en Indochine comme Commandant du 2e régiment de tirailleurs tonkinois (1886-1887) et il y participe aux opérations dans le delta du Tonkin à Ba-Dinh. Il est promu colonel le 2 septembre 1887, à 45 ans, et rentre en France en 1888, pour y recevoir ses instructions ;

1888 : Il est commandant supérieur des troupes françaises au Sénégal et pacifie le Fouta-Djalon en Guinée en 1891. De retour en France en octobre, il prend le commandement du 8e régiment d'infanterie de marine à Toulon et fait commandeur de la Légion d'honneur le 30 décembre ;

1892 : Il est nommé en avril, commandant supérieur des établissements français du Bénin (Royaume du Dahomey) et commandant en chef de la 2e expédition au Dahomey, il mène la conquête du territoire entre 1892 et 1894. Il prend la ville royale d'Abomey, capitale du royaume du Dahomey le 17 novembre, dépose le roi Béhanzin qui prend le maquis, libère ses esclaves et permet la renaissance de royaumes soumis par le Dahomey (Kétou ...), met fin aux sacrifices humains. Il est nommé général de brigade le 9.11.1892, après la prise de la ville sainte de Cana (ou Kana) puis fait grand officier de la Légion d'honneur le 14 décembre. L'amiral Henri Rieunier, ministre de la Marine, charge le 11 mai 1893 au matin Hanès, commissaire de la marine, de remettre au général Dodds, de retour de Dahomey à bord du paquebot le *Thibet*, dans le port de Marseille, la première médaille commémorative de l'expédition. Une 3e expédition, est menée par Dodds, d'octobre 1893 à janvier 1894 et a pour but de capturer Béhanzin. Le 15 janvier 1894, un nouveau roi de Dahomey, allié à la France est mis en place, Béhanzin se rend et un protectorat français sur le Dahomey est proclamé ;

Un débat a lieu quelques mois plus tard à la Chambre des députés afin de pouvoir confier à Dodds le commandement des troupes de mer en plus de celui des troupes terrestres ;

Cette décision est prise, mais en opposition avec le souhait du ministre de la Marine et des Colonies Godefroy Cavaignac (1853-1905), qui souhaitait un commandement séparé et qui démissionne en septembre ;

1894 : Adjoint à l'inspecteur général des troupes de marine en septembre ;

1896 : Il reçoit en avril, le commandement supérieur des troupes en Indochine, mais il est rappelé peu après et remplacé par le général de division Bichot en septembre.

Cette affaire suscite des interrogations dans la presse d'époque qui soupçonne une « question de race » d'être à l'origine de ce rappel. Il rentre en France et mis en disponibilité en novembre ;

1899 : Promu général de division le 12 août, il retrouve en septembre 1900 son poste de commandant supérieur des troupes en Indochine, en remplacement du général Borgnis-Desbordes, qu'il conserve jusqu'en septembre 1902, après avoir été élevé à la dignité maximale de grand-croix de la Légion d'honneur le 11 juillet ;

1902 : Nommé commandant du corps d'armée des troupes coloniales le même mois (mais sans le grade « 4* » de Général de Corps d'Armée) ;

1904 : Il est membre du conseil supérieur de la guerre jusqu'au 11 janvier 1907, date à laquelle il est décoré de la médaille militaire, distinction suprême pour un officier général, puis placé dans la réserve en février ;

Il s'éteint à Paris-5e, le 17 juillet 1922 au domicile de ses neveux, âgé de 80 ans et il est enterré au cimetière du Père Lachaise.

L'un de ses neveux Prosper (1915-1973, fils de son frère cadet Edouard, né le 22 mai 1856), sera évêque de Ziguinchor, puis diocésain de sa ville natale de Saint-Louis et un autre Henri René (1917-1998), ambassadeur du Sénégal auprès du Saint-Siège du temps du pape Paul VI.

Vingt-six œuvres d'art volées lors de ses campagnes militaires sont offertes par lui au musée du Trocadéro en 1893 et 1895, puis détenues par le musée du Quai Branly. Elles seront restituées au Bénin en 2021.

Alors et pour finir, la question de savoir s'il aura été le plus détestable des « harkis-collabos », ou le plus illustre intégrateur d'une assimilation de l'excellence, jusqu'au plus haut niveau de l'ordre colonial d'alors ?

C'est là le paradoxe de toute histoire, selon le temps de lecture que l'on pourra s'en faire, en incertitude du « côté du filet ou retombe la balle » !

D. – Notes concernant Me Georges Auguste PATTERSON

Me Georges Auguste PATTERSON est né à Saint-Louis-du-Sénégal, le 27 mai 1850 (Acte E.C.S.L. N° 105), au domicile de ses parents, sis en l'île de Saint-Louis, rue Lauzun, une rue du quartier nord, toute proche du palais du Gouverneur et du quai Giraud.

Fils de Jacques Charles Patterson, propriétaire et commis négociant, né à Saint-Louis, le 5 octobre 1818 (lui-même fils légitime issu du mariage de M. Charles Patterson et de Mme Victoire Charbounié), y décédé le 8 décembre 1868 et de son épouse Madame Rose Louise Hélène ALIN, née le 30 juillet 1824 (fille légitime issue du mariage de Monsieur Jean-Jacques Alin, Chevalier de la Légion d'Honneur et Maire de Saint-Louis et de Madame Marie Paul Bénis), y décédée le 6 décembre 1868.

L'ancien maire de Saint-Louis Jean Jacques Alin, dit « l'Antillais », était venu à la colonie du Sénégal comme sous-lieutenant du bataillon des antillais, mulâtre originaire du Lamentin, à la Martinique et Marie-Paule Benis, était issue d'une famille métisse de Saint-Louis.

Outre Georges Auguste Patterson, les époux Patterson-Alin ont eu 9 autres enfants, le Greffier-Notaire étant le 3e d'une fratrie de 10.

Ses parents comme ceux de son épouse appartenaient tous à cette « aristocratie » coloniale dite des « métis de Saint-Louis », qui a dominé tout le champ politico-social du Sénégal, de 1848 à 1914.

Arrière-arrière-petit-fils de James Patterson (né vers 1740), militaire britannique et de Kari Diop, (du royaume du Wallo, au nord du Sénégal), une union contractée « à la mode du pays », durant l'une des périodes de souveraineté anglaise en l'île de Saint-Louis.

Ce britannique, fondateur de la « souche sénégalaise des Patterson », était en garnison à Saint-Louis pendant l'avant dernière période anglaise (guerre de sept ans, prolongée à Saint-Louis de 1757 à 1778, c'est-à-dire un total de 21 années), pendant lesquelles les Anglais, qui « ne sont pas plus maladroits à la manœuvre que les Français », ont vite trouvé eux-aussi, comment séduire les jolies signares du pays.

Il en est resté de nombreux noms à consonance britannique, Armstrong, Bishopp, Dixon, Dodds, Fowler, Fridoil, Gansford, Gibson, Harding,

Heddle-Roboth, Hurst, Isaacs, James, Lake, Mac Carthy, MacDonald, Miller, Newton, O'Hara, Patterson, Pendergast, Rendall, Sleight, Thomas, Thorpe, Warnel, Wilcock, Williams, Wiltord et bien d'autres.

Son père, son grand-père Charles, né le 14 juin 1793, (époux de Catherine-Victoire née Charbonnier), comme son arrière-grand-père, 'Guémis' (James) Patterson, né vers 1770 (ép. de Mme Marianne née Porquet), tous « métis de Saint-Louis », étaient « Traitants », c'est à dire des intermédiaires au fructueux négoce de la gomme arabique, entre les puissantes compagnies bordelaises établies pour le commerce des comptoirs et les « Indigènes », en remontée du fleuve.

Sa grand-mère née Charbonnier, était peut-être la fille de l'ancien Curé Charbonnier, qui gagné aux idées révolutionnaires en 1802, a défroqué, pris femme « à la mode du pays » et s'est reconverti en Greffier.

Si cette interrogation se trouvait confirmée, il serait ainsi l'arrière-petit-fils de l'un des premiers Greffiers de Saint-Louis (voir l'année 1790 dans ce texte) et cela aura peut-être inspiré sa vocation.

Ses parents se sont mariés à Saint-Louis, le 13 janvier 1845 (Acte ECSL N° 6), devant l'Officier de l'état-civil François Pécarrère, avec l'assistance de témoins, Messieurs Télémaque François Samson, (42 ans) Inspecteur colonial, Gilbert Bréghot de Polignac (28 ans) Greffier des tribunaux en l'île et y remplissant les fonctions de Notaire, Adolphe Beynis (41 ans) Négociant allié de l'épouse et Bernard Jaume (50 ans) Négociant, tous quatre domiciliés en cette dite île Saint-Louis ».

C'est en tout cas le Sieur Joseph Moustey Charbonnié, métis, né vers 1804, probable descendant du 1er greffier, parent de sa grand-mère paternelle, qui procède à la déclaration de sa naissance le 30 mai 1850, devant Monsieur John Sleight, Maire de Saint-Louis.

Ce John Sleight était un riche négociant métis d'ascendance britannique, qui sera élu député du Sénégal à l'assemblée nationale à Paris, un an plus tard, en 1851, à la suite de la démission de Durand Valentin.

Une élection contestée, en raison de sa naissance d'un père anglais en Gambie. La représentation du Sénégal sera supprimée par Napoléon III.

Deux témoins MM. François Feuiltaine et Nicolas Escal, tous deux Commis écrivains (employés aux écritures) âgés respectivement de 34 et 35 ans et membres eux-aussi de familles métisses saint-louisiennes très connues, en l'absence de son père qui est traitant (commerce de la gomme) et en déplacement pour ses affaires au moment de sa naissance, en pleine saison de la traite de la gomme aux escales du fleuve.

L'épouse de Me Patterson est Marie Clotilde Potin, sans profession, née à Gorée, le 17 juin 1857, fille de Durécu René Potin, ancien Maire de Gorée, propriétaire et commis négociant, 34 ans, qui y demeurait, rue des Donjons, lors de sa naissance (décédé à Gorée, le 3 décembre 1876) et d'Antoinette Joseph Newton, son épouse (décédée à Gorée, le 26 août 1875).

Les déclarants lors de sa naissance sont Jean Monner, ancien Huissier, 32 ans (pourquoi si jeune et déjà ancien ?) et Casimir Griffon, Commis négociant, 21 ans, domiciliés à Gorée, qui ont signé l'acte de naissance N° 117, avec Me Henry Robert, Greffier du Tribunal civil de première instance de l'Isle de Gorée, remplissant en outre les fonctions d'Officier de l'Etat-Civil, dans le ressort de ladite Isle.

Marie Potin était veuve en 1ères noces de Théodore Hyacinthe Pécarrère, Commis négociant, né le 13 novembre 1849 à St-Louis (fils de François Estupan Pécarrère, Receveur de l'enregistrement, Chevalier de la Légion d'Honneur et de Michèle Constance Devès), qu'elle épouse à Gorée, à 22 ans, le 4 décembre 1879 (Acte N° 7 Gorée), le consentement du père de l'époux ayant été donné par acte de Me Georges Patterson, Greffier-Notaire par intérim à Saint-Louis, du 8 novembre 1879 (!).

Il est possible qu'il ait ensuite effectué le déplacement depuis St-Louis, pour assister au mariage de ce probable parent et camarade d'enfance à Gorée, en songeant qu'il était délicat de se rendre de St-Louis à Gorée par voie de terre, en traversant le Cayor avant la construction du chemin de fer, sauf à le faire par bateau, en affrontant l'autre grand péril qu'était le franchissement de la barre, à l'embouchure du fleuve Sénégal.

Un contrat de mariage avait été reçu la veille 3 décembre 1879, par Me Honoré Gerville-Réache, greffier-notaire à Gorée. Les témoins étaient Léon Kerny-Sarrazin, 44 ans, Conseil commissionné (Avocat) près le Tribunal de 1ère instance de Gorée, Michel Louis Aimé Pesnel, 48 ans, Jean Oculi Bachette, 36 ans et Charles Hyacinthe Richard Le Gros, 31 ans. 3 agents de commerce, tous demeurant à Gorée, parents et amis.

Cette union est dissoute 5 ans plus tard, par le décès de l'époux (à 35 ans) à Bordeaux, le 4 novembre 1884, sans qu'il n'y ait eu de postérité.

Sa 2e union avec Me Patterson est célébrée à Gorée, (2e arrondissement du Sénégal), le 23 juillet 1887, précédée d'un contrat de mariage reçu par Me François CISSE, Commis-Greffier assermenté par le tribunal de 1ère instance pour substituer le Greffier-Notaire, pour cause d'empêchement à l'acte l'avant-veille, le 21 juillet 1887, avec mention dans cet acte, qu'il demeurait à Gorée, rue des Batteries.

E. – Observations relatives à Me Georges Auguste PATTERSON

Pour ce natif de la capitale coloniale d'alors, la bourgade de Gorée, qui végète en indolente torpeur depuis l'interdiction de la traite négrière il y a 65 ans et qui est la ville natale de celle qui dans cinq ans sera son épouse, n'est en 1882 qu'un second choix, à défaut de Saint-Louis, lors de sa nomination au Greffe du Tribunal du 2e arrondissement, à 32 ans et comptant déjà neuf ans de pratique.

Son activité (même augmentée de celle de la ville naissante de Dakar (qui sera détachée de Gorée 5 ans après sa prise de fonctions), ne peut rivaliser avec celle de l'orgueilleuse capitale de la colonie, qui fait encore illusion, quoiqu'en déclin de son influence et où s'expriment les joutes de sa communauté créole, qui domine encore pour quelques années, tout le champ économique, social, culturel et politique d'alors.

En 1887, son traitement est inférieur à celui de son collègue de St-Louis qui cumule les deux Greffes du Tribunal et de la Cour d'Appel et ses émoluments sans rapport, mais il va très vite bénéficier du prodigieux essor d'avant-guerre, de la toute nouvelle capitale fédérale de l'A.O.F., que devient Dakar et qui réduira progressivement Gorée, au rôle de cité dortoir et de musée-conservatoire d'un passé nostalgique.

En se souvenant qu'en ce temps-là, le poste de Saint-Louis était encore plus important, que celui de la petite île de Gorée.

Mais plus pour bien longtemps, car les deux volumes d'activité économique étaient en train de se croiser, du fait de Dakar.

Maître Georges Auguste Patterson aura donc été le premier « natif du Sénégal » à avoir accédé à la fonction de Greffier-Notaire en l'île de Gorée, après avoir été Commis Greffier-Notaire neuf ans plus tôt, dès 1873 (à 23 ans) en sa ville natale de Saint-Louis-du-Sénégal.

Mais pas le premier du Sénégal, si l'on se souvient que Me John Valantin l'a précédé dans cette fonction à Saint-Louis, 9 ans plus tôt, en 1864.

Me Georges Patterson a été substitué par son Commis Greffier-Notaire, Me Paul David, du 24 juin au 20 décembre 1886.

S'agissant des Commis Greffiers-Notaires, il nous semble juste de relever les noms de treize (13) « Commis-Greffiers-Notaires » natifs du

Sénégal, sélectionnés sans complaisance à l'époque coloniale, à l'aune de leur seul mérite et du véritable talent dont ils auront su faire montre.

Dans la modestie de leur situation de « bras droit » des Greffiers-Notaires titulaires, ils auront tous apporté une contribution remarquable à l'avènement et à la popularité de l'acte authentique notarié.

Il importe donc de leur rendre l'hommage qui leur revient, car que serait le notariat, sans le talent de clercs expérimentés, comptant bien souvent plus de vingt années de pratique professionnelle.

Même si cette liste n'est pas exhaustive, il s'agit (S.E.O.) de :

1830 – François PECARRERE, dit « François Pécarrère père », substitue à Saint-Louis Maîtres Florent Désiré Behague (1830 et 1831), Jean Antoine Brueyre (en 1837), le Greffier-Notaire intérimaire Gilbert Breghot de Polignac (en 1838) et son fils François Pécarrère 'fils', Me Anne Nicolas Pierre Jules Juge, en 1854.

Il est de facto son successeur pendant neuf mois en 1854, soit une multitude de substitutions, par le père et le fils, qui s'inscrivent dans la durée sur près de 25 ans ;

François Pécarrère 'père' était né vers 1795 (?) et François Estoupan Pécarrère 'fils', Officier de l'Etat-Civil à Saint-Louis, vers 1820 (?), issu de l'union de son père (?) et de Marie-Louise de Saint-Jean (Goréenne).

Il était le frère ou le cousin (?) de Charles François Pécarrère (né le 31 août 1817) et de Jean Théodore Pécarrère (né à Gorée le 17 avril 1818).

Père du percepteur Charles Antoine Marie François Pécarrère, né le 27 août 1851 et de Théodore Hyacinthe Pécarrère, né le 13 novembre 1849, ce dernier décédé à Bordeaux le 24 novembre 1884, à 35 ans (époux en 1ères noces de Madame Patterson).

Curateur aux successions vacantes, Conservateur des hypothèques, à partir de 1830, il achèvera sa carrière comme administrateur de la banque du Sénégal et distingué Chevalier de la Légion d'Honneur.

1852 – Charles PELLEGRIN, substitue lui-aussi Me Gilbert Breghot de Polignac, en décembre 1855 à Saint-Louis et en juin 1856 ;

Difficile de s'assurer duquel des Charles Pellegrin il puisse s'agir, tant ce patronyme se retrouve souvent dans le registre d'état-civil de la ville de Saint-Louis entre 1790 et 1850.

Un Charles Gabriel Pellegrin, âgé de 33 ans, déclare la naissance d'une fille Michelle, le 23 septembre 1831, née de son épouse Michelle

Dupré, avec l'assistance de son frère François Gabriel Pellegrin, de 12 ans son cadet. Il serait donc né vers 1899.

Ce même Charles Gabriel Pellegrin, âgé de 35 ans est témoin d'un mariage le 21 février 1833, il serait donc né vers 1798 et aurait donc 54 ans, au temps de substitution de Me Breghot de Polignac.

Pellegrin ce nom est celui de l'une des plus anciennes familles métisses de Saint-Louis, de celles qui se sont rendues célèbres par leur implication dans l'administration de la commune et les prénoms de Charles, François et Gabriel y sont les plus répandus.

Un François Michel Pellegrin est avec ses deux frères Gabriel et Charles à la tête de l'insurrection qui éclate la nuit du 4 au 5 Thermidor An X, contre l'accaparement du négoce de la gomme, par une compagnie privilégiée, instituée par des commanditaires du très impopulaire gouverneur ayant succédé à Blanchot de Verly, le colonel Lasserre.

Le groupe des émeutiers déborde la garde, s'introduit nuitamment au palais, sort brutalement le gouverneur et son épouse dénudés de leur lit et les violente, avant de les embarquer sur un canot à destination de Gorée, alors administrée par les Anglais, où le lieutenant-colonel Frazer l'accueille « avec cet intérêt que l'on porte au malheur ».

François Pellegrin et Jean Blondin s'étaient ensuite rendus à Paris, pour y faire entendre leur version des faits. Ils avaient été arrêtés pour l'exemple dès leur débarquement à Nantes, emprisonnés le 27 novembre 1802, mis en liberté provisoire le 8 mai 1803 et acquittés par le Tribunal criminel de la Seine le 26 septembre, un an après avoir provoqué la révocation de l'ancien gouverneur.

Vingt ans plus tard, en 1823, un François Pellegrin sera nommé Maire de la commune par le gouverneur baron Roger, avec pour adjoints Jean d'Erneville et Charles Floissac.

1857 – Charles BOUCALINE, substitue lui-aussi Me Gilbert Breghot de Polignac, à Saint-Louis en décembre 1857 et août 1858 et aussi Me Anne Nicolas Pierre Jules Juge, à la fin de l'année ;

Son état-civil est incertain, mais né probablement entre 1817 et 1825, il s'agit d'évidence, d'un descendant de Jean Boucaline, soldat mulâtre du « bataillon des Martiniquais » arrivé à Saint-Louis en 1799, en même temps que Jean Jacques, Alin dit « l'Antillais » qui a été maire de Gorée.

Un probable frère de la dame Marie Marguerite Boucaline, née à Saint-Louis le 2 février 1816, au temps de la dernière période de souveraineté britannique, issue de l'union de son père « selon les usages du ays » avec sa mère Madame Nanette Bouton, laquelle a dû requérir un jugement supplétif d'état-civil, rendu par le Tribunal le 28 décembre 1843, car « il n'existait pas de registre pour les indigènes, au temps où la colonie était sous domination anglaise ». Dans cette décision, il est fait mention que ce Jean Boucaline, quand vivait négociant, avait reconnu sa fille par testament public reçu par Me Jean-Marie François Malo, Greffier-Notaire à Saint-Louis, le 28 juin 1825.

Ce Charles Boucaline, probablement son cadet, devait sans doute disposer d'un état-civil, puisque probablement né peu de temps après la reprise de possession française, mais ni son acte de naissance, ni un éventuel acte de mariage n'ont été retrouvés.

1866 – Gabriel ARMSTRONG, substitue Me Henry Robert, en 1865, à Saint-Louis, mais il est surtout Greffier provisoire pendant une très longue durée de 15 mois (21 janvier 1866 au 8 avril 1867), à compter de son décès ;

Né le 21 mai 1841, issu de la relation de John Armstrong (14 avril 1817 / 20 mars 1882), traitant, négociant puis capitaine de port et de Marie Jeanne Antoinette Charbounié (3 janvier 1817 / 19 octobre 1875) comme indiqué dans l'acte de reconnaissance d'enfant naturel N° 100 du 6 août suivant, en rectification de son acte de naissance N° 70, huit ans avant d'être légitimé par le mariage de ses parents le 8 mars 1849 (acte N° 36).

Son père était le fils de John Daniel Armstrong, chirurgien anglais en service de santé à Gorée et de Charlotte Carpot, ainsi que cela est mentionné dans un jugement supplétif d'état-civil rendu par le tribunal de Saint-Louis, le 8 novembre 1845 (acte d'état-civil N° 205).

Cette ascendance est distincte de celle d'un autre officier britannique, Benjamin Armstrong, lui aussi en service en l'île de Gorée, lors de la précédente période de souveraineté anglaise (guerre de 7 ans), de tragique mémoire, parce que ce sergent de l'African corps, a été fouetté à mort sur ordre du colonel Joseph Wall (commandant d'alors de Gorée) et il en est décédé le 15 avril 1782, pour avoir osé réclamer le paiement de ses arriérés de salaires, en même temps qu'un autre sergent George Patterson (un possible ancêtre du Greffier-Notaire), décédé le 19 et un caporal Thomas Upton, décédé le 13.

Il épouse à 19 ans, le 3 novembre 1860 (acte N° 12), la demoiselle Sophie Léautier, 18 ans (née le 19 avril 1842), fille naturelle reconnue du Sieur Potin Léautier, employé au magasin général et de la dame Marie-Aimée Morel-Boirard. Armstrong, Charbounié, Léautier et Morel-Boirard, scellant l'union de 4 familles de « l'aristocratie » métisse de Saint-Louis, avec pour témoins, Jean Théodore Dard, Louis Georges Alsace, Gaspard Devès et Isidore Partarrieu, quatre autres de ce même microcosme.

(Les quatre premiers Commis-greffiers-notaires : Pécarrère, Pellegrin, Boucaline et Armstrong, tous issus de ces « vieilles familles métisses de Saint-Louis », qui étaient légitimement fières, d'avoir été les premières à accéder à l'instruction).

1876 – Jean M'BENGA, (souvent écrit « Benga »), substitue à Gorée,

Mes Louis Félicité Emilien Deproge (1876), Honoré Gerville-Réache (au temps de fièvre jaune, 1879), Louis Jean-Baptiste Raoul Rivet (1881) Fernand Colardeau (1883) et enfin Georges Auguste Patterson, de très nombreuses fois entre 1884 et 1894.

Il s'agit là du 1er Lébou, à avoir exercé à aussi haut niveau ;

Il substitue aussi Me Rivet à Saint-Louis, les 5 et 6 juillet 1886.

Il s'agit du même Jean Benga (ascendance et parcours présentés dans une section précédente), dans le rappel qu'il était né à Gorée, de Providence M'Benga et de Penda Diouf et qu'il était l'époux de Catherine Mané.

1877 – Antoine DIAGNE, substitue à Saint-Louis, Mes Victor Boyer (6 mois, en 1878-1879), Honoré Gerville-Réache (2x 1 mois en 1881 et 1882). Goréen de talent ayant exercé à très haut niveau, dans un rang identique à celui de son contemporain Patterson.

Il décède le 7 juin 1882, laissant un vide immense.

1878 – Georges PATTERSON, substitue à Saint-Louis, Mes Victor Boyer (1877) et Honoré Gerville-Réache (2x 6 mois en 1881 et 1882) et à Gorée, Louis Jean-Baptiste Raoul Rivet (en 1880).

De tous ces Commis, il sera le seul à devenir Greffier titulaire à Gorée en 1883 et enfin Notaire libéral à Dakar, en 1904 ;

Les Commis-Greffiers Antoine DIAGNE et Georges PATTERSON, ont été présentés dans des sections précédentes, ou le seront plus avant.

1883 – Eugène THIAM, substitue Me Fernand Colardeau, à Gorée, en 1883 et Me Georges Patterson, à Gorée, puis à Dakar en 1888 et 1889.

Ce Saint-Louisien venu à Gorée puis à Dakar, ancien Commis

Commis-Greffier en 1918, est mandataire dans un grand nombre d'actes et notamment de plusieurs des neveux de Me Georges Patterson, lors de la liquidation de sa succession ;

Il en sera plus amplement traité au tome II de cet ouvrage.

1887 – Jean-Charles ANDRE, substitue Me Georges Patterson, à Gorée, en 1887. Un fils de vieille famille Saint-Louisienne, apparenté au Greffier-Notaire et qui l'aura suivi à Gorée ;

1887 – François CISSE, substitue Me Georges Patterson, à Gorée, le 21 juillet 1887, pour son contrat de mariage. Une intervention ponctuelle et sans réédition, mais qu'il est plaisant de relever ;

1899 – Henry GOMIS, substitue Me Georges Patterson, à Dakar, par cinq fois au moins, entre 1899 et 1905, sur une durée totale de 19 mois. Il restera l'auteur talentueux, de très nombreuses pages d'excellence du minutier de l'Office notarial de Dakar-1.

Il en sera plus amplement traité au tome II de cet ouvrage.

1900 – Jean PELLEGRIN, substitue Me Georges Patterson, à Dakar, en 1900, alors âgé de 23 ans. Il pourrait bien s'agir du petit-fils de l'ancien Commis Charles Pellegrin, ayant substitué à Saint-Louis en 1852, Me Gilbert Breghot de Polignac, il y a 50 ans ;

Il en sera aussi plus amplement traité au tome II de cet ouvrage.

1900 – Gaspard Hyacinthe Frédéric Casimir PECARRERE, d'abord Commis-Greffier, il sera nommé titulaire du Greffe de Dakar le

6 février 1904, après que le Notariat en ait été détaché.

Intérimaire d'Augustin Henri Louis GUILLABERT à St-Louis (1900), et Georges PATTERSON à Dakar (3x de 1905 à 1908).

Nommé Notaire provisoire après son décès en janvier 1913.

Il substitue Me Gustave Marius GAY à Dakar (1915) et Etienne Prosper SOL à Rufisque (de 1921 à 1922). En bref, à peu près tout ce que le Sénégal d'époque pouvait compter de Notariat.

Il est étonnant qu'il n'ait pas été nommé Notaire titulaire à Rufisque en 1908, par préférence à Me Sol venu de France, pour former un tiercé de « métis de Saint-Louis », avec ses proches, Me Guillabert et Patterson, mais il est tout aussi possible qu'il ne l'ait pas souhaité ;

Il sera plus amplement traité de son parcours de vie, dans le tome II (1893-1984) de cet ouvrage.

Telle est la chronique de ces 23 pionniers ayant fait fonction de greffiers des tribunaux civil de première instance de Saint-Louis et de Gorée, cumulativement avec leur fonction d'officier de l'état-civil et de notaire, de 1817 à 1889 et qui auront importé et réellement rendu populaire, la formule notariale de pré-constitution de la preuve de droits, pendant un premier siècle de pratique au Sénégal, entre 1786 et 1893, avant la séparation de ces deux offices publics survenue à Saint-Louis, chef-lieu de la colonie du Sénégal.

TITRE II

L'avènement d'un Notariat d'exercice libéral

Ce mouvement s'amorce à la fin de XIXe siècle, dans l'ensemble de l'empire colonial français, en un temps qui restera pour beaucoup, celui de « La Belle Époque ».

Cette « belle époque » est celle qui se situe à la charnière de deux siècles, entre la fin du XIXe et le début du XXe et dans cette appellation rétrospective il y a bien, une part de réalité (expansion, insouciance, foi dans le progrès, gaieté, etc.), mais aussi de nostalgie d'un temps rêvé.

Au cours de cette période idéalisée à la veille de la 1ère guerre mondiale, les Français vivent d'immenses bouleversements aussi bien culturels que techniques, réellement sans précédents dans l'histoire de leur nation.

Progrès sociaux, économiques, technologiques et politiques, également perçus dans toute l'Europe, jusqu'en 1914, car l'expression française est comprise et utilisée dans la plupart des pays européens. Ce terme correspond pour les Britanniques à la fin de l'époque victorienne et de l'époque édouardienne. Pour les Allemands, c'est le wilhelminisme.

Pour l'historien Dominique Kalifa, l'expression serait née à la fin des années 1930. Pour les historiens Jean Garrigues, Philippe Lacombrade et Dominique Lejeune, l'expression serait plutôt née en 1919.

CHAPITRE 1

Notariat d'époque coloniale, de 1900 à 1960

Section 1 – Séparation du Greffe d'avec le Notariat

En cette fin de XIXe siècle, le mouvement d'alignement du Notariat d'outre-mer sur celui de la métropole prend un essor remarquable, en considération de cinq facteurs au moins :

– Celui de constatation du croit en volume, d'une activité notariale originairement marginale, connexe à celle du Greffe des Tribunaux, pouvant dorénavant rendre économiquement pérenne un exercice privé de manière séparée et pouvant donc justifier objectivement d'une séparation ;

– Celui de cohérence institutionnelle d'alignement et d'harmonisation de sorte que la même activité soit gouvernée partout selon les mêmes règles et exercée de la même manière et en quelque endroit de l'empire colonial français, sauf d'éventuels particularismes pouvant justifier d'exception ;

– Celui d'aspiration légitime des professionnels, à se soustraire au cadre originaire de grande précarité d'exercice, qui était l'ordinaire de l'outre-mer, une aspiration probablement relayée par les intermédiations d'influence qu'ils auront pu mobiliser dans ce sens, auprès des décideurs à Paris ;

– Celui de l'attente des usagers, qui souhaitent retrouver aux colonies, le paysage institutionnel métropolitain du conseil professionnel libéral, auquel ils sont habitués et attachés ;

– Celui enfin plus politique pour l'autorité, de promotion institutionnelle de la « mission civilisatrice » d'assimilation, qu'il importe de promouvoir par des vecteurs d'intégration.

C'est dans cette compréhension de parfaite convergence entre ces cinq préoccupations, qu'un décret présidentiel du 15 mai 1889 (publié au journal officiel de la république française du 19 mai suivant, pages 2317 et suivantes), vient introduire une vaste réorganisation du service de la justice au Sénégal et dépendances, qui bien au-delà du seul Greffe ou du Notariat, restructure dans leur ensemble (mais sans changement majeur), les compétences, les ressorts, les attributions et les procédures propres à chacune des composantes de ce service public.

Pour ce qui est du Notariat et pour la 1ère fois en Afrique occidentale, il y est fait introduction du principe de séparation des Greffes des Tribunaux d'avec leur activité connexe (accessoire) de Notariat.

Cette séparation participe d'une logique plus générale, identique à celle ayant justifié quelques dizaines d'années auparavant, de la séparation des greffes de tribunaux, de la charge d'Officier de l'état civil.

Saint-Louis : Séparation du Greffe de la Cour d'Appel et du Tribunal de 1ère Instance, d'avec le Notariat

Décret présidentiel du 15 avril 1893, portant 1ère application à Saint-Louis-du-Sénégal, du Décret du 15 mai 1889.

Le Président de la République française

Sur le rapport conjoint du Ministre du Commerce, de l'Industrie et des Colonies et du Garde des Sceaux, Ministre de la Justice ;

Vu l'article 18 du Senatus Consulte du 3 mai 1854 ;

Vu le Décret du 15 mai 1889, portant réorganisation du Service de la Justice au Sénégal et dépendances ;

DECRETE :

Article premier : Le Greffier institué près la Cour d'Appel et le Tribunal de Première Instance de Saint-Louis-du-Sénégal, cesse de remplir les fonctions de Notaire, qui lui sont attribuées par l'article 30 du Décret susvisé du 15 mai 1889 ;

Article 2 : Des arrêtés du Gouverneur du Sénégal, pris en Conseil privé et soumis à l'approbation du Ministre chargé des Colonies, pourront à l'avenir prononcer la séparation du Greffe des autres Charges de Notaire de la Colonie ;

Article 3 : Les fonctions de Notaire seront remplies par les Officiers Publics nommés par le Ministre chargé des Colonies ;

Article 4 : Tout ce qui concerne l'organisation du Notariat, le nombre des Charges à créer, la désignation des lieux de résidence, ainsi que les conditions d'âge et d'aptitude des candidats, sera réglé par des Arrêtés provisoirement exécutoires du Gouverneur, pris en Conseil et soumis à l'approbation du Ministre chargé des Colonies ;

Article 5 : L'article 91 de la Loi de finances du 28 avril 1816, n'est pas applicable aux Notaires nommés en exécution du présent Décret ; ils ne pourront en conséquence, présenter un successeur ;

Article 6 : Sont abrogées, en tout ce qu'elles ont de contraire au présent Décret, les dispositions de l'article 30, paragraphe 2, du Décret du 15 mai 1889 ;

Article 7 : Le Ministre du Commerce, de l'Industrie et des Colonies et le Garde des Sceaux, Ministre de la Justice, sont chargés, chacun en ce qui le concerne, de l'exécution du présent Décret, qui sera inséré au Journal Officiel de la République française et au Bulletin Officiel du Sous-Secrétariat d'Etat aux Colonies.

Fait à Paris, le 15 avril 1893

Par le Président de la République.

CARNOT

Le Ministre du Commerce de l'Industrie et des Colonies

TERRIER

Le Garde des Sceaux Ministre de la Justice

GUERIN

Le rapport de présentation de ce décret était rédigé comme suit :

RAPPORT DE PRESENTATION

À Son Excellence Monsieur le Président de la République française

Paris, le 15 avril 1893

Monsieur le Président de la République,

Jusqu'à ce jour, les fonctions de Notaire ont été remplies à Saint-Louis (Sénégal), par le Greffier près la Cour et les Tribs. de cette ville.

Le développement acquis par notre colonie, dont la population européenne et indigène s'est notablement accrue et où les transactions de toute sorte ont augmenté en nombre et en importance, rend difficile pour un seul fonctionnaire la direction de deux charges, dont le rapport peut procurer largement les moyens d'existence nécessaires à deux officiers publics et leur famille.

A l'exemple de ce qui a été fait depuis vingt ans pour plusieurs villes de nos colonies, notamment Saigon, Nouméa et Papeete, il y aurait lieu, dans l'intérêt même des populations, de scinder aujourd'hui le Greffe et le Notariat à Saint-Louis.

C'est dans ce but qu'a été préparé le projet de décret ci-joint, que d'accord avec Monsieur le Garde des Sceaux, Ministre de la Justice, j'ai l'honneur de soumettre à votre haute sanction.

Je vous prie d'agréer, Monsieur le Président de la République, l'hommage de mon profond respect.

Le Ministre du Commerce, de l'Industrie et des Colonies
TERRIER

Ce rapport de présentation est très instructif en raison du fait qu'il justifie objectivement des raisons de cette séparation, démontrant combien le choix de déléguer transitoirement l'activité notariale aux Greffes des Tribunaux était judicieux, en attente d'avènement d'un volume d'activité pouvant justifier de la séparation des deux Offices publics de Greffier et de Notaire pour les rendre distincts.

Il démontre par ailleurs combien ce choix n'a rien d'isolé mais s'inscrit tout au contraire dans un mouvement de bien plus vaste ampleur, celui d'une logique d'uniformisation des normes dans tout l'empire colonial français d'alors, par le rappel de précédents intervenus à l'identique, dans trois autres colonies nommément citées et s'agissant de :

- Saïgon (Cochinchine, Indo-Chine) : Le Notariat y est séparé du greffe du tribunal de 1ère instance par Décret du 22 septembre 1869, suivi d'un arrêté du gouverneur local du 7 juin 1870, ayant fixé les conditions d'exercice particulières de la profession de Notaire dans cette colonie (conditions analogues à celles des Antilles, décret du 14 juin 1864) ;
- Nouméa (Nouvelle Calédonie) : Le Notariat y est séparé du greffe du tribunal de 1ère instance par Décret du 6 janvier 1875, suivi d'un arrêté du gouverneur local du 27 août 1875, ayant fixé les conditions d'exercice particulières de la profession de notaire dans cette colonie (Il n'y a pas de référence aux conditions en vigueur aux Antilles, mais une mention selon laquelle existe deux notaires à Nouméa en ce temps-là) ;
- Papeete (Territoires français d'Océanie) : Le Notariat y est séparé du greffe du tribunal de 1ère instance par Décret du 9 juillet 1890.

Selon la revue de droit colonial de 1902 « les fonctions y sont assumées actuellement par un officier public désigné par le ministre, n'ayant naturellement pas le droit de présenter un successeur » ;

La chronologie de ces « séparations » Indo-Chine-1869, Nouvelle-Calédonie-1873, Tahiti-1890 et enfin Saint-Louis-1893, laisse supposer qu'elles se sont faites en considération des volumes d'activité respectifs, ce qui laisse supposer que celui du Sénégal était encore relativement modeste, en retenant qu'il ne s'agit là que des trois précédents dont il est fait mention dans ce rapport de présentation, mais qui auraient pu être utilement complétés par au moins sept autres références qui figurent dans la revue de droit colonial précitée, comme ci-dessous :

- Martinique et Guadeloupe : Il s'agit là on le devine de la références (en dehors de la Guyane), le Notariat y ayant été organisé par Décret du 14 juin 1864 (ayant rendu applicable la Loi du 25 Ventôse An XI en vigueur à la métropole, ainsi qu'une Ordonnance particulière à ces deux colonies, du 4 janvier 1843) et par ailleurs, le droit de présentation y a été instauré en même temps qu'à la Réunion, par l'article 9 de la loi du 19 mai 1849. Il s'agit là du plus ancien exercice libéral à l'outre-mer, ayant précédé de 4 ans celui de la Cochinchine (Saïgon au Vietnam) ;
- Réunion (Ile Bourbon) : Le Notariat est organisé par Décret du 14 (ou 26 ?) juin 1879, les conditions d'exercice particulières de la profession de notaire dans cette colonie devant être identiques à celles des Antilles, telles que fixées par décret du 14 juin 1864 et par ailleurs, le droit de présentation y a été instauré, par l'article 9 de la loi du 19 mai 1849 ;
- Guyane française : Les quatre « vieilles colonies françaises » de Guadeloupe, Guyane, Martinique et Réunion, ont suivi le plus souvent et de manière simultanée, la même évolution institutionnelle, mais s'agissant du Notariat, la Guyane peut fièrement revendiquer son antériorité par rapport aux trois autres, la loi du 25 Ventôse An XI, y ayant été introduite (avec des adaptations mineures) par une Ordonnance royale du 24 janvier 1820, c'est-à-dire 23 années avant la Martinique et la Guadeloupe, les trois statuts étant alignés lors de l'instauration du droit de présentation à l'identique des deux autres, par la loi du 19 mai 1849.
- Saint-Pierre et Miquelon : Le Notariat y a été organisé par Décret du 30 juillet 1879, complété par un autre Décret du 5 septembre 1908, les conditions d'exercice particulières de la profession de Notaire dans

cette colonie étant probablement identiques à celles des Antilles, avec là-aussi, une reconnaissance ultérieure d'un droit de présentation ;

- Pondichéry, Chandernagor (et autres établissements français de l'Inde) : Le Notariat y a été séparé du greffe du tribunal de 1ère instance par Décret du 24 août 1887. Mais sans avoir retrouvé d'autres précisions, avant la cession de ces territoires à l'Inde en octobre 1950
- Algérie (Les trois départements d'Alger, d'Oran et de Constantine). Le Notariat y était organisé par Décret (date inconnue, ayant rendu applicable la Loi du 25 Ventôse An XI en vigueur à la métropole), ainsi que par une Ordonnance particulière du 30 décembre 1842 (souvent modifiée), les Notaires y exerçant à l'identique, mais avec la particularité coloniale selon laquelle les offices y étaient incessibles ;

Incessibles, mais en théorie seulement, car s'il est effectif que jusqu'à la réforme introduite en 1849, les officiers ministériels dont les notaires, n'avaient pas le droit de stipuler d'un prix pour la cession de leur office, dans la réalité la pratique avait précédé la loi, en y appliquant la règle en vigueur en métropole.

Et le gouvernement local en tolérait la pratique.

Pour compléter ce tableau, il convient d'en retenir, qu'au tout début du XXe siècle, en dehors des colonies de Cochinchine, Guadeloupe, Guyane, Martinique, Nouvelle Calédonie, Océanie, Réunion et Saint-Louis-du-Sénégal, la fonction notariale demeurait de la compétence des Greffiers de Tribunaux (généralement de 1ère Instance).

C'était tout particulièrement le cas des colonies de l'Anam, Cambodge, Congo, Côte d'Ivoire, Dahomey, Djibouti, Guinée, Laos, Madagascar, Mayotte (et dépendances), Sénégal (autres arrondissements que celui de Saint-Louis), Soudan, Tonkin et Tunisie.

Et aussi à l'identique, dans les protectorats du Cameroun et du Togo.

Autre précision et pour rappel, l'article 2 du décret du 15 avril 1893 dispose que « Des arrêtés du Gouverneur du Sénégal, pris en Conseil privé et soumis à l'approbation du ministre chargé des Colonies, pourront à l'avenir prononcer la séparation du Greffe des autres Charges de Notaire de la Colonie (du Sénégal) », mais sans préciser lesquelles, devant donc supposer qu'il en existe une de facto, là où se trouve un Greffe de Tribunal de première instance au jour de ce texte.

C'est-à-dire à Dakar – dès lors que ce texte est postérieur au transfert du siège de l'ancien Tribunal de Gorée en 1889 – mais aussi de tous autres tribunaux de 1ère instance, puisque s'agissant de la colonie du

Sénégal « *et dépendances* », se pose donc la question de savoir quelles sont exactement ces dépendances et si cela concerne la Côte d'Ivoire, le Dahomey, la Guinée, la Mauritanie, le Niger et le Soudan ?

Et si oui une seconde interrogation, celle de savoir si l'initiative restera de la compétence du Gouverneur du Sénégal, lorsque surviendra deux ans plus tard la création de la vaste fédération du Gouvernement Général de l'Afrique occidentale française (A.O.F.) ?

Savoir si cela relèvera dorénavant du Lieutenant-Gouverneur de chaque colonie, ou du Gouverneur Général ayant autorité sur l'ensemble ?

Enfin troisième question, y aura-t-il automaticité de transfert de cette prérogative, par simple référence à ce décret de 1893, ou faudra-t-il une décision d'extension, cette question étant cruciale, au vu des éventuelles difficultés ayant pu être portées à l'appréciation du Conseil d'Etat pour savoir s'il est impératif de procéder à promulgation de ce décret, par arrêtés particuliers dans chacune des colonies de l'A.O.F. ?

Commentaire doctrinal de Monsieur le professeur d'histoire du droit Bernard Durand (in « Traditions notariales et réalités coloniales : le notariat d'outre-mer ») :

« *La croissance des affaires, le souci de sécurité juridique, le besoin de voir le crédit se développer ont imposé dans les colonies françaises l'installation du notariat.*

« *Créé dans les vieilles colonies sur le modèle métropolitain, le notariat ne s'est étendu dans les nouvelles colonies que sous une forme adaptée et la loi du 25 ventôse An XI a dû s'acclimater à de nouvelles exigences.*

« *Non seulement, au gré des besoins, les fonctions de notaire ont été confiées, la plupart du temps, aux greffiers des tribunaux, mais les notaires « en titre » n'ont que fort rarement reçu le droit de désigner leur successeur et de céder leur charge moyennant finances.*

« *En outre, les notaires, nommés, contrôlés et destitués par les Gouverneurs ont été placés sous l'autorité du Procureur général, privés qu'ils sont d'une chambre de discipline.*

« *Soumis à des règles originales dans le domaine de la comptabilité, du régime des taxes comme dans celui de la rédaction des actes, ils bénéficient cependant d'une responsabilité « allégée », due aux incertitudes du droit colonial, les tribunaux eux-mêmes ayant parfois quelques difficultés à le fixer* ».

Huit jours après que ce décret eut été pris, une dépêche ministérielle N° 28 est adressée le 23 avril au gouverneur de la colonie du Sénégal et dépendances, lui demandant de procéder à sa promulgation.

Dans la lourdeur du formalisme administratif « à la française » habituel, l'exécution de l'instruction ministérielle au gouverneur, passe par le préalable d'une prétendue « proposition » du procureur général qui ne fait qu'exécuter ;

Alors même qu'il n'est qu'intérimaire du chef du service judiciaire, dont le titulaire est probablement absent (?) ou en attente d'affectation.

Ci-après, le texte intégral de cet Arrêté :

Arrêté Gouvernoral N° 116 du 18 mai 1893 promulguant dans la Colonie du Sénégal et dépendances, le Décret du 15 avril 1893 portant Séparation du Greffe et du Notariat de Saint-Louis (Sénégal)

LE GOUVERNEUR DU SENEGAL ET DEPENDANCES

Vu la dépêche ministérielle en date du 23 avril dernier ;

Vu l'article 50 de l'Ordonnance organique du 7 septembre 1840 ;

Sur la proposition du Procureur Gal., Chef du Service Judiciaire p. i. ;

ARRETONS

Article Premier : Est promulgué dans la Colonie du Sénégal et dépendances, le Décret du 15 avril 1893, portant Séparation du Greffe et du Notariat à Saint-Louis (Sénégal) ;

Article 2 : Le Procureur Général, Chef du Service Judicaire, est chargé de l'exécution du présent Arrêté, qui sera publié et enregistré partout où besoin sera.

Saint-Louis, le 18 mai 1893

Par le Gouverneur : *H. DE LAMOTHE*

Le Procureur Général, Chef du Service Judiciaire p. i. : *V. SOURD*

« Sourd » ou malentendant (!) car dans la précipitation, il s'est glissé une maladresse de rédaction dans la lettre de cet arrêté :

Car il y est écrit : « *... qui sera publié et enregistré partout ou besoin sera* », par inversion des deux vocables « publié » et « enregistré », dès lors qu'un arrêté doit-être enregistré, avant d'être publié !

Et au surplus, ne pouvant être enregistré ailleurs qu'auprès du seul bureau de l'enregistrement compétent.

La formulation d'usage étant : « *qui sera enregistré et publié partout ou besoin sera* ».

TABLE DES MATIÈRES

TOME PREMIER

Structures éditoriales du groupe L'Harmattan

L'Harmattan Italie
Via degli Artisti, 15
10124 Torino
harmattan.italia@gmail.com

L'Harmattan Hongrie
Kossuth l. u. 14-16.
1053 Budapest
harmattan@harmattan.hu

L'Harmattan Sénégal
10 VDN en face Mermoz
BP 45034 Dakar-Fann
senharmattan@gmail.com

L'Harmattan Cameroun
TSINGA/FECAFOOT
BP 11486 Yaoundé
inkoukam@gmail.com

L'Harmattan Burkina Faso
Achille Somé – tengnule@hotmail.fr

L'Harmattan Guinée
Almamya, rue KA 028 OKB Agency
BP 3470 Conakry
harmattanguinee@yahoo.fr

L'Harmattan RDC
185, avenue Nyangwe
Commune de Lingwala – Kinshasa
matangilamusadila@yahoo.fr

L'Harmattan Congo
67, boulevard Denis-Sassou-N'Guesso
BP 2874 Brazzaville
harmattan.congo@yahoo.fr

L'Harmattan Mali
ACI 2000 - Immeuble Mgr Jean Marie Cisse
Bureau 10
BP 145 Bamako-Mali
mali@harmattan.fr

L'Harmattan Togo
Djidjole – Lomé
Maison Amela
face EPP BATOME
ddamela@aol.com

L'Harmattan Côte d'Ivoire
Résidence Karl – Cité des Arts
Abidjan-Cocody
03 BP 1588 Abidjan
espace_harmattan.ci@hotmail.fr

Nos librairies en France

Librairie internationale
16, rue des Écoles
75005 Paris
librairie.internationale@harmattan.fr
01 40 46 79 11
www.librairieharmattan.com

Librairie des savoirs
21, rue des Écoles
75005 Paris
librairie.sh@harmattan.fr
01 46 34 13 71
www.librairieharmattansh.com

Librairie Le Lucernaire
53, rue Notre-Dame-des-Champs
75006 Paris
librairie@lucernaire.fr
01 42 22 67 13

www.ingramcontent.com/pod-product-compliance
Lightning Source LLC
LaVergne TN
LVHW021137061026
849535LV00002B/267
* 9 7 8 2 3 3 6 5 4 1 5 6 3 *